Stata

统计分析与行业应用
案例详解

·第3版·

张 甜　杨维忠　编著

清华大学出版社
北京

内 容 简 介

Stata是公认的应用广泛的专业数据分析软件之一，因其功能丰富、效率高、操作简便深受广大用户尤其在校师生的青睐。

本书先讲解Stata的各个操作功能，再通过综合案例讲述Stata在各个行业中的实际应用。本书内容共分为两部分：第一部分（第1~16章）按照统计类型讲述Stata的具体应用；第二部分（第17~19章）分行业讲述Stata的具体应用。各章均附有与正文部分对应的上机操作习题，目的在于着重培养读者的动手能力，使读者在实际练习的过程中能够快速提高应用水平。

本书面向具备一定统计学基础和计算机操作基础的在校各专业学生，以及企事业单位的相关数据统计分析人员。

图书在版编目（CIP）数据

Stata 统计分析与行业应用案例详解/张甜，杨维忠编著. —3 版. —北京：清华大学出版社，2021.7(2023.8重印)
ISBN 978-7-302-58373-8

I. ①S… II. ①张… ②杨… III. ①统计分析—应用软件—案例 IV. ①C819

中国版本图书馆 CIP 数据核字（2021）第 116623 号

责任编辑： 夏毓彦
封面设计： 王　翔
责任校对： 闫秀华
责任印制： 沈　露

出版发行： 清华大学出版社
　　　　　　网　　址： http://www.tup.com.cn，http://www.wqbook.com
　　　　　　地　　址： 北京清华大学学研大厦A座　　　　　**邮　　编：** 100084
　　　　　　社 总 机： 010-83470000　　　　　　　　　　　**邮　　购：** 010-62786544
　　　　　　投稿与读者服务： 010-62776969，c-service@tup.tsinghua.edu.cn
　　　　　　质 量 反 馈： 010-62772015，zhiliang@tup.tsinghua.edu.cn

印 装 者： 三河市少明印务有限公司
经　　销： 全国新华书店
开　　本： 190mm×260mm　　　　　**印　张：** 29.25　　　　　**字　数：** 787千字
版　　次： 2014年1月第1版　　2021年8月第3版　　　　　**印　次：** 2023年8月第2次印刷
定　　价： 119.00元

产品编号：089200-01

前　言

　　Stata 是公认的应用广泛的专业数据分析软件之一，以功能丰富、效率高、操作简便而著称，主要针对经济、管理、医学、农学、教育、市场研究、社会调查等多个行业和领域。Stata 的窗口具有亲和力，使用者自行建立程序时，软件能提供具有直接命令式的语法，是非常适合进行数据分析的工具软件。本书在前两版的基础上进行了软件版本升级，通过多个实例详细介绍 Stata 16.0 在现实生活中的应用。

　　全书共 19 章，分为如下两部分：

　　第 1 部分（第 1~16 章）为 Stata 的各个操作功能在具体实例中的应用。

- 第 1 章介绍 Stata 16.0 基本窗口及管理变量与数据，包括 Stata 16.0 窗口说明、数据文件的创建与读取、创建和替代变量、分类变量和定序变量的基本操作、数据的基本操作以及定义数据的子集等。
- 第 2 章介绍 Stata 图形绘制实例，包括直方图、散点图、曲线标绘图、连线标绘图、箱图、饼图、条形图、点图等。
- 第 3 章介绍 Stata 描述统计实例，包括定距变量的描述性统计分析、正态性检验和数据转换、单个分类变量的汇总、两个分类变量的列联表分析、多表和多维列联表分析等。
- 第 4 章介绍 Stata 参数检验实例，包括单一样本 T 检验、独立样本 T 检验、配对样本 T 检验、单一样本方差的假设检验、双样本方差的假设检验等。
- 第 5 章介绍 Stata 非参数检验实例，包括单一样本的正态分布检验、两独立样本检验、两相关样本检验、多独立样本检验、游程检验等。
- 第 6 章介绍 Stata 方差分析实例，包括单因素方差分析、多因素方差分析、协方差分析、重复测量方差分析等。
- 第 7 章介绍 Stata 相关分析实例，包括简单相关分析、偏相关分析等。
- 第 8 章介绍 Stata 主成分分析与因子分析实例。
- 第 9 章介绍 Stata 聚类分析实例，包括划分聚类分析和层次聚类分析等。
- 第 10 章介绍 Stata 最小二乘线性回归分析实例，包括简单线性回归和多重线性回归等。
- 第 11 章介绍 Stata 回归诊断与应对实例，包括异方差检验、自相关检验、多重共线性检验等。
- 第 12 章介绍 Stata 非线性回归分析实例，包括非参数回归分析、转换变量回归分析以及非线性回归分析等。
- 第 13 章介绍 Stata 的 Logistic 回归分析实例，包括二元 Logistic 回归分析、多元 Logistic 回归分析以及有序 Logistic 回归分析等。
- 第 14 章介绍 Stata 的因变量受限回归分析实例，包括断尾回归分析和截取回归分析。
- 第 15 章介绍 Stata 时间序列分析实例，包括时间序列分析的基本操作、单位根检验、协整检验、格兰杰因果关系检验等。

- 第16章介绍 Stata 的面板数据分析实例，包括长面板数据分析和短面板数据分析。

第2部分（第17~23章）为 Stata 在各个行业中的实际应用。

- 第17章介绍 Stata 在研究城市综合经济实力中的应用。
- 第18章介绍 Stata 在经济增长分析中的应用。
- 第19章介绍 Stata 在 ROE 与股权集中度之间关系研究中的应用。
- 第20章（电子书）介绍 Stata 在旅游业中的应用。
- 第21章（电子书）介绍 Stata 在原油与黄金价格联动关系研究中的应用。
- 第22章（电子书）介绍 Stata 在农业中的应用。
- 第23章（电子书）介绍 Stata 在保险业中的应用。

本书实例经典，内容丰富，有很强的针对性。书中各章不仅详细介绍实例的具体操作步骤，还配有一定数量的习题，以供读者学习使用。读者只需按照书中介绍的步骤一步一步地实际操作，就能完全掌握本书的内容。

为了帮助读者更加直观地学习本书，编者将书中实例和练习题所涉及的全部操作文件都收录到本书的下载资源中，分别将素材文件和视频文件存放到 sample 文件夹和 video 文件夹中。前者包含书中涉及的所有 Stata 源文件，后者收录了书中所有实例和练习题的操作视频文件。下载资源可以通过扫描下面的二维码获取。如果下载有问题，请联系 booksaga@126.com，邮件主题为"Stata 统计分析与行业应用案例详解（第3版）"。

案例素材　　　　　操作视频1　　　　　操作视频2　　　第20~23章电子书

本书既可作为数据统计分析的培训教材，又可作为数据统计分析人员的参考书。

编者力图使本书的知识性和实用性相得益彰，但由于水平有限，书中纰漏之处在所难免，欢迎广大读者、同仁批评斧正。

编　者
2021 年 5 月

目　录

第1章 Stata 16.0 的基本窗口及
管理变量与数据

Stata 是一种功能全面的统计软件包，是目前欧美流行的计量软件之一。它具有容易操作、运行速度快、功能强大的特点。Stata 不仅包括一整套预先编排好的分析与数据功能，同时还允许软件使用者根据自己的需要来创建程序，从而添加更多的功能。该软件自从被引入我国后，迅速得到了广大学者的认可与厚爱，适用范围越来越广泛。Stata 16.0 是目前 Stata 的新版本。本章将初步介绍 Stata 16.0 的基本窗口、变量管理与数据管理。

1.1 Stata 16.0窗口说明

下载资源:\video\1\1.1

在正确安装 Stata 16.0 以后，单击 Stata 主程序的图标文件，即可打开 Stata 的主界面，如图 1.1 所示。

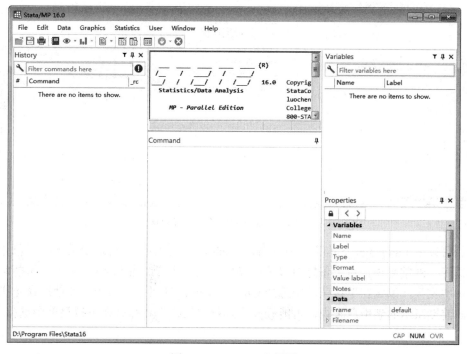

图 1.1　Stata 16.0 主界面

与大部分的程序窗口类似，Stata 16.0 也有自己的菜单栏、工具栏，但其特色在于主界面中的 5 个区域：History（历史窗口）、Variables（变量窗口）、Command（命令窗口）、Results（结果窗口）和 Properties（性质窗口）。

- History: 显示的是自本次启动 Stata 16.0 以来执行过的所有命令。
- Variables: 显示的是当前 Stata 数据文件中的所有变量。
- Command: 是重要的窗口，在本窗口内可输入准备执行的命令。
- Results: 显示的是每次执行 Stata 命令后的执行结果，无论成功还是失败。
- Properties: 显示的是当前数据文件中制定变量以及数据的性质。

各个窗口的大小都可以调节，读者可以用鼠标进行伸缩操作，使其符合自己的风格。

Stata 16.0 的 MP 版本允许用户设定自己偏好的界面语言，操作方式如下：

如图 1.2 所示，单击菜单栏的 Edit|Preferences|User-interface language…选项，即可弹出如图 1.3 所示的 Set stata's user-interface language 对话框。

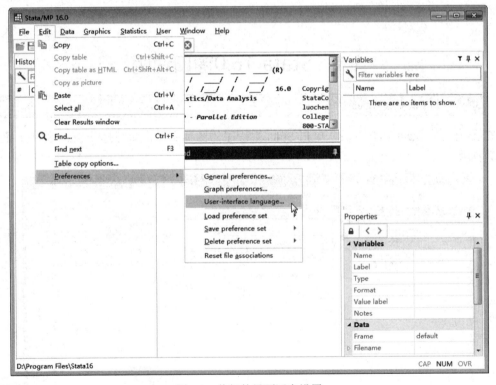

图 1.2　偏好的界面语言设置

我们可以从 Language 下拉菜单中找出自己偏好的界面语言，可选择英语、西班牙语、日语、韩语等。通常来说，对于偏好窗口菜单操作的国内用户或者 Stata 新用户，可能倾向于选择"简体中文"，那么在下拉菜单中选择 Chinese(China)即可；而对于习惯使用命令操作、习惯 Stata 前期版本的老用户来说，可能倾向于选择"英语"，那么在下拉菜单中选择 English即可。

图 1.3　Set stata's user-interface language 对话框

需要说明和强调的是，用户在 Set stata's user-interface language 对话框中设置偏好语言后，系统并不会自动变成设置后的语言，而是需要先将目前的 Stata 窗口关闭，重新启动后才会变成设置后的语言。重启之后的界面如图 1.4 所示。

图 1.4　简体中文模式的 Stata 16.0 主界面

可以发现，在图 1.4 所示的简体中文模式的 Stata 16.0 主界面中，Stata 的菜单栏、历史窗口、变量窗口、属性窗口等都变成了简体中文格式，菜单栏中的具体模块也都变成了简体中文格式。以统计菜单中的"多元时间序列|VAR 模型诊断和检验"选项为例，我们只需从菜单栏中选择"统计|多元时间序列|VAR 模型诊断和检验"即可，如图 1.5 所示。

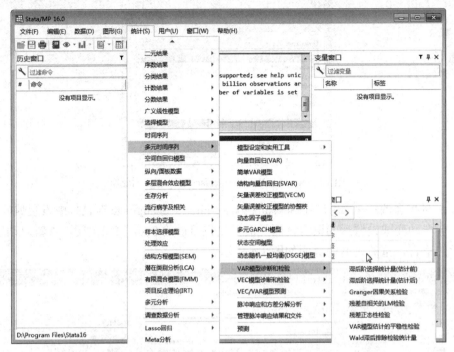

图1.5　选择"统计|多元时间序列|VAR模型诊断和检验"选项

如果用户觉得不适应简体中文界面，那么可以在 Stata 16.0 主界面中选择"编辑|首选项|用户界面语言"选项，如图1.6所示。

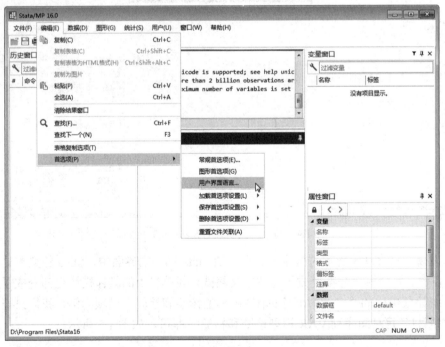

图1.6　偏好的界面语言设置

弹出"设置 stata 的用户界面语言"对话框，在"语言"下拉菜单中选择 English，即可改回英文操作界面，如图 1.7 所示。

图 1.7　"设置 stata 的用户界面语言"对话框

1.2　Stata 16.0数据文件的创建与读取

1.2.1　Stata 16.0 数据文件的创建

	下载资源:\video\1\1.2
	下载资源:\sample\chap01\正文\案例 1.1.dta

【例 1.1】表 1.1 记录的是我国 2000—2009 年上市公司数量的数据。试创建 Stata 格式的数据文件并保存。

表 1.1　我国 2000—2009 年的上市公司数量

年　份	上　交　所	深　交　所
2000	572	516
2001	646	514
2002	715	509
2003	780	507
2004	837	540
2005	834	547
2006	842	592
2007	860	690
2008	864	761
2009	870	848

操作过程如下:

01 进入 Stata 16.0，打开主程序，弹出如图 1.8 所示的主界面。

02 选择 Data|Data Editor|Data Editor(Edit)命令，弹出如图 1.9 所示的 Data Editor(Edit)对话框。

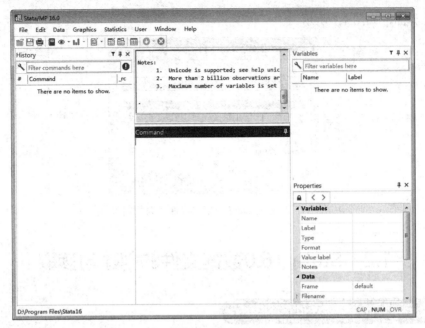

图 1.8　主界面

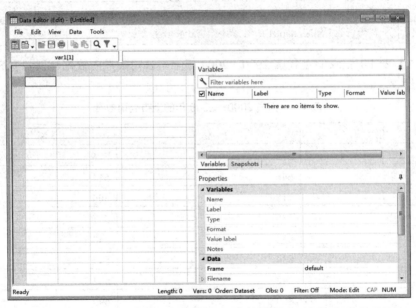

图 1.9　Data Editor 对话框

03 在 Data Editor(Edit)对话框左上角的单元格中输入第 1 个数据 2000，系统会自动创建 var1 变量，如图 1.10 所示。

04 单击右下方的 Properties（性质窗口）中的 Variables，Variables 中的变量特征（包括名称、类型、长度等）即可进入可编辑状态，如图 1.11 所示。

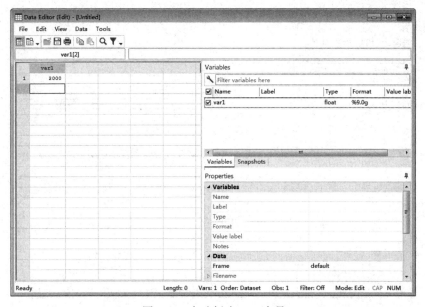

图 1.10 自动创建 var1 变量

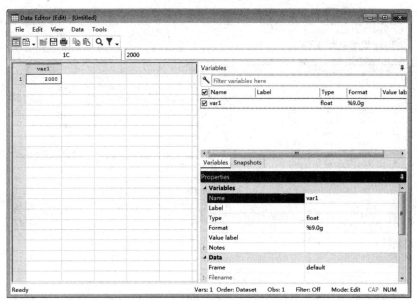

图 1.11 编辑变量特征

05 对变量名称进行必要的修改，因为第 1 个变量是年份，所以把 var1 修改为 year，其他采取系统默认设置，修改完成后在左侧数据输入区域单击，即可弹出如图 1.12 所示的对话框。

06 逐一录入数据，其他两个变量参照年份进行设置，并分别将其定义为 shangjiao 和 shenjiao，数据录入完毕后如图 1.13 所示。

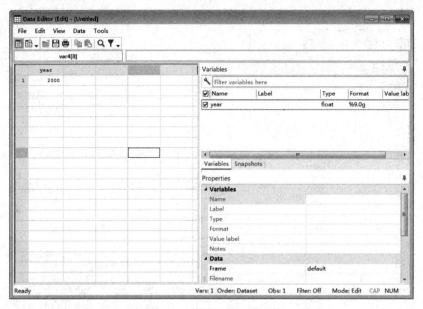

图 1.12　修改 Name 变量

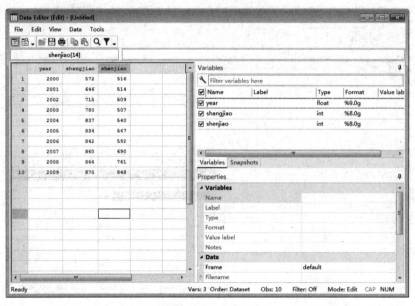

图 1.13　录入数据

07 关闭 Data Editor(Edit)对话框，在主界面的工具栏里面单击 ▣ 按钮保存数据。

1.2.2　Stata 16.0 数据文件的读取

读取以前创建的 Stata 格式的数据文件比较简单，有 3 种方式：

- 直接双击该文件，即可打开数据。
- 在主界面的菜单栏里面选择 File|Open 命令，找到文件后打开即可。
- 在主界面的 Command（命令窗口）中输入命令：use filename（文件的名称）。

1.3 创建和替代变量

1.3.1 创建和替代变量概述

前面已经介绍了创建、修改数据文件和变量的通用方式，但在有些情况下需要利用现有的变量生成一个新的变量，那么如何快捷方便地实现这种操作呢？Stata 16.0 提供了 generate 和 replace 命令以供我们选择使用，其中 generate 命令是利用现有变量生成一个新的变量，并保留原来的变量不变；而 replace 命令则是利用现有变量生成一个新的变量替换原来的变量。下面我们用实例的方式来讲解这两个重要命令的应用。

1.3.2 相关数据来源

📹	下载资源:\video\1\1.3
🖥	下载资源:\sample\chap01\正文\案例 1.2.dta

【例 1.2】我国 2009 年各地区的就业人口及工资总额数据如表 1.2 所示。使用 Stata 命令进行操作：（1）试生成新的变量来描述各地区的平均工资情况；（2）试生成平均工资变量来替代原有的工资总额变量；（3）对生成的平均工资变量数据均做除以 10 的处理；（4）对就业人口变量进行对数平滑处理，从而产生新的变量。

表 1.2 我国 2009 年各地区的就业人口及工资总额

地 区	就业人口/人	工资总额/千元
北京	6 193 478	354 562 114
天津	2 016 501	88 650 773
河北	5 030 626	139 819 814
山西	3 857 975	107 304 259
内蒙古	2 458 276	76 181 130
...	...	...
青海	506 254	16 361 377
宁夏	581 039	19 536 870
新疆	2 494 187	71 506 764

1.3.3 Stata 分析过程

在用 Stata 进行分析之前，我们要把数据录入 Stata 中。本例中有 3 个变量，分别是地区、就业人口和工资总额。我们把地区变量设定为 region，把就业人口变量设定为 people，把工资总额变量设定为 sumwage，变量类型及长度采取系统默认方式，然后录入相关数据。相关操作在 1.2 节中已详细讲述过了。录入完成后，数据如图 1.14 所示。

先保存数据，然后开始展开分析，步骤如下：

01 进入 Stata 16.0，打开相关数据文件，弹出如图 1.15 所示的主界面。

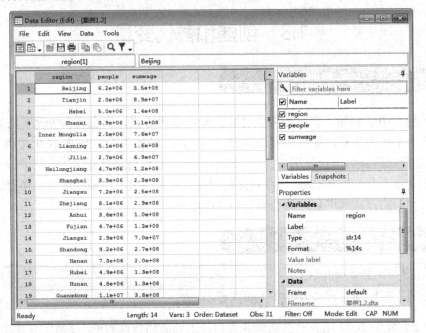

图 1.14 案例 1.2 的数据

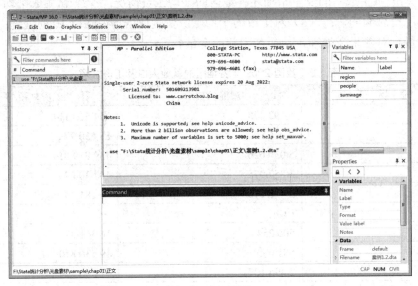

图 1.15 主界面

02 在主界面的 Command 文本框中输入如下操作命令并按回车键进行确认。

- generate avwage= sumwage/ people：生成新的变量来描述各地区的平均工资情况。
- replace sumwage= sumwage/ people：生成平均工资变量来替代原有的工资总额变量。
- replace sumwage= sumwage/ 10：对生成的平均工资变量数据均做除以 10 的处理。
- gen lpeople=ln(people)：对就业人口变量进行对数平滑处理，从而产生新的变量。

03 设置完毕后，按回车键，等待输出结果。

1.3.4　结果分析

选择 Data|Data Editor|Data Editor(Browse)命令，进入数据查看界面，可以看到如图 1.6 所示的 avwage 数据。

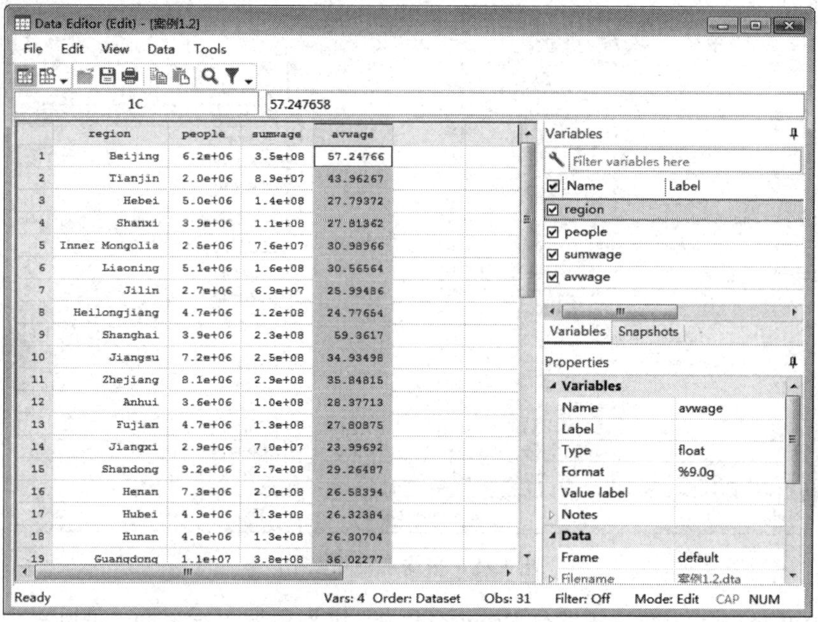

图 1.6　avwage 数据

选择 Data|Data Editor|Data Editor(Browse)命令，进入数据查看界面，可以看到如图 1.17 所示的 sumwage 数据，等于总工资除以总职工数。

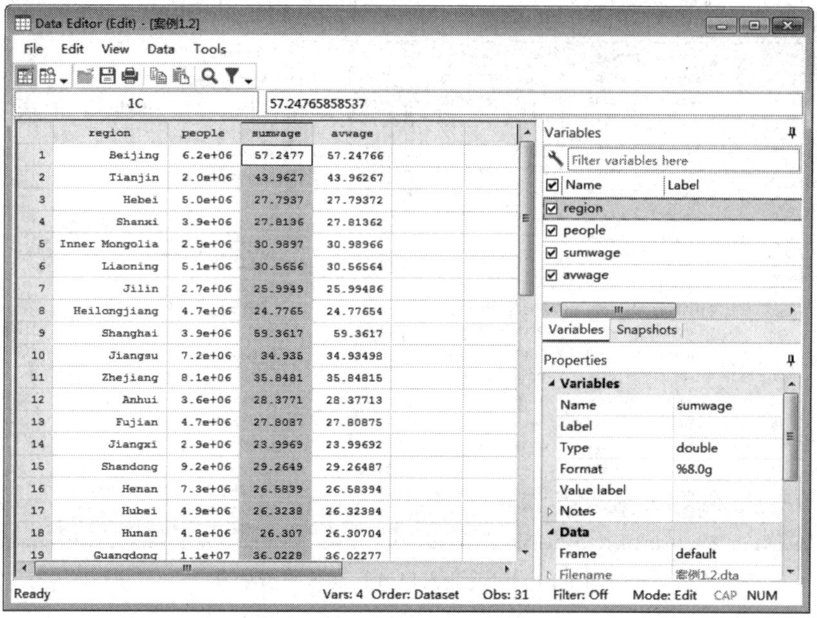

图 1.17　平均工资

选择 Data|Data Editor|Data Editor(Browse)命令，进入数据查看界面，可以看到如图 1.18 所示的 sumwage 数据，即前面生成的平均工资数据除以 10。

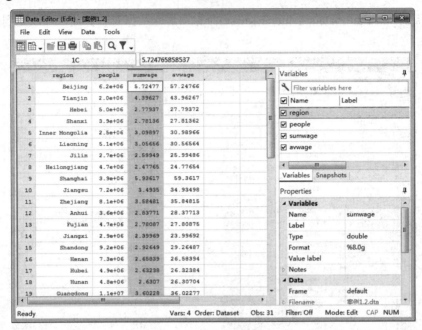

图 1.18　平均工资除以 10

选择 Data|Data Editor|Data Editor(Browse)命令，进入数据查看界面，可以看到如图 1.19 所示的 lpeople 数据。它是针对 people 数据取的对数值。

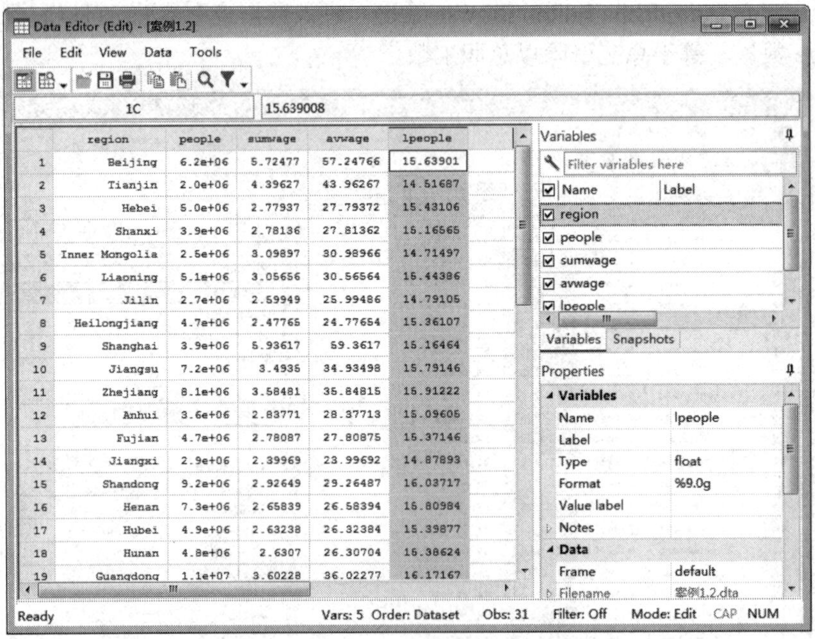

图 1.19　对就业人口进行对数平滑处理

1.3.5 案例延伸

在上面的案例中，我们用到了代数运算符"/"。在 Stata 16.0 中，可以使用的代数运算符如表 1.3 所示。

表 1.3 代数运算符

代数运算符	含义	代数运算符	含义	代数运算符	含义	代数运算符	含义	代数运算符	含义
＋	加	－	减	*	乘	/	除	^	乘方

在上面的案例中，我们也用到了自然对数函数 ln(变量)。在 Stata 16.0 中，我们经常使用的函数如表 1.4 所示。

表 1.4 函数

函数命令	表示含义	函数命令	表示含义	函数命令	表示含义
abs(x)	x的绝对值	sqrt(x)	平方根函数	exp(x)	指数函数
sin(x)	正弦函数	cos(x)	余弦函数	tan(x)	正切函数
asin(x)	反正弦函数	acos(x)	反余弦函数	atan(x)	反正切函数
trunk(x)	x的整数部分	logit(x)	x的对数比率	total(x)	x的移动合计
mod(x,y)	x/y的余数	sign(x)	符号函数	round(x)	x的四舍五入整数
atanh(x)	双曲反正切函数	floor(x)	小于等于x的最大整数	ceil(x)	小于等于x的最小整数

1.4 分类变量和定序变量的基本操作

1.4.1 分类变量和定序变量概述

在很多情况下，我们会用到分类变量（虚拟变量）的概念，分类变量的用途是通过定义值的方式对观测样本进行分类。例如，根据数据某一变量特征的不同把观测样本分为 3 类，就需要建立 3 个分类变量：A、B、C，如果观测样本属于 A 类，其对应的分类变量 A 的值就为 1，对应的分类变量 B 和 C 的值就为 0。定序变量的用途是根据数据的数值大小将数据分到几个确定的区间，其在广义上也是一种分类。下面我们用实例来讲解分类变量和定序变量的基本操作。

1.4.2 相关数据来源

	下载资源:\video\1\1.4
	下载资源:\sample\chap01\正文\案例 1.3.dta

【例 1.3】某国际知名足球裁判自执法以来在各地区的执赛信息如表 1.5 所示。试使用 Stata 16.0 对数据进行以下操作：（1）试生成新的分类变量来描述比赛级别；（2）试生成新的定序变量对场数进行定序，分到 3 个标志区间。

表 1.5　某国际知名足球裁判执赛情况

地　点	场　数	比赛级别
江苏	20	省级
浙江	14	省级
安徽	4	省级
福建	3	省级
江西	5	省级
山东	21	省级
美国	10	国家级
日本	19	国家级
英国	32	国家级
挪威	3	国家级

1.4.3　Stata 分析过程

在用 Stata 进行分析之前，我们要把数据录入 Stata 中。本例中有 3 个变量，分别是地点、场数以及比赛级别。我们把地点变量设定为 place，把场数变量设定为 number，把比赛级别变量设定为 type，变量类型及长度采取系统默认方式，然后录入相关数据。相关操作在 1.2 节已详细讲述过了。录入完成后的数据如图 1.20 所示。

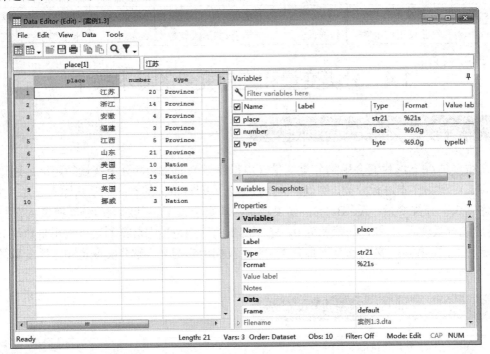

图 1.20　案例 1.3 的数据

先保存数据，然后开始展开分析，步骤如下：

01 进入 Stata 16.0，打开相关数据文件，弹出如图 1.21 所示的主界面。

02 在主界面的 Command 文本框中输入操作命令并按回车键进行确认。

- tabulate type,generate(type)：生成新的分类变量来描述比赛级别。
- generate number1=autocode(number,3,1,25)：生成新的定序变量对场数进行定序，分到 3 个标志区间。

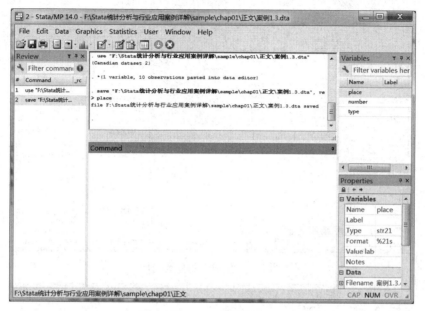

图 1.21   主界面

03 设置完毕后，按回车键，等待输出结果。

1.4.4   结果分析

图 1.22 所示是生成新的分类变量来描述比赛级别的结果。

```
. tabulate type,generate(type)
```

type	Freq.	Percent	Cum.
Province	6	60.00	60.00
Nation	4	40.00	100.00
Total	10	100.00	

图 1.22   描述比赛级别的结果

选择 Data|Data Editor|Data Editor(Browse)命令，进入数据查看界面，可以看到如图 1.23 所示的生成的分类数据 type1 和 type2。

选择 Data|Data Editor|Data Editor(Browse)命令，进入数据查看界面，可以看到如图 1.24 所示的生成的变量 number1。该变量将 number 的取值区间划分成等宽的 3 组。图 1.24 所示是生成新的定序变量对场数进行定序，分到 3 个标志区间的结果。

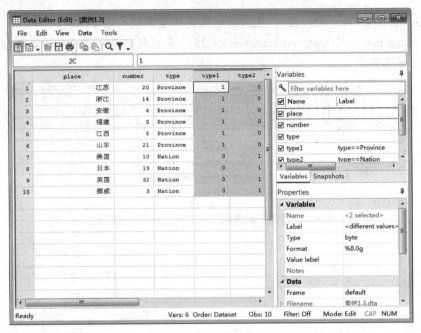

图 1.23　生成新的分类变量

图 1.24　对场数进行定序

1.4.5　案例延伸

以本节中的案例为基础，试生成新的分类变量按数值大小对场数进行 4 类定序。

操作命令应该为：

```
sort number
```

```
generate number2=group(4)
```

在命令窗口输入命令并按回车键进行确认,选择 Data|Data Editor|Data Editor(Browse)命令,进入数据查看界面,可以看到如图 1.25 所示的生成的变量 number2 数据。该变量将 number 的取值按大小分成了 4 个序列。

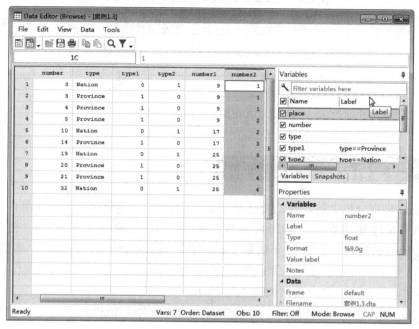

图 1.25　对场数进行 4 类定序

1.5　数据的基本操作

1.5.1　数据的基本操作概述

在对数据进行分析时,可能会遇到需要针对现有的数据进行预处理的情况。在本节中,我们将用实例讲解常用的几种处理数据的操作,包括对数据进行长短变换、把字符串数据转换成数值数据、生成随机数等。在下一节中,还将利用实例介绍如何定义数据子集。

1.5.2　相关数据来源

	下载资源:\video\1\1.5
	下载资源:\sample\chap01\正文\案例 1.4.dta

【例 1.4】长江集团是一家国内大型连锁销售钢管的公司,该集团一直在北京、天津、河北、山西、内蒙古等地展开经营活动,2018—2020 年在上述地区的开店情况如表 1.6 所示。试通过操作 Stata 16.0 完成以下工作:

（1）对数据进行长短变换。

（2）将数据变换回来，并把地区字符串变量转换成数值数据。

（3）生成一个随机变量，里面包含 0~1 的 15 个随机数据。

表 1.6　长江集团在 2018—2020 年的开店情况

地　区	2018年店数	2019年店数	2020年店数
北京	30	32	33
天津	7	8	9
河北	18	19	22
山西	60	65	32
内蒙古	26	20	15

1.5.3　Stata 分析过程

在用 Stata 进行分析之前，我们要把数据录入 Stata 中。本例中有 4 个变量，分别是地区、2018 年店数、2019 年店数以及 2020 年店数。我们把地区变量设定为 region，把 2018 年店数变量设定为 number2018，把 2019 年店数变量设定为 number2019，把 2020 年店数变量设定为 number2020，变量类型及长度采取系统默认方式，然后录入相关数据。相关操作在 1.2 节中已详细讲述过了。录入完成后，数据如图 1.26 所示。

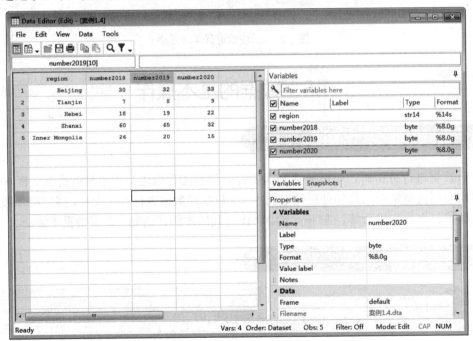

图 1.26　案例 1.4 的数据

先保存数据，然后开始展开分析，步骤如下：

01 进入 Stata 16.0，打开相关数据文件，弹出如图 1.27 所示的主界面。

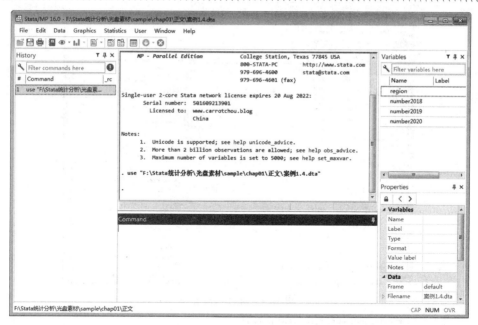

图1.27　主界面

02 在主界面的 Command 文本框中输入操作命令并按回车键进行确认。对应的命令分别如下：

- reshape long number,i(region) j(year)：对数据进行长短变换。
- reshape wide number,i(region) j(year)。将数据变换回来。
- encode　region,gen(regi)：把地区字符串变量转换成数值数据。
- clear：清除原有数据。
- set obs 15：设定一个包含15个样本的数据集。
- generate suiji=uniform()：生成一个随机变量，里面包含0~1的15个随机数据。

1.5.4　结果分析

图1.28所示是对数据进行长短变换的结果。

```
. reshape long number,i( region) j(year)
(note: j = 2018 2019 2020)

Data                            wide    ->   long

Number of obs.                     5    ->      15
Number of variables                4    ->       3
j variable (3 values)                   ->    year
xij variables:
     number2018 number2019 number2020   ->    number
```

图1.28　对数据进行长短变换的结果

选择 Data|Data Editor|Data Editor(Browse)命令，进入数据查看界面，可以看到如图1.29所示的变换后的数据。图1.30所示是将数据变换回来并把地区字符串变量转换成数值数据的结果。

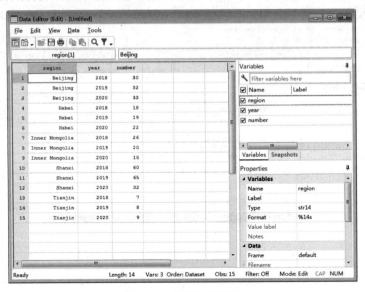

图 1.29　进行长短变换

```
. reshape wide number,i( region) j(year)
(note: j = 2018 2019 2020)

Data                              long   ->   wide

Number of obs.                      15   ->       5
Number of variables                  3   ->       4
j variable (3 values)             year   ->   (dropped)
xij variables:
                                number   ->   number2018 number2019 number2020
```

图 1.30　转换成数值数据的结果

选择 Data|Data Editor|Data Editor(Browse)命令，进入数据查看界面，可以看到如图 1.31 所示的变换后的数据。

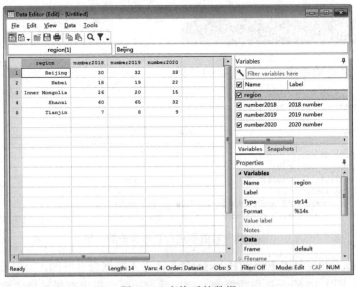

图 1.31　变换后的数据

在将数据变换回来以后，输入第 2 条命令，通过选择 Data|Data Editor|Data Editor(Browse)
命令，进入数据查看界面，如图 1.32 所示。

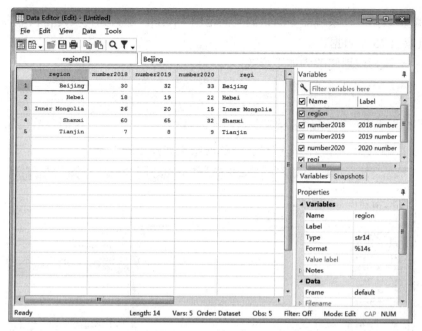

图 1.32　查看数据

选择 Data|Data Editor|Data Editor(Browse)命令，进入数据查看界面，可以看到如图 1.33 所
示的生成后的随机数据。

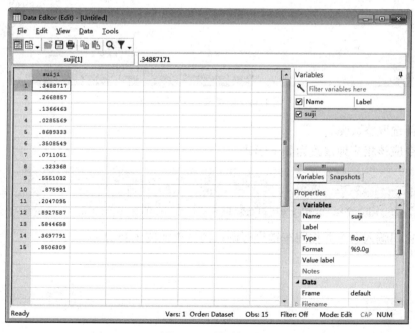

图 1.33　随机数据

1.5.5　案例延伸

在定义随机数据时，系统命令默认的区间范围为[0,1]，那么如何实现自由取值呢？例如，从[9,18]随机取出 15 个数据。

操作命令应该相应地修改为如下形式：

```
clear
set obs 15
generate suiji=9+9*uniform()
```

在命令窗口输入命令并按回车键进行确认的结果如图 1.34 所示。

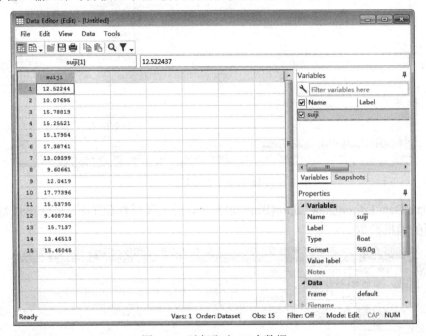

图 1.34　随机取出 15 个数据

那么如何选取整数呢？

操作命令应该相应地修改为如下形式：

```
clear
set obs 15
generate suiji=9+trunc(9*uniform())
```

在命令窗口输入命令并按回车键进行确认的结果如图 1.35 所示。

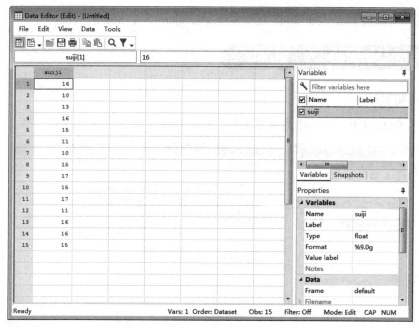

图 1.35　取整

1.6　定义数据的子集

1.6.1　定义数据的子集概述

在很多情况下，现有的 Stata 数据达不到分析要求，我们需要截取出数据的一部分进行分析，或者删除不需要进入分析范围的数据，这时就需要用到 Stata 的定义数据子集功能。本节将通过实例的方式讲述定义数据子集的基本操作。

1.6.2　相关数据来源

	下载资源:\video\1\1.6
	下载资源:\sample\chap01\正文\案例 1.5.dta

【例 1.5】试通过操作案例 1.5.dta 完成以下工作：

（1）列出第 3 条数据。

（2）列出第 1~3 条数据。

（3）列出变量值 shangjiao 最小的两条数据。

（4）列出变量值 year 大于 2005 的数据。

（5）列出变量值 year 大于 2007 且变量值 shangjiao 大于 865 的数据。

（6）删除第 3 条数据。

（7）删除变量值 year 等于 2005 的数据。

（8）删除变量值 year 大于 2005 且变量值 shangjiao 大于 865 的数据。

1.6.3　Stata 分析过程

分析步骤如下：

01 进入 Stata 16.0，打开相关数据文件，弹出如图 1.36 所示的主界面。

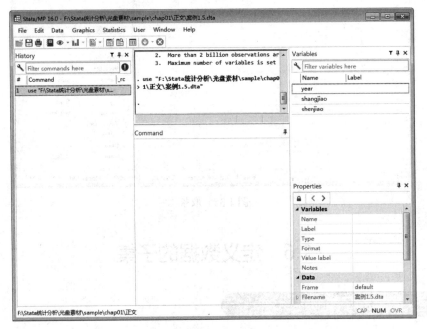

图 1.36　主界面

02 在主界面的 Command 文本框中输入操作命令并按回车键进行确认。对应的命令如下：

- list in 3：列出第 3 条数据。
- list in 1/3：列出第 1~3 条数据。
- sort shangjiao：对变量值 shangjiao 进行排序。
- list year shangjiao shenjiao in 1/2：列出变量值 shangjiao 最小的两条数据。
- list if year>2005：列出变量值 year 大于 2005 的数据。
- list if year>2007 & shangjiao>865：列出变量值 year 大于 2007 且变量值 shangjiao 大于 865 的数据。
- drop in 3：删除第 3 条数据。
- drop if year==2005：删除变量值 year 等于 2005 的数据。
- drop if year>2005 & shangjiao>865：删除变量值 year 大于 2005 且变量值 shangjiao 大于 865 的数据。

1.6.4　结果分析

图 1.37 所示是列出第 3 条数据的结果。

图 1.38 所示是列出第 1~3 条数据的结果。

```
. list in 3
```

	year	shangj~o	shenjiao
3.	2002	715	509

图 1.37　分析结果 1

```
. list in 1/3
```

	year	shangj~o	shenjiao
1.	2000	572	516
2.	2001	646	514
3.	2002	715	509

图 1.38　分析结果 2

图 1.39 所示是将变量值 shangjiao 排序后，列出变量值 shangjiao 最小的两条数据的结果。

图 1.40 所示是列出变量值 year 大于 2005 的数据结果。

```
. sort shangjiao

. list year shangjiao shenjiao in 1/2
```

	year	shangj~o	shenjiao
1.	2000	572	516
2.	2001	646	514

图 1.39　分析结果 3

```
. list if year>2005
```

	year	shangj~o	shenjiao
7.	2006	842	592
8.	2007	860	690
9.	2008	864	761
10.	2009	870	848

图 1.40　分析结果 4

图 1.41 所示是列出变量值 year 大于 2007 且变量值 shangjiao 大于 865 的数据结果。

图 1.42 所示是删除第 3 条数据的结果。

```
. list if year>2007 & shangjiao>865
```

	year	shangj~o	shenjiao
10.	2009	870	848

图 1.41　分析结果 5

```
. drop in 3
(1 observation deleted)
```

图 1.42　分析结果 6

图 1.43 所示是删除变量值 year 等于 2005 的数据结果。

图 1.44 所示是删除变量值 year 大于 2005 且变量值 shangjiao 大于 865 的数据结果。

```
. drop if year==2005
(1 observation deleted)
```

图 1.43　分析结果 7

```
. drop if year>2005 & shangjiao>865
(1 observation deleted)
```

图 1.44　分析结果 8

1.6.5　案例延伸

我们在上述的 Stata 命令中用到了 Stata 中的关系运算符和逻辑运算符。Stata 16.0 共支持 6 种关系运算符和 3 种逻辑运算符，如表 1.7 和表 1.8 所示。

表 1.7 关系运算符

关系运算符	含 义	关系运算符	含 义	关系运算符	含 义
==	等于	!=	不等于	>	大于
<	小于	>=	大于等于	<=	小于等于

表 1.8 逻辑运算符

逻辑运算符	含 义	逻辑运算符	含 义	逻辑运算符	含 义
&	与	|	或	!	非

1.7 本章习题

（1）表 1.9 记录的是两家公司近些年的招聘员工数据。试创建 Stata 格式的数据文件并保存。

表 1.9 两家公司近些年的招聘员工数据

年　份	X 公　司	Y 公　司
2000	45	58
2001	66	77
2002	38	44
2003	22	22
2004	58	34
2005	33	57
2006	44	52
2007	86	69
2008	102	61
2009	41	84

（2）某连锁公司在全国各地区的销售人员数量以及销售总额数据如表 1.10 所示。使用 Stata 命令进行操作：①试生成新的变量来描述各地区的人均销售额情况；②试生成人均销售额变量来替代原有的销售总额变量；③对生成的人均销售额变量数据均进行除以 10 的处理；④对销售人员数量变量进行对数平滑处理，从而产生新的变量。

表 1.10 某连锁公司在全国各地区的销售人员数量以及销售总额数据

地　区	销售人员数量/人	销售总额/万元
北京	50	250 000
天津	30	90 000
河北	50	300 000
山西	60	420 000
内蒙古	40	180 000
…	…	…
青海	40	80 000
宁夏	20	20 000
新疆	25	37 500

（3）某当红歌星近两年来在各地举办演唱会的情况如表 1.11 所示。使用 Stata 16.0 对数据进行以下操作：①试生成新的分类变量来描述演唱会类型；②试生成新的定序变量对场数进行定序，分到 3 个标志区间；③试生成新的分类变量，按数值大小对场数进行 4 类定序。

表 1.11　某当红歌星最近两年来在各地举行演唱会的情况

地　点	场　数	演唱会级别
北京	17	中型
浙江	16	中型
天津	5	中型
福建	3	中型
江苏	5	中型
山东	23	中型
美国	12	大型
日本	17	大型
韩国	32	大型
新加坡	5	大型

（4）某足球俱乐部以培养优秀年轻球员而出名，当红的 5 名明星队员在 2008—2010 年赛季的进球情况如表 1.12 所示。试通过操作 Stata 16.0 完成以下工作：

① 对数据进行长短变换。

② 将数据变换回来，并把球员名称字符串变量转换成数值数据。

③ 生成一个随机变量，里面包含 0~1 的 15 个随机数据。

表 1.12　某足球俱乐部的 5 名明星队员在 2008—2010 年赛季的进球情况

球员名称	2008年	2009年	2010年
a	35	32	36
b	9	7	19
c	28	19	22
d	61	55	22
e	26	22	15

（5）试通过操作案例 1.5.dta 完成以下工作：

① 列出第 3 条数据。

② 列出第 1~3 条数据。

③ 列出变量值 shenjiao 最小的两条数据。

④ 列出变量值 year 大于 2003 的数据。

⑤ 列出变量值 year 大于 2003 且变量值 shenjiao 大于 55 的数据。

⑥ 删除第 3 条数据。

⑦ 删除变量值 year 等于 2003 的数据。

⑧ 删除变量值 year 大于 2004 且变量值 shenjiao 大于 50 的数据。

第 2 章　Stata 图形绘制

众所周知，图形是对数据分析结果以及其他综合分析一种很好的展示方式。制图功能一直是 Stata 的强项，也是许多软件使用者选择该软件进行数据分析的重要理由之一。经过 Stata 公司编程人员长期不懈的努力，制图功能在 Stata 16.0 版本中已经非常完善，比较以前的版本，不仅形成图形的能力得到增强，图形输出的外观和选择也得到了大大改进。限于篇幅，本章将介绍用户常用的几种绘图功能。软件使用者常用的制图功能有直方图、散点图、曲线标绘图、连线标绘图、箱图、饼图、条形图、点图等。下面一一介绍这几种制图功能在实例中的应用。

2.1　实例一——直方图

2.1.1　直方图的功能与意义

直方图（Histogram）又称柱状图，是一种统计报告图，由一系列高度不等的纵向条纹或线段表示数据分布的情况。一般用横轴表示数据类型，纵轴表示分布情况。通过绘制直方图，可以较为直观地传递有关数据的变化信息，使数据使用者能够较好地观察数据波动的状态，使数据决策者能够依据分析结果确定在什么地方需要集中力量改进工作。

2.1.2　相关数据来源

📹	下载资源:\video\2\2.1
🖥	下载资源:\sample\chap02\正文\案例 2.1.dta

【例 2.1】为了解我国各地区技工学校的建设情况，某课题组搜集整理了 2009 年我国 29 个省市的技工学校数量的数据，如表 2.1 所示。试通过绘制直方图来直观地反映我国技工学校的建设情况。

表 2.1　2009 年我国 29 个省市技工学校的数量

地　区	数　量
北京	38
天津	44
河北	164
山西	109
内蒙古	32
…	…
青海	18

（续表）

地　　区	数　　量
宁夏	20
新疆	60

2.1.3　Stata 分析过程

在用 Stata 进行分析之前，我们要把数据录入 Stata 中。本例中有两个变量，分别是地区和数量。我们把地区变量设定为 region，把数量变量设定为 number，变量类型及长度采取系统默认方式，然后录入相关数据。相关操作在第 1 章中已详细讲述过了。录入完成后，数据如图 2.1 所示。

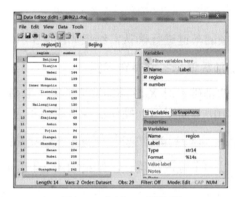

图 2.1　案例 2.1 的数据

先保存数据，然后开始展开分析，步骤如下：

01 进入 Stata 16.0，打开相关数据文件，弹出主界面。

02 在主界面的 Command 文本框中输入命令：histogram number,frequency。

03 设置完毕后，按回车键，等待输出结果。

2.1.4　结果分析

上述操作结束后，Stata 16.0 将弹出如图 2.2 所示的直方图。

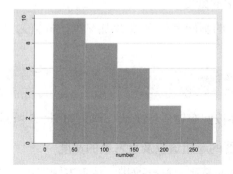

图 2.2　直方图 1

通过观察直方图，可以比较轻松地看出我国技工学校的建设情况，某省市拥有技工学校的数量和与之处于同一区间省市的数量是负相关的，也就是说，拥有技工学校数量较多的省市较少，拥有技工学校数量较少的省市较多。

2.1.5 案例延伸

上述的 Stata 命令比较简洁，分析过程及结果已达到解决实际问题的目的。Stata 16.0 的强大之处在于，它提供了更加复杂的命令格式以满足用户更加个性化的需求。

1．延伸1：给图形增加标题

例如，我们要给图形增加标题的名称"案例 2.1 结果"，操作命令就应该相应地修改为：

```
histogram number,frequency title("案例 2.1 结果")
```

在命令窗口输入命令并按回车键进行确认，结果如图 2.3 所示。

2．延伸2：给坐标轴增加数值标签并设定间距

例如，我们要在延伸 1 的基础上对 X 轴添加数值标签，取值为 0~300，间距为 25，对 Y 轴添加数值标签，取值为 0~10，间距为 1，操作命令就应该相应地修改为：

```
histogram number,frequency title("案例 2.1 结果")xlabel(0(25)300) ylabel(0(1)10)
```

在命令窗口输入命令并按回车键进行确认，结果如图 2.4 所示。

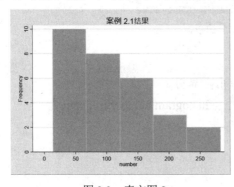

图 2.3　直方图 2

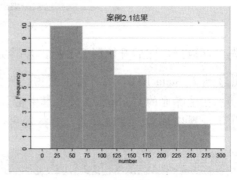

图 2.4　直方图 3

3．延伸3：显示坐标轴的刻度

例如，我们要在延伸 2 的基础上对 Y 轴添加刻度，取值为 0~10，间距为 0.5，操作命令就应该相应地修改为：

```
histogram   number,frequency   title(" 案 例   2.1  结 果 ")  xlabel(0(25)300)
ylabel(0(1)10) ytick(0(0.5)10)
```

在命令窗口输入命令并按回车键进行确认，结果如图 2.5 所示。

4．延伸4：设定直方图的起始值以及直方条的宽度

例如，我们要在延伸 3 的基础上进行改进，使直方图的第 1 个直方条从 10 开始，每一个直方条的宽度为 25，操作命令就应该相应地修改为：

```
histogram number,frequency title(" 案 例  2.1 结 果 ") xlabel(0(25)300)
ylabel(0(1)10) ytick(0(0.5)10) start(10) width(25)
```

在命令窗口输入命令并按回车键进行确认，结果如图 2.6 所示。

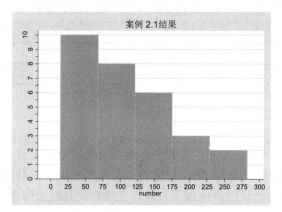

图 2.5　直方图 4

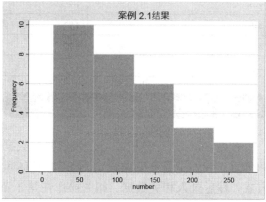

图 2.6　直方图 5

2.2　实例二——散点图

2.2.1　散点图的功能与意义

作为对数据进行预处理的重要工具之一，散点图（Scatter Diagram）的功能深受专家、学者的喜爱。散点图的简要定义是点在直角坐标系平面上的分布图。研究者对数据制作散点图的主要出发点是通过绘制该图来观察某变量随另一变量变化的大致趋势，据此可以探索数据之间的关联关系，甚至选择合适的函数对数据点进行拟合。

2.2.2　相关数据来源

	下载资源:\video\2\2.2
	下载资源:\sample\chap02\正文\案例 2.2.dta

【例 2.2】为了解某高校新入学男生的身高及体重情况，某课题组随机抽取了该校新入学的 42 名大一新生的身高及体重数据，如表 2.2 所示。试通过绘制散点图来直观地反映这些学生的身高、体重组合情况。

表 2.2　某高校的 42 名大一新生的身高及体重

编　号	身高/cm	体重/kg
1	176	67
2	185	77
3	177	77
4	165	59

（续表）

编　号	身高/cm	体重/kg
5	174	64
...	...	...
40	173	66
41	172	63
42	174	60

2.2.3　Stata 分析过程

在用 Stata 进行分析之前，我们要把数据录入 Stata 中。本例中有两个变量，分别是身高和体重。我们把身高变量设定为 SG，把体重变量设定为 TZ，变量类型及长度采取系统默认方式，然后录入相关数据。相关操作在第 1 章中已详细讲述过了。录入完成后，数据如图 2.7 所示。

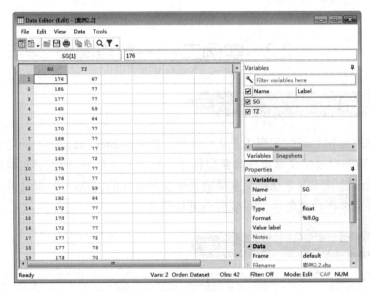

图 2.7　案例 2.2 的数据

先保存数据，然后开始展开分析，步骤如下：

01 进入 Stata 16.0，打开相关的数据文件，弹出主界面。

02 在主界面的 Command 文本框中输入命令：

```
graph twoway scatter  SG TZ
```

03 设置完毕后，按回车键，等待输出结果。

2.2.4　结果分析

上述操作结束后，Stata 16.0 将弹出如图 2.8 所示的散点图。

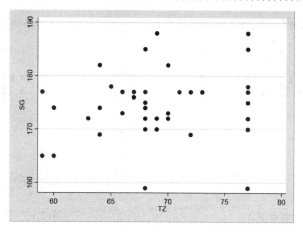

图 2.8 散点图 1

通过观察散点图，可以比较轻松地看出这些学生的身高及体重的组合情况。我们发现，大部分学生的身高处于 170cm~180cm，身高与体重之间不存在明显的相关关系，很多体重差别较大的学生身高几乎无差别，同时有很多体重相近的学生之间身高差别很大。

2.2.5 案例延伸

上述的 Stata 命令比较简洁，分析过程及结果已达到解决实际问题的目的。Stata 16.0 的强大之处在于，它提供了更加复杂的命令格式以满足用户更加个性化的需求。

1. 延伸 1：给图形增加标题、给坐标轴增加数值标签并设定间距、显示坐标轴的刻度

例如，我们要给图形增加标题的名称"案例 2.2 结果"，对 X 轴添加数值标签，取值为 56~80，间距为 2，对 Y 轴添加数值标签，取值为 150~190，间距为 10，对 Y 轴添加刻度，间距为 5，操作命令就应该相应地修改为：

```
graph twoway scatter  SG TZ,title(" 案例  2.2  结果 ") xlabel(56(2)80)
ylabel(150(10)190) ytick(150(5)190)
```

在命令窗口输入命令并按回车键进行确认，结果如图 2.9 所示。

2. 延伸 2：控制散点标志的形状

例如，我们要在延伸 1 的基础上使散点图中散点标志的形状变为实心菱形，操作命令就应该相应地修改为：

```
graph twoway scatter  SG TZ,title(" 案例  2.2  结果 ") xlabel(56(2)80)
ylabel(150(10)190) ytick(150(5)190) msymbol(D)
```

在命令窗口输入命令并按回车键进行确认，结果如图 2.10 所示。

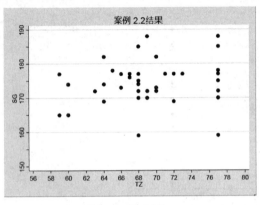

图 2.9　散点图 2

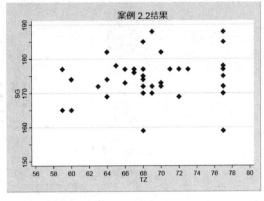

图 2.10　散点图 3

在上面的例子中，命令中的 D 代表的是实心菱形。散点标志的其他常用可选形状与对应命令缩写如表 2.3 所示。

表 2.3　形状与对应命令

缩　写	描　述	缩　写	描　述	缩　写	描　述
X	大写字母X	S	实心方形	th	空心小三角形
Th	空心三角	oh	空心小圆圈	sh	空心方形
T	实心三角	p	很小的点	dh	空心小菱形

3．延伸 3：控制散点标志的颜色

例如，我们要在延伸 2 的基础上进行改进，使散点标志的颜色变为黄色，操作命令就应该相应地修改为：

```
graph twoway scatter  SG TZ,title(" 案 例  2.2 结 果 ") xlabel(56(2)80)
ylabel(150(10)190) ytick(150(5)190) msymbol(D) mcolor(yellow)
```

在命令窗口输入命令并按回车键进行确认，结果如图 2.11 所示。

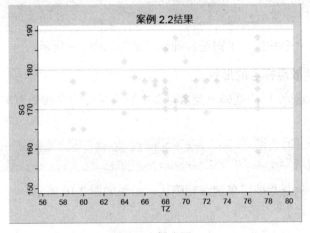

图 2.11　散点图 4

更多颜色选择可在命令窗口输入命令：

```
help colorstyle
```

然后按回车键进行确认即可选择。

2.3　实例三——曲线标绘图

2.3.1　曲线标绘图的功能与意义

从形式上看，曲线标绘图与散点图的区别就是一条线来代替散点标志，这样做可以更加清晰直观地看出数据走势，但无法观察到每个散点的准确定位。从用途上看，曲线标绘图常用于时间序列分析的数据预处理，用来观察变量随时间的变化趋势。此外，曲线标绘图可以同时反映多个变量随时间的变化情况，所以曲线标绘图的应用范围还是非常广泛的。

2.3.2　相关数据来源

📹	下载资源:\video\2\2.3
💻	下载资源:\sample\chap02\正文\案例 2.3.dta

【例 2.3】某足球教练准备执教一支新球队，在执教前对拟执教球队的过往赛季进球数据进行了搜集整理，如表 2.4 所示。试通过绘制曲线标绘图来分析研究该球队的进球情况变化趋势以及对队内第 1 射手（进球最多的队员）的依赖度。

表 2.4　拟执教球队的过往赛季进球数据

年　份	总进球数	第1射手进球数
1997	69	15
1998	68	16
1999	74	16
2000	73	17
2001	59	21
…	…	…
2010	68	39
2011	70	38
2012	71	41

2.3.3　Stata 分析过程

在用 Stata 进行分析之前，我们要把数据录入 Stata 中。本例中有 3 个变量，分别是年份、总进球数和第 1 射手进球数。我们把年份变量设定为 year，把总进球数变量设定为 total，把第 1 射手进球数变量设定为 first，变量类型及长度采取系统默认方式，然后录入相关数据。相关操作在第 1 章中已详细讲述过了。录入完成后数据如图 2.12 所示。

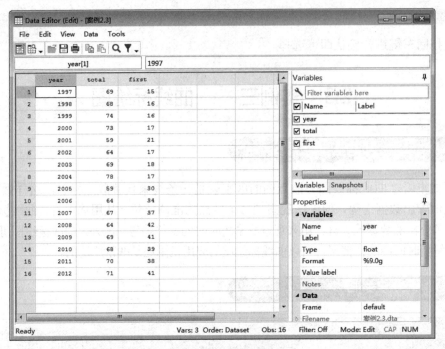

图 2.12　案例 2.3 的数据

先保存数据，然后开始展开分析，步骤如下：

01 进入 Stata 16.0，打开相关数据文件，弹出主界面。

02 在主界面的 Command 文本框中输入命令：

```
graph twoway line total first year
```

03 设置完毕后，按回车键，等待输出结果。

2.3.4　结果分析

上述操作完成后，Stata 16.0 将弹出如图 2.13 所示的曲线标绘图。

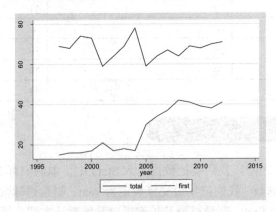

图 2.13　曲线标绘图 1

通过观察曲线图，可以比较轻松地看出本支球队的进球情况。我们发现，该球队的进球状态虽有所起伏却变化不大，但是队内第 1 射手的进球状态是在波动中上升的，这可能是原来的射手逐渐成熟、成长起来，能力得到提升，也有可能是引进了更加优秀的球员所致。从整体上看，这支球队并没有完全依赖第 1 射手进球，但是它的依赖度自 2005 年以来是有所上升的。

2.3.5　案例延伸

上述的 Stata 命令比较简洁，分析过程及结果已达到解决实际问题的目的。Stata 16.0 的强大之处在于，它提供了更加复杂的命令格式以满足用户更加个性化的需求。

1．延伸 1：给图形增加标题、给坐标轴增加数值标签并设定间距、显示坐标轴的刻度

例如，我们要给图形增加标题的名称"案例 2.3 结果"，对 X 轴添加数值标签，取值为 1997~2012，间距为 2，对 Y 轴添加数值标签，取值为 0~80，间距为 10，对 X 轴添加刻度，间距为 1，操作命令就应该相应地修改为：

```
graph twoway line  total first year,title("案例 2.3 结果") xlabel(1997(2)2012)
ylabel(0(10)80) xtick(1997(1)2012)
```

在命令窗口输入命令并按回车键进行确认，结果如图 2.14 所示。

2．延伸 2：改变变量默认标签

例如，我们要在延伸 1 的基础上使总进球数和第 1 射手进球数这两个变量的标签直接以汉字显示，从而更加清晰直观，操作命令就应该相应地修改为：

```
graph twoway line  total first year,title("案例 2.3 结果") xlabel(1997(2)2012)
ylabel(0(10)80) xtick(1997(1)2012) legend(label(1 "总进球数") label(2 "第 1 射手进
球数"))
```

在命令窗口输入命令并按回车键进行确认，结果如图 2.15 所示。

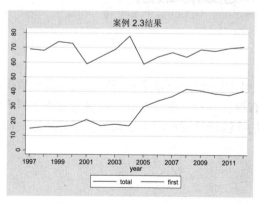

图 2.14　曲线标绘图 2

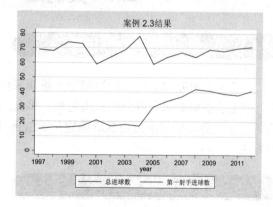

图 2.15　曲线标绘图 3

3．延伸 3：改变线条的样式

例如，我们要在延伸 2 的基础上进行改进，使第 1 射手进球数的曲线变为虚线，操作命令就应该相应地修改为：

```
graph twoway line  total first year,title("案例 2.3 结果") xlabel(1997(2)2012)
ylabel(0(10)80) xtick(1997(1)2012) legend(label(1 "总进球数") label(2 "第 1 射手进
球数")) clpattern(solid dash)
```

在命令窗口输入命令并按回车键进行确认，结果如图 2.16 所示。

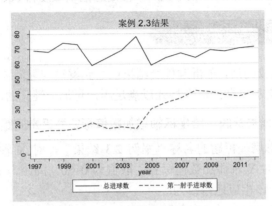

图 2.16　曲线标绘图 4

在上述命令中，solid 代表实线，对应的是第 1 个因变量 total；dash 代表虚线，对应的是第 2 个因变量 first。线条样式与其对应的命令缩写如表 2.5 所示。

表 2.5　线条样式与命令缩写

线条样式	命令缩写	线条样式	命令缩写	线条样式	命令缩写
实线	solid	点划线	dash_dot	长划线	longdash
虚线	dash	短划线	shortdash	长划点线	longdash_dot
点线	line	短划点线	shortdash_dot	不可见的线	blank

2.4　实例四——连线标绘图

2.4.1　连线标绘图的功能与意义

在 2.3 节中提到了曲线标绘图用一条线来代替散点标志，可以更加清晰直观地看出数据走势，但无法观察到每个散点的准确定位。那么，有没有一种作图方式既可以满足观测数据走势的需要，又能实现每个散点的准确定位？Stata 的连线标绘图制图方法就提供了解决这一问题的方法。

2.4.2　相关数据来源

	下载资源:\video\2\2.4
	下载资源:\sample\chap02\正文\案例 2.4.dta

【例 2.4】A 市旅游局决定对辖区内某一王牌旅游景点进行游客量调查，调查得到的数据

经整理后如表2.6所示。试通过绘制连线标绘图来分析研究该景点的游客量随季节的变化情况。

表2.6　某旅游景点各月份旅游人次

月份	游客量/人/次
1	1779
2	2339
3	2559
4	3429
5	5689
…	…
10	6798
11	2794
12	1986

2.4.3　Stata 分析过程

在用 Stata 进行分析之前，我们要把数据录入 Stata 中。本例中有两个变量，分别是月份和游客量。我们把月份变量设定为 month，把游客量变量设定为 number，变量类型及长度采取系统默认方式，然后录入相关数据。相关操作在第 1 章中已详细讲述过了。录入完成后数据如图 2.17 所示。

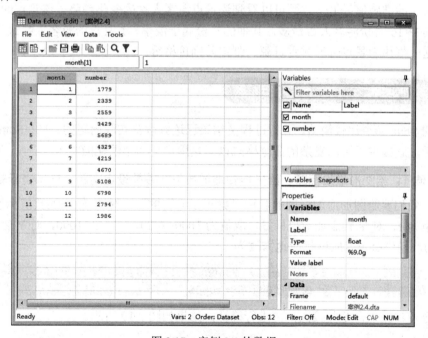

图 2.17　案例 2.4 的数据

先保存数据，然后开始展开分析，步骤如下：

01 进入 Stata 16.0，打开相关数据文件，弹出主界面。

02 在主界面的 Command 文本框中输入命令：

```
graph twoway connected number month
```

03 设置完毕后，按回车键，等待输出结果。

2.4.4 结果分析

上述操作完成后，Stata 16.0 将弹出如图 2.18 所示的连线标绘图。

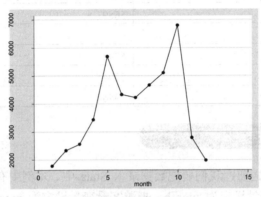

图 2.18　连线标绘图 1

通过观察连线标绘图，我们可以了解到很多信息：一方面可以清晰地看到该景点各个月份的游客人次的准确值；另一方面可以看到该景点游客人次的变化趋势。该景点的 5~10 月份是旺季，其中 10 月份游客人数最多，其他的月份属于淡季，1 月份的游客人数最低。决策者可以根据这一规律为景点合理配置资源、制定差别价格等。

2.4.5 案例延伸

上述的 Stata 命令比较简洁，分析过程及结果已达到解决实际问题的目的。Stata 16.0 的强大之处在于，它提供了更加复杂的命令格式以满足用户更加个性化的需求。

1．延伸 1：给图形增加标题、给坐标轴增加数值标签并设定间距、显示坐标轴的刻度

例如，我们要给图形增加标题的名称"案例 2.4 结果"，对 X 轴添加数值标签，取值为 1~12，间距为 1，对 Y 轴添加数值标签，取值为 1000~7000，间距为 1000，对 Y 轴添加刻度，间距为 500，操作命令就应该相应地修改为：

```
graph twoway connected  number month,title("案例 2.4 结果") xlabel(1(1)12)
ylabel(1000(1000)7000) ytick(1000(500)7000)
```

在命令窗口输入命令并按回车键进行确认，结果如图 2.19 所示。

2．延伸 2：改变线条的样式

例如，我们要在延伸 1 的基础上进行改进，使游客量的曲线变为虚线，操作命令就应该相应地修改为：

```
graph twoway connected  number month,title("案例 2.4 结果") xlabel(1(1)12)
ylabel(1000(1000)7000) ytick(1000(500)7000) clpattern(dash)
```

在命令窗口输入命令并按回车键进行确认，结果如图2.20所示。

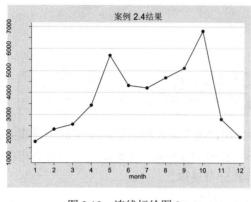

图2.19　连线标绘图2

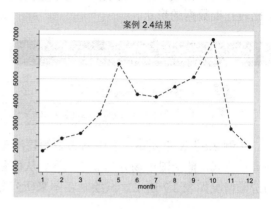

图2.20　连线标绘图3

3．延伸3：控制散点标志的形状

例如，我们要在延伸2的基础上使连线标绘图中散点标志的形状变为实心菱形，操作命令就应该相应地修改为：

```
graph twoway connected  number month,title("案例 2.4 结果") xlabel(1(1)12)
ylabel(1000(1000)7000) ytick(1000(500)7000) clpattern(dash) msymbol(D)
```

在命令窗口输入命令并按回车键进行确认，结果如图2.21所示。

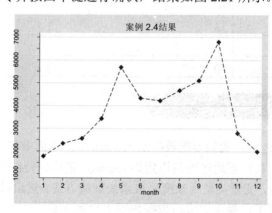

图2.21　连线标绘图4

2.5　实例五——箱图

2.5.1　箱图的功能与意义

箱图（Box-Plot）又称为盒须图、盒式图或箱线图，是一种用于显示一组数据分散情况的统计图。箱图很形象地分为中心、延伸以及分部状态的全部范围，提供了一种只用 5 个点对数据集进行简单总结的方式，这 5 个点包括中点、Q1、Q3 以及分部状态的高位和低位。数据分析者通过绘制箱图不仅可以直观明了地识别数据中的异常值，还可以判断数据的偏态、尾重以及比较几批数据的形状。

2.5.2 相关数据来源

下载资源:\video\2\2.5	
下载资源:\sample\chap02\正文\案例 2.5.dta	

【例 2.5】X 集团是一家国内大型销售汽车的公司，该公司在组织架构上采取的是事业部制管理方式，把全国市场分为 3 个大区，从而督导各省市的分公司。该集团在全国各省市的市场份额情况如表 2.7 所示。试绘制箱图来研究分析其分布规律。

表 2.7　某集团各大分区的市场份额情况

地　区	市场份额	所属大区
北京	38	1
天津	44	1
河北	22	1
山西	8	1
内蒙古	32	1
...	...	...
青海	18	3
宁夏	20	3
新疆	60	3

2.5.3 Stata 分析过程

在用 Stata 进行分析之前，我们要把数据录入 Stata 中。本例中有 3 个变量，分别是地区、市场份额以及所属大区。我们把地区变量设定为 region，把市场份额变量设定为 SCFE，把所属大区变量设定为 Center，变量类型及长度采取系统默认方式，然后录入相关数据。相关操作在第 1 章中已详细讲述过了。录入完成后数据如图 2.22 所示。

先保存数据，然后开始展开分析，步骤如下：

01 进入 Stata 16.0，打开相关数据文件，弹出主界面。

02 在主界面的 Command 文本框中输入命令：

```
graph box SCFE
```

03 设置完毕后，按回车键，等待输出结果。

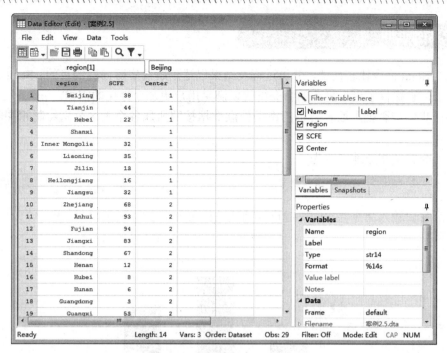

图 2.22　案例 2.5 的数据

2.5.4　结果分析

上述操作完成后，Stata 16.0 将弹出如图 2.23 所示的箱图。

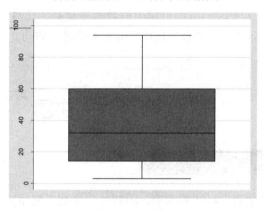

图 2.23　箱图 1

通过观察箱图可以了解到很多信息，箱图把所有的数据分成了 4 部分，第 1 部分是从顶线到箱子的上部，这部分数据值在全体数据中排名前 25%；第 2 部分是从箱子的上部到箱子中间的线，这部分数据值在全体数据中排名 25%以下、50%以上；第 3 部分是从箱子中间的线到箱子的下部，这部分数据值在全体数据中排名 50%以下、75%以上；第 4 部分是从箱子的底部到底线，这部分数据值在全体数据中排名后 25%。顶线与底线的间距在一定程度上表示了数据的离散程度，间距越大就越离散。就本例而言，我们可以看到该公司市场份额的中位数在32%左右，市场份额最高的省市可达到 90%左右。

2.5.5　案例延伸

上述的 Stata 命令比较简洁，分析过程及结果已达到解决实际问题的目的。Stata 16.0 的强大之处在于，它提供了更加复杂的命令格式以满足用户更加个性化的需求。

延伸：我们能否把上面各省市的市场份额数据按照所属各个大区分别绘制箱图呢？答案是肯定的。

操作命令应该相应地修改为：

```
graph box  SCFE,over( Center)
```

在命令窗口输入命令并按回车键进行确认，结果如图 2.24 所示。

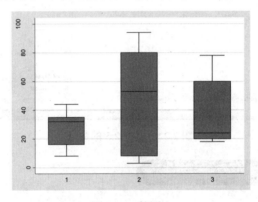

图 2.24　箱图 2

从该图中可以看出第 2 大区的市场份额中位数水平最高，第 3 大区的市场份额中位数水平最低，第 1 大区的市场份额中位数水平居中。第 2 大区各个省市之间的市场份额情况相对存在较大差异。

2.6　实例六——饼图

2.6.1　饼图的功能与意义

饼图是数据分析中常见的一种经典图形，因其外形类似于圆饼而得名。在数据分析中，很多时候需要分析数据总体的各个组成部分的占比，我们可以通过各个部分与总额相除来计算，但这种数学比例的表示方法相对抽象，Stata 16.0 提供了饼形制图工具，能够直接以图形的方式显示各个组成部分所占的比例，更为重要的是，由于采用图形的方式，因此更加形象直观。

2.6.2　相关数据来源

📹	下载资源:\video\2\2.6
📀	下载资源:\sample\chap02\正文\案例 2.6.dta

【例2.6】B股份有限公司是一家资产规模巨大的国内上市公司，公司采取多元化经营的成长型发展战略，经营范围包括餐饮、房地产、制造等，公司采取区域事业部制的组织架构，在东部、中部、西部都有自己的分部，较为独立地负责本部各产业的具体运营。该公司各大分部的具体营业收入数据如表2.8所示。试通过绘制饼图的方式研究该公司各产业的占比情况。

表2.8　某公司各大分部的市场份额情况

地　区	餐饮业营业收入/万元	房地产业营业收入/万元	制造业营业收入/万元
东部	2089	9845	10234
中部	828	6432	7712
西部	341	1098	1063

2.6.3　Stata 分析过程

在用Stata进行分析之前，我们要把数据录入Stata中。本例中有4个变量，分别是地区、餐饮业营业收入、房地产业营业收入以及制造业营业收入。我们把地区变量设定为region，把餐饮业营业收入变量设定为CANYIN，把房地产业营业收入变量设定为FANGCHAN，把制造业营业收入变量设定为ZHIZAO，变量类型及长度采取系统默认方式，然后录入相关数据。相关操作在第1章中已详细讲述过了。录入完成后数据如图2.25所示。

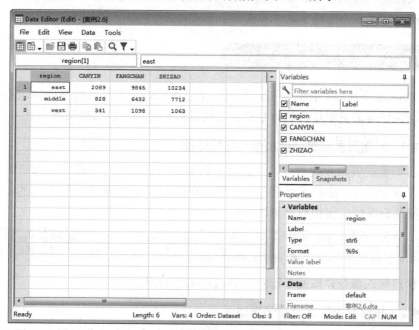

图2.25　案例2.6的数据

先保存数据，然后开始展开分析，步骤如下：

01 进入Stata 16.0，打开相关数据文件，弹出主界面。

02 在主界面的Command文本框中输入命令：

```
graph pie CANYIN FANGCHAN ZHIZAO
```

03 设置完毕后，按回车键，等待输出结果。

2.6.4 结果分析

上述操作完成后，Stata 16.0 会弹出如图 2.26 所示的饼图。

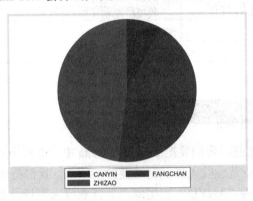

图 2.26 饼图 1

通过观察饼图，我们可以比较轻松地看出企业的主营业务，该企业的两个支柱产业是制造业和房地产，餐饮业占比较小。

2.6.5 案例延伸

上述的 Stata 命令比较简洁，分析过程及结果已达到解决实际问题的目的。Stata 16.0 的强大之处在于，它提供了更加复杂的命令格式以满足用户更加个性化的需求。

1．延伸 1：对图形展示进行更加个性化的设置

例如，我们要把餐饮业的营业收入占比突出显示，把房地产业营业收入的饼颜色改为黄色，给餐饮业营业收入和房地产业营业收入的饼在距中心 20 个相对半径单位的位置处加上百分比标签，操作命令就应该相应地修改为：

```
graph pie  CANYIN FANGCHAN ZHIZAO,pie(1,explode) pie(2,color(yellow)) plabel(1
percent,gap(20)) plabel(2 percent,gap(20))
```

在命令窗口输入命令并按回车键进行确认，结果如图 2.27 所示。

2．延伸 2：按照分类变量分别画出饼图

例如，我们要在延伸 1 的基础上通过绘制饼图的方式研究该公司每个分部内各个产业的占比情况，操作命令就应该相应地修改为：

```
graph pie  CANYIN FANGCHAN ZHIZAO,pie(1,explode) pie(2,color(yellow)) plabel(1
percent,gap(20)) plabel(2 percent,gap(20)) by( region)
```

在命令窗口输入命令并按回车键进行确认，结果如图 2.28 所示。

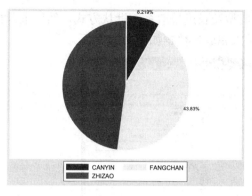

图 2.27　饼图 2

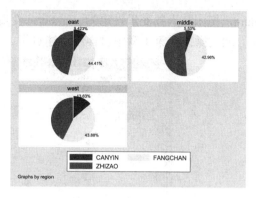

图 2.28　饼图 3

在上面的结果中，可以看到该公司每个分部各个产业的占比情况。例如，东部地区，观测左上方的 east 图就可以得到想要的答案。

2.7　实例七——条形图

2.7.1　条形图的功能与意义

相对于前面提到的箱图，条形图（Bar Chart）本身所包含的信息相对较少，但是它们仍然为平均数、中位数、合计数或计数等多种概要统计提供了简单又多样化的展示，所以条形图也深受研究者的喜爱，经常出现在研究者的论文或者调查报告中。

2.7.2　相关数据来源

📹	下载资源:\video\2\2.7
💻	下载资源:\sample\chap02\正文\案例 2.7.dta

【例 2.7】某地方商业银行内设立 4 个营销团队，分别为 A、B、C、D，其营业净收入以及团队人数的具体情况如表 2.9 所示。试通过绘制条形图的方式来对比分析各团队的工作业绩。

表 2.9　某银行各营销团队营业净收入情况

团队名称	营业净收入/万元	团队人数/人
A	1899	1000
B	2359	1100
C	3490	1200
D	6824	1200

2.7.3　Stata 分析过程

在用 Stata 进行分析之前，我们要把数据录入 Stata 中。本例中有 3 个变量，分别是团队名称、营业净收入以及团队人数。我们把团队名称变量设定为 team，把营业净收入变量设定为 sum，把团队人数变量设定为 number，变量类型及长度采取系统默认方式，然后录入相关数据。相关操作在第 1 章中已详细讲述过了。录入完成后数据如图 2.29 所示。

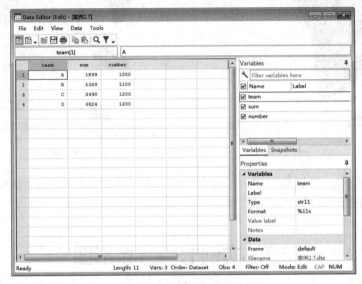

图 2.29　案例 2.7 的数据

先保存数据，然后开始展开分析，步骤如下：

01 进入 Stata 16.0，打开相关数据文件，弹出主界面。

02 在主界面的 Command 文本框中输入命令：

```
graph bar  sum,over( team)
```

03 设置完毕后，按回车键，等待输出结果。

2.7.4　结果分析

上述操作完成后，Stata 16.0 会弹出如图 2.30 所示的条形图。

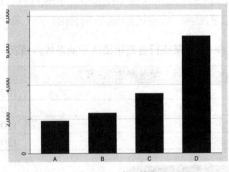

图 2.30　条形图 1

通过观察该条形图，我们可以比较轻松地看出该地方商业银行的 4 个团队的总体工作业绩，其中 D 团队成绩最好，C 其次，B 再次，A 最差。

2.7.5 案例延伸

上述的 Stata 命令比较简洁，分析过程及结果已达到解决实际问题的目的。Stata 16.0 的强大之处在于，它提供了更加复杂的命令格式以满足用户更加个性化的需求。

1. 延伸 1：给图形增加标题、给坐标轴增加数值标签并设定间距、显示坐标轴的刻度

例如，我们要给图形增加标题的名称"案例 2.7 结果"，对 Y 轴添加数值标签，取值为 1000~7000，间距为 1000，对 Y 轴添加刻度，间距为 500，操作命令就应该相应地修改为：

```
graph bar sum,over(team) title("案例 2.7 结果") ylabel(1000(1000)7000)
ytick(1000(500)7000)
```

在命令窗口输入命令并按回车键进行确认，结果如图 2.31 所示。

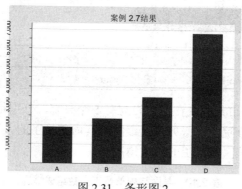

图 2.31 条形图 2

2. 延伸 2：利用条形图进行对比分析以得到更多信息

例如，我们要在延伸 1 的基础上对问题进行深入研究，在上面的案例中得到了各团队工作总业绩的具体排名，那么这种总业绩的差异是不是由于团队人数的差异引起的？是否高工作业绩的团队配备了更多的员工？下面我们采用新的命令分析一下。操作命令改为：

```
graph bar sum number,over(team) title("案例 2.7结果") ylabel(1000(1000)7000)
ytick(1000(500)7000)
```

在命令窗口输入命令并按回车键进行确认，结果如图 2.32 所示。

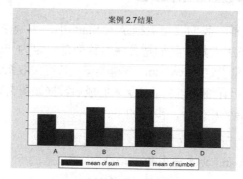

图 2.32 条形图 3

在上面的结果中，我们可以看到该商业银行各团队之间人数的差别是不明显的，也就是说，各团队工作业绩的巨大差别并不是明显地由各团队的员工数量差别引起的。

2.8 实例八——点图

2.8.1 点图的功能与意义

点图（Dot Plot）的功能与作用是和前面提到的条形图类似的，都是用来直观地比较一个或者多个变量的概要统计情况。点图应用广泛，经常出现在政府机关或者咨询机构发布的预测报告中。

2.8.2 相关数据来源

下载资源:\video\2\2.8
下载资源:\sample\chap02\正文\案例 2.8.dta

【例 2.8】山东省济南市某医院在市内设立有 5 个分院，分别是历下分院、历城分院、天桥分院、槐荫分院、高新分院，以服务各区市民，其内部员工的人数组成如表 2.10 所示。试通过绘制点图按分院分析该医院员工的组成情况。

表 2.10　某医院内部员工人数组成情况

分院名称	男员工人数	女员工人数
历下分院	56	61
历城分院	67	68
天桥分院	66	71
槐荫分院	59	67
高新分院	78	81

2.8.3 Stata 分析过程

在用 Stata 进行分析之前，我们要把数据录入 Stata 中。本例中有 3 个变量，分别是分院名称、男员工人数以及女员工人数。我们把分院名称变量设定为 name，把男员工人数变量设定为 man，把女员工人数变量设定为 woman，变量类型及长度采取系统默认方式，然后录入相关数据。相关操作在第 1 章中已详细讲述过了。录入完成后数据如图 2.33 所示。

先保存数据，然后开始展开分析，步骤如下：

01 进入 Stata 16.0，打开相关数据文件，弹出主界面。

02 在主界面的 Command 文本框中输入命令：

```
graph dot  man wowan,over( name)
```

03 设置完毕后，按回车键，等待输出结果。

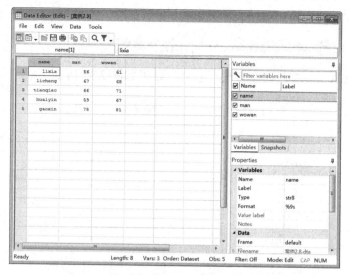

图 2.33　案例 2.8 的数据

2.8.4　结果分析

上述操作完成后，Stata 16.0 会弹出如图 2.34 所示的点图。

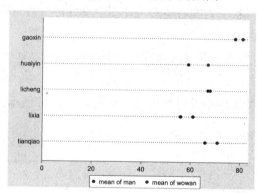

图 2.34　点图 1

通过观察该点图，可以比较轻松地看出很多信息：第一，各个分院的女员工人数都比男员工人数多，因为代表女员工的点都在代表男员工的点的右侧；第二，高新分院不论是男员工还是女员工，人数都是最多的；第三，历下分院不论是男员工还是女员工，人数都是最少的。

2.8.5　案例延伸

上述的 Stata 命令比较简洁，分析过程及结果已达到解决实际问题的目的。Stata 16.0 的强大之处在于，它提供了更加复杂的命令格式以满足用户更加个性化的需求。

1. 延伸1：给图形增加标题

例如，我们要给图形增加标题名称"案例2.8结果"，操作命令就应该相应地修改为：

```
graph dot  man wowan,over( name) title("案例 2.8 结果")
```

在命令窗口输入命令并按回车键进行确认，结果如图2.35所示。

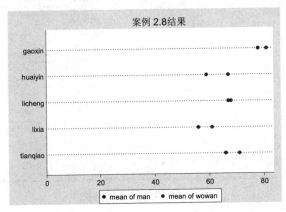

图2.35　点图2

2. 延伸2：控制散点标志的形状

此处与散点图略有不同，我们需要用到marker命令。例如，我们要在延伸1的基础上使图中男性员工散点标志的形状变为实心菱形，使图中女性员工散点标志的形状变为实心三角，操作命令就应该相应地修改为：

```
graph dot  man wowan,over( name) title("案例 2.8 结果") marker(1,msymbol(D))
marker(2,msymbol(T))
```

在命令窗口输入命令并按回车键进行确认，结果如图2.36所示。

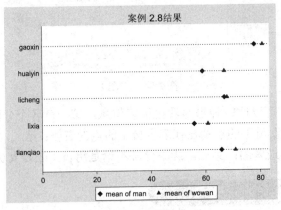

图2.36　点图3

2.9　本章习题

（1）为了解我国各地区的电力消费情况，某课题组搜集整理了2009年我国29个省市的电力消费数据，如表2.11所示。试通过绘制直方图来直观地反映我国各地区的电力消费情况。

表2.11　2009年我国29省市的电力消费情况

地　区	电力消费/亿千瓦时
北京	739.146
天津	550.156
河北	2343.85
山西	1267.54
内蒙古	1287.93
…	…
青海	337.237
宁夏	462.958
新疆	547.877

（2）为了解某班级学生的学习情况，教师对该班的学生举行了一次封闭式测验，成绩如表2.12所示。试通过绘制散点图来直观地反映这些学生的语文、数学成绩的组合情况。

表2.12　某班级学生的学习成绩

编　号	语文成绩	数学成绩
1	99	67
2	97	77
3	90	77
4	67	59
5	67	64
…	…	…
40	66	89
41	63	69
42	60	91

（3）某山村有每年自行进行人口普查的习惯，该山村近些年的人口数据如表2.13所示。试通过绘制曲线标绘图来分析研究该山村的人口情况变化趋势以及新生儿对总人口数的影响程度。

表2.13　某山村人口普查资料

年　份	总　人　数	新生儿数
1997	128	15
1998	138	16
1999	144	16
2000	156	17
2001	166	21
…	…	…
2010	210	39
2011	215	38
2012	219	41

（4）某课题研究组准备对我国上市公司的数量情况进行调查研究，调查得到的数据经整理后如表 2.14 所示。试通过绘制连线标绘图来分析研究我国上市公司数量的变化情况。

表2.14 我国上市公司数量（1998—2009 年）

年　份	上市公司数量
1998	851
1999	949
2000	1088
2001	1160
2002	1224
…	…
2007	1550
2008	1625
2009	1718

（5）T 集团是一家国内大型旅游公司，该公司在组织架构上采取的是事业部制管理方式，把全国各分支机构分为 3 个大区，由各分区督导各省市分公司。T 集团在全国各省市的营业额情况如表 2.15 所示。试绘制箱图来研究分析其分布规律。

表2.15 T 集团各省市的营业额情况

地　区	营业额/万元	所属大区
北京	98	1
天津	64	1
河北	39	1
山西	18	1
内蒙古	69	1
…	…	…
青海	39	3
宁夏	18	3
新疆	69	3

（6）Y 公司是一家饮料代理销售公司，公司销售范围包括可乐、奶茶、牛奶等，公司采取区域事业部制的组织架构，在东部、中部、西部都有自己的分部，较为独立地负责本部各产品的具体运营。该公司各大分部的具体营业收入数据如表 2.16 所示。试通过绘制饼图的方式研究该公司各饮料的销售占比情况。

表2.16 Y 公司各饮料的销售占比情况

地　区	可乐销售收入/万元	奶茶销售收入/万元	牛奶销售收入/万元
东部	1998	10 235	9837
中部	928	7780	6573
西部	361	1098	1076

（7）某集团内设 4 个产品部，分别为 A、B、C、D，其创造利润以及部门人数的具体情况如表 2.17 所示。试通过绘制条形图的方式来对比分析各部门的工作业绩。

表 2.17 某集团各部门的营业净收入情况

产 品 部	创造利润/万元	部门人数
A	1143	1028
B	1259	1245
C	1359	1241
D	1478	1200

（8）某银行在国内设有 5 家分行，分别是山东分行、陕西分行、山西分行、北京分行、天津分行，以便为广大客户服务，其内部员工人数的组成结构如表 2.18 所示。试通过绘制点图按分行分析该银行员工的组成情况。

表 2.18 某银行内部员工人数组成情况

分行名称	男员工人数	女员工人数
山东分行	138	152
陕西分行	234	259
山西分行	159	186
北京分行	67	99
天津分行	98	108

第 3 章　Stata 描述统计

在进行数据分析时，当研究者得到的数据量很小时，可以通过直接观察原始数据来获得所有的信息。但是当得到的数据量很大时，就必须借助各种描述指标来完成对数据的描述工作。用少量的描述指标来概括大量的原始数据，对数据展开描述的统计分析方法被称为描述性统计分析。变量的性质不同，Stata 描述性分析处理的方式也不一样。本章将要介绍的描述统计分析方法包括定距变量的描述性统计、正态性检验和数据转换、单个分类变量的汇总、两个分类变量的列联表分析、多表和多维列联表分析等。下面一一介绍这几种方法在实例中的应用。

3.1　实例一——定距变量的描述性统计

3.1.1　定距变量的描述性统计功能与意义

数据分析中的大部分变量都是定距变量，通过进行定距变量的基本描述性统计，我们可以得到数据的概要统计指标，包括平均值、最大值、最小值、标准差、百分位数、中位数、偏度系数和峰度系数等。数据分析者通过获得这些指标，可以从整体上对拟分析的数据进行宏观把握，从而为后续进行更深入的数据分析做好必要的准备。

3.1.2　相关数据来源

🎥	下载资源:\video\3\3.1
💾	下载资源:\sample\chap03\正文\案例 3.1.dta

【例 3.1】为了解我国各地区的电力消费情况，某课题组搜集整理了 2009 年我国 31 个省市的电力消费量的有关数据，如表 3.1 所示。试通过对数据进行基本描述性分析来了解我国各地区电力消费的基本情况。

表 3.1　2009 年我国 31 个省市的电力消费量的有关数据

地　区	电力消费量/亿千瓦时
北京	739.146
天津	550.156
河北	2343.85
山西	1267.54
内蒙古	1287.93
…	…
青海	337.237

（续表）

地　区	电力消费量/亿千瓦时
宁夏	462.958
新疆	547.877

3.1.3　Stata 分析过程

在用 Stata 进行分析之前，我们要把数据录入 Stata 中。本例中有两个变量，分别是地区和电力消费量。我们把地区变量设定为 region，把电力消费量变量设定为 cunsumption，变量类型及长度采取系统默认方式，然后录入相关数据。相关操作在第 1 章中已详细讲述过了。录入完成后数据如图 3.1 所示。

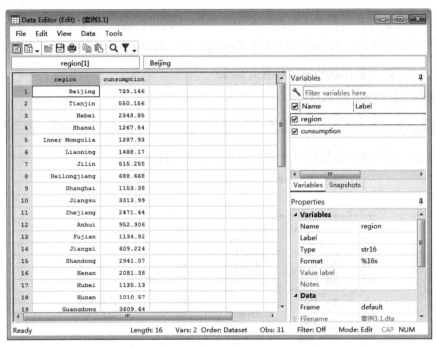

图 3.1　案例 3.1 的数据

先保存数据，然后开始展开分析，步骤如下：

01 进入 Stata 16.0，打开相关数据文件，弹出主界面。

02 在主界面的 Command 文本框中输入命令：

```
summarize cunsumption
```

03 设置完毕后，按回车键，等待输出结果。

3.1.4　结果分析

在 Stata 16.0 主界面的结果窗口中可以看到如图 3.2 所示的分析结果。

```
. summarize cunsumption
```

Variable	Obs	Mean	Std. Dev.	Min	Max
cunsumption	31	1180.489	903.5561	17.6987	3609.642

图 3.2　分析结果图

通过观察分析结果，我们可以对 2009 年我国各地区的电力消费量情况有一个整体初步的了解。从结果可以看出，有效观测样本共有 31 个，2009 年我国各地区电力消费量的平均值为 1180.489 亿千瓦时，样本的标准差是 903.5561，样本的最小值是 17.6987，样本的最大值是 3609.642。

3.1.5　案例延伸

上述的 Stata 命令比较简洁，分析过程及结果已达到解决实际问题的目的。Stata 16.0 的强大之处在于，它提供了更加复杂的命令格式以满足用户更加个性化的需求。

1. 延伸 1：获得更详细的描述性统计结果

操作命令可以相应地修改为：

```
summarize cunsumption,detail
```

在命令窗口输入命令并按回车键进行确认，结果如图 3.3 所示。

```
. summarize cunsumption,detail
```

		cunsumption		
	Percentiles	Smallest		
1%	17.6987	17.6987		
5%	133.7675	133.7675		
10%	462.9585	337.2368	Obs	31
25%	550.1556	462.9585	Sum of Wgt.	31
50%	891.1902		Mean	1180.489
		Largest	Std. Dev.	903.5561
75%	1324.61	2471.438		
90%	2471.438	2941.067	Variance	816413.7
95%	3313.986	3313.986	Skewness	1.309032
99%	3609.642	3609.642	Kurtosis	3.889152

图 3.3　分析结果图

从上面的分析结果中可以得到更多信息：

（1）百分位数（Percentiles）

可以看出数据的第 1 个四分位数（25%）是 550.1556，数据的第 2 个四分位数（50%）是 891.1902，数据的第 3 个四分位数（75%）是 1324.61。数据的百分位数的含义是低于该数据值的样本在全体样本中的百分比。例如，本例中 25%分位数的含义是全体样本中有 25%的数据值低于 550.1556。

（2）4 个最小值（Smallest）

本例中，最小的 4 个数据值分别是 17.6987、133.7675、337.2368、462.9585。

（3）4个最大值（Largest）

本例中，最大的4个数据值分别是3609.642、3313.986、2941.067、2471.438。

（4）平均值（Mean）和标准差（Std. Dev）

与前面的分析结果一样，样本数据的平均值为1180.489，样本数据的标准差是903.5561。

（5）偏度（Skewness）和峰度（Kurtosis）

偏度的概念是表示不对称的方向和程度。如果偏度值大于0，那么数据就具有正偏度（右边有尾巴）；如果偏度值小于0，那么数据就具有负偏度（左边有尾巴）；如果偏度值等于0，那么数据将呈对称分布。本例中，数据偏度为1.309032，为正偏度但不大。

峰度的概念用来表示尾重，是与正态分布结合在一起进行考虑的。正态分布是一种对称分布，它的峰度值正好等于3，如果某数据的峰度值大于3，那么该分布将会有一个比正态分布更长的尾巴；如果某数据的峰度值小于3，那么该分布将会有一个比正态分布更短的尾巴。本例中，数据峰度为3.889152，有一个比正态分布更长的尾巴。

2．延伸2：根据自己的需要获取相应的概要统计指标

例如，我们想观察各地区电力消费量数据的平均数、总和、极差、方差等数据，那么操作命令可以相应地修改为：

```
tabstat cunsumption,stats(mean range sum var)
```

在命令窗口输入命令并按回车键进行确认，结果如图3.4所示。

```
. tabstat  cunsumption,stats(mean range sum var)

    variable |      mean      range       sum  variance
-------------+----------------------------------------
 cunsumption |  1180.489   3591.944  36595.15  816413.7
```

图3.4　分析结果图

从上面的分析结果中可以得到更多信息，该样本数据的均值是1180.489，极差是3591.944，总和是36595.15，方差是816413.7。

统计量与其对应的命令代码如表3.2所示。

表3.2　统计量与其对应的命令代码

统 计 量	命令代码	统 计 量	命令代码	统 计 量	命令代码
均值	mean	非缺失值总数	count	计数	n
总和	sum	最大值	max	最小值	min
极差	range	标准差	sd	方差	var
变异系数	cv	标准误	semean	偏度	skewness
峰度	kurtosis	中位数	median	第1个百分位数	p1
四分位距	iqr	四分位数	q		

3．延伸3：按另一变量分类列出某变量的概要统计指标

例如，我们要在延伸2的基础上按各个省市分别列出数据的概要统计指标，那么操作命

令就应该相应地修改为：

```
tabstat  cunsumption,stats(mean range sum var) by(region)
```

在命令窗口输入命令并按回车键进行确认，结果如图3.5所示。

```
. tabstat  cunsumption,stats(mean range sum var) by(region)

Summary for variables: cunsumption
    by categories of: region
```

region	mean	range	sum	variance
Anhui	952.3056	0	952.3056	.
Beijing	739.1465	0	739.1465	.
Chongqing	533.7976	0	533.7976	.
Fujian	1134.918	0	1134.918	.
Gansu	705.5127	0	705.5127	.
Guangdong	3609.642	0	3609.642	.
Guangxi	856.3511	0	856.3511	.
Guizhou	750.3007	0	750.3007	.
Hainan	133.7675	0	133.7675	.
Hebei	2343.847	0	2343.847	.
Heilongjiang	688.668	0	688.668	.
Henan	2081.375	0	2081.375	.
Hubei	1135.127	0	1135.127	.
Hunan	1010.57	0	1010.57	.
Inner Mongolia	1287.926	0	1287.926	.
Jiangsu	3313.986	0	3313.986	.
Jiangxi	609.2236	0	609.2236	.
Jilin	515.2545	0	515.2545	.
Liaoning	1488.172	0	1488.172	.
Ningxia	462.9585	0	462.9585	.
Qinghai	337.2368	0	337.2368	.
Shaanxi	740.1138	0	740.1138	.
Shandong	2941.067	0	2941.067	.
Shanghai	1153.379	0	1153.379	.
Shanxi	1267.538	0	1267.538	.
Sichuan	1324.61	0	1324.61	.
Tianjin	550.1556	0	550.1556	.
Tibet	17.6987	0	17.6987	.
Xinjiang	547.8766	0	547.8766	.
Yunnan	891.1902	0	891.1902	.
Zhejiang	2471.438	0	2471.438	.
Total	1180.489	3591.944	36595.15	816413.7

图3.5　分析结果图

4．延伸4：创建变量总体均值的置信区间

例如，我们要创建电力消费量均值的 98%的置信区间，那么操作命令就应该相应地修改为：

```
ci means cunsumption,level(98)
```

在命令窗口输入命令并按回车键进行确认，结果如图3.6所示。

```
. ci means cunsumption,level(98)
```

Variable	Obs	Mean	Std. Err.	[98% Conf. Interval]	
cunsumption	31	1180.489	162.2835	781.7159	1579.262

图3.6　分析结果图

基于本例中的观测样本，我们可以推断出总体的 98%水平的置信区间。也就是说，我们有 98%的信心可以认为数据总体的均值会落在[781.7159,1579.262]中，或者说，数据总体的均值落在区间[781.7159,1579.262]的概率是 98%。读者可以根据具体需要通过改变命令中括号里面的数字来调整置信水平的大小。

3.2　实例二——正态性检验和数据转换

3.2.1　正态性检验和数据转换功能与意义

随着科技的不断发展和计算方法的不断改进，学者们探索出了很多统计分析方法和分析程序。但是有相当多的统计程序对数据要求比较严格，它们只有在变量服从或者近似服从正态分布的时候才是有效的，所以在对整理收集的数据进行预处理的时候需要对它们进行正态检验，如果数据不满足正态分布假设，我们就要对数据进行必要的转换。数据转换分为线性转换与非线性转换两种，其中线性转换比较简单，我们在第 1 章中也有所涉及。本节将要讲述的是数据的非线性转换在实例中的应用。

3.2.2　相关数据来源

	下载资源:\video\3\3.2
	下载资源:\sample\chap03\正文\案例 3.2.dta

【例 3.2】为了解我国各地区公共交通的运营情况，某课题组搜集整理了我国 2009 年各省市公共交通车辆运营的数据，如表 3.3 所示。试使用 Stata 16.0 对数据进行以下操作：①对该数据进行正态分布检验；②对数据执行平方根变换方法，以获取新的数据并进行正态分布检验；③对数据执行自然对数变换方法，以获取新的数据并进行正态分布检验。

表 3.3　我国 2009 年各省市公共交通车辆运营数据

地　　区	公共交通车辆运营数/辆
北京	23 730
天津	8 118
河北	13 531
山西	6 655
内蒙古	5 558
…	…
青海	1 994
宁夏	2 133
新疆	8 082

3.2.3　Stata 分析过程

在用 Stata 进行分析之前，我们要把数据录入 Stata 中。本例中有两个变量，分别是地区和公共交通车辆运营数。我们把地区变量设定为 region，把公共交通车辆运营数设定为 sum，变量类型及长度采取系统默认方式，然后录入相关数据。相关操作在第 1 章中已详细讲述过了。录入完成后数据如图 3.7 所示。

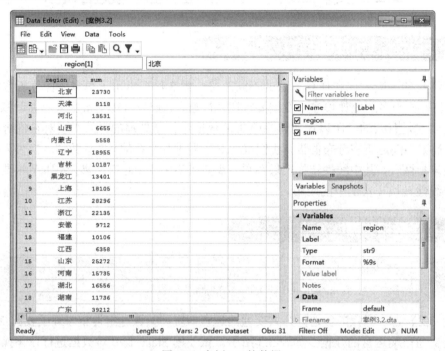

图 3.7　案例 3.2 的数据

先保存数据，然后开始展开分析，步骤如下：

01 进入 Stata 16.0，打开相关数据文件，弹出主界面。

02 在主界面的 Command 文本框中输入操作命令并按回车键进行确认。对应的命令分别如下：

- sktest sum：对该数据进行正态分布检验。
- generate srsum=sqrt(sum)：对数据执行平方根变换方法，以获取新的数据。
- sktest srsum：对获取的新数据 srsum 进行正态分布检验。
- generate lsum=ln(sum)：对数据执行自然对数变换方法，以获取新的数据。
- sktest lsum：对获取的新数据 lsum 进行正态分布检验。

3.2.4　结果分析

在 Stata 16.0 主界面的结果窗口中可以看到如图 3.8~图 3.10 所示的分析结果。

图 3.8 所示是对该数据进行正态分布检验的结果。

```
. sktest  sum
```

Skewness/Kurtosis tests for Normality

Variable	Obs	Pr(Skewness)	Pr(Kurtosis)	adj chi2(2)	joint Prob>chi2
sum	31	0.0065	0.0804	8.80	0.0123

图 3.8　分析结果图

通过观察分析图可以比较轻松地得出分析结论。本例中，sktest 命令拒绝了数据呈正态分布的原始假设。从偏度上看，Pr(Skewness)为 0.0065，小于 0.05，拒绝正态分布的原假设；从峰度上看，Pr(Kurtosis)为 0.0804，大于 0.05，接受正态分布的原假设；但是把两者结合在一起考虑，从整体上看，Prob>chi2 为 0.0123，小于 0.05，拒绝正态分布的原假设。

图 3.9 所示是对数据执行平方根变换方法，以获取新的数据并进行正态分布检验的结果。

```
. generate srsum=sqrt(sum)

. sktest srsum
```

Skewness/Kurtosis tests for Normality

Variable	Obs	Pr(Skewness)	Pr(Kurtosis)	adj chi2(2)	joint Prob>chi2
srsum	31	0.4418	0.9062	0.63	0.7293

图 3.9　分析结果图

通过观察分析图可以比较轻松地得出分析结论。本例中，sktest 命令接受了数据呈正态分布的原始假设。从偏度上看，Pr(Skewness)为 0.4418，大于 0.05，接受正态分布的原假设；从峰度上看，Pr(Kurtosis)为 0.9062，大于 0.05，接受正态分布的原假设；把两者结合在一起考虑，从整体上看，Prob>chi2 为 0.7293，大于 0.05，接受正态分布的原假设。

图 3.10 所示是对数据执行自然对数变换方法，以获取新的数据并进行正态分布检验的结果。

```
. generate lsum=ln(sum)

. sktest lsum
```

Skewness/Kurtosis tests for Normality

Variable	Obs	Pr(Skewness)	Pr(Kurtosis)	adj chi2(2)	joint Prob>chi2
lsum	31	0.0462	0.2609	5.12	0.0774

图 3.10　分析结果图

通过观察分析图可以比较轻松地得出分析结论。本例中，sktest 命令接受了数据呈正态分布的原始假设。从偏度上看，Pr(Skewness)为 0.0462，小于 0.05，拒绝正态分布的原假设；从峰度上看，Pr(Kurtosis)为 0.2609，大于 0.05，接受正态分布的原假设；把两者结合在一起考虑，从整体上看，Prob>chi2 为 0.0774，大于 0.05，接受正态分布的原假设。

3.2.5 案例延伸

上述的 Stata 命令比较简洁，分析过程及结果已达到解决实际问题的目的。Stata 16.0 的强大之处在于，它提供了更加复杂的命令格式以满足用户更加个性化的需求。

1. 延伸 1：有针对性地对数据进行变换

我们在进行数据分析时，在对初始数据进行正态性检验后，可以利用 3.1 节的相关知识得到关于数据偏度和峰度的信息，我们完全可以根据数据信息的偏态特征进行有针对性的数据变换。数据变换与其对应的 Stata 命令以及达到的效果如表 3.4 所示。

表 3.4 数据变换与其对应的 Stata 命令以及达到的效果

stata命令	数据转换	效 果
generate y=x^3	立方	减少严重负偏态
generate y=x^2	平方	减少轻度负偏态
generate y=sqrt(x)	平方根	减少轻度正偏态
generate y=ln(x)	自然对数	减少轻度正偏态
generate y=log10(old)	以10为底的对数	减少正偏态
generate y=⁻(sqrt(x))	平方根负对数	减少严重正偏态
generate y=⁻(x^-1)	负倒数	减少非严重正偏态
generate y=⁻(x^-2)	平方负倒数	减少非严重正偏态
generate y=⁻(x^-3)	立方负倒数	减少非严重正偏态

2. 延伸 2：关于 ladder 命令的介绍

此处我们介绍一个非常好用的命令：ladder。它把幂阶梯和正态分布检验有效地结合到了一起。它尝试幂阶梯上的每一种幂并逐个反馈结果是否显著地为正态或者非正态。以本例为例，操作命令如下：

```
ladder  sum
```

在命令窗口输入命令并按回车键进行确认，结果如图 3.11 所示。

```
. ladder  sum

Transformation          formula           chi2(2)        P(chi2)

cubic                   sum^3             37.26          0.000
square                  sum^2             26.32          0.000
identity                sum                8.80          0.012
square root             sqrt(sum)          0.63          0.729
log                     log(sum)           5.12          0.077
1/(square root)         1/sqrt(sum)       20.13          0.000
inverse                 1/sum             33.29          0.000
1/square                1/(sum^2)         45.24          0.000
1/cubic                 1/(sum^3)         47.92          0.000
```

图 3.11 分析结果图

在该结果中，我们可以非常轻松地看出，在 95% 的置信水平上，仅有平方根变换 square root

（P(chi2)= 0.729）以及自然对数变换 log（P(chi2)= 0.077）是符合正态分布的，其他幂次的数据变换都不能使数据显著地呈现正态分布。

3．延伸 3：关于 gladder 命令的介绍

例如，我们要在延伸 2 的基础上更直观地看出幂阶梯和正态分布检验有效结合的结果，那么操作命令就应该相应地修改为：

```
gladder sum
```

在命令窗口输入命令并按回车键进行确认，结果如图 3.12 所示。

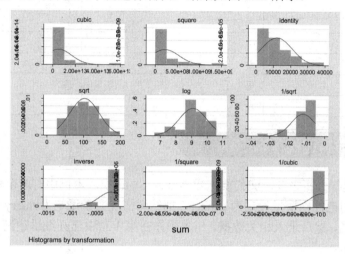

图 3.12 分析结果图

从结果中可以轻松地看出每种转换的直方图与正态分布曲线，与延伸 2 得出的结论是一致的。

3.3 实例三——单个分类变量的汇总

3.3.1 单个分类变量的汇总功能与意义

与前面提到的定距变量不同，分类变量的数值只代表观测值所属的类别，不代表其他任何含义。因此，对分类变量的描述统计方法是观察其不同类别的频数或者百分数。本节将介绍单个分类变量的汇总在实例中的应用。

3.3.2 相关数据来源

	下载资源:\video\3\3.3
	下载资源:\sample\chap03\正文\案例 3.3.dta

【例 3.3】某国有银行沈阳分行人力资源部对分行本部在岗职工的结婚情况进行了调查。

调查结果分为两类，一类代表结婚，另一类代表未婚或者离异。统计数据如表 3.5 所示。试对结婚情况这一变量进行单个变量汇总。

表 3.5　某银行沈阳分行本部在岗职工的结婚情况

编　号	性　别	结婚情况
1	女	是
2	男	是
3	男	是
4	男	否
5	男	是
…	…	…
112	女	是
113	男	是
114	女	否

3.3.3　Stata 分析过程

在用 Stata 进行分析之前，我们要把数据录入 Stata 中。本例中有两个变量，分别为性别和结婚情况。我们把性别变量设定为 gender，把结婚情况变量设定为 marry，变量类型及长度采取系统默认方式，然后录入相关数据。相关操作在第 1 章中已详细讲述过了。录入完成后数据如图 3.13 所示。

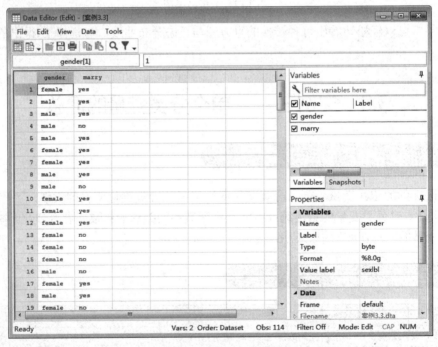

图 3.13　案例 3.3 的数据

先保存数据，然后开始展开分析，步骤如下：

01 进入 Stata 16.0，打开相关数据文件，弹出主界面。

02 在主界面的 Command 文本框中输入命令：

```
tabulate marry
```

03 设置完毕后，按回车键，等待输出结果。

3.3.4 结果分析

在 Stata 16.0 主界面的结果窗口中可以看到如图 3.14 所示的分析结果。

```
(VT town survey (Hamilton 1985))

. tabulate marry

    marry |      Freq.     Percent        Cum.
----------+-----------------------------------
       no |         45       39.47       39.47
      yes |         69       60.53      100.00
----------+-----------------------------------
    Total |        114      100.00
```

图 3.14 分析结果图 1

从分析结果中可以看出本次调查所获得的信息。可以发现该银行的分行本部共有 114 人参与了有效调查，其中处于结婚状态的有 69 位员工，占比 60.53%，处于非结婚状态的有 45 位员工，占比 39.47%。此外，结果分析表中 Cum.一栏表示的是累计百分比。

3.3.5 案例延伸

以本节所介绍的案例为基础，试对结婚情况这一变量进行单个变量汇总并附有星点图。操作命令应该为：

```
tabulate marry,plot
```

在命令窗口输入命令并按回车键进行确认，结果如图 3.15 所示。

```
. tabulate marry,plot

    marry |      Freq.
----------+------------------------------------------------------------
       no |         45   **********************************
      yes |         69   **************************************************
----------+------------------------------------------------------------
    Total |        114
```

图 3.15 分析结果图 2

从分析结果中可以看出对结婚情况这一变量进行单个变量汇总的结果以及星点图情况。

3.4 实例四——两个分类变量的列联表分析

3.4.1 两个分类变量的列联表分析功能与意义

在上节中，我们讲述了单个分类变量进行概要统计的实例，本节将以实例的方式讲解两个分类变量是如何进行概要统计的，即二维列联表。

3.4.2 相关数据来源

	下载资源:\video\3\3.4
	下载资源:\sample\chap03\正文\案例 3.4.dta

【例 3.4】为研究 A 市居民的身体情况，某课题组对 A 市居民的吸烟喝酒情况进行了调查研究，调查得到的数据经整理后如表 3.6 所示。试对该数据资料进行二维列联表分析。

表 3.6　A 市居民的吸烟喝酒情况

编　号	性　别	是否吸烟	是否喝酒
1	女	否	否
3	女	否	是
3	女	否	否
4	男	是	是
5	男	否	是
...	...	...	...
122	女	是	是
123	男	否	否
124	男	是	是

3.4.3 Stata 分析过程

在用 Stata 进行分析之前，我们要把数据录入 Stata 中。容易发现本例中有 3 个变量，分别是性别、是否吸烟以及是否喝酒。我们把性别变量设定为 gender，把是否吸烟变量设定为 smoke，把是否喝酒变量设定为 drink，变量类型及长度采取系统默认方式，然后录入相关数据。相关操作在第 1 章中已详细讲述过了。录入完成后数据如图 3.16 所示。

先保存数据，然后开始展开分析，步骤如下：

01 进入 Stata 16.0，打开相关数据文件，弹出主界面。

02 在主界面的 Command 文本框中输入命令：

```
tabulate  smoke drink
```

03 设置完毕后，按回车键，等待输出结果。

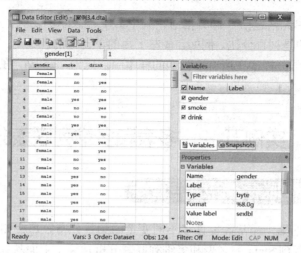

图 3.16　案例 3.4 的数据

在 Stata 16.0 主界面的结果窗口可以看到如图 3.17 所示的分析结果。

从分析结果中可以看出本次调查所获得的信息：发现共有 124 位 A 市居民参与了有效调查，其中有 68 人吸烟，有 56 人不吸烟，有 41 人喝酒，有 83 人不喝酒，具体来说，既吸烟又喝酒的居民人数为 29 人，既不吸烟又不喝酒的居民人数为 44 人，只吸烟不喝酒的居民人数为 39 人，只喝酒不吸烟的居民人数为 12 人。

3.4.5　案例延伸

上述的 Stata 命令比较简洁，分析过程及结果已达到解决实际问题的目的。Stata 16.0 的强大之处在于，它提供了更加复杂的命令格式以满足用户更加个性化的需求。

延伸：显示每个单元格的列百分比与行百分比

在本节的例子中，操作命令应该相应地修改为：

```
tabulate smoke drink,column row
```

在命令窗口输入命令并按回车键进行确认，结果如图 3.18 所示。

. tabulate smoke drink

smoke	drink no	yes	Total
no	44	12	56
yes	39	29	68
Total	83	41	124

图 3.17　分析结果图

. tabulate smoke drink,column row

Key
frequency
row percentage
column percentage

smoke	drink no	yes	Total
no	44	12	56
	78.57	21.43	100.00
	53.01	29.27	45.16
yes	39	29	68
	57.35	42.65	100.00
	46.99	70.73	54.84
Total	83	41	124
	66.94	33.06	100.00
	100.00	100.00	100.00

图 3.18　分析结果图

分析结果表中的单元格包括 3 部分信息，其中第 1 行表示的是频数，第 2 行表示的是行百分比，第 3 行表示的是列百分比。例如，最左上角的单元格的意义是：既不吸烟又不喝酒的样本个数有 44 个，这部分样本在所有不吸烟的样本中占比为 78.57%，在所有不喝酒的样本中占比为 53.01%。

3.5 实例五——多表和多维列联表分析

3.5.1 多表和多维列联表分析功能与意义

对于一些大型数据集，经常需要许多不同变量的频数分布。那么如何快速简单地实现这一目的呢？这就需要用到 Stata 的多表和多维列联表分析功能。下面就以实例的方式来介绍这一强大功能。

3.5.2 相关数据来源

	下载资源:\video\3\3.5
	下载资源:\sample\chap03\正文\案例 3.5.dta

【例 3.5】某高校经济学院针对其研究生学生的持有证书情况进行了调查。证书分为 3 类，包括会计师证书、审计师证书、经济师证书。数据经整理汇总后如表 3.7 所示。试使用 Stata 16.0 对数据进行以下操作：①对数据中的所有分类变量进行单个变量汇总统计；②对数据中的所有分类变量进行二维列联表分析；③以是否持有会计师证书为主分类变量，制作 3 个分类变量的三维列联表。

表 3.7 某高校经济学院的研究生学生持有证书情况

编 号	性 别	是否持有会计师证书	是否持有审计师证书	是否持有经济师证书
1	男	有	有	无
2	男	有	无	无
3	女	有	有	有
4	女	无	有	有
5	男	无	无	有
...	...	...	...	...
97	女	无	无	无
98	女	有	有	有
99	女	有	有	无

3.5.3　Stata 分析过程

在用 Stata 进行分析之前，我们要把数据录入 Stata 中。本例中有 4 个变量，分别是性别、是否持有会计师证书、是否持有审计师证书以及是否持有经济师证书。我们把性别变量设定为 gender，把是否持有会计师证书设定为 account，把是否持有审计师证书设定为 audit，把是否持有经济师证书设定为 economy，变量类型及长度采取系统默认方式，然后录入相关数据。相关操作在第 1 章中已详细讲述过了。录入完成后数据如图 3.19 所示。

先保存数据，然后开始展开分析，步骤如下：

01 进入 Stata 16.0，打开相关数据文件，弹出主界面。

02 在主界面的 Command 文本框中输入操作命令并按回车键进行确认。对应的命令分别如下：

- tab1 account audit economy：对数据中的所有分类变量进行单个变量汇总统计。
- tab2 account audit economy：对数据中的所有分类变量进行二维列联表分析。
- by account,sort:tabulate　audit economy：以是否持有会计师证书为主分类变量制作 3 个分类变量的三维列联表。

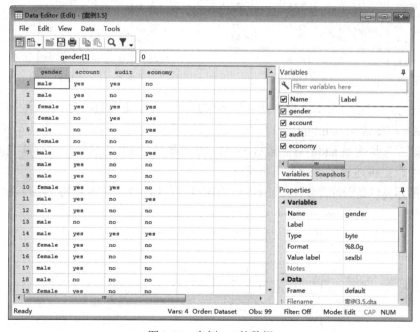

图 3.19　案例 3.5 的数据

3.5.4　结果分析

在 Stata 16.0 主界面的结果窗口可以看到如图 3.20~图 3.22 所示的分析结果。

图 3.20 所示是对数据中的所有分类变量进行单个变量汇总统计的结果。

从分析结果中可以看出本次调查所获得的信息：发现该学校经济学院的研究生学生中共

有 99 人参与了有效调查，其中拥有会计师证书的有 59 位学生，在 99 名学生中占比 59.6%；拥有审计师证书的有 24 位学生，在 99 名学生中占比 24.24%；拥有经济师证书的有 27 位学生，在 99 名学生中占比 27.27%。此外，结果分析表中 Cum.一栏表示的是累计百分比。

图 3.21 所示是对数据中的所有分类变量进行二维列联表分析的结果。

```
. tab1 account audit economy

-> tabulation of account

   account │   Freq.    Percent      Cum.
───────────┼─────────────────────────────
        no │      40      40.40     40.40
       yes │      59      59.60    100.00
───────────┼─────────────────────────────
     Total │      99     100.00

-> tabulation of audit

     audit │   Freq.    Percent      Cum.
───────────┼─────────────────────────────
        no │      75      75.76     75.76
       yes │      24      24.24    100.00
───────────┼─────────────────────────────
     Total │      99     100.00

-> tabulation of economy

   economy │   Freq.    Percent      Cum.
───────────┼─────────────────────────────
        no │      72      72.73     72.73
       yes │      27      27.27    100.00
───────────┼─────────────────────────────
     Total │      99     100.00
```

图 3.20　分析结果图

```
. tab2 account audit economy

-> tabulation of account by audit

           │       audit
   account │     no       yes      Total
───────────┼─────────────────────────────
        no │     32         8         40
       yes │     43        16         59
───────────┼─────────────────────────────
     Total │     75        24         99

-> tabulation of account by economy

           │      economy
   account │     no       yes      Total
───────────┼─────────────────────────────
        no │     30        10         40
       yes │     42        17         59
───────────┼─────────────────────────────
     Total │     72        27         99

-> tabulation of audit by economy

           │      economy
     audit │     no       yes      Total
───────────┼─────────────────────────────
        no │     60        15         75
       yes │     12        12         24
───────────┼─────────────────────────────
     Total │     72        27         99
```

图 3.21　分析结果图

从分析结果中可以看出本次调查所获得的信息：分析结果中包括 3 张二维列联表，第 1 张是变量 audit 与变量 account 的二维列联分析，第 2 张是变量 economy 与变量 account 的二维列联分析，第 3 张是变量 audit 与变量 economy 的二维列联分析。关于二维列联表的解读在上一节的实例中已经讲述过了，此处不再赘述。

图 3.22 所示是以是否持有会计师证书为主分类变量制作 3 个分类变量的三维列联表的结果。

```
. by account,sort:tabulate  audit economy

-> account = no

           │      economy
     audit │     no       yes      Total
───────────┼─────────────────────────────
        no │     26         6         32
       yes │      4         4          8
───────────┼─────────────────────────────
     Total │     30        10         40

-> account = yes

           │      economy
     audit │     no       yes      Total
───────────┼─────────────────────────────
        no │     34         9         43
       yes │      8         8         16
───────────┼─────────────────────────────
     Total │     42        17         59
```

图 3.22　分析结果图

该分析结果是一张三维列联表，包括两部分：上半部分描述的是当 account 变量取值为 no 的时候，变量 audit 与变量 economy 的二维列联分析；下半部分描述的是当 account 变量取值为 yes 的时候，变量 audit 与变量 economy 的二维列联分析。

3.5.5　案例延伸

上述的 Stata 命令比较简洁，分析过程及结果已达到解决实际问题的目的。Stata 16.0 的强大之处在于，它提供了更加复杂的命令格式以满足用户更加个性化的需求。

在这里介绍一个用于多维列联分析的 Stata 命令——table。这是一个多功能的命令，可以实现多种数据的频数、标准差数据特征的列联分析。例如，我们要进行简单的频数列联分析，那么操作命令就应该相应地修改为：

```
table account audit economy,contents(freq)
```

在命令窗口输入命令并按回车键进行确认，结果如图 3.23 所示。

```
. table account audit economy,contents(freq)

                    economy and audit
                  ─── no ───   ─── yes ───
     account       no    yes    no    yes

          no       26     4      6      4
         yes       34     8      9      8
```

图 3.23　分析结果图

本结果分析图的解读方式与前面类似，这里不再赘述。

上述命令中 contents 括号里的内容表示的是频数，该括号内支持的内容与命令符号的对应关系如表 3.8 所示。

表 3.8　contents 括号内支持的内容与命令符号的对应关系

命令符号	括号内支持的内容	命令符号	括号内支持的内容
freq	频数	min x	x的最小值
sd x	x的标准差	median x	x的中位数
count x	x非缺失观测值的计数	mean x	x的平均数
n x	x非缺失观测值的计数	rawsum x	忽略任意规定权数的总和
max x	x的最大值	iqr x	x的四分位距
sum x	x的总和	p1 x	x的第1个百分位数

3.6　本章习题

（1）为了解我国各地区的运营线路网的长度情况，某课题组搜集整理了 2009 年我国 31 个省市的运营线路网长度的有关数据，如表 3.9 所示。试通过对数据进行基本描述性分析来了解我国 31 个省市的运营线路网长度的基本情况。

表 3.9　2009 年我国 31 个省市的运营线路网长度的有关数据

地　区	运营线路网长度/千米
北京	228
天津	759
河北	8 410
山西	8 710
内蒙古	2 810
…	…
青海	1 057
宁夏	2 708
新疆	4 241

（2）为了解我国各地区公共交通运营情况，某课题组搜集整理了我国 2009 年各省市出租车辆运营的数据，如表 3.10 所示。试使用 Stata 16.0 对数据进行以下操作：①对该数据进行正态分布检验；②对数据执行平方根变换方法，以获取新的数据并进行正态分布检验；③对数据执行自然对数变换方法，以获取新的数据并进行正态分布检验。

表 3.10　我国 2009 年各省市出租车辆运营数据

地　区	年末出租车辆运营数/辆
北京	66 646
天津	31 940
河北	46 597
山西	28 729
内蒙古	43 084
…	…
青海	7 041
宁夏	12 582
新疆	24 650

（3）某会计师事务所针对其员工 CPA 证书的持证情况进行了调查。调查结果分为两类：一类代表通过 CPA 考试；另一类代表未通过 CPA 考试。统计数据如表 3.11 所示。试对是否通过 CPA 考试这一变量进行单个变量汇总。

表 3.11　某会计师事务所在岗员工 CPA 证书的持证情况

编　号	性　别	通过CPA考试情况
1	男	否
2	女	是
3	女	是

（续表）

编　　号	性　　别	通过CPA考试情况
4	男	是
5	女	否
…	…	…
127	男	否
128	女	是
129	女	是

（4）某企业面临经营困境，准备进行深刻而彻底的变革。在变革前其对企业员工针对降薪、降级情况进行了调查研究，调查得到的数据经整理后如表 3.12 所示。试对该数据资料进行二维列联表分析。

表 3.12　某企业员工针对改革措施的看法

编　　号	性　　别	是否支持降薪决定	是否支持降级决定
1	女	是	是
3	女	是	是
3	女	是	否
4	男	是	否
5	男	是	否
…	…	…	…
101	女	是	否
102	男	是	否
103	女	否	否

（5）某艺术学校针对其学生的特长情况进行了调查。特长分为 3 类，包括音乐、体育、美术。数据经整理汇总后如表 3.13 所示。试使用 Stata 16.0 对数据进行以下操作：①对数据中的所有分类变量进行单个变量汇总统计；②对数据中的所有分类变量进行二维列联表分析；③以是否具有音乐特长为主分类变量，制作 3 个分类变量的三维列联表。

表 3.13　某艺术学校学生的特长情况

编　　号	性　　别	是否具有音乐特长	是否具有体育特长	是否具有美术特长
1	男	否	否	否
2	女	是	否	否
3	女	是	否	是
4	女	是	否	否
5	女	否	是	是
…	…			…
98	女	是	是	否
99	女	是	是	是
100	男	否	否	否

第 4 章　Stata 参数检验

参数检验（Parameter Test）是指对参数的平均值、方差、比率等特征进行的统计检验。参数检验一般假设已知统计总体的具体分布，但是其中的一些参数或者取值范围不确定，分析的主要目的是估计这些未知参数的取值，或者对这些参数进行假设检验。参数检验不仅能够对总体的特征参数进行推断，还能够对两个或多个总体的参数进行比较。常用的参数检验包括单一样本 T 检验、独立样本 T 检验、配对样本 T 检验、单一样本方差和双样本方差的假设检验等。下面通过实例的方式一一介绍这几种方法在 Stata 16.0 中的具体操作。

4.1　实例一——单一样本T检验

4.1.1　单一样本 T 检验的功能与意义

单一样本 T 检验是假设检验中很基本、很常用的方法之一。与所有的假设检验一样，其依据的基本原理也是统计学中的"小概率反证法"。通过单一样本 T 检验，我们可以实现样本均值和总体均值的比较。检验的基本程序是首先提出原假设和备择假设，规定好检验的显著性水平，然后确定适当的检验统计量，并计算检验统计量的值，最后依据计算值和临界值的比较结果做出统计决策。

4.1.2　相关数据来源

下载资源:\video\4\4.1	
下载资源:\sample\chap04\正文\案例 4.1.dta	

【例 4.1】河南省某高校 5 年前对大四学生体检时，发现学生的平均体重是 67.4kg。最近又抽查测量了该校 53 名大四学生的体重，如表 4.1 所示。试用 Stata 16.0 的单一样本 T 检验操作命令判断该校大四学生的体重与 5 年前相比是否有显著差异（设定显著性水平为 5%）。

表 4.1　河南省某高校 53 名大四学生的体重表

编　　号	体重/kg
001	62.7
002	57.3
003	52.6
004	61.8
005	60.8
...	...

（续表）

编号	体重/kg
051	51.2
052	63.6
053	64.5

4.1.3 Stata分析过程

在用 Stata 进行分析之前，我们要把数据录入 Stata 中。本例中有一个变量：体重。我们把体重变量设定为 weight，变量类型及长度采取系统默认方式，然后录入相关数据。相关操作在第 1 章中已详细讲述过了。录入完成后数据如图 4.1 所示。

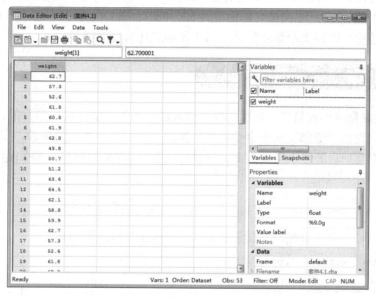

图 4.1　案例 4.1 的数据

先保存数据，然后开始展开分析，步骤如下：

01 进入 Stata 16.0，打开相关数据文件，弹出主界面。

02 在主界面的 Command 文本框中输入命令：

```
ttest weight=67.4
```

03 设置完毕后，按回车键，等待输出结果。

4.1.4 结果分析

在 Stata 16.0 主界面的结果窗口可以看到如图 4.2 所示的分析结果。

```
. ttest  weight=67.4
```

One-sample t test

Variable	Obs	Mean	Std. Err.	Std. Dev.	[95% Conf. Interval]
weight	53	58.61887	.7094891	5.165159	57.19517 60.04256

```
      mean = mean(weight)                                    t = -12.3767
Ho: mean = 67.4                             degrees of freedom =       52

    Ha: mean < 67.4              Ha: mean != 67.4               Ha: mean > 67.4
 Pr(T < t) = 0.0000         Pr(|T| > |t|) = 0.0000          Pr(T > t) = 1.0000
```

图 4.2　分析结果图

通过观察分析结果，我们可以看出共有 53 个有效样本参与了假设检验，样本的均值是 58.61887，标准差是 5.165159，方差的标准误是 0.7094891，95%的置信区间是[57.19517, 60.04256]，样本的 t 值为-12.3767，自由度为52，Pr(|T| > |t|) = 0.0000，远小于 0.05，需要拒绝原假设，也就是说，该校大四学生的体重与 5 年前相比有显著差异。

4.1.5　案例延伸

上述的 Stata 命令比较简洁，分析过程及结果已达到解决实际问题的目的。Stata 16.0 的强大之处在于，它提供了更加复杂的命令格式以满足用户更加个性化的需求。

例如，我们要把显著性水平调到 1%，也就是说置信水平为99%，那么操作命令可以相应地修改为：

```
ttest weight=67.4,level(99)
```

在命令窗口输入命令并按回车键进行确认，结果如图 4.3 所示。

```
. ttest  weight=67.4,level(99)
```

One-sample t test

Variable	Obs	Mean	Std. Err.	Std. Dev.	[99% Conf. Interval]
weight	53	58.61887	.7094891	5.165159	56.72188 60.51585

```
      mean = mean(weight)                                    t = -12.3767
Ho: mean = 67.4                             degrees of freedom =       52

    Ha: mean < 67.4              Ha: mean != 67.4               Ha: mean > 67.4
 Pr(T < t) = 0.0000         Pr(|T| > |t|) = 0.0000          Pr(T > t) = 1.0000
```

图 4.3　分析结果图

从上面的分析结果中可以看出与 95%的置信水平不同的地方在于置信区间得到了进一步的放大，这是正常的结果，因为这是要取得更高置信水平必须付出的代价。

4.2　实例二——独立样本T检验

4.2.1　独立样本 T 检验的功能与意义

Stata 的独立样本 T 检验过程是假设检验中很基本、很常用的方法之一。跟所有的假设检验一样，其依据的基本原理也是统计学中的"小概率反证法"。通过独立样本 T 检验，我们可以实现两个独立样本的均值比较。独立样本 T 检验过程的基本程序也是首先提出原假设和备择假设，规定好检验的显著性水平，然后确定适当的检验统计量，并计算检验统计量的值，最后依据计算值和临界值的比较结果做出统计决策。

4.2.2　相关数据来源

🎥	下载资源:\video\4\4.2
🖥	下载资源:\sample\chap04\正文\案例4.2.dta

【例 4.2】表 4.2 给出了 A、B 两所学校各 40 名高三学生的高考英语成绩。试用独立样本 T 检验方法研究两所学校被调查的高三学生的高考英语成绩之间有无明显的差别（设定显著性水平为 5%）。

表 4.2　A、B 两所学校各 40 名高三学生的高考英语成绩

编　号	学　校	高考英语成绩
001	A	145
002	A	147
003	A	139
004	A	138
005	A	135
…	…	…
078	B	105
079	B	99
080	B	108

4.2.3　Stata 分析过程

在用 Stata 进行分析之前，我们要把数据录入 Stata 中。本例中有两个变量，分别是 A 学校高考英语成绩和 B 学校高考英语成绩。我们把 A 学校高考英语成绩变量设定为 englishA，把 B 学校高考英语成绩变量设定为 englishB，变量类型及长度采取系统默认方式，然后录入相关数据。相关操作在第 1 章中已详细讲述过了。录入完成后数据如图 4.4 所示。

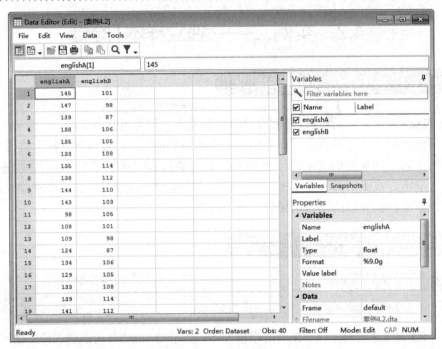

图 4.4　案例 4.2 的数据

先保存数据，然后开始展开分析，步骤如下：

01 进入 Stata 16.0，打开相关数据文件，弹出主界面。

02 在主界面的 Command 文本框中输入操作命令，并按回车键进行确认。本例中对应的命令如下：

```
ttest englishA = englishB, unpaired
```

4.2.4　结果分析

在 Stata 16.0 主界面的结果窗口可以看到如图 4.5 所示的分析结果。

```
. ttest englishA = englishB, unpaired

Two-sample t test with equal variances
```

Variable	Obs	Mean	Std. Err.	Std. Dev.	[95% Conf. Interval]	
englishA	40	135.175	1.850463	11.70336	131.4321	138.9179
englishB	40	104.95	1.09717	6.939112	102.7308	107.1692
combined	80	120.0625	2.008317	17.96293	116.065	124.06
diff		30.225	2.151278		25.94213	34.50787

```
    diff = mean(englishA) - mean(englishB)              t =  14.0498
Ho: diff = 0                              degrees of freedom =       78

    Ha: diff < 0              Ha: diff != 0                   Ha: diff > 0
Pr(T < t) = 1.0000        Pr(|T| > |t|) = 0.0000          Pr(T > t) = 0.0000
```

图 4.5　分析结果图

通过观察分析结果，我们可以看出共有 80 个有效样本参与了假设检验，自由度为 78，其中变量 englishA 包括 40 个样本，均值为 135.175，标准差为 11.70336，标准误为 1.850463，95%的置信区间是[131.4321,138.9179]；变量 englishB 包括 40 个样本，均值为 104.95，标准差为 6.939112，标准误为 1.09717，95%的置信区间是[102.7308,107.1692]。Pr(|T| > |t|) = 0.0000，远小于 0.05，需要拒绝原假设，也就是说，两所学校被调查的高三学生的高考英语成绩之间存在明显的差别。

4.2.5　案例延伸

上述的 Stata 命令比较简洁，分析过程及结果已达到解决实际问题的目的。但是 Stata 16.0 的强大之处在于，它提供了更加复杂的命令格式以满足用户更加个性化的需求。

1. 延伸 1：改变置信水平

与单一样本 T 检验类似，例如我们要把显著性水平调到 1%，也就是说置信水平为 99%，那么操作命令可以相应地修改为：

```
ttest  englishA=englishB,unpaired level(99)
```

在命令窗口输入命令并按回车键进行确认，结果如图 4.6 所示。

```
. ttest   englishA=englishB,unpaired level(99)

Two-sample t test with equal variances
```

Variable	Obs	Mean	Std. Err.	Std. Dev.	[99% Conf. Interval]	
englishA	40	135.175	1.850463	11.70336	130.1641	140.1859
englishB	40	104.95	1.09717	6.939112	101.979	107.921
combined	80	120.0625	2.008317	17.96293	114.7615	125.3635
diff		30.225	2.151278		24.54489	35.90511

```
    diff = mean(englishA) - mean(englishB)                       t =  14.0498
Ho: diff = 0                                  degrees of freedom =       78

    Ha: diff < 0                  Ha: diff != 0                  Ha: diff > 0
Pr(T < t) = 1.0000         Pr(|T| > |t|) = 0.0000          Pr(T > t) = 0.0000
```

图 4.6　分析结果图

从上面的分析结果中可以看出与 95%的置信水平不同的地方在于置信区间得到了进一步的放大，这是正常的结果，因为这是要取得更高置信水平必须付出的代价。

2. 延伸 2：在异方差假定条件下进行假设检验

上面的检验过程是假定两个样本代表的总体之间存在相同的方差，如果假定两个样本代表的总体之间的方差并不相同，那么操作命令可以相应地修改为：

```
ttest  englishA=englishB,unpaired level(99) unequal
```

在命令窗口输入命令并按回车键进行确认，结果如图 4.7 所示。

```
. ttest  englishA=englishB,unpaired level(99) unequal

Two-sample t test with unequal variances

Variable      Obs        Mean    Std. Err.   Std. Dev.   [99% Conf. Interval]

englishA       40     135.175    1.850463    11.70336    130.1641    140.1859
englishB       40      104.95    1.09717     6.939112    101.979     107.921

combined       80    120.0625    2.008317    17.96293    114.7615    125.3635

    diff                30.225    2.151278                24.51203    35.93797

    diff = mean(englishA) - mean(englishB)                           t =  14.0498
Ho: diff = 0                        Satterthwaite's degrees of freedom =  63.4048

    Ha: diff < 0                     Ha: diff != 0                  Ha: diff > 0
 Pr(T < t) = 1.0000           Pr(|T| > |t|) = 0.0000           Pr(T > t) = 0.0000
```

图 4.7　分析结果图

可以看出在本例中同方差假定和异方差假定之间的结果没有差别。

4.3　实例三——配对样本T检验

4.3.1　配对样本 T 检验的功能与意义

Stata 的配对样本 T 检验过程是假设检验中的方法之一。与所有的假设检验一样，其依据的基本原理也是统计学中的"小概率反证法"。通过配对样本 T 检验，我们可以实现对成对数据的样本均值比较。其与独立样本 T 检验的区别是：两个样本来自于同一总体，而且数据的顺序不能调换。配对样本 T 检验过程的基本程序也是首先提出原假设和备择假设，规定好检验的显著性水平，然后确定适当的检验统计量，并计算检验统计量的值，最后依据计算值和临界值的比较结果做出统计决策。

4.3.2　相关数据来源

📹	下载资源:\video\4\4.3
💻	下载资源:\sample\chap04\正文\案例 4.3.dta

【例 4.3】为了研究一种减肥药品的效果，特抽取了 30 名试验者进行试验，服用该产品一个疗程前后的体重如表 4.3 所示。试用配对样本 T 检验的方法判断该药物能否引起试验者体重的明显变化（设定显著性水平为 5%）。

表 4.3　试验者服药前后的体重（单位：kg）

编　号	服药前体重	服药后体重
001	88.6	75.6
002	85.2	76.5
003	75.2	68.2
004	78.4	67.2

（续表）

编　号	服药前体重	服药后体重
005	76	69.9
…	…	…
048	82.7	78.1
049	82.4	75.3
050	75.6	69.9

4.3.3　Stata 分析过程

在用 Stata 进行分析之前，我们要把数据录入 Stata 中。本例中有两个变量，分别是服药前体重和服药后体重。我们把服药前体重变量设定为 qian，把服药后体重变量设定为 hou，变量类型及长度采取系统默认方式，然后录入相关数据。相关操作在第 1 章中已详细讲述过了。录入完成后数据如图 4.8 所示。

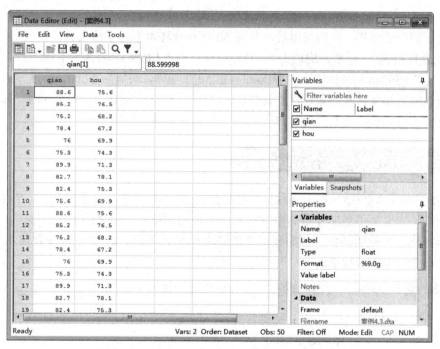

图 4.8　案例 4.3 的数据

先保存数据，然后开始展开分析，步骤如下：

01 进入 Stata 16.0，打开相关数据文件，弹出主界面。

02 在主界面的 Command 文本框中输入命令：

```
ttest qian=hou
```

03 设置完毕后，按回车键，等待输出结果。

4.3.4　结果分析

在 Stata 16.0 主界面的结果窗口可以看到如图 4.9 所示的分析结果。

```
. ttest  qian=hou

Paired t test

Variable  |     Obs        Mean    Std. Err.   Std. Dev.   [95% Conf. Interval]
----------+--------------------------------------------------------------------
    qian  |      50       80.93    .7646007    5.406543    79.39348    82.46652
     hou  |      50       72.63    .5139305    3.634037    71.59722    73.66278
----------+--------------------------------------------------------------------
    diff  |      50    8.299999    .6677101    4.721423    6.958186    9.641813
--------------------------------------------------------------------------------
    mean(diff) = mean(qian - hou)                                t =  12.4305
Ho: mean(diff) = 0                              degrees of freedom =       49

   Ha: mean(diff) < 0            Ha: mean(diff) != 0            Ha: mean(diff) > 0
   Pr(T < t) = 1.0000         Pr(|T| > |t|) = 0.0000         Pr(T > t) = 0.0000
```

图 4.9　分析结果图

通过观察分析结果，我们可以看出共有 50 对有效样本参与了假设检验，自由度为 48，其中变量 qian 包括 50 个样本，均值为 80.93，标准差为 5.406543，标准误为 0.7646007，95%的置信区间是[79.39348,82.46652]；变量 hou 包括 50 个样本，均值为 72.63，标准差为 3.634037，标准误为 0.5139305，95%的置信区间是[71.59722,73.66278]。$Pr(|T| > |t|) = 0.0000$，远小于 0.05，所以需要拒绝原假设，也就是说，该药物能引起试验者体重的明显变化。

4.3.5　案例延伸

上述的 Stata 命令比较简洁，分析过程及结果已达到解决实际问题的目的。Stata 16.0 的强大之处在于，它提供了更加复杂的命令格式以满足用户更加个性化的需求。

与单一样本 T 检验类似，例如我们要把显著性水平调到 1%，也就是说置信水平为 99%，那么操作命令可以相应地修改为：

```
ttest  qian=hou,level(99)
```

在命令窗口输入命令并按回车键进行确认，结果如图 4.10 所示。

```
. ttest  qian=hou,level(99)

Paired t test

Variable  |     Obs        Mean    Std. Err.   Std. Dev.   [99% Conf. Interval]
----------+--------------------------------------------------------------------
    qian  |      50       80.93    .7646007    5.406543    78.88091    82.97909
     hou  |      50       72.63    .5139305    3.634037    71.25269    74.00731
----------+--------------------------------------------------------------------
    diff  |      50    8.299999    .6677101    4.721423    6.510568    10.08943
--------------------------------------------------------------------------------
    mean(diff) = mean(qian - hou)                                t =  12.4305
Ho: mean(diff) = 0                              degrees of freedom =       49

   Ha: mean(diff) < 0            Ha: mean(diff) != 0            Ha: mean(diff) > 0
   Pr(T < t) = 1.0000         Pr(|T| > |t|) = 0.0000         Pr(T > t) = 0.0000
```

图 4.10　分析结果图

从上面的分析结果中可以看出与 95%的置信水平不同的地方在于置信区间得到了进一步的放大，这是正常的结果，因为这是要取得更高置信水平必须付出的代价。

4.4　实例四——单一样本方差的假设检验

4.4.1　单一样本方差假设检验的功能与意义

方差的概念用来反映波动情况，常用于质量控制与市场波动等情形。单一总体方差的假设检验的基本程序也是首先提出原假设和备择假设，规定好检验的显著性水平，然后确定适当的检验统计量，并计算检验统计量的值，最后依据计算值和临界值的比较结果做出统计决策。

4.4.2　相关数据来源

	下载资源:\video\4\4.4
	下载资源:\sample\chap04\正文\案例 4.4.dta

【例 4.4】为了研究某只股票的收益率波动情况，某课题组对该只股票连续 60 天的收益率情况进行了调查研究，调查得到的数据经整理后如表 4.4 所示。试对该数据资料进行假设检验，判断其方差是否等于 1（设定显著性水平为 5%）。

表 4.4　某只股票的收益率波动情况

编　号	收　益　率
1	0.136 984
2	−0.643 22
3	0.557 802
4	−0.604 79
5	0.684 176
…	…
58	−0.171 8
59	0.290 384
60	−0.628 38

4.4.3　Stata 分析过程

在用 Stata 进行分析之前，我们要把数据录入 Stata 中。本例中有一个变量：收益率。我们把收益率变量设定为 return，变量类型及长度采取系统默认方式，然后录入相关数据。相关操作在第 1 章中已详细讲述过了。录入完成后数据如图 4.11 所示。

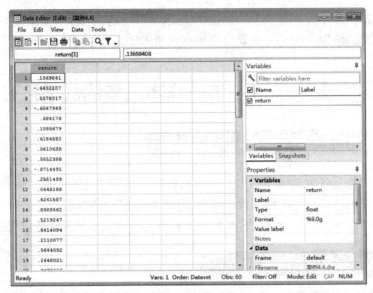

图 4.11　案例 4.4 的数据

先保存数据，然后开始展开分析，步骤如下：

01 进入 Stata 16.0，打开相关数据文件，弹出主界面。

02 在主界面的 Command 文本框中输入命令：

```
sdtest  return=1
```

03 设置完毕后，按回车键，等待输出结果。

4.4.4　结果分析

在 Stata 16.0 主界面的结果窗口可以看到如图 4.12 所示的分析结果。

```
. sdtest  return=1

One-sample test of variance

Variable       Obs        Mean      Std. Err.     Std. Dev.    [95% Conf. Interval]

  return        60     .2539735     .0621357      .4813014     .1296402     .3783069

    sd = sd(return)                                    c = chi2 =   13.6674
Ho: sd = 1                                   degrees of freedom =        59

    Ha: sd < 1                  Ha: sd != 1                   Ha: sd > 1
Pr(C < c) = 0.0000        2*Pr(C < c) = 0.0000        Pr(C > c) = 1.0000
```

图 4.12　分析结果图

通过观察分析结果，我们可以看出共有 60 个有效样本参与了假设检验，自由度为 59，均值为 0.2539735，标准差为 0.4813014，标准误为 0.0621357，95%的置信区间是[0.1296402，0.3783069]。2*Pr(C < c) = 0.0000，远小于 0.05，所以需要拒绝原假设，也就是说，该股票的收益率方差不显著等于 1。

4.4.5 案例延伸

例如，我们要把显著性水平调到 1%，也就是说置信水平为 99%，那么操作命令可以相应地修改为：

```
sdtest return=1,level(99)
```

在命令窗口输入命令并按回车键进行确认，结果如图 4.13 所示。

```
. sdtest return=1,level(99)

One-sample test of variance

Variable │   Obs      Mean     Std. Err.   Std. Dev.   [99% Conf. Interval]
─────────┼────────────────────────────────────────────────────────────────
  return │    60    .2539735    .0621357    .4813014    .0885832    .4193639

    sd = sd(return)                               c = chi2 =  13.6674
Ho: sd = 1                              degrees of freedom =      59

    Ha: sd < 1                Ha: sd != 1                   Ha: sd > 1
Pr(C < c) = 0.0000     2*Pr(C < c) = 0.0000         Pr(C > c) = 1.0000
```

图 4.13 分析结果图

从上面的分析结果中可以看出与 95%的置信水平不同的地方在于：置信区间得到了进一步的放大，这是正常的结果，因为这是要取得更高置信水平必须付出的代价。

4.5 实例五——双样本方差的假设检验

4.5.1 双样本方差假设检验的功能与意义

双样本方差假设检验用来判断两个样本的波动情况是否相同。它的基本程序也是首先提出原假设和备择假设，规定好检验的显著性水平，然后确定适当的检验统计量，并计算检验统计量的值，最后依据计算值和临界值的比较结果做出统计决策。

4.5.2 相关数据来源

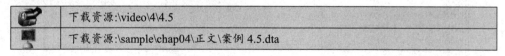

下载资源:\video\4\4.5
下载资源:\sample\chap04\正文\案例 4.5.dta

【例 4.5】为了研究某两只股票的收益率波动情况是否相同，某课题组对这两只股票连续 30 天的收益率情况进行了调查研究，调查得到的数据经整理后如表 4.5 所示。试使用 Stata 16.0 对该数据资料进行假设，检验其方差是否相同（设定显著性水平为 5%）。

表4.5　某两只股票的收益率波动情况

编　号	收益率A	收益率B
1	0.136 984	0.715 281
2	0.643 221	0.699 069
3	0.557 802	0.232 269
4	0.604 795	0.098 188
5	0.684 176	0.594 84
…	…	…
28	0.894 475	0.171 803
29	0.058 066	0.290 384
30	0.675 949	0.628 377

4.5.3　Stata 分析过程

在用 Stata 进行分析之前，我们要把数据录入 Stata 中。本例中有两个变量，分别为收益率 A 和收益率 B。我们把收益率 A 变量设定为 returnA，把收益率 B 变量设定为 returnB，变量类型及长度采取系统默认方式，然后录入相关数据。相关操作在第 1 章中已详细讲述过了。录入完成后数据如图 4.14 所示。

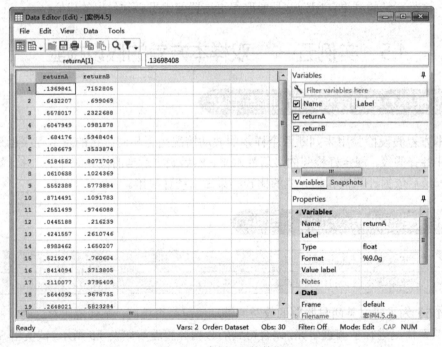

图 4.14　案例 4.5 的数据

先保存数据，然后开始展开分析，步骤如下：

01 进入 Stata 16.0，打开相关数据文件，弹出主界面。

02 在主界面的 Command 文本框中输入命令：

```
sdtest  returnA= returnB
```

03 设置完毕后，按回车键，等待输出结果。

4.5.4 结果分析

在 Stata 16.0 主界面的结果窗口可以看到如图 4.15 所示的分析结果。

```
. sdtest  returnA= returnB

Variance ratio test

Variable │   Obs       Mean    Std. Err.   Std. Dev.   [95% Conf. Interval]
─────────┼──────────────────────────────────────────────────────────────────
 returnA │    30    .4907723   .0522183    .2860114    .3839739    .5975707
 returnB │    30    .4291026   .0526941    .2886173    .3213311    .5368741
─────────┼──────────────────────────────────────────────────────────────────
combined │    60    .4599374   .0369953    .2865641    .3859101    .5339648
─────────┴──────────────────────────────────────────────────────────────────
    ratio = sd(returnA) / sd(returnB)                         f =   0.9820
Ho: ratio = 1                                degrees of freedom =   29, 29

   Ha: ratio < 1              Ha: ratio != 1               Ha: ratio > 1
 Pr(F < f) = 0.4807      2*Pr(F < f) = 0.9614          Pr(F > f) = 0.5193
```

图 4.15　分析结果图

通过观察分析结果，我们可以看出共有 30 对有效样本参与了假设检验，自由度为 29，其中变量 returnA 包括 30 个样本，均值为 0.4907723，标准差为 0.2860114，标准误为 0.0522183，95%的置信区间是[0.3839739,0.5975707]；变量 returnB 包括 30 个样本，均值为 0.4291026，标准差为 0.2886173，标准误为 0.0526941，95%的置信区间是[0.3213311,0.5368741]。2*Pr(F<f) = 0.9614，远大于 0.05，所以需要接受原假设，也就是说，两只股票的收益率波动情况显著相同。

4.5.5 案例延伸

例如，我们要把显著性水平调到 1%，也就是说置信水平为 99%，那么操作命令可以相应地修改为：

```
sdtest  returnA= returnB,level(99)
```

在命令窗口输入命令并按回车键进行确认，结果如图 4.16 所示。

```
. sdtest  returnA= returnB,level(99)

Variance ratio test

Variable │   Obs       Mean    Std. Err.   Std. Dev.   [99% Conf. Interval]
─────────┼──────────────────────────────────────────────────────────────────
 returnA │    30    .4907723   .0522183    .2860114    .3468385    .634706
 returnB │    30    .4291026   .0526941    .2886173    .2838574    .5743478
─────────┼──────────────────────────────────────────────────────────────────
combined │    60    .4599374   .0369953    .2865641    .361465     .5584099
─────────┴──────────────────────────────────────────────────────────────────
    ratio = sd(returnA) / sd(returnB)                         f =   0.9820
Ho: ratio = 1                                degrees of freedom =   29, 29

   Ha: ratio < 1              Ha: ratio != 1               Ha: ratio > 1
 Pr(F < f) = 0.4807      2*Pr(F < f) = 0.9614          Pr(F > f) = 0.5193
```

图 4.16　分析结果图

从上面的分析结果中可以看出与 95%的置信水平不同的地方在于置信区间得到了进一步的放大，这是正常的结果，因为这是要取得更高置信水平必须付出的代价。

4.6　本章习题

（1）江西省某高校 3 年前对大二学生体检时，发现学生的平均身高是 175 厘米。最近又抽查测量了该校 63 名大二学生的身高，如表 4.6 所示。试用 Stata 16.0 的单一样本 T 检验操作命令判断该校大二学生的身高与 3 年前相比是否有显著差异（设定显著性水平为 5%）。

表 4.6　江西省某高校 63 名大二学生的身高数据

编　号	身高（cm）
001	164.5
002	162.1
003	158.8
004	159.9
005	162.7
…	…
061	151.2
062	163.6
063	164.5

（2）表 4.7 给出了 X、Y 两所学校各 38 名初三学生的中考语文成绩。试用独立样本 T 检验方法研究两所学校被调查的初三学生的中考语文成绩之间有无明显的差别（设定显著性水平为 5%）。

表 4.7　X、Y 两所学校各 38 名初三学生的中考语文成绩

编　号	学　校	中考语文成绩
001	X	103
002	X	105
003	X	101
004	X	98
005	X	87
…	…	…
074	Y	135
075	Y	138
076	Y	144

（3）为了研究一种杀虫剂的效果，特抽取了 30 平方米的麦田进行试验，其使用该产品前后的含虫量如表 4.8 所示。试用配对样本 T 检验的方法判断该杀虫剂是否有效（设定显著性水平为 5%）。

表 4.8　使用杀虫剂前后的含虫量（单位：个/平方米）

编　号	使用杀虫剂前	使用杀虫剂后
001	18	12
002	20	8
003	15	7
004	16	15
005	12	18
…	…	…
028	11	11
029	10	10
030	10	10

（4）为了研究某基金的收益率波动情况，某课题组对该基金连续 50 天的收益率情况进行了调查研究，调查得到的数据经整理后如表 4.9 所示。试对该数据资料进行假设，检验其方差是否等于 1（设定显著性水平为 5%）。

表 4.9　某基金的收益率波动情况

编　号	收　益　率
1	0.564 409
2	0.264 802
3	0.947 743
4	0.276 915
5	0.118 016
…	…
48	−0.967 87
49	0.582 328
50	0.795 3

（5）为了研究某两只基金的收益率波动情况是否相同，某课题组对这两只基金连续 20 天的收益率情况进行了调查研究，调查得到的数据经整理后如表 4.10 所示。试使用 Stata 16.0 对该数据资料进行假设，检验其方差是否相同（设定显著性水平为 5%）。

表 4.10　某两只基金的收益率波动情况

编　号	收益率A	收益率B
1	0.424 156	0.261 075
2	0.898 346	0.165 021
3	0.521 925	0.760 604
4	0.841 409	0.371 381
5	0.211 008	0.379 541
…	…	…
18	0.564 409	0.967 874
19	0.264 802	0.582 328
20	0.947 743	0.7953

第 5 章　Stata 非参数检验

　　一般情况下，参数检验方法假设已知统计总体的具体分布，但是我们往往会遇到一些总体分布不能用有限个实参数来描述或者不考虑被研究的对象为何种分布，以及无法合理假设总体分布形式的情形，这时我们就需要放弃对总体分布参数的依赖，从而去寻求更多来自样本的信息，基于这种思路的统计检验方法被称为非参数检验。常用的非参数检验（Nonparametric Tests）包括单样本正态分布检验、两独立样本检验、两相关样本检验、多独立样本检验、游程检验等。下面将一一介绍这些方法在实例中的应用。

5.1　实例一——单样本正态分布检验

5.1.1　单样本正态分布检验的功能与意义

　　单样本正态分布检验本质上属于一种拟合优度检验，基本功能是通过检验样本特征来探索总体是否服从正态分布。Stata 的单样本正态分布检验有很多种，常用的包括偏度-峰度检验和 Wilks-Shapiro 两种。

5.1.2　相关数据来源

📹	下载资源:\video\5\5.1
🖼	下载资源:\sample\chap05\正文\案例 5.1.dta

　　【例 5.1】表 5.1 给出了山东财经大学某专业 60 名男生的百米速度。试用单样本正态分布检验方法研究其是否服从正态分布。

表 5.1　百米速度

编　　号	速度/m/s
001	15.1
002	15.2
003	12.4
004	12.4
005	12.6
…	…
058	12.6
059	12.6
060	13.7

5.1.3 Stata 分析过程

在用 Stata 进行分析之前，我们要把数据录入 Stata 中。本例中有一个变量，即速度。我们把速度变量设定为 speed，变量类型及长度采取系统默认方式，然后录入相关数据。相关操作在第 1 章中已详细讲述过了。录入完成后数据如图 5.1 所示。

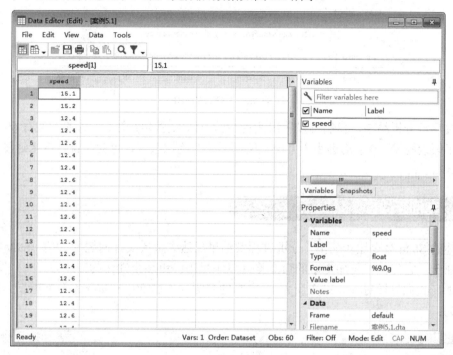

图 5.1　案例 5.1 的数据

先保存数据，然后开始展开分析，步骤如下：

01 进入 Stata 16.0，打开相关数据文件，弹出主界面。

02 Wilks-Shapiro、偏度-峰度检验两种检验方式在主界面的 Command 文本框中输入的命令格式分别如下：

- swilk speed：对 speed 变量使用 Wilks-Shapiro 检验方式进行单样本正态分布检验。
- sktest speed：对 speed 变量使用偏度-峰度检验方式进行单样本正态分布检验。

03 设置完毕后，按回车键，等待输出结果。

5.1.4 结果分析

在 Stata 16.0 主界面的结果窗口可以看到如图 5.2 和图 5.3 所示的分析结果。

```
. swilk speed
```

Shapiro-Wilk W test for normal data

Variable	Obs	W	V	z	Prob>z
speed	60	0.45650	29.543	7.298	0.00000

图 5.2　分析结果图

```
. sktest speed
```

Skewness/Kurtosis tests for Normality

Variable	Obs	Pr(Skewness)	Pr(Kurtosis)	adj chi2(2)	joint Prob>chi2
speed	60	0.0000	0.0000	59.58	0.0000

图 5.3　分析结果图

通过观察分析结果，我们可以看出两种检验方法的检验结果是一致的，共有 60 个有效样本参与了假设检验，P 值均远小于 0.05，所以需要拒绝原假设，也就是说，百米速度数据不服从正态分布。

5.1.5　案例延伸

上述的 Stata 命令比较简洁，分析过程及结果已达到解决实际问题的目的。Stata 16.0 的强大之处在于，它提供了更加复杂的命令格式以满足用户更加个性化的需求。

例如，我们只针对 speed 变量大于 12.5 的观测样本进行单样本正态分布检验，那么操作命令即为：

```
swilk  speed if speed>12.5
```

在命令窗口输入命令并按回车键进行确认，结果如图 5.4 所示。

```
. swilk  speed if speed>12.5
```

Shapiro-Wilk W test for normal data

Variable	Obs	W	V	z	Prob>z
speed	23	0.64305	9.337	4.543	0.00000

图 5.4　分析结果图

通过观察分析结果，我们可以看出共有 23 个有效样本参与了假设检验，P 值均远小于 0.05，所以需要拒绝原假设，也就是说，百米速度数据不服从正态分布。

5.2　实例二——两独立样本检验

5.2.1　两独立样本检验的功能与意义

跟前面的检验方法一样，Stata 的两独立样本检验是非参数检验方法的一种，其基本功能是判断两个独立样本是否来自相同分布的总体。这种检验过程是通过分析两个独立样本的均数、中位数、离散趋势、偏度等描述性统计量之间的差异来实现的。

5.2.2　相关数据来源

下载资源:\video\5\5.2	
下载资源:\sample\chap05\正文\案例5.2.dta	

【例5.2】表5.2给出了广东省东北部和西北部主要年份的年降雨量。试用两独立样本检验方法判断两个地区的年降雨量是否存在显著差异。

表5.2　广东省东北部和西北部主要年份年降雨量（单位：mm）

年　份	降　雨　量	
	粤 东 北	粤 西 北
1980	1461.7	1586.1
1985	1607.8	1726.9
1990	1709.0	1284.8
1995	1171.0	1766.4
1996	1361.5	1693.1
1997	1847.5	1815.3
1998	1458.2	1737.5
1999	1033.8	1318.7
2000	1850.9	1318.2
2001	1560.3	1889.2
2002	1110.3	1480.9
2003	1415.2	1251.8

5.2.3　Stata 分析过程

在用 Stata 进行分析之前，我们要把数据录入 Stata 中。本例中有 3 个变量，分别是年份、地区和降雨量。我们把年份变量设定为 year，把地区变量设定为 group，并且把粤东北定义为1，把粤西北定义为 2，变量类型及长度采取系统默认方式，然后录入相关数据。相关操作在第 1 章中已详细讲述过了。录入完成后数据如图 5.5 所示。

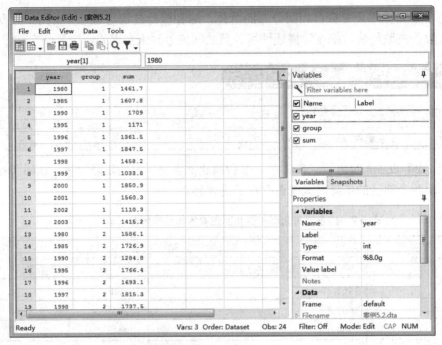

图 5.5　案例 5.2 的数据

先保存数据，然后开始展开分析，步骤如下：

01 进入 Stata 16.0，打开相关数据文件，弹出主界面。

02 在主界面的 Command 文本框中输入如下命令（旨在用两独立样本检验方法判断两个地区的年降雨量是否存在显著差异）：

```
ranksum  sum,by( group)
```

03 设置完毕后，按回车键，等待输出结果。

5.2.4　结果分析

在 Stata 16.0 主界面的结果窗口可以看到如图 5.6 所示的分析结果。

通过观察分析结果，我们可以看出共有 24 个有效样本参与了假设检验，Prob > |z| = 0.3556，远大于 0.05，所以需要接受原假设，也就是说，两个地区的年降雨量存在显著差异。

5.2.5　案例延伸

上述的 Stata 命令比较简洁，分析过程及结果已达到解决实际问题的目的。Stata 16.0 的强大之处在于，它提供了更加复杂的命令格式以满足用户更加个性化的需求。

例如，我们只针对 year 变量大于 1990 的观测样本进行两独立样本检验，那么操作命令即为：

```
ranksum  sum if year>1990,by( group)
```

在命令窗口输入命令并按回车键进行确认，结果如图 5.7 所示。

```
. ranksum  sum,by( group)

Two-sample Wilcoxon rank-sum (Mann-Whitney) test

         group │    obs    rank sum    expected
    ───────────┼────────────────────────────────
             1 │     12         134         150
             2 │     12         166         150
    ───────────┼────────────────────────────────
      combined │     24         300         300

unadjusted variance        300.00
adjustment for ties          0.00
                      ─────────────
adjusted variance          300.00

Ho: sum(group==1) = sum(group==2)
              z =  -0.924
    Prob > |z| =   0.3556
    Exact Prob =   0.3777
```

图 5.6 分析结果图

```
. ranksum  sum if year>1990,by( group)

Two-sample Wilcoxon rank-sum (Mann-Whitney) test

         group │    obs    rank sum    expected
    ───────────┼────────────────────────────────
             1 │      9          74        85.5
             2 │      9          97        85.5
    ───────────┼────────────────────────────────
      combined │     18         171         171

unadjusted variance        128.25
adjustment for ties          0.00
                      ─────────────
adjusted variance          128.25

Ho: sum(group==1) = sum(group==2)
              z =  -1.015
    Prob > |z| =   0.3099
    Exact Prob =   0.3401
```

图 5.7 分析结果图

通过观察分析结果，我们可以看出共有 18 个有效样本参与了假设检验，Prob > |z| = 0.3099，远大于 0.05，所以需要接受原假设，也就是说，两个地区的年降雨量存在显著差异。

5.3 实例三——两相关样本检验

5.3.1 两相关样本检验的功能与意义

两相关样本检验的基本功能是可以判断两个相关的样本是否来自相同分布的总体。

5.3.2 相关数据来源

📹	下载资源:\video\5\5.3
💻	下载资源:\sample\chap05\正文\案例 5.3.dta

【例 5.3】为了分析一种新药的效果，特选取了 52 名病人进行试验，表 5.3 给出了试验者服药前后的血红蛋白数量。试用两相关样本检验方法判断该药能否引起患者体内血红蛋白数量的显著变化。

表 5.3 患者服药前后血红蛋白的数量变化

患者编号	服药前血红蛋白数量/g/L	服药后血红蛋白数量/g/L
001	13	12.5
002	12.6	11.4
003	13.1	12.5
004	12.9	13.9
005	11.5	11

（续表）

患者编号	服药前血红蛋白数量/g/L	服药后血红蛋白数量/g/L
...	...	...
050	13.4	14.1
051	15.2	13.6
052	10.9	11.5

5.3.3 Stata 分析过程

在用 Stata 进行分析之前，我们要把数据录入 Stata 中。本例中有两个变量，分别是服药前血红蛋白数量和服药后血红蛋白数量。我们把服药前血红蛋白数量这一变量设定为 qian，把服药后血红蛋白数量这一变量设定为 hou，变量类型及长度采取系统默认方式，然后录入相关数据。相关操作在第 1 章中已详细讲述过了。录入完成后数据如图 5.8 所示。

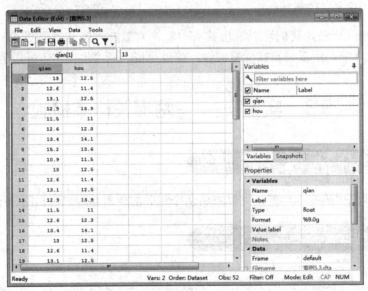

图 5.8　案例 5.3 的数据

先保存数据，然后开始展开分析，步骤如下：

01 进入 Stata 16.0，打开相关数据文件，弹出主界面。

02 在主界面的 Command 文本框中输入如下命令（旨在使用两相关样本检验方法判断患者体内血红蛋白数量是否发生显著变化）：

```
signtest qian=hou
```

03 设置完毕后，按回车键，等待输出结果。

5.3.4 结果分析

在 Stata 16.0 主界面的结果窗口可以看到如图 5.9 所示的分析结果。

```
. signtest  qian=hou

Sign test
```

sign	observed	expected
positive	38	26
negative	14	26
zero	0	0
all	52	52

```
One-sided tests:
  Ho: median of qian - hou = 0 vs.
  Ha: median of qian - hou > 0
      Pr(#positive >= 38) =
        Binomial(n = 52, x >= 38, p = 0.5) =  0.0006

  Ho: median of qian - hou = 0 vs.
  Ha: median of qian - hou < 0
      Pr(#negative >= 14) =
        Binomial(n = 52, x >= 14, p = 0.5) =  0.9998

Two-sided test:
  Ho: median of qian - hou = 0 vs.
  Ha: median of qian - hou != 0
      Pr(#positive >= 38 or #negative >= 38) =
        min(1, 2*Binomial(n = 52, x >= 38, p = 0.5)) =  0.0012
```

图 5.9　分析结果图

可以看出本结论与通过检验均值得出的结论是一致的。本检验结果包括符号检验、单侧检验和双侧检验 3 部分。符号检验的原理是通过用配对的两组数据做差，原假设是两组数据不存在显著差别，所以两组数据做差的结果应该是正数、负数大体相当。在本例中，期望值是有 26 个正数，26 个负数，然而实际的观察值却是 38 个正数，所以两组数据存在显著差异。也就是说，该药引起了患者体内血红蛋白数量的显著变化。单侧检验和双侧检验的结果解读在前面的章节多有涉及，这里不再赘述。

5.3.5　案例延伸

上述的 Stata 命令比较简洁，分析过程及结果已达到解决实际问题的目的。Stata 16.0 的强大之处在于，它提供了更加复杂的命令格式以满足用户更加个性化的需求。

例如，我们只针对 qian 变量大于 12 的观测样本进行两相关样本检验，那么操作命令即为：

```
signtest qian=hou if qian>12
```

在命令窗口输入命令并按回车键进行确认，结果如图 5.10 所示。

```
. signtest qian=hou if qian>12

Sign test

        sign │   observed     expected
─────────────┼───────────────────────
    positive │         30           21
    negative │         12           21
        zero │          0            0
─────────────┼───────────────────────
         all │         42           42

One-sided tests:
  Ho: median of qian - hou  = 0 vs.
  Ha: median of qian - hou  > 0
      Pr(#positive >= 30) =
        Binomial(n = 42, x >= 30, p = 0.5) =  0.0040

  Ho: median of qian - hou  = 0 vs.
  Ha: median of qian - hou  < 0
      Pr(#negative >= 12) =
        Binomial(n = 42, x >= 12, p = 0.5) =  0.9986

Two-sided test:
  Ho: median of qian - hou  = 0 vs.
  Ha: median of qian - hou  != 0
      Pr(#positive >= 30 or #negative >= 30) =
        min(1, 2*Binomial(n = 42, x >= 30, p = 0.5)) =  0.0079
```

图 5.10　分析结果图

通过观察分析结果，我们可以看出期望值是有 21 个正数、21 个负数，然而实际的观察值却是 30 个正数，所以两组数据存在显著差异，也就是说该药引起了患者体内血红蛋白数量的显著变化。

5.4　实例四——多独立样本检验

5.4.1　多独立样本检验的功能与意义

顾名思义，多独立样本检验用于判断多个独立的样本是否来自相同分布的总体。

5.4.2　相关数据来源

	下载资源:\video\5\5.4
	下载资源:\sample\chap05\正文\案例 5.4.dta

【例 5.4】某公司新招聘的一批员工毕业于 4 所不同的高校，并且来源于 4 所不同高校的员工构成了 4 个独立的样本。待到实习期结束后，高管对这些新员工进行考察打分，结果如表 5.4 所示。试用多独立样本检验方法分析毕业于不同高校的员工在工作上的表现是否有显著的差异。

表 5.4　员工考核成绩

A 高校	89	97	84	86	…	90	89
B 高校	75	76	73	71	…	70	71
C 高校	59	52	54	51	…	53	55
D 高校	32	29	28	25	…	18	31

5.4.3 Stata 分析过程

在用 Stata 进行分析之前，我们要把数据录入 Stata 中。本例中有两个变量，分别为高校和分数。我们把分数变量设定为 goal，把高校变量设定为 school，并且把 A、B、C、D 四所高校分别定义为 1、2、3、4，变量类型及长度采取系统默认方式，然后录入相关数据。相关操作在第 1 章中已详细讲述过了。录入完成后数据如图 5.11 所示。

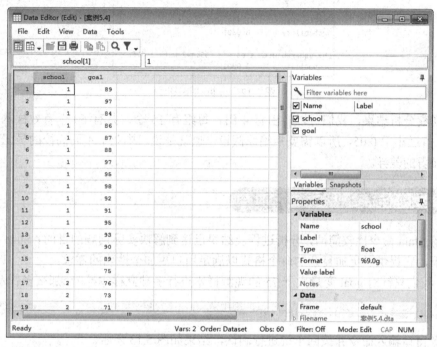

图 5.11　案例 5.4 的数据

先保存数据，然后开始展开分析，步骤如下：

01 进入 Stata 16.0，打开相关数据文件，弹出主界面。

02 在主界面的 Command 文本框中输入如下命令（旨在用多独立样本检验方法分析毕业于不同高校的员工在工作上的表现是否有显著的差异）：

```
kwallis  goal,by( school)
```

03 设置完毕后，按回车键，等待输出结果。

5.4.4 结果分析

在 Stata 16.0 主界面的结果窗口可以看到如图 5.12 所示的分析结果。

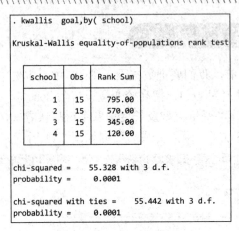

图 5.12　分析结果图

通过观察分析结果，我们可以看出有 4 组，每组有 15 个，共有 60 个有效样本参与了假设检验，p 值远小于 0.05，所以需要拒绝原假设，也就是说，毕业于不同高校的员工在工作上的表现有显著的差异。

5.4.5　案例延伸

上述的 Stata 命令比较简洁，分析过程及结果已达到解决实际问题的目的。Stata 16.0 的强大之处在于，它提供了更加复杂的命令格式以满足用户更加个性化的需求。

例如，我们只针对 goal 变量大于 75 的观测样本进行多独立样本检验，那么操作命令即为：

```
kwallis  goal if goal>75,by( school)
```

在命令窗口输入命令并按回车键进行确认，结果如图 5.13 所示。

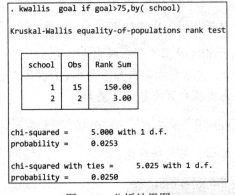

图 5.13　分析结果图

通过观察分析结果，我们可以看出参与分析的样本由 4 组变为 2 组，共有 17 个有效样本参与了假设检验，p 值远小于 0.05，所以需要拒绝原假设。

5.5　实例五——游程检验

5.5.1　游程检验的功能与意义

Stata 的游程检验是非参数检验方法的一种，其基本功能是：可以判断样本序列是否为随机序列。这种检验过程是通过分析游程的总个数来实现的。

5.5.2　相关数据来源

下载资源:\video\5\5.5	
下载资源:\sample\chap05\正文\案例 5.5.dta	

【例 5.5】表 5.5 给出了某纺织厂连续 15 天通过试验得出的 28 号梳棉棉条的棉结杂质粒数的数据。试用游程检验方法研究该纺织厂的生产情况是否正常。

表 5.5　棉结杂质粒数表

天数编号	棉结杂质粒数/粒/g
001	52
002	89
003	45
004	75
005	62
006	64
007	64
008	62
009	65
010	65
011	64
012	38
013	51
014	46
015	78

5.5.3　Stata 分析过程

在用 Stata 进行分析之前，我们要把数据录入 Stata 中。本例中只有一个变量，即棉结杂质粒数。我们把棉结杂质粒数变量设定为number，变量类型及长度采取系统默认方式，然后录入相关数据。相关操作在第 1 章中已详细讲述过了。录入完成后数据如图 5.14 所示。

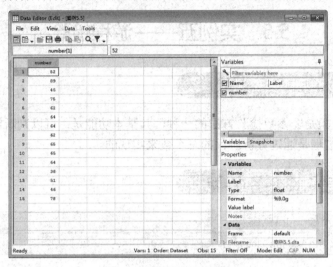

图 5.14　案例 5.5 的数据

先保存数据，然后开始展开分析，步骤如下：

01 进入 Stata 16.0，打开相关数据文件，弹出主界面。

02 在主界面的 Command 文本框中输入如下命令（判断 number 变量是否为随机）：

```
runtest number
```

03 设置完毕后，按回车键，等待输出结果。

5.5.4　结果分析

在 Stata 16.0 主界面的结果窗口可以看到如图 5.15 所示的分析结果。

通过观察分析结果，我们可以看出 Prob>|z| = 0.84，远大于 0.05，所以需要接受原假设，也就是说，数据的产生是随机的，不存在自相关现象，该纺织厂的生产情况正常。

5.5.5　案例延伸

上述的 Stata 命令比较简洁，分析过程及结果已达到解决实际问题的目的。Stata 16.0 的强大之处在于，它提供了更加复杂的命令格式以满足用户更加个性化的需求。

Stata 16.0 默认采用中位数作为参考值，如果设定均值作为参考值，那么操作命令为：

```
runtest number,mean
```

在命令窗口输入命令并按回车键进行确认，结果如图 5.16 所示。

通过观察分析结果，我们可以看出 Prob>|z| = 0.31，远大于 0.05，所以需要接受原假设，也就是说，数据的产生是随机的，不存在自相关现象。

```
. runtest  number
N(number <= 64) = 10
N(number >  64) = 5
          obs = 15
    N(runs) = 8
          z = .2
  Prob>|z| = .84
```

图 5.15　分析结果图

```
. runtest  number,mean
N(number <= 61.33333333333334) = 5
N(number >  61.33333333333334) = 10
          obs = 15
    N(runs) = 6
          z = -1.01
  Prob>|z| = .31
```

图 5.16　分析结果图

5.6 本章习题

（1）表 5.6 给出了某实验中学 60 名毕业生的高考数学成绩。试用单样本正态分布检验方法研究其是否服从正态分布。

表 5.6 某实验中学 60 名毕业生的高考数学成绩

编 号	高考数学成绩
001	144
002	142
003	141
004	138
005	129
…	…
058	126
059	128
060	134

（2）表 5.7 给出了 A、B 两家公司近些年的净利润情况。试用两独立样本检验方法判断两家公司近些年的净利润是否存在显著差异。

表 5.7 A、B 两家公司近些年的净利润（单位：万元）

年 份	净 利 润	
	A 公司	B 公司
2001	1461.7	1586.1
2002	1607.8	1726.9
2003	1709.0	1284.8
2004	1171.0	1766.4
2005	1361.5	1693.1
2006	1847.5	1815.3
2007	1458.2	1737.5
2008	1033.8	1318.7
2009	1850.9	1318.2
2010	1560.3	1889.2
2011	1110.3	1480.9
2012	1415.2	1251.8

（3）为了研究一种智力开发课程的效果，特抽取了 30 名学生进行试验，其使用该产品前后的智商如表 5.8 所示。试用配对样本 T 检验的方法判断该开发课程是否有效。

表 5.8 使用智力开发课程前后的智商水平

编 号	使用智力开发课程前	使用智力开发课程后
001	121	123
002	86	88
003	97	99
004	102	103
005	104	105

（续表）

编　号	使用智力开发课程前	使用智力开发课程后
...	...	...
028	93	101
029	86	95
030	87	99

（4）参加某足球俱乐部试训的一批球员来自 4 个不同的国家，从而来源于 4 个不同国家的球员构成了 4 个独立的样本。试训期结束后，教练员对这些球员进行考察打分，结果如表 5.9 所示。试用多独立样本检验方法分析来自于不同国家的球员表现是否有显著的差异。

表 5.9　球员考核成绩

A 国	87	79	94	91	89	85	77
B 国	67	69	72	75	76	69	79
C 国	58	48	50	49	36	50	42
D 国	20	29	39	38	29	20	15

（5）表 5.10 给出了某汽车连续 15 天每加仑汽油行驶的英里数。试用游程检验方法研究该汽车每加仑汽油行驶的英里数是否为随机。

表 5.10　每加仑汽油行驶的英里数

天数编号	每加仑汽油行驶的英里数
001	18.4
002	17.5
003	16.0
004	16.9
005	20.5
006	22.4
007	21.4
008	20.6
009	19.5
010	23.1
011	21.3
012	22.9
013	22.5
014	20.1
015	19.1

第 6 章 Stata 方差分析

当遇到多个平均数间的差异显著性检验时，我们可以采用方差分析法。方差分析法就是将所要处理的观测值作为一个整体，按照变异的不同来源把观测值总变异的平方和以及自由度分解为两个或多个部分，从而获得不同变异来源的均方与误差均方，通过比较不同变异来源的均方与误差均方判断各样本所属的总体方差是否相等。方差分析主要包括单因素方差分析、多因素方差分析、协方差分析、重复测量方差分析等。下面将分别介绍这些方法在实例中的应用。

6.1 实例一——单因素方差分析

6.1.1 单因素方差分析的功能与意义

单因素方差分析是方差分析类型中基本的一种，研究的是一个因素对于试验结果的影响和作用，这一因素可以有不同的取值或者分组。单因素方差分析所要检验的问题就是当因素选择不同的取值或者分组时对结果有无显著的影响。

6.1.2 相关数据来源

📹	下载资源:\video\6\6.1
🖥	下载资源:\sample\chap06\正文\案例 6.1.dta

【例 6.1】表 6.1 给出了 4 种新型药物对白鼠胰岛素分泌水平的影响测量结果，数据为白鼠的胰岛质量。试用单因素方差分析检验 4 种药物对胰岛素水平的影响是否相同。

表 6.1　4 种药物刺激下的白鼠胰岛质量

测量编号	胰岛质量/g	药 物 组
1	86.1	1
2	89.5	1
3	71.5	1
4	86.2	1
5	85.7	1
6	82.7	1
…	…	…
36	86.4	4
37	86.4	4

（续表）

测量编号	胰岛质量/g	药 物 组
38	87	4
39	86	4
40	88.3	4

6.1.3　Stata 分析过程

在用 Stata 进行分析之前，我们要把数据录入 Stata 中。本例中有两个变量，分别为胰岛质量和药物组。我们把胰岛质量变量设定为 weight，把药物组变量设定为 group，变量类型及长度采取系统默认方式，然后录入相关数据。相关操作在第 1 章中已详细讲述过了。录入完成后数据如图 6.1 所示。

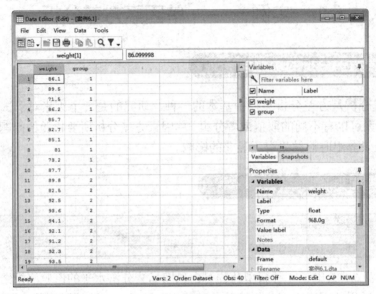

图 6.1　案例 6.1 的数据

先保存数据，然后开始展开分析，步骤如下：

01 进入 Stata 16.0，打开相关数据文件，弹出主界面。

02 在主界面的 Command 文本框中输入如下命令（旨在用单因素方差分析检验 4 种药物对胰岛素水平的影响是否相同）：

```
oneway weight group, tabulate
```

03 设置完毕后，按回车键，等待输出结果。

6.1.4　结果分析

在 Stata 16.0 主界面的结果窗口可以看到如图 6.2 所示的分析结果。

```
. oneway weight group, tabulate
```

group	Summary of weight Mean	Std. Dev.	Freq.
1	82.869998	6.0378526	10
2	91.58	3.4701259	10
3	73.42	1.5389754	10
4	85.830001	1.7550251	10
Total	83.425	7.5319406	40

Source	Analysis of Variance SS	df	MS	F	Prob > F
Between groups	1726.96106	3	575.653686	42.68	0.0000
Within groups	485.513964	36	13.486499		
Total	2212.47502	39	56.7301288		

Bartlett's test for equal variances: chi2(3) = 20.0858 Prob>chi2 = 0.000

图 6.2　分析结果图

从上述分析结果中可以得到很多信息，分析结果图的上半部分是胰岛质量变量的概要统计，其中共有 4 个组别，第 1 组的均值是 82.869998，标准差是 6.0378526，频数是 10；第 2 组的均值是 91.58，标准差是 3.4701259，频数是 10；第 3 组的均值是 73.42，标准差是 1.5389754，频数是 10；第 4 组的均值是 85.830001，标准差是 1.7550251，频数是 10。样本总数是 40 个，均值是 83.425，标准差是 7.5319406。下半部分是方差分析的结果，chi2(3)=20.0858，Prob>chi2=0.000，说明要拒绝等方差假设，也就是说本例的结论是 4 种药物对胰岛素水平的影响显著不相同。

6.1.5　案例延伸

上述的 Stata 命令比较简洁，分析过程及结果已达到解决实际问题的目的。Stata 16.0 的强大之处在于，它提供了更加复杂的命令格式以满足用户更加个性化的需求。

例如，我们只针对 weight 变量大于 72 的观测样本进行单因素方差分析，那么操作命令为：

```
oneway weight group if weight>72, tabulate
```

在命令窗口输入命令并按回车键进行确认，结果如图 6.3 所示。

```
. oneway weight group if weight>72, tabulate
```

group	Summary of weight Mean	Std. Dev.	Freq.
1	84.133331	4.8018229	9
2	91.58	3.4701259	10
3	73.862499	1.3752285	8
4	85.830001	1.7550251	10
Total	84.383783	6.9894969	37

Source	Analysis of Variance SS	df	MS	F	Prob > F
Between groups	1424.91462	3	474.971541	46.96	0.0000
Within groups	333.795779	33	10.1150236		
Total	1758.7104	36	48.8530667		

Bartlett's test for equal variances: chi2(3) = 13.5840 Prob>chi2 = 0.004

图 6.3　分析结果图

对该结果的详细说明在前面已有提及，此处限于篇幅不再赘述。chi2(3)=13.5840，Prob>chi2 = 0.004，说明要拒绝等方差假设。

6.2 实例二——多因素方差分析

6.2.1 多因素方差分析的功能与意义

多因素方差分析的基本思想基本等同于单因素方差分析，不同之处在于其研究的是两个或者两个以上因素对于试验结果的作用和影响，以及这些因素共同作用的影响。多因素方差分析所要研究的是多个因素的变化是否会导致试验结果的变化。由于较少用到三因素以及三因素以上方差分析，因此下面以双因素方差分析为例进行介绍。

6.2.2 相关数据来源

	下载资源:\video\6\6.2
	下载资源:\sample\chap06\正文\案例 6.2.dta

【例 6.2】将 40 只大鼠随机等分为 4 组，每组 10 只，进行肌肉损伤后的缝合试验。处理方式由两个因素组合而成，A 因素为缝合方法，分别为外膜缝合和内膜缝合，记作 a1、a2；B 因素为缝合后的时间，分别为缝合后 1 月和 2 月，记作 b1、b2。试验结果为大鼠肌肉缝合后肌肉力度的恢复度（%），如表 6.2 所示，从而考察缝合方法和缝合后时间对肌肉力度的恢复度是否有显著影响。

表 6.2 大鼠肌肉缝合后肌肉力度的恢复度测量数据

测量编号	肌肉力度的恢复度/%	缝合方法	缝合后时间
1	10.5	a1	b1
2	10.6	a1	b1
3	11.5	a1	b1
4	11.3	a1	b1
5	11	a1	b1
6	11.4	a1	b1
...	...	...	...
38	28.3	a2	b2
39	28.1	a2	b2
40	28.3	a2	b2

6.2.3 Stata 分析过程

在用 Stata 进行分析之前，我们要把数据录入 Stata 中。本例中有 3 个变量，分别是肌肉力度的恢复度、缝合方法和缝合后时间。我们把肌肉力度的恢复度变量设定为 renew，把缝合方法变量设定为method，并且其中的缝合方法a1设定为1、缝合方法a2设定为2，把缝合后时间变量设定为time，并且其中的缝合方法b1设定为1、缝合方法b2设定为2，变量类型及长度采取系统默认方式，然后录入相关数据。相关操作在第1章中已详细讲述过了。录入完成后数据如图6.4所示。

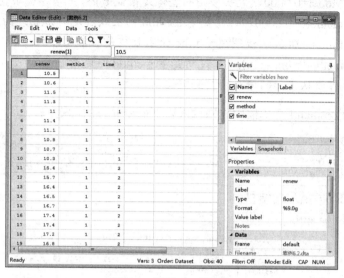

图6.4　案例6.2的数据

先保存数据，然后开始展开分析，步骤如下：

01 进入Stata 16.0，打开相关数据文件，弹出主界面。

02 在主界面的Command文本框中输入如下命令（旨在考察缝合方法和缝合后时间对肌肉力度的恢复度是否有显著影响）：

```
anova  renew method time method# time
```

03 设置完毕后，按回车键，等待输出结果。

6.2.4　结果分析

在Stata 16.0主界面的结果窗口可以看到如图6.5所示的分析结果。

```
. anova  renew method time method# time

                    Number of obs =        40     R-squared     = 0.9941
                    Root MSE      =  .516774     Adj R-squared = 0.9936

       Source |  Partial SS     df        MS          F     Prob>F

        Model |   1617.925       3    539.30832    2019.46   0.0000

       method |    1322.5        1     1322.5      4952.15   0.0000
         time |  294.84899       1   294.84899    1104.07   0.0000
  method#time |  .57599959       1   .57599959       2.16   0.1506

     Residual |  9.6140004      36   .26705557

        Total |   1627.539      39   41.731768
```

图6.5　分析结果图

111

通过观察分析结果，我们可以看出共有 40 个有效样本参与了方差分析。

- 可决系数（R-squared）以及修正的可决系数（Adj R-squared）都非常接近 1，这说明模型的拟合程度很高，也就是说模型的解释能力很强。
- Prob > F Model=0.0000，说明模型的整体是很显著的。
- Prob > F method =0.0000，说明变量 method 的主效应是非常显著的。
- Prob > F time =0.0000，说明变量 time 的主效应是非常显著的。
- Prob > F method#time = 0.1506，说明变量 method 与变量 time 的交互效应是不显著的。这一点也可以从下面的命令中得到验证。

在主界面的 Command 文本框中分别输入以下命令并按回车键：

```
test method
test time
test method#time
```

可以得到如图 6.6 所示的结果。

```
. test method

      Source | Partial SS         df         MS          F       Prob>F

      method | 1322.5              1          1322.5      4952.15  0.0000
    Residual | 9.6140004          36          .26705557


. test time

      Source | Partial SS         df         MS          F       Prob>F

        time | 294.84899           1          294.84899  1104.07  0.0000
    Residual | 9.6140004          36          .26705557


. test method#time

      Source | Partial SS         df         MS          F       Prob>F

 method#time | .57599959           1          .57599959  2.16     0.1506
    Residual | 9.6140004          36          .26705557
```

图 6.6　分析结果图

在上面的例子中，因为变量 method 与变量 time 的交互效应是不显著的，所以我们可以构建更加简单的不包含两者交互效应的方差分析模型。在主界面的 Command 文本框中输入以下命令并按回车键：

```
anova  renew method time
```

可以得到如图 6.7 所示的结果。

```
. anova  renew method time
```

```
                      Number of obs =        40   R-squared     =  0.9937
                      Root MSE      =   .524791   Adj R-squared =  0.9934
```

Source	Partial SS	df	MS	F	Prob>F
Model	1617.349	2	808.67448	2936.31	0.0000
method	1322.5	1	1322.5	4802.01	0.0000
time	294.84899	1	294.84899	1070.60	0.0000
Residual	10.19	37	.2754054		
Total	1627.539	39	41.731768		

图 6.7　分析结果图

至此，我们以两个因素介绍了多因素方差分析的应用。事实上，多因素方差分析的模型构建是非常灵活的，如果存在 3 个或者 3 个以上因素，要纳入任何一项变量间的交互效应，就只需要指定有关变量名称，并且之间用"#"连接（注意，之前的很多 Stata 版本用的是"*"）即可。

6.2.5　案例延伸

上述的 Stata 命令比较简洁，分析过程及结果已达到解决实际问题的目的。Stata 16.0 的强大之处在于，它提供了更加复杂的命令格式以满足用户更加个性化的需求。

例如，我们只针对 renew 变量大于 11 的观测样本进行多因素方差分析，那么操作命令为：

```
anova  renew method time method# time if renew>11
```

在命令窗口输入命令并按回车键进行确认，结果如图 6.8 所示。

```
. anova  renew method time method# time if renew>11
```

```
                      Number of obs =        34   R-squared     =  0.9923
                      Root MSE      =   .523625   Adj R-squared =  0.9916
```

Source	Partial SS	df	MS	F	Prob>F
Model	1065.5289	3	355.1763	1295.40	0.0000
method	928.24366	1	928.24366	3385.49	0.0000
time	198.74004	1	198.74004	724.84	0.0000
method#time	.01022723	1	.01022723	0.04	0.8482
Residual	8.2255007	30	.27418336		
Total	1073.7544	33	32.538012		

图 6.8　分析结果图

通过观察分析结果，我们可以看出共有 34 个有效样本参与了方差分析。

- 可决系数（R-squared）以及修正的可决系数（Adj R-squared）都非常接近 1，这说明模型的拟合程度很高，也就是说模型的解释能力很强。
- Prob > F Model=0.0000，说明模型的整体是很显著的。

- Prob > F method =0.0000，说明变量 method 的主效应是非常显著的。
- Prob > F time =0.0000，说明变量 time 的主效应是非常显著的。
- Prob > F method#time = 0.8482，说明变量 method 与变量 time 的交互效应是不显著的。

6.3　实例三——协方差分析

6.3.1　协方差分析的功能与意义

协方差分析是将回归分析同方差分析结合起来，以消除混杂因素的影响，是对试验数据进行分析的一种分析方法。一般情况下，协方差分析研究比较一个或者几个因素在不同水平上的差异，但观测量同时还受另一个难以控制的协变量的影响，在分析中剔除其影响，再分析各因素对观测变量的影响。

6.3.2　相关数据来源

下载资源:\video\6\6.3	
下载资源:\sample\chap06\正文\案例 6.3.dta	

【例 6.3】某学校实施新政策以改善部分年轻教师的生活水平。政策实施后开始对年轻教师待遇的改善情况进行调查，调查结果如表 6.3 所示。用实施新政策后的工资来反映生活水平的提高，要求剔除实施新政策前的工资差异，试分析教师的级别和该新政策对年轻教师工资的提高是否有显著的影响。

表 6.3　年轻教师工资表（单位：千元）

年　龄	原工资	现工资	教师级别	政策实施
26	4	5	2	否
27	3	4	3	否
27	3	5	1	是
29	2	4	2	否
28	5	6	2	是
…	…	…	…	…
29	6	9	3	是
27	8	10	2	否

6.3.3　Stata 分析过程

在用 Stata 进行分析之前，我们要把数据录入 Stata 中。本例中有 5 个变量，分别为年龄、原工资、现工资、教师级别和政策实施。我们把年龄这一变量设定为 age，把原工资这一变量设定为 beforesalary，把现工资这一变量设定为 nowsalary，把教师级别这一变量设定为 identity，把政策实施这一变量设定为 policy，并且用 1 表示"实施政策"，而用 0 表示"没有实施政策"，变量类型及长度采取系统默认方式,然后录入相关数据。相关操作在第 1 章中已详细讲述过了。录入完成后数据如图 6.9 所示。

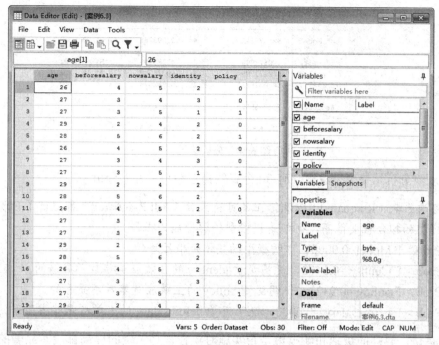

图 6.9　案例 6.3 的数据

先保存数据,然后开始展开分析,步骤如下:

01 进入 Stata 16.0,打开相关数据文件,弹出主界面。

02 在主界面的 Command 文本框中输入如下命令 (旨在分析教师的级别和新政策对年轻教师工资的提高是否有显著的影响):

```
anova nowsalary identity policy c.beforesalary
```

 c.beforesalary 的意义是说明 beforesalary 是一个连续变量,在一些 Stata 旧版本中,本例的命令应该是: anova　nowsalary identity policy,continuous(beforesalary)。

03 设置完毕后,按回车键,等待输出结果。

6.3.4　结果分析

在 Stata 16.0 主界面的结果窗口可以看到如图 6.10 所示的分析结果。

```
. anova  nowsalary identity policy c.beforesalary
```

| | | | Number of obs = | 30 | R-squared | = | 0.8705 |
| | | | Root MSE = | .547489 | Adj R-squared | = | 0.8498 |

Source	Partial SS	df	MS	F	Prob>F
Model	50.373071	4	12.593268	42.01	0.0000
identity	.90571998	2	.45285999	1.51	0.2402
policy	.00221799	1	.00221799	0.01	0.9321
beforesal~y	34.002573	1	34.002573	113.44	0.0000
Residual	7.4935952	25	.29974381		
Total	57.866667	29	1.9954023		

图 6.10　分析结果图

通过观察分析结果可以看出共有 30 个有效样本参与了方差分析。

- 可决系数（R-squared）以及修正的可决系数（Adj R-squared）都超过了 80%，这说明模型的拟合程度很高，也就是说模型的解释能力很强。
- Prob > F Model=0.0000，说明模型的整体是很显著的。
- Prob > F identity =0.2402，说明变量 identity 的主效应是非常不显著的。
- Prob > F policy =0.9321，说明变量 policy 的主效应是非常不显著的。
- Prob > F beforesalary =0.0000，说明变量 beforesalary 的主效应是非常显著的。

也就是说，教师的级别和新政策是否实施对年轻教师工资的提高都没有显著的影响，而实施新政策前的工资差异对年轻教师的现有工资有显著影响。

在此基础上，我们可以对模型进行改进，即引入变量的交互项进行深入分析，我们在主界面的 Command 文本框中分别输入以下命令并按回车键：

```
anova  nowsalary identity policy c.beforesalary c.beforesalary# identity
c.beforesalary# policy identity# policy
```

可以得到如图 6.11 所示的结果。

```
. anova  nowsalary identity policy c.beforesalary c.beforesalary# identity c.beforesa
> lary# policy identity# policy
```

| | | | Number of obs = | 30 | R-squared | = | 0.9551 |
| | | | Root MSE = | .328897 | Adj R-squared | = | 0.9458 |

Source	Partial SS	df	MS	F	Prob>F
Model	55.270513	5	11.054103	102.19	0.0000
identity	5.3634452	2	2.6817226	24.79	0.0000
policy	.49247049	1	.49247049	4.55	0.0433
beforesal~y	31.840922	1	31.840922	294.35	0.0000
identity#beforesal~y	4.8974414	1	4.8974414	45.27	0.0000
policy#beforesal~y	0	0			
identity#policy	0	0			
Residual	2.5961538	24	.10817308		
Total	57.866667	29	1.9954023		

图 6.11　分析结果图

在本分析结果中可以看到 c.beforesalary# policy 和 identity# policy 这两个交互项是不起作

用的，所以我们要把它们去掉，在主界面的 Command 文本框中分别输入下列命令并按回车键：

```
anova nowsalary identity policy c.beforesalary c.beforesalary# identity
```

可以得到如图 6.12 所示的结果。

. anova nowsalary identity policy c.beforesalary c.beforesalary# identity

| | | Number of obs = | 30 | R-squared | = | 0.9551 |
| | | Root MSE = | .328897 | Adj R-squared = | | 0.9458 |

Source	Partial SS	df	MS	F	Prob>F
Model	55.270513	5	11.054103	102.19	0.0000
identity	5.3634452	2	2.6817226	24.79	0.0000
policy	.49247049	1	.49247049	4.55	0.0433
beforesal~y	31.840922	1	31.840922	294.35	0.0000
identity#beforesal~y	4.8974414	1	4.8974414	45.27	0.0000
Residual	2.5961538	24	.10817308		
Total	57.866667	29	1.9954023		

图 6.12　分析结果图

通过观察本分析结果可以看出：

- 可决系数（R-squared）以及修正的可决系数（Adj R-squared）得到进一步提高，超过了 90%，说明模型的拟合程度得到了进一步提高，也就是说模型的解释能力变强了。
- Prob > F Model=0.0000，说明模型的整体是很显著的。
- Prob > F identity =0.0000，说明变量 identity 的主效应是非常显著的。
- Prob > F policy =0.0433，说明变量 policy 的主效应是显著的。
- Prob > F beforesalary =0.0000，说明变量 beforesalary 的主效应是非常显著的。
- Prob > F c.beforesalary# identity =0.0000，说明变量 beforesalary 与 identity 的交互效应是非常显著的。

也就是说，教师的级别、新政策是否实施、实施新政策前的工资差异都对年轻教师的现有工资有显著影响，教师的级别与实施新政策前的工资差异的交互效应也对年轻教师的现有工资有显著影响。

此外，我们可以针对这一结果进行回归分析，在主界面的 Command 文本框中输入以下命令并按回车键：

```
regress
```

可以得到如图 6.13 所示的结果。

```
. regress
```

Source	SS	df	MS		Number of obs	=	30
					F(5, 24)	=	102.19
Model	55.2705128	5	11.0541026		Prob > F	=	0.0000
Residual	2.59615385	24	.108173077		R-squared	=	0.9551
					Adj R-squared	=	0.9458
Total	57.8666667	29	1.9954023		Root MSE	=	.3289

nowsalary	Coef.	Std. Err.	t	P>|t|	[95% Conf. Interval]	
identity						
2	1.903846	.4334928	4.39	0.000	1.009161	2.798531
3	-1.423077	.2745441	-5.18	0.000	-1.989708	-.8564458
1.policy	-.4230769	.1982845	-2.13	0.043	-.8323161	-.0138378
beforesalary	1.807692	.1356133	13.33	0.000	1.5278	2.087584
identity#						
c.beforesalary						
2	-.9038462	.1343289	-6.73	0.000	-1.181087	-.6266049
3	0	(omitted)				
_cons	-5.95e-14	.3797773	-0.00	1.000	-.7838217	.7838217

图 6.13　分析结果图

在这个结果中，我们可以发现前面的实例相当于把 nowsalary 这一变量作为因变量，把 identity、policy、beforesalary、beforesalary 与 identity 的交互项这 4 个变量作为自变量进行了一次回归分析。系统针对每个分类自变量（包括 identity、policy 以及 beforesalary 与 identity 的交互项）创建了相应的虚拟变量，这里要把单个虚拟变量的回归系数理解为它对因变量的预测值或者条件平均数的效应。例如，1.policy 表示那些具有同样教师级别以及同样改革前工资的年轻教师中，接受新政策改革的现有工资要比没有接受新政策改革的低 42.30769 个百分点。此外，我们还得到了每个系数的置信区间和单项 T 检验的结果，相比于单纯的方差分析，从这一结果中得到的信息要丰富得多。

6.3.5　案例延伸

上述的 Stata 命令比较简洁，分析过程及结果已达到解决实际问题的目的。Stata 16.0 的强大之处在于，它提供了更加复杂的命令格式以满足用户更加个性化的需求。

例如，我们只针对 age 变量大于 26 的观测样本进行协方差分析，那么操作命令为：

```
anova nowsalary identity policy c.beforesalary if age>26
```

在命令窗口输入命令并按回车键进行确认，结果如图 6.14 所示。

```
. anova  nowsalary identity policy c.beforesalary if age>26
```

| | | Number of obs = | 25 | R-squared | = | 0.8985 |
| | | Root MSE = | .541736 | Adj R-squared = | | 0.8782 |

Source	Partial SS	df	MS	F	Prob>F
Model	51.970435	4	12.992609	44.27	0.0000
identity	1.8143951	2	.90719753	3.09	0.0676
policy	.45208427	1	.45208427	1.54	0.2289
beforesal~y	34.843369	1	34.843369	118.73	0.0000
Residual	5.8695652	20	.29347826		
Total	57.84	24	2.41		

图 6.14 分析结果图

通过观察分析结果可以看出共有 25 个有效样本参与了方差分析。

- 可决系数（R-squared）以及修正的可决系数（Adj R-squared）都超过了 80%，说明模型的拟合程度很高，也就是说模型的解释能力很强。
- Prob > F Model=0.0000，说明模型的整体是很显著的。
- Prob > F identity =0.0676，说明变量 identity 的主效应是比较不显著的。
- Prob > F policy =0.2289，说明变量 policy 的主效应是非常不显著的。
- Prob > F beforesalary =0.0000，说明变量 beforesalary 的主效应是非常显著的。

6.4 实例四——重复测量方差分析

6.4.1 重复测量方差分析的功能与意义

在研究中，我们经常需要对同一个观察对象重复进行多次观测，这样得到的数据称为重复测量资料。而对于重复测量资料进行方差分析就需要采用重复测量方差分析方法。重复测量方差分析与前述的方差分析最大的差别在于：它可以考察测量指标是否会随着测量次数的增加而变化，以及是否会受时间的影响。

6.4.2 相关数据来源

	下载资源:\video\6\6.4
	下载资源:\sample\chap06\正文\案例 6.4.dta

【例 6.4】某食品公司为计划改进一种食品的销售策略而提出了一种方案，并随机选择了 20 个销售网点施行销售策略。表 6.4 所示为所调查网点实施策略后一个月的销售量(单位:kg)，通过分析说明这种方案是否有效。

表6.4 各网点销售量统计表

网 点	方 案	销 售 量
1	实施前	70
2	实施前	48
3	实施前	34
4	实施前	56
5	实施前	36
…	…	…
19	实施后	79
20	实施后	67

6.4.3 Stata 分析过程

在用 Stata 进行分析之前，我们要把数据录入 Stata 中。本例中有 3 个变量，分别为网点、方案和销售量。我们把网点变量设定为 number，把方案变量设定为 plan，并且把实施前设定为 1、把实施后设定为 2，把销售量变量设定为 sale，变量类型及长度采取系统默认方式，然后录入相关数据。相关操作在第 1 章中已详细讲述过了。录入完成后数据如图 6.15 所示。

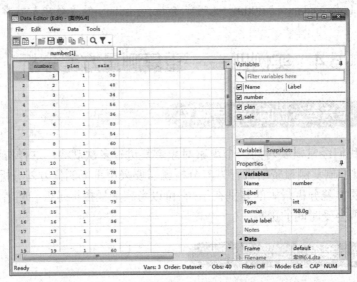

图 6.15 案例 6.4 的数据

先保存数据，然后开始展开分析，步骤如下：

01 进入 Stata 16.0，打开相关数据文件，弹出主界面。

02 在主界面的 Command 文本框中输入如下命令（旨在分析说明这种方案是否有效）：

```
anova sale number plan,repeated(plan)
```

03 设置完毕后，按回车键，等待输出结果。

6.4.4　结果分析

我们可以在 Stata 16.0 主界面的结果窗口看到如图 6.16 所示的分析结果。

```
. anova  sale  number plan,repeated(plan)

                              Number of obs =      40    R-squared     = 0.7726
                              Root MSE      = 13.1535    Adj R-squared = 0.5331

           Source | Partial SS       df        MS          F     Prob>F

            Model | 11165.5          20     558.275      3.23    0.0067

           number | 3241.275         19   170.59342      0.99    0.5121
             plan | 7924.225          1    7924.225     45.80    0.0000

         Residual | 3287.275         19   173.01447

            Total | 14452.775        39   370.58397


Between-subjects error term:  number
                     Levels:  20       (19 df)
        Lowest b.s.e. variable:  number

Repeated variable: plan
                                        Huynh-Feldt epsilon        = 1.0000
                                        Greenhouse-Geisser epsilon = 1.0000
                                        Box's conservative epsilon = 1.0000

                                                ─── Prob > F ───
           Source | df       F     Regular    H-F      G-G      Box

             plan |  1    45.80   0.0000   0.0000   0.0000   0.0000
         Residual | 19
```

图 6.16　分析结果图

通过观察分析结果可以看出共有 40 个有效样本参与了方差分析。

- 可决系数（R-squared）以及修正的可决系数（Adj R-squared）都在 50%以上，说明模型的拟合程度还是可以的，也就是说模型的解释能力还是可以的。
- Prob > F Model=0.0067，说明模型的整体是很显著的。
- Prob > F number =0.5121，说明变量 number 的效应是非常不显著的。
- Prob > F plan =0.0000，说明变量 plan 的主效应是非常显著的。

也就是说，销售量的大小与网点是没有太大关系的，网点的差异对销售量差异的影响程度是很不显著的，而方案的实施却对销售量的大小有显著影响。

6.4.5　案例延伸

上述的 Stata 命令比较简洁，分析过程及结果已达到解决实际问题的目的。Stata 16.0 的强大之处在于，它提供了更加复杂的命令格式以满足用户更加个性化的需求。

例如，我们只针对 number 变量大于 3 的观测样本进行重复测量方差分析，那么操作命令为：

```
anova  sale  number plan if number>3,repeated(plan)
```

在命令窗口输入命令并按回车键进行确认，结果如图 6.17 所示。

```
. anova sale number plan if number>3,repeated(plan)

                              Number of obs =        34   R-squared     =  0.7672
                              Root MSE      =   12.5119   Adj R-squared =  0.5199

            Source |  Partial SS        df        MS          F    Prob>F

             Model |  8256.2941         17   485.66436       3.10  0.0142

            number |  2818.0588         16   176.12868       1.13  0.4083
              plan |  5438.2353          1   5438.2353      34.74  0.0000

          Residual |  2504.7647         16   156.54779

             Total |  10761.059         33   326.09269


Between-subjects error term:  number
                    Levels:   17         (16 df)
         Lowest b.s.e. variable:  number

Repeated variable: plan

                                    Huynh-Feldt epsilon       =  1.0000
                                    Greenhouse-Geisser epsilon =  1.0000
                                    Box's conservative epsilon =  1.0000

                                        ------- Prob > F -------
            Source |   df      F    Regular    H-F      G-G      Box

              plan |    1    34.74  0.0000   0.0000   0.0000   0.0000
          Residual |   16
```

图 6.17　分析结果图

通过观察分析结果可以看出共有 34 个有效样本参与了方差分析。

- Prob>F Model= 0.0142，说明模型的整体是很显著的。
- Prob > F number =0.4083，说明变量 number 的效应是非常不显著的。
- Prob > F plan =0.0000，说明变量 plan 的主效应是非常显著的。

6.5　本章习题

（1）表 6.5 给出了 4 种包装对某饮料销售水平影响的测量结果，数据为各大超市 20 天的每日总销售量。试用单因素方差分析检验 4 种包装对饮料销售水平的影响是否相同。

表 6.5　4 种包装下的饮料销售水平

测量编号	总销售量/瓶	包装类别
1	90	1
2	94	1
3	88	1
4	110	1
5	96	1
6	84	2
…	…	…
16	88	4
17	90	4
18	73	4
19	88	4
20	86	4

（2）表 6.6 给出了两种包装和两种口味对某饮料销售水平的影响测量结果，数据为 4 种

饮料在 20 家超市一天的总销售量。试用多因素方差分析检验不同包装及口味对饮料销售水平的影响是否相同。

表 6.6　4 种饮料在 20 家超市一天的总销售量

超市编号	销售数量/瓶	包　装	口　味
1	10	a1	b1
2	10	a1	b1
3	40	a1	b1
4	50	a1	b1
5	10	a1	b1
6	30	a1	b2
…	…	…	…
18	70	a2	b2
19	60	a2	b2
20	30	a2	b2

（3）某医院实施新政策以改善部分年轻医生的生活水平。政策实施后开始对年轻医生待遇的改善情况进行调查，调查结果如表 6.7 所示。用实施新政策后的工资来反映生活水平的提高，要求剔除实施新政策前的工资差异，试分析医生的级别和新政策对年轻医生工资的提高是否有显著的影响。

表 6.7　年轻医生工资表（单位：千元）

年　龄	原 工 资	现 工 资	医生级别	政策实施
27	4	4	2	否
26	2	5	3	否
26	3	4	1	是
28	3	5	2	否
29	4	5	2	是
…	…	…	…	…
29	6	9	3	是
27	8	10	2	否

（4）某建材公司为计划改进一种钢管的销售策略而提出了一种方案，并随机选择了 20 个销售网点，施行不同的销售策略。表 6.8 所示为所调查网点实施策略后一个月的销售量（单位：个），通过分析说明这种方案是否有效。

表 6.8　各网点销售量统计表

网　点	方　案	销 售 量
1	实施前	56
2	实施前	36
3	实施前	34
4	实施前	79
5	实施前	67
…	…	…
19	实施后	28
20	实施后	45

第 7 章 Stata 相关分析

在得到相关数据资料后,我们要对这些数据进行分析,研究各个变量之间的关系。相关分析是应用非常广泛的一种方法。它是不考虑变量之间的因果关系而只研究分析变量之间的相关关系的一种统计分析方法,常用的相关分析包括简单相关分析、偏相关分析等。下面将分别介绍这些方法在实例中的应用。

7.1 实例一——简单相关分析

7.1.1 简单相关分析的功能与意义

Stata 的简单相关分析是很简单、很常用的一种相关分析方法,其基本功能是可以研究变量间的线性相关程度并用适当的统计指标表示出来。

7.1.2 相关数据来源

	下载资源:\video\7\7.1
	下载资源:\sample\chap07\正文\案例 7.1.dta

【例 7.1】表 7.1 给出了杭州市 2006 年市区分月统计的平均温度和日照时数。试据此分析平均温度和日照时数的相关性。

表 7.1 杭州市 2006 年市区分月部分气象概况统计

月 份	平均温度/℃	日照时数/h
1	5.8	62.1
2	6.2	58.6
3	12.5	137.9
4	18.3	154.8
5	21.5	131.4
6	25.9	119.5
7	30.1	183.8
8	30.6	215.6
9	23.3	96.9
10	21.9	91.9
11	15.2	81.3
12	7.7	89

7.1.3　Stata 分析过程

在用 Stata 进行分析之前，我们要把数据录入 Stata 中。本例中有 3 个变量，分别是月份、平均温度和日照时数。我们把月份变量设定为 month，把平均温度变量设定为 tem，把日照时数变量设定为 hour，变量类型及长度采取系统默认方式，然后录入相关数据。相关操作在第 1 章中已详细讲述过了。录入完成后数据如图 7.1 所示。

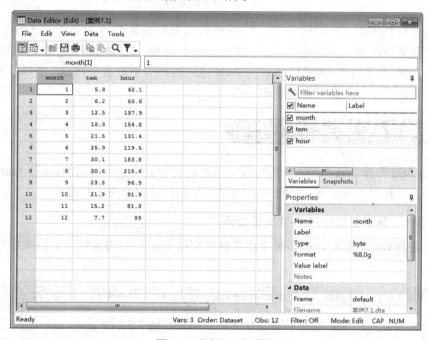

图 7.1　案例 7.1 的数据

先保存数据，然后开始展开分析，步骤如下：

01 进入 Stata 16.0，打开相关数据文件，弹出主界面。

02 在主界面的 Command 文本框中输入命令（对月份、平均温度和日照时数 3 个变量进行简单相关分析）：

```
correlate month tem hour
```

03 设置完毕后，按回车键，等待输出结果。

7.1.4　结果分析

我们可以在 Stata 16.0 主界面的结果窗口看到如图 7.2 所示的分析结果。

```
. correlate month  tem hour
(obs=12)

              |   month       tem      hour
--------------+---------------------------
        month |  1.0000
          tem |  0.3206    1.0000
         hour |  0.0536    0.7578    1.0000
```

图 7.2   分析结果图

从上述分析结果中可以得到很多信息，首先可以看到共有 12 个样本参与了分析（obs=12），然后可以看到变量两两之间的相关系数，其中 month 与 tem 之间的相关系数是 0.3206，month 与 hour 之间的相关系数是 0.0536，tem 与 hour 之间的相关系数是 0.7578，所以本例的结论是平均温度和日照时数具有比较高的正相关性。

7.1.5   案例延伸

上述的 Stata 命令比较简洁，分析过程及结果已达到解决实际问题的目的。Stata 16.0 的强大之处在于，它提供了更加复杂的命令格式以满足用户更加个性化的需求。

1．延伸 1：获得变量的方差-协方差矩阵

我们在进行数据分析时，很多时候需要使用变量的方差-协方差矩阵。该操作对应的 Stata 命令是：

```
correlate month  tem hour,covariance
```

在命令窗口输入命令并按回车键进行确认，结果如图 7.3 所示。

从上述分析结果中可以看到变量的方差-协方差矩阵，其中 month 的方差是 13，tem 的方差是 77.7027，hour 的方差是 2341.01，month 与 tem 的协方差是 10.1909，month 与 hour 的协方差是 9.34546，tem 与 hour 之间的相关系数是 323.211。

2．延伸 2：获得相关性的显著性检验

该操作对应的 Stata 命令是：

```
pwcorr month  tem hour,sig
```

在命令窗口输入命令并按回车键进行确认，结果如图 7.4 所示。

```
. correlate month  tem hour,covariance
(obs=12)

              |   month       tem      hour
--------------+---------------------------
        month |     13
          tem | 10.1909   77.7027
         hour | 9.34546   323.211   2341.01
```

图 7.3   分析结果图

```
. pwcorr month  tem hour,sig

              |   month       tem      hour
--------------+---------------------------
        month |  1.0000

          tem |  0.3206    1.0000
              |  0.3096

         hour |  0.0536    0.7578    1.0000
              |  0.8687    0.0043
```

图 7.4   分析结果图

从上述分析结果中可以看到变量的相关性的显著性检验结果。其中，month 与 tem 之间的相关性显著性 P 值是 0.3096，month 与 hour 之间的相关性显著性 P 值是 0.8687，hour 与 tem 之间的相关性显著性 P 值是 0.0043。

此外，还有一种更为精确的 sidak 方法。该操作对应的 Stata 命令是：

```
pwcorr month  tem hour,sidak sig
```

在命令窗口输入命令并按回车键进行确认，结果如图 7.5 所示。

从上述分析结果中可以看到变量的相关性的显著性检验结果。其中，month 与 tem 之间的相关性显著性 P 值是 0.6709，month 与 hour 之间的相关性显著性 P 值是 0.9977，hour 与 tem 之间的相关性显著性 P 值是 0.0128。

3．延伸 3：获得相关性的显著性检验，并进行标注

很多时候我们希望能够一目了然地看出变量相关在不同的置信水平上是否显著，例如置信水平为 99%时，对应的 Stata 命令是：

```
pwcorr month  tem hour,sidak sig star(0.01)
```

在命令窗口输入命令并按回车键进行确认，结果如图 7.6 所示。

```
. pwcorr month  tem hour,sidak sig

             |    month      tem     hour
-------------+---------------------------
       month |   1.0000
             |
         tem |   0.3206   1.0000
             |   0.6709
             |
        hour |   0.0536   0.7578   1.0000
             |   0.9977   0.0128
```
图 7.5 分析结果图

```
. pwcorr month  tem hour,sidak sig star(0.01)

             |    month      tem     hour
-------------+---------------------------
       month |   1.0000
             |
         tem |   0.3206   1.0000
             |   0.6709
        hour |   0.0536   0.7578   1.0000
             |   0.9977   0.0128
```
图 7.6 分析结果图

从上述分析结果图中可以看出所有变量间的相关关系不显著。如果把置信水平换成 90%，那么对应的 Stata 命令是：

```
pwcorr month  tem hour,sidak sig star(0.10)
```

在命令窗口输入命令并按回车键进行确认，结果如图 7.7 所示。

```
. pwcorr month  tem hour,sidak sig star(0.10)

             |    month      tem     hour
-------------+---------------------------
       month |   1.0000
             |
         tem |   0.3206   1.0000
             |   0.6709
             |
        hour |   0.0536   0.7578*  1.0000
             |   0.9977   0.0128
```
图 7.7 分析结果图

可以看出在 90%的置信水平下，仅有 hour 与 tem 的相关性是显著的。

7.2 实例二——偏相关分析

7.2.1 偏相关分析的功能与意义

很多情况下，进行相关分析变量的取值会同时受到其他变量的影响，这时就需要把其他变量控制住，然后输出控制其他变量影响后的相关系数。Stata 的偏相关分析过程就是为解决这一问题而设计的。

7.2.2 相关数据来源

下载资源:\video\7\7.2
下载资源:\sample\chap07\正文\案例 7.2.dta

【例 7.2】表 7.2 给出了随机抽取的山东省某学校的 12 名学生的 IQ 值、语文成绩和数学成绩。因为语文成绩和数学成绩都受 IQ 的影响，所以试用偏相关分析研究学生语文成绩和数学成绩的相关关系。

表 7.2   12 名学生的 IQ、语文成绩和数学成绩

IQ	语文成绩	数学成绩
100	86	85
120	93	98
117	91	90
98	82	79
60	43	32
62	45	37
88	60	61
123	99	98
110	88	89
115	86	91
116	90	91
71	67	63

7.2.3 Stata 分析过程

在用 Stata 进行分析之前，我们要把数据录入 Stata 中。本例中有 3 个变量，分别是 IQ、语文成绩和数学成绩。我们把 IQ 变量设定为 IQ，把语文成绩变量设定为 YW，把数学成绩变量设定为 SX，变量类型及长度采取系统默认方式，然后录入相关数据。相关操作在第 1 章中

已详细讲述过了。录入完成后数据如图7.8所示。

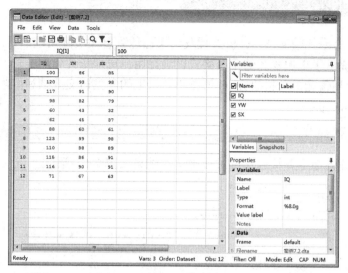

图7.8 案例7.2的数据

先保存数据，然后开始展开分析，步骤如下：

01 进入Stata 16.0，打开相关数据文件，弹出主界面。

02 在主界面的Command文本框中输入命令：

```
pcorr  YW SX IQ
```

03 设置完毕后，按回车键，等待输出结果。

7.2.4 结果分析

在Stata 16.0主界面的结果窗口可以看到如图7.9所示的分析结果。

```
. pcorr  YW SX IQ
(obs=12)

Partial and semipartial correlations of YW with
```

Variable	Partial Corr.	Semipartial Corr.	Partial Corr.^2	Semipartial Corr.^2	Significance Value
SX	0.8933	0.2651	0.7980	0.0703	0.0002
IQ	-0.1196	-0.0161	0.0143	0.0003	0.7261

图7.9 分析结果图

通过观察分析结果，我们可以看出共有12个有效样本参与了方差分析，在控制住IQ变量的情况下，语文成绩和数学成绩的偏相关系数（Partial Corr.）是0.8933，显著性水平（Significance Value）是0.0002。此外，该结果还给出了控制住数学成绩变量的情况下，语文成绩和IQ之间的偏相关关系，它们的偏相关系数（Partial Corr.）是-0.1196，显著性水平（Significance Value）是0.7261。

7.2.5 案例延伸

上述的 Stata 命令比较简洁，分析过程及结果已达到解决实际问题的目的。Stata 16.0 的强大之处在于，它提供了更加复杂的命令格式以满足用户更加个性化的需求。

例如，我们仅用偏相关分析研究 IQ 值在 100 以上的学生语文成绩和数学成绩的相关关系。该操作对应的 Stata 命令是：

```
pcorr  YW SX IQ if  IQ>100
```

在命令窗口输入命令并按回车键进行确认，结果如图 7.10 所示。

```
. pcorr  YW SX IQ if  IQ>100
(obs=6)

Partial and semipartial correlations of YW with
```

Variable	Partial Corr.	Semipartial Corr.	Partial Corr.^2	Semipartial Corr.^2	Significance Value
SX	0.2312	0.1200	0.0535	0.0144	0.7082
IQ	0.5291	0.3149	0.2800	0.0992	0.3592

图 7.10　分析结果图

通过观察分析结果可以看出共有 6 个有效样本参与了方差分析，在控制住 IQ 变量的情况下，语文成绩和数学成绩的偏相关系数（Partial Corr.）是 0.2312，显著性水平（Significance Value）是 0.7082。此外，该结果还给出了控制住数学成绩变量的情况下，语文成绩和 IQ 之间的偏相关关系，它们的偏相关系数（Partial Corr.）是 0.5291，显著性水平（Significance Value）是 0.3592。

7.3　本章习题

（1）表 7.3 给出了铁岭、朝阳和葫芦岛 2006 年各月的平均气温情况。试用简单相关分析方法研究这 3 个地区月平均气温的相关性。

表 7.3　铁岭、朝阳、葫芦岛 2006 年各月平均气温统计（单位：℃）

月　份	铁　岭	朝　阳	葫　芦　岛
1	−12.3	−8.1	−7.0
2	−8.2	−5.8	−4.3
3	0.8	3.0	2.8
4	7.6	9.4	9.3
5	18.3	19.2	18.3
6	21.3	23.3	21.5
7	24.2	24.5	24.3
8	23.9	24.5	24.3
9	17.9	18.1	20.3
10	11.6	12.1	13.8
11	0.4	1.2	3.1
12	−6.5	−6.5	−3.8

（2）某研究者对当地的塑料制品厂的工人工龄、性别、年龄和月工资等情况展开了调查，数据如表 7.4 所示。

表 7.4　某塑料制品厂的工人情况表

编　号	工龄/年	性　别	年　龄	月工资/元
001	1	男	20	700
002	1	男	21	700
…	…	…	…	…
104	2	女	22	800
105	2	女	21	1000
106	2	女	20	900

① 试在控制住性别变量的情况下研究年龄与月工资的偏相关关系。

② 试在控制住工龄变量的情况下研究年龄与月工资的偏相关关系。

③ 试在控制住年龄变量的情况下研究工龄与月工资的偏相关关系。

第 8 章　Stata 主成分分析与因子分析

在进行数据统计分析时，往往还会遇见变量特别多的情况，而且很多时候这些变量之间存在着很强的相关关系或者说变量之间存在着很强的信息重叠，如果我们直接对数据进行分析，一方面会带来工作量的无谓加大，另一方面还会出现一些模型应用的错误，于是主成分分析与因子分析应运而生。这两种分析方法的基本思想都是在不损失大量信息的前提下，利用较少的独立变量来替代原来的变量进行进一步的分析。下面将分别介绍这两种方法在实例中的应用。

8.1　实例一——主成分分析

8.1.1　主成分分析的功能与意义

在实际工作中，往往会出现所搜集的变量间存在较强相关关系的情况。如果直接利用数据进行分析，不仅会使模型变得很复杂，还会带来多重共线性等问题。主成分分析提供了解决这一问题的方法，其基本思想是将众多的初始变量整合成少数几个互相无关的主成分变量，而这些新的变量尽可能地包含初始变量的全部信息，然后利用这些新的变量来替代以前的变量进行分析。

8.1.2　相关数据来源

🎥	下载资源:\video\8\8.1
💻	下载资源:\sample\chap08\正文\案例 8.1.dta

【例 8.1】表 8.1 给出了我国近年来国民经济的主要指标统计（1998—2005）。试用主成分分析法对这些指标提取主成分并写出提取的主成分与这些指标之间的表达式。

表 8.1　我国近年来国民经济的主要指标统计（1998—2005）

年　份	全国人口/万人	农林牧渔业总产值/亿元	…	粮食/万吨	棉花/万吨	油料/万吨
1998	124 810.0	24 516.7	…	51 230.0	450.1	2 313.9
1999	125 909.0	24 519.1	…	50 839.0	382.9	2 601.2
2000	126 743.0	24 915.8	…	46 218.0	442.0	2 955.0
2001	127 627.0	26 179.6	…	45 264.0	532.4	2 864.9
2002	128 453.0	27 390.8	…	45 706.0	491.6	2 897.2
2003	129 227.0	29 691.8	…	43 069.5	486.0	2 811.0

（续表）

年　　份	全国人口/万人	农林牧渔业总产值/亿元	…	粮食/万吨	棉花/万吨	油料/万吨
2004	229 988.0	36 239.0	…	46 946.9	632.4	3 065.9
2005	130 756.0	39 450.9	…	48 402.2	571.4	3 077.1

8.1.3　Stata 分析过程

在用 Stata 进行分析之前，我们要把数据录入 Stata 中。本例中有 19 个变量，分别是年份、全国人口（万人）、农林牧渔业总产值（亿元）、工业总产值（亿元）、国内生产总值（亿元）、全社会投资总额（亿元）、货物周转量（亿吨千米）、社会消费品零售总额（亿元）、进出口贸易总额（亿元）、原煤（亿吨）、发电量（亿千瓦时）、原油（万吨）、钢（万吨）、汽车（万辆）、布（亿米）、糖（万吨）、粮食（万吨）、棉花（万吨）和油料（万吨）。我们把这些变量分别定义为 V1、V2、V3、V4、V5、V6、V7、V8、V9、V10、V11、V12、V13、V14、V15、V16、V17、V18、V19。变量类型及长度采取系统默认方式，然后录入相关数据。相关操作在第 1 章中已详细讲述过了。录入完成后数据如图 8.1 所示。

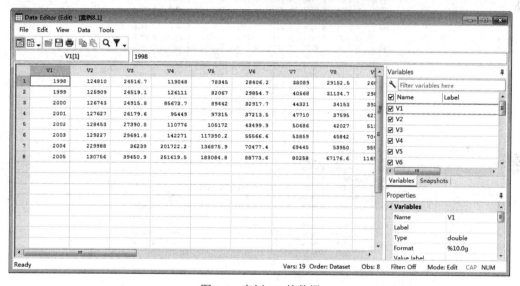

图 8.1　案例 8.1 的数据

先保存数据，然后开始展开分析，步骤如下：

01 进入 Stata 16.0，打开相关数据文件，弹出主界面。

02 在主界面的 Command 文本框中分别输入如下命令并按回车键进行确认。

- correlate V2-V19：对全国人口（万人）、农林牧渔业总产值（亿元）、工业总产值（亿元）、国内生产总值（亿元）、全社会投资总额（亿元）、货物周转量（亿吨千米）、社会消费品零售总额（亿元）、进出口贸易总额（亿元）、原煤（亿吨）、发电量（亿千瓦时）、原油（万吨）、钢（万吨）、汽车（万辆）、布（亿米）、糖（万吨）、粮食（万吨）、棉花（万吨）和油料（万吨）变量进行相关性分析。

- pca V2~V19：对全国人口（万人）、农林牧渔业总产值（亿元）、工业总产值（亿元）、国内生产总值（亿元）、全社会投资总额（亿元）、货物周转量（亿吨千米）、社会消费品零售总额（亿元）、进出口贸易总额（亿元）、原煤（亿吨）、发电量（亿千瓦时）、原油（万吨）、钢（万吨）、汽车（万辆）、布（亿米）、糖（万吨）、粮食（万吨）、棉花（万吨）和油料（万吨）变量进行主成分分析。

03 设置完毕后，按回车键，等待输出结果。

8.1.4 结果分析

在 Stata 16.0 主界面的结果窗口可以看到如图 8.2~图 8.4 所示的分析结果。

```
. correlate V2-V19
(obs=8)
```

	V2	V3	V4	V5	V6	V7	V8
V2	1.0000						
V3	0.5412	1.0000					
V4	0.4583	0.9489	1.0000				
V5	0.3417	0.9720	0.9144	1.0000			
V6	0.4542	0.9907	0.9299	0.9880	1.0000		
V7	0.4922	0.9907	0.9119	0.9849	0.9903	1.0000	
V8	0.4012	0.9772	0.8980	0.9942	0.9932	0.9916	1.0000
V9	0.4943	0.9899	0.9141	0.9798	0.9975	0.9910	0.9898
V10	0.4934	0.9698	0.9386	0.9390	0.9715	0.9428	0.9476
V11	0.4689	0.9752	0.8829	0.9743	0.9920	0.9832	0.9910
V12	0.4458	0.9850	0.9047	0.9874	0.9954	0.9906	0.9949
V13	0.4223	0.9854	0.9274	0.9907	0.9985	0.9875	0.9954
V14	0.4968	0.9539	0.8654	0.9396	0.9748	0.9519	0.9647
V15	0.4688	0.9855	0.9002	0.9852	0.9959	0.9942	0.9963
V16	0.4220	0.5298	0.5585	0.4544	0.5537	0.4680	0.5010
V17	-0.0671	-0.1303	0.1409	-0.1855	-0.2125	-0.2022	-0.2534
V18	0.7144	0.8243	0.6608	0.7470	0.7887	0.8251	0.7852
V19	0.4225	0.6745	0.4507	0.7018	0.6941	0.7535	0.7403

	V9	V10	V11	V12	V13	V14	V15
V9	1.0000						
V10	0.9642	1.0000					
V11	0.9943	0.9588	1.0000				
V12	0.9944	0.9652	0.9913	1.0000			
V13	0.9933	0.9705	0.9915	0.9944	1.0000		
V14	0.9795	0.9626	0.9898	0.9708	0.9737	1.0000	
V15	0.9972	0.9569	0.9961	0.9974	0.9946	0.9766	1.0000
V16	0.5551	0.6643	0.5781	0.5264	0.5581	0.6818	0.5337
V17	-0.2490	-0.1469	-0.3237	-0.2436	-0.2129	-0.3604	-0.2651
V18	0.8058	0.7884	0.8085	0.8092	0.7752	0.7842	0.8098
V19	0.7278	0.5399	0.7457	0.7180	0.6867	0.7043	0.7488

	V16	V17	V18	V19
V16	1.0000			
V17	-0.2006	1.0000		
V18	0.3122	-0.3299	1.0000	
V19	0.1570	-0.5760	0.6735	1.0000

图 8.2 分析结果图

图 8.2 展示的是参与主成分分析的所有变量之间的方差-协方差矩阵。关于本命令以及结果在前面的章节中已经介绍过了，此处不再赘述。可以发现，本例中有很多变量之间的相关关系是非常强的，有些甚至超过了 90%，这说明变量之间存在着相当数量的信息重叠。我们进行主成分分析把众多的初始变量整合成少数几个互相之间无关的主成分变量是非常有必要的。

图 8.3 展示的是主成分分析的结果。其中最左列（Component）表示的是系统提取的主成分名称，可以发现，Stata 总共提取了 18 个主成分。Eigenvalue 列表示的是系统提取的主成分的特征值，特征值的大小意味着该主成分的解释能力，特征值越大解释能力就越强，可以发现

Stata 提取的 18 个主成分中只有前 7 个是有效的，因为 Comp8~Comp18 的特征值（Eigenvalue）均为 0。Proportion 列表示的是系统提取的主成分的方差贡献率，方差贡献率同样表示主成分的解释能力，可以发现第 1 个主成分的方差贡献率为 0.8023，表示该主成分解释了所有变量80.23%的信息。第 2 个主成分的方差贡献率为 0.0788，表示该主成分解释了所有变量 7.88%的信息，以此类推。Cumulative 列表示的是主成分的累计方差贡献率，其中前两个主成分的方差贡献率为 0.8812，前 3 个主成分的方差贡献率为 0.9362，以此类推。

```
. pca V2-V19

Principal components/correlation              Number of obs    =        8
                                              Number of comp.  =        7
                                              Trace            =       18
        Rotation: (unrotated = principal)     Rho              =   1.0000
```

Component	Eigenvalue	Difference	Proportion	Cumulative
Comp1	14.442	13.0228	0.8023	0.8023
Comp2	1.41918	.429462	0.0788	0.8812
Comp3	.989717	.118447	0.0550	0.9362
Comp4	.87127	.629391	0.0484	0.9846
Comp5	.241878	.214668	0.0134	0.9980
Comp6	.0272104	.0184781	0.0015	0.9995
Comp7	.00873232	.00873232	0.0005	1.0000
Comp8	0	0	0.0000	1.0000
Comp9	0	0	0.0000	1.0000
Comp10	0	0	0.0000	1.0000
Comp11	0	0	0.0000	1.0000
Comp12	0	0	0.0000	1.0000
Comp13	0	0	0.0000	1.0000
Comp14	0	0	0.0000	1.0000
Comp15	0	0	0.0000	1.0000
Comp16	0	0	0.0000	1.0000
Comp17	0	0	0.0000	1.0000
Comp18	0	.	0.0000	1.0000

图 8.3　分析结果图

```
Principal components (eigenvectors)
```

Variable	Comp1	Comp2	Comp3	Comp4	Comp5	Comp6	Comp7	Unexplained
V2	0.1377	-0.0208	0.7802	0.3558	0.2120	-0.2517	-0.1105	0
V3	0.2605	0.0925	-0.0038	0.0889	0.0016	-0.1416	-0.0631	0
V4	0.2390	0.3401	-0.0339	0.0407	0.0747	-0.4336	0.4109	0
V5	0.2560	0.0458	-0.2246	0.0239	-0.0020	0.0019	0.0416	0
V6	0.2618	0.0460	-0.0787	-0.0174	-0.0045	-0.1802	-0.0416	0
V7	0.2606	0.0096	-0.0818	0.1116	0.0627	0.0709	0.1326	0
V8	0.2600	-0.0069	-0.1492	-0.0001	0.0119	0.1970	0.2038	0
V9	0.2625	0.0076	-0.0403	-0.0028	0.0441	-0.2720	-0.2868	0
V10	0.2550	0.1459	0.0493	-0.1095	-0.2645	0.0447	-0.3505	0
V11	0.2620	-0.0452	-0.0439	-0.0632	-0.0008	-0.0218	0.1900	0
V12	0.2614	0.0088	-0.0923	0.0028	-0.0558	0.1706	-0.5951	0
V13	0.2610	0.0499	-0.1051	-0.0420	-0.0156	0.0143	0.2206	0
V14	0.2587	-0.0437	0.0466	-0.1801	0.0040	-0.0858	0.0383	0
V15	0.2623	-0.0147	-0.0731	0.0053	0.0374	0.0878	-0.1425	0
V16	0.1504	0.1645	0.4389	-0.7042	0.1901	0.3600	0.1158	0
V17	-0.0679	0.7491	-0.0427	0.3658	0.2422	0.4021	-0.0445	0
V18	0.2187	-0.1718	0.2611	0.3456	-0.6133	0.3933	0.2633	0
V19	0.1913	-0.4745	-0.0939	0.2263	0.6306	0.2924	0.0440	0

图 8.4　分析结果图

图 8.4 展示的是主成分特征向量矩阵，以表明各个主成分在各个变量上的载荷，从而可以得出各主成分的表达式。值得一提的是，在表达式中各个变量已经不是原始变量，而是标准化变量。其中，前两个特征值比较大的主成分的表达式是：

comp1= 0.1377*全国人口+0.2605*农林牧渔业总产值+0.2390*工业总产值+0.2560*国内生产总值+0.2618*全社会投资总额+0.2606*货物周转量+0.2600*社会消费品零售总额

+0.2625*进出口贸易总额+0.2550*原煤+0.2620*发电量+0.2614*原油+0.2610*钢 +0.2587*汽车+0.2623*布+0.1504*糖-0.0679*粮食+0.2187*棉花+0.1913*油料

comp2=-0.0208*全国人口+0.0925*农林牧渔业总产值+0.3401*工业总产值+0.0458*国内生 产总值+0.0460*全社会投资总额+0.0096*货物周转量-0.0069*社会消费品零售总额 +0.0076*进出口贸易总额+0.1459*原煤-0.0452*发电量+0.0088*原油+0.0499*钢 -0.0437*汽车-0.0147*布+0.1645*糖+0.7491*粮食-0.1718*棉花-0.4745*油料

在第 1 主成分中，除粮食变量（V17）以外的变量系数比较大，可以看成是反映那些变量的综合指标；在第 2 主成分中，粮食变量的系数比较大，可以看成是反映粮食的综合指标。

因为主成分分析只不过是一种矩阵变换，所以各个主成分并不一定具有实际意义，本例中各个主成分的内在含义就不是很明确。

8.1.5 案例延伸

上述的 Stata 命令比较简洁，分析过程及结果已达到解决实际问题的目的。Stata 16.0 的强大之处在于，它提供了更加复杂的命令格式以满足用户更加个性化的需求。

1. 延伸 1：只保留特征值大于 1 的主成分

从上例中可以看到，Stata 总共提取了 7 个有效的主成分，但是只有前两个主成分的特征值是大于 1 的，而且前两个主成分的方差贡献率达到了 0.8812，基本上能够满足我们进行主成分分析的初衷。那么能否只保留特征值大于 1 的主成分呢？

在本节的例子中，操作命令应该相应地修改为：

```
pca V2-V19,mineigen(1)
```

在命令窗口输入命令并按回车键进行确认，结果如图 8.5 和图 8.6 所示。

图 8.5 展示的内容与上例一致。

. pca V2-V19,mineigen(1)

Principal components/correlation

			Number of obs	=	8
			Number of comp.	=	2
			Trace	=	18
Rotation: (unrotated = principal)			Rho	=	0.8812

Component	Eigenvalue	Difference	Proportion	Cumulative
Comp1	14.442	13.0228	0.8023	0.8023
Comp2	1.41918	.429462	0.0788	0.8812
Comp3	.989717	.118447	0.0550	0.9362
Comp4	.87127	.629391	0.0484	0.9846
Comp5	.241878	.214668	0.0134	0.9980
Comp6	.0272104	.0184781	0.0015	0.9995
Comp7	.00873232	.00873232	0.0005	1.0000
Comp8	0	0	0.0000	1.0000
Comp9	0	0	0.0000	1.0000
Comp10	0	0	0.0000	1.0000
Comp11	0	0	0.0000	1.0000
Comp12	0	0	0.0000	1.0000
Comp13	0	0	0.0000	1.0000
Comp14	0	0	0.0000	1.0000
Comp15	0	0	0.0000	1.0000
Comp16	0	0	0.0000	1.0000
Comp17	0	0	0.0000	1.0000
Comp18	0	.	0.0000	1.0000

图 8.5 分析结果图

Principal components (eigenvectors)

Variable	Comp1	Comp2	Unexplained
V2	0.1377	-0.0208	.7255
V3	0.2605	0.0925	.007487
V4	0.2390	0.3401	.01052
V5	0.2560	0.0458	.05045
V6	0.2618	0.0460	.007295
V7	0.2606	0.0096	.01872
V8	0.2600	-0.0069	.02349
V9	0.2625	0.0076	.004818
V10	0.2550	0.1459	.03091
V11	0.2620	-0.0452	.005712
V12	0.2614	0.0088	.01307
V13	0.2610	0.0499	.01297
V14	0.2587	-0.0437	.03062
V15	0.2623	-0.0147	.006042
V16	0.1504	0.1645	.635
V17	-0.0679	0.7491	.137
V18	0.2187	-0.1718	.2674
V19	0.1913	-0.4745	.1519

图 8.6 分析结果图

图 8.6 展示的是仅保留特征值大于 1 的主成分的结果，本例中只有前两个主成分的特征值

大于 1，所以只保留了前两个主成分进行分析。值得说明的是，图 8.6 最后一列（Unexplained）表示的是该变量未被系统提取的两个主成分解释的信息比例，例如变量 V2 未被解释的信息比例就是 72.55%。这种信息丢失的情况是我们舍弃其他主成分必然付出的代价。

2．延伸 2：限定提取的主成分个数

在有些情况下，可能受某些条件的制约，我们仅能挑选出在规定数目以下的主成分进行分析。那么，我们能否限定提取的主成分的个数呢？

在本节的例子中，例如我们只想提取一个主成分进行分析，那么操作命令应该相应地修改为：

```
pca V2-V19,components(1)
```

在命令窗口输入命令并按回车键进行确认，结果如图 8.7 所示。

```
. pca V2-V19,components(1)
```

Principal components/correlation

		Number of obs	=	8
		Number of comp.	=	1
		Trace	=	18
Rotation: (unrotated = principal)		Rho	=	0.8023

Component	Eigenvalue	Difference	Proportion	Cumulative
Comp1	14.442	13.0228	0.8023	0.8023
Comp2	1.41918	.429462	0.0788	0.8812
Comp3	.989717	.118447	0.0550	0.9362
Comp4	.87127	.629391	0.0484	0.9846
Comp5	.241878	.214668	0.0134	0.9980
Comp6	.0272104	.0184781	0.0015	0.9995
Comp7	.00873232	.00873232	0.0005	1.0000
Comp8	0	0	0.0000	1.0000
Comp9	0	0	0.0000	1.0000
Comp10	0	0	0.0000	1.0000
Comp11	0	0	0.0000	1.0000
Comp12	0	0	0.0000	1.0000
Comp13	0	0	0.0000	1.0000
Comp14	0	0	0.0000	1.0000
Comp15	0	0	0.0000	1.0000
Comp16	0	0	0.0000	1.0000
Comp17	0	0	0.0000	1.0000
Comp18	0	.	0.0000	1.0000

（a）

Principal components (eigenvectors)

Variable	Comp1	Unexplained
V2	0.1377	.7261
V3	0.2605	.01963
V4	0.2390	.1747
V5	0.2560	.05343
V6	0.2618	.01029
V7	0.2606	.01885
V8	0.2600	.02356
V9	0.2625	.004899
V10	0.2550	.06112
V11	0.2620	.008606
V12	0.2614	.01318
V13	0.2610	.0165
V14	0.2587	.03333
V15	0.2623	.006349
V16	0.1504	.6734
V17	-0.0679	.9333
V18	0.2187	.3092
V19	0.1913	.4715

（b）

图 8.7　分析结果图

图 8.7（a）展示的内容与上例一致。

图 8.7（b）展示的是我们只提取一个主成分进行分析的结果，该图最后一列（Unexplained）同样说明的是该变量未被系统提取的一个主成分解释的信息比例，例如变量 V2 未被解释的信息比例就是 72.61%。这种信息丢失的情况同样也是我们舍弃其他主成分必然付出的代价。

8.2　实例二——因子分析

8.2.1　因子分析的功能与意义

因子分析在一定程度上可被视作主成分分析的深化和拓展，它对相关问题的研究更为深入透彻。因子分析的基本原理是将具有一定相关关系的多个变量综合为数量较少的几个因子，从而研究一组具有错综复杂关系的实测指标是如何受少数几个内在的独立因子所支配的，所以

它属于多元分析中处理降维问题的一种常用的统计方法。

8.2.2　相关数据来源

	下载资源:\video\8\8.2
	下载资源:\sample\chap08\正文\案例 8.2.dta

【例 8.2】表 8.2 同样给出了我国近年来国民经济的主要指标统计（1992—2000 年）数据。试用因子分析法对这些指标提取公因子并写出提取的公因子与这些指标之间的表达式。

表 8.2　我国近年来国民经济的主要指标统计（1992—2000 年）

年　份	工业总产值/亿元	国内生产总值/亿元	货物周转量/亿吨千米	原煤/亿吨	发电量/亿千瓦时	原油/万吨
1992	37 066.0	26 638.1	29 218.0	11.2	7 539.0	14 210.0
1993	52 692.0	34 634.4	30 510.0	11.5	8 394.0	14 524.0
1994	76 909.0	46 759.4	33 261.0	12.4	9 281.0	14 608.0
1995	91 893.8	58 478.1	35 730.0	13.6	10 077.0	15 005.0
1996	99 595.3	67 884.6	36 454.0	16.0	10 813.0	15 733.0
1997	113 732.7	74 462.6	38 368.0	13.7	11 356.0	16 074.0
1998	119 048.0	78 345.0	38 046.0	12.5	11 670.0	16 100.0
1999	126 111.0	82 067.0	40 496.0	10.5	12 393.0	16 000.0
2000	85 673.7	89 403.5	44 452.0	10.0	13 556.0	16 300.0

8.2.3　Stata 分析过程

在用 Stata 进行分析之前，我们要把数据录入 Stata 中。本例中有 7 个变量，分别是年份、工业总产值、国内生产总值、货物周转量、原煤、发电量和原油。我们把这些变量分别定义为 V1、V2、V3、V4、V5、V6、V7。变量类型及长度采取系统默认方式，然后录入相关数据。相关操作在第 1 章中已详细讲述过了。录入完成后数据如图 8.8 所示。

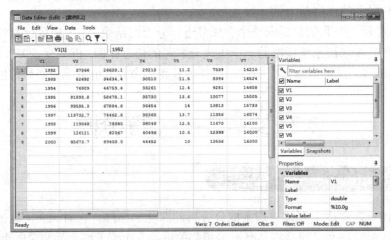

图 8.8　案例 8.2 的数据

因子分析的方法有很多种，Stata 16.0 支持 4 种因子分析方法，包括主成分因子法（Principal Component Factors）、主因子法（Principal Factors）、迭代公因子方差的主因子法（Iterated Principal Factors）、最大似然因子法（Maximum Likelihood Factors）等。我们保存数据，然后开始展开分析。

1. 主成分因子法

操作步骤如下：

01 进入 Stata 16.0，打开相关数据文件，弹出主界面。

02 在主界面的 Command 文本框中分别输入如下命令并按回车键进行确认。

- factor V2-V7,pcf: 使用主成分因子法对工业总产值、国内生产总值、货物周转量、原煤、发电量、原油变量进行因子分析。
- rotate: 对因子结构进行旋转。
- loadingplot,factors(2) yline(0) xline(0): 绘制因子旋转后的因子载荷图。
- predict f1 f2: 显示因子得分系数矩阵。
- list V1 f1 f2: 估计因子分析后各个样本的因子得分情况。
- correlate f1 f2: 展示提取的主因子的相关系数矩阵。
- scoreplot,mlabel(V1) yline(0) xline(0): 展示每个样本的因子得分示意图。
- estat kmo: 显示 KMO 检验的结果。
- screeplot: 绘制因子分析的碎石图。

03 设置完毕后，等待输出结果。

2. 主因子法

操作步骤如下：

01 进入 Stata 16.0，打开相关数据文件，弹出主界面。

02 在主界面的 Command 文本框中分别输入如下命令，并按回车键进行确认。

- factor V2-V7,pf: 使用主因子法对工业总产值、国内生产总值、货物周转量、原煤、发电量、原油变量进行因子分析。
- rotate: 对因子结构进行旋转。
- loadingplot,factors(2) yline(0) xline(0): 绘制因子旋转后的因子载荷图。
- predict f1 f2 f3 f4: 显示因子得分系数矩阵。
- list　V1 f1 f2 f3 f4: 估计因子分析后各个样本的因子得分情况。
- correlate　f1 f2 f3 f4: 展示提取的主因子的相关系数矩阵。
- scoreplot,mlabel(V1) yline(0) xline(0): 展示每个样本的因子得分示意图。
- estat kmo: 显示 KMO 检验的结果。
- screeplot: 绘制因子分析的碎石图。

03 设置完毕后，等待输出结果。

3．迭代公因子方差的主因子法

操作步骤如下：

01 进入 Stata 16.0，打开相关数据文件，弹出主界面。

02 在主界面的 Command 文本框中分别输入如下命令，并按回车键进行确认。

- factor V2-V7,ipf：使用迭代公因子方差的主因子法对工业总产值、国内生产总值、货物周转量、原煤、发电量、原油等变量进行因子分析。
- rotate：对因子结构进行旋转。
- loadingplot,factors(2) yline(0) xline(0)：绘制因子旋转后的因子载荷图。
- predict f1 f2 f3 f4 f5：显示因子得分系数矩阵。
- list V1 f1 f2 f3 f4 f5：估计因子分析后各个样本的因子得分情况。
- correlate f1 f2 f3 f4 f5：展示提取的主因子的相关系数矩阵。
- scoreplot,mlabel(V1) yline(0) xline(0)：展示每个样本的因子得分示意图。
- estat kmo：显示 KMO 检验的结果。
- screeplot：绘制因子分析的碎石图。

03 设置完毕后，等待输出结果。

4．最大似然因子法

操作步骤如下：

01 进入 Stata 16.0，打开相关数据文件，弹出主界面。

02 在主界面的 Command 文本框中分别输入如下命令，并按回车键进行确认。

- factor V2-V7,ml：使用最大似然因子法对工业总产值、国内生产总值、货物周转量、原煤、发电量、原油变量进行因子分析。
- rotate：对因子结构进行旋转。
- loadingplot,factors(2) yline(0) xline(0)：绘制因子旋转后的因子载荷图。
- predict f1 f2 f3：显示因子得分系数矩阵。
- list V1 f1 f2 f3：估计因子分析后各个样本的因子得分情况。
- correlate f1 f2 f3：展示提取的主因子的相关系数矩阵。
- scoreplot,mlabel(V1) yline(0) xline(0)：展示每个样本的因子得分示意图。
- estat kmo：显示 KMO 检验的结果。
- screeplot：绘制因子分析的碎石图。

03 设置完毕后，等待输出结果。

8.2.4 结果分析

在 Stata 16.0 主界面的结果窗口可以看到如图 8.9~图 8.48 所示的分析结果。

1．主成分因子法

主成分因子法的分析结果如图8.9~图8.18所示。其中，图8.9展示的是因子分析的基本情况。

```
. factor V2-V7,pcf
(obs=9)

Factor analysis/correlation                 Number of obs    =       9
      Method: principal-component factors    Retained factors =       2
      Rotation: (unrotated)                  Number of params =      11

    Factor   |  Eigenvalue   Difference       Proportion   Cumulative
  -----------+------------------------------------------------------
    Factor1  |   4.62295      3.46758          0.7705       0.7705
    Factor2  |   1.15537      0.99083          0.1926       0.9631
    Factor3  |   0.16454      0.11057          0.0274       0.9905
    Factor4  |   0.05397      0.05152          0.0090       0.9995
    Factor5  |   0.00245      0.00172          0.0004       0.9999
    Factor6  |   0.00072         .             0.0001       1.0000
  -----------+------------------------------------------------------

  LR test: independent vs. saturated:  chi2(15) =  100.47 Prob>chi2 = 0.0000

Factor loadings (pattern matrix) and unique variances

   Variable  |  Factor1    Factor2  |   Uniqueness
  -----------+----------------------+-------------
         V2  |  0.8693     0.3641   |    0.1117
         V3  |  0.9989     0.0022   |    0.0021
         V4  |  0.9679    -0.1732   |    0.0331
         V5  | -0.0612     0.9857   |    0.0246
         V6  |  0.9861    -0.1380   |    0.0085
         V7  |  0.9779     0.0464   |    0.0416
  -----------+----------------------+-------------
```

图8.9　因子分析的基本情况

图 8.9 的上半部分说明的是因子分析模型的一般情况，从图中可以看出共有 9 个样本（Number of obs=9）参与了分析，提取保留的因子共有两个（Retained factors=2），模型 LR 检验的卡方值（LR test: independent vs. saturated: chi2(15)）为 100.47，P 值（Prob>chi2）为 0.0000，模型非常显著。图 8.9 的上半部分最左列（Factor）说明的是因子名称，可以看出模型共提取了 6 个因子。Eigenvalue 列表示的是提取因子的特征值情况，只有前两个因子的特征值是大于 1 的，其中第 1 个因子的特征值是 4.62295，第 2 个因子的特征值是 1.15537。Proportion 列表示的是提取因子的方差贡献率，其中第 1 个因子的方差贡献率为 77.05%，第 2 个因子的方差贡献率为 19.26%。Cumulative 列表示的是提取因子的累计方差贡献率，其中前两个因子的累计方差贡献率为 96.31%。

图 8.9 的下半部分说明的是模型的因子载荷矩阵以及变量的未被解释部分。其中，Variable 列表示的是变量名称，Factor1、Factor2 两列分别说明的是提取的前两个主因子（特征值大于 1 的）对各个变量的解释程度，本例中，Factor1 主要解释的是 V2、V3、V4、V6、V7 这 5 个变量的信息，Factor2 主要解释的是 V5 变量的信息。Uniqueness 列表示变量未被提取的前两个主因子解释的部分，可以发现在舍弃其他主因子的情况下，信息的损失量是很小的。

图 8.10 展示的是对因子结构进行旋转的结果。经过学者们的研究发现，旋转操作有助于进一步简化因子结构。Stata 16.0 支持的旋转方式有两种：一种是最大方差正交旋转，一般适用于互相独立的因子或者成分，也是系统默认的情况；另一种是 promax 斜交旋转，允许因子或者成分之间存在相关关系。此处我们选择系统默认方式，当然后面的操作也证明了这样做的恰当性。

```
. rotate

Factor analysis/correlation                    Number of obs      =        9
    Method: principal-component factors        Retained factors   =        2
    Rotation: orthogonal varimax (Kaiser off)  Number of params   =       11
```

Factor	Variance	Difference	Proportion	Cumulative
Factor1	4.62272	3.46711	0.7705	0.7705
Factor2	1.15560	.	0.1926	0.9631

```
LR test: independent vs. saturated: chi2(15) =  100.47 Prob>chi2 = 0.0000
```

Rotated factor loadings (pattern matrix) and unique variances

Variable	Factor1	Factor2	Uniqueness
V2	0.8723	0.3570	0.1117
V3	0.9989	-0.0060	0.0021
V4	0.9665	-0.1811	0.0331
V5	-0.0531	0.9862	0.0246
V6	0.9849	-0.1461	0.0085
V7	0.9782	0.0384	0.0416

Factor rotation matrix

	Factor1	Factor2
Factor1	1.0000	-0.0082
Factor2	0.0082	1.0000

图 8.10　对因子结构进行旋转

图 8.10 包括 3 部分内容，第 1 部分说明的是因子旋转模型的一般情况，从图中可以看出共有 9 个样本（Number of obs = 9）参与了分析，提取保留的因子共有两个（Retained factors= 2），模型 LR 检验的卡方值（LR test: independent vs. saturated: chi2(15)）为 100.47，P 值（Prob>chi2）为 0.0000，模型非常显著。最左列（Factor）说明的是因子名称，可以看出模型旋转后共提取了两个因子。Proportion 列表示的是提取因子的方差贡献率，其中第 1 个因子的方差贡献率为 77.05%，第 2 个因子的方差贡献率为 19.26%。Cumulative 列表示的是提取因子的累计方差贡献率，其中前两个因子的累计方差贡献率为 96.31%。

图 8.10 的第 2 部分说明的是模型的因子载荷矩阵以及变量的未被解释部分。其中，Variable 列表示的是变量名称，Factor1、Factor2 两列分别说明的是旋转提取的两个主因子对各个变量的解释程度，本例中，Factor1 主要解释的是 V2、V3、V4、V6、V7 这 5 个变量的信息，Factor2 主要解释的是 V5 变量的信息。Uniqueness 列表示变量未被提取的前两个主因子解释的部分，可以发现在舍弃其他主因子的情况下，信息的损失量是很小的。

图 8.10 的第 3 部分展示的是因子旋转矩阵的一般情况，提取的两个因子不存在相关关系。

图 8.11 展示的是因子旋转后的因子载荷图。因子载荷图可以使用户更加直观地看出各个变量被两个因子的解释情况。

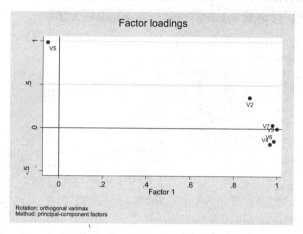

图 8.11　因子载荷图

与前面的分析相同，我们发现 V2、V3、V4、V6、V7 这 5 个变量的信息主要被 Factor1 这一因子所解释，V5 变量主要被 Factor2 这一因子所解释。

图 8.12 展示的是因子分析后各个样本的因子得分情况。因子得分的概念是通过将每个变量标准化为平均数等于 0 和方差等于 1，然后以因子分析系数进行加权合计为每个因子构成的线性情况。以因子的方差贡献率为权数对因子进行加权求和，即可得到每个样本的因子综合得分。

根据图 8.12 展示的因子得分系数矩阵可以写出各公因子的表达式。值得一提的是，在表达式中各个变量已经不是原始变量，而是标准化变量。

```
. predict f1 f2
(option regression assumed; regression scoring)

Scoring coefficients (method = regression; based on varimax rotated factors)
```

Variable	Factor1	Factor2
V2	0.19062	0.31358
V3	0.21609	0.00010
V4	0.20814	-0.15159
V5	-0.00625	0.85323
V6	0.21232	-0.12120
V7	0.21185	0.03840

图 8.12　因子得分情况

表达式如下：

F1=0.19062*工业总产值+0.21609*国内生产总值+0.20814*货物周转量−0.00625*原煤
　　+0.21232*发电量+0.21185*原油

F2=0.31358*工业总产值+0.0001*国内生产总值−0.15159*货物周转量+0.85323*原煤
　　−0.1212*发电量+0.03840*原油

选择 Data|Data Editor|Data Editor(Browse)命令，进入数据查看界面，可以看到如图 8.13 所示的因子得分数据。

当然，也可以通过命令形式实现，分析结果如图 8.14 所示。

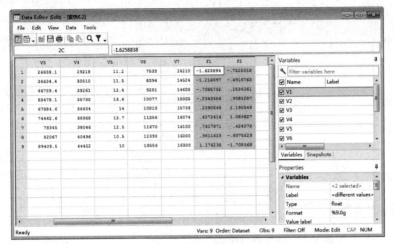

图 8.13　数据查看界面

图 8.14　分析结果图

图 8.15 展示的是系统提取的两个主因子的相关系数矩阵。

从图 8.15 中可以看出，我们提取的两个主因子之间几乎没有任何相关关系，这也说明了我们在前面对因子进行旋转的操作环节中采用最大方差正交旋转方式是明智的。值得说明的是，图中 f1 与 f2 的相关系数是-0.0000，并非是不正确的，这是因为 Stata 16.0 只保留了 4 位小数，所导致的，例如真实的数据有可能是-0.00001，结果显示的只是-0.0000。

图 8.16 展示的是每个样本的因子得分示意图。

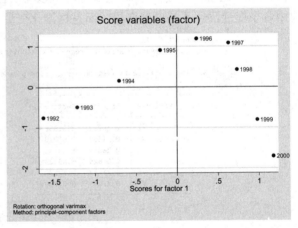

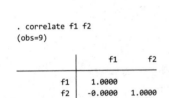

图 8.15　两个主因子的相关系数矩阵

图 8.16　每个样本的因子得分示意图

从图 8.16 中可以看出，所有的样本被分到 4 个象限，其中第 1 象限包括 1996 年、1997年、1998 年，这 3 年的两个因子得分都比较高；第 2 象限包括 1994 年、1995 年，这两年的因子 2 得分较高，而因子 1 得分较低；第 3 象限包括 1992 年、1993 年，这两年的两个因子得分都比较低；第 4 象限包括 1999 年、2000 年，这两年的因子 1 得分较高，而因子 2 得分较低。

图 8.17 展示的是本例因子分析的 KMO 检验结果。

KMO 检验是为了判断数据是否适合进行因子分析，其取值范围是 0~1。其中，0.9~1 表示极好、0.8~0.9 表示可奖励、0.7~0.8 表示还好、0.6~0.7 表示中等、0.5~0.6 表示糟糕、0~0.5 表示不可接受。本例中总体（Overall）KMO 的取值为 0.6566，表明可以进行因子分析。各个变量的 KMO 值也大多在 0.6 以上，所以本例是比较适合因子分析的，模型的构建是有意义的。

图 8.18 展示的是本例因子分析所提取的各个因子的特征值碎石图。

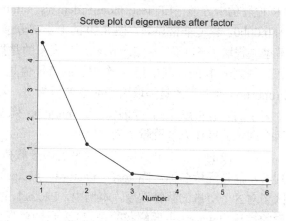

```
. estat kmo

Kaiser-Meyer-Olkin measure of sampling adequacy
```

Variable	kmo
V2	0.6237
V3	0.6226
V4	0.7886
V5	0.1036
V6	0.6905
V7	0.7357
Overall	0.6566

图 8.17　KMO 检验结果　　　　　图 8.18　各个因子的特征值碎石图

通过碎石图可以非常直观地观测出提取因子的特征值的大小情况。图 8.18 的横轴表示的是系统提取因子的名称，并且已经按特征值大小进行降序排列，纵轴表示因子特征值的大小情况。从图 8.18 中可以轻松地看出本例中只有前两个因子的特征值是大于 1 的。

2. 主因子法

主因子法的分析结果如图 8.19~图 8.28 所示。其中，图 8.19 展示的是因子分析的基本情况。

```
. factor V2-V7,pf
(obs=9)

Factor analysis/correlation              Number of obs    =      9
    Method: principal factors            Retained factors =      4
    Rotation: (unrotated)                Number of params =     15

    Beware: solution is a Heywood case
            (i.e., invalid or boundary values of uniqueness)
```

Factor	Eigenvalue	Difference	Proportion	Cumulative
Factor1	4.61013	3.62397	0.8047	0.8047
Factor2	0.98616	0.88308	0.1721	0.9768
Factor3	0.10308	0.06843	0.0180	0.9948
Factor4	0.03465	0.03614	0.0060	1.0008
Factor5	-0.00149	0.00168	-0.0003	1.0006
Factor6	-0.00317	.	-0.0006	1.0000

```
LR test: independent vs. saturated:  chi2(15) =  100.47 Prob>chi2 = 0.0000

Factor loadings (pattern matrix) and unique variances
```

Variable	Factor1	Factor2	Factor3	Factor4	Uniqueness
V2	0.8628	0.3868	-0.2549	0.0274	0.0403
V3	1.0001	0.0021	0.0068	0.0068	-0.0007
V4	0.9682	-0.1896	0.1137	0.0962	0.0044
V5	-0.0587	0.8807	0.1408	0.0218	0.2007
V6	0.9872	-0.1503	0.0439	0.0271	0.0001
V7	0.9747	0.0490	0.0546	-0.1529	0.0211

图 8.19　分析结果图

图 8.19 的上半部分说明的是因子分析模型的一般情况，从图中可以看出共有 9 个样本（Number of obs = 9）参与了分析，提取保留的因子共有 4 个（Retained factors = 4），模型 LR 检验的卡方值（LR test: independent vs. saturated: chi2(15)）为 100.47，P 值（Prob>chi2）为 0.0000，模型非常显著。图 8.19 的上半部分最左列（Factor）说明的是因子名称，可以看出模型共提取了 6 个因子。Eigenvalue 列表示的是提取因子的特征值情况，只有第 1 个因子的特征值是大于 1 的，其中第 1 个因子的特征值是 4.61013，第 2 个因子的特征值是 0.98616。Proportion 列表示的是提取因子的方差贡献率，其中第 1 个因子的方差贡献率为 80.47%，第 2 个因子的方差贡献率为 17.21%。Cumulative 列表示的是提取因子的累计方差贡献率，其中前两个因子的累计方差贡献率为 97.68%。

图8.19的下半部分说明的是模型的因子载荷矩阵以及变量的未被解释部分。其中，Variable 列表示的是变量名称，Factor1、Factor2、Factor3、Factor4 共 4 列分别说明的是提取的 4 个主因子对各个变量的解释程度，本例中，Factor1 主要解释的是 V2、V3、V4、V6、V7 这 5 个变量的信息，Factor2 主要解释的是 V5 变量的信息。Uniqueness 列表示变量未被提取的前两个主因子解释的部分，可以发现在舍弃其他主因子的情况下，信息的损失量是很小的。

图 8.20 展示的是对因子结构进行旋转的结果。此处依然采用系统默认的最大方差正交旋转方式对因子结构进行旋转。

```
. rotate

Factor analysis/correlation                    Number of obs    =       9
    Method: principal factors                  Retained factors =       4
    Rotation: orthogonal varimax (Kaiser off)  Number of params =      15

Beware: solution is a Heywood case
        (i.e., invalid or boundary values of uniqueness)
```

Factor	Variance	Difference	Proportion	Cumulative
Factor1	4.38597	3.45823	0.7655	0.7655
Factor2	0.92775	0.54441	0.1619	0.9275
Factor3	0.38333	0.34636	0.0669	0.9944
Factor4	0.03697	.	0.0065	1.0008

```
LR test: independent vs. saturated:  chi2(15) =  100.47 Prob>chi2 = 0.0000
```

Rotated factor loadings (pattern matrix) and unique variances

Variable	Factor1	Factor2	Factor3	Factor4	Uniqueness
V2	0.7619	0.3130	0.5302	0.0089	0.0403
V3	0.9791	0.0118	0.2049	0.0044	-0.0007
V4	0.9797	-0.1474	0.0683	-0.0967	0.0044
V5	-0.0807	0.8874	0.0725	0.0074	0.2007
V6	0.9807	-0.1293	0.1444	-0.0231	0.0001
V7	0.9586	0.0609	0.1715	0.1641	0.0211

Factor rotation matrix

	Factor1	Factor2	Factor3	Factor4
Factor1	0.9744	0.0041	0.2243	0.0120
Factor2	-0.0613	0.9664	0.2465	0.0404
Factor3	0.2161	0.2556	-0.9414	-0.0407
Factor4	0.0004	0.0287	0.0511	-0.9983

图 8.20　分析结果图

图 8.20 包括 3 部分内容，第 1 部分说明的是因子旋转模型的一般情况，从图中可以看出

共有 9 个样本（Number of obs = 9）参与了分析，提取保留的因子共有 4 个（Retained factors = 4），模型 LR 检验的卡方值（LR test: independent vs. saturated: chi2(15)）为 100.47，P 值（Prob>chi2）为 0.0000，模型非常显著。最左列（Factor）说明的是因子名称，可以看出模型旋转后共提取了 4 个因子。Proportion 列表示的是提取因子的方差贡献率，其中第 1 个因子的方差贡献率为 76.55%，第 2 个因子的方差贡献率为 16.19%。Cumulative 列表示的是提取因子的累计方差贡献率，其中前两个因子的累计方差贡献率为 92.75%。

图 8.20 的第 2 部分说明的是模型的因子载荷矩阵以及变量的未被解释部分。其中，Variable 列表示的是变量名称，Factor1、Factor2 两列分别说明的是旋转提取的两个主因子对各个变量的解释程度，本例中，Factor1 主要解释的是 V2、V3、V4、V6、V7 这 5 个变量的信息，Factor2 主要解释的是 V5 变量的信息。Uniqueness 列表示变量未被提取的前两个主因子解释的部分，可以发现在舍弃其他主因子的情况下，信息的损失量是很小的。

图 8.20 的第 3 部分展示的是因子旋转矩阵的一般情况，提取的 4 个因子相关关系很弱。

图 8.21 展示的是因子旋转后的因子载荷图。此处通过 Factor 选项控制了因子的数目，本因子载荷图可以使用户更加直观地看出各个变量被前两个因子解释的情况。

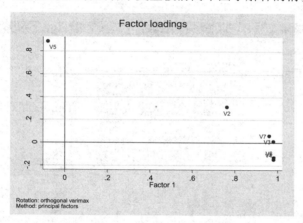

图 8.21　旋转后的因子载荷图

与前面的分析相同，我们发现 V2、V3、V4、V6、V7 这 5 个变量的信息主要被 Factor1 这一因子所解释，V5 变量主要被 Factor2 这一因子所解释。

图 8.22 展示的是因子分析后各个样本的因子得分情况。

```
. predict f1 f2 f3 f4
(option regression assumed; regression scoring)

Scoring coefficients (method = regression; based on varimax rotated factors)
```

Variable	Factor1	Factor2	Factor3	Factor4
V2	-0.36964	-0.86144	1.16737	-1.08005
V3	1.54910	10.02019	0.70491	1.65788
V4	0.55537	1.87638	-4.08809	-5.09758
V5	0.04255	0.03824	-0.31572	-0.18529
V6	-0.92229	-1.1e+01	3.95317	2.58399
V7	0.12414	-0.40643	-1.48796	1.70736

图 8.22　各个样本的因子得分情况

根据图 8.22 展示的因子得分系数矩阵，我们可以写出各公因子的表达式。值得一提的是，在表达式中各个变量已经不是原始变量，而是标准化变量。

表达式如下：

F1=−0.36964*工业总产值+1.54910*国内生产总值+0.55537*货物周转量+0.04255*原煤
 −0.92229*发电量+0.12414*原油

F2=−0.86144*工业总产值+10.02019*国内生产总值+1.87638*货物周转量+0.03824*原煤
 −1.1e+01*发电量−0.40643*原油

F3=1.16737*工业总产值+0.70491*国内生产总值−4.08809*货物周转量−0.31572*原煤
 +3.95317*发电量−1.48796*原油

F4=−1.08005 *工业总产值+1.65788*国内生产总值−5.09758*货物周转量−0.18529*原煤
 +2.58399*发电量+1.70736*原油

我们选择 Data|Data Editor|Data Editor(Browse)命令，进入数据查看界面，可以看到如图 8.23 所示的因子得分数据。

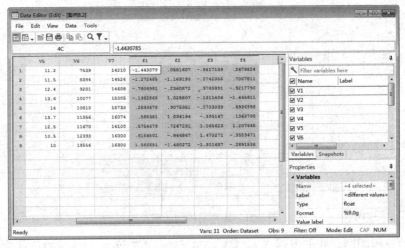

图 8.23　数据查看界面

这一点也可以通过命令形式实现，如图 8.24 所示。

```
. list  V1 f1 f2 f3 f4
```

	V1	f1	f2	f3	f4
1.	1992	-1.443079	.0581607	-.9417189	.2679824
2.	1993	-1.272485	-1.169193	-.0742355	.7067811
3.	1994	-.7808981	-.2360872	.3783891	-.9217796
4.	1995	-.1362868	1.025807	-.1311406	-1.445611
5.	1996	.2893678	.9075351	-.0733339	.6936998
6.	1997	.585381	1.034194	-.395167	.1363798
7.	1998	.5756679	.7267231	1.065623	1.207648
8.	1999	.6156501	-.866867	1.473271	-.3559471
9.	2000	1.566681	-1.480272	-1.301687	-.2891538

图 8.24　通过命令形式实现

图 8.25 展示的是系统提取的 4 个主因子的相关系数矩阵。

从图 8.25 中可以看出，我们提取的 4 个主因子之间几乎没有什么相关关系，这也说明了我们在前面对因子进行旋转的操作环节中采用最大方差正交旋转方式是明智的。

图 8.26 展示的是每个样本的因子得分示意图。

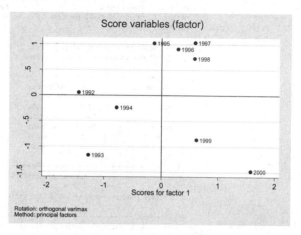

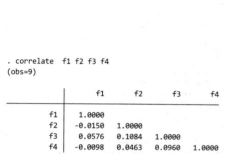

```
. correlate  f1 f2 f3 f4
(obs=9)

               f1         f2         f3         f4

   f1      1.0000
   f2     -0.0150     1.0000
   f3      0.0576     0.1084     1.0000
   f4     -0.0098     0.0463     0.0960     1.0000
```

图 8.25　4 个主因子的相关系数矩阵　　　　　图 8.26　因子得分示意图

从图 8.26 中可以看出，所有的样本被分到 4 个象限，其中第 1 象限包括 1996 年、1997年、1998 年，这 3 年的两个因子得分都比较高；第 2 象限包括 1992 年、1995 年，这两年的因子 2 得分较高，而因子 1 得分较低；第 3 象限包括 1993 年、1994 年，这两年的两个因子得分都比较低；第 4 象限包括 1999 年、2000 年，这两年的因子 1 得分较高，而因子 2 得分较低。

图 8.27 展示的是本例因子分析的 KMO 检验结果。

KMO 检验的结果与前面是一致的。

图 8.28 展示的是本例因子分析所提取的各个因子的特征值碎石图。

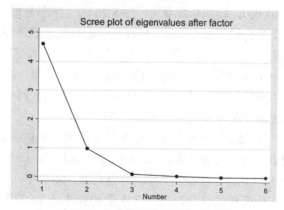

```
. estat kmo

Kaiser-Meyer-Olkin measure of sampling adequacy

    Variable        kmo

          V2      0.6237
          V3      0.6226
          V4      0.7886
          V5      0.1036
          V6      0.6905
          V7      0.7357

     Overall      0.6566
```

图 8.27　KMO 检验结果　　　　　图 8.28　各个因子的特征值碎石图

从图 8.28 中可以轻松地看出本例中只有第 1 个因子的特征值是明显大于 1 的，第 2 个因子的特征值是接近于 1 的。

3．迭代公因子方差的主因子法

分析结果如图 8.29~图 8.38 所示。其中，图 8.29 展示的是因子分析的基本情况。

```
. factor V2-V7,ipf
(obs=9)

Factor analysis/correlation                      Number of obs    =        9
    Method: iterated principal factors          Retained factors =        5
    Rotation: (unrotated)                        Number of params =       15

Beware: solution is a Heywood case
        (i.e., invalid or boundary values of uniqueness)
```

Factor	Eigenvalue	Difference	Proportion	Cumulative
Factor1	4.61243	3.62601	0.8035	0.8035
Factor2	0.98641	0.88262	0.1718	0.9753
Factor3	0.10380	0.06761	0.0181	0.9934
Factor4	0.03619	0.03449	0.0063	0.9997
Factor5	0.00169	0.00184	0.0003	1.0000
Factor6	-0.00015	.	-0.0000	1.0000

```
LR test: independent vs. saturated: chi2(15) = 100.47 Prob>chi2 = 0.0000
```

Factor loadings (pattern matrix) and unique variances

Variable	Factor1	Factor2	Factor3	Factor4	Factor5	Uniqueness
V2	0.8626	0.3872	-0.2551	0.0297	0.0028	0.0401
V3	1.0006	0.0024	0.0211	0.0053	-0.0290	-0.0026
V4	0.9687	-0.1900	0.1160	0.0995	-0.0038	0.0022
V5	-0.0587	0.8805	0.1417	0.0215	0.0028	0.2007
V6	0.9876	-0.1505	0.0437	0.0260	0.0286	-0.0014
V7	0.9747	0.0493	0.0530	-0.1557	0.0023	0.0205

图 8.29　因子分析的基本情况

图 8.29 的上半部分说明的是因子分析模型的一般情况，从图中可以看出共有 9 个样本（Number of obs = 9）参与了分析，提取保留的因子共有 5 个（Retained factors = 5），模型 LR 检验的卡方值（LR test: independent vs. saturated: chi2(15)）为 100.47，P 值（Prob>chi2）为 0.0000，模型非常显著。图 8.29 的上半部分最左列（Factor）说明的是因子名称，可以看出模型共提取了 6 个因子。Eigenvalue 列表示的是提取因子的特征值情况，只有第 1 个因子的特征值是大于 1 的，其中第 1 个因子的特征值是 4.61243，第 2 个因子的特征值是 0.98641。Proportion 列表示的是提取因子的方差贡献率，其中第 1 个因子的方差贡献率为 80.35%，第 2 个因子的方差贡献率为 17.18%。Cumulative 列表示的是提取因子的累计方差贡献率，其中前两个因子的累计方差贡献率为 97.53%。

图 8.29 的下半部分说明的是模型的因子载荷矩阵以及变量的未被解释部分。其中，Variable 列表示的是变量名称，Factor1、Factor2、Factor3、Factor4、Factor5 这 5 列分别说明的是提取的 5 个主因子对各个变量的解释程度，本例中，Factor1 主要解释的是 V2、V3、V4、V6、V7 这 5 个变量的信息，Factor2 主要解释的是 V5 变量的信息。Uniqueness 列表示变量未被提取的前两个主因子解释的部分，可以发现在舍弃其他主因子的情况下，信息的损失量是很小的。

图 8.30 展示的是对因子结构进行旋转的结果。此处我们依然采用系统默认的最大方差正交旋转方式对因子结构进行旋转。

```
. rotate

Factor analysis/correlation                    Number of obs     =        9
    Method: iterated principal factors        Retained factors  =        5
    Rotation: orthogonal varimax (Kaiser off)  Number of params  =       15

    Beware: solution is a Heywood case
            (i.e., invalid or boundary values of uniqueness)
```

Factor	Variance	Difference	Proportion	Cumulative
Factor1	4.38428	3.45713	0.7638	0.7638
Factor2	0.92715	0.53849	0.1615	0.9253
Factor3	0.38866	0.34998	0.0677	0.9930
Factor4	0.03868	0.03694	0.0067	0.9997
Factor5	0.00174	.	0.0003	1.0000

```
LR test: independent vs. saturated:  chi2(15) =  100.47 Prob>chi2 = 0.0000

Rotated factor loadings (pattern matrix) and unique variances
```

Variable	Factor1	Factor2	Factor3	Factor4	Factor5	Uniqueness
V2	0.7604	0.3126	0.5328	0.0094	-0.0004	0.0401
V3	0.9791	0.0119	0.2073	0.0059	0.0289	-0.0026
V4	0.9806	-0.1468	0.0686	-0.1004	0.0000	0.0022
V5	-0.0812	0.8873	0.0732	0.0076	0.0011	0.2007
V6	0.9807	-0.1292	0.1466	-0.0210	-0.0301	-0.0014
V7	0.9579	0.0610	0.1739	0.1673	0.0015	0.0205

```
Factor rotation matrix
```

	Factor1	Factor2	Factor3	Factor4	Factor5
Factor1	0.9740	0.0042	0.2262	0.0127	0.0000
Factor2	-0.0623	0.9658	0.2481	0.0413	0.0055
Factor3	0.2179	0.2576	-0.9402	-0.0471	-0.0036
Factor4	-0.0005	0.0280	0.0576	-0.9977	-0.0234
Factor5	-0.0011	0.0038	0.0034	0.0237	-0.9997

图 8.30　对因子结构进行旋转

图 8.30 包括 3 部分内容，第 1 部分说明的是因子旋转模型的一般情况，从图中可以看出共有 9 个样本（Number of obs = 9）参与了分析，提取保留的因子共有 5 个（Retained factors = 5），模型 LR 检验的卡方值（LR test: independent vs. saturated: chi2(15)）为 100.47，P 值（Prob>chi2）为 0.0000，模型非常显著。最左列（Factor）说明的是因子名称，可以看出模型旋转后共提取了 5 个因子。Proportion 列表示的是提取因子的方差贡献率，其中第 1 个因子的方差贡献率为 76.38%，第 2 个因子的方差贡献率为 16.15%。Cumulative 列表示的是提取因子的累计方差贡献率，其中前两个因子的累计方差贡献率为 92.53%。

图 8.30 的第 2 部分说明的是模型的因子载荷矩阵以及变量的未被解释部分。其中，Variable 列表示的是变量名称，Factor1、Factor2 两列分别说明的是旋转提取的两个主因子对各个变量的解释程度，本例中，Factor1 主要解释的是 V2、V3、V4、V6、V7 这 5 个变量的信息，Factor2 主要解释的是 V5 变量的信息。Uniqueness 列表示变量未被提取的前两个主因子解释的部分，可以发现在舍弃其他主因子的情况下，信息的损失量是很小的。

图 8.30 的第 3 部分展示的是因子旋转矩阵的一般情况，提取的 5 个因子相关关系很弱。

图 8.31 展示的是因子旋转后的因子载荷图。此处我们通过 Factor 选项控制了因子的数目，本因子载荷图可以使用户更加直观地看出各个变量被前两个因子解释的情况。

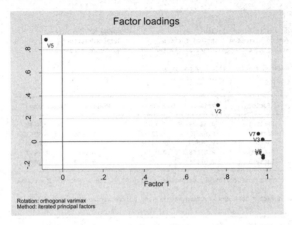

图 8.31　旋转后的因子载荷图

与前面的分析相同，我们发现 V2、V3、V4、V6、V7 这 5 个变量的信息主要被 Factor1 这一因子所解释，V5 变量主要被 Factor2 这一因子所解释。

图 8.32 展示的是因子分析后各个样本的因子得分情况。

```
. predict f1 f2 f3 f4 f5
(option regression assumed; regression scoring)

Scoring coefficients (method = regression; based on varimax rotated factors)
```

Variable	Factor1	Factor2	Factor3	Factor4	Factor5
V2	-0.39572	-0.85513	1.10138	-1.19566	-5.07934
V3	1.77032	10.03571	0.93258	1.58090	42.31499
V4	0.61805	1.96072	-4.40549	-6.06184	2.58152
V5	0.02908	0.03244	-0.30787	-0.11809	-2.66822
V6	-1.16279	-1.1e+01	4.19422	3.90009	-3.7e+01
V7	0.10074	-0.38844	-1.58820	1.52105	-4.53620

图 8.32　各个样本的因子得分情况

根据图 8.32 展示的因子得分系数矩阵，我们可以写出各公因子的表达式。值得一提的是，在表达式中各个变量已经不是原始变量，而是标准化变量。

表达式如下：

F1=-0.39572*工业总产值+1.77032*国内生产总值+ 0.61805*货物周转量+0.02908*原煤 -1.16279*发电量+0.10074*原油

F2=-0.85513*工业总产值+10.03571*国内生产总值+1.96072 *货物周转量+0.03244*原煤 -1.1e+01*发电量-0.38844*原油

F3=1.10138*工业总产值+0.93258*国内生产总值-4.40549*货物周转量-0.30787*原煤 +4.19422*发电量-1.58820*原油

F4=-1.19566 *工业总产值+1.58090*国内生产总值-6.06184*货物周转量-0.11809*原煤 +3.90009*发电量+1.52105*原油

F5=-5.07934 *工业总产值+42.31499*国内生产总值+2.58152*货物周转量-2.66822*原煤

−3.7e+01*发电量−4.53620*原油

我们选择 Data|Data Editor|Data Editor(Browse)命令，进入数据查看界面，可以看到如图 8.33 所示的因子得分数据。

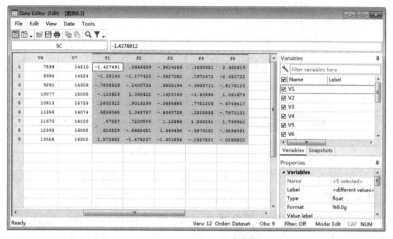

图 8.33　数据查看界面

这一点也可以通过命令形式实现，如图 8.34 所示。

```
. list  V1 f1 f2 f3 f4 f5
```

	V1	f1	f2	f3	f4	f5
1.	1992	-1.427691	.0664599	-.9624259	.1830451	2.365919
2.	1993	-1.29143	-1.177428	-.0627082	.7970472	-2.661722
3.	1994	-.7838829	-.2400735	.3855194	-.8939711	-.8178126
4.	1995	-.123623	1.030422	-.1423163	-1.50698	1.061674
5.	1996	.2832312	.9013298	-.0484685	.7751203	-.4748417
6.	1997	.5836045	1.043757	-.4360728	.0325833	-.7971101
7.	1998	.57557	.7200586	1.10393	1.286241	1.739962
8.	1999	.610529	-.8662681	1.464436	-.3873031	-.3894081
9.	2000	1.573692	-1.478257	-1.301894	-.2857831	-.0266602

图 8.34　通过命令形式实现

图 8.35 展示的是系统提取的 5 个主因子的相关系数矩阵。

```
. correlate  f1 f2 f3 f4 f5
(obs=9)
```

	f1	f2	f3	f4	f5
f1	1.0000				
f2	-0.0114	1.0000			
f3	0.0539	0.1023	1.0000		
f4	-0.0158	0.0218	0.1299	1.0000	
f5	0.0570	0.4102	-0.0757	-0.0517	1.0000

图 8.35　5 个主因子的相关系数矩阵

从图 8.35 中可以看出，我们提取的 5 个主因子之间几乎没有什么相关关系，这也说明了我们在前面对因子进行旋转的操作环节中采用最大方差正交旋转方式是明智的。

图 8.36 展示的是每个样本的因子得分示意图。

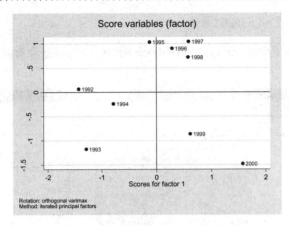

图 8.36　每个样本的因子得分示意图

从图 8.36 中可以看出，所有的样本被分到 4 个象限，其中第 1 象限包括 1996 年、1997年、1998 年，这 3 年的两个因子得分都比较高；第 2 象限包括 1992 年、1995 年，这两年的因子 2 得分较高，而因子 1 得分较低；第 3 象限包括 1993 年、1994 年，这两年的两个因子得分都比较低；第 4 象限包括 1999 年、2000 年，这两年的因子 1 得分较高，而因子 2 得分较低。

图 8.37 展示的是本例因子分析的 KMO 检验结果。

KMO 检验的结果与前面是一致的。

图 8.38 展示的是本例因子分析所提取的各个因子的特征值碎石图。

```
. estat kmo

Kaiser-Meyer-Olkin measure of sampling adequacy
```

Variable	kmo
V2	0.6237
V3	0.6226
V4	0.7886
V5	0.1036
V6	0.6905
V7	0.7357
Overall	0.6566

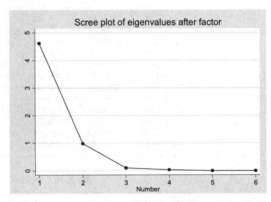

图 8.37　KMO 检验结果　　　　　　　　　　图 8.38　特征值碎石图

从图 8.38 中可以轻松地看出本例中只有第 1 个因子的特征值是明显大于 1 的，第 2 个因子的特征值是接近于 1 的。

4．最大似然因子法

分析结果如图 8.39~图 8.48 所示。其中，图 8.39 展示的是因子分析的基本情况。

```
. factor V2-V7,ml
(obs=9)
number of factors adjusted to 3
Iteration 0:   log likelihood = -6.3920856
Iteration 1:   log likelihood = -5.0891108
Iteration 2:   log likelihood = -3.7565363
Iteration 3:   log likelihood = -3.4725944
Iteration 4:   log likelihood = -3.4269988

Factor analysis/correlation                 Number of obs      =          9
    Method: maximum likelihood              Retained factors   =          3
    Rotation: (unrotated)                   Number of params   =         15
                                            Schwarz's BIC      =    39.8124
Log likelihood = -3.426999                  (Akaike's) AIC     =     36.854

Beware: solution is a Heywood case
        (i.e., invalid or boundary values of uniqueness)
```

Factor	Eigenvalue	Difference	Proportion	Cumulative
Factor1	4.57829	3.61383	0.8107	0.8107
Factor2	0.96446	0.85954	0.1708	0.9814
Factor3	0.10491	.	0.0186	1.0000

```
LR test: independent vs. saturated:  chi2(15) =  100.47 Prob>chi2 = 0.0000
(the model with 3 factors is saturated)
```

Factor loadings (pattern matrix) and unique variances

Variable	Factor1	Factor2	Factor3	Uniqueness
V2	0.8158	0.4779	-0.1912	0.0695
V3	0.9958	0.0902	-0.0171	0.0000
V4	0.9870	-0.1258	-0.0285	0.0092
V5	-0.1314	0.8212	-0.1862	0.2737
V6	0.9980	-0.0630	0.0042	0.0000
V7	0.9662	0.1838	0.1805	0.0000

图 8.39　因子分析的基本情况

该检验有助于确定合适的因子数目。图 8.39 的第 1 部分说明的是因子分析经过迭代计算后在第 4 次（Iteration 4: log likelihood = −3.4269988）达到饱和，此时系统提取的主因子个数是 3 个。

从图 8.39 的第 2 部分可以看出共有 9 个样本（Number of obs= 9）参与了分析，BIC 信息准则值为 39.8124，AIC 信息准则值为 36.854，模型 LR 检验的卡方值（LR test: independent vs. saturated: chi2(15)）为 100.47，P 值（Prob>chi2）为 0.0000，模型非常显著。图 8.39 的第 2 部分最左列（Factor）说明的是因子名称。Eigenvalue 列表示的是提取因子的特征值情况，只有第 1 个因子的特征值是大于 1 的，其中第 1 个因子的特征值是 4.57829，第 2 个因子的特征值是 0.96446。Proportion 列表示的是提取因子的方差贡献率，其中第 1 个因子的方差贡献率为 81.07%，第 2 个因子的方差贡献率为 17.08%。Cumulative 列表示的是提取因子的累计方差贡献率，其中前两个因子的累计方差贡献率为 98.14%。

图 8.39 的下半部分说明的是模型的因子载荷矩阵以及变量的未被解释部分。其中，Variable 列表示的是变量名称，Factor1、Factor2、Factor3 这 3 列分别说明的是提取的 3 个主因子对各个变量的解释程度，本例中，Factor1 主要解释的是 V2、V3、V4、V6、V7 这 5 个变量的信息，Factor2 主要解释的是 V5 变量的信息。Uniqueness 列表示变量未被提取的前两个主因子解释的部分，可以发现在舍弃其他主因子的情况下，信息的损失量是很小的。

图 8.40 展示的是对因子结构进行旋转的结果。此处依然采用系统默认的最大方差正交旋转方式对因子结构进行旋转。

```
. rotate

Factor analysis/correlation                    Number of obs    =          9
    Method: maximum likelihood                 Retained factors =          3
    Rotation: orthogonal varimax (Kaiser off)  Number of params =         15
                                               Schwarz's BIC    =    39.8124
    Log likelihood = -3.426999                 (Akaike's) AIC   =     36.854

    Beware: solution is a Heywood case
            (i.e., invalid or boundary values of uniqueness)


        Factor    │    Variance   Difference    │  Proportion   Cumulative
    ──────────────┼──────────────────────────── ┼───────────────────────────
        Factor1   │    4.60517      3.61966      │     0.8154       0.8154
        Factor2   │    0.98550      0.92851      │     0.1745       0.9899
        Factor3   │    0.05699          .        │     0.0101       1.0000

    LR test: independent vs. saturated:  chi2(15) =  100.47 Prob>chi2 = 0.0000
    (the model with 3 factors is saturated)

Rotated factor loadings (pattern matrix) and unique variances

        Variable  │  Factor1   Factor2   Factor3   │  Uniqueness
    ──────────────┼────────────────────────────────┼─────────────
            V2    │  0.8380    0.4659    0.1060     │    0.0695
            V3    │  0.9986    0.0391    0.0350     │    0.0000
            V4    │  0.9765   -0.1673    0.0964     │    0.0092
            V5    │ -0.0863    0.8477   -0.0169     │    0.2737
            V6    │  0.9921   -0.1146    0.0503     │    0.0000
            V7    │  0.9800    0.0849   -0.1800     │    0.0000


Factor rotation matrix

                  │  Factor1   Factor2   Factor3
    ──────────────┼────────────────────────────────
        Factor1   │  0.9978   -0.0526    0.0397
        Factor2   │  0.0605    0.9702   -0.2345
        Factor3   │  0.0262   -0.2364   -0.9713
```

图 8.40　对因子结构进行旋转

图 8.40 包括 3 部分内容，第 1 部分说明的是因子旋转模型的一般情况，从图中可以看出共有 9 个样本（Number of obs = 9）参与了分析，提取保留的因子共有 3 个（Retained factors = 3），模型 LR 检验的卡方值（LR test: independent vs. saturated: chi2(15)）为 100.47，P 值（Prob>chi2）为 0.0000，模型非常显著。最左列（Factor）说明的是因子名称，可以看出模型旋转后共提取了 3 个因子。Proportion 列表示的是提取因子的方差贡献率，其中第 1 个因子的方差贡献率为 81.54%，第 2 个因子的方差贡献率为 17.45%。Cumulative 列表示的是提取因子的累计方差贡献率，其中前两个因子的累计方差贡献率为 98.99%。

图 8.40 的第 2 部分说明的是模型的因子载荷矩阵以及变量的未被解释部分。其中，Variable 列表示的是变量名称，Factor1、Factor2、Factor3 这 3 列分别说明的是旋转提取的 3 个主因子对各个变量的解释程度，本例中，Factor1 主要解释的是 V2、V3、V4、V6、V7 这 5 个变量的信息，Factor2 主要解释的是 V5 变量的信息。Uniqueness 列表示变量未被提取的前两个主因子解释的部分，可以发现在舍弃其他主因子的情况下，信息的损失量是很小的。

图 8.40 的第 3 部分展示的是因子旋转矩阵的一般情况，提取的 3 个因子相关关系很弱。

图 8.41 展示的因子旋转后的因子载荷图。此处通过 Factor 选项控制了因子的数目，本因子载荷图可以使用户更加直观地看出各个变量被前两个因子解释的情况。

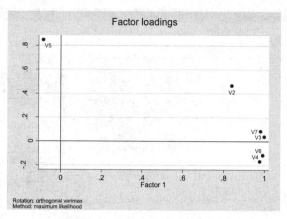

图 8.41　旋转后的因子载荷图

与前面的分析相同，V2、V3、V4、V6、V7 这 5 个变量的信息主要被 Factor1 这一因子所解释，V5 变量主要被 Factor2 这一因子所解释。

图 8.42 展示的是因子分析后各个样本的因子得分情况。

```
. predict f1 f2 f3
(option regression assumed; regression scoring)

Scoring coefficients (method = regression; based on varimax rotated factors)

    Variable │   Factor1    Factor2    Factor3
    ─────────┼──────────────────────────────────
          V2 │   0.00001    0.00001    0.00001
          V3 │   0.50900    7.09107    6.11430
          V4 │   0.00002   -0.00000    0.00002
          V5 │   0.00000    0.00000    0.00000
          V6 │   0.31163   -6.66082   -1.44353
          V7 │   0.18623   -0.48252   -4.76910
```

图 8.42　各个样本的因子得分情况

根据图 8.42 展示的因子得分系数矩阵，可以写出各公因子的表达式。值得一提的是，在表达式中各个变量已经不是原始变量，而是标准化变量。

表达式如下：

F1=0.00001*工业总产值+0.50900*国内生产总值+ 0.00002*货物周转量+0.00000*原煤
　　+0.31163*发电量+0.18623*原油

F2=0.00001*工业总产值+7.09107*国内生产总值−0.00000*货物周转量+0.00000*原煤
　　−6.66082*发电量−0.48252*原油

F3=0.00001*工业总产值+6.11430*国内生产总值+0.00002*货物周转量+0.00000*原煤
　　−1.44353*发电量−4.76910*原油

选择 Data|Data Editor|Data Editor(Browse)命令，进入数据查看界面，可以看到如图 8.43 所示的因子得分数据。

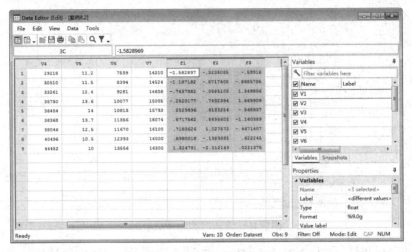

图 8.43　数据查看界面

这一点也可以通过命令形式实现，如图 8.44 所示。

图 8.45 展示的是系统提取的 3 个主因子的相关系数矩阵。

从图 8.45 中可以看出，提取的 3 个主因子之间几乎没有什么相关关系，这也说明了在前面对因子进行旋转的操作环节中采用最大方差正交旋转方式是明智的。

```
. list  V1 f1 f2 f3
```

	V1	f1	f2	f3
1.	1992	-1.582897	-.3236085	-.59916
2.	1993	-1.187182	-.8717405	-.8685705
3.	1994	-.7437382	-.0585105	1.349806
4.	1995	-.2520177	.7492394	1.669909
5.	1996	.2529336	.8183254	-.568837
6.	1997	.5717562	.8698602	-1.160389
7.	1998	.7183626	1.027572	-.4671407
8.	1999	.8980018	-.1989885	.622245
9.	2000	1.324781	-2.012149	.0221375

图 8.44　通过命令形式实现

```
. correlate  f1 f2 f3
(obs=9)
```

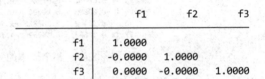

	f1	f2	f3
f1	1.0000		
f2	-0.0000	1.0000	
f3	0.0000	-0.0000	1.0000

图 8.45　3 个主因子的相关系统矩阵

图 8.46 展示的是每个样本的因子得分示意图。

从图 8.46 中可以看出，所有的样本被分到 4 个象限，其中第 1 象限包括 1996 年、1997 年、1998 年，这 3 年的两个因子得分都比较高；第 2 象限包括 1995 年，这一年的因子 2 得分较高，而因子 1 得分较低；第 3 象限包括 1992 年、1993 年、1994 年，这 3 年的两个因子得分都比较低；第 4 象限包括 1999 年、2000 年，这两年的因子 1 得分较高，而因子 2 得分较低。

图 8.47 展示的是本例因子分析的 KMO 检验结果。

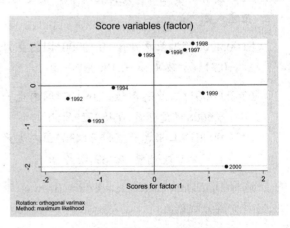

图 8.46　每个样本的因子得分示意图

KMO 检验结果与前面是一致的。

图 8.48 展示的是本例因子分析所提取的各个因子的特征值碎石图。

```
. estat kmo

Kaiser-Meyer-Olkin measure of sampling adequacy
```

Variable	kmo
V2	0.6237
V3	0.6226
V4	0.7886
V5	0.1036
V6	0.6905
V7	0.7357
Overall	0.6566

图 8.47　KMO 检验结果

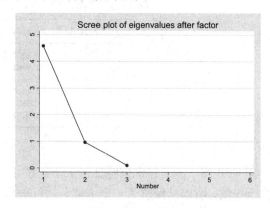

图 8.48　特征值碎石图

从图 8.48 中可以轻松地看出本例中只有第 1 个因子的特征值是明显大于 1 的，第 2 个因子的特征值是接近于 1 的。

8.2.5　案例延伸

上述的 Stata 命令比较简洁，分析过程及结果已达到解决实际问题的目的。Stata 16.0 的强大之处在于，它提供了更加复杂的命令格式以满足用户更加个性化的需求。

1. 延伸 1：只保留特征值大于一定值的操作选项

例如，在本节例子的主成分因子法操作中，我们只保留特征值大于 1 的因子，操作命令应该相应地修改为：

```
factor V2-V7,pf mineigen(1)
```

在命令窗口输入命令并按回车键进行确认，结果如图 8.49 和图 8.50 所示。

```
. factor V2-V7,pf mineigen(1)
(obs=9)

Factor analysis/correlation              Number of obs    =        9
    Method: principal factors            Retained factors =        1
    Rotation: (unrotated)                Number of params =        6

    Beware: solution is a Heywood case
            (i.e., invalid or boundary values of uniqueness)
```

Factor	Eigenvalue	Difference	Proportion	Cumulative
Factor1	4.61013	3.62397	0.8047	0.8047
Factor2	0.98616	0.88308	0.1721	0.9768
Factor3	0.10308	0.06843	0.0180	0.9948
Factor4	0.03465	0.03614	0.0060	1.0008
Factor5	-0.00149	0.00168	-0.0003	1.0006
Factor6	-0.00317	.	-0.0006	1.0000

```
LR test: independent vs. saturated:  chi2(15) =  100.47 Prob>chi2 = 0.0000
```

图 8.49　分析结果图 1

图 8.50 展示的内容与结果分析部分所展示的是一致的。

Factor loadings (pattern matrix) and unique variances

Variable	Factor1	Uniqueness
V2	0.8628	0.2556
V3	1.0001	-0.0002
V4	0.9682	0.0626
V5	-0.0587	0.9966
V6	0.9872	0.0254
V7	0.9747	0.0499

图 8.50　分析结果图 2

图 8.50 展示的是仅保留特征值大于 1 的主成分的结果，本例中只有 1 个主成分的特征值是大于 1 的，所以只保留了 1 个主成分进行分析。Uniqueness 列表示变量未被提取的主成分解释的部分，例如变量 V2 未被解释的信息比例就是 25.56%。这种信息丢失情况是我们舍弃其他主成分必然付出的代价。

2．延伸 2：限定提取的主成分个数的操作选项

例如，在本节例子的主成分因子法操作中，我们只想提取一个主成分进行分析，那么操作命令应该相应地修改为：

```
factor V2-V7,pf components(1)
```

在命令窗口输入命令并按回车键进行确认，结果如图 8.51 和图 8.52 所示。图 8.51 展示的内容与结果分析部分所展示的是一致的。

```
. factor V2-V7,pf components(1)
(obs=9)

Factor analysis/correlation                 Number of obs    =        9
    Method: principal factors               Retained factors =        1
    Rotation: (unrotated)                   Number of params =        6

    Beware: solution is a Heywood case
            (i.e., invalid or boundary values of uniqueness)
```

Factor	Eigenvalue	Difference	Proportion	Cumulative
Factor1	4.61013	3.62397	0.8047	0.8047
Factor2	0.98616	0.88308	0.1721	0.9768
Factor3	0.10308	0.06843	0.0180	0.9948
Factor4	0.03465	0.03614	0.0060	1.0008
Factor5	-0.00149	0.00168	-0.0003	1.0006
Factor6	-0.00317	.	-0.0006	1.0000

LR test: independent vs. saturated: chi2(15) = 100.47 Prob>chi2 = 0.0000

图 8.51　分析结果图 1

Factor loadings (pattern matrix) and unique variances

Variable	Factor1	Uniqueness
V2	0.8628	0.2556
V3	1.0001	-0.0002
V4	0.9682	0.0626
V5	-0.0587	0.9966
V6	0.9872	0.0254
V7	0.9747	0.0499

图 8.52 分析结果图 2

图 8.52 展示的是我们只提取一个主成分进行分析的结果，该图最后一列（Uniqueness）同样说明的是该变量未被系统提取的一个主成分解释的信息比例，例如变量 V2 未被解释的信息比例就是 25.56%。这种信息丢失情况同样也是我们舍弃其他主成分必然付出的代价。

8.3 本章习题

（1）表 8.3 给出了我国历年国民经济主要指标的统计数据（1996—2003 年）。试对这些指标进行主成分分析。

表 8.3 我国历年国民经济主要指标的统计数据（1996—2003 年）

年　份	工业总产值/亿元	国内生产总值/亿元	货物周转量/亿吨千米	原煤/亿吨	发电量/亿千瓦时	原油/万吨
1996	99595.3	67884.6	36590.0	16.0	10813.0	15733.0
1997	113732.7	74462.6	38385.0	13.7	11356.0	16074.0
1998	119048.0	78345.0	38089.0	12.5	11670.0	16100.0
1999	126111.0	82067.0	40568.0	10.5	12393.0	16000.0
2000	85673.7	89442.0	44321.0	10.0	13556.0	16300.0
2001	95449.0	97315.0	47710.0	11.6	14808.0	16396.0
2002	110776.0	105172.0	50686.0	13.8	16540.0	16700.0
2003	142271.0	117251.9	53859.0	16.7	19106.0	16960.0

（2）对表 8.3 所给出的资料进行因子分析。

第 9 章　Stata 聚类分析

聚类分析（Cluster Analysis）是研究事物分类的基本方法，基于我们所研究的指标或数据之间存在着的不同程度的相似性或者相异性。聚类分析采用定量数学方法，根据样品或指标的数值特征对样品进行分类，从而辨别出各样品之间的亲疏关系。聚类分析是一种使用简单却很常用的分析方法，往往被用来进行经验性类型的探索，而不是用来检验事先所定的假设。聚类分析分成两个宽泛的类别，包括划分聚类分析和层次聚类分析。本章将逐一介绍这两种聚类分析方法在实例中的应用。

9.1　实例一——划分聚类分析

9.1.1　划分聚类分析的功能与意义

划分聚类分析方法的基本思想是将观测到的样本划分到一系列事先设定好的不重合的分组中。划分聚类分析方法在计算上相比层次聚类分析方法要相对简单，而且计算速度要更快一些，但是它也有自己的缺点，它要求事先指定样本聚类的精确数目，这与聚类分析探索性的本质是不相适应的。划分聚类分析包括两种：一种是 K 个平均数的聚类分析方法，此方法的操作流程是通过迭代过程将观测案例分配到具有最接近的平均数的组，然后找出这些聚类；另一种是 K 个中位数的聚类分析方法，此方法的操作流程是通过迭代过程将观测案例分配到具有最接近的中位数的组，然后找出这些聚类。下面以实例的方式介绍这两种划分聚类分析方法。

9.1.2　相关数据来源

	下载资源:\video\9\9.1
	下载资源:\sample\chap09\案例 9.1.dta

【例 9.1】表 9.1 是我国 2006 年各地区能源消耗的情况。根据不同省市的能源消耗情况对其进行划分聚类分析，以便了解我国不同地区的能源消耗情况。

表 9.1　2006 年各地区能源消耗统计表

地　区	单位地区生产总值煤消耗量/吨	单位地区生产总值电消耗量/千瓦/时	单位工业增加值煤消耗量/吨
北京	0.8	828.5	1.5
天津	1.11	1040.8	1.45
河北	1.96	1487.6	4.41
山西	2.95	2264.2	6.57
内蒙古	2.48	1714.1	5.67
…	…	…	…

（续表）

地　区	单位地区生产总值煤消耗量/吨	单位地区生产总值电消耗量/千瓦/时	单位工业增加值煤消耗量/吨
青海	3.07	3801.8	3.44
宁夏	4.14	4997.7	9.03
新疆	2.11	1190.9	3.00

9.1.3　Stata 分析过程

在用 Stata 进行分析之前，我们要把数据录入 Stata 中。本例中有 4 个变量，分别是地区、单位地区生产总值煤消耗量（吨）、单位地区生产总值电消耗量（千瓦/时）、单位工业增加值煤消耗量（吨）。我们把这些变量分别定义为 V1、V2、V3、V4，变量类型及长度采取系统默认方式，然后录入相关数据。相关操作在第 1 章中已详细讲述过了。录入完成后数据如图 9.1 所示。

图 9.1　案例 9.1 的数据

先保存数据，然后开始展开分析，步骤如下：

01 进入 Stata 16.0，打开相关数据文件，弹出主界面。

02 在主界面的 Command 文本框中分别输入如下命令并按回车键进行确认。

- egen zv2=std(V2)：对 V2 变量进行标准化处理。
- egen zv3=std(V3)：对 V3 变量进行标准化处理。
- egen zv4=std(V4)：对 V4 变量进行标准化处理。
- sum zv2 zv3 zv4：对 zv2、zv3、zv4 变量进行描述性统计分析。
- cluster kmeans zv2 zv3 zv4,k(2)：对 zv2、zv3、zv4 变量进行 K 个平均数的聚类分析，并把样本分为 2 类。

- cluster kmeans zv2 zv3 zv4,k(3)：对 zv2、zv3、zv4 变量进行 K 个平均数的聚类分析，并把样本分为 3 类。
- cluster kmeans zv2 zv3 zv4,k(4)：对 zv2、zv3、zv4 变量进行 K 个平均数的聚类分析，并把样本分为 4 类。
- cluster kmedians zv2 zv3 zv4,k(2)：对 zv2、zv3、zv4 变量进行 K 个中位数的聚类分析，并把样本分为 2 类。
- cluster kmedians zv2 zv3 zv4,k(3)：对 zv2、zv3、zv4 变量进行 K 个中位数的聚类分析，并把样本分为 3 类。
- cluster kmedians zv2 zv3 zv4,k(4)：对 zv2、zv3、zv4 变量进行 K 个中位数的聚类分析，并把样本分为 4 类。

03 设置完毕后，按回车键，等待输出结果。

9.1.4 结果分析

在 Stata 16.0 主界面的结果窗口可以看到如图 9.2~图 9.17 所示的分析结果。

1. 数据标准化处理

在分析过程中，前 3 条 Stata 命令旨在对数据进行标准化处理，选择的标准化处理方式是使变量的平均数为 0 而且标准差为 1。之所以这样做是因为我们进行聚类分析的变量都是以不可比的单位进行测度的，它们具有极为不同的方差，我们对数据进行标准化处理可以避免使结果受到具有最大方差变量的影响。在输入前 3 条 Stata 命令并且分别按回车键进行确认后，选择 Data|Data Editor|Data Editor(Browse)命令，进入数据查看界面，可以看到如图 9.2 所示的变换后的数据。

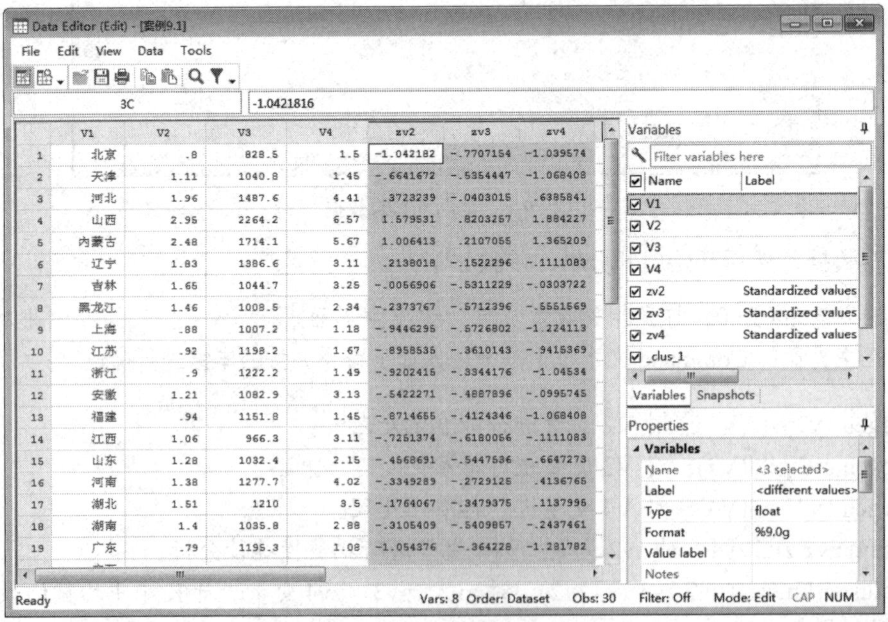

图 9.2　标准化变换后的数据

根据我们在前面章节中讲述的描述性统计分析方法，可以看到如图9.3所示的标准化变量的相应统计量。

```
. sum zv2 zv3 zv4

    Variable |       Obs        Mean    Std. Dev.       Min        Max
-------------+--------------------------------------------------------
         zv2 |        30     7.67e-09           1  -1.054376   3.030619
         zv3 |        30     7.70e-09           1  -.7707154   3.849588
         zv4 |        30    -5.77e-09           1  -1.281782   3.302876
```

图9.3　标准化变量的相应统计量

通过观察分析结果可以看出，有效观测样本共有30个。zv2的平均值为7.67e-09，标准差是1，最小值是-1.054376，最大值是3.030619；zv3的平均值为7.70e-09，标准差是1，最小值是-0.7707154，最大值是3.849588；zv4的平均值为-5.77e-09，标准差是1，最小值是-1.281782，最大值是3.302876。

2．K个平均数的聚类分析

（1）设定聚类数为2

图9.4展示的是设定聚类数为2，然后使用"K个平均数的聚类分析"方法进行分析的结果。在输入第5条Stata命令并且按回车键进行确认后，我们可以看到系统产生了一个新的变量，即聚类变量_clus_1（cluster name: _clus_1）。

```
. cluster kmeans zv2 zv3 zv4,k(2)
cluster name: _clus_1
```

图9.4　设定聚类数为2的"K个平均数的聚类分析"方法进行分析的结果

选择Data|Data Editor|Data Editor(Browse)命令，进入数据查看界面，可以看到如图9.5所示的_clus_1数据。

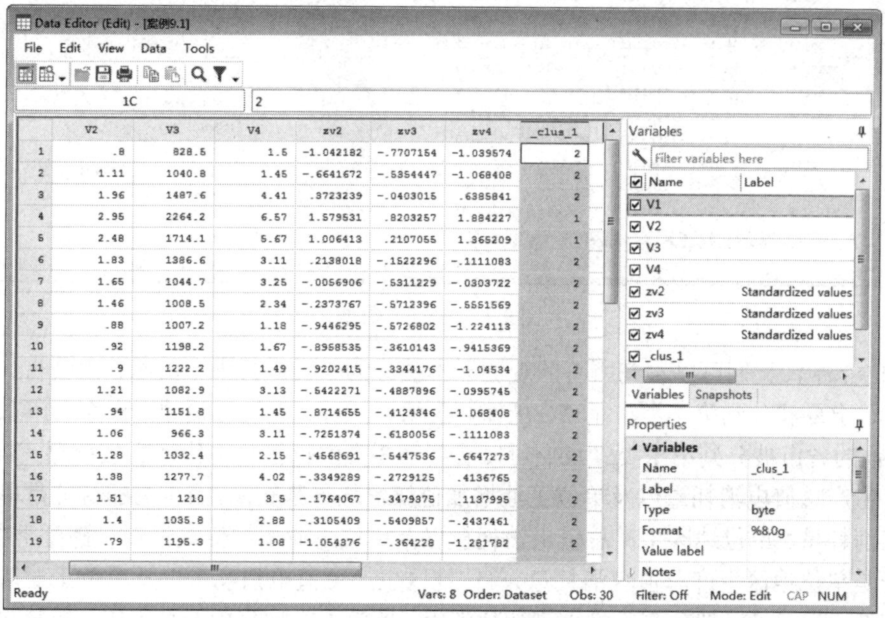

图9.5　_clus_1数据

在图 9.5 中，我们可以看到所有的观测样本被分为两类：其中，山西、内蒙古、甘肃、青海、宁夏被分到第 1 类，其他的省市被分到第 2 类。我们可以看到第 1 类的特征是单位地区生产总值煤消耗量、单位地区生产总值电消耗量以及单位工业增加值煤消耗量都相对较高。我们可以把第 1 类称为高能耗省市，把第 2 类称为低能耗省市。

（2）设定聚类数为 3

图 9.6 展示的是设定聚类数为 3，然后使用“K 个平均数的聚类分析”方法进行分析的结果。在输入第 6 条 Stata 命令并且按回车键进行确认后，我们可以看到系统产生了一个新的变量，即聚类变量_clus_2（cluster name: _clus_2）。

```
. cluster kmeans zv2 zv3 zv4,k(3)
cluster name: _clus_2
```

图 9.6　设定聚类数为 3 的“K 个平均数的聚类分析”方法进行分析的结果

选择 Data|Data Editor|Data Editor(Browse)命令，进入数据查看界面，可以看到如图 9.7 所示的_clus_2 数据。

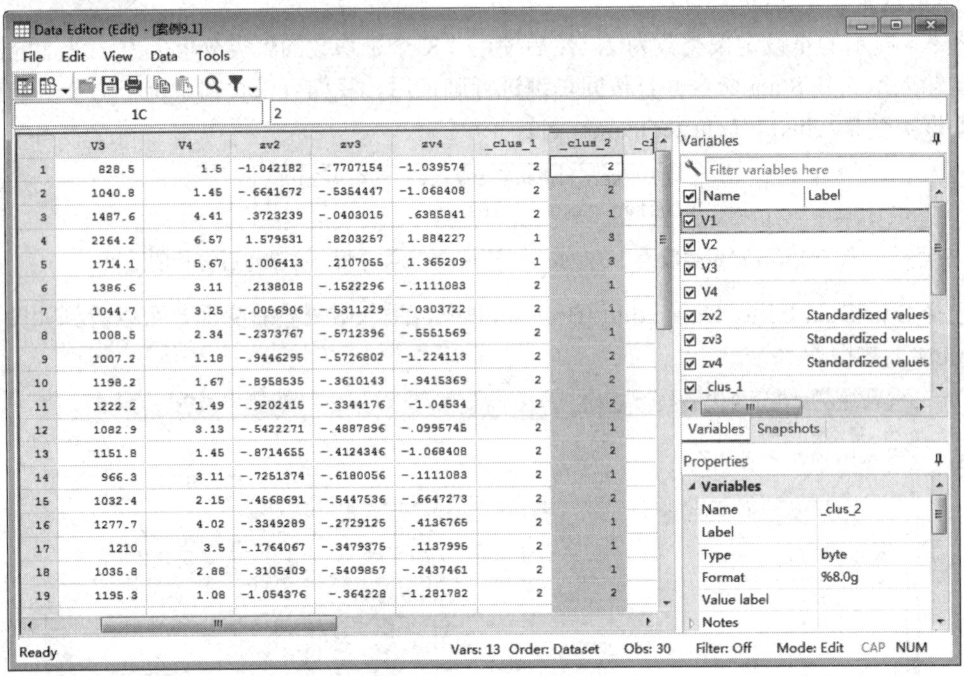

	V3	V4	zv2	zv3	zv4	_clus_1	_clus_2
1	828.5	1.5	-1.042182	-.7707154	-1.039574	2	2
2	1040.8	1.45	-.6641672	-.5354447	-1.068408	2	2
3	1487.6	4.41	.3723239	-.0403015	.6385841	2	1
4	2264.2	6.57	1.579631	.8203257	1.884227	1	3
5	1714.1	5.67	1.006413	.2107055	1.365209	1	3
6	1386.6	3.11	.2138018	-.1522296	-.1111083	2	1
7	1044.7	3.25	-.0056906	-.5311229	-.0303722	2	1
8	1008.5	2.34	-.2373767	-.5712396	-.5551569	2	1
9	1007.2	1.18	-.9446295	-.5726802	-1.224113	2	2
10	1198.2	1.67	-.8958535	-.3610143	-.9415369	2	2
11	1222.2	1.49	-.9202415	-.3344176	-1.04534	2	2
12	1082.9	3.13	-.5422271	-.4887896	-.0995745	2	1
13	1151.8	1.45	-.8714655	-.4124346	-1.068408	2	2
14	966.3	3.11	-.7251374	-.6180056	-.1111083	2	1
15	1032.4	2.15	-.4568691	-.5447536	-.6647273	2	2
16	1277.7	4.02	-.3349289	-.2729125	.4136765	2	1
17	1210	3.5	-.1764067	-.3479375	.1137996	2	1
18	1035.8	2.88	-.3105409	-.5409867	-.2437461	2	1
19	1195.3	1.08	-1.054376	-.364228	-1.281782	2	2

图 9.7　_clus_2 数据

在图 9.7 中，我们可以看到所有的观测样本被分为 3 类：其中，山西、内蒙古、贵州、甘肃、青海、宁夏被分到第 3 类，北京、天津、上海、江苏、浙江、福建、山东、广东被分到第 2 类，其他的省市被分到第 1 类。我们可以看到第 3 类的特征是单位地区生产总值煤消耗量、单位地区生产总值电消耗量以及单位工业增加值煤消耗量都较高，第 1 类的特征是单位地区生产总值煤消耗量、单位地区生产总值电消耗量以及单位工业增加值煤消耗量都处于中间，第 2 类的特征是单位地区生产总值煤消耗量、单位地区生产总值电消耗量以及单位工业增加值煤消耗量都较低。我们可以把第 3 类称为高能耗省市，把第 1 类称为中能耗省市，把第 2 类称为低能耗省市。

（3）设定聚类数为 4

图 9.8 展示的是设定聚类数为 4，然后使用“K 个平均数的聚类分析”方法进行分析的结果。在输入第 7 条 Stata 命令并且按回车键进行确认后，我们可以看到系统产生了一个新的变量，即聚类变量_clus_3（cluster name: _clus_3）。

```
. cluster kmeans zv2 zv3 zv4,k(4)
cluster name: _clus_3
```

图 9.8 设定聚类数为 4 的“K 个平均数的聚类分析”方法进行分析的结果

选择 Data|Data Editor|Data Editor(Browse)命令，进入数据查看界面，可以看到如图 9.9 所示的_clus_3 数据。

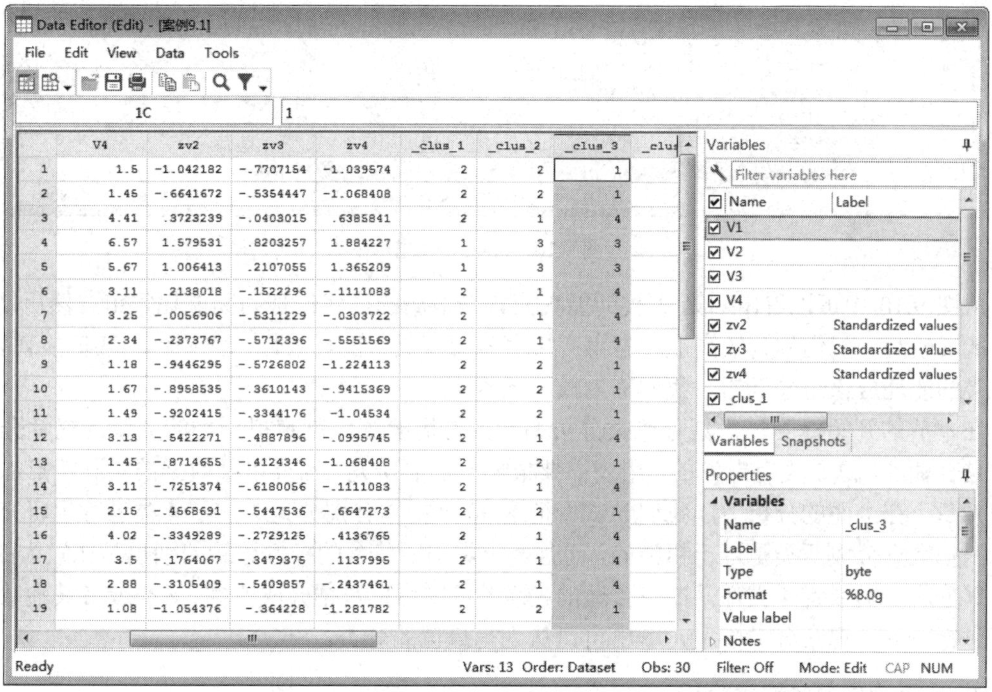

	V4	zv2	zv3	zv4	_clus_1	_clus_2	_clus_3
1	1.5	-1.042182	-.7707154	-1.039574	2	2	1
2	1.46	-.6641672	-.5354447	-1.068408	2	2	1
3	4.41	.3723239	-.0403015	.6385841	2	1	4
4	6.57	1.579531	.8203257	1.884227	1	3	3
5	5.67	1.006413	.2107055	1.365209	1	3	3
6	3.11	.2138018	-.1522296	-.1111083	2	1	4
7	3.25	-.0056906	-.5311229	-.0303722	2	1	4
8	2.34	-.2373767	-.5712396	-.5551569	2	1	4
9	1.18	-.9446295	-.5726802	-1.224113	2	2	1
10	1.67	-.8958535	-.3610143	-.9415369	2	2	1
11	1.49	-.9202415	-.3344176	-1.04534	2	2	1
12	3.13	-.5422271	-.4887896	-.0995745	2	1	4
13	1.45	-.8714655	-.4124346	-1.068408	2	2	1
14	3.11	-.7251374	-.6180056	-.1111083	2	1	4
15	2.15	-.4568691	-.5447536	-.6647273	2	2	1
16	4.02	-.3349289	-.2729125	.4136765	2	1	4
17	3.5	-.1764067	-.3479375	.1137995	2	1	4
18	2.88	-.3105409	-.5409857	-.2437461	2	1	4
19	1.08	-1.054376	-.364228	-1.281782	2	2	1

图 9.9 分析结果图

在图 9.9 中，可以看到所有的观测样本被分为 4 类：其中，北京、天津、上海、浙江、福建、江苏、广东、山东为第 1 类，宁夏、青海为第 2 类，甘肃、山西、贵州、内蒙古为第 3 类，其他省市为第 4 类。从图 9.9 中很难看出各个类别的特征，我们可以对数据进行排序操作，在主界面的 Command 文本框中输入操作命令：

```
sort _clus_3
```

并按回车键进行确认，然后选择 Data|Data Editor|Data Editor(Browse)命令，进入数据查看界面，可以看到如图 9.10 所示的整理后的数据。

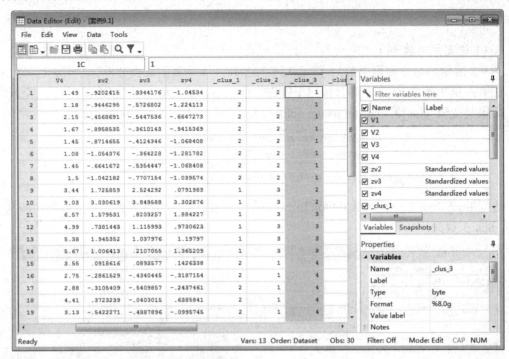

图 9.10 _clus_3 数据

从图 9.10 中可以看出，第 2 类的能耗应该是最高的，我们称为高能耗省市；然后是第 3 类，能耗较高，我们称为较高能耗省市；接着是第 4 类，能耗较低，我们称为较低能耗省市；第 1 类的能耗应该是最低的，我们称为低能耗省市。

在本节的开始提到过，划分聚类分析的特点是需要事先制定拟分类的数量。究竟分成多少类是合理的，这是没有定论的。用户需要根据自己的研究、需要以及数据的实际特点加入自己的判断。在上面的分析中，我们尝试着把这 30 个样本分别分为 2、3、4 类进行了研究，可以看出把数据分成两类是过于粗糙的，而且两个类别所包含的样本数量差别也是比较大的，而把数据分成 3 类或者 4 类都是比较合适的。读者可以再把数据分成 5 类、6 类或者其他数量的类别进行研究，观察分类情况，取出自己认为是最优的分类。

3．K 个中位数的聚类分析

（1）设定聚类数为 2

图 9.11 展示的是设定聚类数为 2，然后使用"K 个中位数的聚类分析"方法进行分析的结果。在输入第 8 条 Stata 命令并且按回车键进行确认后，可以看到系统产生了一个新的变量，即聚类变量_clus_4（cluster name: _clus_4）。

```
. cluster kmedians zv2 zv3 zv4,k(2)
cluster name: _clus_4
```

图 9.11 设定聚类数为 2 的"K 个中位数的聚类分析"方法进行分析的结果

选择 Data|Data Editor|Data Editor(Browse)命令，进入数据查看界面，可以看到如图 9.12 所示的_clus_4 数据。

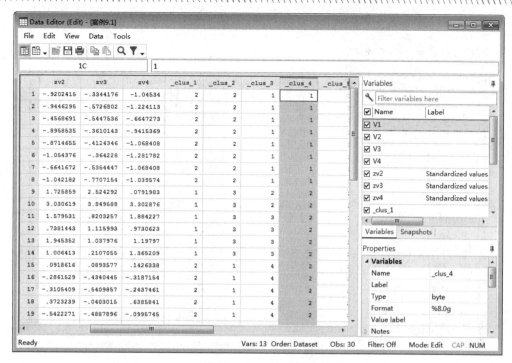

图 9.12　_clus_4 数据

在图 9.12 中，我们可以看到所有的观测样本被分为两类：其中，北京、天津、上海、江苏、浙江、广东、山东、福建被分到第 1 类，其他的省市被分到第 2 类。我们可以看到第 2 类的特征是单位地区生产总值煤消耗量、单位地区生产总值电消耗量以及单位工业增加值煤消耗量都相对非常高。我们可以把第 2 类称为高能耗省市，把第 1 类称为低能耗省市。

（2）设定聚类数为 3

图 9.13 展示的是设定聚类数为 3，然后使用"K 个中位数的聚类分析"方法进行分析的结果。在输入第 9 条 Stata 命令并且按回车键进行确认后，我们可以看到系统产生了一个新的变量，即聚类变量_clus_5（cluster name: _clus_5）。

```
. cluster kmedians zv2 zv3 zv4,k(3)
cluster name: _clus_5
```

图 9.13　设定聚类数为 3 的"K 个中位数的聚类分析"方法进行分析的结果

选择 Data|Data Editor|Data Editor(Browse)命令，进入数据查看界面，可以看到如图 9.14 所示的_clus_5 数据。

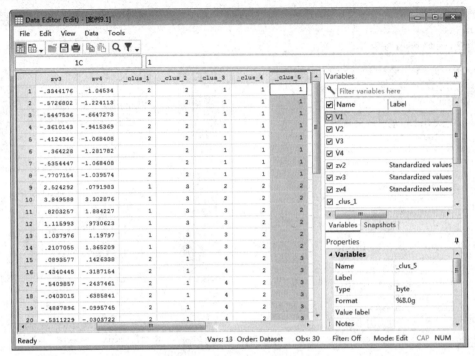

图 9.14 _clus_5 数据

在图 9.14 中，我们可以看到所有的观测样本被分为 3 类：其中，浙江、上海、福建、山东、北京、天津、广东、江苏被分到第 1 类，山西、贵州、内蒙古、甘肃、青海、宁夏被分到第 2 类，其他的省市被分到第 3 类。我们可以看到第 2 类的特征是单位地区生产总值煤消耗量、单位地区生产总值电消耗量以及单位工业增加值煤消耗量都较高，第 3 类的特征是单位地区生产总值煤消耗量、单位地区生产总值电消耗量以及单位工业增加值煤消耗量都处于中间，第 1 类的特征是单位地区生产总值煤消耗量、单位地区生产总值电消耗量以及单位工业增加值煤消耗量都较低。我们可以把第 2 类称为高能耗省市，把第 3 类称为中能耗省市，把第 1 类称为低能耗省市。

（3）设定聚类数为 4

图 9.15 展示的是设定聚类数为 4，然后使用"K 个中位数的聚类分析"方法进行分析的结果。在输入第 10 条 Stata 命令并且按回车键进行确认后，我们可以看到系统产生了一个新的变量，即聚类变量_clus_6（cluster name: _clus_6）。

```
. cluster kmedians zv2 zv3 zv4,k(4)
cluster name: _clus_6
```

图 9.15　设定聚类数为 4 的"K 个中位数的聚类分析"方法进行分析的结果

选择 Data|Data Editor|Data Editor(Browse)命令，进入数据查看界面，可以看到如图 9.16 所示的_clus_6 数据。

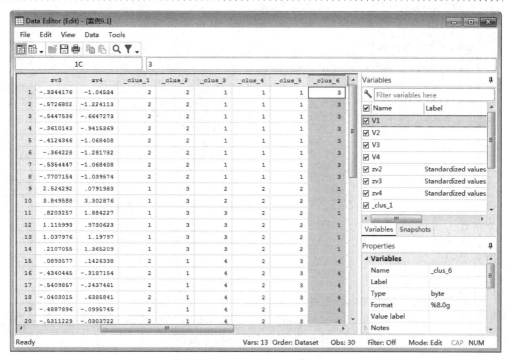

图 9.16　_clus_6 数据

在图 9.16 中，我们可以看到所有的观测样本被分为 4 类：其中，甘肃、青海、山西、贵州、内蒙古为第 1 类，宁夏为第 2 类，北京、天津、山东、浙江、上海、福建、江苏、广东为第 3 类，河北、新疆、辽宁、云南为第 3 类，其他省市为第 4 类。从图 9.16 中很难看出各个类别的特征，我们可以对数据进行排序操作，在主界面的 Command 文本框中输入操作命令：

```
sort _clus_6
```

并按回车键进行确认，然后选择 Data|Data Editor|Data Editor(Browse)命令，进入数据查看界面，可以看到如图 9.17 所示的整理后的数据。

从图 9.17 中可以看出，第 2 类的能耗应该是最高的，我们称为高能耗省市；然后是第 1 类，能耗较高，我们称为较高能耗省市；接着是第 4 类，能耗较低，我们称为较低能耗省市；第 3 类的能耗应该是最低的，我们称为低能耗省市。

可以发现两种划分聚类分析方法得出的结论并不是完全一致的。关于两种方法孰优孰劣的问题，目前还没有定论，只是 K 个平均数的聚类分析方法应用更多一些。在实践过程中，用户可以根据研究的需要和自己的偏好进行选择，当然也可以同时将两种方法结合在一起进行综合判断。

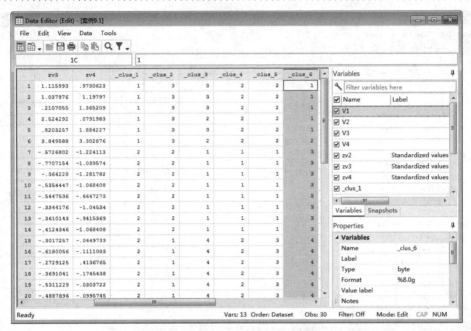

图 9.17　排序后的_clus_6 数据

9.1.5　案例延伸

上述的 Stata 命令比较简洁，分析过程及结果已达到解决实际问题的目的。Stata 16.0 的强大之处在于，它提供了更加复杂的命令格式以满足用户更加个性化的需求。

1．延伸 1：采用其他相异性指标

在上面的实例中，聚类分析使用的相异性指标是系统的默认选项，也就是欧氏距离（Euclidean Distance）。除此之外，还有其他基于连续变量观测量的相异性指标可以使用，包括欧氏距离的平方（Squared Euclidean Distance）、绝对值距离（Absolute-Value Distance）、最大值距离（Maximum-Value Distance）、相关系数相似性度量（Correlation Coefficient Similarity Measure）等。例如，设定聚类数为 2，然后使用"K 个平均数的聚类分析"方法，采用欧氏距离的平方这一相异性指标，操作命令应该相应地修改为：

```
cluster kmeans zv2 zv3 zv4,k(2) measure(L2squared)
```

在命令窗口中输入命令并按回车键进行确认，结果如图 9.18 和图 9.19 所示。
可以看到系统产生了一个新的变量，即聚类变量_clus_1（cluster name: _clus_1）。

```
. cluster kmeans zv2 zv3 zv4,k(2) measure(L2squared)
cluster name: _clus_1
```

图 9.18　延伸 1 分析结果图

选择 Data|Data Editor|Data Editor(Browse)命令，进入数据查看界面，可以看到如图 9.19 所示的_clus_1 数据。

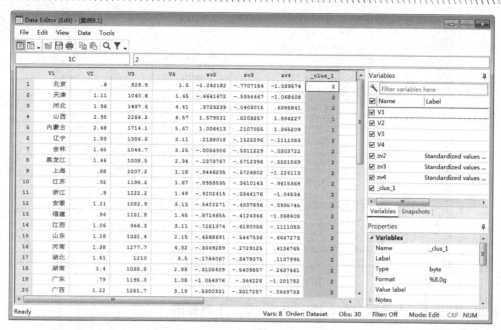

图 9.19　延伸 1 的 _clus_1 数据

结果的解读方式与前面类似，限于篇幅，这里不再赘述。可以发现这两种测量方法下的聚类分析结果差别很大。基于连续变量观测量的相异性指标与对应的 Stata 16.0 命令如表 9.2 所示。

表 9.2　基于连续变量观测量的相异性指标与对应的 Stata 命令

基于连续变量观测量的相异性指标	对应的Stata命令
欧氏距离	L2
欧氏距离的平方	L2squared
绝对值距离	L1
最大值距离	Linfinity
相关系数相似性度量	correlation

2．延伸2：设置聚类变量的名称

在上面的实例中，聚类分析产生的聚类变量是系统默认生成的，例如 _clus_1。事实上，我们可以个性化地设置聚类变量的名称。

例如，设定聚类数为 3，然后使用 "K 个平均数的聚类分析" 方法，采用绝对值距离的相异性指标，把产生的聚类变量取名为 abs，那么操作命令应该相应地修改为：

```
cluster kmeans zv2 zv3 zv4,k(3) measure(L1) name(abs)
```

在命令窗口输入命令并按回车键进行确认，然后选择 Data|Data Editor|Data Editor(Browse) 命令，进入数据查看界面，可以看到如图 9.20 所示的 abs 数据。

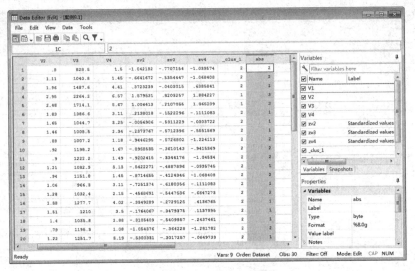

图 9.20　延伸 2 分析结果图

结果的解读方式与前面类似，限于篇幅，这里不再赘述。

3．延伸 3：设置观测样本为初始聚类中心

可以根据拟聚类数设置前几个观测样本为初始聚类中心进行聚类。

例如，设定聚类数为 3，然后使用"K 个平均数的聚类分析"方法，采用绝对值距离的相异性指标，把产生的聚类变量取名为 abcd，设置前几个观测样本为初始聚类中心进行聚类。那么操作命令应该相应地修改为：

```
cluster kmeans zv2 zv3 zv4,k(3) measure(L1) name(abcd) start(firstk)
```

在命令窗口输入命令并按回车键进行确认，然后选择 Data|Data Editor|Data Editor(Browse)命令，进入数据查看界面，可以看到如图 9.21 所示的 abcd 数据。

结果的解读方式与前面类似，限于篇幅，这里不再赘述。

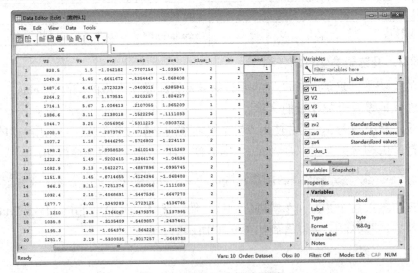

图 9.21　延伸 3 分析结果图

4．延伸 4：排除作为初始聚类中心的观测样本

在上面的实例中，我们可以根据拟聚类数，设置前几个观测样本为初始聚类中心进行聚类，但是在聚类分析时需要把作为初始聚类中心的观测样本排除。

例如，设定聚类数为 3，然后使用“K 个平均数的聚类分析”方法，采用绝对值距离的相异性指标，把产生的聚类变量取名为 abcde，设置前几个观测样本为初始聚类中心进行聚类，但是在聚类分析时需要把作为初始聚类中心的观测样本排除，那么操作命令应该相应地修改为：

```
cluster kmeans zv2 zv3 zv4,k(3)  measure(L1) name(abcde) start(firstk, exclude)
```

在命令窗口输入命令并按回车键进行确认，然后选择 Data|Data Editor|Data Editor(Browse)命令，进入数据查看界面，可以看到如图 9.22 所示的 abcde 数据。

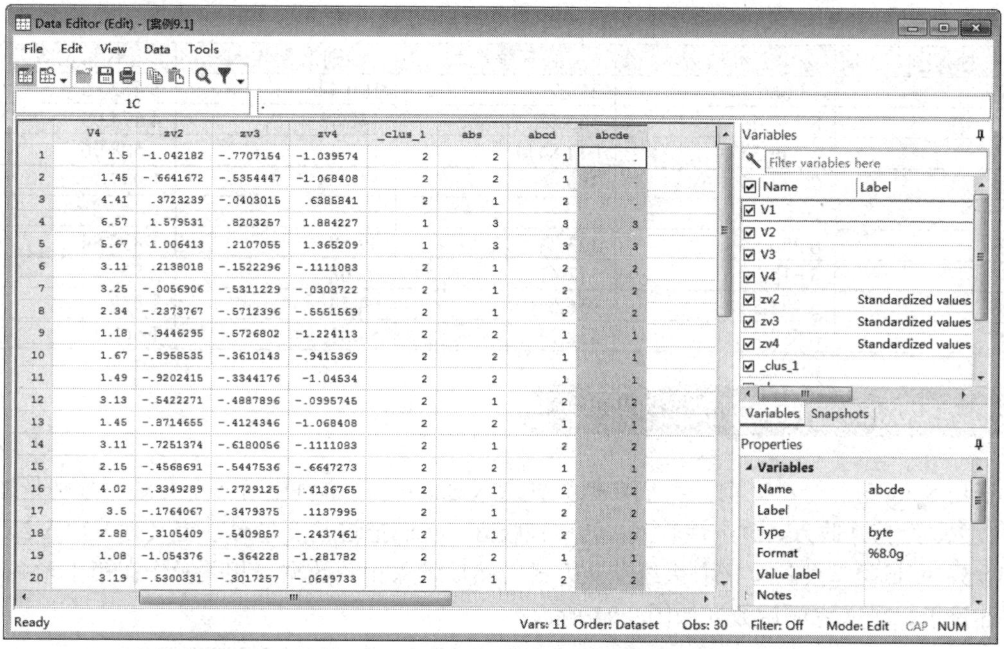

	V4	zv2	zv3	zv4	_clus_1	abs	abcd	abcde
1	1.5	-1.042182	-.7707154	-1.039574	2	2	1	.
2	1.45	-.6641672	-.5354447	-1.068408	2	2	1	.
3	4.41	.3723239	-.0403015	.6385841	2	1	2	.
4	6.57	1.579531	.8203257	1.884227	1	3	3	3
5	5.67	1.006413	.2107055	1.365209	1	3	3	3
6	3.11	.2138018	-.1522296	-.1111083	2	1	2	2
7	3.25	-.0056906	-.5311229	-.0303722	2	1	2	2
8	2.34	-.2373767	-.5712396	-.5551569	2	1	2	2
9	1.18	-.9446295	-.5726802	-1.224113	2	2	1	1
10	1.67	-.8958535	-.3610143	-.9415369	2	2	1	1
11	1.49	-.9202415	-.3344176	-1.04534	2	2	1	1
12	3.13	-.5422271	-.4887896	-.0995745	2	1	2	2
13	1.45	-.8714655	-.4124346	-1.068408	2	2	1	1
14	3.11	-.7251374	-.6180056	-.1111083	2	1	2	2
15	2.15	-.4568691	-.5447536	-.6647273	2	2	1	1
16	4.02	-.3349289	-.2729125	.4136765	2	1	2	2
17	3.5	-.1764067	-.3479375	.1137995	2	1	2	2
18	2.88	-.3105409	-.5409857	-.2437461	2	1	2	2
19	1.08	-1.054376	-.364228	-1.281782	2	2	1	1
20	3.19	-.5300331	-.3017257	-.0649733	2	1	2	2

图 9.22　延伸 4 分析结果图

结果的解读方式与前面类似，限于篇幅，这里不再赘述。

9.2　实例二——层次聚类分析

9.2.1　层次聚类分析的功能与意义

层次聚类分析方法与划分聚类分析方法的原理不同，它的基本思想是根据一定的标准使得最相近的样本聚合到一起，然后逐步放松标准使得次相近的样本聚合到一起，最终实现完全聚类，即把所有的观测样本汇集到一个组的一种聚类方法。与划分聚类分析方法相比，层次聚类分析方法的计算过程更为复杂，计算速度相对较慢，但是它不要求事先指定需要分类的数量，这一点是符合聚类分析探索性的本质特点的，所以这种聚类分析方法应用也非常广泛。

9.2.2　相关数据来源

📹	下载资源:\video\9\9.2
💾	下载资源:\sample\chap09\案例 9.2.dta

【例 9.2】党的十八大报告指出要千方百计地增加居民收入，要提高居民收入在国民收入分配中的比重，要提高劳动报酬在初次分配中的比重。表 9.3 是我国 2005 年各地城镇居民平均每人全年家庭收入来源统计表。按照相关统计口径，各地城镇居民家庭收入来源分为工薪收入、经营净收入、财产性收入、转移性收入 4 个方面。试用层次聚类分析方法对全国各地区的收入来源结构进行分类，并进行简要论述分析。

表 9.3　2005 年各地区城镇居民每人全年家庭收入统计表（单位：元）

地　区	工薪收入	经营净收入	财产性收入	转移性收入
北京	13 666.34	213.7	190.44	5 462.85
天津	8 174.64	665.53	148.15	4 574.99
河北	6 346.53	643.84	117.46	2 508.96
山西	7 103.45	350.96	136.38	1 947.77
…	…	…	…	…
甘肃	6 486.84	373.84	39.58	1 837.84
青海	5 613.79	513.41	62.08	2 577.4
宁夏	5 771.58	956.65	64.44	1 952.2
新疆	6 553.47	522.14	54.51	1 563.54

9.2.3　Stata 分析过程

在用 Stata 进行分析之前，我们要把数据录入 Stata 中。本例中有 5 个变量，分别是地区、工薪收入、经营净收入、财产性收入、转移性收入。我们把这些变量分别定义为 V1、V2、V3、V4、V5，变量类型及长度采取系统默认方式，然后录入相关数据。相关操作在第 1 章中已详细讲述过了。录入完成后数据如图 9.23 所示。

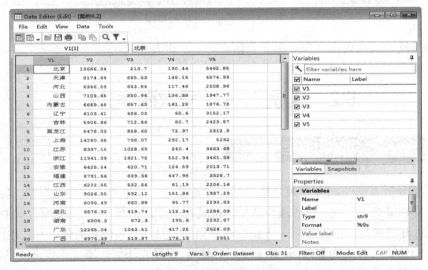

图 9.23　案例 9.2 的数据

层次聚类分析方法有很多种，Stata 16.0 支持 7 种，包括最短联结法聚类分析（Single-Linkage Cluster Analysis）、最长联结法聚类分析（Complete-Linkage Cluster Analysis）、平均联结法聚类分析（Average-Linkage Cluster Analysis）、加权平均联结法聚类分析（Weighted-Average Linkage Cluster Analysis）、中位数联结法聚类分析（Median-Linkage Cluster Analysis）、重心联结法聚类分析（Centroid-Linkage Cluster Analysis）、Ward 联结法聚类分析（Ward's Linkage Cluster Analysis）等。我们先保存数据，然后开始展开分析。

1. 最短联结法聚类分析

操作步骤如下：

01 进入 Stata 16.0，打开相关数据文件，弹出主界面。

02 在主界面的 Command 文本框中分别输入如下命令并按回车键进行确认。

- egen zv2=std(V2)：对 V2 变量进行标准化处理。
- egen zv3=std(V3)：对 V3 变量进行标准化处理。
- egen zv4=std(V4)：对 V4 变量进行标准化处理。
- egen zv5=std(V5)：对 V5 变量进行标准化处理。
- summ zv2 zv3 zv4 zv5：对 zv2、zv3、zv4、zv5 变量进行描述性统计分析。
- cluster singlelinkage zv2 zv3 zv4 zv5：使用最短联结法对 zv2、zv3、zv4、zv5 变量进行层次聚类分析。
- cluster dendrogram：产生聚类分析树状图来描述层次聚类分析的结果。

03 设置完毕后，等待输出结果。

2. 最长联结法聚类分析

操作步骤如下：

01 进入 Stata 16.0，打开相关数据文件，弹出主界面。

02 在主界面的 Command 文本框中分别输入如下命令并按回车键进行确认。

- egen zv2=std(V2)：对 V2 变量进行标准化处理。
- egen zv3=std(V3)：对 V3 变量进行标准化处理。
- egen zv4=std(V4)：对 V4 变量进行标准化处理。
- egen zv5=std(V5)：对 V5 变量进行标准化处理。
- summ zv2 zv3 zv4 zv5：对 zv2、zv3、zv4、zv5 变量进行描述性统计分析。
- cluster completelinkage zv2 zv3 zv4 zv5：使用最长联结法对 zv2、zv3、zv4、zv5 变量进行层次聚类分析。
- cluster dendrogram：产生聚类分析树状图来描述层次聚类分析的结果。

03 设置完毕后，等待输出结果。

3. 平均联结法聚类分析

操作步骤如下：

[01] 进入 Stata 16.0，打开相关数据文件，弹出主界面。

[02] 在主界面的 Command 文本框中分别输入如下命令并按回车键进行确认。

- egen zv2=std(V2)：对 V2 变量进行标准化处理。
- egen zv3=std(V3)：对 V3 变量进行标准化处理。
- egen zv4=std(V4)：对 V4 变量进行标准化处理。
- egen zv5=std(V5)：对 V5 变量进行标准化处理。
- summ zv2 zv3 zv4 zv5：对 zv2、zv3、zv4、zv5 变量进行描述性统计分析。
- cluster averagelinkage zv2 zv3 zv4 zv5：使用平均联结法对 zv2、zv3、zv4、zv5 变量进行层次聚类分析。
- cluster dendrogram：产生聚类分析树状图来描述层次聚类分析的结果。

[03] 设置完毕后，等待输出结果。

4. 加权平均联结法聚类分析

操作步骤如下：

[01] 进入 Stata 16.0，打开相关数据文件，弹出主界面。

[02] 在主界面的 Command 文本框中分别输入如下命令并按回车键进行确认。

- egen zv2=std(V2)：对 V2 变量进行标准化处理。
- egen zv3=std(V3)：对 V3 变量进行标准化处理。
- egen zv4=std(V4)：对 V4 变量进行标准化处理。
- egen zv5=std(V5)：对 V5 变量进行标准化处理。
- summ zv2 zv3 zv4 zv5：对 zv2、zv3、zv4、zv5 变量进行描述性统计分析。
- cluster waveragelinkage　zv2 zv3 zv4 zv5：使用加权平均联结法对 zv2、zv3、zv4、zv5 变量进行层次聚类分析。
- cluster dendrogram：产生聚类分析树状图来描述层次聚类分析的结果。

[03] 设置完毕后，等待输出结果。

5. 中位数联结法聚类分析

操作步骤如下：

[01] 进入 Stata 16.0，打开相关数据文件，弹出主界面。

[02] 在主界面的 Command 文本框中分别输入如下命令并按回车键进行确认。

- egen zv2=std(V2)：对 V2 变量进行标准化处理。
- egen zv3=std(V3)：对 V3 变量进行标准化处理。
- egen zv4=std(V4)：对 V4 变量进行标准化处理。
- egen zv5=std(V5)：对 V5 变量进行标准化处理。
- summ zv2 zv3 zv4 zv5：对 zv2、zv3、zv4、zv5 变量进行描述性统计分析。
- cluster medianlinkage zv2 zv3 zv4 zv5：使用中位数联结法对 zv2、zv3、zv4、zv5 变量

进行层次聚类分析。

- cluster dendrogram：产生聚类分析树状图来描述层次聚类分析的结果。

03 设置完毕后，等待输出结果。

6．重心联结法聚类分析

操作步骤如下：

01 进入 Stata 16.0，打开相关数据文件，弹出主界面。

02 在主界面的 Command 文本框中分别输入如下命令并按回车键进行确认。

- egen zv2=std(V2)：对 V2 变量进行标准化处理。
- egen zv3=std(V3)：对 V3 变量进行标准化处理。
- egen zv4=std(V4)：对 V4 变量进行标准化处理。
- egen zv5=std(V5)：对 V5 变量进行标准化处理。
- summ zv2 zv3 zv4 zv5：对 zv2、zv3、zv4、zv5 变量进行描述性统计分析。
- cluster centroidlinkage zv2 zv3 zv4 zv5：使用重心联结法对 zv2、zv3、zv4、zv5 变量进行层次聚类分析。

03 设置完毕后，等待输出结果。

7．Ward 联结法聚类分析

操作步骤如下：

01 进入 Stata 16.0，打开相关数据文件，弹出主界面。

02 在主界面的 Command 文本框中分别输入如下命令并按回车键进行确认。

- egen zv2=std(V2)：对 V2 变量进行标准化处理。
- egen zv3=std(V3)：对 V3 变量进行标准化处理。
- egen zv4=std(V4)：对 V4 变量进行标准化处理。
- egen zv5=std(V5)：对 V5 变量进行标准化处理。
- summ zv2 zv3 zv4 zv5：对 zv2、zv3、zv4、zv5 变量进行描述性统计分析。
- cluster wardslinkage zv2 zv3 zv4 zv5：使用 Ward 联结法对 zv2、zv3、zv4、zv5 变量进行层次聚类分析。
- cluster dendrogram：产生聚类分析树状图来描述层次聚类分析的结果。

03 设置完毕后，等待输出结果。

9.2.4　结果分析

在 Stata 16.0 主界面的结果窗口可以看到如图 9.24~图 9.45 所示的分析结果。

1．最短联结法聚类分析

在分析过程中，前 4 条 Stata 命令旨在对数据进行标准化处理，选择的标准化处理方式是

使变量的平均数为 0 且标准差为 1。之所以这样做是因为我们进行聚类分析的变量都是以不可比的单位进行测度的，它们具有极为不同的方差，我们对数据进行标准化处理可以避免使结果受到具有最大方差变量的影响。在输入前 4 条 Stata 命令并且分别按回车键进行确认后，选择 Data|Data Editor|Data Editor(Browse)命令，进入数据查看界面，可以看到如图 9.24 所示的变换后的数据。

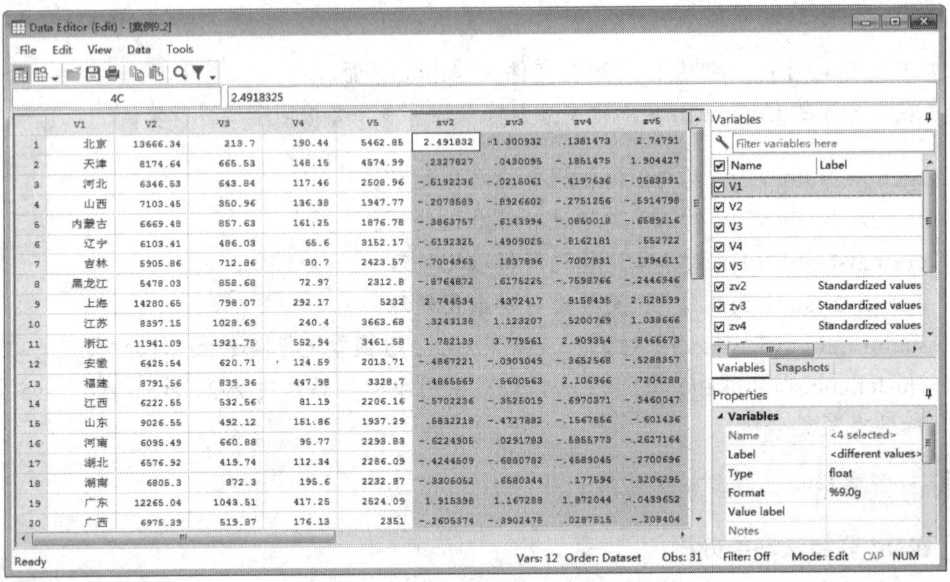

图 9.24　标准化变换后的数据

根据我们在前面章节中讲述的描述性统计分析方法，可以看到如图 9.25 所示的标准化变量的相应统计量。

```
. summ  zv2 zv3 zv4 zv5
```

Variable	Obs	Mean	Std. Dev.	Min	Max
zv2	31	2.40e-09	1	-.8764872	2.744534
zv3	31	1.56e-09	1	-1.808074	3.779561
zv4	31	1.08e-09	1	-1.23813	2.909354
zv5	31	-5.86e-10	1	-2.248093	2.74791

图 9.25　标准化变量的相应统计量分析结果图

通过观察分析结果可以看出，有效观测样本共有 31 个。zv2 的平均值为 2.40e-09，标准差是 1，最小值是-0.8764872，最大值是 2.744534；zv3 的平均值为 1.56e-09，标准差是 1，最小值是-1.808074，最大值是 3.779561；zv4 的平均值为 1.08e-09，标准差是 1，最小值是-1.23813，最大值是 2.909354；zv5 的平均值为-5.86e-10，标准差是 1，最小值是-2.248093，最大值是 2.74791。

图 9.26 展示的是使用"最短联结法聚类分析"方法进行分析的结果。在输入第 6 条 Stata 命令并且按回车键进行确认后，可以看到系统产生了一个新的变量，即聚类变量_clus_1（cluster name: _clus_1）。

```
. cluster singlelinkage  zv2 zv3 zv4 zv5
cluster name: _clus_1
```

图 9.26　最短联结法聚类分析结果图

选择 Data|Data Editor|Data Editor(Browse)命令，进入数据查看界面，可以看到如图 9.27 所示的_clus_1 数据。

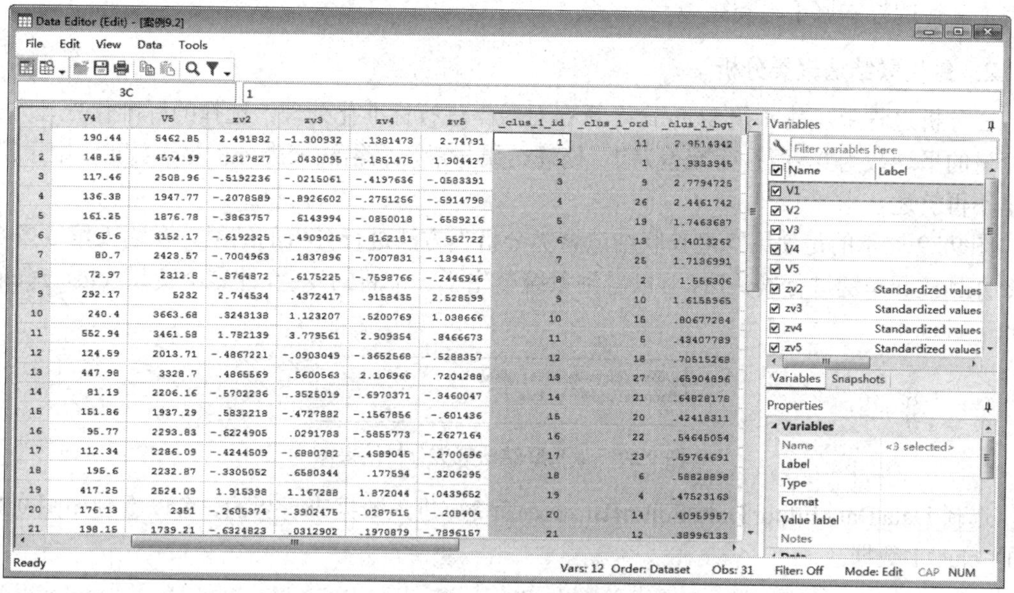

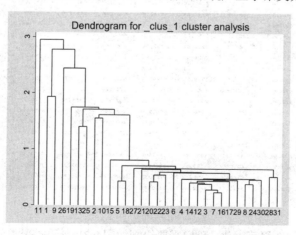

图 9.27　_clus_1 数据

在图 9.27 中，可以看到层次聚类分析方法产生的聚类变量是与划分聚类分析方法不同的，它包括 3 个组成部分：_clus_1_id、_clus_1_ord 和_clus_1_hgt。其中，_clus_1_id 表示的是系统对该观测样本的初始编号；_clus_1_ord 表示的是系统对该观测样本进行聚类分析处理后的编号；_clus_1_hgt 表示的是系统对该观测样本进行聚类计算后的值。

为了使聚类分析的结果可视化，我们需要绘制如图 9.28 所示的聚类分析树状图。在输入第 7 条 Stata 命令并且按回车键进行确认后，可以看到系统产生了聚类分析树状图。

图 9.28　聚类分析树状图

观察图 9.28，可以直观地看到具体的聚类情况：7 号样本跟 16 号样本首先聚合在一起，进入数据查看界面查看_clus_1_id 变量， 7 号样本代表的是吉林，16 号样本代表的是河南。7 号样本与 16 号样本聚合后又与 3 号样本（河北）聚合，以此类推，最后 11 号样本（浙江）与所有样本聚合为一类。那么，到底分成了多少类呢？答案是不确定的，因为这取决于研究的需要和实际的情况，需要用户加入自己的判断。例如，可分成两类，即 11 号样本（浙江）单独一类，其他的样本属于一类。

2. 最长联结法聚类分析

在分析过程中，前 4 条 Stata 命令旨在对数据进行标准化处理，选择的标准化处理方式是使变量的平均数为 0，而且标准差为 1。处理结果与最短联结法聚类分析是一致的，限于篇幅，这里不再赘述。

图 9.29 展示的是使用"最长联结法聚类分析"方法进行分析的结果。在输入第 6 条 Stata 命令并且按回车键进行确认后，可以看到系统产生了一个新的变量，即聚类变量_clus_1（cluster name: _clus_1）。

```
. cluster completelinkage zv2 zv3 zv4 zv5
cluster name: _clus_1
```

图 9.29　最长联结法聚类分析结果图

选择 Data|Data Editor|Data Editor(Browse)命令，进入数据查看界面，可以看到如图 9.30 所示的_clus_1 数据。

	V1	V2	V3	V4	V5	zv2	zv3	zv4	zv5	clus_1_id	clus_1_ord	clus_1_hgt
1	北京	13666.34	213.7	190.44	5462.85	2.491832	-1.300932	.1381473	2.74791	1	1	1.9333945
2	天津	8174.64	665.53	148.15	4574.99	.2327827	.0430095	-.1851475	1.904427	2	9	5.9197855
3	河北	6346.53	643.84	117.46	2508.96	-.5192236	-.0215061	-.4197636	-.0583391	3	2	1.556306
4	山西	7103.45	350.96	136.38	1947.77	-.1969471	-.8926602	-.2751256	-.5914758	4	10	3.1268397
5	内蒙古	6669.48	857.63	161.25	1876.78	-.3863757	.6143994	-.0850018	-.6589216	5	3	.40069796
6	辽宁	6103.41	486.03	65.6	3152.17	-.6192325	-.4909025	-.8162181	.552722	6	7	.24177225
7	吉林	5905.86	712.86	80.7	2423.57	-.7004963	.1837896	-.7007831	-.1394611	7	16	.62049788
8	黑龙江	5478.03	858.68	72.97	2312.8	-.8764872	.6175225	-.7598766	-.2446946	8	12	1.0798934
9	上海	14280.65	798.07	292.17	5232	2.744534	.4372417	.9158435	2.528599	9	5	.43407789
10	江苏	8397.15	1028.69	240.4	3663.68	.3243138	1.123207	.5200769	1.038666	10	18	1.168632
11	浙江	11941.09	1921.75	552.94	3461.58	1.782139	3.779561	2.909354	.8466673	11	8	.39210278
12	安徽	6425.54	620.11	124.59	2013.71	-.4867221	-.0903049	-.3652568	-.5288357	12	24	.54254129
13	福建	8791.56	839.36	447.98	3328.7	.4865569	.5600563	2.106966	.7204288	13	30	2.4018231
14	江西	6222.55	532.56	81.19	2206.16	-.5702236	-.3525019	-.6970371	-.3460047	14	4	.65904896
15	山东	9026.55	492.12	151.86	1937.29	.5832218	-.4727882	-.1567856	-.601436	15	27	1.3563932
16	河南	6095.49	660.88	95.77	2293.83	-.6224905	.0291783	-.5855773	-.2627164	16	14	.44309643
17	湖北	6576.92	419.74	112.34	2286.09	-.4244509	-.6880782	-.4589045	-.2700696	17	17	.87149546
18	湖南	6805.3	872.3	195.6	2232.87	-.3305052	.6580344	.177594	-.3206295	18	28	.52560714
19	广东	12265.04	1043.51	417.25	2524.09	1.915398	1.167288	1.872044	-.0439652	19	31	1.5266847
20	广西	6975.39	519.87	176.13	2351	-.2605374	-.3902475	.0287515	-.208404	20	6	.58828898
21	海南	6071.2	661.59	198.15	1739.21	-.6324823	.0312902	.1970879	-.7896157	21	29	1.792528
22	重庆	7848.52	492.44	188.22	2549.97	.0986308	-.4718364	.121176	-.0193789	22	15	.95270175
23	四川	5838.27	515.49	211.41	2438.41	-.7282958	-.4032756	.2984568	-.125363	23	20	.42418311
24	贵州	5516.18	790.84	90.25	1987.8	-.8607938	.4157366	-.6277761	-.5534505	24	22	1.4692896
25	云南	6170.93	595.45	428.07	2800.2	-.5914577	-.1654393	1.954759	.2183442	25	21	.80593782
26	西藏	10401.71	43.2	10.41	204	1.148904	-1.808074	-1.23813	-2.248093	26	23	4.2869733
27	陕西	6347.81	179.34	135.15	2239.96	-.5186969	-1.403134	-.2845287	-.313894	27	13	1.4013262
28	甘肃	6486.84	373.84	39.58	1837.84	-.461506	-.824605	-1.015133	-.6959153	28	25	2.8523912
29	青海	5613.79	513.41	62.08	2577.4	-.8206413	-.4094625	-.8431275	.0066801	29	19	5.1037758
30	宁夏	5771.58	956.65	64.44	1952.2	-.7557332	.9089285	-.825086	-.5872713	30	26	7.6421076
31	新疆	6553.47	522.14	54.51	1563.54	-.4340971	-.3834955	-.9009979	-.9565053	31	11	.

图 9.30　_clus_1 数据

为了使聚类分析的结果可视化，我们需要绘制如图 9.31 所示的聚类分析树状图。在输入第 7

条 Stata 命令并且按回车键进行确认后，可以看到系统产生了聚类分析树状图。

观察图 9.31，可以直观地看到具体的聚类情况：7 号样本与 16 号样本首先聚合在一起，进入数据查看界面查看_clus_1_id 变量，7 号样本代表的是吉林，16 号样本代表的是河南。7 号样本与 16 号样本聚合后又与 3 号样本（河北）聚合，以此类推，最后 11 号样本（浙江）与所有样本聚合为一类。

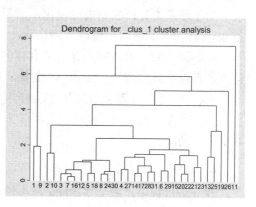

图 9.31　聚类分析树状图

3. 平均联结法聚类分析

在分析过程中，前 4 条 Stata 命令旨在对数据进行标准化处理，选择的标准化处理方式是使变量的平均数为 0，而且标准差为 1。处理结果与最短联结法聚类分析是一致的，限于篇幅，这里不再赘述。

```
. cluster averagelinkage zv2 zv3 zv4 zv5
cluster name: _clus_1
```

图 9.32　平均联结法聚类分析结果图

图 9.32 展示的是使用平均联结法聚类分析方法进行分析的结果。在输入第 6 条 Stata 命令并且按回车键进行确认后，可以看到系统产生了一个新的变量，即聚类变量_clus_1（cluster name: _clus_1）。

选择 Data|Data Editor|Data Editor(Browse)命令，进入数据查看界面，可以看到如图 9.33 所示的_clus_1 数据。

	V1	V2	V3	V4	V5	zv2	zv3	zv4	zv5	_clus_1_id	_clus_1_ord	_clus_1_hgt
1	北京	13666.34	213.7	190.44	5462.85	2.491832	-1.300932	.1381473	2.74791	1	1	1.9333945
2	天津	8174.64	665.53	148.15	4574.99	.2327827	.0430005	-.1851475	1.904427	2	9	4.4272435
3	河北	6346.53	643.84	117.46	2508.96	-.5192236	-.0215061	-.4197636	-.0583391	3	2	1.556306
4	山西	7103.45	350.96	136.38	1947.77	-.2078589	-.8926602	-.2751256	-.5914798	4	10	2.442894
5	内蒙古	6669.48	857.63	161.25	1876.78	-.3863757	.6143994	-.0850018	-.6589216	5	3	.34396065
6	辽宁	6103.41	486.03	65.6	3152.17	-.6192325	-.4909025	-.8162181	.552722	6	7	.24177225
7	吉林	5905.86	712.86	80.7	2423.57	-.7004963	.1837896	-.7007831	-.1394611	7	16	.49672512
8	黑龙江	5478.03	858.68	72.72	2312.8	-.8764872	.6175225	-.7598766	-.2446946	8	12	.65157546
9	上海	14280.65	798.07	292.17	5232	2.744534	.4372417	.9158435	2.528599	9	4	.44309643
10	江苏	8397.15	1028.69	240.4	3663.68	.3243138	1.123207	.5200769	1.038666	10	17	.56872284
11	浙江	11941.09	1921.75	552.94	3461.58	1.782139	3.779561	2.909354	.8466673	11	29	.93349776
12	安徽	6425.54	620.71	124.59	2013.71	-.4867221	-.0903049	-.3652568	-.5288357	12	6	.99642891
13	福建	8791.56	839.36	447.98	3328.7	.4865569	.5600563	2.106966	.7204288	13	28	.52560714
14	江西	6222.55	532.56	81.19	2206.16	-.5702236	-.3525019	-.6970371	-.3460047	14	31	1.1017742
15	山东	9026.55	492.12	151.86	1937.29	.5832218	-.4727882	-.1567856	-.601436	15	4	.65904896
16	河南	6095.49	660.88	95.77	2293.83	-.6224905	.0291783	-.5855773	-.2627164	16	27	1.0187128
17	湖北	6576.92	419.74	112.34	2286.09	-.4244509	-.6880782	-.4589045	-.2700696	17	20	.42418311
18	湖南	6805.3	872.3	195.6	2232.87	-.3305052	.6580344	.177594	-.3206295	18	24	.70076941
19	广东	12265.04	1043.51	417.25	2524.09	1.915398	1.167288	1.872044	-.0439652	19	23	1.3086976
20	广西	6975.39	519.87	176.13	2351	-.2605374	-.3902475	.0287515	-.208404	20	5	.43407789
21	海南	6071.2	661.59	198.15	1739.21	-.6324823	.0312902	.1970879	-.7896157	21	18	.77219715
22	重庆	7848.52	492.44	188.22	2549.97	.0986308	-.4718364	.121176	-.0193789	22	21	1.0480483
23	四川	5838.27	515.49	211.41	2438.41	-.7282998	-.4032756	.2984568	-.125363	23	8	.39210278
24	贵州	5516.18	790.84	90.25	1987.8	-.8607938	.4157366	-.6277761	-.5534505	24	14	.50638234
25	云南	6170.93	595.45	428.07	2800.2	-.5914577	-.1654393	1.954759	.2183442	25	30	1.4209586
26	西藏	10401.71	43.2	10.41	204	1.148904	-1.808074	-1.23813	-2.248093	26	15	3.0456377
27	陕西	6347.81	179.34	135.15	2239.96	-.5186969	-1.403134	-.2845287	-.313894	27	13	1.4013262
28	甘肃	6486.84	373.84	39.58	1837.84	-.461506	-.824605	-1.015133	-.6959153	28	25	2.2993799
29	青海	5613.79	513.41	62.08	2577.4	-.8206413	-.4094625	-.8431275	.0066801	29	19	3.4891544
30	宁夏	5771.58	956.65	64.44	1952.2	-.7557332	.9089285	-.825086	-.5872713	30	26	5.5369152
31	新疆	6553.47	522.14	54.51	1563.54	-.4340971	-.3834955	-.9009979	-.9565053	31	11	

图 9.33　_clus_1 数据

为了使聚类分析的结果可视化，需要绘制如图 9.34 所示的聚类分析树状图。在输入第 7 条 Stata 命令并且按回车键进行确认后，可以看到系统产生了聚类分析树状图。

观察图 9.34，可以直观地看到具体的聚类情况：7 号样本与 16 号样本首先聚合在一起，进入数据查看界面查看_clus_1_id 变量，7 号样本代表的是吉林，16 号样本代表的是河南。7 号样本与 16 号样本聚合后又与 3 号样本（河北）聚合，以此类推，最后 11 号样本（浙江）与所有样本聚合为一类。

4．加权平均联结法聚类分析

在分析过程中，前 4 条 Stata 命令旨在对数据进行标准化处理，选择的标准化处理方式是使变量的平均数为 0 而且标准差为 1。处理结果与最短联结法聚类分析是一致的，限于篇幅，这里不再赘述。

图 9.35 展示的是使用加权平均联结法聚类分析方法进行分析的结果。在输入第 6 条 Stata 命令并且按回车键进行确认后，可以看到系统产生了一个新的变量，即聚类变量_clus_1（cluster name: _clus_1）。

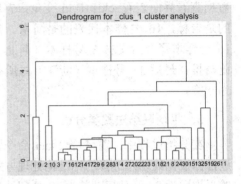

图 9.34　聚类分析树状图

```
. cluster waveragelinkage  zv2 zv3 zv4 zv5
cluster name: _clus_1
```

图 9.35　加权平均联结法聚类分析结果图

选择 Data|Data Editor|Data Editor(Browse)命令，进入数据查看界面，可以看到如图 9.36 所示的_clus_1 数据。

	V1	V2	V3	V4	V5	zv2	zv3	zv4	zv5	_clus_1_id	_clus_1_ord	_clus_1_hgt
1	北京	13666.34	213.7	190.44	5462.85	2.491832	-1.300932	.1381473	2.74791	1	1	1.9333945
2	天津	8174.64	665.53	148.15	4574.99	.2327827	.0430095	-.1851475	1.904427	2	9	3.7787763
3	河北	6346.53	643.84	117.46	2508.96	-.5192236	-.0215061	-.4197636	-.0583391	3	2	1.556306
4	山西	7103.45	350.96	136.38	1947.77	-.2078589	-.8926602	-.2751256	-.5914798	4	10	2.4456021
5	内蒙古	6669.48	857.63	161.25	1876.78	-.3863757	.6143994	-.0850018	-.6589216	5	3	.343396065
6	辽宁	6103.41	486.03	65.6	3152.17	-.6192325	-.4909025	-.8162181	.552722	6	7	.24177225
7	吉林	5905.86	712.86	80.7	2423.57	-.7004963	.1837896	-.7007831	-.1394611	7	16	.49247288
8	黑龙江	5478.03	858.68	72.97	2312.8	-.8764872	.6175225	-.7598766	-.2446946	8	12	.675385
9	上海	14280.65	798.07	292.17	5232	2.744534	.4372147	.9158435	2.528599	9	14	.44309643
10	江苏	8397.15	1028.69	240.4	3663.68	.3243182	1.123207	.5200769	1.038666	10	17	.56872284
11	浙江	11941.09	1921.75	552.94	3461.58	1.782139	3.779561	2.909354	.8466673	11	29	.91761047
12	安徽	6425.54	620.71	124.59	2013.71	-.4867221	-.0903049	-.3652568	-.5288357	12	28	.52560714
13	福建	8791.56	839.36	447.98	3328.7	.4865569	.5600563	2.106966	.7204288	13	31	1.1271187
14	江西	6222.55	532.56	81.19	2206.16	-.5702236	-.3525019	-.6970371	-.3460047	14	4	.65904896
15	山东	9026.55	492.12	151.06	1937.29	.5832218	-.4727882	-.1567856	-.601436	15	27	1.0414301
16	河南	6095.49	660.88	95.77	2293.83	-.6224905	.0291783	-.5855773	-.2627164	16	20	.42418311
17	湖北	6576.92	419.74	112.34	2286.09	-.4244509	-.6880782	-.4589045	-.2700696	17	22	.70076941
18	湖南	6805.3	843.1	195.6	2232.87	-.3305052	.6580344	.177594	-.3206295	18	23	1.2519968
19	广东	12265.04	1043.51	417.25	2524.09	1.915398	1.167288	1.872044	-.0439652	19	6	1.5324006
20	广西	6975.39	519.87	176.13	2351	-.2605374	-.3902475	.0287515	-.208404	20	15	1.6267549
21	海南	6071.2	661.59	198.15	1739.21	-.6324823	.0312902	.1970879	-.7896157	21	5	.43407789
22	重庆	7848.52	492.44	188.22	2549.97	.0986308	-.4718364	.121176	-.0193789	22	18	.77219715
23	四川	5838.27	515.49	211.41	2438.41	-.7282998	-.4032756	.2984568	-.125363	23	21	1.1128042
24	贵州	5516.10	790.84	90.25	1987.8	-.8607938	.4157366	-.6277761	-.5534505	24	8	.35210278
25	云南	6170.93	595.45	428.07	2800.2	-.5914577	-.1654393	1.954759	.2183442	25	24	.50638234
26	西藏	10401.71	43.2	10.41	204	1.148904	-1.808074	-1.23813	-2.248093	26	30	2.895477
27	陕西	6347.81	179.70	135.15	2239.96	-.5186969	-1.403134	-.2845287	-.313894	27	13	1.4013262
28	甘肃	6486.84	373.84	39.58	1837.84	-.461506	-.824605	-1.015133	-.6959153	28	25	2.2993799
29	青海	5613.79	513.41	62.08	2577.4	-.8206413	-.4094625	-.8431275	.0066801	29	19	4.7783081
30	宁夏	5771.58	956.65	64.44	1952.2	-.7557332	.9089285	-.825086	-.5872713	30	11	6.3446125
31	新疆	6553.47	522.14	54.51	1563.54	-.4340971	-.3884955	-.9009979	-.9565053	31	26	

图 9.36　_clus_1 数据

为了使聚类分析的结果可视化，需要绘制如图 9.37 所示的聚类分析树状图。在输入第 7

条 Stata 命令并且按回车键进行确认后，可以看到系统产生了聚类分析树状图。

　　观察图 9.37，可以直观地看到具体的聚类情况：7 号样本与 16 号样本首先聚合在一起，进入数据查看界面查看_clus_1_id 变量，7 号样本代表的是吉林，16 号样本代表的是河南，7 号样本与 16 号样本聚合后又与 3 号样本（河北）聚合，以此类推。最后，26 号样本（西藏）与所有样本聚合为一类。

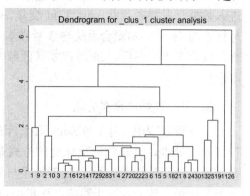

图 9.37　聚类分析树状图

5．中位数联结法聚类分析

　　在分析过程中，前 4 条 Stata 命令旨在对数据进行标准化处理，选择的标准化处理方式是使变量的平均数为 0 而且标准差为 1。处理结果与最短联结法聚类分析是一致的，限于篇幅，这里不再赘述。

　　图 9.38 展示的是使用中位数联结法聚类分析方法进行分析的结果。在输入第 6 条 Stata 命令并且按回车键进行确认后，可以看到系统产生了一个新的变量，即聚类变量_clus_1（cluster name: _clus_1）。

```
. cluster medianlinkage zv2 zv3 zv4 zv5
cluster name: _clus_1
```

图 9.38　中位数联结法聚类分析结果图

　　选择 Data|Data Editor|Data Editor(Browse)命令，进入数据查看界面，可以看到如图 9.39 所示的_clus_1 数据。

	V1	V2	V3	V4	V5	zv2	zv3	zv4	zv5	_clus_1_id	_clus_1_ord	_clus_1_hgt
1	北京	13666.34	213.7	190.44	5462.85	2.491832	-1.300932	.1381473	2.74791	1	1	3.7380142
2	天津	8174.64	665.53	148.15	4574.99	.2327827	.0430095	-.1851475	1.904427	2	9	11.055998
3	河北	6346.53	643.84	117.46	2508.96	-.5192236	-.0215061	-.4197636	-.0583391	3	2	2.4220884
4	山西	7103.45	350.96	136.38	1947.77	-.2078589	-.8926602	-.2751256	-.5914798	4	10	4.7349776
5	内蒙古	6669.48	857.63	161.25	1876.78	-.3863757	.6143994	-.0850018	-.6589216	5	13	1.963715
6	辽宁	6103.41	486.03	65.6	3152.17	-.6192325	-.4909025	-.8162181	.552722	6	25	4.8921571
7	吉林	5905.86	712.86	80.7	2423.57	-.7004963	.1837896	-.7007831	-.1394611	7	3	.10691459
8	黑龙江	5478.03	858.68	72.97	2312.8	-.8764872	.6175225	-.7598766	-.2446946	8	7	.05845382
9	上海	14280.65	798.07	292.17	5232	2.744534	.4372417	.9158435	2.528599	9	16	.21530028
10	江苏	8397.15	1028.69	240.4	3663.68	.3243138	1.123207	.5200769	1.038666	10	12	.26534172
11	浙江	11941.09	1921.75	552.94	3461.58	1.782139	3.779561	2.909354	.8466673	11	14	.19633444
12	安徽	6425.54	620.71	124.59	2013.71	-.4867221	-.0903049	-.3652568	-.5288357	12	17	.3252146
13	福建	8791.56	839.36	447.98	3328.7	.4865569	.5600583	2.106966	.7204288	13	29	.54637565
14	江西	6222.35	532.56	81.19	2206.16	-.5702236	-.3525019	-.6970371	-.3460047	14	6	.98708902
15	山东	9026.55	492.12	151.86	1937.29	.5832218	-.4727882	-.1567856	-.601436	15	4	.43434553
16	河南	6095.49	660.88	95.77	2293.83	-.6224905	.0291783	-.5855773	-.2627164	16	27	.90244057
17	湖北	6576.92	419.74	112.34	2286.09	-.4244509	-.6880782	-.4589045	-.2700696	17	28	.27626287
18	湖南	6805.3	872.3	195.6	2232.87	-.3305052	.6580344	.177594	-.3206295	18	31	1.0970005
19	广东	12265.04	1043.51	417.25	2524.09	1.915398	1.167288	1.872044	-.0439652	19	5	.18842361
20	广西	6975.39	519.87	176.13	2351	-.2605374	-.3902475	.0287515	-.208404	20	18	.55367749
21	海南	6071.2	661.59	198.15	1739.21	-.6324823	.0312902	.1970879	-.7896157	21	21	.84681882
22	重庆	7848.52	492.44	188.22	2549.97	.0986308	-.4718364	.121176	-.0193789	22	20	.17993131
23	四川	5838.27	515.49	211.41	2438.41	-.7282998	-.4032756	.2984568	-.125363	23	23	.46990925
24	贵州	5516.18	790.84	90.25	1987.8	-.8607938	.4157366	-.6277761	-.5534505	24	23	1.2654128
25	云南	6170.93	595.45	428.07	2800.2	-.5914577	-.1654393	1.954759	.2183442	25	15	2.2995483
26	西藏	10401.71	43.2	10.41	204	1.148904	-1.808074	-1.23813	-2.248093	26	8	.15374459
27	陕西	6347.81	179.34	135.15	2239.96	-.5186969	-1.403134	-.2845287	-.313894	27	24	.21929439
28	甘肃	6486.84	373.84	39.58	1837.84	-.461506	-.824605	-1.015133	-.6959153	28	30	7.5403606
29	青海	5613.79	513.41	62.08	2577.4	-.8206413	-.4094625	-.8431275	.0066801	29	19	17.909095
30	宁夏	5771.58	956.65	64.44	1952.2	-.7557332	.9089285	-.825086	-.5872713	30	11	35.452412
31	新疆	6553.47	522.14	54.51	1563.54	-.4340971	-.3834955	-.9009979	-.9565053	31	26	.

图 9.39　_clus_1 数据

　　为了使聚类分析的结果可视化，需要绘制如图 9.40 所示的聚类分析树状图。在输入第 7

条 Stata 命令并且按回车键进行确认后，可以看到系统产生了聚类分析树状图。

观察图 9.40，可以直观地看到具体的聚类情况：7 号样本与 16 号样本首先聚合在一起。进入数据查看界面查看_clus_1_id 变量，7 号样本代表的是吉林，16 号样本代表的是河南，7 号样本与 16 号样本聚合后又与 3 号样本（河北）聚合，以此类推。最后，26 号样本（西藏）与所有样本聚合为一类。

6. 重心联结法聚类分析

在分析过程中，前 4 条 Stata 命令旨在对数据进行标准化处理，选择的标准化处理方式是使变量的平均数为 0 而且标准差为 1。处理结果与最短联结法聚类分析是一致的，限于篇幅，这里不再赘述。

图 9.41 展示的是使用重心联结法聚类分析方法进行分析的结果。在输入第 6 条 Stata 命令并且按回车键进行确认后，可以看到系统产生了一个新的变量，即聚类变量_clus_1（cluster name: _clus_1）。

选择 Data|Data Editor|Data Editor(Browse)命令，进入数据查看界面，可以看到如图 9.42 所示的_clus_1 数据。

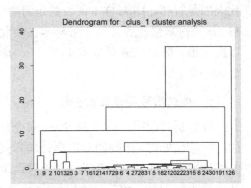

图 9.40　聚类分析树状图

```
. cluster centroidlinkage zv2 zv3 zv4 zv5
cluster name: _clus_1
```

图 9.41　重心联结法聚类分析结果图

	V1	V2	V3	V4	V5	zv2	zv3	zv4	zv5	_clus_1_id	_clus_1_ord	_clus_1_pht	_clus_1_hgt
1	北京	13666.34	213.7	190.44	5462.85	2.491832	-1.300932	.1381473	2.74791	1	1	24	3.7380142
2	天津	8174.64	665.53	148.15	4574.99	.2327827	.0430095	-.1851475	1.904427	2	9	29	17.509717
3	河北	6346.53	643.84	117.46	2508.96	-.5192236	-.0215061	-.4197636	-.0583391	3	11	27	8.7109641
4	山西	7103.45	350.96	136.38	1947.77	-.2078589	-.8926602	-.2751256	-.5914798	4	19	30	13.799987
5	内蒙古	6669.48	857.63	161.25	1876.78	-.3863757	.6143594	-.0850018	-.6589216	5	2	23	2.4220884
6	辽宁	6103.41	486.03	65.6	3152.17	-.6192325	-.4909025	-.8162181	.552722	6	10	25	4.7349776
7	吉林	5905.86	712.86	80.7	2423.57	-.7004963	.1837896	-.7007831	-.1394611	7	13	22	1.963715
8	黑龙江	5478.03	858.68	72.97	2312.8	-.8764872	.6175225	-.7598766	-.2446946	8	25	26	4.6882858
9	上海	14280.65	798.07	292.17	5232	2.744534	.4372417	.9158435	2.528599	9	3	2	.10691459
10	江苏	8397.15	1028.69	240.4	3663.68	.3243138	1.123207	.5200769	1.038666	10	7	1	.05845382
11	浙江	11941.09	1921.75	552.94	3461.58	1.782139	3.779561	2.905354	.8466673	11	16	8	.22223725
12	安徽	6425.54	620.71	124.59	2013.71	-.4867221	-.0903049	-.3652568	-.5288357	12	12	11	.28324428
13	福建	8791.56	839.36	447.98	3328.7	.4865569	.5600563	2.106966	.7204288	13	14	6	.19633444
14	江西	6222.55	532.56	81.19	2206.16	-.5702236	-.3525019	-.6970371	-.3460047	14	17	10	.28616324
15	山东	9026.55	492.12	151.86	1937.29	.5832218	-.4727882	-.1567856	-.601436	15	29	15	.68622727
16	河南	6095.49	660.88	95.77	2293.83	-.6224905	.0291783	-.5855773	-.2627164	16	20	4	.17993131
17	湖北	6702.42	419.74	112.34	2286.05	-.4244509	-.6880782	-.4589045	-.2700696	17	22	13	.46990925
18	湖南	6805.3	872.3	195.6	2232.87	-.3305052	.6580344	.177594	-.3206295	18	23	16	.83156462
19	广东	12265.04	1043.51	417.25	2524.09	1.915390	1.167288	1.872044	-.0439652	19	6	17	.89322408
20	广西	6975.39	519.87	176.13	2351	-.2605374	-.3902475	.0287515	-.208404	20	4	12	.43434553
21	海南	6071.2	661.59	198.15	1739.21	-.6324823	.0312902	.1970879	-.7896157	21	27	18	.78756252
22	重庆	7848.52	492.44	188.22	2549.97	.0986308	-.4718364	.121176	-.0193789	22	28	9	.27626287
23	四川	5838.27	515.49	211.41	2438.41	-.7282998	-.4032756	.2984568	-.125363	23	31	20	1.0759919
24	贵州	5516.18	790.84	90.25	1987.8	-.8607938	.4157366	-.6277761	-.5534505	24	5	5	.18842361
25	云南	6170.93	595.45	428.07	2800.2	-.5914577	-.1654393	1.954759	.2183442	25	18	14	.55367749
26	西藏	10401.71	43.2	10.41	204	1.148904	-1.808074	-1.23813	-2.248093	26	21	19	.90277086
27	陕西	6347.81	179.24	135.15	2239.96	-.5186969	-1.403134	-.2845287	-.313894	27	8	3	.15374459
28	甘肃	6486.84	373.84	39.58	1837.34	-.461506	-.824605	-1.015133	-.6959153	28	24	7	.21925439
29	青海	5613.79	513.41	62.08	2577.4	-.8206413	-.4094625	-.8431275	.0066801	29	30	21	1.4745286
30	宁夏	5771.58	956.65	64.44	1952.2	-.7557332	.9089285	-.825086	-.5872713	30	15	28	10.861324
31	新疆	6553.47	522.14	54.51	1563.54	-.4340971	-.3834955	-.9009979	-.9565053	31	26	.	.

图 9.42　_clus_1 数据

与其他的层次聚类分析方法不同的是，重心联结法聚类分析无法绘制树状图。

7. Ward 联结法聚类分析

在分析过程中，前 4 条 Stata 命令旨在对数据进行标准化处理，选择的标准化处理方式是使变量的平均数为 0 而且标准差为 1。处理结果与最短联结法聚类分析是一致的，限于篇幅，这里不再赘述。

图 9.43 展示的是使用 Ward 联结法聚类分析方法进行分析的结果。在输入第 6 条 Stata 命令并且按回车键进行确认后，可以看到系统产生了一个新的变量，即聚类变量_clus_1（cluster name: _clus_1）。

```
. cluster wardslinkage zv2 zv3 zv4 zv5
cluster name: _clus_1
```

图 9.43 Ward 联结法聚类分析结果图

选择 Data|Data Editor|Data Editor(Browse)命令，进入数据查看界面，可以看到如图 9.44 所示的_clus_1 数据。

	V1	V2	V3	V4	V5	zv2	zv3	zv4	zv5	_clus_1_id	_clus_1_ord	_clus_1_hgt
1	北京	13666.34	213.7	190.44	5462.85	2.491832	-1.300932	.1381473	2.74791	1	1	3.7380142
2	天津	8174.64	665.53	148.15	4574.99	.2327827	.0430095	-.1851475	1.904427	2	9	31.400796
3	河北	6346.53	643.84	117.46	2508.96	-.5192236	-.0215061	-.4197636	-.0583391	3	2	2.4220884
4	山西	7103.45	350.96	136.38	1947.77	-.2078589	-.8926602	-.2751256	-.5914798	4	10	11.433202
5	内蒙古	6669.48	857.63	161.25	1876.78	-.3863757	.6143994	-.0850018	-.6589216	5	13	1.963715
6	辽宁	6103.41	486.03	65.6	3152.17	-.6192325	-.4909025	-.8162181	.552722	6	25	6.802721
7	吉林	5905.86	712.86	80.7	2423.57	-.7004963	.1837896	-.7007831	-.1394611	7	19	24.863574
8	黑龙江	5478.03	858.68	72.97	2312.8	-.8764872	.6175225	-.7598766	-.2446946	8	11	109.13053
9	上海	14280.65	798.07	292.17	5232	2.744534	.4372417	.9158435	2.528599	9	14	.14255279
10	江苏	8397.15	1028.69	240.4	3663.68	.3243138	1.123207	.5200769	1.038666	10	7	.05845382
11	浙江	11941.09	1921.75	552.94	3461.58	1.782139	3.779561	2.909354	.8466673	11	16	.33335587
12	安徽	6425.54	620.71	124.59	2013.71	-.4867221	-.0903049	-.3652568	-.5288357	12	12	.83243608
13	福建	8791.56	839.36	447.98	3328.7	.4865569	.5600563	2.106966	.7204288	13	14	.19633444
14	江西	6222.55	532.56	81.19	2206.16	-.5702236	-.3525019	-.6970371	-.3460047	14	17	1.4952316
15	山东	9026.55	492.12	151.86	1937.29	.5832218	-.4727882	-.1567856	-.601436	15	6	.34608393
16	河南	6095.49	660.88	95.77	2293.83	-.6224905	.0291783	-.5855773	-.2627164	16	29	4.1243867
17	湖北	6576.92	419.74	112.34	2286.09	-.4244509	-.6880782	-.4589045	-.2700696	17	4	.43434553
18	湖南	6805.3	872.3	195.6	2232.87	-.3305052	.6580344	.177594	-.3206295	18	27	1.8048811
19	广东	12265.04	1043.51	417.25	2524.09	1.915398	1.167288	1.872044	-.0439652	19	28	.27626287
20	广西	6975.39	519.87	176.13	2605.34	-.2605374	-.3902475	.0287515	-.208404	20	31	3.7690631
21	海南	6071.2	661.59	198.15	1739.21	-.6324823	.0312902	.1970879	-.7896157	21	15	1.6570483
22	重庆	7848.52	492.44	188.22	2549.97	.0986308	-.4718364	.121176	-.0193789	22	20	.17993131
23	四川	5838.27	515.49	211.41	2438.41	-.7282998	-.4032756	.2984568	-.125363	23	22	.62654567
24	贵州	5516.18	790.84	90.25	1987.8	-.8607938	.4157366	-.6277761	-.5534505	24	23	9.5088675
25	云南	6170.93	595.45	428.07	2800.2	-.5914577	-.1654393	1.954759	.2183442	25	5	.18842361
26	西藏	10401.71	43.2	10.41	204	1.148904	-1.808074	-1.23813	-2.248093	26	18	.73823665
27	陕西	6347.81	179.34	135.15	2239.96	-.5186969	-1.403134	-.2845287	-.313894	27	21	2.7083126
28	甘肃	6486.84	373.84	39.58	1837.84	-.461506	-.824605	-1.015133	-.6959153	28	8	.15374459
29	青海	5613.79	513.41	62.08	2577.4	-.8206413	-.4094625	-.8431275	.0066801	29	24	.29239253
30	宁夏	5771.58	956.65	64.44	1952.2	-.7557332	.9089285	-.825086	-.5872713	30	30	18.378473
31	新疆	6553.47	522.14	44.51	1563.54	-.4340971	-.3834955	-.9009979	-.9565053	31	26	.

图 9.44 _clus_1 数据

在图 9.44 中，可以看到层次聚类分析方法产生的聚类变量的 3 个组成部分：_clus_1_id、_clus_1_ord 和_clus_1_hgt。其中，_clus_1_id 表示的是系统对该观测样本的初始编号；_clus_1_ord 表示的是系统对该观测样本进行聚类分析处理后的编号；_clus_1_hgt 表示的是系统对该观测样本进行聚类计算后的值。

为了使聚类分析的结果可视化，需要绘制如图 9.45 所示的聚类分析树状图。在输入第 7 条 Stata 命令并且按回车键进行确认后，可以看到系统产生了聚类分析树状图。

观察图 9.45，可以直观地看到具体的聚类情况：7 号样本与 3 号样本首先聚合在一起，进入数据查看界面查看_clus_1_id 变量，7 号样本代表的是吉林，3 号样本代表的是河北，7 号样本与 3 号样本聚合后又与16 号样本（河南）聚合，以此类推。

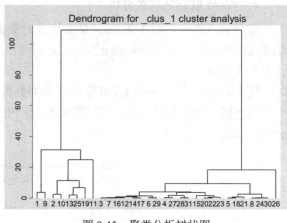

图 9.45　聚类分析树状图

9.2.5　案例延伸

上述的 Stata 命令比较简洁，分析过程及结果已达到解决实际问题的目的。Stata 16.0 的强大之处在于，它提供了更加复杂的命令格式以满足用户更加个性化的需求。

下面将根据拟分类数进行聚类的案例延伸分析。

在以上各种层次聚类分析方法中，如果样本比较多，可能图中就显得比较乱，可以使用产生聚类变量的方法对样本进行有拟分类数的聚类。例如，分别把所有观测样本分为 4 类和 2 类。

操作命令如下：

- cluster generate type1=group(4)：产生聚类变量 type1，使用层次聚类分析方法把样本分为 4 类。
- cluster generate type2=group(2)：产生聚类变量 type2，使用层次聚类分析方法把样本分为 2 类。

本操作命令对所有层次聚类分析方法均适用。

使用各种层次聚类分析方法对观测样本进行拟分类数的聚类结果如图 9.46~图 9.59 所示。

1. 最短联结法聚类分析

图 9.46 展示的是设定聚类数为 4，然后进行分析的结果。在输入第 1 条 Stata 命令并且按回车键进行确认后，选择 Data|Data Editor|Data Editor(Browse)命令，进入数据查看界面，可以看到如图 9.46 所示的 type1 数据。

在图 9.46 中，可以看到所有的观测样本被分为 4 类：其中，浙江被分到第 1 类，上海、北京为第 2 类，西藏为第 3 类，其他省市为第 4 类。可以发现第 1 类的特征是经营净收入、财产性收入高；第 2 类的特征是工薪收入、转移性收入高；第 3 类的特征是收入水平普遍较低；第 4 类的特征是所有收入都处在中间水平。

	V1	V5	zv2	zv3	zv4	zv5	_clus_1_id	_clus_1_ord	_clus_1_hgt	type1	type2
1	北京	5462.85	2.491832	-1.300932	.1381473	2.74791	1	11	2.9514342	2	2
2	天津	4574.99	.2327827	.0430095	-.1851475	1.904427	2	1	1.9333945	4	2
3	河北	2508.96	-.5192236	-.0215061	-.4197636	-.0583391	3	9	2.7794725	4	2
4	山西	1947.77	-.2078589	-.8926602	-.2751256	-.5914798	4	26	2.4461742	4	2
5	内蒙古	1876.78	-.3863757	.6143994	-.0850018	-.6589216	5	19	1.7463687	4	2
6	辽宁	3152.17	-.6192325	-.4909025	-.8162181	.552722	6	13	1.4013262	4	2
7	吉林	2423.57	-.7004963	.1837896	-.7007831	-.1394611	7	25	1.7136991	4	2
8	黑龙江	2312.8	-.8764872	.6175225	-.7598766	-.2446946	8	2	1.556308	4	2
9	上海	5232	2.744534	.4372417	.9158435	2.528599	9	10	1.6155965	2	2
10	江苏	3663.68	.3243138	1.123207	.5200769	1.038666	10	15	.80677284	4	2
11	浙江	3461.58	1.782139	3.779561	2.909354	.8466673	11	5	.43407789	1	1
12	安徽	2013.71	-.4867221	-.0903049	-.3652568	-.5288357	12	18	.70515268	4	2
13	福建	3328.7	.4865569	.5600563	2.106966	.7204288	13	27	.65904896	4	2
14	江西	2206.16	-.5702236	-.3525019	-.6970371	-.3460047	14	21	.64828178	4	2
15	山东	1937.29	.5832218	-.4727882	-.1567856	-.601436	15	20	.42418311	4	2
16	河南	2293.83	-.6224905	.0291783	-.5855773	-.2627164	16	22	.54645054	4	2
17	湖北	2286.09	-.4244509	-.6880782	-.4589045	-.2700696	17	23	.59764691	4	2
18	湖南	2232.87	-.3305052	.6580344	.177594	-.3206295	18	6	.58828898	4	2
19	广东	2524.09	1.915398	1.167288	1.872044	-.0439652	19	4	.47523163	4	2
20	广西	2351	-.2605374	-.3902475	.0287515	-.208404	20	14	.40959957	4	2
21	海南	1739.21	-.6324823	.0312902	.1970879	-.7896157	21	12	.38996133	4	2
22	重庆	2549.97	.0986308	-.4718364	.121176	-.0193789	22	3	.28722333	4	2
23	四川	2438.41	-.7282998	-.4032756	.2984568	-.125363	23	7	.24177225	4	2
24	贵州	1987.8	-.8607938	.4157366	-.6277761	-.5534505	24	16	.44309643	4	2
25	云南	2800.2	-.5914577	-.1654393	1.954759	.2183442	25	17	.46008964	4	2
26	西藏	204	1.148904	-1.808074	-1.23813	-2.248093	26	29	.48338714	3	2
27	陕西	2239.96	-.5186969	-1.403134	-.2845287	-.313894	27	8	.39210278	4	2
28	甘肃	1837.84	-.461506	-.824605	-1.015133	-.6959153	28	24	.47022339	4	2
29	青海	2577.4	-.8206413	-.4094625	-.8431275	.0066801	29	30	.65863648	4	2
30	宁夏	1952.2	-.7557332	.9089285	-.825086	-.5872713	30	28	.52560714	4	2
31	新疆	1563.54	-.4340971	-.3834955	-.9009979	-.9565053	31	31	.	4	2

图 9.46　最短联结法聚类分析 type1 数据

图 9.47 展示的是设定聚类数为 2，然后进行分析的结果。在输入第 2 条 Stata 命令并且按回车键进行确认后，选择 Data|Data Editor|Data Editor(Browse)命令，进入数据查看界面，可以看到如图 9.47 所示的 type2 数据。

	V1	V5	zv2	zv3	zv4	zv5	_clus_1_id	_clus_1_ord	_clus_1_hgt	type1	type2
1	北京	5462.85	2.491832	-1.300932	.1381473	2.74791	1	11	2.9514342	2	2
2	天津	4574.99	.2327827	.0430095	-.1851475	1.904427	2	1	1.9333945	4	2
3	河北	2508.96	-.5192236	-.0215061	-.4197636	-.0583391	3	9	2.7794725	4	2
4	山西	1947.77	-.2078589	-.8926602	-.2751256	-.5914798	4	26	2.4461742	4	2
5	内蒙古	1876.78	-.3863757	.6143994	-.0850018	-.6589216	5	19	1.7463687	4	2
6	辽宁	3152.17	-.6192325	-.4909025	-.8162181	.552722	6	13	1.4013262	4	2
7	吉林	2423.57	-.7004963	.1837896	-.7007831	-.1394611	7	25	1.7136991	4	2
8	黑龙江	2312.8	-.8764872	.6175225	-.7598766	-.2446946	8	2	1.556308	4	2
9	上海	5232	2.744534	.4372417	.9158435	2.528599	9	10	1.6155965	2	2
10	江苏	3663.68	.3243138	1.123207	.5200769	1.038666	10	15	.80677284	4	2
11	浙江	3461.58	1.782139	3.779561	2.909354	.8466673	11	5	.43407789	1	1
12	安徽	2013.71	-.4867221	-.0903049	-.3652568	-.5288357	12	18	.70515268	4	2
13	福建	3328.7	.4865569	.5600563	2.106966	.7204288	13	27	.65904896	4	2
14	江西	2206.16	-.5702236	-.3525019	-.6970371	-.3460047	14	21	.64828178	4	2
15	山东	1937.29	.5832218	-.4727882	-.1567856	-.601436	15	20	.42418311	4	2
16	河南	2293.83	-.6224905	.0291783	-.5855773	-.2627164	16	22	.54645054	4	2
17	湖北	2286.09	-.4244509	-.6880782	-.4589045	-.2700696	17	23	.59764691	4	2
18	湖南	2232.87	-.3305052	.6580344	.177594	-.3206295	18	6	.58828898	4	2
19	广东	2524.09	1.915398	1.167288	1.872044	-.0439652	19	4	.47523163	4	2
20	广西	2351	-.2605374	-.3902475	.0287515	-.208404	20	14	.40959957	4	2
21	海南	1739.21	-.6324823	.0312902	.1970879	-.7896157	21	12	.38996133	4	2
22	重庆	2549.97	.0986308	-.4718364	.121176	-.0193789	22	3	.28722333	4	2
23	四川	2438.41	-.7282998	-.4032756	.2984568	-.125363	23	7	.24177225	4	2
24	贵州	1987.8	-.8607938	.4157366	-.6277761	-.5534505	24	16	.44309643	4	2
25	云南	2800.2	-.5914577	-.1654393	1.954759	.2183442	25	17	.46008964	4	2
26	西藏	204	1.148904	-1.808074	-1.23813	-2.248093	26	29	.48338714	3	2
27	陕西	2239.96	-.5186969	-1.403134	-.2845287	-.313894	27	8	.39210278	4	2
28	甘肃	1837.84	-.461506	-.824605	-1.015133	-.6959153	28	24	.47022339	4	2
29	青海	2577.4	-.8206413	-.4094625	-.8431275	.0066801	29	30	.65863648	4	2
30	宁夏	1952.2	-.7557332	.9089285	-.825086	-.5872713	30	28	.52560714	4	2
31	新疆	1563.54	-.4340971	-.3834955	-.9009979	-.9565053	31	31	.	4	2

图 9.47　最短联结法聚类分析 type2 数据

在图 9.47 中，可以看到所有的观测样本被分为两类。其中，浙江被分到第 1 类，其他省市为第 2 类。第 1 类的特征是经营净收入、财产性收入高；第 2 类的特征不明显。

2．最长联结法聚类分析

图 9.48 展示的是设定聚类数为 4，然后进行分析的结果。在输入第 1 条 Stata 命令并且按回车键进行确认后，选择 Data|Data Editor|Data Editor(Browse)命令，进入数据查看界面，可以看到如图 9.48 所示的 type1 数据。

	V1	zv2	zv3	zv4	zv5	_clus_1_id	_clus_1_ord	_clus_1_hgt	type1	type2
1	北京	2.491832	-1.300932	.1381473	2.74791	1	1	1.9333945	1	1
2	天津	.2327827	.0430095	-.1851475	1.904427	2	9	5.9197855	2	1
3	河北	-.5192236	-.0215061	-.4197636	-.0583391	3	2	1.556306	2	1
4	山西	-.2078589	-.8926602	-.2751256	-.5914798	4	10	3.1268397	2	1
5	内蒙古	-.3863757	.6143994	-.0850018	-.6589216	5	3	.40069796	2	1
6	辽宁	-.6192325	-.4909025	-.8162181	.552722	6	7	.24177225	2	1
7	吉林	-.7004963	.1837896	-.7007831	-.1394611	7	16	.62049788	2	1
8	黑龙江	-.8764872	.6175225	-.7598766	-.2446946	8	12	1.0798934	2	1
9	上海	2.744534	.4372417	.9158435	2.528599	9	5	.43407789	1	1
10	江苏	.3243138	1.123207	.5200769	1.038666	10	18	1.168632	2	1
11	浙江	1.782139	3.779561	2.909354	.8466673	11	8	.39210278	4	2
12	安徽	-.4867221	-.0903049	-.3652568	-.5288357	12	24	.54254129	2	1
13	福建	.4865569	.5600563	2.106966	.7204288	13	30	2.4018231	2	1
14	江西	-.5702236	-.3525019	-.6970371	-.3460047	14	4	.65904896	2	1
15	山东	.5832218	-.4727882	-.1567856	-.601436	15	27	1.3563932	2	1
16	河南	-.6224905	.0291783	-.5855773	-.2627164	16	14	.44309643	2	1
17	湖北	-.4244509	-.6880782	-.4589045	-.2700696	17	17	.87149546	2	1
18	湖南	-.3305052	.6580344	.177594	-.3206295	18	28	.52560714	2	1
19	广东	1.915398	1.167288	1.872044	-.0439652	19	31	1.5266847	2	1
20	广西	-.2605374	-.3902475	.0287515	-.208404	20	6	.58828898	2	1
21	海南	-.6324823	.0312902	.1970879	-.7896157	21	29	1.792528	2	1
22	重庆	.0986308	-.4718364	.121176	-.0193789	22	15	.95270175	2	1
23	四川	-.7282998	-.4032756	.2984568	-.125363	23	20	.42418311	2	1
24	贵州	-.8607938	.4157366	-.6277761	-.5534505	24	22	1.4692896	2	1
25	云南	-.5914577	-.1654393	1.954759	.2183442	25	21	.80593782	2	1
26	西藏	1.148904	-1.808074	-1.23813	-2.248093	26	23	4.2869733	3	1
27	陕西	-.5186969	-1.403134	-.2845287	-.313894	27	13	1.4013262	2	1
28	甘肃	-.461506	-.824605	-1.015133	-.6959153	28	25	2.8523912	2	1
29	青海	-.8206413	-.4094625	-.8431275	.0066801	29	19	5.1037758	2	1
30	宁夏	-.7557332	.9089285	-.825086	-.5872713	30	26	7.6421076	2	1
31	新疆	-.4340971	-.3834955	-.9009979	-.9565053	31	11	.	2	1

图 9.48　最长联结法聚类分析 type1 数据

在图 9.48 中，可以看到所有的观测样本被分为 4 类：其中，浙江被分到第 1 类，上海、北京为第 2 类，西藏为第 3 类，其他省市为第 4 类。第 1 类的特征是经营净收入、财产性收入高；第 2 类的特征是工薪收入、转移性收入高；第 3 类的特征是收入水平普遍较低；第 4 类的特征是所有收入都处在中间水平。处理结果与最短联结法聚类分析是一致的。

图 9.49 展示的是设定聚类数为 2，然后进行分析的结果。在输入第 2 条 Stata 命令并且按回车键进行确认后，选择 Data|Data Editor|Data Editor(Browse)命令，进入数据查看界面，可以看到如图 9.49 所示的 type2 数据。

	V1	zv2	zv3	zv4	zv5	_clus_1_id	_clus_1_ord	_clus_1_hgt	type1	type2
1	北京	2.491832	-1.300932	.1381473	2.74791	1	1	1.9333945	1	1
2	天津	.2327827	.0430095	-.1851475	1.904427	2	9	5.9197855	2	1
3	河北	-.5192236	-.0215061	-.4197636	-.0583391	3	2	1.556306	2	1
4	山西	-.2078589	-.8926602	-.2751256	-.5914798	4	10	3.1268397	2	1
5	内蒙古	-.3863757	.6143994	-.0850018	-.6589216	5	3	.40069796	2	1
6	辽宁	-.6192325	-.4909025	-.8162181	.552722	6	7	.24177225	2	1
7	吉林	-.7004963	.1837896	-.7007831	-.1394611	7	16	.62049788	2	1
8	黑龙江	-.8764872	.6175225	-.7598766	-.2446946	8	12	1.0798934	2	1
9	上海	2.744534	.4372417	.9158435	2.528599	9	5	.43407789	1	1
10	江苏	.3243138	1.123207	.5200769	1.038666	10	18	1.168632	2	1
11	浙江	1.782139	3.779561	2.909354	.8466673	11	8	.39210278	4	2
12	安徽	-.4867221	-.0903049	-.3652568	-.5288357	12	24	.54254129	2	1
13	福建	.4865569	.5600563	2.106966	.7204288	13	30	2.4018231	2	1
14	江西	-.5702236	-.3525019	-.6970371	-.3460047	14	4	.65904896	2	1
15	山东	.5832218	-.4727882	-.1567856	-.601436	15	27	1.3563932	2	1
16	河南	-.6224905	.0291783	-.5855773	-.2627164	16	14	.44309643	2	1
17	湖北	-.4244509	-.6880782	-.4589045	-.2700696	17	17	.87149546	2	1
18	湖南	-.3305052	.6580344	.177594	-.3206295	18	28	.52560714	2	1
19	广东	1.915398	1.167288	1.872044	-.0439652	19	31	1.5266847	2	1
20	广西	-.2605374	-.3902475	.0287515	-.208404	20	6	.58828898	2	1
21	海南	-.6324823	.0312902	.1970879	-.7896157	21	29	1.792528	2	1
22	重庆	.0986308	-.4718364	.121176	-.0193789	22	15	.95270175	2	1
23	四川	-.7282998	-.4032756	.2984568	-.125363	23	20	.42418311	2	1
24	贵州	-.8607938	.4157366	-.6277761	-.5534505	24	22	1.4692896	2	1
25	云南	-.5914577	-.1654393	1.954759	.2183442	25	21	.80593782	2	1
26	西藏	1.148904	-1.808074	-1.23813	-2.248093	26	23	4.2869733	3	1
27	陕西	-.5186969	-1.403134	-.2845287	-.313894	27	13	1.4013262	2	1
28	甘肃	-.461506	-.824605	-1.015133	-.6959153	28	25	2.8523912	2	1
29	青海	-.8206413	-.4094625	-.8431275	.0066801	29	19	5.1037758	2	1
30	宁夏	-.7557332	.9089285	-.825086	-.5872713	30	26	7.6421076	2	1
31	新疆	-.4340971	-.3834955	-.9009979	-.9565053	31	11	.	2	1

图 9.49 最长联结法聚类分析 type2 数据

在图 9.49 中，可以看到所有的观测样本被分为两类。其中，浙江被分到第 2 类，其他省市为第 1 类。第 2 类的特征是经营净收入、财产性收入高；第 1 类的特征不明显。处理结果与最短联结法聚类分析是一致的。

3. 平均联结法聚类分析

图 9.50 展示的是设定聚类数为 4，然后进行分析的结果。在输入第 1 条 Stata 命令并且按回车键进行确认后，选择 Data|Data Editor|Data Editor(Browse)命令，进入数据查看界面，可以看到如图 9.50 所示的 type1 数据。

在图 9.50 中，可以看到所有的观测样本被分为 4 类：其中，浙江被分到第 4 类，上海、北京为第 1 类，西藏为第 3 类，其他省市为第 4 类。第 4 类的特征是经营净收入、财产性收入高；第 1 类的特征是工薪收入、转移性收入高；第 3 类的特征是收入水平普遍较低；第 2 类的特征是所有收入都处在中间水平。处理结果与最短联结法聚类分析是一致的。

	V1	zv2	zv3	zv4	zv5	_clus_1_id	_clus_1_ord	_clus_1_hgt	type1	type2
1	北京	2.491832	-1.300932	.1381473	2.74791	1	1	1.9333945	1	1
2	天津	.2327827	.0430095	-.1851475	1.904427	2	9	4.4272435	2	1
3	河北	-.5192236	-.0215061	-.4197636	-.0583391	3	2	1.556306	2	1
4	山西	-.2078589	-.8926602	-.2751256	-.5914798	4	10	2.442894	2	1
5	内蒙古	-.3863757	.6143994	-.0850018	-.6589216	5	3	.34396065	2	1
6	辽宁	-.6192325	-.4909025	-.8162181	.552722	6	7	.24177225	2	1
7	吉林	-.7004963	.1837896	-.7007831	-.1394611	7	16	.49672512	2	1
8	黑龙江	-.8764872	.6175225	-.7598766	-.2446946	8	12	.65157546	2	1
9	上海	2.744534	.4372417	.9158435	2.528599	9	14	.44309643	1	1
10	江苏	.3243138	1.123207	.5200769	1.038666	10	17	.56872284	2	1
11	浙江	1.782139	3.779561	2.909354	.8466673	11	29	.93349776	4	2
12	安徽	-.4867221	-.0903049	-.3652568	-.5288357	12	6	.99642891	2	1
13	福建	.4865569	.5600563	2.106966	.7204288	13	28	.52560714	2	1
14	江西	-.5702236	-.3525019	-.6970371	-.3460047	14	31	1.1017742	2	1
15	山东	.5832218	-.4727882	-.1567856	-.601436	15	4	.65904896	2	1
16	河南	-.6224905	.0291783	-.5855773	-.2627164	16	27	1.0187128	2	1
17	湖北	-.4244509	-.6880782	-.4589045	-.2700696	17	20	.42418311	2	1
18	湖南	-.3305052	.6580344	.177594	-.3206295	18	22	.70076941	2	1
19	广东	1.915398	1.167288	1.872044	-.0439652	19	23	1.3086976	2	1
20	广西	-.2605374	-.3902475	.0287515	-.208404	20	5	.43407789	2	1
21	海南	-.6324823	.0312902	.1970879	-.7896157	21	18	.77219715	2	1
22	重庆	.0986308	-.4718364	.121176	-.0193789	22	21	1.0480483	2	1
23	四川	-.7282998	-.4032756	.2984568	-.125363	23	8	.39210278	2	1
24	贵州	-.8607938	.4157366	-.6277761	-.5534505	24	24	.50638234	2	1
25	云南	-.5914577	-.1654393	1.954759	.2183442	25	30	1.4209586	2	1
26	西藏	1.148904	-1.808074	-1.23813	-2.248093	26	15	3.0458377	3	1
27	陕西	-.5186969	-1.403134	-.2845287	-.313894	27	13	1.4013262	2	1
28	甘肃	-.461506	-.824605	-1.015133	-.6959153	28	25	2.2993799	2	1
29	青海	-.8206413	-.4094625	-.8431275	.0066801	29	19	3.4891544	2	1
30	宁夏	-.7557332	.9089285	-.825086	-.5872713	30	26	5.5369152	2	1
31	新疆	-.4340971	-.3834955	-.9009979	-.9565053	31	11	.	2	1

图 9.50　平均联结法聚类分析 type1 数据

图 9.51 展示的是设定聚类数为 2，然后进行分析的结果。在输入第 2 条 Stata 命令并且按回车键进行确认后，选择 Data|Data Editor|Data Editor(Browse)命令，进入数据查看界面，可以看到如图 9.51 所示的 type2 数据。

	V1	zv2	zv3	zv4	zv5	_clus_1_id	_clus_1_ord	_clus_1_hgt	type1	type2
1	北京	2.491832	-1.300932	.1381473	2.74791	1	1	1.9333945	1	1
2	天津	.2327827	.0430095	-.1851475	1.904427	2	9	4.4272435	2	1
3	河北	-.5192236	-.0215061	-.4197636	-.0583391	3	2	1.556306	2	1
4	山西	-.2078589	-.8926602	-.2751256	-.5914798	4	10	2.442894	2	1
5	内蒙古	-.3863757	.6143994	-.0850018	-.6589216	5	3	.34396065	2	1
6	辽宁	-.6192325	-.4909025	-.8162181	.552722	6	7	.24177225	2	1
7	吉林	-.7004963	.1837896	-.7007831	-.1394611	7	16	.49672512	2	1
8	黑龙江	-.8764872	.6175225	-.7598766	-.2446946	8	12	.65157546	2	1
9	上海	2.744534	.4372417	.9158435	2.528599	9	14	.44309643	1	1
10	江苏	.3243138	1.123207	.5200769	1.038666	10	17	.56872284	2	1
11	浙江	1.782139	3.779561	2.909354	.8466673	11	29	.93349776	4	2
12	安徽	-.4867221	-.0903049	-.3652568	-.5288357	12	6	.99642891	2	1
13	福建	.4865569	.5600563	2.106966	.7204288	13	28	.52560714	2	1
14	江西	-.5702236	-.3525019	-.6970371	-.3460047	14	31	1.1017742	2	1
15	山东	.5832218	-.4727882	-.1567856	-.601436	15	4	.65904896	2	1
16	河南	-.6224905	.0291783	-.5855773	-.2627164	16	27	1.0187128	2	1
17	湖北	-.4244509	-.6880782	-.4589045	-.2700696	17	20	.42418311	2	1
18	湖南	-.3305052	.6580344	.177594	-.3206295	18	22	.70076941	2	1
19	广东	1.915398	1.167288	1.872044	-.0439652	19	23	1.3086976	2	1
20	广西	-.2605374	-.3902475	.0287515	-.208404	20	5	.43407789	2	1
21	海南	-.6324823	.0312902	.1970879	-.7896157	21	18	.77219715	2	1
22	重庆	.0986308	-.4718364	.121176	-.0193789	22	21	1.0480483	2	1
23	四川	-.7282998	-.4032756	.2984568	-.125363	23	8	.39210278	2	1
24	贵州	-.8607938	.4157366	-.6277761	-.5534505	24	24	.50638234	2	1
25	云南	-.5914577	-.1654393	1.954759	.2183442	25	30	1.4209586	2	1
26	西藏	1.148904	-1.808074	-1.23813	-2.248093	26	15	3.0458377	3	1
27	陕西	-.5186969	-1.403134	-.2845287	-.313894	27	13	1.4013262	2	1
28	甘肃	-.461506	-.824605	-1.015133	-.6959153	28	25	2.2993799	2	1
29	青海	-.8206413	-.4094625	-.8431275	.0066801	29	19	3.4891544	2	1
30	宁夏	-.7557332	.9089285	-.825086	-.5872713	30	26	5.5369152	2	1
31	新疆	-.4340971	-.3834955	-.9009979	-.9565053	31	11	.	2	1

图 9.51　平均联结法聚类分析 type2 数据

在图 9.51 中，可以看到所有的观测样本被分为两类，其中浙江被分到第 2 类，其他省市为第 1 类。第 2 类的特征是经营净收入、财产性收入高；第 1 类的特征不明显。处理结果与最短联结法聚类分析是一致的。

4. 加权平均联结法聚类分析

图 9.52 展示的是设定聚类数为 4，然后进行分析的结果。在输入第 1 条 Stata 命令并且按回车键进行确认后，选择 Data|Data Editor|Data Editor(Browse)命令，进入数据查看界面，可以看到如图 9.52 所示的 type1 数据。

	V1	zv2	zv3	zv4	zv5	_clus_1_id	_clus_1_ord	_clus_1_hgt	type1	type2
1	北京	2.491832	-1.300932	.1381473	2.74791	1	1	1.9333945	1	1
2	天津	.2327827	.0430095	-.1851475	1.904427	2	9	3.7787763	2	1
3	河北	-.5192236	-.0215061	-.4197636	-.0583391	3	2	1.556306	2	1
4	山西	-.2078589	-.8926602	-.2751256	-.5914798	4	10	2.4456021	2	1
5	内蒙古	-.3863757	.6143994	-.0850018	-.6589216	5	3	.34396065	2	1
6	辽宁	-.6192325	-.4909025	-.8162181	.552722	6	7	.24177225	2	1
7	吉林	-.7004963	.1837896	-.7007831	-.1394611	7	16	.49247288	2	1
8	黑龙江	-.8764872	.6175225	-.7598766	-.2446946	8	12	.675385	2	1
9	上海	2.744534	.4372417	.9158435	2.528599	9	14	.44309643	1	1
10	江苏	.3243138	1.123207	.5200769	1.038666	10	17	.56872284	2	1
11	浙江	1.782139	3.779561	2.909354	.8466673	11	29	.91761047	3	1
12	安徽	-.4867221	-.0903049	-.3652568	-.5288357	12	28	.52560714	2	1
13	福建	.4865569	.5600563	2.106966	.7204288	13	31	1.1271187	2	1
14	江西	-.5702236	-.3525019	-.6970371	-.3460047	14	4	.65904896	2	1
15	山东	.5832218	-.4727882	-.1567856	-.601436	15	27	1.0414301	2	1
16	河南	-.6224905	.0291783	-.5855773	-.2627164	16	20	.42418311	2	1
17	湖北	-.4244509	-.6880782	-.4589045	-.2700696	17	22	.70076941	2	1
18	湖南	-.3305052	.6580344	.177594	-.3206295	18	23	1.2519968	2	1
19	广东	1.915398	1.167288	1.872044	-.0439652	19	6	1.5324006	2	1
20	广西	-.2605374	-.3902475	.0287515	-.208404	20	15	1.6267549	2	1
21	海南	-.6324823	.0312902	.1970879	-.7896157	21	5	.43407789	2	1
22	重庆	.0986308	-.4718364	.121176	-.0193789	22	18	.77219715	2	1
23	四川	-.7282998	-.4032756	.2984568	-.125363	23	21	1.1128042	2	1
24	贵州	-.8607938	.4157366	-.6277761	-.5534505	24	8	.39210278	2	1
25	云南	-.5914577	-.1654393	1.954759	.2183442	25	24	.50638234	2	1
26	西藏	1.148904	-1.808074	-1.23813	-2.248093	26	30	2.895477	4	2
27	陕西	-.5186969	-1.403134	-.2845287	-.313894	27	13	1.4013262	2	1
28	甘肃	-.461506	-.824605	-1.015133	-.6959153	28	25	2.2993799	2	1
29	青海	-.8206413	-.4094625	-.8431275	.0066801	29	19	4.7783081	2	1
30	宁夏	-.7557332	.9089285	-.825086	-.5872713	30	11	6.3446125	2	1
31	新疆	-.4340971	-.3834955	-.9009979	-.9565053	31	26	.	2	1

图 9.52 加权平均联结法聚类分析 type1 数据

在图 9.52 中，可以看到所有的观测样本被分为 4 类：其中，浙江被分到第 3 类，上海、北京为第 1 类，西藏为第 4 类，其他省市为第 2 类。第 3 类的特征是经营净收入、财产性收入高；第 1 类的特征是工薪收入、转移性收入高；第 4 类的特征是收入水平普遍较低；第 2 类的特征是所有收入都处在中间水平。处理结果与最短联结法聚类分析是一致的。

图 9.53 展示的是设定聚类数为 2，然后进行分析的结果。在输入第 2 条 Stata 命令并且按回车键进行确认后，选择 Data|Data Editor|Data Editor(Browse)命令，进入数据查看界面，可以

看到如图 9.53 所示的 type2 数据。

在图 9.53 中，可以看到所有的观测样本被分为两类：其中，浙江被分到第 2 类，其他省市为第 1 类。第 2 类的特征是经营净收入、财产性收入高；第 1 类的特征不明显。处理结果与最短联结法聚类分析是一致的。

	V1	zv2	zv3	zv4	zv5	_clus_1_id	_clus_1_ord	_clus_1_hgt	type1	type2
1	北京	2.491832	-1.300932	.1381473	2.74791	1	1	1.9333945	1	1
2	天津	.2327827	.0430095	-.1851475	1.904427	2	9	3.7787763	2	1
3	河北	-.5192236	-.0215061	-.4197636	-.0583391	3	2	1.556306	2	1
4	山西	-.2078589	-.8926602	-.2751256	-.5914798	4	10	2.4456021	2	1
5	内蒙古	-.3863757	.6143994	-.0850018	-.6589216	5	3	.34396065	2	1
6	辽宁	-.6192325	-.4909025	-.8162181	.552722	6	7	.24177225	2	1
7	吉林	-.7004963	.1837896	-.7007831	-.1394611	7	16	.49247288	2	1
8	黑龙江	-.8764872	.6175225	-.7598766	-.2446946	8	12	.675385	2	1
9	上海	2.744534	.4372417	.9158435	2.528599	9	14	.44309643	1	1
10	江苏	.3243138	1.123207	.5200769	1.038666	10	17	.56872284	2	1
11	浙江	1.782139	3.779561	2.909354	.8466673	11	29	.91761047	3	1
12	安徽	-.4867221	-.0903049	-.3652568	-.5288357	12	28	.52560714	2	1
13	福建	.4865569	.5600563	2.106966	.7204288	13	31	1.1271187	2	1
14	江西	-.5702236	-.3525019	-.6970371	-.3460047	14	4	.65904896	2	1
15	山东	.5832218	-.4727882	-.1567856	-.601436	15	27	1.0414301	2	1
16	河南	-.6224905	.0291783	-.5855773	-.2627164	16	20	.42418311	2	1
17	湖北	-.4244509	-.6880782	-.4589045	-.2700696	17	22	.70076941	2	1
18	湖南	-.3305052	.6580344	.177594	-.3206295	18	23	1.2519968	2	1
19	广东	1.915398	1.167288	1.872044	-.0439652	19	6	1.5324006	2	1
20	广西	-.2605374	-.3902475	.0287515	-.208404	20	15	1.6267549	2	1
21	海南	-.6324823	.0312902	.1970879	-.7896157	21	5	.43407789	2	1
22	重庆	.0986308	-.4718364	.121176	-.0193789	22	18	.77219715	2	1
23	四川	-.7282998	-.4032756	.2984568	-.125363	23	21	1.1128042	2	1
24	贵州	-.8607938	.4157366	-.6277761	-.5534505	24	8	.39210278	2	1
25	云南	-.5914577	-.1654393	1.954759	.2183442	25	24	.50638234	2	1
26	西藏	1.148904	-1.808074	-1.23813	-2.248093	26	30	2.895477	4	2
27	陕西	-.5186969	-1.403134	-.2845287	-.313894	27	13	1.4013262	2	1
28	甘肃	-.461506	-.824605	-1.015133	-.6959153	28	25	2.2993799	2	1
29	青海	-.8206413	-.4094625	-.8431275	.0066801	29	19	4.7783081	2	1
30	宁夏	-.7557332	.9089285	-.825086	-.5872713	30	11	6.3446125	2	1
31	新疆	-.4340971	-.3834955	-.9009979	-.9565053	31	26	.	2	1

图 9.53　加权平均联结法聚类分析 type2 数据

5．中位数联结法聚类分析

图 9.54 展示的是设定聚类数为 4，然后进行分析的结果。在输入第 1 条 Stata 命令并且按回车键进行确认后，选择 Data|Data Editor|Data Editor(Browse)命令，进入数据查看界面，可以看到如图 9.54 所示的 type1 数据。

在图 9.54 中，可以看到所有的观测样本被分为 4 类：其中，浙江被分到第 3 类，上海、北京为第 1 类，西藏为第 4 类，其他省市为第 2 类。第 3 类的特征是经营净收入、财产性收入高；第 1 类的特征是工薪收入、转移性收入高；第 4 类的特征是收入水平普遍较低；第 2 类的特征是所有收入都处在中间水平。处理结果与最短联结法聚类分析是一致的。

	V1	zv2	zv3	zv4	zv5	_clus_1_id	_clus_1_ord	_clus_1_hgt	type1	type2
1	北京	2.491832	-1.300932	.1381473	2.74791	1	1	3.7380142	1	1
2	天津	.2327827	.0430095	-.1851475	1.904427	2	9	11.055998	2	1
3	河北	-.5192236	-.0215061	-.4197636	-.0583391	3	2	2.4220884	2	1
4	山西	-.2078589	-.8926602	-.2751256	-.5914798	4	10	4.7349776	2	1
5	内蒙古	-.3863757	.6143994	-.0850018	-.6589216	5	13	1.963715	2	1
6	辽宁	-.6192325	-.4909025	-.8162181	.552722	6	25	4.8921571	2	1
7	吉林	-.7004963	.1837896	-.7007831	-.1394611	7	3	.10691459	2	1
8	黑龙江	-.8764872	.6175225	-.7598766	-.2446946	8	7	.05845382	2	1
9	上海	2.744534	.4372417	.9158435	2.528599	9	16	.21530028	1	1
10	江苏	.3243138	1.123207	.5200769	1.038666	10	12	.26534172	2	1
11	浙江	1.782139	3.779561	2.909354	.8466673	11	14	.19633444	3	1
12	安徽	-.4867221	-.0903049	-.3652568	-.5288357	12	17	.3252146	2	1
13	福建	.4865569	.5600563	2.106966	.7204288	13	29	.54637565	2	1
14	江西	-.5702236	-.3525019	-.6970371	-.3460047	14	6	.98708902	2	1
15	山东	.5832218	-.4727882	-.1567856	-.601436	15	4	.43434553	2	1
16	河南	-.6224905	.0291783	-.5855773	-.2627164	16	27	.90244057	2	1
17	湖北	-.4244509	-.6880782	-.4589045	-.2700696	17	28	.27626287	2	1
18	湖南	-.3305052	.6580344	.177594	-.3206295	18	31	1.0970005	2	1
19	广东	1.915398	1.167288	1.872044	-.0439652	19	5	.18842361	2	1
20	广西	-.2605374	-.3902475	.0287515	-.208404	20	18	.55367749	2	1
21	海南	-.6324823	.0312902	.1970879	-.7896157	21	21	.84681882	2	1
22	重庆	.0986308	-.4718364	.121176	-.0193789	22	20	.17993131	2	1
23	四川	-.7282998	-.4032756	.2984568	-.125363	23	22	.46990925	2	1
24	贵州	-.8607938	.4157366	-.6277761	-.5534505	24	23	1.2654128	2	1
25	云南	-.5914577	-.1654393	1.954759	.2183442	25	15	2.2995483	2	1
26	西藏	1.148904	-1.808074	-1.23813	-2.248093	26	8	.15374459	4	2
27	陕西	-.5186969	-1.403134	-.2845287	-.313894	27	24	.21929439	2	1
28	甘肃	-.461506	-.824605	-1.015133	-.6959153	28	30	7.5403606	2	1
29	青海	-.8206413	-.4094625	-.8431275	.0066801	29	19	17.909095	2	1
30	宁夏	-.7557332	.9089285	-.825086	-.5872713	30	11	35.452412	2	1
31	新疆	-.4340971	-.3834955	-.9009979	-.9565053	31	26	.	2	1

图 9.54 中位数联结法聚类分析 type1 数据

图 9.55 展示的是设定聚类数为 2，然后进行分析的结果。在输入第 2 条 Stata 命令并且按回车键进行确认后，选择 Data|Data Editor|Data Editor(Browse)命令，进入数据查看界面，可以看到如图 9.55 所示的 type2 数据。

	V1	zv2	zv3	zv4	zv5	_clus_1_id	_clus_1_ord	_clus_1_hgt	type1	type2
1	北京	2.491832	-1.300932	.1381473	2.74791	1	1	3.7380142	1	1
2	天津	.2327827	.0430095	-.1851475	1.904427	2	9	11.055998	2	1
3	河北	-.5192236	-.0215061	-.4197636	-.0583391	3	2	2.4220884	2	1
4	山西	-.2078589	-.8926602	-.2751256	-.5914798	4	10	4.7349776	2	1
5	内蒙古	-.3863757	.6143994	-.0850018	-.6589216	5	13	1.963715	2	1
6	辽宁	-.6192325	-.4909025	-.8162181	.552722	6	25	4.8921571	2	1
7	吉林	-.7004963	.1837896	-.7007831	-.1394611	7	3	.10691459	2	1
8	黑龙江	-.8764872	.6175225	-.7598766	-.2446946	8	7	.05845382	2	1
9	上海	2.744534	.4372417	.9158435	2.528599	9	16	.21530028	1	1
10	江苏	.3243138	1.123207	.5200769	1.038666	10	12	.26534172	2	1
11	浙江	1.782139	3.779561	2.909354	.8466673	11	14	.19633444	3	1
12	安徽	-.4867221	-.0903049	-.3652568	-.5288357	12	17	.3252146	2	1
13	福建	.4865569	.5600563	2.106966	.7204288	13	29	.54637565	2	1
14	江西	-.5702236	-.3525019	-.6970371	-.3460047	14	6	.98708902	2	1
15	山东	.5832218	-.4727882	-.1567856	-.601436	15	4	.43434553	2	1
16	河南	-.6224905	.0291783	-.5855773	-.2627164	16	27	.90244057	2	1
17	湖北	-.4244509	-.6880782	-.4589045	-.2700696	17	28	.27626287	2	1
18	湖南	-.3305052	.6580344	.177594	-.3206295	18	31	1.0970005	2	1
19	广东	1.915398	1.167288	1.872044	-.0439652	19	5	.18842361	2	1
20	广西	-.2605374	-.3902475	.0287515	-.208404	20	18	.55367749	2	1
21	海南	-.6324823	.0312902	.1970879	-.7896157	21	21	.84681882	2	1
22	重庆	.0986308	-.4718364	.121176	-.0193789	22	20	.17993131	2	1
23	四川	-.7282998	-.4032756	.2984568	-.125363	23	22	.46990925	2	1
24	贵州	-.8607938	.4157366	-.6277761	-.5534505	24	23	1.2654128	2	1
25	云南	-.5914577	-.1654393	1.954759	.2183442	25	15	2.2995483	2	1
26	西藏	1.148904	-1.808074	-1.23813	-2.248093	26	8	.15374459	4	1
27	陕西	-.5186969	-1.403134	-.2845287	-.313894	27	24	.21929439	2	1
28	甘肃	-.461506	-.824605	-1.015133	-.6959153	28	30	7.5403606	2	1
29	青海	-.8206413	-.4094625	-.8431275	.0066801	29	19	17.909095	2	1
30	宁夏	-.7557332	.9089285	-.825086	-.5872713	30	11	35.452412	2	1
31	新疆	-.4340971	-.3834955	-.9009979	-.9565053	31	26	.	2	1

图 9.55 中位数联结法聚类分析 type2 数据

在图 9.55 中，可以看到所有的观测样本被分为两类：其中，西藏被分到第 2 类，其他省市为第 1 类。第 2 类的特征是工薪收入较高，经营净收入、财产性收入高，转移性收入较低。

6. 重心联结法聚类分析

图 9.56 展示的是设定聚类数为 4，然后进行分析的结果。在输入第 7 条 Stata 命令并且按回车键进行确认后，选择 Data|Data Editor|Data Editor(Browse)命令，进入数据查看界面，可以看到如图 9.56 所示的 type1 数据。

在图 9.56 中，可以看到所有的观测样本被分为 4 类：其中，浙江被分到第 2 类，上海、北京为第 1 类，西藏为第 4 类，其他省市为第 3 类。第 2 类的特征是经营净收入、财产性收入高；第 1 类的特征是工薪收入、转移性收入高；第 4 类的特征是收入水平普遍较低；第 3 类的特征是所有收入都处在中间水平。处理结果与最短联结法聚类分析是一致的。

图 9.57 展示的是设定聚类数为 2，然后进行分析的结果。在输入第 1 条 Stata 命令并且按回车键进行确认后，选择 Data|Data Editor|Data Editor(Browse)命令，进入数据查看界面，可以看到如图 9.57 所示的 type2 数据。

	V1	zv2	zv3	zv4	zv5	_clus_1_id	_clus_1_ord	_clus_1_pht	_clus_1_hgt	type1
1	北京	2.491832	-1.300932	.1381473	2.74791	1	1	24	3.7380142	1
2	天津	.2327827	.0430095	-.1851475	1.904427	2	9	29	17.509717	3
3	河北	-.5192236	-.0215061	-.4197636	-.0583391	3	11	27	8.7109641	3
4	山西	-.2078589	-.8926602	-.2751256	-.5914798	4	19	30	13.799987	3
5	内蒙古	-.3863757	.6143994	-.0850018	-.6589216	5	2	23	2.4220884	3
6	辽宁	-.6192325	-.4909025	-.8162181	.552722	6	10	25	4.7349776	3
7	吉林	-.7004963	.1837896	-.7007831	-.1394611	7	13	22	1.963715	3
8	黑龙江	-.8764872	.6175225	-.7598766	-.2446946	8	25	26	4.6882858	3
9	上海	2.744534	.4372417	.9158435	2.528599	9	3	2	.10691459	1
10	江苏	.3243138	1.123207	.5200769	1.038666	10	7	1	.05845382	3
11	浙江	1.782139	3.779561	2.909354	.8466673	11	16	8	.22223725	2
12	安徽	-.4867221	-.0903049	-.3652568	-.5288357	12	12	11	.28324428	3
13	福建	.4865569	.5600563	2.106966	.7204288	13	14	6	.19633444	3
14	江西	-.5702236	-.3525019	-.6970371	-.3460047	14	17	10	.28616324	3
15	山东	.5832218	-.4727882	-.1567856	-.601436	15	29	15	.68622727	3
16	河南	-.6224905	.0291783	-.5855773	-.2627164	16	20	4	.17993131	3
17	湖北	-.4244509	-.6880782	-.4589045	-.2700696	17	22	13	.46990925	3
18	湖南	-.3305052	.6580344	.177594	-.3206295	18	23	16	.83156462	3
19	广东	1.915398	1.167288	1.872044	-.0439652	19	6	17	.89322408	2
20	广西	-.2605374	-.3902475	.0287515	-.208404	20	4	12	.43434553	3
21	海南	-.6324823	.0312902	.1970879	-.7896157	21	27	18	.78756252	3
22	重庆	.0986308	-.4718364	.121176	-.0193789	22	28	9	.27626287	3
23	四川	-.7282998	-.4032756	.2984568	-.125363	23	31	20	1.0759919	3
24	贵州	-.8607938	.4157366	-.6277761	-.5534505	24	5	5	.18842361	3
25	云南	-.5914577	-.1654393	1.954759	.2183442	25	18	14	.55367749	3
26	西藏	1.148904	-1.808074	-1.23813	-2.248093	26	21	19	.90277086	4
27	陕西	-.5186969	-1.403134	-.2845287	-.313894	27	8	3	.15374459	3
28	甘肃	-.461506	-.824605	-1.015133	-.6959153	28	24	7	.21929439	3
29	青海	-.8206413	-.4094625	-.8431275	.0066801	29	30	21	1.4745286	3
30	宁夏	-.7557332	.9089285	-.825086	-.5872713	30	15	28	10.861324	3
31	新疆	-.4340971	-.3834955	-.9009979	-.9565053	31	26	.	.	3

图 9.56　重心联结法聚类分析 type1 数据

196

	V1	zv2	zv3	zv4	zv5	_clus_1_id	_clus_1_ord	_clus_1_pht	_clus_1_hgt	type1	type2
1	北京	2.491832	-1.300932	.1381473	2.74791	1	1	24	3.7380142	1	1
2	天津	.2327827	.0430095	-.1851475	1.904427	2	9	29	17.509717	3	2
3	河北	-.5192236	-.0215061	-.4197636	-.0583391	3	11	27	8.7109641	3	2
4	山西	-.2078589	-.8926602	-.2751256	-.5914798	4	19	30	13.799987	3	2
5	内蒙古	-.3863757	.6143994	-.0850018	-.6589216	5	2	23	2.4220884	3	2
6	辽宁	-.6192325	-.4909025	-.8162181	.552722	6	10	25	4.7349776	3	2
7	吉林	-.7004963	.1837896	-.7007831	-.1394611	7	13	22	1.963715	3	2
8	黑龙江	-.8764872	.6175225	-.7598766	-.2446946	8	25	26	4.6882858	3	2
9	上海	2.744534	.4372417	.9158435	2.528599	9	3	2	.10691459	1	1
10	江苏	.3243138	1.123207	.5200769	1.038666	10	7	1	.05845382	3	2
11	浙江	1.782139	3.779561	2.909354	.8466673	11	16	8	.22223725	2	1
12	安徽	-.4867221	-.0903049	-.3652568	-.5288357	12	12	11	.28324428	3	2
13	福建	.4865569	.5600563	2.106966	.7204288	13	14	6	.19633444	3	2
14	江西	-.5702236	-.3525019	-.6970371	-.3460047	14	17	10	.28616324	3	2
15	山东	.5832218	-.4727882	-.1567856	-.601436	15	29	15	.68622727	3	2
16	河南	-.6224905	.0291783	-.5855773	-.2627164	16	20	4	.17993131	3	2
17	湖北	-.4244509	-.6880782	-.4589045	-.2700696	17	22	13	.46990925	3	2
18	湖南	-.3305052	.6580344	.177594	-.3206295	18	23	16	.83156462	3	2
19	广东	1.915398	1.167288	1.872044	-.0439652	19	6	17	.89322408	2	1
20	广西	-.2605374	-.3902475	.0287515	-.208404	20	4	12	.43434553	3	2
21	海南	-.6324823	.0312902	.1970879	-.7896157	21	27	18	.78756252	3	2
22	重庆	.0986308	-.4718364	.121176	-.0193789	22	28	9	.27626287	3	2
23	四川	-.7282998	-.4032756	.2984568	-.125363	23	31	20	1.0759919	3	2
24	贵州	-.8607938	.4157366	-.6277761	-.5534505	24	5	5	.18842361	3	2
25	云南	-.5914577	-.1654393	1.954759	.2183442	25	18	14	.55367749	3	2
26	西藏	1.148904	-1.808074	-1.23813	-2.248093	26	21	19	.90277086	4	2
27	陕西	-.5186969	-1.403134	-.2845287	-.313894	27	8	3	.15374459	3	2
28	甘肃	-.461506	-.824605	-1.015133	-.6959153	28	24	7	.21929439	3	2
29	青海	-.8206413	-.4094625	-.8431275	.0066801	29	30	21	1.4745286	3	2
30	宁夏	-.7557332	.9089285	-.825086	-.5872713	30	15	28	10.861324	3	2
31	新疆	-.4340971	-.3834955	-.9009979	-.9565053	31	26	.	.	3	2

图 9.57　重心结法聚类分析 type2 数据

在图 9.57 中，可以看到所有的观测样本被分为两类：其中，浙江、北京、上海、广东被分到第 1 类，其他省市为第 2 类。第 1 类的特征是各类收入普遍较高；第 2 类的特征是各类收入普遍较低。

7. Ward 联结法聚类分析

图 9.58 展示的是设定聚类数为 4，然后进行分析的结果。在输入第 1 条 Stata 命令并且按回车键进行确认后，选择 Data|Data Editor|Data Editor(Browse)命令，进入数据查看界面，可以看到如图 9.58 所示的 type1 数据。

在图 9.58 中，可以看到所有的观测样本被分为 4 类：其中，浙江被分到第 3 类，上海、北京为第 1 类，天津、江苏、福建、广东、云南为第 2 类，其他省市为第 4 类。第 3 类的特征是经营净收入、财产性收入高；第 1 类的特征是工薪收入、转移性收入高；第 2 类的特征是收入水平普遍较高；第 4 类的特征是收入水平普遍偏低。

	V1	zv2	zv3	zv4	zv5	_clus_1_id	_clus_1_ord	_clus_1_hgt	type1	type2
1	北京	2.491832	-1.300932	.1381473	2.74791	1	1	3.7380142	1	1
2	天津	.2327827	.0430095	-.1851475	1.904427	2	9	31.400796	2	1
3	河北	-.5192236	-.0215061	-.4197636	-.0583391	3	2	2.4220884	4	2
4	山西	-.2078589	-.8926602	-.2751256	-.5914798	4	10	11.433202	4	2
5	内蒙古	-.3863757	.6143994	-.0850018	-.6589216	5	13	1.963715	4	2
6	辽宁	-.6192325	-.4909025	-.8162181	.552722	6	25	6.802721	4	2
7	吉林	-.7004963	.1837896	-.7007831	-.1394611	7	19	24.863574	4	2
8	黑龙江	-.8764872	.6175225	-.7598766	-.2446946	8	11	109.13053	4	2
9	上海	2.744534	.4372417	.9158435	2.528599	9	3	.14255279	1	1
10	江苏	.3243138	1.123207	.5200769	1.038666	10	7	.05845382	2	1
11	浙江	1.782139	3.779561	2.909354	.8466673	11	16	.33335587	3	1
12	安徽	-.4867221	-.0903049	-.3652568	-.5288357	12	12	.83243608	4	2
13	福建	.4865569	.5600563	2.106966	.7204288	13	14	.19633444	2	1
14	江西	-.5702236	-.3525019	-.6970371	-.3460047	14	17	1.4952316	4	2
15	山东	.5832218	-.4727882	-.1567856	-.601436	15	6	.34608393	4	2
16	河南	-.6224905	.0291783	-.5855773	-.2627164	16	29	4.1243867	4	2
17	湖北	-.4244509	-.6880782	-.4589045	-.2700696	17	4	.43434553	4	2
18	湖南	-.3305052	.6580344	.177594	-.3206295	18	27	1.8048811	4	2
19	广东	1.915398	1.167288	1.872044	-.0439652	19	28	.27626287	2	1
20	广西	-.2605374	-.3902475	.0287515	-.208404	20	31	3.7690631	4	2
21	海南	-.6324823	.0312902	.1970879	-.7896157	21	15	1.6570483	4	2
22	重庆	.0986308	-.4718364	.121176	-.0193789	22	20	.17993131	4	2
23	四川	-.7282998	-.4032756	.2984568	-.125363	23	22	.62654567	4	2
24	贵州	-.8607938	.4157366	-.6277761	-.5534505	24	23	9.5088675	4	2
25	云南	-.5914577	-.1654393	1.954759	.2183442	25	5	.18842361	2	1
26	西藏	1.148904	-1.808074	-1.23813	-2.248093	26	18	.73823665	4	2
27	陕西	-.5186969	-1.403134	-.2845287	-.313894	27	21	2.7083126	4	2
28	甘肃	-.461506	-.824605	-1.015133	-.6959153	28	8	.15374459	4	2
29	青海	-.8206413	-.4094625	-.8431275	.0066801	29	24	.29239253	4	2
30	宁夏	-.7557332	.9089285	-.825086	-.5872713	30	30	18.378473	4	2
31	新疆	-.4340971	-.3834955	-.9009979	-.9565053	31	26	.	4	2

图 9.58 Ward 联结法聚类分析 type1 数据

图 9.59 展示的是设定聚类数为 2，然后进行分析的结果。在输入第 2 条 Stata 命令并且按回车键进行确认后，选择 Data|Data Editor|Data Editor(Browse)命令，进入数据查看界面，可以看到如图 9.59 所示的 type2 数据。

	V1	zv2	zv3	zv4	zv5	_clus_1_id	_clus_1_ord	_clus_1_hgt	type1	type2
1	北京	2.491832	-1.300932	.1381473	2.74791	1	1	3.7380142	1	1
2	天津	.2327827	.0430095	-.1851475	1.904427	2	9	31.400796	2	1
3	河北	-.5192236	-.0215061	-.4197636	-.0583391	3	2	2.4220884	4	2
4	山西	-.2078589	-.8926602	-.2751256	-.5914798	4	10	11.433202	4	2
5	内蒙古	-.3863757	.6143994	-.0850018	-.6589216	5	13	1.963715	4	2
6	辽宁	-.6192325	-.4909025	-.8162181	.552722	6	25	6.802721	4	2
7	吉林	-.7004963	.1837896	-.7007831	-.1394611	7	19	24.863574	4	2
8	黑龙江	-.8764872	.6175225	-.7598766	-.2446946	8	11	109.13053	4	2
9	上海	2.744534	.4372417	.9158435	2.528599	9	3	.14255279	1	1
10	江苏	.3243138	1.123207	.5200769	1.038666	10	7	.05845382	2	1
11	浙江	1.782139	3.779561	2.909354	.8466673	11	16	.33335587	3	1
12	安徽	-.4867221	-.0903049	-.3652568	-.5288357	12	12	.83243608	4	2
13	福建	.4865569	.5600563	2.106966	.7204288	13	14	.19633444	2	1
14	江西	-.5702236	-.3525019	-.6970371	-.3460047	14	17	1.4952316	4	2
15	山东	.5832218	-.4727882	-.1567856	-.601436	15	6	.34608393	4	2
16	河南	-.6224905	.0291783	-.5855773	-.2627164	16	29	4.1243867	4	2
17	湖北	-.4244509	-.6880782	-.4589045	-.2700696	17	4	.43434553	4	2
18	湖南	-.3305052	.6580344	.177594	-.3206295	18	27	1.8048811	4	2
19	广东	1.915398	1.167288	1.872044	-.0439652	19	28	.27626287	2	1
20	广西	-.2605374	-.3902475	.0287515	-.208404	20	31	3.7690631	4	2
21	海南	-.6324823	.0312902	.1970879	-.7896157	21	15	1.6570483	4	2
22	重庆	.0986308	-.4718364	.121176	-.0193789	22	20	.17993131	4	2
23	四川	-.7282998	-.4032756	.2984568	-.125363	23	22	.62654567	4	2
24	贵州	-.8607938	.4157366	-.6277761	-.5534505	24	23	9.5088675	4	2
25	云南	-.5914577	-.1654393	1.954759	.2183442	25	5	.18842361	2	1
26	西藏	1.148904	-1.808074	-1.23813	-2.248093	26	18	.73823665	4	2
27	陕西	-.5186969	-1.403134	-.2845287	-.313894	27	21	2.7083126	4	2
28	甘肃	-.461506	-.824605	-1.015133	-.6959153	28	8	.15374459	4	2
29	青海	-.8206413	-.4094625	-.8431275	.0066801	29	24	.29239253	4	2
30	宁夏	-.7557332	.9089285	-.825086	-.5872713	30	30	18.378473	4	2
31	新疆	-.4340971	-.3834955	-.9009979	-.9565053	31	26		4	2

图 9.59 Ward 联结法聚类分析 type2 数据

在图 9.59 中，可以看到所有的观测样本被分为两类：其中，浙江、北京、天津、上海、江苏、福建、广东、云南被分到第 1 类，其他省市为第 2 类。第 1 类的特征是各类收入普遍较高；第 2 类的特征是各类收入普遍较低。

9.3　本章习题

（1）表 9.4 是美国 22 家公共团体的数据。其中，1 代表该团体使用了核能源，0 代表没有使用。试利用划分聚类分析方法观测这两类企业所属类别的情况。

表 9.4　美国 22 家公共团体统计表

编号	公司	固定支出综合率/%	资产收益率/%	每千瓦容量成本/美元	每年使用的能源/万千瓦时	是否使用核能源
1	亚利桑那公共服务公司	1.06	9.2	351	9077	0
2	波士顿爱迪生公司	0.89	16.3	202	5088	1
…	…	…	…	…	…	…
21	联合装饰公司	1.04	8.4	442	6650	0
22	维吉尼亚电力公司	0.36	16.3	184	1093	1

（2）表 9.5 是我国 2006 年各地区的能源消耗情况。试用层次聚类分析方法了解我国不同地区的能源消耗情况。

表 9.5　2006 年各地区能源消耗统计表

地　区	单位地区生产总值煤消耗量/吨	单位地区生产总值电消耗量/千瓦时	单位工业增加值煤消耗量/吨
北京	0.8	828.5	1.5
天津	1.11	1040.8	1.45
河北	1.96	1487.6	4.41
山西	2.95	2264.2	6.57
内蒙古	2.48	1714.1	5.67
…	…	…	…
青海	3.07	3801.8	3.44
宁夏	4.14	4997.7	9.03
新疆	2.11	1190.9	3.00

第 10 章　Stata 最小二乘线性回归分析

回归分析是经典的数据分析方法之一，应用范围非常广泛，深受学者们的喜爱。它是研究分析某一变量受到其他变量影响的分析方法，基本思想是以被影响变量为因变量，以影响变量为自变量，研究因变量与自变量之间的因果关系。本章主要介绍简单、常用的最小二乘线性回归（包括简单线性回归、多重线性回归等）分析方法在具体实例中的应用。

10.1　实例一——简单线性回归分析

10.1.1　简单线性回归分析的功能与意义

Stata 的简单线性回归分析也称一元线性回归分析，是一种简单、基本的回归分析方法。简单线性回归分析的特色是只涉及一个自变量，主要用来处理一个因变量与一个自变量之间的线性关系，建立变量之间的线性模型并根据模型进行评价和预测。

10.1.2　相关数据来源

下载资源:\video\10\10.1	
下载资源:\sample\chap10\案例 10.1.dta	

【例 10.1】菲利普斯曲线表明，失业率和通货膨胀率之间存在着替代关系。表 10.1 给出了我国 1998—2007 年的通货膨胀率和城镇登记失业率。试用简单回归分析方法研究这种替代关系在我国是否存在。

表 10.1　我国 1998—2007 年的通货膨胀率和城镇登记失业率（单位：%）

年　份	通货膨胀率	失 业 率
1998	−0.84	3.1
1999	−1.41	3.1
2000	0.26	3.1
2001	0.46	3.6
2002	−0.77	4.0
2003	1.16	4.3
2004	3.89	4.2
2005	1.82	4.2
2006	1.46	4.1
2007	4.75	4.0

10.1.3 Stata 分析过程

在利用 Stata 进行分析之前，我们要把数据录入 Stata 中。本例中有 3 个变量，分别为年份、通货膨胀率和失业率。我们把年份变量设定为 year，把通货膨胀率变量设定为 inflation，把失业率变量设定为 unwork，变量类型及长度采取系统默认方式，然后录入相关数据。相关操作在第 1 章中已详细讲述过了。录入完成后数据如图 10.1 所示。

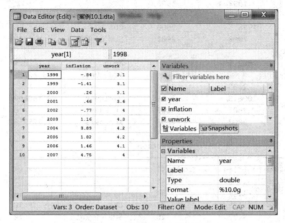

图 10.1 案例 10.1 的数据

先保存数据，然后开始展开分析，步骤如下：

01 进入 Stata 16.0，打开相关数据文件，弹出主界面。

02 在主界面的 Command 文本框中输入如下命令：

- summarize year inflation unwork,detail：对年份、通货膨胀率、失业率变量进行详细描述性分析。
- correlate year inflation unwork：对年份、通货膨胀率、失业率变量进行相关性分析。
- regress unwork inflation：对年份、通货膨胀率、失业率变量进行简单线性回归分析。
- vce：获得参与回归的各个自变量的系数以及常数项的方差-协方差矩阵。
- test inflation=0：检验变量通货膨胀率的系数是否显著。
- predict yhat：对因变量的拟合值进行预测。
- predict e,resid：获得回归后的残差序列。

03 设置完毕后，按回车键，等待输出结果。

10.1.4 结果分析

在 Stata 16.0 主界面的结果窗口可以看到如图 10.2~图 10.8 所示的分析结果。

1．对数据进行描述性分析的结果

图 10.2 是对数据进行描述性分析的结果。关于这一分析已在前面的章节中详细介绍过，这里不再赘述。在回归分析中，通过本步操作可以从整体上了解数据的一般特征。本步骤的操

作是非常有必要的，因为有些时候数据可能会存在某些异常值（非常大或者非常小），也有些时候各个变量间的量纲差距过大，例如某个变量是几百万，同时另一个变量是零点几，那么系统有可能会把小变量忽略掉，这些都会严重影响数据的回归分析结果。

```
. summarize  year inflation unwork,detail

                            year

           Percentiles     Smallest
   1%         1998           1998
   5%         1998           1999
  10%        1998.5          2000          Obs                10
  25%         2000           2001          Sum of Wgt.        10

  50%        2002.5                        Mean             2002.5
                           Largest         Std. Dev.       3.02765
  75%         2005           2004
  90%        2006.5          2005          Variance        9.166667
  95%         2007           2006          Skewness               0
  99%         2007           2007          Kurtosis        1.775758

                          inflation

           Percentiles     Smallest
   1%        -1.41          -1.41
   5%        -1.41          -.84
  10%       -1.125          -.77           Obs                10
  25%        -.77            .26           Sum of Wgt.        10

  50%         .81                          Mean              1.078
                           Largest         Std. Dev.       2.011886
  75%        1.82           1.46
  90%        4.32           1.82           Variance        4.047684
  95%        4.75           3.89           Skewness         .613555
  99%        4.75           4.75           Kurtosis        2.326643

                           unwork

           Percentiles     Smallest
   1%         3.1            3.1
   5%         3.1            3.1
  10%         3.1            3.1           Obs                10
  25%         3.1            3.6           Sum of Wgt.        10

  50%          4                           Mean              3.77
                           Largest         Std. Dev.        .498999
  75%         4.2            4.1
  90%        4.25            4.2           Variance           .249
  95%         4.3            4.2           Skewness        -.5081105
  99%         4.3            4.3           Kurtosis        1.533439
```

图 10.2　描述性分析的结果

在如图 10.2 所示的分析结果中，可以得到很多信息，包括百分位数、4 个最小值、4 个最大值、平均值、标准差、偏度、峰度等。

（1）百分位数（Percentiles）

可以看出变量 year 的第 1 个四分位数（25%）是 2000，第 2 个四分位数（50%）是 2002.5，第 3 个四分位数（75%）是 2005；变量 inflation 的第 1 个四分位数（25%）是-0.77，第 2 个四分位数（50%）是 0.81，第 3 个四分位数（75%）是 1.82；变量 unwork 的第 1 个四分位数（25%）是 3.1，第 2 个四分位数（50%）是 4，第 3 个四分位数（75%）是 4.2。

（2）4个最小值（Smallest）

变量 year 最小的 4 个数据值分别是 1998、1999、2000、2001。

变量 inflation 最小的 4 个数据值分别是-1.41、-0.84、-0.77、0.26。

变量 unwork 最小的 4 个数据值分别是 3.1、3.1、3.1、3.6。

（3）4个最大值（Largest）

变量 year 最大的 4 个数据值分别是 2004、2005、2006、2007。

变量 inflation 最大的 4 个数据值分别是 1.46、1.82、3.89、4.75。

变量 unwork 最大的 4 个数据值分别是 4.1、4.2、4.2、4.3。

（4）平均值（Mean）和标准差（Std. Dev）

变量 year 的平均值为 2002.5，标准差是 3.02765。

变量 inflation 的平均值为 1.078，标准差是 2.011886。

变量 unwork 的平均值为 3.77，标准差是 0.498999。

（5）偏度（Skewness）和峰度（Kurtosis）

变量 year 的偏度为 0，为无偏度。

变量 inflation 的偏度为 0.613555，为正偏度但不大。

变量 unwork 的偏度为-0.5081105，为负偏度但不大。

变量 year 的峰度为 1.775758，有一个比正态分布更短的尾巴。

变量 inflation 的峰度为 2.326643，有一个比正态分布更短的尾巴。

变量 unwork 的峰度为 1.533439，有一个比正态分布更短的尾巴。

综上所述，数据的总体质量还是可以的，没有极端异常值，变量间的量纲差距、变量的偏度和峰度也是可以接受的，可以进入下一步的分析。

2．对数据进行相关性分析的结果

图 10.3 是对数据进行相关性分析的结果。关于这一分析我们在前面的章节中已详细介绍过，这里不再赘述。相关分析是回归分析中非常重要的一部分，因为回归分析的本意就是研究自变量对因变量的影响关系，如果参与回归分析的变量本身是不相关的，那么回归分析就会失去意义。如果通过回归分析探索出变量之间存在着一定关系，那么这种关系也未必是真实的，它有可能仅仅是由于数据特征的某种巧合而拟合出了回归模型。综上所述，变量之间存在相关关系是进行回归分析的必要前提。

```
. correlate year inflation unwork
(obs=10)

             |    year inflat~n   unwork
-------------+---------------------------
        year |  1.0000
   inflation |  0.8247   1.0000
      unwork |  0.8347   0.6333   1.0000
```

图 10.3　相关性分析的结果

在图 10.3 中，变量通货膨胀率和失业率之间的相关系数是 0.6333，这说明两个变量之间存在较强的正相关关系，所以我们可以进行回归分析。

3. 对数据进行回归分析的结果

图 10.4 所示是对数据进行回归分析的结果。

```
. regress unwork inflation
```

Source	SS	df	MS			
Model	.898891486	1	.898891486			
Residual	1.34210851	8	.167763564			
Total	2.241	9	.249			

Number of obs	=	10
F(1, 8)	=	5.36
Prob > F	=	0.0493
R-squared	=	0.4011
Adj R-squared	=	0.3263
Root MSE	=	.40959

unwork	Coef.	Std. Err.	t	P>|t|	[95% Conf. Interval]	
inflation	.157083	.0678616	2.31	0.049	.0005938	.3135721
_cons	3.600665	.1487548	24.21	0.000	3.257635	3.943694

图 10.4　回归分析的结果

从上述分析结果中可以得到很多信息。可以看出共有 10 个样本参与了分析，模型的 F 值 (1, 8) = 5.36，P 值（Prob > F）= 0.0493，说明模型整体上是非常显著的。模型的可决系数（R-squared）为 0.4011，模型修正的可决系数（Adj R-squared）= 0.3263，说明模型的解释能力还是差强人意的。

模型的回归方程是：

unwork=0.157083*inflation+3.600665

变量 inflation 的系数标准误是 0.0678616，t 值为 2.31，P 值为 0.049，系数是非常显著的，95%的置信区间为[0.0005938,0.3135721]。常数项的系数标准误是 0.1487548，t 值为 24.21，P 值为 0.000，系数也是非常显著的，95%的置信区间为[3.257635,3.943694]。

从上面的分析可以看出通货膨胀率和失业率之间是一种正向联动变化关系，通货膨胀率每增加一点，失业率就增加 0.157 点。通货膨胀和失业的替代关系在我国并不存在。

4. 变量的方差-协方差矩阵

图 10.5 所示是变量的方差-协方差矩阵。

```
. vce
```

Covariance matrix of coefficients of regress model

e(V)	inflation	_cons
inflation	.0046052	
_cons	-.00496441	.02212799

图 10.5　变量的方差-协方差矩阵

从图 10.5 中可以看出，变量的方差与协方差都不是很大。

5. 对变量系数的假设检验结果

图 10.6 所示是对变量系数的假设检验结果。

```
. test  inflation=0

 ( 1)  inflation = 0

       F(  1,     8) =    5.36
            Prob > F =    0.0493
```

图 10.6　对变量系数的假设检验结果

从图 10.6 中可以看出，通货膨胀率的系数非常显著，在 5%的显著性水平上通过了检验。

6．对因变量的拟合值的预测

图 10.7 所示是对因变量的拟合值的预测。

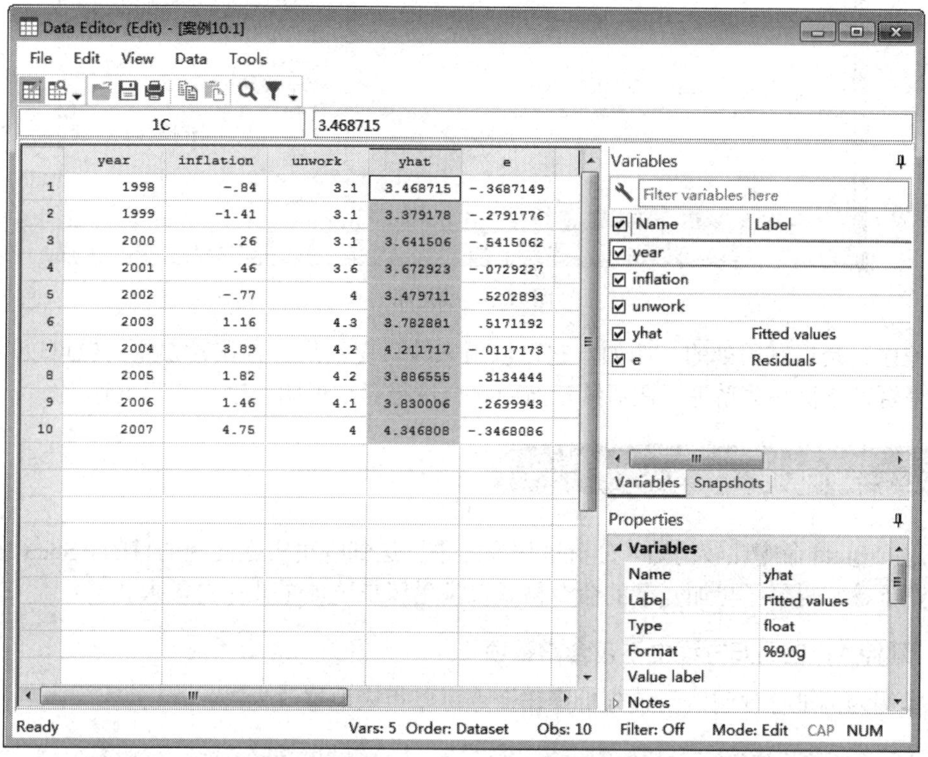

	year	inflation	unwork	yhat	e
1	1998	-.84	3.1	3.468715	-.3687149
2	1999	-1.41	3.1	3.379178	-.2791776
3	2000	.26	3.1	3.641506	-.5415062
4	2001	.46	3.6	3.672923	-.0729227
5	2002	-.77	4	3.479711	.5202893
6	2003	1.16	4.3	3.782881	.5171192
7	2004	3.89	4.2	4.211717	-.0117173
8	2005	1.82	4.2	3.886555	.3134444
9	2006	1.46	4.1	3.830006	.2699943
10	2007	4.75	4	4.346808	-.3468086

图 10.7　对因变量的拟合值的预测

因变量预测拟合值是根据自变量的值和得到的回归方程计算出来的，主要用于预测未来。在图 10.7 中，可以看到 yhat 的值与 unwork 的值是比较相近的，所以拟合的回归模型还是不错的。关于预测未来的作用将在案例延伸部分进行详细说明。

7．回归分析得到的残差序列

图 10.8 所示是回归分析得到的残差序列。

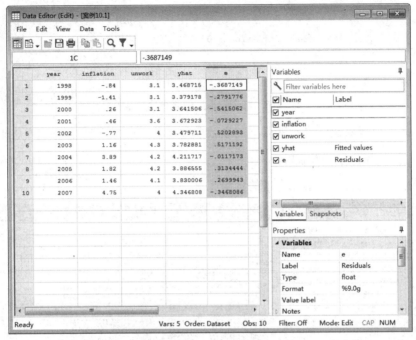

图 10.8　残差序列

残差序列是很有用处的。例如，它可以用来检验变量是否存在异方差，也可以用来检验变量间是否存在协整关系等。在后续章节中将会进行详细说明，这里不再赘述。

10.1.5　案例延伸

上述的 Stata 命令比较简洁，分析过程及结果已达到解决实际问题的目的。Stata 16.0 的强大之处在于，它提供了更加复杂的命令格式以满足用户更加个性化的需求。

1. 延伸 1：在回归方程中不包含常数项

以本例为例进行说明，回归分析操作命令可以相应地修改为：

```
regress unwork inflation,nocon
```

在命令窗口输入命令并按回车键进行确认，结果如图 10.9 所示。

```
. regress unwork inflation,nocon
```

Source	SS	df	MS		
				Number of obs	= 10
				F(1, 9)	= 4.04
Model	44.7352293	1	44.7352293	Prob > F	= 0.0753
Residual	99.6347707	9	11.0705301	R-squared	= 0.3099
				Adj R-squared	= 0.2332
Total	144.37	10	14.437	Root MSE	= 3.3272

unwork	Coef.	Std. Err.	t	P>|t|	[95% Conf. Interval]
inflation	.9648907	.4799959	2.01	0.075	-.1209354　2.050717

图 10.9　延伸 1 分析结果图

上述分析结果中，模型的 F 值下降为 4.04，P 值（Prob > F）上升为 0.0753，说明模型整体的显著程度有所下降。模型的可决系数（R-squared）下降为 0.3099，模型修正的可决系数（Adj R-squared）下降为 0.2332。

模型的回归方程变为：

unwork=0.9648907*inflation

变量 inflation 的系数标准误是 0.4799959，t 值为 2.01，P 值为 0.075，系数的显著程度有所下降，95%的置信区间为[-0.1209354, 2.050717]。

从上面的分析可以看出不包含常数项的回归方程不论是在模型整体的显著程度、变量系数的显著程度还是在模型的解释能力上都较包含常数项的回归方程有所下降。

2．延伸 2：限定参与回归的样本范围

以本例为例进行说明，例如我们只对 2000 年以后的样本进行回归分析，操作命令可以相应地修改为：

```
regress unwork inflation if year>=2000
```

在命令窗口输入命令并按回车键进行确认，结果如图 10.10 所示。

```
. regress unwork inflation if year>=2000

      Source |       SS           df       MS            Number of obs   =         8
-------------+----------------------------------          F(1, 6)         =      1.08
       Model |  .171152798         1   .171152798         Prob > F        =    0.3380
    Residual |  .947597202         6   .157932867         R-squared       =    0.1530
-------------+----------------------------------          Adj R-squared   =    0.0118
       Total |   1.11875           7   .159821429         Root MSE        =    .39741

-------------+----------------------------------------------------------------
      unwork |      Coef.   Std. Err.      t    P>|t|     [95% Conf. Interval]
-------------+----------------------------------------------------------------
   inflation |   .0842132   .0808955     1.04   0.338    -.113731    .2821574
       _cons |   3.800338   .1926186    19.73   0.000    3.329017    4.271659
-------------+----------------------------------------------------------------
```

图 10.10　延伸 2 分析结果图

关于结果的分析与前面类似，限于篇幅，这里不再赘述。

3．延伸 3：关于回归预测

以本例为例进行说明，例如将年份扩展至 2008 年，假定该年的通货膨胀率为 5%，把样本数据输入数据文件中，然后进行预测，操作命令如下：

```
predict yyhat
```

在命令窗口输入命令并按回车键进行确认，结果如图 10.11 所示。

	year	inflation	unwork	yhat	e	yyhat
1	1998	-.84	3.1	3.468715	-.3687149	3.468715
2	1999	-1.41	3.1	3.379178	-.2791776	3.379178
3	2000	.26	3.1	3.641506	-.5415062	3.641506
4	2001	.46	3.6	3.672923	-.0729227	3.672923
5	2002	-.77	4	3.479711	.5202893	3.479711
6	2003	1.16	4.3	3.782881	.5171192	3.782881
7	2004	3.89	4.2	4.211717	-.0117173	4.211717
8	2005	1.82	4.2	3.886555	.3134444	3.886555
9	2006	1.46	4.1	3.830006	.2699943	3.830006
10	2007	4.75	4	4.346808	-.3468086	4.346808
11	2008	5	.	.	.	4.386079

图 10.11　描述性分析的结果

可以看到在图 10.11 中出现了预测的因变量数据，即在通货膨胀率为 5%时，预测的失业率将会是 4.221404%。

10.2　实例二——多重线性回归分析

10.2.1　多重线性回归分析的功能与意义

Stata 的多重线性回归分析也称多元线性回归分析，是常用的一种回归分析方法。多重线性回归分析涉及多个自变量，用来处理一个因变量与多个自变量之间的线性关系，建立变量之间的线性模型并根据模型进行评价和预测。

10.2.2　相关数据来源

下载资源:\video\10\10.2	
下载资源:\sample\chap10\案例 10.2.dta	

【例 10.2】为了检验美国电力行业是否存在规模经济，Nerlove（1963）收集了 1955 年 145 家美国电力企业的总成本（TC）、产量（Q）、工资率（PL）、燃料价格（PF）及资本租赁价格（PK）的数据，如表 10.2 所示。试以总成本为因变量，以产量、工资率、燃料价格和资本租赁价格为自变量，利用多重回归分析方法研究其间的关系。

表 10.2　美国电力企业相关数据

编　号	TC/百万美元	Q/千瓦时	PL/美元/千瓦时	PF/美元/千瓦时	PK/美元/千瓦时
1	0.082	2	2.1	17.9	183
2	0.661	3	2.1	35.1	174
3	0.990	4	2.1	35.1	171
4	0.315	4	1.8	32.2	166
5	0.197	5	2.1	28.6	233

（续表）

编 号	TC/百万美元	Q/千瓦时	PL/美元/千瓦时	PF/美元/千瓦时	PK/美元/千瓦时
6	0.098	9	2.1	28.6	195
…	…	…	…	…	…
143	73.050	11796	2.1	28.6	148
144	139.422	14359	2.3	33.5	212
145	119.939	16719	2.3	23.6	162

10.2.3 Stata 分析过程

在利用 Stata 进行分析之前，要把数据录入 Stata 中。本例中有 5 个变量，分别是总成本（TC）、产量（Q）、工资率（PL）、燃料价格（PF）及资本租赁价格（PK）。把变量类型及长度设定为系统默认方式，然后录入相关数据。相关操作在第 1 章中已详细讲述过了，这里不再赘述。录入完成后数据如图 10.12 所示。

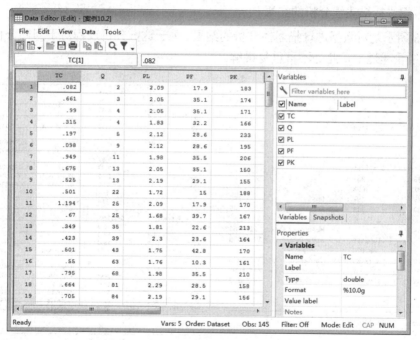

图 10.12 案例 10.2 的数据

先保存数据，然后开始展开分析，步骤如下：

01 进入 Stata 16.0，打开相关数据文件，弹出主界面。

02 在主界面的 Command 文本框中输入如下命令：

- summarize TC Q PL PF PK,detail：对总成本（TC）、产量（Q）、工资率（PL）、燃料价格（PF）及资本租赁价格（PK）变量进行详细描述性分析。

- correlate TC Q PL PF PK：对总成本（TC）、产量（Q）、工资率（PL）、燃料价格（PF）及资本租赁价格（PK）变量进行相关性分析。

- regress TC Q PL PF PK：对总成本（TC）、产量（Q）、工资率（PL）、燃料价格（PF）及资本租赁价格（PK）变量进行多重线性回归分析。
- vce：获得参与回归的各自变量的系数以及常数项的方差-协方差矩阵。
- test Q PL PF PK：检验各自变量系数的联合显著性。
- predict yhat：对因变量的拟合值进行预测。
- predict e,resid：获得回归后的残差序列。
- regress TC Q PL PF：对总成本（TC）、产量（Q）、工资率（PL）、燃料价格（PF）等变量进行多重线性回归分析。

03 设置完毕后，按回车键，等待输出结果。

10.2.4　结果分析

在 Stata 16.0 主界面的结果窗口可以看到如图 10.13~图 10.20 所示的分析结果。

1．对数据进行描述性分析的结果

图 10.13 所示是对数据进行描述性分析的结果。关于这一分析过程对于回归分析的重要意义在前面已经论述过了，此处不再重复讲解。

```
. summarize  TC Q PL PF PK,detail
```

	TC			
	Percentiles	Smallest		
1%	.098	.082		
5%	.501	.098		
10%	.705	.197	Obs	145
25%	2.382	.315	Sum of Wgt.	145
50%	6.754		Mean	12.9761
		Largest	Std. Dev.	19.79458
75%	14.132	69.878		
90%	32.318	73.05	Variance	391.8253
95%	44.894	119.939	Skewness	3.636095
99%	119.939	139.422	Kurtosis	19.66927

	Q			
	Percentiles	Smallest		
1%	3	2		
5%	13	3		
10%	43	4	Obs	145
25%	279	4	Sum of Wgt.	145
50%	1109		Mean	2133.083
		Largest	Std. Dev.	2931.942
75%	2507	11477		
90%	5819	11796	Variance	8596285
95%	8642	14359	Skewness	2.398202
99%	14359	16719	Kurtosis	9.474916

	PL			
	Percentiles	Smallest		
1%	1.45	1.45		
5%	1.55	1.45		
10%	1.68	1.52	Obs	145
25%	1.76	1.52	Sum of Wgt.	145
50%	2.04		Mean	1.972069
		Largest	Std. Dev.	.2368072
75%	2.19	2.32		
90%	2.3	2.32	Variance	.0560776
95%	2.31	2.32	Skewness	-.2539563
99%	2.32	2.32	Kurtosis	1.974824

	PF			
	Percentiles	Smallest		
1%	10.3	10.3		
5%	10.3	10.3		
10%	12.9	10.3	Obs	145
25%	21.3	10.3	Sum of Wgt.	145
50%	26.9		Mean	26.17655
		Largest	Std. Dev.	7.876071
75%	32.2	39.7		
90%	35.1	42.8	Variance	62.0325
95%	36.2	42.8	Skewness	-.3328658
99%	42.8	42.8	Kurtosis	2.641048

	PK			
	Percentiles	Smallest		
1%	143	138		
5%	155	143		
10%	157	144	Obs	145
25%	162	148	Sum of Wgt.	145
50%	170		Mean	174.4966
		Largest	Std. Dev.	18.20948
75%	183	225		
90%	202	225	Variance	331.5851
95%	212	227	Skewness	.9992943
99%	227	233	Kurtosis	3.772226

图 10.13　描述性分析的结果

在如图 10.13 所示的分析结果中，可以得到很多信息，包括百分位数、4 个最小值、4 个最大值、平均值、标准差、偏度、峰度等。

（1）百分位数（Percentiles）

可以看出变量 TC 的第 1 个四分位数（25%）是 2.382，第 2 个四分位数（50%）是 6.754，第 3 个四分位数（75%）是 14.132；变量 Q 的第 1 个四分位数（25%）是 279，第 2 个四分位数（50%）是 1109，第 3 个四分位数（75%）是 2507；变量 PL 的第 1 个四分位数（25%）是 1.76，第 2 个四分位数（50%）是 2.04，第 3 个四分位数（75%）是 2.19；变量 PF 的第 1 个四分位数（25%）是 21.3，第 2 个四分位数（50%）是 26.9，第 3 个四分位数（75%）是 32.2；变量 PK 的第 1 个四分位数（25%）是 162，第 2 个四分位数（50%）是 170，第 3 个四分位数（75%）是 183。

（2）4 个最小值（Smallest）

变量 TC 最小的 4 个数据值分别是 0.082、0.098、0.197、0.315。

变量 Q 最小的 4 个数据值分别是 2、3、4、4。

变量 PL 最小的 4 个数据值分别是 1.45、1.45、1.52、1.52。

变量 PF 最小的 4 个数据值分别是 10.3、10.3、10.3、10.3。

变量 PK 最小的 4 个数据值分别是 138、143、144、148。

（3）4 个最大值（Largest）

变量 TC 最大的 4 个数据值分别是 69.878、73.05、119.939、139.422。

变量 Q 最大的 4 个数据值分别是 11477、11796、14359、16719。

变量 PL 最大的 4 个数据值分别是 2.32、2.32、2.32、2.32。

变量 PF 最大的 4 个数据值分别是 39.7、42.8、42.8、42.8。

变量 PK 最大的 4 个数据值分别是 225、225、227、233。

（4）平均值（Mean）和标准差（Std. Dev）

变量 TC 的平均值为 12.9761，标准差是 19.79458。

变量 Q 的平均值为 2133.083，标准差是 2931.942。

变量 PL 的平均值为 1.972069，标准差是 0.2368072。

变量 PF 的平均值为 26.17655，标准差是 7.876071。

变量 PK 的平均值为 174.4966，标准差是 18.20948。

（5）偏度（Skewness）和峰度（Kurtosis）

变量 TC 的偏度为 3.636095，为正偏度但不大。

变量 Q 的偏度为 2.398202，为正偏度但不大。

变量 PL 的偏度为-0.2539563，为负偏度但不大。

变量 PF 的偏度为-0.3328658，为负偏度但不大。

变量 PK 的偏度为 0.9992943，为正偏度但不大。

变量 TC 的峰度为 19.66927，有一个比正态分布更长的尾巴。

变量 Q 的峰度为 9.474916，有一个比正态分布更长的尾巴。

变量 PL 的峰度为 1.974824，有一个比正态分布更短的尾巴。

变量 PF 的峰度为 2.641048，有一个比正态分布更短的尾巴。

变量 PK 的峰度为 3.772226，有一个比正态分布略长的尾巴。

综上所述，数据的总体质量还是可以的，没有极端异常值，变量间的量纲差距、变量的偏度和峰度也是可以接受的，可以进入下一步的分析。

2．对数据进行相关性分析的结果

图 10.14 所示是对数据进行相关性分析的结果。关于这一分析过程对于回归分析的重要意义在前面已经论述过了，此处不再重复讲解。

```
. correlate TC Q PL PF PK
(obs=145)

             |       TC        Q       PL       PF       PK
-------------+---------------------------------------------
          TC |   1.0000
           Q |   0.9525   1.0000
          PL |   0.2513   0.1714   1.0000
          PF |   0.0339  -0.0773   0.3137   1.0000
          PK |   0.0272   0.0029  -0.1781   0.1254   1.0000
```

图 10.14　相关性分析的结果

在图 10.14 中，TC 与各个自变量之间的相关关系还是可以接受的，可以进行下面的回归分析过程。

3．对数据进行回归分析的结果

图 10.15 所示是对数据进行回归分析的结果。

```
. regress TC Q PL PF PK

      Source |       SS           df       MS      Number of obs   =       145
-------------+----------------------------------   F(4, 140)       =    418.12
       Model |  52064.6433         4  13016.1608   Prob > F        =    0.0000
    Residual |  4358.19481       140  31.129963    R-squared       =    0.9228
-------------+----------------------------------   Adj R-squared   =    0.9206
       Total |  56422.8381       144  391.825265   Root MSE        =    5.5794

          TC |      Coef.   Std. Err.      t    P>|t|     [95% Conf. Interval]
-------------+----------------------------------------------------------------
           Q |   .0063951   .0001629    39.26   0.000     .006073    .0067171
          PL |   5.655183   2.17636      2.60   0.010     1.352402   9.957964
          PF |    .20784    .0640999     3.24   0.001     .081111    .334569
          PK |   .0284415   .0265049     1.07   0.285    -.0239601   .0808431
       _cons |  -22.22098   6.58745     -3.37   0.001    -35.24472  -9.197235
```

图 10.15　回归分析的结果

从上述分析结果中，可以得到很多信息，可以看出共有 145 个样本参与了分析，模型的 F 值(4, 140) = 418.12，P 值（Prob > F）= 0.0000，说明模型整体上是非常显著的。模型的可决系数（R-squared）= 0.9228，模型修正的可决系数（Adj R-squared）= 0.9206，说明模型的解释能力还是差强人意的。

变量 Q 的系数标准误是 0.0001629，t 值为 39.26，P 值为 0.000，系数是非常显著的，95% 的置信区间为[0.006073, 0.0067171]。变量 PL 的系数标准误是 2.17636，t 值为 2.60，P 值为 0.010，系数是非常显著的，95%的置信区间为[1.352402, 9.957964]。变量 PF 的系数标准误是 0.0640999，t 值为 3.24，P 值为 0.001，系数是非常显著的，95%的置信区间为[0.081111,

0.334569]。变量 PK 的系数标准误是 0.0265049，t 值为 1.07，P 值为 0.285，系数是非常不显著的，95%的置信区间为[-0.0239601, 0.0808431]。常数项的系数标准误是 6.58745，t 值为-3.37，P 值为 0.001，系数也是非常显著的，95%的置信区间为[-35.24472, -9.197235]。

模型的回归方程是：

TC=0.0063951*Q+ 5.655183*PL+0.20784*PF+0.0284415*PK -22.22098

从上面的分析可以看出美国电力企业的总成本（TC）受到产量（Q）、工资率（PL）、燃料价格（PF）及资本租赁价格（PK）的影响，美国电力行业存在规模经济。

4．变量的方差-协方差矩阵

图 10.16 所示是变量的方差-协方差矩阵。

```
. vce

Covariance matrix of coefficients of regress model
```

e(V)	Q	PL	PF	PK	_cons
Q	2.654e-08				
PL	-.0000764	4.7365431			
PF	1.564e-06	-.0508677	.0041088		
PK	-2.741e-07	.01376813	-.00034147	.00070251	
_cons	.00010096	-10.248761	.04900993	-.14021374	43.394499

图 10.16　变量的方差-协方差矩阵

从图 10.16 中可以看出，变量的方差与协方差都不是很大，有些甚至是微不足道的。

5．对变量系数的假设检验结果

图 10.17 所示是对变量系数的假设检验结果。

```
. test Q PL PF PK

 ( 1)  Q = 0
 ( 2)  PL = 0
 ( 3)  PF = 0
 ( 4)  PK = 0

       F(  4,  140) =  418.12
            Prob > F =   0.0000
```

图 10.17　对变量系数的假设检验结果

从图 10.17 中可以看出，模型非常显著，Prob>F=0.0000，远小于常用显著性水平检验标准 0.05，所以在 5%的显著性水平上通过了检验。

6．对因变量的拟合值的预测

图 10.18 所示是对因变量的拟合值的预测。

	TC	Q	PL	PF	PK	yhat
1	.082	2	2.09	17.9	183	-1.463724
2	.661	3	2.05	35.1	174	1.635338
3	.99	4	2.05	35.1	171	1.556408
4	.315	4	1.83	32.2	166	-.4326756
5	.197	5	2.12	28.6	233	2.371079
6	.098	9	2.12	28.6	195	1.315882
7	.949	11	1.98	35.5	206	2.283899
8	.675	13	2.05	35.1	150	1.016692
9	.525	13	2.19	29.1	155	.7035854
10	.501	22	1.72	15	188	-3.888769
11	1.194	25	2.09	17.9	170	-1.686378
12	.67	25	1.68	39.7	167	.4405845
13	.349	35	1.81	22.6	213	-1.006046
14	.423	39	2.3	23.6	164	.6047806
15	.501	43	1.75	42.8	170	1.681187
16	.55	63	1.76	10.3	161	-5.145133
17	.795	68	1.98	35.5	210	2.762183
18	.664	81	2.29	28.5	158	1.664588
19	.705	84	2.19	29.1	156	1.186076
20	.903	73	1.75	42.8	176	2.043688
21	1.504	99	2.2	36.2	170	3.212399
22	1.615	101	1.66	33.4	192	.2151507
23	1.127	119	1.92	22.5	164	-1.261209
24	.718	120	1.77	21.3	175	-2.039642
25	2.414	122	2.09	17.9	180	-.7816421

图 10.18 　对因变量的拟合值的预测

关于因变量预测拟合值的意义在前面已经论述过了，此处不再重复讲解。

7．回归分析得到的残差序列

图 10.19 所示是回归分析得到的残差序列。

关于残差序列的意义在前面已经论述过了，此处不再重复讲解。

读者应该注意到在上面的模型中，PK 的系数是不显著的。下面把该变量剔除掉，重新进行回归分析。图 10.20 所示是对数据进行新回归分析的结果。

	TC	Q	PL	PF	PK	yhat	e
1	.082	2	2.09	17.9	183	-1.463724	1.545724
2	.661	3	2.05	35.1	174	1.635338	-.9743376
3	.99	4	2.05	35.1	171	1.556408	-.5664082
4	.315	4	1.83	32.2	166	-.4326756	.7476756
5	.197	5	2.12	28.6	233	2.371079	-2.174079
6	.098	9	2.12	28.6	195	1.315882	-1.217882
7	.949	11	1.98	35.5	206	2.283899	-1.334899
8	.675	13	2.05	35.1	150	1.016692	-.3416921
9	.525	13	2.19	29.1	155	.7035854	-.1785854
10	.501	22	1.72	15	188	-3.888769	4.38977
11	1.194	25	2.09	17.9	170	-1.686378	2.880378
12	.67	25	1.68	39.7	167	.4405845	.2294155
13	.349	35	1.81	22.6	213	-1.006046	1.355046
14	.423	39	2.3	23.6	164	.6047806	-.1817806
15	.501	43	1.75	42.8	170	1.681187	-1.180187
16	.55	63	1.76	10.3	161	-5.145133	5.695133
17	.795	68	1.98	35.5	210	2.762183	-1.967183
18	.664	81	2.29	28.5	158	1.664588	-1.000588
19	.705	84	2.19	29.1	156	1.186076	-.4810759
20	.903	73	1.75	42.8	176	2.043688	-1.140687
21	1.504	99	2.2	36.2	170	3.212399	-1.708398
22	1.615	101	1.66	33.4	192	.2151507	1.399849
23	1.127	119	1.92	22.5	164	-1.261209	2.388208
24	.718	120	1.77	21.3	175	-2.039642	2.757642
25	2.414	122	2.09	17.9	180	-.7816421	3.195642

图 10.19 　残差序列

```
. regress TC Q PL PF
```

Source	SS	df	MS		Number of obs	=	145
					F(3, 141)	=	556.52
Model	52028.7981	3	17342.9327		Prob > F	=	0.0000
Residual	4394.04007	141	31.1634048		R-squared	=	0.9221
					Adj R-squared	=	0.9205
Total	56422.8381	144	391.825265		Root MSE	=	5.5824

TC	Coef.	Std. Err.	t	P>|t|	[95% Conf. Interval]	
Q	.0064062	.0001627	39.38	0.000	.0060846	.0067277
PL	5.097772	2.114594	2.41	0.017	.9173653	9.278179
PF	.2216648	.0628256	3.53	0.001	.0974629	.3458667
_cons	-16.54434	3.92757	-4.21	0.000	-24.30888	-8.779805

图 10.20　新回归分析的结果

从上述分析结果中，可以看出模型整体依旧是非常显著的。模型的可决系数以及修正的可决系数（Adj R-squared）变化不大，说明模型的解释能力几乎没变。其他变量（包括常数项的系数）都非常显著，模型接近完美。可以把回归结果作为最终的回归模型方程，即：

$$TC=0.0064062*Q+ 5.097772*PL+0.2216648*PF-16.54434$$

从上面的分析可以看出美国电力企业的总成本（TC）受到产量（Q）、工资率（PL）、燃料价格（PF）的影响，总成本随着这些变量的升高而升高、降低而降低。值得注意的是，产量的增加引起总成本的相对变化是很小的，所以从经济意义上讲，美国的电力行业存在规模经济。

10.2.5　案例延伸

上述的 Stata 命令比较简洁，分析过程及结果已达到解决实际问题的目的。Stata 16.0 的强大之处在于提供了更加复杂的命令格式以满足用户更加个性化的需求。

1．延伸 1：在回归方程中不包含常数项

例如，回归分析操作命令可以相应地修改为：

```
regress TC Q PL PF,nocon
```

在命令窗口输入命令并按回车键进行确认，结果如图 10.21 所示。

```
. regress TC Q PL PF,nocon
```

Source	SS	df	MS		Number of obs	=	145
					F(3, 142)	=	726.13
Model	75890.8019	3	25296.934		Prob > F	=	0.0000
Residual	4947.00303	142	34.8380495		R-squared	=	0.9388
					Adj R-squared	=	0.9375
Total	80837.805	145	557.502103		Root MSE	=	5.9024

TC	Coef.	Std. Err.	t	P>|t|	[95% Conf. Interval]	
Q	.0064558	.0001715	37.64	0.000	.0061167	.0067949
PL	-2.955539	.9553464	-3.09	0.002	-4.844079	-1.067
PF	.2011095	.0662258	3.04	0.003	.0701937	.3320253

图 10.21　延伸 1 分析结果图

在上述分析结果中，模型整体的显著程度依旧非常高。模型的可决系数（R-squared）及修正的可决系数略有上升，模型的解释能力更加强大。

模型的回归方程变为：

TC=0.0064558*Q-2.955539 *PL+0.2011095 *PF

值得注意的是，PL 的系数值竟然变为了负值，这说明 PL 的升高反而会带来总成本的降低，显然是不符合生活常识的，所以该模型不可接受。

2. 延伸 2：限定参与回归的样本范围

例如我们只对产量高于 100 的样本进行回归分析，操作命令可以相应地修改为：

```
regress TC Q PL PF if Q>=100
```

在命令窗口输入命令并按回车键进行确认，结果如图 10.22 所示。

```
. regress TC Q PL PF if Q>=100
```

Source	SS	df	MS		Number of obs	=	124
					F(3, 120)	=	450.85
Model	48385.1545	3	16128.3848		Prob > F	=	0.0000
Residual	4292.77683	120	35.7731402		R-squared	=	0.9185
					Adj R-squared	=	0.9165
Total	52677.9313	123	428.275864		Root MSE	=	5.9811

TC	Coef.	Std. Err.	t	P>|t|	[95% Conf. Interval]	
Q	.0064214	.000183	35.08	0.000	.006059	.0067839
PL	4.94541	2.457119	2.01	0.046	.0804852	9.810335
PF	.2674785	.0774243	3.45	0.001	.1141838	.4207732
_cons	-17.48977	4.418223	-3.96	0.000	-26.23755	-8.741999

图 10.22　延伸 2 分析结果图

关于结果的分析与前面类似，限于篇幅，这里不再赘述。

3. 延伸 3：自动剔除不显著变量

在前面的分析过程中采取逐步手动剔除不显著变量的方式得到了最终的回归模型，但是如果变量很多而且存在很多不显著的变量，这个过程就显得非常复杂。那么有没有一种自动剔除不显著变量，直接得到最终模型方程的 Stata 操作方法呢？答案是肯定的。Stata 16.0 提供了 sw regress 命令来满足这一需要。这一命令的操作原理是不断迭代，最终使得所有变量系数的显著性达到设定的显著性水平。在首次迭代时，所有的变量都进入模型参与分析，然后每一步迭代都去掉 P 值最高或者显著性最弱的变量。最终使得所有保留下来的变量的概率值都处于保留概率之下。例如，如果设定显著性水平为 0.05，那么操作命令就应该是：

```
sw regress  TC Q PL PF PK,pr(0.05)
```

在命令窗口输入命令并按回车键进行确认，结果如图 10.23 所示。

```
. sw regress  TC Q PL PF PK,pr(0.05)
                  begin with full model
p = 0.2851 >= 0.0500  removing PK

      Source |       SS           df       MS       Number of obs   =       145
-------------+----------------------------------   F(3, 141)       =    556.52
       Model |  52028.7981         3   17342.9327   Prob > F        =    0.0000
    Residual |  4394.04007       141   31.1634048   R-squared       =    0.9221
-------------+----------------------------------   Adj R-squared   =    0.9205
       Total |  56422.8381       144   391.825265   Root MSE        =    5.5824

----------------------------------------------------------------------------
          TC |      Coef.   Std. Err.      t    P>|t|     [95% Conf. Interval]
-------------+--------------------------------------------------------------
           Q |   .0064062   .0001627    39.38   0.000     .0060846    .0067277
          PL |   5.097772   2.114594     2.41   0.017     .9173653    9.278179
          PF |   .2216648   .0628256     3.53   0.001     .0974629    .3458667
       _cons |  -16.54434    3.92757    -4.21   0.000    -24.30888   -8.779805
----------------------------------------------------------------------------
```

图 10.23　延伸 3 分析结果图

可以发现上述结果与前面逐步手动操作得到的结果一致。至于结果的详细解读，限于篇幅，这里不再赘述。

10.3　本章习题

（1）表 10.3 给出了 1955 年 145 家美国电力企业的总成本（TC）与产量（Q）的相关数据。试以总成本为因变量，以产量为自变量，利用简单回归分析方法研究其间的关系。

表 10.3　习题数据

编号	TC/百万美元	Q/千瓦时
1	0.082	2
2	0.661	3
3	0.990	4
4	0.315	4
5	0.197	5
6	0.098	9
…	…	…
143	73.050	11796
144	139.422	14359
145	119.939	16719

（2）使用如表 10.4 所示的数据来估计教育投资的回报率。各变量如下：lw80（1980 年工人工资的对数值）、s80（1980 年工人的受教育年限）、expr80（1980 年工人的工龄）、tenure80（1980 年工人在现单位的工作年限）、iq（智商）、med（母亲的教育年限）、kww（在 knowledge of the World of Work 测试中的成绩）、mrt（婚姻虚拟变量，已婚=1）、age（年龄）。模型说明：以 lw80 为因变量，以 s80、expr80、tenure80、iq 为自变量进行多重线性回归分析。

表 10.4 习题数据

mrt	med	iq	Kww	age	s80	expr80	tenure80	lw80
0	8	93	35	19	12	10.64	2	6.64
0	14	119	41	23	18	11.37	16	6.69
0	14	108	46	20	14	11.03	9	6.72
0	12	96	32	18	12	13.09	7	6.48
1	6	74	27	26	11	14.40	5	6.33
0	8	91	24	16	10	13.43	0	6.40
...	...	...	...	...	...	...	...	...
1	12	101	38	25	12	10.59	5	6.47
1	7	100	33	23	12	9.00	3	6.17
1	8	102	32	19	13	9.83	3	7.09

第 11 章　Stata 回归诊断与应对

在上一章中，简要介绍了最小二乘线性回归，这种方法可以满足大部分的研究需要。但是这种分析方法的有效性建立在变量无异方差、无自相关、无多重共线性的基础之上。现实生活中很多数据是不满足这些条件的，那就需要用到将在本章中介绍的回归诊断与应对方法。本章的内容包括 3 部分，分别是异方差检验与应对、自相关检验与应对、多重共线性检验与应对在实例中的具体应用。

11.1　实例一——异方差检验与应对

11.1.1　异方差检验与应对的功能与意义

在标准的线性回归模型中，有一个基本假设：整个总体同方差（也就是因变量的变异）不随自身预测值以及其他自变量的值的变化而变化。然而，在实际问题中，这一假设条件往往不被满足，会出现异方差（Heteroskedasticity）的情况，如果继续采用标准的线性回归模型，就会使结果偏向于变异较大的数据，从而发生较大的偏差，所以在进行回归分析时往往需要检验变量的异方差，从而提出针对性的解决方案。常用的用于判断数据是否存在异方差的检验方法有绘制残差序列图、怀特检验、BP 检验等，解决异方差的方法有使用稳健的标准差进行回归以及使用加权最小二乘回归分析方法进行回归等。

11.1.2　相关数据来源

🎥	下载资源:\video\11\11.1
💻	下载资源:\sample\chap11\案例 11.1.dta

【例 11.1】某著名足球俱乐部拥有自己的一套球员评价体系，他们搜集并整理了其中 145 名球员的相关数据，如表 11.1 所示。表中的内容包括球员身价、身体情况、精神情况、能力情况、潜力情况 5 部分的内容，试使用球员身价作为因变量，以球员的身体情况、精神情况、能力情况、潜力情况作为自变量，对这些数据使用最小二乘回归分析的方法进行研究，并进行异方差检验，最终建立合适的回归方程模型用于描述变量之间的关系。

表 11.1　某足球俱乐部搜集整理的 145 名球员的相关数据

编　号	球员身价	身体情况	精神情况	能力情况	潜力情况
1	4.406 719	0.693 147	5.342 334	5.187 386	5.209 486
2	6.493 754	1.098 612	5.323 01	5.860 786	5.159 055
3	6.897 705	1.386 294	5.323 01	5.860 786	5.141 664
4	5.752 573	1.386 294	5.209 486	5.774 552	5.111 988
5	5.283 204	1.609 438	5.356 586	5.655 992	5.451 039
6	4.584 968	2.197 225	5.356 586	5.655 992	5.273
…	…	…	…	…	…
142	11.114 24	9.348 1	5.411 646	5.579 73	5.017 28
143	11.198 9	9.375 516	5.356 586	5.655 992	4.997 212
144	11.845 26	9.572 132	5.442 418	5.814 131	5.356 586
145	11.694 74	9.724 301	5.438 079	5.463 832	5.087 596

11.1.3　Stata 分析过程

在利用 Stata 进行分析之前，要把数据录入 Stata 中。本例中有 5 个变量，分别为球员身价、身体情况、精神情况、能力情况、潜力情况。我们把这 5 个变量分别设定为 V1~V5，变量类型及长度采取系统默认方式，然后录入相关数据。相关操作在第 1 章中已详细讲述过了。录入完成后数据如图 11.1 所示。

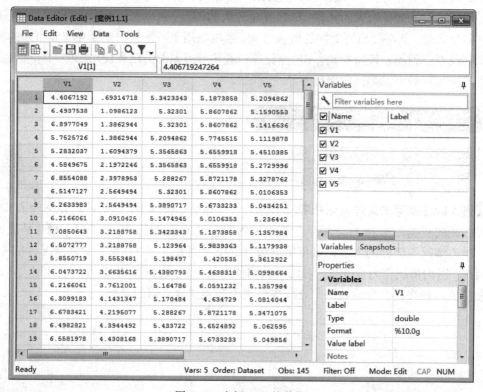

图 11.1　案例 11.1 的数据

先保存数据，然后开始展开分析，步骤如下：

01 进入 Stata 16.0，打开相关数据文件，弹出主界面。

02 在主界面的 Command 文本框中输入如下命令：

- summarize V1 V2 V3 V4 V5,detail：对数据进行描述性分析，从总体上探索数据特征，观测其是否存在极端数据或者变量间的量纲差距过大，从而可能会对回归分析结果造成不利影响。

- correlate V1 V2 V3 V4 V5：对数据进行相关性分析，旨在探索变量之间，尤其是因变量与各个自变量之间的相关性关系，该步骤是进行回归分析前的必要准备。

- regress V1 V2 V3 V4 V5：对数据进行回归分析，探索自变量对因变量的影响情况。

- vce：获得变量的方差-协方差矩阵。

- test V2 V3 V4 V5：检验回归分析获得的各个自变量系数的显著性。

- predict yhat：获得因变量的拟合值。

- predict e,resid：获得回归模型的估计残差。

- rvfplot：绘制残差与回归得到的拟合值的散点图，从而探索数据是否存在异方差。

- rvpplot V2：绘制残差与解释变量 V2 的散点图，从而探索数据是否存在异方差。

- estat imtest,white：怀特检验，旨在检验数据是否存在异方差。

- estat hettest,iid：BP 检验，旨在使用得到的拟合值来检验数据是否存在异方差。

- estat hettest,rhs iid：BP 检验，旨在使用方程右边的解释数据来检验变量是否存在异方差。

- estat hettest V2,rhs iid：BP 检验，旨在使用指定的解释数据 V2 来检验变量是否存在异方差。

- regress V1 V2 V3 V4 V5,robust：采用稳健的标准差对数据进行回归分析，克服数据的异方差对最小二乘回归分析造成的不利影响。

03 设置完毕后，按回车键，等待输出结果。

11.1.4 结果分析

在 Stata 16.0 主界面的结果窗口可以看到如图 11.2~图 11.15 所示的分析结果。

1. 对数据进行描述性分析的结果

图 11.2 所示是对数据进行描述性分析的结果。关于这一分析过程对于回归分析的重要意义已在前面的章节中论述过了，此处不再重复讲解。

```
. summarize  V1 V2 V3 V4 V5,detail
```

			V1		
	Percentiles	Smallest			
1%	4.584967	4.406719			
5%	6.216606	4.584967			
10%	6.558198	5.283204	Obs		145
25%	7.775696	5.752573	Sum of Wgt.		145
50%	8.81789		Mean		8.632419
		Largest	Std. Dev.		1.421723
75%	9.556197	11.15451			
90%	10.38338	11.1989	Variance		2.021297
95%	10.71206	11.69474	Skewness		-.4086256
99%	11.69474	11.84526	Kurtosis		3.064497

			V2			V4					
	Percentiles	Smallest					Percentiles	Smallest			
1%	1.098612	.6931472				1%	4.634729	4.634729			
5%	2.564949	1.098612				5%	4.634729	4.634729			
10%	3.7612	1.386294	Obs		145	10%	4.859812	4.634729	Obs		145
25%	5.631212	1.386294	Sum of Wgt.		145	25%	5.361292	4.634729	Sum of Wgt.		145
50%	7.011214		Mean		6.556651	50%	5.594711		Mean		5.511444
		Largest	Std. Dev.		1.912792			Largest	Std. Dev.		.3589003
75%	7.826842	9.3481				75%	5.774552	5.983936			
90%	8.668884	9.375516	Variance		3.658775	90%	5.860786	6.059123	Variance		.1288094
95%	9.064389	9.572132	Skewness		-.9612785	95%	5.891644	6.059123	Skewness		-1.126801
99%	9.572132	9.724301	Kurtosis		3.65205	99%	6.059123	6.059123	Kurtosis		3.747527

			V3			V5					
	Percentiles	Smallest					Percentiles	Smallest			
1%	4.976734	4.976734				1%	4.962845	4.927254			
5%	5.043425	4.976734				5%	5.043425	4.962845			
10%	5.123964	5.023881	Obs		145	10%	5.056246	4.969813	Obs		145
25%	5.170484	5.023881	Sum of Wgt.		145	25%	5.087596	4.997212	Sum of Wgt.		145
50%	5.31812		Mean		5.276838	50%	5.135798		Mean		5.156777
		Largest	Std. Dev.		.1233593			Largest	Std. Dev.		.1003897
75%	5.389072	5.446737				75%	5.209486	5.4161			
90%	5.438079	5.446737	Variance		.0152175	90%	5.308268	5.4161	Variance		.0100781
95%	5.442418	5.446737	Skewness		-.429873	95%	5.356586	5.42495	Skewness		.7363024
99%	5.446737	5.446737	Kurtosis		2.179193	99%	5.42495	5.451038	Kurtosis		3.296593

图 11.2　案例 11.1 描述性分析的结果

在如图 11.2 所示的分析结果中，可以得到很多信息，包括百分位数、4 个最小值、4 个最大值、平均值、标准差、偏度、峰度等。

（1）百分位数（Percentiles）

可以看出变量 V1 的第 1 个四分位数（25%）是 7.775696，第 2 个四分位数（50%）是 8.81789，第 3 个四分位数（75%）是 9.556197；变量 V2 的第 1 个四分位数（25%）是 5.631212，第 2 个四分位数（50%）是 7.011214，第 3 个四分位数（75%）是 7.826842；变量 V3 的第 1 个四分位数（25%）是 5.170484，第 2 个四分位数（50%）是 5.31812，第 3 个四分位数（75%）是 5.389072；变量 V4 的第 1 个四分位数（25%）是 5.361292，第 2 个四分位数（50%）是 5.594711，第 3 个四分位数（75%）是 5.774552；变量 V5 的第 1 个四分位数（25%）是 5.087596，第 2 个四分位数（50%）是 5.135798，第 3 个四分位数（75%）是 5.209486。

（2）4 个最小值（Smallest）

变量 V1 最小的 4 个数据值分别是 4.406719、4.584967、5.283204、5.752573。

变量 V2 最小的 4 个数据值分别是 0.6931472、1.098612、1.386294、1.386294。

变量 V3 最小的 4 个数据值分别是 4.976734、4.976734、5.023881、5.023881。

变量 V4 最小的 4 个数据值分别是 4.634729、4.634729、4.634729、4.634729。

变量 V5 最小的 4 个数据值分别是 4.927254、4.962845、4.969813、4.997212。

（3）4 个最大值（Largest）

变量 V1 最大的 4 个数据值分别是 11.15451、11.1989、11.69474、11.84526。

变量 V2 最大的 4 个数据值分别是 9.3481、9.375516、9.572132、9.724301。

变量 V3 最大的 4 个数据值分别是 5.446737、5.446737、5.446737、5.446737。

变量 V4 最大的 4 个数据值分别是 5.983936、6.059123、6.059123、6.059123。

变量 V5 最大的 4 个数据值分别是 5.4161、5.4161、5.42495、5.451038。

（4）平均值（Mean）和标准差（Std. Dev）

变量 V1 的平均值为 8.632419，标准差是 1.421723。

变量 V2 的平均值为 6.556651，标准差是 1.912792。

变量 V3 的平均值为 5.276838，标准差是 0.1233593。

变量 V4 的平均值为 5.511444，标准差是 0.3589003。

变量 V5 的平均值为 5.156777，标准差是 0.1003897。

（5）偏度（Skewness）和峰度（Kurtosis）

变量 V1 的偏度为 -0.4086256，为负偏度但不大。

变量 V2 的偏度为 -0.9612785，为负偏度但不大。

变量 V3 的偏度为 -0.429873，为负偏度但不大。

变量 V4 的偏度为 -1.126801，为负偏度但不大。

变量 V5 的偏度为 0.7363024，为正偏度但不大。

变量 V1 的峰度为 3.064497，有一个比正态分布略长的尾巴。

变量 V2 的峰度为 3.65205，有一个比正态分布略长的尾巴。

变量 V3 的峰度为 2.179193，有一个比正态分布略短的尾巴。

变量 V4 的峰度为 3.747527，有一个比正态分布略长的尾巴。

变量 V5 的峰度为 3.296593，有一个比正态分布略长的尾巴。

综上所述，数据的总体质量还是可以的，没有极端异常值，变量间的量纲差距、变量的偏度、峰度也是可以接受的，可以进行下一步的分析。

2．对数据进行相关性分析的结果

图 11.3 所示是对数据进行相关性分析的结果。关于这一分析过程对于回归分析的重要意义已在前面章节中论述过，此处不再重复讲解。

```
. correlate  V1 V2 V3 V4 V5
(obs=145)
```

	V1	V2	V3	V4	V5
V1	1.0000				
V2	0.9542	1.0000			
V3	0.1174	0.0422	1.0000		
V4	-0.0455	-0.1689	0.3319	1.0000	
V5	-0.1042	-0.0988	-0.1865	0.1309	1.0000

图 11.3 案例 11.1 相关性分析的结果

在图 11.3 中，V1 与各个自变量之间的相关关系还是可以接受的，可以进入下面的回归分析过程。

3．对数据进行回归分析的结果

图 11.4 所示是对数据进行回归分析的结果。

```
. regress  V1 V2 V3 V4 V5
```

Source	SS	df	MS		Number of obs	=	145
					F(4, 140)	=	437.69
Model	269.514818	4	67.3787045		Prob > F	=	0.0000
Residual	21.5520082	140	.153942915		R-squared	=	0.9260
					Adj R-squared	=	0.9238
Total	291.066826	144	2.0212974		Root MSE	=	.39236

V1	Coef.	Std. Err.	t	P>|t|	[95% Conf. Interval]	
V2	.7203941	.0174664	41.24	0.000	.685862	.7549262
V3	.4363412	.2910476	1.50	0.136	-.1390756	1.011758
V4	.426517	.1003691	4.25	0.000	.2280818	.6249521
V5	-.2198884	.3394286	-0.65	0.518	-.890957	.4511803
_cons	.3897354	2.455817	0.16	0.874	-4.465547	5.245018

图 11.4　案例 11.1 回归分析的结果

从上述分析结果中，可以看出共有 145 个样本参与了分析，模型的 F 值$(4, 140) = 437.69$，P 值（Prob > F）= 0.0000，说明模型整体上是非常显著的。模型的可决系数（R-squared）= 0.9260，模型修正的可决系数（Adj R-squared）= 0.9238，说明模型的解释能力非常不错。

模型的回归方程是：

V1=0.7203941*V2+0.4363412*V3+0.426517*V4-0.2198884*V5+0.3897354

变量 V2 的系数标准误是 0.0174664，t 值为 41.24，P 值为 0.000，系数是非常显著的，95% 的置信区间为[0.685862, 0.7549262]。变量 V3 的系数标准误是 0.2910476，t 值为 1.5，P 值为 0.136，系数的显著程度不高，95%的置信区间为[-0.1390756, 1.011758]。变量 V4 的系数标准误是 0.1003691，t 值为 4.25，P 值为 0.000，系数是非常显著的，95%的置信区间为[0.2280818, 0.6249521]。变量 V5 的系数标准误是 0.3394286，t 值为-0.65，P 值为 0.518，系数是非常不显著的，95%的置信区间为[-0.890957, 0.4511803]。常数项的系数标准误是 2.455817，t 值为 0.16，P 值为 0.874，系数也是非常不显著的，95%的置信区间为[-4.465547, 5.245018]。

从上面的分析可以看出，球员的身价与其身体情况、精神情况、能力情况之间是一种正向联动的变化关系，这事实上也是可以接受的，但是球员的潜力情况对身价影响的显著性很低，而且是一种负值关系，这可能是因为球员的潜力情况本身就很难衡量，或其预测存在很大偏差所致。

4．变量的方差-协方差矩阵

图 11.5 所示是变量的方差-协方差矩阵。

```
. vce

Covariance matrix of coefficients of regress model

        e(V)          V2          V3          V4          V5       _cons

          V2    .00030508
          V3   -.00045476   .08470871
          V4    .00031477  -.01094123   .01007397
          V5    .00032263   .02367632  -.00662951   .11521179
       _cons   -.00299912  -.50580392   .03433611  -.68463476   6.0310381
```

图 11.5　变量的方差-协方差矩阵

从图 11.5 中可以看出，各个自变量的方差与协方差都不是很大。

5. 对变量系数的假设检验结果

图 11.6 所示是对变量系数的假设检验结果。

从图 11.6 中可以看出，模型非常显著，在 5%的显著性水平上通过了检验。

6. 对因变量的拟合值的预测

图 11.7 所示是对因变量的拟合值的预测。

```
. test V2 V3 V4 V5

 ( 1)  V2 = 0
 ( 2)  V3 = 0
 ( 3)  V4 = 0
 ( 4)  V5 = 0

       F(  4,   140) =  437.69
            Prob > F =    0.0000
```

	V1	V2	V3	V4	V5	yhat
1	4.4067192	.69314718	5.3423343	5.1873858	5.2094862	4.287158
2	6.4937538	1.0986123	5.32301	5.8607862	5.1590553	4.869126
3	6.8977049	1.3862944	5.32301	5.8607862	5.1416636	5.080195
4	5.7525726	1.3862944	5.2094862	5.7745515	5.1119878	5.000405
5	5.2832037	1.6094379	5.3565863	5.6559918	5.4510385	5.100221
6	4.5849675	2.1972246	5.3565863	5.6559918	5.2729996	5.562808
7	6.8554088	2.3978953	5.288267	5.8721178	5.3278762	5.757674
8	6.5147127	2.5649494	5.32301	5.8607862	5.0106353	5.958103
9	6.2633983	2.5649494	5.3890717	5.6733233	5.0434251	5.899762
10	6.2166061	3.0910425	5.1474945	5.0106353	5.236442	5.848256
11	7.0850643	3.2188758	5.3423343	5.1873858	5.1357984	6.122881
12	6.5072777	3.2188758	5.123964	5.9839363	5.1179938	6.371254
13	5.8550719	3.5553481	5.198497	5.420535	5.3612922	6.35237
14	6.0473722	3.6635616	5.4380793	5.4638318	5.0998664	6.610817
15	6.2166061	3.7612001	5.164786	5.6591232	5.1357984	6.807907
16	6.3099183	4.1431347	5.170484	4.634729	5.0814044	6.489969
17	6.6783421	4.2195077	5.288267	5.8721178	5.3471075	7.065723
18	6.4982821	4.3944492	5.433722	5.6524892	5.062595	7.224104
19	6.5581978	4.4308168	5.3890717	5.6733233	5.049856	7.242507
20	6.8057226	4.2904594	5.164786	5.6591232	5.170484	7.181555
21	7.3158835	4.5951199	5.3936275	5.8916442	5.1357984	7.437078
22	7.3870902	4.6151205	5.1119878	5.811141	5.2574954	7.2675
23	7.0273145	4.7791235	5.2574954	5.4161004	5.0998664	7.315307
24	6.5764696	4.7874917	5.1761497	5.3612922	5.164786	7.248189
25	7.7890404	4.804021	5.3423343	5.1873858	5.1929569	7.252242
26	7.0299729	4.8675345	5.2040067	5.9635793	5.170484	7.573639
27	6.8997231	4.9272537	5.1929569	5.3082677	5.3082677	7.302041
28	7.3485875	5.0039463	5.2574954	5.4161004	5.42495	7.405786

图 11.6　对变量系数的假设检验结果　　　图 11.7　对因变量的拟合值的预测

因变量预测拟合值是根据自变量的值和得到的回归方程计算出来的，主要用于预测未来。在图 11.7 中，可以看到 yhat 的值与 V1 的值是比较相近的，所以拟合的回归模型还是不错的。

7. 回归分析得到的残差序列

图 11.8 所示是回归分析得到的残差序列。

	V1	V2	V3	V4	V5	yhat	e
1	4.4067192	.69314718	5.3423343	5.1873858	5.2094862	4.287158	.1195615
2	6.4937538	1.0986123	5.32301	5.8607862	5.1590553	4.869126	1.624628
3	6.8977049	1.3862944	5.32301	5.8607862	5.1416636	5.080195	1.81751
4	5.7525726	1.3862944	5.2094862	5.7745515	5.1119878	5.000405	.752168
5	5.2832037	1.6094379	5.3565863	5.6559918	5.4510385	5.100221	.182983
6	4.5849675	2.1972246	5.3565863	5.6559918	5.2729996	5.562808	-.9778399
7	6.8554088	2.3978953	5.288267	5.8721178	5.3278762	5.757674	1.097735
8	6.5147127	2.5649494	5.32301	5.8607862	5.0106353	5.958103	.5566101
9	6.2633983	2.5649494	5.3890717	5.6733233	5.0434251	5.899762	.3636364
10	6.2166061	3.0910425	5.1474945	5.0106353	5.236442	5.848256	.3683498
11	7.0850643	3.2188758	5.3423343	5.1873858	5.1357984	6.122881	.9621836
12	6.5072777	3.2188758	5.123964	5.9839363	5.1179938	6.371254	.1360236
13	5.8550719	3.5553481	5.198497	5.420535	5.3612922	6.35237	-.4972979
14	6.0473722	3.6635616	5.4380793	5.4638318	5.0998664	6.610817	-.563445
15	6.2166061	3.7612001	5.164786	6.0591232	5.1357984	6.807907	-.591301
16	6.3099183	4.1431347	5.170484	4.634729	5.0814044	6.489969	-.1800509
17	6.6783421	4.2195077	5.288267	5.8721178	5.3471075	7.065723	-.3873815
18	6.4982821	4.3944492	5.433722	5.6524892	5.062595	7.224104	-.7258219
19	6.5581978	4.4308168	5.3890717	5.6733233	5.049856	7.242507	-.6843098
20	6.8057226	4.2904594	5.164786	6.0591232	5.170484	7.181555	-.3758329
21	7.3158835	4.5951199	5.3936275	5.8916442	5.1357984	7.437078	-.1211948
22	7.3870902	4.6151205	5.1119878	5.811141	5.2574954	7.2675	.1195903
23	7.0273145	4.7791235	5.2574954	5.4161004	5.0998664	7.315307	-.2879924
24	6.5764696	4.7874917	5.1761497	5.3612922	5.164786	7.248189	-.6717196
25	7.7890404	4.804021	5.3423343	5.1873858	5.1929569	7.252242	.5367989
26	7.0299729	4.8675345	5.2040067	5.9635793	5.170484	7.573639	-.5436665
27	6.8997231	4.9272537	5.1929569	5.3082677	5.3082677	7.302041	-.4023710
28	7.3485875	5.0039463	5.2574954	5.4161004	5.42495	7.405786	-.0571983

图 11.8   残差序列

关于残差序列的意义在前面已经论述过了，此处不再重复讲解。

8．绘制散点图

图 11.9 所示是利用上面两步得到的残差与拟合值绘制的散点图。

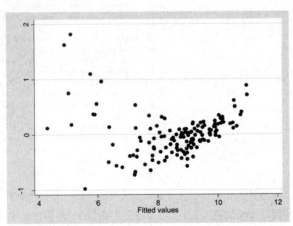

图 11.9   残差与拟合值的散点图

从图 11.9 中可以看出，残差随着拟合值的不同而有所不同，尤其是在拟合值较小（4~8）的时候，残差波动比较剧烈（并不是在 0 附近），所以数据是存在异方差的。

图 11.10 所示是利用残差与自变量 V2 绘制的散点图。

从图 11.10 中可以看出，残差随着自变量 V2 值的不同而有所不同，尤其是在 V2 值较小（0~4）的时候，残差波动比较剧烈（并不是在 0 附近），所以数据是存在异方差的。

9．怀特检验的检验结果

图 11.11 所示是怀特检验的检验结果。

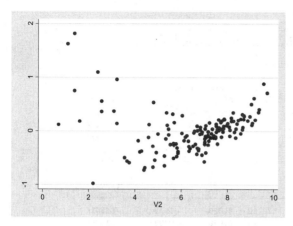

```
. estat imtest,white

White's test for Ho: homoskedasticity
        against Ha: unrestricted heteroskedasticity

        chi2(14)   =     73.48
        Prob > chi2 =    0.0000

Cameron & Trivedi's decomposition of IM-test
```

Source	chi2	df	p
Heteroskedasticity	73.48	14	0.0000
Skewness	22.34	4	0.0002
Kurtosis	2.62	1	0.1052
Total	98.45	19	0.0000

图 11.10　利用残差与自变量 V2 绘制的散点图　　　图 11.11　怀特检验的检验结果

怀特检验的原假设数据为同方差。从图 11.11 中可以看出，P 值为 0.0000，非常显著地拒绝了同方差的原假设，认为存在异方差。

10．BP 检验的检验结果

图 11.12~图 11.14 是 BP 检验的检验结果。其中，图 11.12 所示是使用得到的拟合值对数据进行异方差检验的结果，图 11.13 所示是使用方程右边的解释变量对数据进行异方差检验的结果，图 11.14 所示是使用指定的解释变量 V2 对数据进行异方差检验的结果。

```
. estat hettest,iid

Breusch-Pagan / Cook-Weisberg test for heteroskedasticity
        Ho: Constant variance
        Variables: fitted values of V1

        chi2(1)    =     29.04
        Prob > chi2 =    0.0000
```

图 11.12　BP 检验的检验结果 1

```
. estat hettest,rhs iid

Breusch-Pagan / Cook-Weisberg test for heteroskedasticity
        Ho: Constant variance
        Variables: V2 V3 V4 V5

        chi2(4)    =     35.55
        Prob > chi2 =    0.0000
```

图 11.13　BP 检验的检验结果 2

```
. estat hettest V2,rhs iid

Breusch-Pagan / Cook-Weisberg test for heteroskedasticity
        Ho: Constant variance
        Variables: V2 V3 V4 V5

        chi2(4)    =     35.55
        Prob > chi2 =    0.0000
```

图 11.14　BP 检验的检验结果 3

BP 检验的原假设数据为同方差。从图 11.12~图 11.14 可以看出，P 值均为 0.0000，非常显著地拒绝了同方差的原假设，认为存在异方差。

11．回归分析的结果

图 11.15 所示是使用稳健的标准差对数据进行回归分析的结果。

```
. regress  V1 V2 V3 V4 V5,robust

Linear regression                               Number of obs   =        145
                                                F(4, 140)       =     175.79
                                                Prob > F        =     0.0000
                                                R-squared       =     0.9260
                                                Root MSE        =     .39236
```

V1	Coef.	Robust Std. Err.	t	P>|t|	[95% Conf. Interval]	
V2	.7203941	.0325975	22.10	0.000	.655947	.7848411
V3	.4363412	.2456358	1.78	0.078	-.049294	.9219764
V4	.426517	.0754827	5.65	0.000	.2772836	.5757503
V5	-.2198884	.3238121	-0.68	0.498	-.8600823	.4203056
_cons	.3897354	2.30735	0.17	0.866	-4.172019	4.95149

图 11.15　使用稳健的标准差对数据进行回归分析的结果

从上述分析结果中可以得到很多信息，可以看出模型的 F 值$(4, 140) = 175.79$，P 值（Prob > F）= 0.0000，说明模型整体上依旧是非常显著的。模型的可决系数（R-squared）为 0.9260，模型的解释能力依旧很高。

模型的回归方程没有发生变化，依旧是：

V1=0.7203941*V2+0.4363412*V3+0.426517*V4−0.2198884*V5+0.3897354

但是 V3、V5 等变量系数的显著性得到了一定程度的提高，这说明通过使用稳健的标准差进行回归分析，使回归模型得到了一定程度的改善。

11.1.5　案例延伸

上述的 Stata 命令比较简洁，分析过程及结果已达到解决实际问题的目的。Stata 16.0 的强大之处在于提供了更加复杂的命令格式以满足用户更加个性化的需求。

下面使用加权最小二乘回归分析方法解决数据的异方差问题。

以本例为例进行说明，操作命令如下：

- reg V1-V5：以 V1 为因变量，以 V2、V3、V4、V5 为自变量，对数据进行最小二乘回归分析。
- predict e,resid：估计上步回归分析得到的残差。
- gen ee=e^2：对残差数据进行平方变换，产生的新变量 ee 为残差的平方。
- gen lnee=log(ee)：对数据进行对数变换，产生的新变量 lnee 为上步得到残差平方的对数值。

- reg lnee V2,nocon：以上步得到的残差平方对数值为因变量，以 V2 为自变量，并且不包含常数项的最小二乘回归分析。
- predict yhat：预测上步进行的最小二乘回归产生的因变量的拟合值。
- gen yhathat=exp(yhat)：对因变量的拟合值进行指数变换，产生的新变量 yhathat 为 yhat 的指数值。
- reg V1 V2 V3 V4 V5 [aw=1/yhathat]：对数据进行以 V1 为因变量，以 V2、V3、V4、V5 为自变量，以 yhathat 的倒数为权重变量的加权最小二乘回归分析。

在命令窗口输入命令并按回车键进行确认，结果如图 11.16~图 11.23 所示。

图 11.16 所示是对数据进行回归分析的结果。

```
. reg V1-V5

      Source |       SS           df       MS      Number of obs   =       145
-------------+----------------------------------   F(4, 140)       =    437.69
       Model |  269.514818         4  67.3787045   Prob > F        =    0.0000
    Residual |  21.5520082       140  .153942915   R-squared       =    0.9260
-------------+----------------------------------   Adj R-squared   =    0.9238
       Total |  291.066826       144   2.0212974   Root MSE        =    .39236

------------------------------------------------------------------------------
          V1 |      Coef.   Std. Err.      t    P>|t|     [95% Conf. Interval]
-------------+----------------------------------------------------------------
          V2 |   .7203941   .0174664    41.24   0.000     .685862    .7549262
          V3 |   .4363412   .2910476     1.50   0.136    -.1390756   1.011758
          V4 |    .426517   .1003691     4.25   0.000     .2280818    .6249521
          V5 |  -.2198884   .3394286    -0.65   0.518     -.890957    .4511803
       _cons |   .3897354   2.455817     0.16   0.874    -4.465547   5.245018
------------------------------------------------------------------------------
```

图 11.16　对数据进行回归分析的结果

对本结果的解读已在前面有所表述，此处限于篇幅不再赘述。

图 11.17 所示是回归分析得到的残差序列。

	V1	V2	V3	V4	V5	e
1	4.4067192	.69314718	5.3423343	5.1873858	5.2094862	.1195615
2	6.4937538	1.0986123	5.32301	5.8607862	5.1590553	1.624628
3	6.8977049	1.3862944	5.32301	5.8607862	5.1416636	1.81751
4	5.7525726	1.3862944	5.2094862	5.7745515	5.1119878	.752168
5	5.2832037	1.6094379	5.3565863	5.6559918	5.4510385	.182983
6	4.5849675	2.1972246	5.3565863	5.6559918	5.2729996	-.9778399
7	6.8554088	2.3978953	5.288267	5.8721178	5.3278762	1.097735
8	6.5147127	2.5649494	5.32301	5.8607862	5.0106353	.5566101
9	6.2633983	2.5649494	5.3890717	5.6733233	5.0434251	.3636364
10	6.2166061	3.0910425	5.1474945	5.0106353	5.236442	.3683498
11	7.0850643	3.2188758	5.3423343	5.1873858	5.1357984	.9621836
12	6.5072777	3.2188758	5.123964	5.9839363	5.1179938	.1360236
13	5.8550719	3.5553481	5.198497	5.420535	5.3612922	-.4972979
14	6.0473722	3.6635616	5.4380793	5.4638318	5.0998664	-.563445
15	6.2166061	3.7612001	5.164786	6.0591232	5.1357984	-.591301
16	6.3099183	4.1431347	5.170484	4.634729	5.0814044	-.1800509
17	6.6783421	4.2195077	5.288267	5.8721178	5.3471075	-.3873815
18	6.4982821	4.3944492	5.433722	5.6524892	5.062595	-.7258219
19	6.5581978	4.4308168	5.3890717	5.6733233	5.049856	-.6843098
20	6.8057226	4.2904594	5.164786	6.0591232	5.170484	-.3758329
21	7.3158835	4.5951199	5.3936275	5.8916442	5.1357984	-.1211948
22	7.3870902	4.6151205	5.1119878	5.811141	5.2574954	.1195903

图 11.17　回归分析得到的残差序列

图 11.18 所示是对残差序列进行平方变换后的结果。

	V1	V2	V3	V4	V5	e	ee
1	4.4067192	.69314718	5.3423343	5.1873858	5.2094862	.1195615	.014295
2	6.4937538	1.0986123	5.32301	5.8607862	5.1590553	1.624628	2.639415
3	6.8977049	1.3862944	5.32301	5.8607862	5.1416636	1.81751	3.303343
4	5.7525726	1.3862944	5.2094862	5.7745515	5.1119878	.752168	.5657567
5	5.2832037	1.6094379	5.3565863	5.6559918	5.4510385	.182983	.0334828
6	4.5849675	2.1972246	5.3565863	5.6559918	5.2729996	-.9778399	.956171
7	6.8554088	2.3978953	5.288267	5.8721178	5.3278762	1.097735	1.205022
8	6.5147127	2.5649494	5.32301	5.8607862	5.0106353	.5566101	.3098148
9	6.2633983	2.5649494	5.3890717	5.6733233	5.0434251	.3636364	.1322315
10	6.2166061	3.0910425	5.1474945	5.0106353	5.236442	.3683498	.1356816
11	7.0850643	3.2188758	5.3423343	5.1873858	5.1357984	.9621836	.9257973
12	6.5072777	3.2188758	5.123964	5.9839363	5.1179938	.1360236	.0185024
13	5.8550719	3.5553481	5.198497	5.420535	5.3612922	-.4972979	.2473052
14	6.0473722	3.6635616	5.4380793	5.4638318	5.0998664	-.563445	.3174703
15	6.2166061	3.7612001	5.164786	6.0591232	5.1357984	-.591301	.3496368
16	6.3099183	4.1431347	5.170484	4.634729	5.0814044	-.1800509	.0324183
17	6.6783421	4.2195077	5.288267	5.8721178	5.3471075	-.3873815	.1500644
18	6.4982821	4.3944492	5.433722	5.6524892	5.062595	-.7258219	.5268174
19	6.5581978	4.4308168	5.3890717	5.6733233	5.049856	-.6843098	.46828
20	6.8057226	4.2904594	5.164786	6.0591232	5.170484	-.3758329	.1412503
21	7.3158835	4.5951199	5.3936275	5.8916442	5.1357984	-.1211948	.0146882
22	7.3870902	4.6151205	5.1119878	5.811141	5.2574954	.1195903	.0143018

图 11.18 对残差序列进行平方变换后的结果

关于残差序列的意义在前面已经论述过了，此处不再重复讲解。

图 11.19 所示是对残差序列的平方值进行对数变换的结果。

	V1	V2	V3	V4	V5	e	ee	lnee
1	4.4067192	.69314718	5.3423343	5.1873858	5.2094862	.1195615	.014295	-4.247848
2	6.4937538	1.0986123	5.32301	5.8607862	5.1590553	1.624628	2.639415	.9705572
3	6.8977049	1.3862944	5.32301	5.8607862	5.1416636	1.81751	3.303343	1.194935
4	5.7525726	1.3862944	5.2094862	5.7745515	5.1119878	.752168	.5657567	-.5695912
5	5.2832037	1.6094379	5.3565863	5.6559918	5.4510385	.182983	.0334828	-3.396724
6	4.5849675	2.1972246	5.3565863	5.6559918	5.2729996	-.9778399	.956171	-.0448185
7	6.8554088	2.3978953	5.288267	5.8721178	5.3278762	1.097735	1.205022	.1864982
8	6.5147127	2.5649494	5.32301	5.8607862	5.0106353	.5566101	.3098148	-1.171781
9	6.2633983	2.5649494	5.3890717	5.6733233	5.0434251	.3636364	.1322315	-2.023201
10	6.2166061	3.0910425	5.1474945	5.0106353	5.236442	.3683498	.1356816	-1.997444
11	7.0850643	3.2188758	5.3423343	5.1873858	5.1357984	.9621836	.9257973	-.0771
12	6.5072777	3.2188758	5.123964	5.9839363	5.1179938	.1360236	.0185024	-3.989853
13	5.8550719	3.5553481	5.198497	5.420535	5.3612922	-.4972979	.2473052	-1.397132
14	6.0473722	3.6635616	5.4380793	5.4638318	5.0998664	-.563445	.3174703	-1.147371
15	6.2166061	3.7612001	5.164786	6.0591232	5.1357984	-.591301	.3496368	-1.05086
16	6.3099183	4.1431347	5.170484	4.634729	5.0814044	-.1800509	.0324183	-3.429032
17	6.6783421	4.2195077	5.288267	5.8721178	5.3471075	-.3873815	.1500644	-1.89669
18	6.4982821	4.3944492	5.433722	5.6524892	5.062595	-.7258219	.5268174	-.6409012
19	6.5581978	4.4308168	5.3890717	5.6733233	5.049856	-.6843098	.46828	-.758689
20	6.8057226	4.2904594	5.164786	6.0591232	5.170484	-.3758329	.1412503	-1.957222
21	7.3158835	4.5951199	5.3936275	5.8916442	5.1357984	-.1211948	.0146882	-4.220713
22	7.3870902	4.6151205	5.1119878	5.811141	5.2574954	.1195903	.0143018	-4.247366
23	7.0273145	4.7791235	5.2574954	5.4161004	5.0998664	-.2879924	.0829396	-2.489643

图 11.19 对残差序列的平方值进行对数变换的分析结果

图 11.20 所示是以上一步得到的残差平方对数值为因变量，以 V2 为自变量，并且不包含常数项的最小二乘回归分析结果。

```
. reg  lnee V2,nocon

      Source |       SS           df       MS            Number of obs   =       145
-------------+----------------------------------         F(1, 144)       =    448.48
       Model |  2021.97911         1   2021.97911        Prob > F        =    0.0000
    Residual |  649.222688       144   4.50849089        R-squared       =    0.7570
-------------+----------------------------------         Adj R-squared   =    0.7553
       Total |   2671.2018       145   18.4220814        Root MSE        =    2.1233

------------------------------------------------------------------------------
        lnee |      Coef.   Std. Err.      t    P>|t|     [95% Conf. Interval]
-------------+----------------------------------------------------------------
          V2 |  -.5468941   .0258244   -21.18   0.000    -.597938   -.4958502
------------------------------------------------------------------------------
```

图 11.20　最小二乘回归分析结果

图 11.21 所示是上步进行的最小二乘回归分析产生的因变量的拟合值结果。

	V1	V2	V3	V4	V5	e	ee	lnee	yhat
1	4.4067192	.69314718	5.3423343	5.1873858	5.2094862	.1195615	.014295	-4.247848	-.3790781
2	6.4937538	1.0986123	5.32301	5.8607862	5.1590553	1.624628	2.639415	.9705572	-.6008245
3	6.8977049	1.3862944	5.32301	5.8607862	5.1416636	1.81751	3.303343	1.194935	-.7581562
4	5.7525726	1.3862944	5.2094862	5.7745515	5.1119878	.752168	.5657567	-.5695912	-.7581562
5	5.2832037	1.6094379	5.3565863	5.6559918	5.4510385	.182983	.0334828	-3.396724	-.880192
6	4.5849675	2.1972246	5.3565863	5.6559918	5.2729996	-.9778399	.956171	-.0448185	-1.201649
7	6.8554088	2.3978953	5.288267	5.8721178	5.3278762	1.097735	1.205022	.1864982	-1.311395
8	6.5147127	2.5649494	5.32301	5.8607862	5.0106353	.5566101	.3098148	-1.171781	-1.402756
9	6.2633983	2.5649494	5.3890717	5.6733233	5.0434251	.3636364	.1322315	-2.023201	-1.402756
10	6.2166061	3.0910425	5.1474945	5.0106353	5.236442	.3683498	.1356816	-1.997444	-1.690473
11	7.0850643	3.2188758	5.3423343	5.1873858	5.1357984	.9621836	.9257973	-.0771	-1.760384
12	6.5072777	3.2188758	5.123964	5.9839363	5.1179938	.1360236	.0185024	-3.989853	-1.760384
13	5.8550719	3.5553481	5.198497	5.420535	5.3612922	-.4972979	.2473052	-1.397132	-1.944399
14	6.0473722	3.6635616	5.4380793	5.4638318	5.0998664	-.563445	.3174703	-1.147371	-2.00358
15	6.2166061	3.7612001	5.164786	6.0591232	5.1357984	-.591301	.3496368	-1.05086	-2.056978
16	6.3099183	4.1431347	5.170484	4.634729	5.0814044	-.1800509	.0324183	-3.429032	-2.265856
17	6.6783421	4.2195077	5.288267	5.8721178	5.3471075	-.3873815	.1500644	-1.89669	-2.307624
18	6.4982821	4.3944492	5.433722	5.6524892	5.062595	-.7258219	.5268174	-.6409012	-2.403298
19	6.5581978	4.4308168	5.3890717	5.6733233	5.049856	-.6843098	.46828	-.758689	-2.423187
20	6.8057226	4.2904594	5.164786	6.0591232	5.170484	-.3758329	.1412503	-1.957222	-2.346427
21	7.3158835	4.5951199	5.3936275	5.8916442	5.1357984	-.1211948	.0146882	-4.220713	-2.513044
22	7.3870902	4.6151205	5.1119878	5.811141	5.2574954	.1195903	.0143018	-4.247366	-2.523982
23	7.0273145	4.7791235	5.2574954	5.4161004	5.0998664	-.2879924	.0829396	-2.489643	-2.613674
24	6.5764696	4.7874917	5.1761497	5.3612922	5.164786	-.6717196	.4512072	-.7958458	-2.618251

图 11.21　最小二乘回归分析产生的因变量的拟合值结果

图 11.22 所示是对因变量的拟合值进行指数变换的结果。

	V1	V2	V3	V4	V5	e	ee	lnee	yhat	yhatbat
1	4.4067192	.69314718	5.3423343	5.1873858	5.2094862	.1195615	.014295	-4.247848	-.3790781	.6844922
2	6.4937538	1.0986123	5.32301	5.8607862	5.1590553	1.624628	2.639415	.9705572	-.6008245	.5483593
3	6.8977049	1.3862944	5.32301	5.8607862	5.1416636	1.81751	3.303343	1.194935	-.7581562	.4685295
4	5.7525726	1.3862944	5.2094862	5.7745515	5.1119878	.752168	.5657567	-.5695912	-.7581562	.4685295
5	5.2832037	1.6094379	5.3565863	5.6559918	5.4510385	.182983	.0334828	-3.396724	-.880192	.4147032
6	4.5849675	2.1972246	5.3565863	5.6559918	5.2729996	-.9778399	.956171	-.0448185	-1.201649	.3006979
7	6.8554088	2.3978953	5.288267	5.8721178	5.3278762	1.097735	1.205022	.1864982	-1.311395	.269444
8	6.5147127	2.5649494	5.32301	5.8607862	5.0106353	.5566101	.3098148	-1.171781	-1.402756	.2459184
9	6.2633983	2.5649494	5.3890717	5.6733233	5.0434251	.3636364	.1322315	-2.023201	-1.402756	.2459184
10	6.2166061	3.0910425	5.1474945	5.0106353	5.236442	.3683498	.1356816	-1.997444	-1.690473	.1844323
11	7.0850643	3.2188758	5.3423343	5.1873858	5.1357984	.9621836	.9257973	-.0771	-1.760384	.1719788
12	6.5072777	3.2188758	5.123964	5.9839363	5.1179938	.1360236	.0185024	-3.989853	-1.760384	.1719788
13	5.8550719	3.5553481	5.198497	5.420535	5.3612922	-.4972979	.2473052	-1.397132	-1.944399	.1430732
14	6.0473722	3.6635616	5.4380793	5.4638318	5.0998664	-.563445	.3174703	-1.147371	-2.00358	.1348516
15	6.2166061	3.7612001	5.164786	6.0591232	5.1357984	-.591301	.3496368	-1.05086	-2.056978	.1278397
16	6.3099183	4.1431347	5.170484	4.634729	5.0814044	-.1800509	.0324183	-3.429032	-2.265856	.1037412
17	6.6783421	4.2195077	5.288267	5.8721178	5.3471075	-.3873815	.1500644	-1.89669	-2.307624	.0994974
18	6.4982821	4.3944492	5.433722	5.6524892	5.062595	-.7258219	.5268174	-.6409012	-2.403298	.0904192
19	6.5581978	4.4308168	5.3890717	5.6733233	5.049856	-.6843098	.46828	-.758689	-2.423187	.0886386
20	6.8057226	4.2904594	5.164786	6.0591232	5.170484	-.3758329	.1412503	-1.957222	-2.346427	.0957105
21	7.3158835	4.5951199	5.3936275	5.8916442	5.1357984	-.1211948	.0146882	-4.220713	-2.513044	.0810212
22	7.3870902	4.6151205	5.1119878	5.811141	5.2574954	.1195903	.0143018	-4.247366	-2.523982	.0801399

图 11.22　对因变量的拟合值进行指数变换的结果

图 11.23 所示是加权最小二乘回归分析的结果。

```
. reg  V1 V2 V3 V4 V5 [aw=1/yhathat]
(sum of wgt is 7,813.94719038776)
```

Source	SS	df	MS		Number of obs	=	145
					F(4, 140)	=	888.79
Model	173.679487	4	43.4198717		Prob > F	=	0.0000
Residual	6.83940919	140	.048852923		R-squared	=	0.9621
					Adj R-squared	=	0.9610
Total	180.518896	144	1.25360344		Root MSE	=	.22103

V1	Coef.	Std. Err.	t	P>|t|	[95% Conf. Interval]	
V2	.8733637	.0155164	56.29	0.000	.8426869	.9040405
V3	.5411784	.1713419	3.16	0.002	.2024263	.8799305
V4	.4642838	.0625673	7.42	0.000	.3405849	.5879827
V5	-.0882917	.1977227	-0.45	0.656	-.4792002	.3026168
_cons	-2.157215	1.376615	-1.57	0.119	-4.878857	.5644262

图 11.23　加权最小二乘回归分析的结果

从上面的分析结果中看出模型的 F 值（代表模型的显著程度）、部分变量的 P 值以及 R-squared 值、Adj R-squared 值（代表模型的解释能力）都较普通最小二乘回归分析有了一定程度的优化，这就是克服异方差带来的改善效果。

11.2　实例二——自相关检验与应对

11.2.1　自相关检验与应对的功能与意义

如果线性相关模型中的随机误差项的各期望值之间存在着相关关系，我们就称随机误差项之间存在自相关性。线性回归模型中随机误差项存在序列相关的原因很多，但主要是由经济变量的自身特点、数据特点、变量选择及模型函数的形式选择引起的。常见原因包括经济变量惯性的作用、经济行为的滞后性、一些随机因素的干扰或影响、模型设定误差、观测数据处理等。自相关不会影响到最小二乘估计量的线性和无偏性，但会使之失去有效性，使之不再是最优估计量，而且自相关的系数估计量将有相当大的方差，T检验也不再显著，模型的预测功能失效，所以在进行回归分析时往往需要检验数据的自相关性，从而提出针对性的解决方案。常用的用于判断数据是否存在自相关的检验方法有绘制残差序列图、BG检验、Box-Pierce Q检验、DW检验等，解决自相关的方法有使用自相关异方差稳健的标准差进行回归以及使用广义最小二乘回归分析方法进行回归等。

11.2.2 相关数据来源

📹	下载资源:\video\11\11.2
🎬	下载资源:\sample\chap11\案例 11.2.dta

【例 11.2】表 11.2 给出了某企业经营利润和经营资产的有关数据，试使用经营利润作为因变量，以经营资产作为自变量，对这些数据使用最小二乘回归分析的方法进行研究，并进行自相关检验，最终建立合适的回归方程模型用于描述变量之间的关系。

表 11.2 某企业经营利润和经营资产的有关数据

月 份	经营利润/万元	经营资产/万元
1	22.89	283.9
2	23.15	286.9
3	24.12	291.5
4	25.19	303.33
5	27.02	314.49
6	25.52	310.25
...	...	...
45	66.32	456.05
46	63.12	470.3
47	59.89	472.69
48	58.49	512.9
49	67.79	550.96

11.2.3 Stata 分析过程

在利用 Stata 进行分析之前，要把数据录入 Stata 中。本例中有 3 个变量，分别是月份、经营利润和经营资产。把月份变量设定为 month，把经营利润变量设定为 profit，把经营资产变量设定为 asset，变量类型及长度采取系统默认方式，然后录入相关数据。相关操作已在第 1章中详细讲述过了。录入完成后数据如图 11.24 所示。

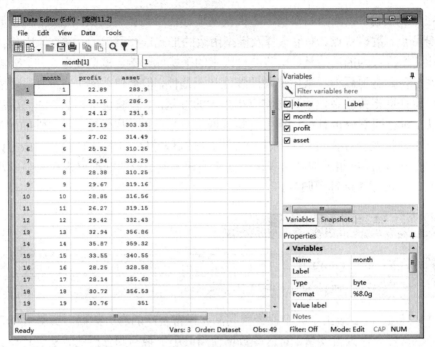

图 11.24　案例 11.2 的数据

先保存数据，然后开始展开分析，步骤如下：

01 进入 Stata 16.0，打开相关数据文件，弹出主界面。

02 在主界面的 Command 文本框中输入如下命令：

- summarize month profit asset,detail：对数据进行描述性分析，从总体上探索数据特征，观测其是否存在极端数据或者变量间的量纲差距过大，从而可能会对回归分析结果造成不利影响。

- correlate month profit asset：对数据进行相关性分析，旨在探索变量之间，尤其是因变量与各个自变量之间的相关性关系，该步骤是进行回归分析前的必要准备。

- regress profit asset：对数据进行回归分析，用于探索自变量对因变量的影响情况。

- vce：获得变量的方差-协方差矩阵。

- test asset：检验回归分析获得的各个自变量系数的显著性。

- predict yhat：获得因变量的拟合值。

- predict e,resid：获得回归模型的估计残差。

- tsset month：把数据定义为以 month 为周期的时间序列。

- scatter e l.e：绘制残差与残差滞后一期的散点图，用于探索数据是否存在一阶自相关。

- ac e：绘制残差的自相关图，用于探索其自相关阶数。

- pac e：绘制残差的偏自相关图，用于探索其自相关阶数。

- estat bgodfrey：BG 检验，旨在检验残差自相关性。

- wntestq e：Box-Pierce Q 检验，旨在检验残差自相关性。

- estat dwatson：DW 检验，旨在检验残差自相关性。

- di 49^0.25: 计算样本个数的 1/4 次幂，旨在确定使用异方差自相关稳健的标准差进行回归的滞后阶数。
- newey profit asset,lag(3): 采用异方差自相关稳健的标准差对数据进行回归分析，克服数据的自相关性对最小二乘回归分析造成的不利影响。

03 设置完毕后，按回车键，等待输出结果。

11.2.4 结果分析

在 Stata 16.0 主界面的结果窗口可以看到如图 11.25~图 11.42 所示的分析结果。

1. 对数据进行描述性分析的结果

图 11.25 所示是对数据进行描述性分析的结果。关于这一分析过程对于回归分析的重要意义已在前面章节中论述过，此处不再重复讲解。

```
. summarize month profit asset,detail

                            month

              Percentiles      Smallest
  1%              1                1
  5%              3                2
 10%              5                3        Obs                49
 25%             13                4        Sum of Wgt.        49

 50%             25                         Mean               25
                               Largest      Std. Dev.     14.28869
 75%             37               46
 90%             45               47        Variance      204.1667
 95%             47               48        Skewness             0
 99%             49               49        Kurtosis         1.799

                            profit

              Percentiles      Smallest
  1%           22.89            22.89
  5%           24.12            23.15
 10%           25.52            24.12        Obs                49
 25%           28.85            25.19        Sum of Wgt.        49

 50%           34.74                         Mean          39.50796
                               Largest       Std. Dev.     13.07854
 75%           48.46            63.12
 90%           59.89            64.97        Variance      171.0482
 95%           64.97            66.32        Skewness      .6806106
 99%           67.79            67.79        Kurtosis      2.213728

                            asset

              Percentiles      Smallest
  1%           283.9            283.9
  5%           291.5            286.9
 10%          310.25            291.5        Obs                49
 25%          332.43           303.33        Sum of Wgt.        49

 50%          391.99                         Mean          385.0224
                               Largest       Std. Dev.     60.03378
 75%          424.15            470.3
 90%          456.05           472.69        Variance      3604.055
 95%          472.69            512.9        Skewness      .3029836
 99%          550.96           550.96        Kurtosis       2.83925
```

图 11.25 描述性分析的结果

在如图 11.25 所示的分析结果中，可以得到很多信息，包括百分位数、4 个最小值、4 个最大值、平均值、标准差、偏度、峰度等。

（1）百分位数（Percentiles）

可以看出变量 month 的第 1 个四分位数（25%）是 13，第 2 个四分位数（50%）是 25，第 3 个四分位数（75%）是 37；变量 profit 的第 1 个四分位数（25%）是 28.85，第 2 个四分位数（50%）是 34.74，第 3 个四分位数（75%）是 48.46；变量 asset 的第 1 个四分位数（25%）是 332.43，第 2 个四分位数（50%）是 391.99，第 3 个四分位数（75%）是 424.15。

（2）4 个最小值（Smallest）

变量 month 最小的 4 个数据值分别是 1、2、3、4。

变量 profit 最小的 4 个数据值分别是 22.89、23.15、24.12、25.19。

变量 asset 最小的 4 个数据值分别是 283.9、286.9、291.5、303.33。

（3）4 个最大值（Largest）

变量 month 最大的 4 个数据值分别是 46、47、48、49。

变量 profit 最大的 4 个数据值分别是 63.12、64.97、66.32、67.79。

变量 asset 最大的 4 个数据值分别是 470.3、472.69、512.9、550.96。

（4）平均值（Mean）和标准差（Std. Dev）

变量 month 的平均值为 25，标准差是 14.28869。

变量 profit 的平均值为 39.50796，标准差是 13.07854。

变量 asset 的平均值为 385.0224，标准差是 60.03378。

（5）偏度（Skewness）和峰度（Kurtosis）

变量 month 的偏度为 0，为无偏度。

变量 profit 的偏度为 0.6806106，为正偏度但不大。

变量 asset 的偏度为 0.3029836，为正偏度但不大。

变量 month 的峰度为 1.799，有一个比正态分布略短的尾巴。

变量 profit 的峰度为 2.213728，有一个比正态分布略短的尾巴。

变量 asset 的峰度为 2.83925，有一个比正态分布略短的尾巴。

综上所述，数据的总体质量还是可以的，没有极端异常值，变量间的量纲差距、变量的偏度和峰度也是可以接受的，可以进入下一步的分析。

2. 对数据进行相关性分析的结果

图 11.26 所示是对数据进行相关性分析的结果。关于这一分析过程对于回归分析的重要意义已在前面章节中论述过，此处不再重复讲解。

```
. correlate month profit asset
(obs=49)

             |    month   profit    asset
-------------+---------------------------
       month |   1.0000
      profit |   0.9377   1.0000
       asset |   0.9557   0.8917   1.0000
```

图 11.26　相关性分析的结果

在图 11.26 中，profit 与 asset 之间的相关关系还是可以接受的，可以进入下面的回归分析过程。

3. 对数据进行回归分析的结果

图 11.27 所示是对数据进行回归分析的结果。

```
. regress profit asset

      Source |       SS           df       MS      Number of obs   =        49
-------------+----------------------------------   F(1, 47)        =    182.40
       Model |  6528.14552         1   6528.14552   Prob > F        =    0.0000
    Residual |  1682.16623        47   35.7907709   R-squared       =    0.7951
-------------+----------------------------------   Adj R-squared   =    0.7908
       Total |  8210.31175        48   171.048161   Root MSE        =    5.9825

------------------------------------------------------------------------------
      profit |      Coef.   Std. Err.      t    P>|t|     [95% Conf. Interval]
-------------+----------------------------------------------------------------
       asset |   .1942579   .0143837     13.51   0.000     .1653217     .223194
       _cons |  -35.28568   5.603588     -6.30   0.000    -46.55864   -24.01271
------------------------------------------------------------------------------
```

图 11.27 回归分析的结果

从上述分析结果中，可以看出共有 49 个样本参与了分析，模型的 F 值(1, 47) = 182.40，P 值（Prob > F）= 0.0000，说明模型整体上是非常显著的。模型的可决系数（R-squared）=0.7951，模型修正的可决系数（Adj R-squared）= 0.7908，说明模型的解释能力非常不错。

模型的回归方程是：

profit =0.1942579* asset -35.28568

变量 asset 的系数标准误是 0.0143837，t 值为 13.51，P 值为 0.000，系数是非常显著的，95%的置信区间为[0.1653217, 0.223194]。常数项的系数标准误是 5.603588，t 值为-6.30，P 值为 0.000，系数也是非常不显著的，95%的置信区间为[-46.55864, -24.01271]。

从上面的分析可以看出该企业的经营利润与经营资产之间是一种正向联动变化关系，但是经营资产的增加仅能带来经营利润近五分之一的增加。

4. 变量的方差-协方差矩阵结果

图 11.28 所示是变量的方差-协方差矩阵。

```
. vce

Covariance matrix of coefficients of regress model

        e(V) |      asset        _cons
-------------+------------------------
       asset |   .00020689
       _cons |  -.07965709    31.400193
```

图 11.28 变量的方差-协方差矩阵

从图 11.28 中可以看出，变量与常数项系数的方差与协方差都不是很大。

5. 对变量系数的假设检验结果

图 11.29 所示是对变量系数的假设检验结果。

```
. test asset

 ( 1)  asset = 0

     F(  1,    47) =  182.40
          Prob > F =   0.0000
```

图 11.29　对变量系数的假设检验结果

从图 11.29 中可以看出，模型非常显著，在 5% 的显著性水平上通过了检验。

6．对因变量的拟合值的预测

图 11.30 所示是对因变量的拟合值的预测。

	month	profit	asset	yhat
1	1	22.89	283.9	19.86413
2	2	23.15	286.9	20.4469
3	3	24.12	291.5	21.34049
4	4	25.19	303.33	23.63856
5	5	27.02	314.49	25.80647
6	6	25.52	310.25	24.98282
7	7	26.94	313.29	25.57337
8	8	28.38	310.25	24.98282
9	9	29.67	319.16	26.71366
10	10	28.85	316.56	26.20859
11	11	26.27	319.15	26.71172
12	12	29.42	332.43	29.29146
13	13	32.94	356.86	34.03718
14	14	35.87	359.32	34.51506
15	15	33.55	340.55	30.86884
16	16	28.25	328.58	28.54357
17	17	28.14	355.68	33.80796
18	18	30.72	356.53	33.97308
19	19	30.76	351	32.89883
20	20	31.59	359.77	34.60247
21	21	28.29	378.95	38.32834
22	22	30.33	378.92	38.32251
23	23	31.09	389.91	40.45741
24	24	32.15	407.59	43.89188
25	25	34.27	413.99	45.13513

图 11.30　对因变量的拟合值的预测

因变量预测拟合值是根据自变量的值和得到的回归方程计算出来的，主要用于预测未来。从图 11.30 中可以看到 yhat 的值与 profit 的值是比较相近的，所以拟合的回归模型还是不错的。

7．回归分析得到的残差序列

图 11.31 所示是回归分析得到的残差序列。

	month	profit	asset	yhat	e
1	1	22.89	283.9	19.86413	3.025871
2	2	23.15	286.9	20.4469	2.703098
3	3	24.12	291.5	21.34049	2.779512
4	4	25.19	303.33	23.63856	1.551444
5	5	27.02	314.49	25.80647	1.213525
6	6	25.52	310.25	24.98282	.5371766
7	7	26.94	313.29	25.57337	1.366631
8	8	28.38	310.25	24.98282	3.397175
9	9	29.67	319.16	26.71366	2.956338
10	10	28.85	316.56	26.20859	2.64141
11	11	26.27	319.15	26.71172	-.4417171
12	12	29.42	332.43	29.29146	.1285384
13	13	32.94	356.86	34.03718	-1.097181
14	14	35.87	359.32	34.51506	1.354941
15	15	33.55	340.55	30.86884	2.681165
16	16	28.25	328.58	28.54357	-.2935677
17	17	28.14	355.68	33.80796	-5.667957
18	18	30.72	356.53	33.97308	-3.253078
19	19	30.76	351	32.89883	-2.138831
20	20	31.59	359.77	34.60247	-3.012471
21	21	28.29	378.95	38.32834	-10.03834
22	22	30.33	378.92	38.32251	-7.992514
23	23	31.09	389.91	40.45741	-9.367405
24	24	32.15	407.59	43.89188	-11.74188
25	25	34.27	413.99	45.13513	-10.86513

图 11.31　残差序列

关于残差序列的意义在前面已经论述过了，此处不再重复讲解。

8．以 month 为周期的时间序列的结果

图 11.32 所示是把数据定义成以 month 为周期的时间序列的结果。

```
. tsset month
        time variable:  month, 1 to 49
                delta:  1 unit
```

图 11.32　以 month 为周期的时间序列的结果

关于时间序列的相关概念与分析方法等，将在后续的章节中详细说明，这里不再赘述。

9．散点图

图 11.33 所示是残差与残差滞后一期的散点图。

从图 11.33 中可以看出，残差与滞后一期的残差之间存在着一种类似正向线性变动关系，所以数据是存在自相关的。

10．自相关图

图 11.34 所示是残差序列的自相关图。

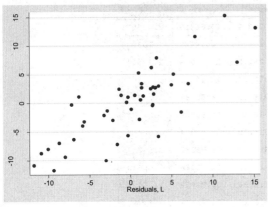

图 11.33　残差与残差滞后一期的散点图

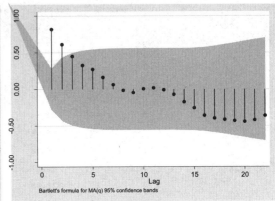

图 11.34　残差序列的自相关图

图 11.34 中的横轴表示滞后阶数，阴影部分表示 95%的自相关置信区间，在阴影部分之外表示自相关系数显著不为 0。从图 11.34 中可以看出，数据主要是存在一阶自相关的。

11．偏自相关图

图 11.35 所示是残差序列的偏自相关图。

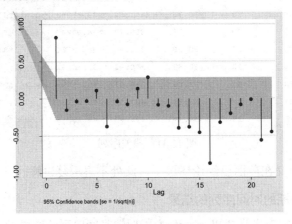

图 11.35　残差序列的偏自相关图

图 11.35 中的横轴表示滞后阶数，阴影部分表示 95%的自相关置信区间，在阴影部分之外表示自相关系数显著不为 0。从图 11.35 中同样可以看出，数据主要是存在一阶自相关的。

12．BG 检验的检验结果

图 11.36 所示是 BG 检验的检验结果。

```
. estat bgodfrey
```

Breusch-Godfrey LM test for autocorrelation

lags(p)	chi2	df	Prob > chi2
1	33.069	1	0.0000

H0: no serial correlation

图 11.36　BG 检验的检验结果

BG 检验的原假设是数据没有自相关。从图 11.36 中可以看出，P 值为 0.0000，非常显著地拒绝了无自相关的原假设，认为存在自相关。

13. Box-Pierce Q 检验的检验结果

图 11.37 所示是 Box-Pierce Q 检验的检验结果。

```
. wntestq e

Portmanteau test for white noise

Portmanteau (Q) statistic =   181.4096
Prob > chi2(22)            =     0.0000
```

图 11.37　Box-Pierce Q 检验的检验结果

Box-Pierce Q 检验的原假设是数据没有自相关。从图 11.37 中可以看出，P 值为 0.0000，非常显著地拒绝了无自相关的原假设，认为存在自相关。

14. DW 检验的检验结果

图 11.38 所示是 DW 检验的检验结果。

```
. estat dwatson

Durbin-Watson d-statistic(  2,    49) = .3545385
```

图 11.38　DW 检验的检验结果

DW 检验的原假设数据没有自相关。从图 11.38 中可以看出，DW 值为 0.3545385，远远小于无自相关时的值 2，所以认为存在正的自相关。

图 11.39 所示是计算样本个数的 1/4 次幂的结果。

```
. di 49^0.25
2.6457513
```

图 11.39　计算样本个数的 1/4 次幂的结果

本例中，样本个数为 49，49 的 0.25 次方是 2.6457513，所以确定的滞后阶数是 3。

图 11.40 所示是使用自相关异方差稳健的标准差对数据进行回归分析的结果。

```
. newey profit asset,lag(3)

Regression with Newey-West standard errors        Number of obs  =       49
maximum lag: 3                                     F(  1,     47) =   107.43
                                                   Prob > F       =   0.0000
```

profit	Coef.	Newey-West Std. Err.	t	P>|t|	[95% Conf. Interval]	
asset	.1942579	.0187418	10.36	0.000	.1565543	.2319615
_cons	-35.28568	6.344974	-5.56	0.000	-48.05012	-22.52123

图 11.40　使用自相关异方差稳健的标准差对数据进行回归分析的结果

从上述分析结果中可以看出，模型整体的显著性、自变量与常数项系数的显著性以及模型的解释能力依旧很高。

11.2.5 案例延伸

上述的 Stata 命令比较简洁，分析过程及结果已达到解决实际问题的目的。Stata 16.0 的强大之处在于提供了更加复杂的命令格式以满足用户更加个性化的需求。

下面使用广义最小二乘回归分析方法解决数据的异方差问题。

以本例为例进行说明，操作命令如下：

- prais profit asset,corc：对数据进行以 profit 为因变量、以 asset 为自变量的迭代式 CO 估计法广义最小二乘回归分析。
- prais profit asset,nolog：对数据进行以 profit 为因变量、以 asset 为自变量的迭代式 PW 估计法广义最小二乘回归分析。

在命令窗口输入命令并按回车键进行确认，结果如图 11.41 和图 11.42 所示。

图 11.41 所示是对数据进行迭代式 CO 估计法广义最小二乘回归分析的结果。

```
Cochrane-Orcutt AR(1) regression -- iterated estimates
```

Source	SS	df	MS		
				Number of obs =	48
				F(1, 46) =	3.94
Model	38.9070104	1	38.9070104	Prob > F =	0.0531
Residual	453.948232	46	9.86843982	R-squared =	0.0789
				Adj R-squared =	0.0589
Total	492.855242	47	10.4862817	Root MSE =	3.1414

profit	Coef.	Std. Err.	t	P>|t|	[95% Conf. Interval]	
asset	.069753	.0351296	1.99	0.053	-.0009592	.1404652
_cons	29.04086	23.83048	1.22	0.229	-18.9274	77.00912
rho	.9672991					

```
Durbin-Watson statistic (original)    0.354538
Durbin-Watson statistic (transformed) 1.927109
```

图 11.41　对数据进行迭代式 CO 估计法广义最小二乘回归分析的结果

对本结果的详细解读与前面类似，此处限于篇幅不再赘述。但值得注意的是，DW 值从 0.354538 跃升至 1.927109，非常接近没有自相关时的值 2，所以经过 CO 迭代变换后，模型消除了自相关，但是模型的显著程度和解释能力都有所下降，这是必须付出的代价。

图 11.42 所示是对数据进行迭代式 PW 估计法广义最小二乘回归分析的结果。

```
. prais profit asset,nolog
```

```
Prais-Winsten AR(1) regression -- iterated estimates
```

Source	SS	df	MS		
				Number of obs =	49
				F(1, 47) =	7.55
Model	75.5863133	1	75.5863133	Prob > F =	0.0085
Residual	470.661312	47	10.0140705	R-squared =	0.1384
				Adj R-squared =	0.1200
Total	546.247626	48	11.3801589	Root MSE =	3.1645

profit	Coef.	Std. Err.	t	P>|t|	[95% Conf. Interval]	
asset	.1046879	.029304	3.57	0.001	.045736	.1636399
_cons	.0516432	12.70555	0.00	0.997	-25.50864	25.61192
rho	.9291977					

```
Durbin-Watson statistic (original)    0.354538
Durbin-Watson statistic (transformed) 1.861233
```

图 11.42　对数据进行迭代式 PW 估计法广义最小二乘回归分析的结果

对本结果的详细解读与前面类似，此处限于篇幅不再赘述。但值得注意的是，DW 值从 0.354538 跃升至 1.861233，非常接近没有自相关时的值 2，所以经过 PW 迭代变换后，模型消除了自相关，同样，模型的显著程度和解释能力也有所下降。

11.3　实例三——多重共线性检验与应对

11.3.1　多重共线性检验与应对的功能与意义

多重共线性包括严重的多重共线性和近似的多重共线性。在进行回归分析时，如果某一自变量可以被其他的自变量通过线性组合得到，数据就存在严重的多重共线性问题。近似的多重共线性是指某自变量能够被其他的自变量较多地解释，或者说自变量之间存在着很大程度的信息重叠。在数据存在多重共线性的情况下，最小二乘回归分析得到的系数值仍然是最优无偏估计的，但是会导致系数的估计值不准确，而且会使部分系数的显著性很弱，也不好区分每个自变量对因变量的影响程度。解决多重共线性的办法通常有两种：一种是剔除不显著的变量；另一种是进行因子分析，提取出相关性较弱的几个主因子，再进行回归分析。

11.3.2　相关数据来源

下载资源:\video\11\11.3
下载资源:\sample\chap11\案例 11.3.dta

【例 11.3】表 11.3 给出了我国 1996—2003 年国民经济主要指标统计数据。试使用国内生产总值作为因变量，以货物周转量、原煤、发电量、原油等作为自变量，对这些数据使用最小二乘回归分析的方法进行研究，并进行多重共线性检验，最终建立合适的回归方程模型用于描述变量之间的关系。

表 11.3　我国 1996—2003 年国民经济主要指标统计数据

年　份	国内生产总值/亿元	货物周转量/亿吨千米	原煤/亿吨	发电量/亿千瓦时	原油/万吨
1996	67 884.6	36 590.0	16.0	10 813.0	15 733.0
1997	74 462.6	38 385.0	13.7	11 356.0	16 074.0
1998	78 345.0	38 089.0	12.5	11 670.0	16 100.0
1999	82 067.0	40 568.0	10.5	12 393.0	16 000.0
2000	89 442.0	44 321.0	10.0	13 556.0	16 300.0
2001	97 315.0	47 710.0	11.6	14 808.0	16 396.0
2002	105 172.0	50 686.0	13.8	16 540.0	16 700.0
2003	117 251.9	53 859.0	16.7	19 106.0	16 960.0

11.3.3　Stata 分析过程

在用 Stata 进行分析之前，要把数据录入 Stata 中。本例中有 6 个变量，分别是年份、国内生产总值、货物周转量、原煤、发电量、原油。我们把这 6 个变量分别设定为 V1、V2、V3、V4、V5、V6，变量类型及长度采取系统默认方式，然后录入相关数据。相关操作在第 1 章中已详细讲述过了。录入完成后数据如图 11.43 所示。

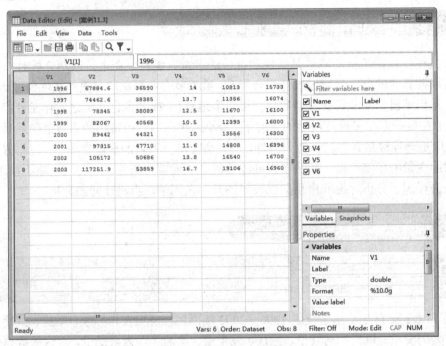

图 11.43　案例 11.3 的数据

先保存数据，然后开始展开分析，步骤如下：

01 进入 Stata 16.0，打开相关数据文件，弹出主界面。

02 在主界面的 Command 文本框中输入如下命令：

- summarize　V1 V2 V3 V4 V5 V6,detail：对数据进行描述性分析，从总体上探索数据特征，观测其是否存在极端数据或者变量间的量纲差距过大，从而可能会对回归分析结果造成不利影响。

- correlate　V1 V2 V3 V4 V5 V6：对数据进行相关性分析，旨在探索变量之间，尤其是因变量与各个自变量之间的相关性关系，该步骤是进行回归分析前的必要准备。

- regress　V2 V3 V4 V5 V6：对数据进行回归分析，探索自变量对因变量的影响情况。

- estat vif：对模型进行多重共线性检验。

- regress　V2 V3 V4 V6：在上一步的基础上剔除最大的方差膨胀因子，然后重新进行回归。

- estat vif：对新模型进行多重共线性检验。

- regress　V2 V3 V4：在上一步的基础上剔除最大的方差膨胀因子，然后重新进行回归。

- estat vif：对新模型进行多重共线性检验。
- regress V2 V3：在上一步的基础上剔除 P 值不显著的变量后，然后重新进行回归。

03 设置完毕后，按回车键，等待输出结果。

11.3.4 结果分析

在 Stata 16.0 主界面的结果窗口可以看到如图 11.44~图 11.52 所示的分析结果。

1. 对数据进行描述性分析的结果

图 11.44 所示是对数据进行描述性分析的结果。关于这一分析过程对于回归分析的重要意义已在前面章节中论述过，此处不再重复讲解。

```
. summarize  V1 V2 V3 V4 V5 V6,detail

                              V4
        Percentiles    Smallest
 1%          10            10
 5%          10            10.5
10%          10            11.6          Obs                  8
25%          11.05         12.5          Sum of Wgt.          8

50%          13.1                        Mean             12.85
                         Largest         Std. Dev.     2.174528
75%          13.9          13.7
90%          16.7          13.8          Variance      4.728571
95%          16.7          14            Skewness       .325807
99%          16.7          16.7          Kurtosis      2.349168

                              V5
        Percentiles    Smallest
 1%         10813         10813
 5%         10813         11356
10%         10813         11670          Obs                  8
25%         11513         12393          Sum of Wgt.          8

50%         12974.5                      Mean          13780.25
                         Largest         Std. Dev.     2882.102
75%         15674         13556
90%         19106         14808          Variance       8306510
95%         19106         16540          Skewness      .7700467
99%         19106         19106          Kurtosis      2.364367

                              V6
        Percentiles    Smallest
 1%         15733         15733
 5%         15733         16000
10%         15733         16074          Obs                  8
25%         16037         16100          Sum of Wgt.          8

50%         16200                        Mean          16282.88
                         Largest         Std. Dev.     397.3187
75%         16548         16300
90%         16960         16396          Variance      157862.1
95%         16960         16700          Skewness      .4391698
99%         16960         16960          Kurtosis      2.237363
```

```
                              V1
        Percentiles    Smallest
 1%         1996          1996
 5%         1996          1997
10%         1996          1998          Obs                  8
25%         1997.5        1999          Sum of Wgt.          8

50%         1999.5                      Mean            1999.5
                         Largest        Std. Dev.      2.44949
75%         2001.5        2000
90%         2003          2001          Variance             6
95%         2003          2002          Skewness             0
99%         2003          2003          Kurtosis      1.761905

                              V2
        Percentiles    Smallest
 1%         67884.6       67884.6
 5%         67884.6       74462.6
10%         67884.6       78345         Obs                  8
25%         76403.8       82067         Sum of Wgt.          8

50%         85754.5                     Mean          88992.51
                         Largest        Std. Dev.     16681.17
75%         101243.5      89442
90%         117251.9      97315         Variance      2.78e+08
95%         117251.9      105172        Skewness      .4398428
99%         117251.9      117251.9      Kurtosis      2.043855

                              V3
        Percentiles    Smallest
 1%         36590         36590
 5%         36590         38089
10%         36590         38385         Obs                  8
25%         38237         40568         Sum of Wgt.          8

50%         42444.5                     Mean             43776
                         Largest        Std. Dev.     6420.092
75%         49198         44321
90%         53859         47710         Variance      4.12e+07
95%         53859         50686         Skewness      .3874834
99%         53859         53859         Kurtosis      1.683573
```

图 11.44 对数据进行描述性分析的结果

从如图 11.44 所示的分析结果中可以看出，数据的总体质量还是可以的，没有极端异常值，变量间的量纲差距、变量的偏度和峰度也是可以接受的，可以进行下一步的分析。

2. 对数据进行相关性分析的结果

图 11.45 所示是对数据进行相关性分析的结果。关于这一分析过程对于回归分析的重要意义已在前面章节中论述过，此处不再重复讲解。

```
. correlate V1 V2 V3 V4 V5 V6
(obs=8)
```

	V1	V2	V3	V4	V5	V6
V1	1.0000					
V2	0.9849	1.0000				
V3	0.9766	0.9905	1.0000			
V4	0.2172	0.3775	0.3643	1.0000		
V5	0.9566	0.9911	0.9846	0.4788	1.0000	
V6	0.9473	0.9782	0.9627	0.4517	0.9713	1.0000

图 11.45　对数据进行相关性分析的结果

在图 11.45 中，变量间的相关系数非常大，这意味着变量间存在很高程度的信息重叠，模型很有可能存在多重共线性问题。

3．对数据进行回归分析的结果

图 11.46 所示是对数据进行回归分析的结果。

```
. regress V2 V3 V4 V5 V6
```

Source	SS	df	MS			
				Number of obs	=	8
				F(4, 3)	=	348.28
Model	1.9436e+09	4	485910915	Prob > F	=	0.0002
Residual	4185548.75	3	1395182.92	R-squared	=	0.9979
				Adj R-squared	=	0.9950
Total	1.9478e+09	7	278261315	Root MSE	=	1181.2

V2	Coef.	Std. Err.	t	P>|t|	[95% Conf. Interval]	
V3	.0040429	.5633146	0.01	0.995	-1.788676	1.796761
V4	-931.3118	327.7201	-2.84	0.066	-1974.263	111.6399
V5	4.686809	1.391856	3.37	0.043	.2573033	9.116316
V6	10.28367	4.790103	2.15	0.121	-4.960572	25.52792
_cons	-131250.3	68579.04	-1.91	0.152	-349499.4	86998.81

图 11.46　对数据进行回归分析的结果

从上述分析结果中可以看出共有 8 个样本参与了分析，模型的 F 值$(4, 3)$ = 348.28，P 值（Prob > F）= 0.0002，说明模型整体上是非常显著的。模型的可决系数（R-squared）= 0.9979，模型修正的可决系数（Adj R-squared）= 0.9950，说明模型的解释能力非常不错。

模型的回归方程是：

$$V2=0.0040429*V3-931.3118*V4+4.686809*V5+10.28367*V6-131250.3$$

变量 V3 的系数标准误是 0.5633146，t 值为 0.01，P 值为 0.995，系数是非常不显著的，95%的置信区间为[-1.788676, 1.796761]。变量 V4 的系数标准误是 327.7201，t 值为-2.84，P 值为 0.066，系数的显著程度不高，95%的置信区间为[-1974.263, 111.6399]。变量 V5 的系数标准误是 1.391856，t 值为 3.37，P 值为 0.043，系数是非常显著的，95%的置信区间为[0.2573033, 9.116316]。变量 V6 的系数标准误是 4.790103，t 值为 2.15，P 值为 0.121，系数是非常不显著的，95%的置信区间为[-4.960572, 25.52792]。常数项的系数标准误是 68579.04，t 值为-1.91，P 值为 0.152，系数也是非常不显著的，95%的置信区间为[-349499.4, 86998.81]。

从上面的分析可以看出，国内生产总值与货物周转量、原煤、发电量、原油等变量进行回归得到的模型中部分变量的系数非常不显著，而且原煤产量的系数居然是负值，这显然是不符合现实情况的，造成这些现象的根源就在于模型存在着程度比较高的多重共线性问题。

4．对模型进行多重共线性检验的结果

图 11.47 所示是对模型进行多重共线性检验的结果。

```
. estat vif

    Variable |       VIF       1/VIF
-------------+----------------------
          V5 |     80.74    0.012386
          V3 |     65.62    0.015239
          V6 |     18.17    0.055026
          V4 |      2.55    0.392461
-------------+----------------------
    Mean VIF |     41.77
```

图 11.47　对模型进行多重共线性检验的结果

从图 11.47 中可以看出，Mean VIF 的值是 41.77，远远大于合理值 10，所以模型存在较高程度的多重共线性，其中 V5 的方差膨胀因子最高，即 80.74，所以需要将 V5 剔除以后重新进行回归。

图 11.48 所示是在上一步的基础上剔除最大的方差膨胀因子再重新进行回归的结果。

```
. regress  V2 V3 V4 V6

      Source |       SS           df       MS      Number of obs   =         8
-------------+----------------------------------   F(3, 4)         =    128.49
       Model |  1.9278e+09         3   642607998   Prob > F        =    0.0002
    Residual |  20005214.2         4  5001303.55   R-squared       =    0.9897
-------------+----------------------------------   Adj R-squared   =    0.9820
       Total |  1.9478e+09         7   278261315   Root MSE        =    2236.4

          V2 |      Coef.   Std. Err.      t    P>|t|     [95% Conf. Interval]
-------------+----------------------------------------------------------------
          V3 |   1.671362   .5085665     3.29   0.030     .2593548    3.083369
          V4 |  -182.1422   455.5875    -0.40   0.710    -1447.056    1082.771
          V6 |    15.5194   8.578151     1.81   0.145    -8.297364    39.33617
       _cons |    -234533   116132.3    -2.02   0.114    -556967.8    87901.88
```

图 11.48　重新进行回归的结果

关于本结果的详细解读方式前面多有提及，限于篇幅不再赘述。

图 11.49 所示是对新模型进行多重共线性检验的结果。

```
. estat vif

    Variable |       VIF       1/VIF
-------------+----------------------
          V6 |     16.26    0.061506
          V3 |     14.92    0.067020
          V4 |      1.37    0.727967
-------------+----------------------
    Mean VIF |     10.85
```

图 11.49　对新模型进行多重共线性检验的结果

从图 11.49 中可以看出，Mean VIF 的值是 10.85，接近合理值 10，所以模型的多重共线性得到了很大程度的改善。下面剔除目前最大的方差膨胀因子 V6，继续进行回归。

图 11.50 所示是在上一步的基础上剔除最大的方差膨胀因子再重新进行回归的结果。

```
. regress  V2 V3 V4

      Source |       SS           df       MS            Number of obs   =         8
-------------+----------------------------------            F(2, 5)        =    131.37
       Model |  1.9115e+09         2   955727052            Prob > F       =    0.0000
    Residual |  36375104.5         5   7275020.9            R-squared      =    0.9813
-------------+----------------------------------            Adj R-squared  =    0.9739
       Total |  1.9478e+09         7   278261315            Root MSE       =    2697.2

----------------------------------------------------------------------------------
          V2 |      Coef.   Std. Err.      t    P>|t|     [95% Conf. Interval]
-------------+--------------------------------------------------------------------
          V3 |   2.555185   .1705049    14.99   0.000     2.116889    2.993482
          V4 |   148.2452   503.3999     0.29   0.780    -1145.785    1442.276
       _cons |  -24768.24    7955.57    -3.11   0.026    -45218.68   -4317.793
----------------------------------------------------------------------------------
```

图 11.50　重新进行回归的结果

关于本结果的详细解读方式前面多有提及，限于篇幅不再赘述。

图 11.51 所示是对新模型进行多重共线性检验的结果。

从图 11.51 中可以看出，Mean VIF 的值是 1.15，远远小于合理值 10，所以模型的多重共线性得到了很大程度的改善。但是根据图 11.50 所示的结果，V4 的系数并不显著，可以把 V4 也剔除，再重新进行回归。

```
. estat vif

    Variable |       VIF       1/VIF
-------------+----------------------
          V3 |      1.15    0.867321
          V4 |      1.15    0.867321
-------------+----------------------
    Mean VIF |      1.15
```

图 11.51　对新模型进行多重共线性检验的结果

图 11.52 所示是在上一步的基础上剔除系数不显著的变量再重新进行回归的结果。

```
. regress V2 V3

      Source |       SS           df       MS            Number of obs   =         8
-------------+----------------------------------            F(1, 6)        =    309.81
       Model |  1.9108e+09         1   1.9108e+09          Prob > F       =    0.0000
    Residual |  37006017.3         6   6167669.55          R-squared      =    0.9810
-------------+----------------------------------            Adj R-squared  =    0.9778
       Total |  1.9478e+09         7   278261315            Root MSE       =    2483.5

----------------------------------------------------------------------------------
          V2 |      Coef.   Std. Err.      t    P>|t|     [95% Conf. Interval]
-------------+--------------------------------------------------------------------
          V3 |   2.573475   .1462077    17.60   0.000     2.215718    2.931232
       _cons |  -23663.93   6460.335    -3.66   0.011    -39471.81   -7856.063
----------------------------------------------------------------------------------
```

图 11.52　重新进行回归的结果

从图 11.52 中可以看出，模拟的整体显著性、模型的解释能力、模型中各变量和常数项的系数显著性都达到了近乎完美的状态。最终的结论是参与分析的变量中，货物周转量能够最大程度地解释国内生产总值，货物周转量越大，国内生产总值也就越大。

11.3.5　案例延伸

上述的 Stata 命令比较简洁，分析过程及结果已达到解决实际问题的目的。Stata 16.0 的强大之处在于提供了更加复杂的命令格式以满足用户更加个性化的需求。

下面使用因子分析方法解决模型的多重共线性问题。

以本例为例进行说明，操作命令如下：

- factor V3 V4 V5 V6,pcf：对 V3、V4、V5、V6 变量提取公因子。
- predict f1：产生已提取的公因子变量 f1。
- reg V2 f1：以 V2 为因变量、以 f1 为自变量进行最小二乘回归分析。
- vif：对模型进行多重共线性检验。

在命令窗口输入命令并按回车键进行确认，结果如图 11.53~图 11.56 所示。

图 11.53 所示是对 V3、V4、V5、V6 变量提取公因子的结果。对本结果的解读已有详细表述，此处限于篇幅不再赘述。

图 11.54 所示是因子分析得到的公因子变量 f1 以及因子得分系数情况。

```
. factor V3 V4 V5 V6,pcf
(obs=8)

Factor analysis/correlation                  Number of obs    =        8
    Method: principal-component factors      Retained factors =        1
    Rotation: (unrotated)                    Number of params =        4

    ┌─────────┬────────────────────────────────────────────────────────┐
    │ Factor  │ Eigenvalue  Difference       Proportion   Cumulative    │
    ├─────────┼────────────────────────────────────────────────────────┤
    │ Factor1 │   3.20006     2.44539           0.8000       0.8000     │
    │ Factor2 │   0.75467     0.71659           0.1887       0.9887     │
    │ Factor3 │   0.03808     0.03089           0.0095       0.9982     │
    │ Factor4 │   0.00718           .           0.0018       1.0000     │
    └─────────┴────────────────────────────────────────────────────────┘

LR test: independent vs. saturated:  chi2(6)  =   42.71 Prob>chi2 = 0.0000

Factor loadings (pattern matrix) and unique variances

    ┌──────────┬─────────────────────┐
    │ Variable │ Factor1   Uniqueness │
    ├──────────┼─────────────────────┤
    │    V3    │ 0.9660      0.0668   │
    │    V4    │ 0.5760      0.6682   │
    │    V5    │ 0.9894      0.0211   │
    │    V6    │ 0.9778      0.0439   │
    └──────────┴─────────────────────┘
```

图 11.53　对 V3、V4、V5、V6 变量提取公因子的结果

```
. predict f1
(option regression assumed; regression scoring)

Scoring coefficients (method = regression)

    ┌──────────┬─────────┐
    │ Variable │ Factor1 │
    ├──────────┼─────────┤
    │    V3    │ 0.30188 │
    │    V4    │ 0.18001 │
    │    V5    │ 0.30919 │
    │    V6    │ 0.30556 │
    └──────────┴─────────┘
```

	V1	V2	V3	V4	V5	V6	f1
1	1996	67884.6	36590	14	10813	15733	-.9838959
2	1997	74462.6	38385	13.7	11356	16074	-.6038306
3	1998	78345	38089	12.5	11670	16100	-.6634035
4	1999	82067	40568	10.5	12393	16000	-.7117401
5	2000	89442	44321	10	13556	16300	-.2211822
6	2001	97315	47710	11.6	14808	16396	.2787592
7	2002	105172	50686	13.8	16540	16700	1.020404
8	2003	117251.9	53859	16.7	19106	16960	1.884889

图 11.54　因子得分系数矩阵

根据图 11.54 展示的因子得分系数矩阵可以写出公因子的表达式。值得一提的是，在表达式中各个变量已经不是原始变量，而是标准化变量。

表达式如下：

f1＝0.30188*货物周转量＋0.18001*原煤＋0.30919*发电量＋0.30556*原油

图 11.55 所示是以 V2 为因变量、以 f1 为自变量进行最小二乘回归分析的结果。

```
. reg V2 f1

      Source |       SS           df       MS      Number of obs   =         8
-------------+----------------------------------   F(1, 6)         =    103.71
       Model |  1.8413e+09          1  1.8413e+09   Prob > F        =    0.0001
    Residual |  106524045           6  17754007.5   R-squared       =    0.9453
-------------+----------------------------------   Adj R-squared   =    0.9362
       Total |  1.9478e+09          7   278261315   Root MSE        =    4213.6

          V2 |      Coef.   Std. Err.      t    P>|t|     [95% Conf. Interval]
-------------+----------------------------------------------------------------
          f1 |   16218.62   1592.572    10.18   0.000     12321.73     20115.5
       _cons |   88992.51   1489.715    59.74   0.000     85347.31    92637.71
```

图 11.55　以 V2 为因变量、以 f1 为自变量进行最小二乘回归分析的结果

从图 11.55 中可以看出，模拟的整体显著性、模型的解释能力、模型中各变量和常数项的系数显著性都达到了近乎完美的状态。

图 11.56 所示是对模型进行多重共线性检验的结果。

```
. vif

    Variable |       VIF       1/VIF
-------------+----------------------
          f1 |      1.00    1.000000
-------------+----------------------
    Mean VIF |      1.00
```

图 11.56　对模型进行多重共线性检验的结果

从图 11.56 中可以看出，Mean VIF 的值是 1，远远小于合理值 10，所以模型的多重共线性得到了很大程度的改善。

11.4　本章习题

（1）某著名跨国公司拥有自己的一套职员评价体系，搜集并整理了公司内部 133 名职员的相关数据，如表 11.4 所示。表中的内容包括职员年薪、工作年限、学历职称、工作能力、敬业精神 5 部分的内容，试使用职员年薪作为因变量，以职员的工作年限、学历职称、工作能力、敬业精神作为自变量，对这些数据使用最小二乘回归分析的方法进行研究，并进行异方差检验，最终建立合适的回归方程模型用于描述变量之间的关系。

表 11.4　某著名跨国公司搜集整理的 133 名职员的相关数据

编　　号	职员年薪	工作年限	学历职称	工作能力	敬业精神
1	6.855 409	2.397 895	5.288 267	5.872 118	5.327 876
2	6.514 713	2.564 949	5.323 01	5.860 786	5.010 635
3	6.263 398	2.564 949	5.389 072	5.673 323	5.043 425

（续表）

编　号	职员年薪	工作年限	学历职称	工作能力	敬业精神
4	6.216 606	3.091 043	5.147 495	5.010 635	5.236 442
5	7.085 064	3.218 876	5.342 334	5.187 386	5.135 798
6	6.507 278	3.218 876	5.123 964	5.983 936	5.117 994
…	…	…	…	…	…
130	10.414 93	8.972 844	5.081 404	5.181 784	5.181 784
131	11.075 07	9.038 246	5.446 737	5.765 191	5.293 305
132	10.627 12	9.064 389	5.411 646	5.579 73	5.204 007
133	10.778 81	9.081 029	5.442 418	5.814 131	5.247 024

（2）表 11.5 给出了某旅游景点游客量和资金投入的有关数据，试使用游客量作为因变量，以资金投入作为自变量，对这些数据使用最小二乘回归分析的方法进行研究，并进行自相关检验，最终建立合适的回归方程模型用于描述变量之间的关系。

表 11.5　某旅游景点游客量和资金投入的有关数据

月　份	游客量/万人	资金投入/万元
1	21.45	282.9
2	23.01	285.9
3	24.08	290.9
4	25.07	302.9
5	26.99	315.98
6	26.01	310.25
…	…	…
45	65.99	455.99
46	64.01	470.29
47	58.96	473.01
48	57.98	511.99
49	68.99	551

（3）表 11.6 给出了我国 1992—2000 年国民经济主要指标统计数据。试使用国内生产总值作为因变量，以货物周转量、原煤、发电量、原油等作为自变量，对这些数据使用最小二乘回归分析的方法进行研究，并进行多重共线性检验，最终建立合适的回归方程模型用于描述变量之间的关系。

表 11.6　我国 1992—2000 年国民经济主要指标统计数据

年 份	国内生产总值/亿元	货物周转量/亿吨千米	原煤/亿吨	发电量/亿千瓦时	原油/万吨
1992	26 638.1	29 218.0	11.2	7 539.0	14 210.0
1993	34 634.4	30 510.0	11.5	8 394.0	14 524.0
1994	46 759.4	33 261.0	12.4	9 281.0	14 608.0
1995	58 478.1	35 730.0	13.6	10 077.0	15 005.0
1996	67 884.6	36 454.0	16.0	10 813.0	15 733.0
1997	74 462.6	38 368.0	13.7	11 356.0	16 074.0
1998	78 345.0	38 046.0	12.5	11 670.0	16 100.0
1999	82 067.0	40 496.0	10.5	12 393.0	16 000.0
2000	89 403.5	44 452.0	10.0	13 556.0	16 300.0

第 12 章 Stata 非线性回归分析

前面讲述的回归分析方法都属于线性回归的范畴，即因变量和自变量之间存在线性关系。在很多情况下，线性模型是对真实情况的一种合理又简单的近似。如果遇到回归参数不是线性的，也不能通过转换的方法将其转换为线性的参数，又该如何处理呢？这时候就需要用到本章将要讲述的非线性回归分析。常用的非线性分析方法有 3 种，包括非参数回归分析、转换变量回归分析以及非线性回归分析。下面就以实例的方式一一介绍这几种方法在 Stata 中的应用。

12.1 实例一——非参数回归分析

12.1.1 非参数回归分析的功能与意义

非参数回归分析（Nonparametric Methods）与前面讲述的回归方式区别很大，是一种探索性工具，通常不会像其他回归方法一样形成一个明确的回归方程，基本上是展示因变量与自变量之间关系的图形工具。其优势在于在不要求研究者事先设定模型的情况下就可以直观、概要地描述数据。

12.1.2 相关数据来源

下载资源:\video\12\12.1
下载资源:\sample\chap12\案例 12.1.dta

【例 12.1】某国内保险公司采取区域事业部制的组织机构模式，在国内有两个事业部：北方事业部和南方事业部。该公司对其客户经理制定了严格的激励约束措施，客户经理的薪酬为基本工资乘以绩效考核系数，绩效考核系数上不封顶、下不保底，所以客户经理之间的收入差距很大。某研究者随机抽取的部分客户经理的历年考核系数如表 12.1 所示，试用非参数回归方法研究年份和绩效考核系数两个变量之间的关系。

表 12.1　某国内保险公司客户经理绩效考核系数表

所属事业部	年　份	绩效考核系数
北方事业部	2000	1.8
北方事业部	2000	2
北方事业部	2000	1.9
北方事业部	2001	1.7
北方事业部	2001	1.6
...	...	...

（续表）

所属事业部	年 份	绩效考核系数
南方事业部	2010	1.49
南方事业部	2010	1.69
南方事业部	2010	1.92

12.1.3　Stata 分析过程

在用 Stata 进行分析之前，要把数据录入 Stata 中。本例中有 3 个变量，分别为所属事业部、年份和绩效考核系数。把所属事业部变量设定为 region，并且把北方事业部设定为 1，把南方事业部设定为 2，把年份变量定义为 year，把绩效考核系数定义为 coefficient，变量类型及长度采取系统默认方式，然后录入相关数据。相关操作在第 1 章中已详细讲述过了。录入完成后数据如图 12.1 所示。

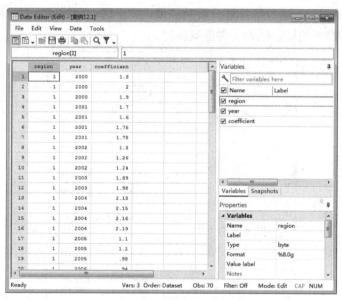

图 12.1　案例 12.1 的数据

先保存数据，然后开始展开分析，步骤如下：

01 进入 Stata 16.0，打开相关数据文件，弹出主界面。

02 在主界面的 Command 文本框中输入如下命令：

- summarize year coefficient,detail：对年份和绩效考核系数进行描述性分析，简要探索数据特征，从整体上对数据有一个清晰直观的把握。

- twoway line coefficient year：运用 Stata 的制图功能描述年份和绩效考核系数之间的变化关系。

- graph twoway mband coefficient year || scatter coefficient year：对数据进行非参数回归并且绘制年份和绩效考核系数之间的散点图。

- graph twoway mband coefficient year || scatter coefficient year || ,by(region)：以事业部为分类对数据进行非参数回归，并且绘制年份和绩效考核系数之间的散点图。
- lowess   coefficient year if region==1：对数据进行修匀，这是非参数回归的另一种重要形式。
- graph twoway lowess coefficient year if region==1 || scatter coefficient year：把修匀命令融合到非参数回归中。

03 设置完毕后，按回车键，等待输出结果。

12.1.4   结果分析

在 Stata 16.0 主界面的结果窗口可以看到如图 12.2~图 12.7 所示的分析结果。

1．对数据进行描述性分析的结果

图 12.2 所示是对数据进行描述性分析的结果。关于这一分析过程对于回归分析的重要意义在前面章节中已经论述过，此处不再重复讲解。

```
. summarize year coefficient,detail

                            year

          Percentiles    Smallest
 1%          2000           2000
 5%          2000           2000
10%          2001           2000       Obs                 70
25%          2002           2000       Sum of Wgt.         70

50%          2005                      Mean           2004.971
                          Largest      Std. Dev.        3.1713
75%          2008           2010
90%          2009           2010       Variance       10.05714
95%          2010           2010       Skewness      -.0176288
99%          2010           2010       Kurtosis       1.781294

                         coefficient

          Percentiles    Smallest
 1%          .73            .73
 5%          .89            .75
10%          .98            .84        Obs                 70
25%          1.24           .89        Sum of Wgt.         70

50%          1.78                      Mean           1.735429
                          Largest      Std. Dev.       .5549636
75%          2.1            2.7
90%          2.495          2.8        Variance        .3079846
95%          2.7            2.86       Skewness        .0567911
99%          2.9            2.9        Kurtosis        2.24893
```

图 12.2   对数据进行描述性分析

在如图 12.2 所示的分析结果中，可以得到很多信息，包括百分位数、4 个最小值、4 个最大值、平均值、标准差、偏度、峰度等。

（1）百分位数（Percentiles）

可以看出变量 year 的第 1 个四分位数（25%）是 2002，第 2 个四分位数（50%）是 2005，第 3 个四分位数（75%）是 2008；变量 coefficient 的第 1 个四分位数（25%）是 1.24，第 2 个四分位数（50%）是 1.78，第 3 个四分位数（75%）是 2.1。

（2）4 个最小值（Smallest）

变量 year 最小的 4 个数据值分别是 2000、2000、2000、2000。

变量 coefficient 最小的 4 个数据值分别是 0.73、0.75、0.84、0.89。

（3）4 个最大值（Largest）

变量 year 最大的 4 个数据值分别是 2010、2010、2010、2010。

变量 coefficient 最大的 4 个数据值分别是 2.7、2.8、2.86、2.9。

（4）平均值（Mean）和标准差（Std. Dev）

变量 year 的平均值为 2004.971，标准差是 3.1713。

变量 coefficient 的平均值为 1.735429，标准差是 0.5549636。

（5）偏度（Skewness）和峰度（Kurtosis）

变量 year 的偏度为-0.0176288，为负偏度但不大。

变量 coefficient 的偏度为 0.0567911，为正偏度但不大。

变量 year 的峰度为 1.781294，有一个比正态分布略短的尾巴。

变量 coefficient 的峰度为 2.24893，有一个比正态分布略短的尾巴。

综上所述，数据的总体质量还是可以的，没有极端异常值，变量间的量纲差距、变量的偏度和峰度也是可以接受的，可以进行下一步的分析。

2．描述年份和绩效考核系数之间的关系图

图 12.3 所示是运用 Stata 的制图功能描述年份和绩效考核系数之间变化关系的结果。

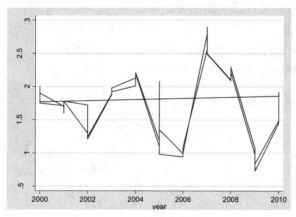

图 12.3　描述年份和绩效考核系数之间的关系图

从图 12.3 中可以看出使用普通的绘图方式来描述年份和绩效考核系数之间的变化关系是非常不清晰的，所以很有必要进行非参数回归来描述这种关系。

3．绘制散点图

图 12.4 所示是对数据进行非参数回归并且绘制年份和绩效考核系数之间的散点图的结果。

从图 12.4 可以看出散点图被分成了 8 个垂直等宽的波段，并使用线段将每一波段内的中位数（年份的中位数、绩效考核系数的中位数）连接起来，这条线段直观地描绘了绩效考核系数随年份的变化走势。可以认为，绩效考核系数跟年份之间是一种高度波动关系，从 2000 年

开始到 2010 年，被观测的客户经理的绩效考核系数先下降又上升，再下降又上升，又下降。

图 12.5 所示是以事业部为分类，对数据进行非参数回归并且绘制年份和绩效考核系数之间的散点图的结果。

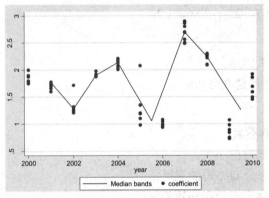

图 12.4　散点图

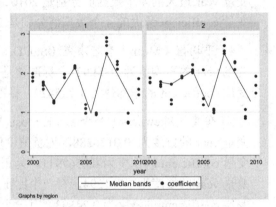

图 12.5　以事业部为分类

由于前面我们把所属事业部变量设定为 region，并且把北方事业部设定为 1，把南方事业部设定为 2，所以图 12.5 中左、右侧的 1、2 分别表示北方事业部和南方事业部的相关情况。从图 12.5 可以看出北方事业部和南方事业部的绩效考核系数的整体走势是很相近的，但是南方事业部的波动要相对平滑一些。

图 12.6 所示是对数据进行修匀的结果。

从图 12.6 可以看出，在修匀的情况下绩效考核系数围绕着一条值约为 1.6 的中轴线上下波动。可以初步判定该公司的客户经理的绩效水平是比较高的。

图 12.7 所示是把修匀命令融合到非参数回归中的结果。

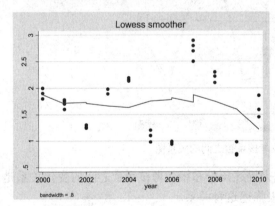

图 12.6　对数据进行修匀

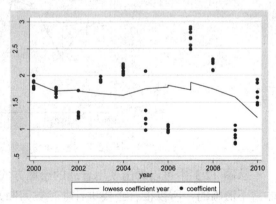

图 12.7　分析结果图

该结果与图 12.6 所示的结果是一致的。

12.1.5　案例延伸

上述的 Stata 命令比较简洁，分析过程及结果已达到解决实际问题的目的。Stata 16.0 的强大之处在于提供了更加复杂的命令格式以满足用户更加个性化的需求。

1．延伸1：设定散点图被分成垂直等宽波段的数量

例如，我们要把散点图分成10段垂直等宽的波段，操作命令就是：

```
graph twoway mband coefficient year,bands(10) || scatter coefficient year
```

在命令窗口输入命令并按回车键进行确认，结果如图12.8所示。

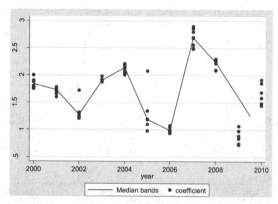

图12.8　分析结果图

从上面的分析结果中可以看出，相对于系统默认设定，散点图得到了更加细致的划分，绩效考核系数走势也更加清晰明朗。

以事业部为分类对数据进行非参数回归，并且把散点图分成10段垂直等宽的波段的操作命令如下：

```
graph twoway mband coefficient year,bands(10) || scatter coefficient
year || ,by(region)
```

在命令窗口输入命令并按回车键进行确认，结果如图12.9所示。

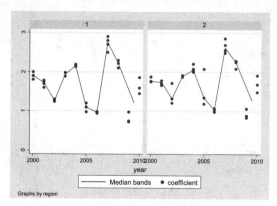

图12.9　分析结果图

从上面的分析结果中可以看出，相对于系统默认分成的8段，散点图得到了更加细致的划分，绩效考核系数走势也更加清晰明朗。

2．延伸2：设定修匀的波段宽度

例如，要设定对每一点进行修匀的样本比例为 0.4，操作命令就是：

```
lowess  coefficient year if region==1,bwidth(0.4)
```

在命令窗口输入命令并按回车键进行确认，结果如图 12.10 所示。

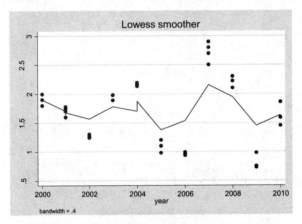

图 12.10　分析结果图

从上面的分析结果中可以看出，数据的波动性得到了增强，修匀程度得到了进一步的降低。如果设定对每一点进行修匀的样本比例为 0.1，操作命令就是：

```
lowess  coefficient year if region==1,bwidth(0.1)
```

在命令窗口输入命令并按回车键进行确认，结果如图 12.11 所示。

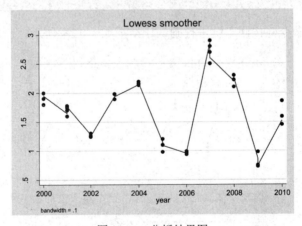

图 12.11　分析结果图

从上面的分析结果可以看出，数据的波动性进一步得到了增强，修匀程度得到了进一步的降低。系统默认的修匀样本比例是 0.8，波段宽度也就是修匀样本比例越接近 1，数据修匀的程度就越低。

12.2 实例二——转换变量回归分析

12.2.1 转换变量回归分析的功能与意义

转换变量回归分析是解决变量间非线性关系的重要方法之一,基本思想是对一个或者更多的变量进行恰当形式的非线性转换,然后将转换好的变量纳入线性回归分析模型中进行分析。由此可以看出转换变量回归分析在本质上仍属于线性回归分析的范畴,但它的确是解决描述变量间非线性关系的较好方法。

12.2.2 相关数据来源

📷	下载资源:\video\12\12.2
💻	下载资源:\sample\chap12\案例 12.2.dta

【例 12.2】研究发现,锡克氏试验阴性率随着儿童年龄的增长而有所升高。山东省某地1~7 岁儿童锡克氏试验阴性率的资料如表 12.2 所示,试用转换变量回归分析方法拟合曲线。

表 12.2 儿童锡克氏试验阴性率

年龄/岁	阴性率/%
1	56.7
2	75.9
3	90.8
4	93.2
5	96.6
6	95.7
7	96.3

12.2.3 Stata 分析过程

在用 Stata 进行分析之前,要把数据录入 Stata 中。本例中有两个变量,分别是年龄和阴性率。把年龄变量设定为 age,把阴性率变量设定为 ratio,变量类型及长度采取系统默认方式,然后录入相关数据。相关操作在第 1 章中已详细讲述过了。录入完成后数据如图 12.12 所示。

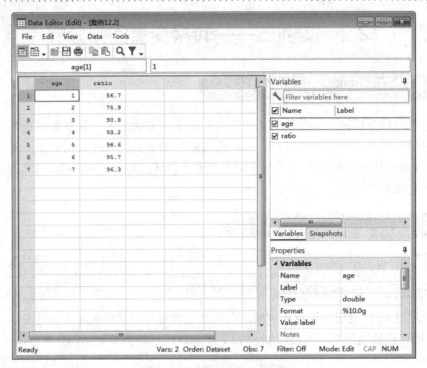

图12.12 案例12.2 的数据

先保存数据，然后开始展开分析，步骤如下：

01 进入 Stata 16.0，打开相关数据文件，弹出主界面。

02 在主界面的 Command 文本框中输入如下操作命令，并按回车键进行确认。

- summarize age ratio,detail：对年龄和阴性率进行描述性分析，简要探索数据特征，从整体上对数据有一个清晰直观的把握。
- twoway line ratio age：通过绘制年龄和阴性率的线形图，从整体上对数据有一个清晰直观的把握。
- graph twoway scatter ratio age || lfit ratio age：通过绘制年龄和阴性率的散点图，从整体上对数据有一个清晰直观的把握。
- reg ratio age：构建线性模型，以阴性率为因变量，以年龄为自变量，进行最小二乘回归分析，探索变量间的回归关系。
- gen lnage=log(age)：对自变量年龄进行自然对数变换，为下一步的分析做好准备。
- reg ratio lnage：构建对数模型，以阴性率为因变量，以年龄的对数值为自变量，进行最小二乘回归分析，探索变量间的回归关系。
- gen age2=age^2：对自变量年龄进行二次变换，为下一步的分析做好准备。
- reg ratio age2 age：构建二次模型，以阴性率为因变量、以年龄以及年龄的二次方为自变量进行最小二乘回归分析，探索变量间的回归关系。
- gen age3=age^3：对自变量年龄进行三次变换，为下一步的分析做好准备。
- reg ratio age3 age2 age：构建三次模型，以阴性率为因变量，以年龄、年龄的二次方以及年龄的三次方为自变量，进行最小二乘回归分析，探索变量间的回归关系。

12.2.4 结果分析

在 Stata 16.0 主界面的结果窗口可以看到如图 12.13~图 12.22 所示的分析结果。

1. 对数据进行描述性分析的结果

图 12.13 所示是对数据进行描述性分析的结果。关于这一分析过程对于回归分析的重要意义已在前面章节中论述过，此处不再重复讲解。

在图 12.13 所示的分析结果中，可以得到很多信息，包括百分位数、4 个最小值、4 个最大值、平均值、标准差、偏度、峰度等。

```
. summarize age ratio,detail

                            age

      Percentiles    Smallest
 1%        1            1
 5%        1            2
10%        1            3          Obs                 7
25%        2            4          Sum of Wgt.         7

50%        4                       Mean                4
                      Largest      Std. Dev.     2.160247
75%        6            4
90%        7            5          Variance      4.666667
95%        7            6          Skewness             0
99%        7            7          Kurtosis          1.75

                           ratio

      Percentiles    Smallest
 1%      56.7          56.7
 5%      56.7          75.9
10%      56.7          90.8        Obs                 7
25%      75.9          93.2        Sum of Wgt.         7

50%      93.2                      Mean          86.45714
                      Largest      Std. Dev.      14.9803
75%      96.3          93.2
90%      96.6          95.7        Variance      224.4095
95%      96.6          96.3        Skewness        -1.304
99%      96.6          96.6        Kurtosis      3.190059
```

图 12.13 对数据进行描述性分析

（1）百分位数（Percentiles）

可以看出变量 age 的第 1 个四分位数（25%）是 2，第 2 个四分位数（50%）是 4，第 3 个四分位数（75%）是 6；变量 ratio 的第 1 个四分位数（25%）是 75.9，第 2 个四分位数（50%）是 93.2，第 3 个四分位数（75%）是 96.3。

（2）4 个最小值（Smallest）

变量 age 最小的 4 个数据值分别是 1、2、3、4。

变量 ratio 最小的 4 个数据值分别是 56.7、75.9、90.8、93.2。

（3）4 个最大值（Largest）

变量 age 最大的 4 个数据值分别是 4、5、6、7。

变量 ratio 最大的 4 个数据值分别是 93.2、95.7、96.3、96.6。

（4）平均值（Mean）和标准差（Std.Dev）

变量 age 的平均值为4，标准差是 2.160247。

变量 ratio 的平均值为86.45714，标准差是 14.9803。

（5）偏度（Skewness）和峰度（Kurtosis）

变量 age 的偏度为0，为零偏度。

变量 ratio 的偏度为−1.304，为负偏度但不大。

变量 age 的峰度为1.75，有一个比正态分布略短的尾巴。

变量 ratio 的峰度为3.190059，有一个比正态分布略长的尾巴。

综上所述，数据的总体质量还是可以的，没有极端异常值，变量间的量纲差距、变量的偏度和峰度也是可以接受的，可以进行下一步的分析。

2．年龄和阴性率的线形图

图 12.14 所示是年龄和阴性率的线形图。

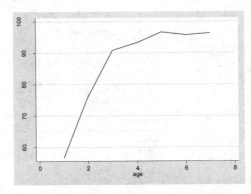

图 12.14　年龄和阴性率的线形图

从图 12.14 可以看出阴性率随着年龄的上升而上升，但是上升的速度越来越慢。

3．年龄和阴性率的散点图

图 12.15 所示是年龄和阴性率的散点图。

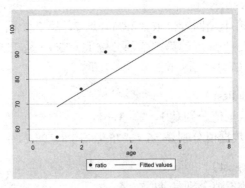

图 12.15　年龄和阴性率的散点图

从图 12.15 同样可以看出，阴性率随着年龄的上升而上升，但是上升的速度越来越慢，因此初步构想的模型包括线性、对数、二次、三次等。

4．对数据进行线性回归分析的结果

图 12.16 所示是对数据进行线性回归分析的结果。

```
. reg ratio age

      Source |       SS           df       MS            Number of obs   =         7
-------------+----------------------------------        F(1, 5)         =     12.55
       Model |  962.915714          1  962.915714        Prob > F        =    0.0165
    Residual |  383.541429          5  76.7082857        R-squared       =    0.7151
-------------+----------------------------------        Adj R-squared   =    0.6582
       Total |  1346.45714          6  224.409524        Root MSE        =    8.7583

-------------+----------------------------------------------------------------------
       ratio |      Coef.   Std. Err.      t    P>|t|     [95% Conf. Interval]
-------------+----------------------------------------------------------------------
         age |   5.864286   1.655168     3.54   0.017     1.609541    10.11903
       _cons |         63   7.402137     8.51   0.000      43.9722    82.0278
```

图 12.16　对数据进行线性回归分析

从上述分析结果可以看出共有 7 个样本参与了分析，模型的 F 值(1, 5) = 12.55，P 值（Prob > F） = 0.0165，说明模型整体上是非常显著的。模型的可决系数（R-squared） = 0.7151，模型修正的可决系数（Adj R-squared） = 0.6582，说明模型的解释能力还是差强人意的。

变量 age 的系数标准误是 1.655168，t 值为 3.54，P 值为 0.017，系数是非常显著的，95%的置信区间为[1.609541, 10.11903]。常数项的系数标准误是 7.402137，t 值为 8.51，P 值为 0.000，系数也是非常显著的，95%的置信区间为[43.9722，82.0278]。

模型的回归方程是：

ratio = 5.864286* age + 63

从上面的分析可以看出线性模型的整体显著性和系数显著性尚可，但模型的整体解释能力有较大提升空间。

5．对数据进行对数变换线性回归分析的结果

选择 Data|Data Editor|Data Editor(Browse)命令，进入数据查看界面，可以看到如图 12.17 所示的 lnage 数据。

	age	ratio	lnage	age2	age3
1	1	56.7	0	1	1
2	2	75.9	.6931472	4	8
3	3	90.8	1.098612	9	27
4	4	93.2	1.386294	16	64
5	5	96.6	1.609438	25	125
6	6	95.7	1.791759	36	216
7	7	96.3	1.94591	49	343

图 12.17　数据查看界面

图 12.18 所示是对数据进行对数变换线性回归分析的结果。

```
. reg ratio lnage

    Source |      SS       df       MS              Number of obs =       7
-----------+------------------------------           F(  1,     5) =   53.00
     Model | 1230.38048     1   1230.38048           Prob > F      =  0.0008
  Residual | 116.07666      5    23.215332           R-squared     =  0.9138
-----------+------------------------------           Adj R-squared =  0.8965
     Total | 1346.45714     6   224.409524           Root MSE      =  4.8182

-----------------------------------------------------------------------------
     ratio |    Coef.   Std. Err.      t    P>|t|     [95% Conf. Interval]
-----------+-----------------------------------------------------------------
     lnage |  20.91074   2.872349     7.28   0.001     13.52713    28.29435
     _cons |  60.99036    3.94382    15.46   0.000     50.85245    71.12828
-----------------------------------------------------------------------------
```

图 12.18　对数据进行对数变换线性回归分析

从上述分析结果中可以看出模型的 F 值(1, 5)升为 53，P 值（Prob > F）升为 0.0008，说明模型整体显著程度继续上升。模型的可决系数（R-squared）= 0.9138，模型修正的可决系数（Adj R-squared）= 0.8965，说明模型的解释能力大幅度提升。

变量 lnage 的系数标准误是 2.872349，t 值为 7.28，P 值为 0.001，系数是非常显著的，95% 的置信区间为[13.52713, 28.29435]。常数项的系数标准误是 3.94382，t 值为 15.46，P 值为 0.000，系数也是非常显著的，95%的置信区间为[50.85245，71.12828]。

模型的回归方程是：

ratio = 20.91074* lnage + 60.99036

从上面的分析可以看出对数模型的整体显著性和系数显著性较线性模型略有升高，对模型的整体解释能力有了较大提升。

6．对数据进行二次变换线性回归分析的结果

选择 Data|Data Editor|Data Editor(Browse)命令，进入数据查看界面，可以看到如图 12.19 所示的 age2 数据。

图 12.20 所示是对数据进行二次变换线性回归分析的结果。

	age	ratio	lnage	age2	age3
1	1	56.7	0	1	1
2	2	75.9	.6931472	4	8
3	3	90.8	1.098612	9	27
4	4	93.2	1.386294	16	64
5	5	96.6	1.609438	25	125
6	6	95.7	1.791759	36	216
7	7	96.3	1.94591	49	343

图 12.19　数据查看界面

```
. reg  ratio age2 age

      Source |       SS       df       MS              Number of obs =       7
-------------+------------------------------           F(  2,    4) =   66.19
       Model | 1306.96333     2  653.481667           Prob > F      =  0.0009
    Residual | 39.4938095     4  9.87345238           R-squared     =  0.9707
-------------+------------------------------           Adj R-squared =  0.9560
       Total | 1346.45714     6  224.409524           Root MSE      =  3.1422

-------------+----------------------------------------------------------------
       ratio |      Coef.   Std. Err.      t    P>|t|     [95% Conf. Interval]
-------------+----------------------------------------------------------------
        age2 |   -2.02381   .3428427     -5.90   0.004    -2.975693   -1.071926
         age |   22.05476   2.806288      7.86   0.001     14.26326    29.84627
       _cons |   38.71429   4.896773      7.91   0.001     25.11866    52.30991
------------------------------------------------------------------------------
```

图 12.20　对数据进行二次变换线性回归分析

从上述分析结果中可以看出模型的 F 值(2,4)上升为 66.19，P 值（Prob > F）为 0.0009，说明模型整体显著程度依旧非常好。模型的可决系数（R-squared）= 0.9707，模型修正的可决系数（Adj R-squared）= 0.9560，说明模型的解释能力又有小幅度提升。

变量 age2 的系数标准误是 0.3428427，t 值为−5.90，P 值为 0.004，系数是非常显著的，95%的置信区间为[−2.975693, −1.071926]。变量 age 的系数标准误是 2.806288，t 值为 7.86，P 值为 0.001，系数是非常显著的，95%的置信区间为[14.26326, 29.84627]。常数项的系数标准误是 4.896773，t 值为 7.91，P 值为 0.001，系数也是非常显著的，95%的置信区间为[25.11866, 52.30991]。

模型的回归方程是：

ratio = −2.02381* age2 +22.05476* age+38.71429

从上面的分析可以看出二次模型在保持整体显著性和系数显著性的同时实现了模型整体解释能力的小幅度提升。

7．对数据进行三次变换线性回归分析的结果

选择 Data|Data Editor|Data Editor(Browse)命令，进入数据查看界面，可以看到如图 12.21 所示的 age3 数据。

图 12.22 所示是对数据进行三次变换线性回归分析的结果。

	age	ratio	lnage	age2	age3
1	1	56.7	0	1	1
2	2	75.9	.6931472	4	8
3	3	90.8	1.098612	9	27
4	4	93.2	1.386294	16	64
5	5	96.6	1.609438	25	125
6	6	95.7	1.791759	36	216
7	7	96.3	1.94591	49	343

图 12.21　数据查看界面

```
. reg ratio age3 age2 age

    Source |      SS         df      MS              Number of obs =       7
-----------+----------------------------            F(  3,     3) =  196.22
     Model |  1339.63        3   446.543333          Prob > F      =  0.0006
  Residual |  6.82714286      3   2.27571429          R-squared     =  0.9949
-----------+----------------------------            Adj R-squared =  0.9899
     Total |  1346.45714      6   224.409524          Root MSE      =  1.5085

-------------+----------------------------------------------------------------
      ratio |     Coef.    Std. Err.      t     P>|t|     [95% Conf. Interval]
------------+----------------------------------------------------------------
       age3 |  .3888889    .1026436     3.79    0.032     .0622311    .7155467
       age2 | -6.690476    1.242672    -5.38    0.013    -10.64521   -2.735738
        age |  37.99921    4.418788     8.60    0.003     23.93665    52.06176
      _cons |  24.71429    4.379614     5.64    0.011     10.7764     38.65217
-------------+----------------------------------------------------------------
```

图 12.22　对数据进行三次变换线性回归分析

从上述分析结果中可以看出模型的 F 值(3,3)上升为 196.22，P 值（Prob > F）为 0.0006，说明模型整体显著程度继续上升。模型的可决系数（R-squared）= 0.9949，模型修正的可决系数（Adj R-squared）= 0.9899，说明模型的解释能力又有小幅度提升，接近完美。

变量 age3 的系数标准误是 0.1026436，t 值为 3.79，P 值为 0.032，系数是非常显著的，95%的置信区间为[0.0622311, 0.7155467]。变量 age2 的系数标准误是 1.242672，t 值为-5.38，P 值为 0.013，系数是非常显著的，95%的置信区间为[-10.64521, -2.735738]。变量 age 的系数标准误是 4.418788，t 值为 8.60，P 值为 0.003，系数是非常显著的，95%的置信区间为[23.93665, 52.06176]。常数项的系数标准误是 4.379614，t 值为 5.64，P 值为 0.011，系数也是非常显著的，95%的置信区间为[10.7764,38.65217]。

模型的回归方程是：

ratio =0.3888889* age3 −6.690476* age2 +37.99921* age+24.71429

从上面的分析可以看出三次模型在保持整体显著性和系数显著性的同时又实现了模型整体解释能力的小幅度提升，使模型接近完美。

12.2.5　案例延伸

上述的 Stata 命令比较简洁，分析过程及结果已达到解决实际问题的目的。Stata 16.0 的强大之处在于提供了更加复杂的命令格式以满足用户更加个性化的需求。

下面采用前面介绍过的 sw regress 命令选择回归模型自变量。

可以定义年龄 age、年龄的二次方 age2、年龄的三次方 age3、年龄的四次方 age4、年龄的五次方 age5 自变量，并设定显著性水平为 0.05，操作命令如下：

```
sw regress   ratio age age2 age3 age4 age5,pr(0.05)
```

在命令窗口输入命令并按回车键进行确认，结果如图 12.23 所示。

```
. sw regress   ratio age age2 age3 age4 age5,pr(0.05)
                       begin with full model
p = 0.9806 >= 0.0500  removing age
p = 0.1301 >= 0.0500  removing age5

      Source        SS        df        MS              Number of obs =       7
                                                        F(  3,    3) =   59.99
       Model   1324.38121      3   441.460403           Prob > F      =  0.0035
    Residual   22.0759343      3   7.35864476           R-squared     =  0.9836
                                                        Adj R-squared =  0.9672
       Total   1346.45714      6   224.409524           Root MSE      =  2.7127

       ratio      Coef.    Std. Err.      t     P>|t|     [95% Conf. Interval]

        age4    .1907789    .0418335     4.56   0.020     .0576461    .3239117
        age2    10.84041    1.591905     6.81   0.006     5.774258    15.90656
        age3   -2.746933    .5064152    -5.42   0.012    -4.358572   -1.135294
       _cons    49.86513    3.332115    14.97   0.001     39.26086    60.46941
```

图 12.23　分析结果图

至于本结果的详细解读与前面重复，限于篇幅，这里不再赘述。

12.3　实例三——非线性回归分析

12.3.1　非线性回归分析的功能与意义

上节讲述的转换变量回归分析从本质上讲仍属于一种线性回归分析方法，而实际问题往往会更复杂，使用转换变量回归分析方法无法做出准确的分析，这时候就需要用到 Stata 的非线性回归分析。非线性回归分析是一种功能更强大的处理非线性问题的方法，可以使用户自定义任意形式的函数，从而更加准确地描述变量之间的关系。

12.3.2　相关数据来源

🎥	下载资源:\video\12\12.3
💾	下载资源:\sample\chap12\案例 12.3.dta

【例 12.3】某著名总裁培训班的讲师想要建立一个回归模型，对参与培训的企业高管毕业后的长期表现情况进行预测。自变量是高管的培训天数，因变量是高管毕业后的长期表现指数，指数越大，表现越好。表 12.3 给出了相关数据，试用非线性回归方法拟合模型。

表 12.3　15 名高管的培训天数（x）与长期表现指数（y）

编　号	培训天数	长期表现指数
1	2	53
2	65	6
3	52	11
4	60	4
5	14	34
6	53	8
7	10	36

（续表）

编　号	培训天数	长期表现指数
8	26	19
9	19	26
10	31	16
11	38	13
12	45	8
13	34	19
14	7	45
15	5	51

12.3.3　Stata 分析过程

在用 Stata 进行分析之前，要把数据录入 Stata 中。本例中有两个变量，分别是培训天数和长期表现指数。把培训天数变量设定为 x，把长期表现指数变量设定为 y，变量类型及长度采取系统默认方式，然后录入相关数据。相关操作已在第 1 章中详细讲述过了。录入完成后数据如图 12.24 所示。

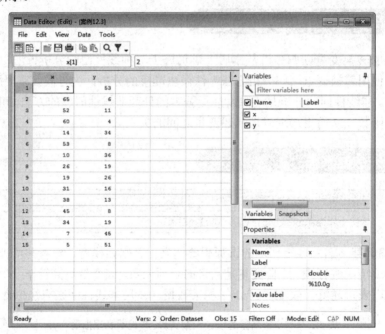

图 12.24　案例 12.3 的数据

先保存数据，然后开始展开分析，步骤如下：

01 进入 Stata 16.0，打开相关数据文件，弹出主界面。

02 在主界面的 Command 文本框中输入如下命令：

- summarize y x,detail：对长期表现指数和培训天数进行描述性分析，简要探索数据特征，从整体上对数据有一个清晰直观的把握。

- twoway line y x：通过绘制长期表现指数和培训天数的线形图，从整体上对数据有一个清晰直观的把握。
- graph twoway scatter y x || lfit y x：通过绘制长期表现指数和培训天数的散点图，从整体上对数据有一个清晰直观的把握。
- reg y x：构建线性模型，以长期表现指数为因变量，以培训天数为自变量，进行最小二乘回归分析，探索变量间的回归关系。
- nl (y = exp({a}+{b}*x))：以长期表现指数为因变量，以培训天数为自变量，构建非线性模型 y = exp({a}+{b}*x)，进行非线性回归分析。
- vce：估计系数 a 和 b 的方差-协方差矩阵。
- predict yhat：获得因变量的拟合值。
- predict e,resid：获得回归模型的估计残差。

03 设置完毕后，按回车键，等待输出结果。

12.3.4 结果分析

在 Stata 16.0 主界面的结果窗口可以看到如图 12.25~图 12.32 所示的分析结果。

对数据进行描述性分析的结果

图 12.25 所示是对数据进行描述性分析的结果。关于这一分析过程对于回归分析的重要意义在前面章节中已经论述过，此处不再重复讲解。

```
. summarize y x,detail

                              y
        Percentiles    Smallest
 1%          4             4
 5%          4             6
10%          6             8        Obs              15
25%          8             8        Sum of Wgt.      15

50%         19                      Mean         23.26667
                        Largest     Std. Dev.    16.67105
75%         36            36
90%         51            45        Variance     277.9238
95%         53            51        Skewness      .611507
99%         53            53        Kurtosis     1.989912

                              x
        Percentiles    Smallest
 1%          2             2
 5%          2             5
10%          5             7        Obs              15
25%         10            10        Sum of Wgt.      15

50%         31                      Mean         30.73333
                        Largest     Std. Dev.    20.98798
75%         52            52
90%         60            53        Variance     440.4952
95%         65            60        Skewness     .1586165
99%         65            65        Kurtosis     1.706699
```

图 12.25 分析结果图

在如图 12.25 所示的分析结果中，可以得到很多信息，包括百分位数、4 个最小值、4 个最大值、平均值、标准值、偏度、峰度等。

（1）百分位数（Percentiles）

可以看出变量 y 的第 1 个四分位数（25%）是 8，第 2 个四分位数（50%）是 19，第 3 个四分位数（75%）是 36；变量 x 的第 1 个四分位数（25%）是 10，第 2 个四分位数（50%）是 31，第 3 个四分位数（75%）是 52。

（2）4 个最小值（Smallest）

变量 y 最小的 4 个数据值分别是 4、6、8、8。

变量 x 最小的 4 个数据值分别是 2、5、7、10。

（3）4 个最大值（Largest）

变量 y 最大的 4 个数据值分别是 36、45、51、53。

变量 x 最大的 4 个数据值分别是 52、53、60、65。

（4）平均值（Mean）和标准差（Std. Dev）

变量 y 的平均值是 23.26667，标准差是 16.67105。

变量 x 的平均值为 30.73333，标准差是 20.98798。

（5）偏度（Skewness）和峰度（Kurtosis）

变量 y 的偏度为 0.611507，为正偏度但不大。

变量 x 的偏度为 0.1586165，为正偏度但不大。

变量 y 的峰度为 1.989912，有一个比正态分布略短的尾巴。

变量 x 的峰度为 1.706699，有一个比正态分布略短的尾巴。

综上所述，数据的总体质量还是可以的，没有极端异常值，变量间的量纲差距、变量的偏度和峰度也是可以接受的，可以进入下一步的分析。

图 12.26 所示是长期表现指数和培训天数的线形图。

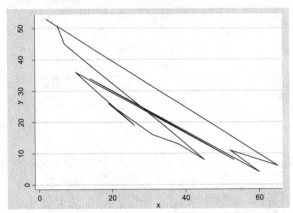

图 12.26　长期表现指数和培训天数的线形图

从图 12.26 可以看出整体上长期表现指数随着培训天数的上升而下降。

图 12.27 所示是长期表现指数和培训天数的散点图。

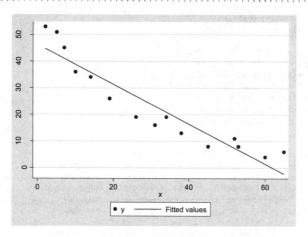

图 12.27 长期表现指数和培训天数的散点图

从图 12.27 同样可以看出长期表现指数随着培训天数的上升而下降。

图 12.28 所示是对数据进行线性回归分析的结果。

```
. reg y x
```

Source	SS	df	MS		Number of obs	=	15
					F(1, 13)	=	98.45
Model	3437.07334	1	3437.07334		Prob > F	=	0.0000
Residual	453.859995	13	34.9123073		R-squared	=	0.8834
					Adj R-squared	=	0.8744
Total	3890.93333	14	277.92381		Root MSE	=	5.9087

y	Coef.	Std. Err.	t	P>|t|	[95% Conf. Interval]	
x	-.7465515	.075241	-9.92	0.000	-.9090998	-.5840032
_cons	46.21068	2.770327	16.68	0.000	40.22575	52.19561

图 12.28 对数据进行线性回归分析

从上述分析结果中可以得到很多信息，可以看出共有 15 个样本参与了分析，模型的 F 值 $(1, 13) = 98.45$，P 值（Prob > F）= 0.0000，说明模型整体上是非常显著的。模型的可决系数（R-squared）为 0.8834，模型修正的可决系数（Adj R-squared）为 0.8744，说明模型的解释能力还是差强人意的。

变量 x 的系数标准误是 0.075241，t 值为-9.92，P 值为 0.000，系数是非常显著的，95% 的置信区间为[-0.9090998, -0.5840032]。常数项的系数标准误是 2.770327，t 值为 16.68，P 值为 0.000，系数也是非常显著的，95%的置信区间为[40.22575,52.19561]。

模型的回归方程是：

y= −0.7465515 *x + 46.21068

从上面的分析可以看出线性模型的整体显著性和系数显著性尚可，但模型的整体解释能力有较大提升空间。

图 12.29 所示是对数据进行非线性回归分析的结果。

```
. nl (y = exp({a}+{b}*x))
(obs = 15)

Iteration 0:  residual SS =  6452.563
Iteration 1:  residual SS =  181.1452
Iteration 2:  residual SS =  66.15499
Iteration 3:  residual SS =  64.57034
Iteration 4:  residual SS =  64.56715
Iteration 5:  residual SS =  64.56715
Iteration 6:  residual SS =  64.56715
```

Source	SS	df	MS		
				Number of obs =	15
Model	11946.433	2	5973.21643	R-squared =	0.9946
Residual	64.567146	13	4.96670354	Adj R-squared =	0.9938
				Root MSE =	2.22861
Total	12011	15	800.733333	Res. dev. =	64.46299

y	Coef.	Std. Err.	t	P>|t|	[95% Conf. Interval]	
/a	4.063108	.0288334	140.92	0.000	4.000817	4.125399
/b	-.0392997	.0019524	-20.13	0.000	-.0435175	-.0350819

图 12.29　对数据进行非线性回归分析

从上述分析结果中可以得到很多信息，可以看出模型的可决系数（R-squared）大幅上升为 0.9946，模型修正的可决系数（Adj R-squared）为 0.9938，模型的解释能力几乎达到完美状态。

系数 a 的系数标准误是 0.0288334，t 值为 140.92，P 值为 0.000，系数是非常显著的，95%的置信区间为[4.000817，4.125399]。系数 b 的系数标准误是 0.0019524，t 值为-20.13，P 值为 0.000，系数也是非常显著的，95%的置信区间为[-0.0435175,-0.0350819]。

模型的回归方程是：

y=EXP(4.063108 -0.0392997*x)

从上面的分析可以看出非线性回归模型在保持整体显著性和系数显著性较线性模型很高的基础上，实现了模型整体解释能力的较大提升。

图 12.30 所示是系数的方差-协方差矩阵。

```
. vce
```

Covariance matrix of coefficients of nl model

e(V)	a _cons	b _cons
a		
_cons	.00083137	
b		
_cons	-.0000398	3.812e-06

图 12.30　系数的方差-协方差矩阵

从图 12.30 中可以看出，系数间的方差与协方差都不是很大，有些甚至微不足道。

图 12.31 所示是对因变量的拟合值的预测。

关于因变量预测拟合值的意义在前面的章节中已经论述过了，此处不再重复讲解。

图 12.32 所示是回归分析得到的残差序列。

	x	y	yhat
1	2	53	53.75887
2	65	6	4.520528
3	52	11	7.534743
4	60	4	5.502086
5	14	34	33.54583
6	53	8	7.244373
7	10	36	39.25627
8	26	19	20.93278
9	19	26	27.56134
10	31	16	17.19843
11	38	13	13.06217
12	45	8	9.92069
13	34	19	15.28572
14	7	45	44.16843
15	5	51	47.78012

图 12.31　对因变量的拟合值的预测

	x	y	yhat	e
1	2	53	53.75887	-.7588684
2	65	6	4.520528	1.479472
3	52	11	7.534743	3.465257
4	60	4	5.502086	-1.502086
5	14	34	33.54583	.454172
6	53	8	7.244373	.7556269
7	10	36	39.25627	-3.256272
8	26	19	20.93278	-1.93278
9	19	26	27.56134	-1.561341
10	31	16	17.19843	-1.198428
11	38	13	13.06217	-.0621694
12	45	8	9.92069	-1.92069
13	34	19	15.28572	3.714282
14	7	45	44.16843	.8315712
15	5	51	47.78012	3.219882

图 12.32　残差序列

关于残差序列的意义在前面的章节中已经论述过了，此处不再重复讲解。

12.3.5　案例延伸

上述的 Stata 命令比较简洁，分析过程及结果已达到解决实际问题的目的。Stata 16.0 的强大之处在于提供了更加复杂的命令格式以满足用户更加个性化的需求。

1. 延伸 1：设定非线性回归模型中被估计参数的初始值

例如，本例中我们把系数 a 的起始值设定为 4，把系数 b 的初始值设定为-0.04，那么操作命令可以相应地修改为：

```
nl (y = exp({a}+{b}*x)), initial(a 4 b -0.04)
```

在命令窗口输入命令并按回车键进行确认，结果如图 12.33 所示。

```
. nl (y = exp({a}+{b}*x)), initial(a 4 b -0.04)
(obs = 15)

Iteration 0:  residual SS =  64.64718
Iteration 1:  residual SS =  64.56715
Iteration 2:  residual SS =  64.56715
Iteration 3:  residual SS =  64.56715
```

Source	SS	df	MS		
Model	11946.433	2	5973.21643	Number of obs =	15
Residual	64.567146	13	4.96670354	R-squared =	0.9946
				Adj R-squared =	0.9938
Total	12011	15	800.733333	Root MSE =	2.22861
				Res. dev. =	64.46299

y	Coef.	Std. Err.	t	P>|t|	[95% Conf. Interval]	
/a	4.063108	.0288334	140.92	0.000	4.000817	4.125399
/b	-.0392997	.0019524	-20.13	0.000	-.0435175	-.0350819

图 12.33　设定非线性回归模型中被估计参数的初始值

从上面的分析结果中可以看出，由于初始参数值的设定减少了迭代次数，提高了系统运行效率，但结果与前面是一致的，对本结果的详细解读限于篇幅不再赘述。

2．延伸2：采用稳健的标准差进行非线性回归估计

与线性回归类似，非线性回归也可以允许稳健标准差选择项的存在，例如本例如果使用稳健的标准差，那么操作命令就是：

```
nl (y = exp({a}+{b}*x)),robust
```

在命令窗口输入命令并按回车键进行确认，结果如图12.34所示。

上面的分析结果与没有使用稳健标准差进行回归时大同小异，对本结果的详细解读限于篇幅不再赘述。

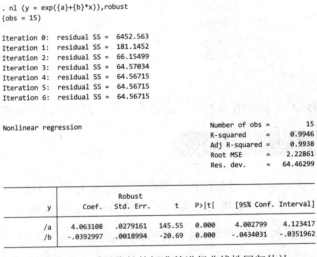

图12.34　采用稳健的标准差进行非线性回归估计

3．延伸3：采用系统默认快捷函数进行非线性回归

由于很多非线性函数常常被用到，因此Stata将这些函数进行了内置，用户在使用时可以轻松地使用简易命令调出，而不必输入复杂的模型方程形式。Stata内置非线性函数命令缩写与函数形式如表12.4所示。

表12.4　Stata内置非线性函数命令缩写与函数形式

非线性函数命令缩写	非线性函数形式
exp2	$y = b1*b2^x$
exp3	$y = b0 + b1*b2^x$
exp2a	$y = b1*(1-b2^x)$
log3	$y = b1/(1 + exp(-b2*(x-b3)))$
log4	$y = b0 + b1/(1 + exp(-b2*(x-b3)))$
gom3	$y = b1*exp(-exp(-b2*(x-b3)))$
gom4	$y = b0 + b1*exp(-exp(-b2*(x-b3)))$

例如，在本例中如果设定非线性模型回归形式为：y=b1*b2^x，那么操作命令就是：

```
nl exp2 y x
```

在命令窗口输入命令并按回车键进行确认，结果如图12.35所示。

对该模型结果的详细解读限于篇幅不再赘述。我们得到的非线性回归方程是：

$$y = 58.15477 * 0.9614625 {}^\wedge x$$

模型的解释能力和显著性都非常好。

```
. nl exp2 y x
(obs = 15)

Iteration 0:   residual SS =   70.499
Iteration 1:   residual SS =   64.57089
Iteration 2:   residual SS =   64.56715
Iteration 3:   residual SS =   64.56715

      Source |        SS      df        MS            Number of obs =       15
-------------+------------------------------          F(  2,    13) =  1202.65
       Model | 11946.4329      2   5973.21643          Prob > F      =   0.0000
    Residual | 64.567146      13   4.96670354          R-squared     =   0.9946
-------------+------------------------------          Adj R-squared =   0.9938
       Total |     12011      15   800.733333          Root MSE      =  2.22861
                                                       Res. dev.     = 64.46299

2-param. exp. growth curve, y=b1*b2^x

           y |      Coef.   Std. Err.      t    P>|t|     [95% Conf. Interval]
-------------+----------------------------------------------------------------
          b1 |   58.15477   1.676798    34.68   0.000     54.53227    61.77727
          b2 |   .9614625   .0018771   512.20   0.000     .9574073    .9655178

(SEs, P values, CIs, and correlations are asymptotic approximations)
```

图12.35　采用系统默认快捷函数进行非线性回归

12.4　本章习题

（1）某两家足球俱乐部的部分球员历年进球数如表12.5所示，试用非参数回归方法研究年份和绩效考核系数两个变量之间的关系。

表12.5　某两家足球俱乐部的部分球员历年进球数

所属俱乐部	年　份	平均进球数
A俱乐部	2000	1.8
A俱乐部	2000	2
A俱乐部	2000	1.9
A俱乐部	2001	1.7
A俱乐部	2001	1.6
…	…	…
B俱乐部	2010	1.49
B俱乐部	2010	1.69
B俱乐部	2010	1.92

（2）某著名总裁培训班的讲师想建立一个回归模型，对参与培训的企业高管毕业后的长

期表现情况进行预测。自变量是高管的培训天数,因变量是高管毕业后的长期表现指数,指数越大,表现越好。表12.6给出了相关数据,试用转换变量回归分析方法拟合曲线。

表12.6 15名高管的培训天数(x)与长期表现指数(y)

编 号	培训天数	长期表现指数
1	2	53
2	65	6
3	52	11
4	60	4
5	14	34
6	53	8
7	10	36
8	26	19
9	19	26
10	31	16
11	38	13
12	45	8
13	34	19
14	7	45
15	5	51

(3)研究发现,锡克氏试验阴性率随着儿童年龄的增长而升高。查得山东省某地1~7岁儿童的资料如表12.7所示,试用非线性回归方法拟合模型。

表12.7 儿童锡克氏试验阴性率

年龄/岁	阴性率/%
1	56.7
2	75.9
3	90.8
4	93.2
5	96.6
6	95.7
7	96.3

第 13 章 Stata Logistic 回归分析

前面讲述的回归分析方法都要求因变量是连续变量，但很多情况下因变量是离散的，而非连续的。例如，公司招聘人才时根据对应聘人员的特征做出录用或者不录用的评价，毕业学生对职业的选择，等等。这时就需要用到本章介绍的 Logistic 回归分析。根据因变量的离散特征，常用的 Logistic 回归分析方法有 3 种，包括二元 Logistic 回归分析、多元 Logistic 回归分析以及有序 Logistic 回归分析等。下面以实例的方式一一介绍这几种方法在 Stata 中的应用。

13.1 实例一——二元Logistic回归分析

13.1.1 二元 logistic 回归分析的功能与意义

我们经常会遇到因变量只有两种取值的情况，例如是否患病、是否下雨等，这时一般的线性回归分析将无法准确刻画变量之间的因果关系，需要用其他的回归分析方法来进行拟合模型。Stata 的二项分类 Logistic 回归便是一种简便的处理二分类因变量问题的分析方法。

13.1.2 相关数据来源

	下载资源:\video\13\13.1
	下载资源:\sample\chap13\案例 13.1.dta

【例 13.1】表 13.1 给出了 20 名肾癌患者的相关数据。试用二项分类 Logistic 回归方法分析患者肾细胞癌转移情况（有转移 y=1、无转移 y=0）与患者年龄、肾细胞癌血管内皮生长因子（其阳性表示由低到高共 3 个等级）、肾癌细胞核组织学分级（由低到高共 4 级）、肾细胞癌组织内微血管数、肾细胞癌分期（由低到高共 4 期）之间的关系。

表 13.1　20 名肾癌患者的相关数据

编　号	肾细胞癌转移情况	年龄/岁	肾细胞癌血管内皮生长因子	肾癌细胞核组织学分级	肾细胞癌组织内微血管数/个/μL	肾细胞癌分期
1	0	60	3	3	46	1
2	1	35	2	2	60	2
3	1	64	1	1	146	3
4	0	67	2	3	100	3
5	0	54	3	4	92	3
6	0	57	3	3	98	2

（续表）

编 号	肾细胞癌转移情况	年龄/岁	肾细胞癌血管内皮生长因子	肾癌细胞核组织学分级	肾细胞癌组织内微血管数/个/μL	肾细胞癌分期
7	1	40	1	2	70	1
8	0	41	2	4	202	4
9	0	51	1	1	76	1
10	1	57	3	1	70	2
11	0	66	2	3	123	1
12	1	30	3	4	89	3
13	0	53	1	1	59	1
14	0	34	3	2	49	2
15	1	38	1	4	35	3
16	0	41	1	2	67	1
17	0	16	1	3	134	1
18	1	34	3	2	116	3
19	1	46	1	3	51	3
20	0	72	3	4	180	2

13.1.3　Stata 分析过程

在用 Stata 进行分析之前，我们要把数据录入 Stata 中。本例中有 6 个变量，分别是肾细胞癌转移情况、年龄、肾细胞癌血管内皮生长因子、肾癌细胞核组织学分级、肾细胞癌组织内微血管数和肾细胞癌分期。我们把这 6 个变量分别定义为 V1、V2、V3、V4、V5、V6。变量类型及长度采取系统默认方式，然后录入相关数据。相关操作在第 1 章中已详细讲述过了。录入完成后数据如图 13.1 所示。

先保存数据，然后开始展开分析，步骤如下：

01 进入 Stata 16.0，打开相关数据文件，弹出主界面。

02 在主界面的 Command 文本框中输入如下命令：

- list V1-V6：对 6 个变量所包含的样本数据一一进行展示，以便简单直观地观测出数据的具体特征，为深入分析做好必要准备。
- reg V1 V2 V3 V4 V5 V6：以 V1 为因变量，以 V2、V3、V4、V5、V6 为自变量，进行最小二乘回归分析，研究变量之间的因果影响关系。
- logistic V1 V2 V3 V4 V5 V6：以 V1 为因变量，以 V2、V3、V4、V5、V6 为自变量，进行二元 Logistic 回归分析，研究变量之间的因果影响关系。其中，自变量的影响是以优势比（Odds Ratio）的形式输出的。

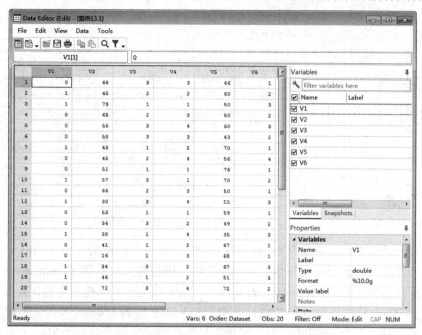

图 13.1 案例 13.1 的数据

- logit V1 V2 V3 V4 V5 V6：以 V1 为因变量，以 V2、V3、V4、V5、V6 为自变量，进行二元 Logistic 回归分析，研究变量之间的因果影响关系。其中，自变量的影响是以回归系数的形式输出的。
- estat clas：计算预测准确的百分比，并提供分类统计和分类表。
- lstat：是上一条命令 estat clas 的另一种表达形式。
- predict yhat：估计因变量的拟合值。它创建一个命名为 yhat 的新变量，等于最近一次 Logistic 模型基础上 y=1 的预测概率。
- estat gof：判断模型的拟合效果，或者说模型的解释能力。

03 设置完毕后，按回车键，等待输出结果。

13.1.4　结果分析

在 Stata 16.0 主界面的结果窗口可以看到如图 13.2~图 13.9 所示的分析结果。

图 13.2 所示是对数据进行展示的结果。它的目的是通过对变量所包含的样本数据一一进行展示，以便简单直观地观测出数据的具体特征，为深入分析做好必要准备。

从如图 13.2 所示的分析结果中可以看出，数据的总体质量还是可以的，没有极端异常值，变量间的量纲差距也是可以接受的，可以进入下一步的分析。

图 13.3 所示是以 V1 为因变量，以 V2、V3、V4、V5、V6 为自变量，进行最小二乘回归分析的结果。

```
. list V1-V6

     +-------------------------------+
     | V1   V2   V3   V4   V5   V6  |
     |-------------------------------|
  1. |  0   66    3    3   46    1  |
  2. |  1   45    2    2   60    2  |
  3. |  1   79    1    1   50    3  |
  4. |  0   65    2    3   50    2  |
  5. |  0   55    3    4   60    3  |
     |-------------------------------|
  6. |  0   58    3    3   43    2  |
  7. |  1   43    1    2   70    1  |
  8. |  0   45    2    4   56    4  |
  9. |  0   51    1    1   76    1  |
 10. |  1   57    3    1   70    2  |
     |-------------------------------|
 11. |  0   66    2    3   50    1  |
 12. |  1   30    3    4   55    3  |
 13. |  0   53    1    1   59    1  |
 14. |  0   34    3    2   49    2  |
 15. |  1   38    1    4   35    3  |
     |-------------------------------|
 16. |  0   41    1    2   67    1  |
 17. |  0   16    1    3   68    1  |
 18. |  1   34    3    2   67    3  |
 19. |  1   46    1    2   51    3  |
 20. |  0   72    3    4   72    2  |
     +-------------------------------+
```

图 13.2　对数据进行展示

```
. reg V1 V2 V3 V4 V5 V6

      Source |       SS       df       MS              Number of obs =      20
-------------+------------------------------           F(  5,    14) =    1.64
       Model |  1.77379404     5  .354758807           Prob > F      =  0.2135
    Residual |  3.02620596    14  .216157569           R-squared     =  0.3695
-------------+------------------------------           Adj R-squared =  0.1444
       Total |         4.8    19  .252631579           Root MSE      =  .46493

------------------------------------------------------------------------------
          V1 |      Coef.   Std. Err.      t    P>|t|     [95% Conf. Interval]
-------------+----------------------------------------------------------------
          V2 |  -.0061692   .0072331    -0.85   0.408    -.0216826    .0093441
          V3 |  -.0333053   .1295916    -0.26   0.801    -.3112516    .2446411
          V4 |  -.2071337   .1165346    -1.78   0.097    -.4570756    .0428083
          V5 |  -.0017381   .0108751    -0.16   0.875     -.025063    .0215868
          V6 |   .2997717    .126881     2.36   0.033      .027639    .5719045
       _cons |   .7871698   .9606104     0.82   0.426    -1.273134    2.847474
------------------------------------------------------------------------------
```

图 13.3　最小二乘回归

从上述分析结果中可以看出共有 20 个样本参与了分析，模型的 F 值(5, 14) = 1.64，P 值（Prob > F）= 0.2135，说明模型整体上是不显著的。模型的可决系数（R-squared）为 0.3695，模型修正的可决系数（Adj R-squared）为 0.1444，说明模型的解释能力也是比较差的。

变量 V2 的系数标准误是 0.0072331，t 值为-0.85，P 值为 0.408，系数是不显著的，95%的置信区间为[-0.0216826, 0.0093441]。变量 V3 的系数标准误是 0.1295916，t 值为-0.26，P 值为 0.801，系数是非常不显著的，95%的置信区间为[-0.3112516, 0.2446411]。变量 V4 的系数标准误是 0.1165346，t 值为-1.78，P 值为 0.097，系数的显著性一般，95%的置信区间为[-0.4570756, 0.0428083]。变量 V5 的系数标准误是 0.0108751，t 值为-0.16，P 值为 0.875，系数是非常不显著的，95%的置信区间为[-0.025063, 0.0215868]。变量 V6 的系数标准误是 0.126881，t 值为 2.36，P 值为 0.033，系数是非常显著的，95%的置信区间为[0.027639, 0.5719045]。常数项的系数标准误是 0.9606104，t 值为 0.82，P 值为 0.426，系数也是比较不显著的，95%的置信区间为[-1.273134，2.847474]。

从上述分析结果，我们可以得到最小二乘模型的回归方程是：

V1=-0.0061692*V2-0.0333053*V3-0.2071337*V4-0.0017381*V5+0.2997717*V6+
0.7871698

从上面的分析可以看出最小二乘线性模型的整体显著性、系数显著性以及模型的整体解释能力都是有较大提升空间的。

图 13.4 所示是以 V1 为因变量，以 V2、V3、V4、V5、V6 为自变量，进行二元 Logistic 回归分析的结果。其中，自变量的影响是以优势比的形式输出的。

从图 13.4 可以看出 Logistic 模型相对于最小二乘回归模型得到了很大程度的改进。模型的整体显著性 P 值达到了 9%左右（Prob > chi2=0.0934）。伪 R 方达到了 35%（Pseudo R2 = 0.3500），解释能力进一步提高。各个变量系数的显著程度也有不同程度的提高，限于篇幅不再赘述。

```
. logistic V1 V2 V3 V4 V5 V6

Logistic regression                              Number of obs   =         20
                                                 LR chi2(5)      =       9.42
                                                 Prob > chi2     =     0.0934
Log likelihood = -8.7492827                      Pseudo R2       =     0.3500

         V1 │ Odds Ratio   Std. Err.      z    P>|z|     [95% Conf. Interval]
────────────┼────────────────────────────────────────────────────────────────
         V2 │   .9376137    .0546723    -1.10   0.269     .8363544    1.051133
         V3 │   .6501124    .4840099    -0.58   0.563      .151101    2.797111
         V4 │   .2217138     .197692    -1.69   0.091     .0386203    1.272828
         V5 │   .9931318     .068624    -0.10   0.921     .8673414    1.137166
         V6 │   7.819255    8.382102     1.92   0.055     .9565164    63.92022
      _cons │   25.13991    160.7937     0.50   0.614     .0000904     6992105
```

图 13.4　二元 Logistic 回归

与一般的回归形式不同，此处自变量的影响是以优势比的形式输出的，它的含义是：在其他自变量保持不变的条件下，被观测自变量每增加 1 个单位时 $y=1$ 的发生比的变化倍数。可以看出，各个变量中只有 V6 变量的增加会引起因变量取 1 的概率大于 1 倍的增加。这说明只有 V6 是与因变量呈现正向变化的，只有 V6 使得因变量取 1 的概率更大。

图 13.5 所示是以 V1 为因变量，以 V2、V3、V4、V5、V6 为自变量，进行二元 Logistic 回归分析的结果。其中，自变量的影响是以回归系数的形式输出的。

```
. logit V1 V2 V3 V4 V5 V6

Iteration 0:   log likelihood = -13.460233
Iteration 1:   log likelihood =  -9.046534
Iteration 2:   log likelihood = -8.7562687
Iteration 3:   log likelihood = -8.7492923
Iteration 4:   log likelihood = -8.7492827
Iteration 5:   log likelihood = -8.7492827

Logistic regression                              Number of obs   =         20
                                                 LR chi2(5)      =       9.42
                                                 Prob > chi2     =     0.0934
Log likelihood = -8.7492827                      Pseudo R2       =     0.3500

         V1 │     Coef.    Std. Err.      z    P>|z|     [95% Conf. Interval]
────────────┼────────────────────────────────────────────────────────────────
         V2 │  -.0644172     .05831     -1.10   0.269    -.1787028    .0498683
         V3 │    -.43061    .7445019    -0.58   0.563    -1.889807    1.028587
         V4 │  -1.506368    .8916537    -1.69   0.091    -3.253977    .2412414
         V5 │  -.0068919    .0690986    -0.10   0.921    -.1423226    .1285388
         V6 │   2.056589    1.071982     1.92   0.055    -.0444574    4.157636
      _cons │   3.224457    6.395952     0.50   0.614    -9.311379    15.76029
```

图 13.5　自变量的影响以回归系数的形式输出

从图 13.5 可以看出该模型与使用 Logistic 命令回归得到的结果是一致的，只是自变量影响输出的形式由优势比换成了回归系数。

最终模型表达式为：

$$LNV1 = -0.0644172*V2 - 0.43061*V3 - 1.506368*V4 - 0.0068919*V5 + 2.056589*V6 + 3.224457$$

其中，LNV1、V2、V3、V4、V5、V6 分别表示肾细胞发生癌转移概率的对数值、年龄、肾细胞癌血管内皮生长因子、肾癌细胞核组织学分级、肾细胞癌组织内微血管数和肾细胞癌分期。

综上所述，我们的研究结论是：年龄、肾细胞癌血管内皮生长因子、肾癌细胞核组织学分级、肾细胞癌组织内微血管数与肾细胞癌转移呈反向变化，肾细胞癌分期与肾细胞癌转移呈正向变化，但这些变化并不是特别显著。

图 13.6 所示是计算预测准确的百分比，并提供分类统计和分类表的结果。

从图 13.6 可以看出很多信息，按照系统默认设置，系统使用 0.5 作为分割点。分类中的 D、-D、+和-分别表示的含义如下：

- D：表示一个观测样本所关注的事件的确发生了，也就是说 y 的值取到了 1，在本例中，也就是说肾细胞确实发生了癌转移。

- -D：表示一个观测样本所关注的事件的确没有发生，也就是说 y 的值取到了 0，在本例中，也就是说肾细胞确实没有发生癌转移。

- +：表示模型预测的概率值大于分割点，本例中，也就是说模型预测的肾细胞发生癌转移的概率为 0.5 或者更多。

- -：表示模型预测的概率值小于分割点，本例中，也就是说模型预测的肾细胞发生癌转移的概率低于 0.5。

所以，按照模型预测肾细胞发生癌转移的概率至少在 0.5 以上的标准，有 6 次是肾细胞确实发生了癌转移而且模型预测的概率值大于分割点，有 10 次是肾细胞确实没有发生癌转移而且模型预测的概率值小于分割点，所以，一共有 16 个样本的预测是正确的，预测正确率占全部样本的 80%。有两次是肾细胞确实发生了癌转移但模型预测的概率值小于分割点，有两次是肾细胞确实没有发生癌转移但模型预测的概率值大于分割点，一共有 4 个样本的预测是错误的，预测错误率占全部样本的20%。

图 13.7 所示是上一条命令 estat clas 的另一种表达形式的结果。该结果与图 13.6 所示的结果一致。

```
. estat clas

Logistic model for V1

                        ---- True ----
Classified        D          ~D          Total

    +             6           2            8
    -             2          10           12

Total             8          12           20

Classified + if predicted Pr(D) >= .5
True D defined as V1 != 0

Sensitivity                    Pr( +| D)   75.00%
Specificity                    Pr( -|~D)   83.33%
Positive predictive value      Pr( D| +)   75.00%
Negative predictive value      Pr(~D| -)   83.33%

False + rate for true ~D       Pr( +|~D)   16.67%
False - rate for true D        Pr( -| D)   25.00%
False + rate for classified +  Pr(~D| +)   25.00%
False - rate for classified -  Pr( D| -)   16.67%

Correctly classified                       80.00%
```

图 13.6　计算预测准确的百分比

```
. lstat

Logistic model for V1

                        ---- True ----
Classified        D          ~D          Total

    +             6           2            8
    -             2          10           12

Total             8          12           20

Classified + if predicted Pr(D) >= .5
True D defined as V1 != 0

Sensitivity                    Pr( +| D)   75.00%
Specificity                    Pr( -|~D)   83.33%
Positive predictive value      Pr( D| +)   75.00%
Negative predictive value      Pr(~D| -)   83.33%

False + rate for true ~D       Pr( +|~D)   16.67%
False - rate for true D        Pr( -| D)   25.00%
False + rate for classified +  Pr(~D| +)   25.00%
False - rate for classified -  Pr( D| -)   16.67%

Correctly classified                       80.00%
```

图 13.7　分析结果图

图 13.8 所示是对因变量的拟合值的预测。选择 Data|Data Editor|Data Editor(Browse)命令，

进入数据查看界面，可以看到如图 13.8 所示的 yhat 数据。

	V1	V2	V3	V4	V5	V6	yhat
1	0	66	3	3	46	1	.0060691
2	1	45	2	2	60	2	.5377755
3	1	79	1	1	50	3	.883262
4	0	65	2	3	50	2	.0708041
5	0	55	3	4	60	3	.1324419
6	0	58	3	3	43	2	.0754491
7	1	43	1	2	70	1	.195498
8	0	45	2	4	56	4	.7823478
9	0	51	1	1	76	1	.3858016
10	1	57	3	1	70	2	.5951321
11	0	66	2	3	50	1	.0090544
12	1	30	3	4	55	3	.4416058
13	0	53	1	1	59	1	.3830394
14	0	34	3	2	49	2	.6236761
15	1	38	1	4	35	3	.5619481
16	0	41	1	2	67	1	.2200864
17	0	16	1	3	68	1	.2372182
18	1	34	3	2	67	3	.9196585
19	1	46	1	2	51	3	.9331553
20	0	72	3	4	72	2	.0059765

图 13.8　对变量拟合值的预测

二元 Logistic 的因变量拟合值预测结果表示的含义是 y=1 的概率，本例所表示的含义是肾细胞发生癌转移的概率。

图 13.9 所示是对 Logistic 模型拟合效果的分析结果。

```
. estat gof

Logistic model for V1, goodness-of-fit test

        number of observations =        20
  number of covariate patterns =        20
            Pearson chi2(14) =        15.42
                Prob > chi2 =       0.3503
```

图 13.9　对 Logistic 模型拟合效果的分析结果

可以看到 Prob > chi2 =0.3503，说明模型的解释能力还是差强人意的，但比最小二乘线性回归模型要好很多。

13.1.5　案例延伸

上述的 Stata 命令比较简洁，分析过程及结果已达到解决实际问题的目的。Stata 16.0 的强大之处在于提供了更加复杂的命令格式以满足用户更加个性化的需求。

1．延伸 1：设定模型预测概率的具体值

我们在上述分析过程和结果分析中都是使用系统默认设置的 0.5 概率对模型估计有效性进行评价的。事实上，完全可以自由设定需要的概率水平对模型做出评价。例如，我们要求预

测概率达到 80%，那么操作命令就是：

```
estat clas,cutoff(0.8)r
```

在命令窗口输入命令并按回车键进行确认，结果如图 13.10 所示。

```
. estat clas,cutoff(0.8)

Logistic model for V1

                    ———— True ————
Classified          D             ~D            Total

    +               3             0             3
    -               5             12            17

  Total             8             12            20

Classified + if predicted Pr(D) >= .8
True D defined as V1 != 0

Sensitivity                    Pr( +| D)    37.50%
Specificity                    Pr( -|~D)    100.00%
Positive predictive value      Pr( D| +)    100.00%
Negative predictive value      Pr(~D| -)    70.59%

False + rate for true ~D       Pr( +|~D)    0.00%
False - rate for true D        Pr( -| D)    62.50%
False + rate for classified +  Pr(~D| +)    0.00%
False - rate for classified -  Pr( D| -)    29.41%

Correctly classified                        75.00%
```

图 13.10　设定模型预测概率的具体值

从上面的分析结果中可以看出在设置概率为 0.8 的时候，模型的预测正确性降到了 75%。读者可以自行设定其他的概率水平继续进行深入研究。

2．延伸 2：使用 probit 模型对二分类因变量进行拟合

以本节中介绍的实例进行说明，操作命令如下：

（1）probit V1 V2 V3 V4 V5 V6

本命令的含义是以 V1 为因变量，以 V2、V3、V4、V5、V6 为自变量，进行 probit 回归分析，研究变量之间的因果影响关系。

（2）mfx

本命令旨在计算在样本均值处的边际效应。

（3）estat clas

本命令的含义是计算预测准确的百分比，并提供分类统计和分类表。

（4）predict yhat

本命令旨在估计因变量的拟合值。它创建一个命名为 yhat 的新变量，等于最近一次 Probit 模型基础上 y=1 的预测概率。

在命令窗口输入命令并按回车键进行确认，结果如图 13.11~图 13.14 所示。

图 13.11 所示是以 V1 为因变量，以 V2、V3、V4、V5、V6 为自变量，进行 Probit 回归分析的结果。

从上面的分析结果中可以看出，Probit 模型与 Logistic 模型所得的结果相差不大，模型整体的显著程度和解释能力都相比最小二乘回归分析有所提高。

图 13.12 所示是在样本均值处的边际效应结果。

```
. probit V1 V2 V3 V4 V5 V6

Iteration 0:   log likelihood = -13.460233
Iteration 1:   log likelihood = -8.8919351
Iteration 2:   log likelihood = -8.6758218
Iteration 3:   log likelihood = -8.6723658
Iteration 4:   log likelihood = -8.6723655

Probit regression                    Number of obs   =       20
                                     LR chi2(5)      =     9.58
                                     Prob > chi2     =   0.0882
Log likelihood = -8.6723655          Pseudo R2       =   0.3557
```

V1	Coef.	Std. Err.	z	P>|z|	[95% Conf. Interval]	
V2	-.0387215	.0346081	-1.12	0.263	-.1065521	.0291092
V3	-.2637185	.4397551	-0.60	0.549	-1.125623	.5981857
V4	-.9287975	.5247439	-1.77	0.077	-1.957277	.0996817
V5	-.0049234	.0403986	-0.12	0.903	-.0841032	.0742565
V6	1.227209	.5931853	2.07	0.039	.0645876	2.389831
_cons	2.064971	3.774138	0.55	0.584	-5.332204	9.462146

图 13.11　Probit 回归

```
. mfx

Marginal effects after probit
      y  = Pr(V1) (predict)
         = .30025942
```

variable	dy/dx	Std. Err.	z	P>|z|	[95% C.I.]		X
V2	-.0134684	.01067	-1.26	0.207	-.034375	.007438	49.7
V3	-.0917288	.14875	-0.62	0.537	-.383269	.199811	2
V4	-.3230623	.16421	-1.97	0.049	-.6449	-.001224	2.55
V5	-.0017125	.01408	-0.12	0.903	-.029307	.025882	57.7
V6	.4268584	.18498	2.31	0.021	.064298	.789419	2.05

图 13.12　在样本均值处的边际效应结果

从图 13.12 可以看出，Probit 模型在样本均值处的边际效应与最小二乘回归分析相差不大。

图 13.13 所示是计算预测准确的百分比，并提供分类统计和分类表的结果。

从图 13.13 可以看出预测正确率占全部样本的 80%，这与 Logistic 模型得到的结论是相同的。

图 13.14 所示是对因变量的拟合值的预测。选择 Data|Data Editor|Data Editor(Browse)命令，进入数据查看界面，可以看到如图 13.14 所示的 yhat 数据。

与 Logistic 模型相同，Probit 模型的因变量拟合值预测结果表示的含义也是 y=1 的概率，本例所表示的含义同样是肾细胞发生癌转移的概率。

```
. estat clas

Probit model for V1
```

	True		
Classified	D	~D	Total
+	6	2	8
-	2	10	12
Total	8	12	20

```
Classified + if predicted Pr(D) >= .5
True D defined as V1 != 0
```

Sensitivity	Pr(+| D)	75.00%
Specificity	Pr(-|~D)	83.33%
Positive predictive value	Pr(D| +)	75.00%
Negative predictive value	Pr(~D| -)	83.33%
False + rate for true ~D	Pr(+|~D)	16.67%
False - rate for true D	Pr(-| D)	25.00%
False + rate for classified +	Pr(~D| +)	25.00%
False - rate for classified -	Pr(D| -)	16.67%
Correctly classified		80.00%

图 13.13　计算预测准确的百分比

	V1	V2	V3	V4	V5	V6	yhat
1	0	66	3	3	46	1	.0010794
2	1	45	2	2	60	1	.5384346
3	1	79	1	1	50	3	.8941529
4	0	65	2	3	50	2	.0596756
5	0	55	3	4	60	2	.1180427
6	0	58	3	3	43	1	.0647967
7	1	43	1	2	70	1	.2007934
8	0	45	2	2	56	4	.7620795
9	0	51	1	1	76	1	.4015624
10	1	57	3	1	70	2	.5978085
11	0	66	2	3	50	1	.0023756
12	1	30	3	4	55	3	.4238026
13	0	53	1	1	59	1	.403983
14	0	34	3	2	49	2	.6228085
15	1	38	1	4	35	3	.5493255
16	0	41	1	2	67	1	.2276592
17	0	16	1	3	68	1	.2381512
18	1	34	3	2	67	3	.9266733
19	1	46	1	2	51	3	.9444207
20	0	72	3	4	72	2	.0008759

图 13.14　因变量的拟合值预测

13.2 实例二——多元Logistic回归分析

13.2.1 多元 Logistic 回归分析的功能与意义

我们经常会遇到因变量有多个取值而且无大小顺序的情况，例如职业、婚姻情况等，这时一般的线性回归分析无法准确地刻画变量之间的因果关系，需要用其他的回归分析方法来进行拟合模型。Stata 的多项分类 Logistic 回归便是一种简便的处理该类因变量问题的分析方法。

13.2.2 相关数据来源

📹	下载资源:\video\13\13.2
💻	下载资源:\sample\chap13\案例 13.2.dta

【例 13.2】表 13.2 给出了对山东省某中学 20 名视力低下学生视力监测的结果数据。试用多项分类 Logistic 回归方法分析视力低下程度（由轻到重共 3 级）与年龄、性别（1 代表男性，2 代表女性）之间的关系。

表 13.2　山东省某中学 20 名学生视力监测结果数据

编　号	视力低下程度	性　别	年　龄
1	1	1	15
2	1	1	15
3	2	1	14
4	2	2	16
5	3	2	16
6	3	2	17
7	2	2	17
8	2	1	18
9	1	1	14
10	3	2	18
11	1	1	17
12	1	2	17
13	1	1	15
14	2	1	18
15	1	2	15
16	1	2	15
17	3	2	17
18	1	1	15
19	1	1	15
20	2	2	16

13.2.3 Stata 分析过程

在用 Stata 进行分析之前，我们要把数据录入 Stata 中。本例中有 3 个变量，分别是视力低下程度、性别和年龄。我们把视力低下程度变量设定为 V1，把性别变量设定为 V2，把年龄变量设定为 V3，变量类型及长度采取系统默认方式，然后录入相关数据。相关操作在第 1 章中已详细讲述过了。录入完成后数据如图 13.15 所示。

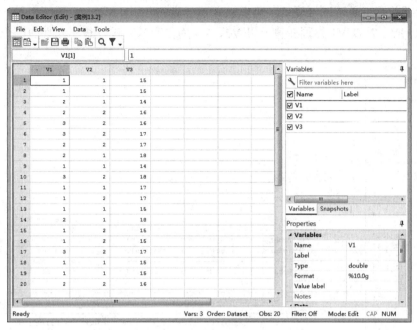

图 13.15　案例 13.2 的数据

先保存数据，然后开始展开分析，步骤如下：

01 进入 Stata 16.0，打开相关数据文件，弹出主界面。

02 在主界面的 Command 文本框中输入操作命令并按回车键进行确认。本例中提到的各步要求对应的命令分别如下：

- list V1-V3：对 3 个变量所包含的样本数据——进行展示，以便简单直观地观测出数据的具体特征，为深入分析做好必要准备。
- reg V1 V2 V3：以 V1 为因变量，以 V2、V3 为自变量，进行最小二乘回归分析，研究变量之间的因果影响关系。
- mlogit V1 V2 V3,base(1)：以 V1 为因变量，以 V2、V3 为自变量，并设定第 1 组为参照组（视力低下程度为 1），进行多元 Logistic 回归分析，研究变量之间的因果影响关系。其中，自变量的影响是以回归系数的形式输出的。
- mlogit V1 V2 V3,base(1) rrr：以 V1 为因变量，以 V2、V3 为自变量，并设定第 1 组为参照组（视力低下程度为 1），进行多元 Logistic 回归分析，研究变量之间的因果影响关系。其中，自变量的影响是以相对风险比率的形式输出的。

13.2.4　结果分析

在 Stata 16.0 主界面的结果窗口可以看到如图 13.16~图 13.19 所示的分析结果。

图 13.16 所示是对数据进行展示的结果。它的目的是通过对变量所包含的样本数据一一进行展示，以便简单直观地观测出数据的具体特征，为深入分析做好必要准备。

从如图 13.16 所示的分析结果中可以看出，数据的总体质量还是可以的，没有极端异常值，变量间的量纲差距也是可以接受的，可以进入下一步的分析。

图 13.17 所示是以 V1 为因变量，以 V2、V3 为自变量，进行最小二乘回归分析的结果。

```
. list V1-V3
```

	V1	V2	V3
1.	1	1	15
2.	1	1	15
3.	2	1	14
4.	2	2	16
5.	3	2	16
6.	3	2	17
7.	2	2	17
8.	2	1	18
9.	1	1	14
10.	3	2	18
11.	1	1	17
12.	1	2	17
13.	1	1	15
14.	2	1	18
15.	1	1	15
16.	1	2	15
17.	3	2	17
18.	1	1	15
19.	1	1	15
20.	2	2	16

```
. reg V1 V2 V3
```

Source	SS	df	MS		Number of obs =	20
					F(2, 17) =	6.56
Model	5.3125	2	2.65625		Prob > F =	0.0078
Residual	6.8875	17	.405147059		R-squared =	0.4355
					Adj R-squared =	0.3690
Total	12.2	19	.642105263		Root MSE =	.63651

V1	Coef.	Std. Err.	t	P>|t|	[95% Conf. Interval]	
V2	.5833333	.3000545	1.94	0.069	-.0497262	1.216393
V3	.2708333	.1186069	2.28	0.036	.0205946	.5210721
_cons	-3.508333	1.812165	-1.94	0.070	-7.331667	.3150006

图 13.16　对数据进行展示　　　　　　　图 13.17　最小二乘回归分析

从上述分析结果中可以看出共有 20 个样本参与了分析，模型的 F 值$(2, 17) = 6.56$，P 值（Prob > F）= 0.0078，说明模型整体上是比较显著的。模型的可决系数（R-squared）= 0.4355，模型修正的可决系数（Adj R-squared）= 0.3690，说明模型的解释能力差强人意。

变量 V2 的系数标准误是 0.3000545，t 值为 1.94，P 值为 0.069，系数显著性是勉强过得去的，95%的置信区间为[-0.0497262, 1.216393]。变量 V3 的系数标准误是 0.1186069，t 值为 2.28，P 值为 0.036，系数是比较显著的，95%的置信区间为[0.0205946, 0.5210721]。常数项的系数标准误是 1.812165，t 值为-1.94，P 值为 0.070，系数显著性是勉强过得去的，95%的置信区间为[-7.331667,0.3150006]。

从上述分析结果可以得到最小二乘模型的回归方程是：

$$V1=0.583333 *V2 +0.2708333 *V3-3.508333$$

从上面的分析可以看出最小二乘线性模型的整体显著性和系数显著性以及模型的整体解释能力都是勉强过得去的。

图 13.18 所示是以 V1 为因变量，以 V2、V3 为自变量，并设定第 1 组为参照组（视力低下程度为 1），进行多元 Logistic 回归分析的结果。其中，自变量的影响是以回归系数的形式输出的。

```
. mlogit  V1 V2 V3,base(1)

Iteration 0:    log likelihood = -20.59306
Iteration 1:    log likelihood = -15.348101
Iteration 2:    log likelihood = -14.03923
Iteration 3:    log likelihood = -13.734306
Iteration 4:    log likelihood = -13.69158
Iteration 5:    log likelihood = -13.681816
Iteration 6:    log likelihood = -13.679506
Iteration 7:    log likelihood = -13.679011
Iteration 8:    log likelihood = -13.678908
Iteration 9:    log likelihood = -13.678885
Iteration 10:   log likelihood = -13.678879
Iteration 11:   log likelihood = -13.678878

Multinomial logistic regression              Number of obs   =        20
                                             LR chi2(4)      =     13.83
                                             Prob > chi2     =    0.0079
Log likelihood = -13.678878                  Pseudo R2       =    0.3358
```

V1	Coef.	Std. Err.	z	P>|z|	[95% Conf. Interval]	
1	(base outcome)					
2						
V2	.732262	1.183462	0.62	0.536	-1.587281	3.051805
V3	.8356566	.4982461	1.68	0.094	-.1408878	1.812201
_cons	-14.82979	8.211396	-1.81	0.071	-30.92383	1.264249
3						
V2	18.39871	1982.115	0.01	0.993	-3866.474	3903.272
V3	2.112522	1.181372	1.79	0.074	-.2029232	4.427968
_cons	-71.13788	3964.291	-0.02	0.986	-7841.005	7698.729

图 13.18　多元 Logistic 回归分析

从图 13.18 可以看出 Logistic 模型与最小二乘回归估计效果相差不大。模型的整体显著性 P 值达到了 0.0079 左右（Prob > chi2=0.0079）。伪 R 方达到 33.58%（Pseudo R2 = 0.3358），解释能力进一步提高。

从图 13.18 中可以看到 V2 和 V3 系数在第 2 组和第 3 组都是大于 0 的，这意味着 V2 和 V3 两个变量的值越大就越容易被分到 2、3 组，这表示性别为女，年龄越大，越容易被分到中度视力低下、重度视力低下组。

最终模型方程为：

- G1=0，因为轻度是因变量中的参考组，其所有系数均为 0。
- G2=LOG[P(低下中度)/P(低下轻度)]= -14.82979+0.8356566*年龄+0.732262*性别 1。
- G3= LOG[P(低下重度)/P(低下轻度)]= -71.13788+2.112522*年龄+18.39871*性别 1。

图 13.19 所示是以 V1 为因变量，以 V2、V3 为自变量，进行多元 Logistic 回归分析的结果。其中，自变量的影响是以相对风险比率的形式输出的。

与二元 Logistic 中的优势比的概念类似，相对风险比率的含义是：在其他自变量保持不变的条件下，被观测自变量每增加 1 个单位时 y=1 的发生比的变化倍数。可以看出，当 V2 增加或者性别为女生时，会有相当大的概率被分到第 3 组，即重度视力低下，当年龄偏大时，也有较大的概率被分到第 3 组，即重度视力低下。

```
. mlogit  V1 V2 V3,base(1) rrr

Iteration 0:    log likelihood =  -20.59306
Iteration 1:    log likelihood = -15.348101
Iteration 2:    log likelihood =  -14.03923
Iteration 3:    log likelihood = -13.734306
Iteration 4:    log likelihood =  -13.69158
Iteration 5:    log likelihood = -13.681816
Iteration 6:    log likelihood = -13.679506
Iteration 7:    log likelihood = -13.679011
Iteration 8:    log likelihood = -13.678908
Iteration 9:    log likelihood = -13.678885
Iteration 10:   log likelihood = -13.678879
Iteration 11:   log likelihood = -13.678878

Multinomial logistic regression                Number of obs   =        20
                                               LR chi2(4)      =     13.83
                                               Prob > chi2     =    0.0079
Log likelihood = -13.678878                    Pseudo R2       =    0.3358
```

V1	RRR	Std. Err.	z	P>|z|	[95% Conf. Interval]	
1	(base outcome)					
2						
V2	2.07978	2.461341	0.62	0.536	.2044808	21.1535
V3	2.306328	1.149119	1.68	0.094	.8685868	6.123911
_cons	3.63e-07	2.98e-06	-1.81	0.071	3.71e-14	3.540432
3						
V2	9.78e+07	1.94e+11	0.01	0.993	0	.
V3	8.269073	9.768848	1.79	0.074	.8163409	83.76105
_cons	1.27e-31	5.05e-28	-0.02	0.986	0	.

图 13.19　自变量的影响以相对风险比率的形式输出

13.2.5　案例延伸

上述的 Stata 命令比较简洁，分析过程及结果已达到解决实际问题的目的。Stata 16.0 的强大之处在于提供了更加复杂的命令格式以满足用户更加个性化的需求。

延伸：根据模型预测每个观测样本视力低下程度的可能性

以本节中介绍的实例进行说明，那么操作命令就是：

```
predict eye1 eye2 eye3
```

图 13.20 所示是根据模型预测每个观测样本视力低下程度的可能性的结果。选择 Data|Data Editor|Data Editor(Browse)命令，进入数据查看界面，可以看到如图 13.20 所示的 eye1~eye3 数据。

	V1	V2	V3	eye1	eye2	eye3
1	1	1	15	.8267376	.1732624	5.96e-10
2	1	1	15	.8267376	.1732624	5.96e-10
3	2	1	14	.9167004	.0832996	7.99e-11
4	2	2	16	.3864073	.3884369	.2251557
5	3	2	16	.3864073	.3884369	.2251557
6	3	2	17	.1228992	.2849346	.5921661
7	2	2	17	.1228992	.2849346	.5921661
8	2	1	18	.2800346	.7199653	1.14e-07
9	1	1	14	.9167004	.0832996	7.99e-11
10	3	2	18	.0216497	.1157628	.8625875
11	2	1	17	.4728684	.5271316	2.33e-08
12	2	2	17	.1228992	.2849346	.5921661
13	1	1	15	.8267376	.1732624	5.96e-10
14	2	1	18	.2800346	.7199653	1.14e-07
15	1	2	15	.6638637	.2893564	.0467799
16	1	2	15	.6638637	.2893564	.0467799
17	3	2	17	.1228992	.2849346	.5921661
18	1	1	15	.8267376	.1732624	5.96e-10
19	1	1	15	.8267376	.1732624	5.96e-10
20	2	2	16	.3864073	.3884369	.2251557

图 13.20　根据模型预测样本视力低下程度

如图 13.20 所示，第 1 个观测样本为男性，15 岁，他有 80%以上的概率进入第 1 组，即轻度视力低下，有极小的甚至可以忽略不计的概率被分到第 3 组，即重度视力低下。其他的观测样本可以按照类似的方法逐一进行分析，可以看出模型构建得不错，模型的预测能力也是比较优秀的。

13.3 实例三——有序Logistic回归分析

13.3.1 有序 Logistic 回归分析的功能与意义

在有些分析研究中，因变量虽然离散，但存在着一定的排序，例如消费者对服务行业满意度的评价（很满意、基本满意、不满意、很不满意），以及消费者对某种品牌产品的忠诚度的衡量（很喜欢、比较喜欢、不喜欢、很不喜欢）。在上述情况下，使用普通最小二乘回归分析以及二元或多元 Logistic 回归分析都不能获得比较好的效果，这时就需要用到本节介绍的有序 Logistic 回归分析。

13.3.2 相关数据来源

	下载资源:\video\13\13.3
	下载资源:\sample\chap13\案例 13.3.dta

【例 13.3】为了获得消费者的满意度情况，某公司对 120 位随机抽取的消费者进行了调查，其中回收有效样本 114 个，相关信息如表 13.3 所示。试用有序 Logistic 回归方法分析消费者满意程度（1 表示很满意，2 表示基本满意，3 表示不满意）与性别（1 代表男性，2 代表女性）、学历（1 表示大学专科及以下，2 表示大学本科，3 表示研究生及以上）之间的关系。

表 13.3 某公司调查的 114 位消费者信息情况数据

编 号	消费者满意程度	性 别	学 历
1	1	1	1
2	1	1	1
3	2	1	1
4	2	2	1
5	3	2	2
6	3	2	2
...	...	...	...
109	2	1	2
110	3	2	3
111	1	1	1
112	2	1	2
113	3	2	3
114	1	1	2

13.3.3 Stata 分析过程

在用 Stata 进行分析之前，我们要把数据录入 Stata 中。本例中有 3 个变量，分别是消费者满意程度、性别和学历。我们把消费者满意程度变量设定为 V1，把性别变量设定为 V2，把学历变量设定为 V3，变量类型及长度采取系统默认方式，然后录入相关数据。相关操作在第 1 章中已详细讲述过了。录入完成后数据如图 13.21 所示。

先保存数据，然后开始展开分析，步骤如下：

01 进入 Stata 16.0，打开相关数据文件，弹出主界面。

02 在主界面的 Command 文本框中输入操作命令并按回车键进行确认。本例中提到的各步要求对应的命令分别如下：

- list V1-V3：对 3 个变量所包含的样本数据一一进行展示，以便简单直观地观测出数据的具体特征，为深入分析做好必要准备。
- reg V1 V2 V3：以 V1 为因变量，以 V2、V3 为自变量，进行最小二乘回归分析，研究变量之间的因果影响关系。
- ologit V1 V2 V3：以 V1 为因变量，以 V2、V3 为自变量，进行有序 Logistic 回归分析，研究变量之间的因果影响关系。
- predict satisfy1 satisfy2 satisfy3：根据模型预测每个观测样本满意程度的可能性的结果。

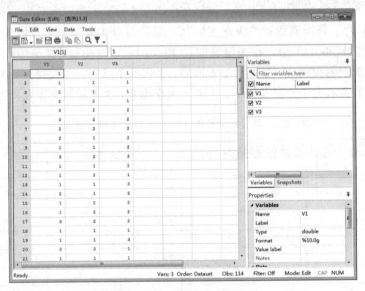

图 13.21　案例 13.3 的数据

13.3.4 结果分析

在 Stata 16.0 主界面的结果窗口可以看到如图 13.22~图 13.25 所示的分析结果。

图 13.22 所示是对数据进行展示的结果。它的目的是通过对变量所包含的样本数据一一进

行展示，以便简单直观地观测出数据的具体特征，为深入分析做好必要准备。

. list V1-V3

	V1	V2	V3
1.	1	1	1
2.	1	1	1
3.	2	1	1
4.	2	2	1
5.	3	2	2
6.	3	2	2
7.	2	2	2
8.	2	1	2
9.	1	1	2
10.	3	2	3
11.	1	1	2
12.	1	2	1
13.	1	1	3
14.	2	1	3
15.	1	2	2
16.	1	2	2
17.	3	2	2
18.	1	1	1
19.	1	1	3
20.	2	2	1
21.	1	1	1
22.	2	1	2
23.	3	2	3
24.	1	1	1
25.	2	1	2
26.	3	2	3
27.	1	1	1
28.	2	1	2
29.	3	2	3
30.	1	1	1
31.	2	1	2
32.	3	2	3
33.	1	1	1
34.	2	1	2
35.	3	2	3
36.	1	1	1
37.	2	1	2
38.	3	2	3
39.	1	1	1
40.	2	1	2
41.	3	2	3
42.	1	1	1
43.	2	1	2
44.	3	2	3
45.	1	1	1
46.	2	1	2
47.	3	2	3
48.	1	1	1
49.	2	1	2
50.	3	2	3
51.	1	1	1
52.	2	1	2
53.	3	2	3
54.	1	1	1
55.	2	1	2
56.	3	2	3
57.	1	1	2
58.	1	1	1
59.	1	1	1
60.	2	1	1
61.	2	2	1
62.	3	2	2
63.	3	2	2
64.	2	2	2
65.	2	1	2
66.	1	1	2
67.	3	2	3
68.	1	1	2
69.	1	2	1
70.	1	1	3
71.	2	1	3
72.	1	2	2
73.	1	2	2
74.	3	2	2
75.	1	1	1
76.	1	1	3
77.	2	2	1
78.	1	1	1
79.	2	1	2
80.	3	2	3
81.	1	1	1
82.	2	1	2
83.	3	2	3
84.	1	1	1
85.	2	1	2
86.	3	2	3
87.	1	1	1
88.	2	1	2
89.	3	2	3
90.	1	1	1
91.	2	1	2
92.	3	2	3
93.	1	1	1
94.	2	1	2
95.	3	2	3
96.	1	1	1
97.	2	1	2
98.	3	2	3
99.	1	1	1
100.	2	1	2
101.	3	2	3
102.	1	1	1
103.	2	1	2
104.	3	2	3
105.	1	1	1
106.	2	1	2
107.	3	2	3
108.	1	1	1
109.	2	1	2
110.	3	2	3
111.	1	1	1
112.	2	1	2
113.	3	2	3
114.	1	1	2

图 13.22　对数据进行展示

从如图 13.22 所示的分析结果中可以看出，数据的总体质量还是可以的，没有极端异常值，变量间的量纲差距也是可以接受的，可以进入下一步的分析。

图 13.23 所示是以 V1 为因变量，以 V2、V3 为自变量，进行最小二乘回归分析的结果。

```
. reg V1 V2 V3

      Source |       SS       df       MS              Number of obs =     114
-------------+------------------------------           F(  2,   111) =  112.42
       Model |  51.0694713     2  25.5347356           Prob > F      =  0.0000
    Residual |  25.2112305   111  .227128203           R-squared     =  0.6695
-------------+------------------------------           Adj R-squared =  0.6635
       Total |  76.2807018   113  .675050458           Root MSE      =  .47658

------------------------------------------------------------------------------
          V1 |      Coef.   Std. Err.      t    P>|t|     [95% Conf. Interval]
-------------+----------------------------------------------------------------
          V2 |   .7219745   .1069115     6.75   0.000     .5101221    .9338268
          V3 |   .5331441   .0665703     8.01   0.000     .4012307    .6650576
       _cons |  -.1616663    .144898    -1.12   0.267    -.4487914    .1254587
------------------------------------------------------------------------------
```

图 13.23　最小二乘回归分析

从上述分析结果中可以看出共有 114 个样本参与了分析，模型的 F 值(2, 111) =112.42，P 值（Prob > F）= 0.0000，说明模型整体上比较显著。模型的可决系数（R-squared）为 0.6695，模型修正的可决系数（Adj R-squared）为 0.6635，说明模型的解释能力差强人意。

变量 V2 的系数标准误是 0.1069115，t 值为 6.75，P 值为 0.000，系数显著性是非常不错的，95%的置信区间为[0.5101221, 0.9338268]。变量 V3 的系数标准误是 0.0665703，t 值为 8.01，P 值为 0.000，系数是非常显著的，95%的置信区间为[0.4012307, 0.6650576]。常数项的系数标准误是 0.144898，t 值为−1.12，P 值为 0.267，系数显著性是勉强过得去的，95%的置信区间为

[-0.4487914, 0.1254587]。

从上述分析结果可以得到最小二乘模型的回归方程是：

V1=0.7219745*V2 +0.5331441*V3-0.1616663

从上面的分析可以看出最小二乘线性模型的整体显著性、系数显著性以及模型的整体解释能力都是可以的。

图 13.24 所示是以 V1 为因变量，以 V2、V3 为自变量，进行有序 Logistic 回归分析的结果。

从图 13.24 可以看出有序 Logistic 模型与最小二乘回归估计效果相差不大。模型的整体显著性 P 值远远低于 5%（Prob > chi2=0.0000）。伪 R 方达到 45.54%（Pseudo R2 = 0.4554）。

从图 13.24 中可以看到 V2 和 V3 系数在第 2 组和第 3 组都是大于 0 的，这意味着 V2 和 V3 两个变量的值越大越容易被分到后面的组，表示性别为女，学历越高，越容易被分到消费者满意程度较低的组。

“/cut1”和“/cut2”表示的含义是割点的估计值，两个割点把样本分成了 3 个区间，也就是消费者 3 个不同的满意程度。当样本的因变量拟合值在“/cut1”之下时，它被分到第 1 组，消费者满意程度为最高；当样本的因变量拟合值在“/cut1”之上且在“/cut2”之下时，它被分到第 2 组，消费者满意程度为中度；当样本的因变量拟合值在“/cut2”之上时，它被分到第 3 组，消费者满意程度为最低。

图 13.25 所示是根据模型预测每个观测样本消费者满意程度的可能性的结果。选择 Data|Data Editor|Data Editor(Browse)命令，进入数据查看界面，可以看到如图 13.25 所示的 satisfy1~satisfy3 数据。

```
. ologit  V1 V2 V3

Iteration 0:   log likelihood = -123.89889
Iteration 1:   log likelihood = -70.339544
Iteration 2:   log likelihood = -67.506639
Iteration 3:   log likelihood = -67.476317
Iteration 4:   log likelihood = -67.476268
Iteration 5:   log likelihood = -67.476268

Ordered logistic regression                     Number of obs     =        114
                                                LR chi2(2)        =     112.85
                                                Prob > chi2       =     0.0000
Log likelihood = -67.476268                     Pseudo R2         =     0.4554

------------------------------------------------------------------------------
          V1 |      Coef.   Std. Err.      z    P>|z|     [95% Conf. Interval]
-------------+----------------------------------------------------------------
          V2 |   2.830534   .5714954     4.95   0.000     1.710424    3.950645
          V3 |   2.357495   .4023518     5.86   0.000       1.5689     3.14609
-------------+----------------------------------------------------------------
       /cut1 |    7.23271   1.018615                      5.236262    9.229158
       /cut2 |   10.36945   1.340869                      7.741391     12.9975
------------------------------------------------------------------------------
```

图 13.24 进行有序 Logistic 回归分析

	V1	V2	V3	satisfy1	satisfy2	satisfy3
1	1	1	1	.8854091	.1090023	.0055886
2	1	1	1	.8854091	.1090023	.0055886
3	2	1	1	.8854091	.1090023	.0055886
4	2	2	1	.3130598	.5999446	.0869957
5	3	2	2	.0413542	.4569927	.5016531
6	3	2	2	.0413542	.4569927	.5016531
7	2	2	2	.0413542	.4569927	.5016531
8	2	1	2	.422428	.5215269	.0560451
9	1	1	2	.422428	.5215269	.0560451
10	3	2	3	.0040667	.0818842	.9140491
11	1	1	2	.422428	.5215269	.0560451
12	1	2	1	.3130598	.5999446	.0869957
13	1	1	3	.0647482	.5497893	.3854624
14	2	1	3	.0647482	.5497893	.3854624
15	1	2	2	.0413542	.4569927	.5016531
16	1	2	2	.0413542	.4569927	.5016531
17	3	2	2	.0413542	.4569927	.5016531
18	1	1	1	.8854091	.1090023	.0055886
19	1	1	3	.0647482	.5497893	.3854624
20	2	2	1	.3130598	.5999446	.0869957
21	1	1	1	.8854091	.1090023	.0055886
22	2	1	2	.422428	.5215269	.0560451
23	3	2	3	.0040667	.0818842	.9140491
24	1	1	1	.8854091	.1090023	.0055886

图 13.25 根据模型预测消费者满意程度

如图 13.25 所示，第 1 个观测样本为男性，学历为大学专科及以下，他有 88%以上的概率进入第 1 组，即消费者满意程度为最高，有极小的甚至可以忽略不计的概率被分到第 3 组，即消费者满意程度为最低。其他的观测样本可以按照类似的方法逐一进行分析，可以看出模型构建得不错，模型的预测能力也是比较优秀的。

13.3.5 案例延伸

上述的 Stata 命令比较简洁，分析过程及结果已达到解决实际问题的目的。Stata 16.0 的强大之处在于提供了更加复杂的命令格式以满足用户更加个性化的需求。

延伸：使用 Probit 模型对有序分类因变量进行拟合

以本节中介绍的实例进行说明，操作命令如下：

（1）oprobit V1 V2 V3

本命令的含义是以 V1 为因变量，以 V2、V3 为自变量，进行 Probit 回归分析，研究变量之间的因果影响关系。

（2）predict satisfy1 satisfy2 satisfy3

本命令旨在估计因变量的拟合值。它创建一个命名为 yhat 的新变量，等于最近一次 Probit 模型基础上 y=1 的预测概率。

在命令窗口输入命令并按回车键进行确认，结果如图 13.26 和图 13.27 所示。

```
. oprobit  V1 V2 V3

Iteration 0:   log likelihood = -123.89889
Iteration 1:   log likelihood = -68.713098
Iteration 2:   log likelihood = -68.043379
Iteration 3:   log likelihood = -68.039793
Iteration 4:   log likelihood = -68.039793

Ordered probit regression                       Number of obs     =        114
                                                LR chi2(2)        =     111.72
                                                Prob > chi2       =     0.0000
Log likelihood = -68.039793                     Pseudo R2         =     0.4508

------------------------------------------------------------------------------
          V1 |      Coef.   Std. Err.      z    P>|z|     [95% Conf. Interval]
-------------+----------------------------------------------------------------
          V2 |   1.593445   .2938913     5.42   0.000     1.017428    2.169461
          V3 |   1.322247   .2041027     6.48   0.000     .9222136    1.722281
-------------+----------------------------------------------------------------
       /cut1 |    4.16763   .5212681                      3.145963    5.189297
       /cut2 |   5.874543   .6518366                      4.596967    7.152119
------------------------------------------------------------------------------
```

图 13.26 进行有序 Probit 回归分析

	V1	V2	V3	satisfy1	satisfy2	satisfy3
1	1	1	1	.8947037	.1037524	.0015439
2	1	1	1	.8947037	.1037524	.0015439
3	2	1	1	.8947037	.1037524	.0015439
4	2	2	1	.3663609	.5475764	.0860628
5	3	2	2	.0480807	.4691316	.4827877
6	3	2	2	.0480807	.4691316	.4827877
7	2	2	2	.0480807	.4691316	.4827877
8	2	1	2	.4719735	.4771698	.0508567
9	1	1	2	.4719735	.4771698	.0508567
10	3	2	3	.0014133	.0990196	.8995672
11	1	1	2	.4719735	.4771698	.0508567
12	1	2	1	.3663609	.5475764	.0860628
13	1	1	3	.0818768	.5414977	.3766255
14	2	1	3	.0818768	.5414977	.3766255
15	1	2	2	.0480807	.4691316	.4827877
16	1	2	2	.0480807	.4691316	.4827877
17	3	2	2	.0480807	.4691316	.4827877
18	1	1	1	.8947037	.1037524	.0015439
19	1	1	3	.0818768	.5414977	.3766255
20	2	2	1	.3663609	.5475764	.0860628
21	1	1	1	.8947037	.1037524	.0015439
22	2	1	2	.4719735	.4771698	.0508567
23	3	2	3	.0014133	.0990196	.8995672
24	1	1	1	.8947037	.1037524	.0015439
25	2	1	2	.4719735	.4771698	.0508567
26	3	2	3	.0014133	.0990196	.8995672
27	1	1	1	.8947037	.1037524	.0015439
28	2	1	2	.4719735	.4771698	.0508567
29	3	2	3	.0014133	.0990196	.8995672
30	1	1	1	.8947037	.1037524	.0015439

图 13.27 根据模型预测消费者满意程度

图 13.26 所示是以 V1 为因变量，以 V2、V3 为自变量，进行有序 Probit 回归分析的结果。从上面的分析结果中可以看出，Probit 模型与 Logistic 模型所得结果相差不大，对本结果

的详细解读限于篇幅不再赘述。

图 13.27 所示是根据模型预测每个观测样本消费者满意程度的可能性的结果。选择
Data|Data Editor|Data Editor(Browse)命令，进入数据查看界面，可以看到如图 13.27 所示的
satisfy1~satisfy3 数据。

如图 13.27 所示，第 1 个观测样本为男性，学历为大学专科及以下，他有 89%以上的概率
进入第 1 组，即消费者满意程度为最高，有极小的甚至可以忽略不计的概率被分到第 3 组，即
消费者满意程度为最低。其他的观测样本可以按照类似的方法逐一进行分析，可以看出模型构
建得不错，模型的预测能力也是比较优秀的。

13.4　本章习题

（1）表 13.4 给出了 20 名前列腺癌患者的相关数据。试用二元 Logistic 回归方法分析患
者前列腺细胞癌转移情况（有转移 y=1、无转移 y=0）与患者年龄、前列腺细胞癌血管内皮生
长因子（由低到高共 3 个等级）、术前探针活检病理分级（从低到高共 4 级）、酸性磷酸酯酶、
前列腺细胞癌分期（由低到高共 4 期）之间的关系。

表 13.4　20 名前列腺癌患者的相关数据

编　号	前列腺细胞癌转移情况	年　龄	前列腺细胞癌血管内皮生长因子	术前探针活检病理分级	酸性磷酸酯酶/个/μL	前列腺细胞癌分期
1	0	66	3	3	46	1
2	1	45	2	2	60	2
3	1	79	1	1	50	3
4	0	65	2	3	50	2
5	0	55	3	4	60	3
6	0	58	3	3	43	2
7	1	43	1	2	70	1
8	0	45	2	4	56	4
9	0	51	1	1	76	1
10	1	57	3	1	70	2
11	0	66	2	3	50	1
12	1	30	3	4	55	3
13	0	53	1	1	59	1
14	0	34	3	2	49	2
15	1	38	1	4	35	3
16	0	41	1	2	67	1
17	0	16	1	1	68	1
18	1	34	3	2	67	3
19	1	46	1	2	51	3
20	0	72	3	4	72	2

（2）表 13.5 给出了山东省某医院 20 名听力低下的患者听力监测结果的数据。试用多元
Logistic 回归方法分析听力低下程度（由轻到重共 3 级）与年龄、性别（1 代表男性，2 代表
女性）之间的关系。

表 13.5 山东省某医院 20 名听力低下患者听力监测结果的数据

编 号	听力低下程度	性 别	年 龄
1	1	1	55
2	3	2	55
3	2	1	54
4	2	2	66
5	3	2	76
6	2	2	47
7	2	2	67
8	2	1	58
9	1	1	34
10	3	2	28
11	3	2	67
12	2	2	67
13	3	1	75
14	2	1	48
15	1	2	55
16	3	2	75
17	3	2	47
18	1	1	55
19	1	1	65
20	3	2	76

（3）某公司 114 名员工 2012 年的绩效考核情况的相关信息如表 13.6 所示。试用有序 Logistic 回归方法分析员工绩效考核情况（1 表示非常优秀，2 表示基本可以，3 表示不过关）与性别（1 代表男性，2 代表女性）、级别（1 表示高级员工，2 表示中级员工，3 表示初级员工）之间的关系。

表 13.6 某公司 114 名员工绩效考核情况数据

编 号	绩效考核情况	性 别	级 别
1	3	2	3
2	1	1	2
3	1	2	1
4	1	1	3
5	2	1	3
6	1	2	2
...	...	...	...
109	2	1	2
110	2	1	3
111	1	2	2
112	2	2	2
113	2	1	2
114	1	1	2

第 14 章 Stata 因变量受限回归分析

前面我们讲述的回归分析方法都要求因变量或连续或离散,但是很多时候因变量观测样本数据会受到各种各样的限制,只能观测到满足一定条件的样本。例如,我们在统计某地区游客量时可能仅仅能够统计到知名景点,或者说游客人数大于某一特定值的景点游客量。又例如,在统计工人的劳动时间时,失业工人的劳动时间一定只取 0,而不论失业的程度有多大。根据因变量的受限特征,常用的因变量受限回归分析方法有两种,即断尾回归分析和截取回归分析。下面就以实例的方式一一介绍这两种方法在 Stata 中的应用。

14.1 实例一——断尾回归分析

14.1.1 断尾回归分析的功能与意义

断尾回归分析是针对因变量只有大于一定数值或者小于一定数值时才能被观测到的一种回归分析方法。或者说,因变量的取值范围是受到限制的,是不可能取到范围之外的数值的,通过一般的最小二乘回归分析得到的结论是不完美的。举例来说,如果研究某单位的薪酬情况,把年薪作为因变量,那么该因变量的取值就是大于 0 的,低于 0 是不可能的,是没有意义的。下面介绍断尾回归分析在实例中的具体应用。

14.1.2 相关数据来源

下载资源:\video\14\14.1
下载资源:\sample\chap14\案例 14.1.dta

【例 14.1】表 14.1 给出了某单位 88 名在岗职工的工龄、职称级别、月工作时间以及月工资收入情况。已知该单位的保底工资是 3000 元/月。试构建回归分析模型研究一下该单位职工的月工资收入受工龄、职称级别(1 表示初级职称,2 表示中级职称,3 表示高级职称)、月工作时间等变量的影响情况。

表 14.1 某单位 88 名在岗职工的工龄、职称级别、月工作时间以及月工资收入情况数据

编　号	月工资收入/元	月工作时间/小时	工龄/年	职称级别
1	6389	110	9	1
2	5327	108	8	1
3	4529	88	4	1
4	8723	135	10	2

（续表）

编 号	月工资收入/元	月工作时间/小时	工龄/年	职称级别
5	10213	164	15	3
6	4596	86	6	1
…	…	…	…	…
83	8537	135	11	2
84	8123	120	10	2
85	7565	113	9	1
86	10330	165	16	3
87	7429	119	9	2
88	7625	123	9	2

14.1.3 Stata 分析过程

在用 Stata 进行分析之前，我们要把数据录入 Stata 中。本例中有 4 个变量，分别是月工资收入、月工作时间、工龄以及职称级别。我们把月工资收入变量定义为 salary，把月工作时间变量定义为 hour，把工龄变量定义为 year，把职称级别变量定义为 grade。变量类型及长度采取系统默认方式，然后录入相关数据。相关操作在第 1 章中已详细讲述过了。录入完成后数据如图 14.1 所示。

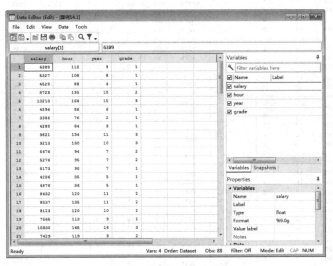

图 14.1 案例 14.1 的数据

先保存数据，然后开始展开分析，步骤如下：

01 进入 Stata 16.0，打开相关数据文件，弹出主界面。

02 在主界面的 Command 文本框中输入如下命令：

- list salary hour year grade：对 4 个变量所包含的样本数据一一进行展示，以便简单直观地观测出数据的具体特征，为深入分析做好必要准备。

- reg salary hour year grade: 以 salary 为因变量，以 hour、year、grade 为自变量，进行最小二乘回归分析，研究变量之间的因果影响关系。
- truncreg salary hour year grade,ll(3000): 以 salary 为因变量，以 hour、year、grade 为自变量，进行断尾回归分析，研究变量之间的因果影响关系。
- test hour year grade: 对断尾回归分析估计的各个自变量的系数进行假设检验，检验其显著程度。
- predict yhat: 估计因变量的拟合值。
- predict e,resid: 估计断尾回归分析的残差。

03 设置完毕后，按回车键，等待输出结果。

14.1.4 结果分析

在 Stata 16.0 主界面的结果窗口可以看到如图 14.2~图 14.7 所示的分析结果。

图 14.2 所示是对数据进行展示的结果。它的目的是通过对变量所包含的样本数据一一进行展示，以便简单直观地观测出数据的具体特征，为深入分析做好必要准备。

图 14.2　对数据进行展示

从图 14.2 所示的分析结果中可以看出，数据的总体质量还是可以的，没有极端异常值，变量间的量纲差距也是可以接受的，可以进入下一步的分析。

图 14.3 所示是以 salary 为因变量，以 hour、year、grade 为自变量，进行最小二乘回归分析的结果。

从上述分析结果中可以看出共有 88 个样本参与了分析，模型的 F 值$(3, 84) = 430.16$，P 值$(Prob > F) = 0.0000$，说明模型整体上是很显著的。模型的可决系数（R-squared）为 0.9389，模型修正的可决系数（Adj R-squared）为 0.9367，说明模型的解释能力也是非常好的。

变量 hour 的系数标准误是

```
. reg salary hour year grade

      Source |       SS       df       MS              Number of obs =      88
-------------+------------------------------           F(  3,     84) =  430.16
       Model |  371452125        3   123817375          Prob > F      =  0.0000
    Residual |  24178631.5       84  287840.851          R-squared     =  0.9389
-------------+------------------------------           Adj R-squared =  0.9367
       Total |  395630756       87  4547479.96          Root MSE      =  536.51

------------------------------------------------------------------------------
      salary |      Coef.   Std. Err.      t    P>|t|     [95% Conf. Interval]
-------------+----------------------------------------------------------------
        hour |   51.93677   9.024075     5.76   0.000     33.9914    69.88213
        year |   120.8774   59.99078     2.01   0.047     1.57913    240.1756
       grade |   572.1885   135.5076     4.22   0.000    302.7168    841.6602
       _cons |  -1006.138    491.17      -2.05  0.044    -1982.884    -29.393
------------------------------------------------------------------------------
```

图 14.3　最小二乘回归分析

9.024075，t 值为 5.76，P 值为 0.000，系数是非常显著的，95%的置信区间为[33.9914, 69.88213]。变量 year 的系数标准误是 59.99078，t 值为 2.01，P 值为 0.047，系数是比较显著的，95%的置信区间为[1.57913, 240.1756]。变量 grade 的系数标准误是 135.5076，t 值为 4.22，P 值为 0.000，系数是非常显著的，95%的置信区间为[302.7168,841.6602]。常数项的系数标准误是 491.17，t 值为-2.05，P 值为 0.044，系数也是比较显著的，95%的置信区间为[-1982.884, -29.393]。

从上述分析结果可以得到最小二乘模型的回归方程：

salary=51.93677*hour+120.8774*year+572.1885*grade-1006.138

从上面的分析可以看出最小二乘线性模型的整体显著性、系数显著性以及模型的整体解释能力都很不错。结论是该单位职工的月工资都是与月工作时间、工龄、职称级别等呈显著正向变化的。

图 14.4 所示是以 salary 为因变量，以 hour、year、grade 为自变量，进行断尾回归分析的结果。其中，断尾点设置的是 3000。

从图 14.4 可以看出断尾回归分析模型相对于最小二乘回归模型得到了很大程度的改进，模型中各个变量系数的显著程度也有不同程度的提高，限于篇幅不再赘述。

图 14.5 所示是对断尾回归分析估计的各个自变量的系数进行假设检验的结果。

```
. truncreg salary hour year grade,ll(3000)
(note: 0 obs. truncated)

Fitting full model:

Iteration 0:   log likelihood = -675.57114
Iteration 1:   log likelihood = -675.52962
Iteration 2:   log likelihood = -675.52953
Iteration 3:   log likelihood = -675.52953

Truncated regression
Limit:   lower =       3000                 Number of obs =      88
         upper =       +inf                 Wald chi2(3)  =1294.11
Log likelihood = -675.52953                 Prob > chi2   = 0.0000

------------------------------------------------------------------------------
      salary |      Coef.   Std. Err.      z    P>|z|     [95% Conf. Interval]
-------------+----------------------------------------------------------------
        hour |   51.17762   8.973677     5.70   0.000     33.58954    68.7657
        year |   129.2596    60.534      2.14   0.033     10.61518    247.9041
       grade |   569.4026   133.5357     4.26   0.000    307.6774    831.1278
       _cons |  -991.5073   484.7357     -2.05  0.041    -1941.572   -41.44282
-------------+----------------------------------------------------------------
      /sigma |   528.295    40.62363    13.00   0.000     448.6741    607.9158
------------------------------------------------------------------------------
```

图 14.4　断尾回归分析

```
. test hour year grade

 ( 1)  [eq1]hour = 0
 ( 2)  [eq1]year = 0
 ( 3)  [eq1]grade = 0

       chi2( 3) = 1294.11
     Prob > chi2 =    0.0000
```

图 14.5　进行假设检验

从图 14.5 可以看出该模型非常显著，拟合很好。

图 14.6 所示是对因变量的拟合值的预测。

关于预测因变量的拟合值的意义在前面的章节中已经论述过了，此处旨在说明断尾回归也是可以预测因变量的拟合值的，细节之处限于篇幅不再重复讲解。

图 14.7 所示是断尾回归分析得到的残差序列。

	salary	hour	year	grade	yhat	e
1	6389	110	9	1	6370.77	18.22976
2	5327	108	8	1	6139.155	-812.1553
3	4529	88	4	1	4598.564	-69.56438
4	8723	135	10	2	8348.873	374.127
5	10213	164	15	3	11048.72	-835.7247
6	4596	86	6	1	4754.729	-158.7284
7	3386	76	2	1	3725.914	-339.9137
8	4289	84	3	1	4264.594	24.40574
9	9821	134	11	2	8996.357	824.6425
10	9213	130	10	2	8662.388	550.6125
11	5476	94	7	1	5862.812	-386.8116
12	5276	95	7	1	5913.989	-637.9893
13	5173	90	7	1	5088.699	84.30145
14	4286	85	5	1	4574.291	-288.2912
15	4876	86	5	1	4625.469	250.5312
16	8432	120	11	2	7710.468	721.5317
17	8537	135	11	2	8478.133	58.86741
18	8123	120	10	2	7581.208	541.7913
19	7565	113	9	1	6524.303	1040.697
20	10330	165	16	3	11229.16	-899.162
21	7429	119	9	2	7400.771	28.22861
22	7625	123	9	2	7605.482	19.51814
23	6389	110	9	1	6370.77	18.22976
24	5327	108	8	1	6139.155	-812.1553
25	4529	88	4	1	4598.564	-69.56438
26	8723	135	10	2	8348.873	374.127
27	10213	164	15	3	11048.72	-835.7247
28	4596	86	6	1	4754.729	-158.7284

图 14.6　对因变量的拟合值的预测

	salary	hour	year	grade	yhat	e
1	6389	110	9	1	6370.77	18.22976
2	5327	108	8	1	6139.155	-812.1553
3	4529	88	4	1	4598.564	-69.56438
4	8723	135	10	2	8348.873	374.127
5	10213	164	15	3	11048.72	-835.7247
6	4596	86	6	1	4754.729	-158.7284
7	3386	76	2	1	3725.914	-339.9137
8	4289	84	3	1	4264.594	24.40574
9	9821	134	11	3	8996.357	824.6425
10	9213	130	10	3	8662.388	550.6125
11	5476	94	7	2	5862.812	-386.8116
12	5276	95	7	2	5913.989	-637.9893
13	5173	90	7	1	5088.699	84.30145
14	4286	85	5	1	4574.291	-288.2912
15	4876	86	5	1	4625.469	250.5312
16	8432	120	11	2	7710.468	721.5317
17	8537	135	11	2	8478.133	58.86741
18	8123	120	10	2	7581.208	541.7913
19	7565	113	9	1	6524.303	1040.697
20	10330	165	16	3	11229.16	-899.162
21	7429	119	9	2	7400.771	28.22861
22	7625	123	9	2	7605.482	19.51814
23	6389	110	9	1	6370.77	18.22976
24	5327	108	8	1	6139.155	-812.1553
25	4529	88	4	1	4598.564	-69.56438
26	8723	135	10	2	8348.873	374.127
27	10213	164	15	3	11048.72	-835.7247
28	4596	86	6	1	4754.729	-158.7284

图 14.7　残差序列

14.1.5　案例延伸

上述的 Stata 命令比较简洁，分析过程及结果已达到解决实际问题的目的。Stata 16.0 的强大之处在于提供了更加复杂的命令格式以满足用户更加个性化的需求。

延伸：使用稳健标准差进行断尾回归分析

与前面章节讲述的最小二乘回归分析类似，我们在断尾回归分析中也可以使用稳健标准差，以克服可能会有的异方差的存在对模型的整体有效性带来的不利影响。以本节中提到的案例为例，操作命令就是：

```
truncreg salary hour year grade,ll(3000) robust
```

在命令窗口输入命令并按回车键进行确认，结果如图 14.8 所示。

```
. truncreg salary hour year grade,ll(3000) robust
(note: 0 obs. truncated)

Fitting full model:

Iteration 0:   log pseudolikelihood = -675.57114
Iteration 1:   log pseudolikelihood = -675.52962
Iteration 2:   log pseudolikelihood = -675.52953
Iteration 3:   log pseudolikelihood = -675.52953

Truncated regression
Limit:        lower  =       3000                   Number of obs   =      88
              upper  =       +inf                   Wald chi2(3)    =  905.92
Log pseudolikelihood = -675.52953                   Prob > chi2     =  0.0000

------------------------------------------------------------------------------
             |               Robust
      salary |      Coef.   Std. Err.      z    P>|z|     [95% Conf. Interval]
-------------+----------------------------------------------------------------
        hour |   51.17762   7.476664     6.84   0.000     36.52363    65.83161
        year |   129.2596   48.99108     2.64   0.008     33.23889    225.2804
       grade |   569.4026   168.8532     3.37   0.001     238.4564    900.3488
       _cons |  -991.5073   420.8516    -2.36   0.018    -1816.361   -166.6533
-------------+----------------------------------------------------------------
      /sigma |    528.295   32.93317    16.04   0.000     463.7471    592.8428
------------------------------------------------------------------------------
```

图 14.8　分析结果图

从上面的分析结果中可以看出模型中各变量的系数显著性较没有使用稳健标准差进行断尾回归分析时有了进一步的提高，模型更加完美。

14.2　实例二——截取回归分析

14.2.1　截取回归分析的功能与意义

截取回归分析是针对当因变量大于一定数值或者小于一定数值时仅能有一种取值时的回归分析方法。或者说，因变量的取值范围是受到限制的，当因变量大于一定值时，以后无论程度如何，统统被记录为某一特定值。在这种情况下，通过一般的最小二乘回归分析得到的结论是不完美的。举例来说，如果研究某单位的薪酬情况，该单位采取封顶薪酬方式，把年薪作为因变量，那么该因变量的取值范围就低于一定值。下面介绍截取回归分析在实例中的具体应用。

14.2.2　相关数据来源

下载资源:\video\14\14.2	
下载资源:\sample\chap14\案例 14.2.dta	

【例 14.2】表 14.2 给出了某单位 78 名在岗职工的工龄、职称级别、月工作时间以及月工资收入情况。已知该单位的封顶工资是 11000 元/月。试构建回归分析模型研究该单位职工的月工资受工龄、职称级别（1 表示初级职称，2 表示中级职称，3 表示高级职称）、月工作时间等变量的影响情况。

表 14.2　某单位 78 名在岗职工的工龄、职称级别、月工作时间以及月工资收入情况数据

编　号	月工资收入/元	月工作时间/小时	工龄/年	职称级别
1	4596	86	6	1
2	3386	76	2	1

（续表）

编　号	月工资收入/元	月工作时间/小时	工龄/年	职称级别
3	4289	84	3	1
4	9821	134	11	3
5	9213	130	10	3
6	5476	94	7	2
…	…	…	…	…
73	5276	95	7	2
74	5173	90	7	1
75	4286	85	5	1
76	4876	86	5	1
77	8432	120	11	2
78	8537	135	11	2

14.2.3　Stata 分析过程

在用 Stata 进行分析之前，我们要把数据录入 Stata 中。本例中有 4 个变量，分别是月工资收入、月工作时间、工龄以及职称级别。我们把月工资收入变量定义为 salary，把月工作时间变量定义为 hour，把工龄变量定义为 year，把职称级别变量定义为 grade。变量类型及长度采取系统默认方式，然后录入相关数据。相关操作在第 1 章中已详细讲述过了。录入完成后数据如图 14.9 所示。

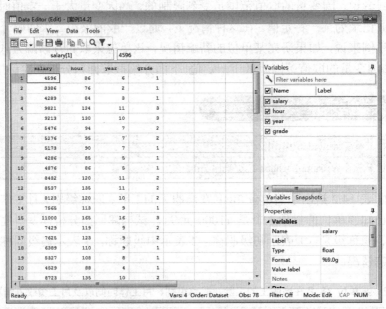

图 14.9　案例 14.2 的数据

先保存数据，然后开始展开分析，步骤如下：

01 进入 Stata 16.0，打开相关数据文件，弹出主界面。

02 在主界面的 Command 文本框中输入如下命令：

- list salary hour year grade：对 4 个变量所包含的样本数据一一进行展示，以便简单直观地观测出数据的具体特征，为深入分析做好必要准备。
- reg salary hour year grade：以 salary 为因变量，以 hour、year、grade 为自变量，进行最小二乘回归分析，研究变量之间的因果影响关系。
- tobit salary hour year grade,ul(11000)：以 salary 为因变量，以 hour、year、grade 为自变量，进行断尾回归分析，研究变量之间的因果影响关系。
- test hour year grade：对断尾回归分析估计的各个自变量的系数进行假设检验，检验其显著程度。
- predict yhat：估计因变量的拟合值。

03 设置完毕后，按回车键，等待输出结果。

14.2.4 结果分析

在 Stata 16.0 主界面的结果窗口可以看到如图 14.10~图 14.14 所示的分析结果。

图 14.10 所示是对数据进行展示的结果。它的目的是通过对变量所包含的样本数据一一进行展示，以便简单直观地观测出数据的具体特征，为深入分析做好必要准备。

图 14.10 对数据进行展示

从图 14.10 所示的分析结果中可以看出，数据的总体质量还是可以的，没有极端异常值，变量间的量纲差距也是可以接受的，可以进入下一步的分析。

图 14.11 所示是以 salary 为因变量，以 hour、year、grade 为自变量，进行最小二乘回归分析的结果。

```
. reg salary hour year grade
```

Source	SS	df	MS
Model	404115911	3	134705304
Residual	17312650.2	74	233954.732
Total	421428561	77	5473098.19

Number of obs = 78
F(3, 74) = 575.78
Prob > F = 0.0000
R-squared = 0.9589
Adj R-squared = 0.9573
Root MSE = 483.69

salary	Coef.	Std. Err.	t	P>|t|	[95% Conf. Interval]	
hour	53.02997	7.845277	6.76	0.000	37.39791	68.66203
year	182.4601	52.15133	3.50	0.001	78.54635	286.3739
grade	554.3572	131.2952	4.22	0.000	292.7458	815.9686
_cons	-1582.902	424.996	-3.72	0.000	-2429.725	-736.0785

图 14.11　最小二乘回归分析

从上述分析结果中可以看出共有 78 个样本参与了分析，模型的 F 值 $(3, 74) = 575.78$，P 值（Prob > F）= 0.0000，说明模型整体上是很显著的。模型的可决系数（R-squared）为 0.9589，模型修正的可决系数（Adj R-squared）为 0.9573，说明模型的解释能力也是非常好的。

变量 hour 的系数标准误是 7.845277，t 值为 6.76，P 值为 0.000，系数是非常显著的，95% 的置信区间为[37.39791, 68.66203]。变量 year 的系数标准误是 52.15133，t 值为 3.50，P 值为 0.001，系数是非常显著的，95% 的置信区间为[78.54635, 286.3739]。变量 grade 的系数标准误是 131.2952，t 值为 4.22，P 值为 0.000，系数是非常显著的，95% 的置信区间为[292.7458, 815.9686]。常数项的系数标准误是 424.996，t 值为-3.72，P 值为 0.000，系数也是比较显著的，95% 的置信区间为[-2429.725, -736.0785]。

从上述分析结果可以得到最小二乘模型的回归方程是：

salary= 53.02997 *hour+ 182.4601 *year+ 554.3572 *grade -1582.902

从上面的分析可以看出最小二乘线性模型的整体显著性、系数显著性以及模型的整体解释能力都很不错。我们得到的结论是该单位职工的月工资是与其月工作时间、工龄、职称级别等呈显著正向变化的。

图 14.12 所示是以 salary 为因变量，以 hour、year、grade 为自变量，进行截取回归分析的结果。其中，截取上限设置的是 11000。

```
. tobit salary hour year grade,ul(11000)
```

Tobit regression

Log likelihood = -531.46024

Number of obs = 78
LR chi2(3) = 269.28
Prob > chi2 = 0.0000
Pseudo R2 = 0.2021

salary	Coef.	Std. Err.	t	P>|t|	[95% Conf. Interval]	
hour	58.72234	7.167127	8.19	0.000	44.44469	72.99999
year	207.5801	47.64429	4.36	0.000	112.6678	302.4924
grade	525.3432	115.7347	4.54	0.000	294.7878	755.8987
_cons	-2272.016	404.3246	-5.62	0.000	-3077.472	-1466.56
/sigma	425.8502	35.61834			354.8948	496.8056

Obs. summary:　　　0　left-censored observations
　　　　　　　　　71　uncensored observations
　　　　　　　　　7　right-censored observations at salary>=11000

图 14.12　截取回归分析结果图

从图 14.12 可以看出截取回归分析模型相对于最小二乘回归模型得到了很大程度的改进。模型中各个变量系数的显著程度也有不同程度的提高，限于篇幅不再赘述。

图 14.13 所示是对截取回归分析估计的各个自变量的系数进行假设检验的结果。

从图 14.13 可以看出该模型非常显著，拟合很好。

图 14.14 所示是对因变量的拟合值的预测。

	salary	hour	year	grade	yhat
1	4596	86	6	1	4548.929
2	3386	76	2	1	3131.385
3	4289	84	3	1	3808.744
4	9821	134	11	3	9456.188
5	9213	130	10	3	9013.719
6	5476	94	7	2	5751.631
7	5276	95	7	2	5810.354
8	5173	90	7	1	4991.398
9	4286	85	5	1	4282.626
10	4876	86	5	1	4341.349
11	8432	120	11	2	8108.732
12	8537	135	11	2	8989.567
13	8123	120	10	2	7901.152
14	7565	113	9	1	6757.172
15	11000	165	16	3	12314.48
16	7429	119	9	2	7634.85
17	7625	123	9	2	7869.739
18	6389	110	9	1	6581.005
19	5327	108	8	1	6255.98
20	4529	88	4	1	4251.213
21	8723	135	10	2	8781.987
22	11000	164	15	3	12048.18
23	4596	86	6	1	4548.929
24	3000	76	2	1	3131.385
25	3000	84	3	1	3808.744
26	9821	134	11	3	9456.188
27	9213	130	10	3	9013.719
28	5476	94	7	2	5751.631
29	5276	95	7	2	5810.354
30	5173	90	7	1	4991.398
31	4286	85	5	1	4282.626
32	4876	86	5	1	4341.349
33	8432	120	11	2	8108.732

```
. test hour year grade

 ( 1)  [model]hour = 0
 ( 2)  [model]year = 0
 ( 3)  [model]grade = 0

      F( 3,     75) =  535.57
          Prob > F =    0.0000
```

图 14.13　进行假设检验　　　　　　　　　　图 14.14　查看数据

关于预测因变量的拟合值的意义在前面的章节已经论述过了，此处旨在说明截取回归也是可以预测因变量的拟合值的，细节之处限于篇幅不再重复讲解。

14.2.5　案例延伸

上述的 Stata 命令比较简洁，分析过程及结果已达到解决实际问题的目的。Stata 16.0 的强大之处在于提供了更加复杂的命令格式以满足用户更加个性化的需求。

1．延伸 1：使用稳健标准差进行截取回归分析

与前面章节讲述的最小二乘回归分析类似，在截取回归分析中也可以使用稳健的标准差，以克服可能会有的异方差的存在对模型的整体有效性带来的不利影响。以本节中提到的案例为例，操作命令就是：

```
tobit  salary hour year grade,ul(11000) robust
```

在命令窗口输入命令并按回车键进行确认，结果如图 14.15 所示。

```
. tobit  salary hour year grade,ul(11000) robust

Tobit regression                              Number of obs   =       78
                                              F(  3,     75)  =   770.49
                                              Prob > F        =   0.0000
Log pseudolikelihood = -531.46024             Pseudo R2       =   0.2021

                       Robust
     salary     Coef.    Std. Err.       t     P>|t|    [95% Conf. Interval]

       hour   58.72234   6.686075     8.78    0.000    45.40299    72.04168
       year   207.5801   45.05987     4.61    0.000    117.8162     297.344
      grade   525.3432   139.3285     3.77    0.000    247.7866    802.8998
      _cons  -2272.016   331.9853    -6.84    0.000   -2933.365   -1610.667

     /sigma   425.8502   37.64919                      350.8492    500.8513

Obs. summary:            0  left-censored observations
                        71     uncensored observations
                         7  right-censored observations at salary>=11000
```

图 14.15 使用稳健标准差进行截取回归分析

从上面的分析结果中可以看出模型中各变量的系数显著性较没有使用稳健标准差进行截取回归分析时有了进一步的提高，模型更加完美。

2. 延伸 2：设置下限进行截取回归分析

与设置上限类似，也可以设置截取回归的下限进行分析。以本节中提到的案例为例，如果设置保底工资为 3000 元，而不设置封顶工资，那么操作命令就是：

```
tobit  salary hour year grade,ll(3000)
```

在命令窗口输入命令并按回车键进行确认，结果如图 14.16 所示。

```
. tobit  salary hour year grade,ll(3000)

Tobit regression                              Number of obs   =       78
                                              LR chi2(3)      =   236.73
                                              Prob > chi2     =   0.0000
Log likelihood = -568.55468                   Pseudo R2       =   0.1723

     salary     Coef.    Std. Err.       t     P>|t|    [95% Conf. Interval]

       hour   51.33354   8.021806     6.40    0.000    35.35329     67.3138
       year   200.7987   53.76625     3.73    0.000    93.69078    307.9065
      grade   552.1327   133.658      4.13    0.000    285.8723    818.3932
      _cons  -1553.493   432.7089    -3.59    0.001   -2415.493   -691.4923

     /sigma   492.2026   41.01325                         410.5    573.9051

Obs. summary:            4  left-censored observations at salary<=3000
                        74     uncensored observations
                         0  right-censored observations
```

图 14.16 设置下限进行截取回归分析

模型结果的解读方式与前面所述类似，此处限于篇幅不再赘述。

3. 延伸 3：同时设置上限和下限进行截取回归分析

以本节中提到的案例为例，如果设置保底工资为 3000 元，同时设置封顶工资为 11000 元，那么操作命令就是：

```
tobit  salary hour year grade,ll(3000) ul(11000)
```

在命令窗口输入命令并按回车键进行确认，结果如图 14.17 所示。

```
. tobit  salary hour year grade,ll(3000) ul(11000)

Tobit regression                                Number of obs    =        78
                                                LR chi2(3)       =    256.61
                                                Prob > chi2      =    0.0000
Log likelihood = -508.94234                     Pseudo R2        =    0.2013

      salary |      Coef.   Std. Err.      t    P>|t|     [95% Conf. Interval]
        hour |   57.14519   7.517156     7.60   0.000     42.17025    72.12013
        year |   228.6658   50.69766     4.51   0.000     127.6709    329.6607
       grade |   520.8632   121.0532     4.30   0.000     279.7128    762.0137
       _cons |  -2270.666   422.2223    -5.38   0.000    -3111.776   -1429.556
      /sigma |   445.1417   38.79441                      367.8593    522.4241

Obs. summary:        4  left-censored observations at salary<=3000
                    67     uncensored observations
                     7  right-censored observations at salary>=11000
```

图 14.17　同时设置上限和下限进行截取回归分析

模型结果的解读方式与前面所述类似，此处限于篇幅不再赘述。

14.3　本章习题

（1）表 14.3 给出了某医院 70 名在岗医生的从业年限、职称级别、诊疗人数以及满意度得分情况。已知所有医生的保底得分是 30 分。试构建回归分析模型研究该单位医生的满意度得分受从业年限、职称级别（1 表示初级职称，2 表示中级职称，3 表示高级职称）、诊疗人数等变量的影响情况。

表 14.3　某单位 70 名在岗医生的从业年限、职称级别、诊疗人数以及满意度得分情况数据

编　号	满意度得分	诊疗人数	从业年限	职称级别
1	54.76	94	7	2
2	52.76	95	7	2
3	51.73	90	7	1
4	42.86	85	5	1
5	48.76	86	5	1
6	84.32	120	11	2
…	…	…	…	…
65	98.21	134	11	3
66	92.13	130	10	3
67	54.76	94	7	2
68	52.76	95	7	2
69	51.73	90	7	1
70	42.86	85	5	1

（2）表 14.4 给出了某地区 60 个旅游景点的游客量、投资金额、建成年限以及国家评级情况。已知该地区各景点的封顶接待量是 11000 人/次。试构建回归分析模型研究该地区 60 个旅游景点的游客量受投资金额、建成年限以及国家评级情况（1 表示 AA 级，2 表示 AAA 级，3 表示 AAAA 级）等变量的影响情况。

表 14.4　某地区 60 个旅游景点的游客量、投资金额、建成年限以及国家评级情况数据

编　号	游客量/人/次	投资金额/万元	建成年限/年	国家评级情况
1	5276	95	7	2
2	5173	90	7	1
3	4286	85	5	1
4	4876	86	5	1
5	8432	120	11	2
6	8537	135	11	2
…	…	…	…	…
55	7625	123	9	2
56	6389	110	9	1
57	5327	108	8	1
58	4529	88	4	1
59	8723	135	10	2
60	11000	164	15	3

第 15 章　Stata 时间序列分析

时间序列分析是统计学的重要组成部分，基于随机过程理论和数理统计学方法，研究随机数据序列所遵从的统计规律，以此来解决实际问题。在现实生活中，许多统计资料都是按照时间进行观测记录的，其实例遍布经济学、工程学等各个领域。时间序列是指依时间顺序取得的观察资料的集合，在一个时间序列中，离散样本序列可以按相等时间间隔或不相等时间间隔获取，更多的是采用前者来实现。时间序列模型不同于一般的经济计量模型，其不以经济理论为依据，而是依据变量自身的变化规律，利用外推机制描述时间序列的变化。时间序列的特点是数据资料的先后顺序不能随意地改变，逐次的观测值通常是不独立的，而且分析时必须考虑观测资料的时间顺序，这同以前所介绍的观测资料有很大的区别。时间序列模型在处理的过程中必须明确考虑时间序列的非平稳性。本章来对 Stata 中提供的时间序列分析功能进行一系列的实例分析。

15.1　时间序列分析的基本操作

15.1.1　时间序列分析的基本操作概述

在进行时间序列分析前，我们往往需要对数据进行预处理。首先要分析的是该数据是否适合用时间序列分析，这往往需要我们提前对数据进行简单回归，再进行时间序列分析的基本操作，包括定义时间序列、绘制时间序列趋势图等。对于一个带有日期变量的数据文件，Stata 16.0 并不会自动识别并判定出该数据是否是时间序列数据，尤其是数据含有多个日期变量的情形，所以要选取恰当的日期变量，然后定义时间序列。而绘制时间序列趋势图的意义是不言而喻的，通过该步操作我们可以迅速看出数据的变化特征，为后续更加精确地判断或者选择合适的模型做好必要准备。

15.1.2　相关数据来源

下载资源:\video\15\15.1	
下载资源:\sample\chap15\案例 15.dta	

【例 15.1】农村家庭联产承包责任制的推行以及城市化进程的加快使得我国大批劳动力从农村解放出来，向当地乡镇企业和城市转移。农村劳动力的大批转移有效改善了我国劳动力的整体利用状况，提高了人力资源的市场配置效率，对农村经济乃至整个国民经济的发展都起到了非常大的推动作用。那么影响农村劳动力转移的因素有哪些呢？某课题组对该问题进行了实证研究。该课题组选择的具有代表性的变量和数据如表 15.1 所示。试将数据整理成 Stata 数据文件并进行简要分析。

表 15.1　农村人口城乡转移规模年度数据及相关变量数据

年　份	城乡人口净转移/万人	城镇失业规模/万人	城乡收入差距	制度因素
1978		530	1.57	1
1979	1101.69	567.6	1.53	2
1980	484.28	541.5	1.5	3
1981	814.63	439.5	1.24	4
1982	1055.05	349.4	0.98	5
1983	571.68	271.4	0.82	6
…	…	…	…	…
2001	1832.07	681	1.9	24
2002	1814.92	770	2.11	25
2003	1821.55	800	2.23	26
2004	1779.12	827	2.21	27
2005	1785.18	839	2.22	28

15.1.3　Stata 分析过程

在用 Stata 进行分析之前，我们要把数据录入 Stata 中。本例中有 5 个变量，分别为年份、城乡人口净转移、城镇失业规模、城乡收入差距和制度因素。我们把年份变量设定为 year，把城乡人口净转移变量设定为 m，把城镇失业规模变量设定为 s，把城乡收入差距变量设定为 g，把制度因素变量设定为 t，变量类型及长度采取系统默认方式，然后录入相关数据。相关操作在第 1 章中已详细讲述过了。录入完成后数据如图 15.1 所示。

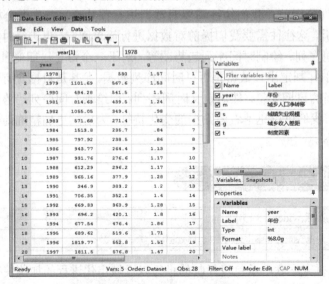

图 15.1　案例 15.1 的数据

先保存数据，然后开始展开分析，步骤如下：

01 进入 Stata 16.0，打开相关数据文件，弹出主界面。

02 在主界面的 Command 文本框中分别输入如下命令并按回车键进行确认：

- regress m s g t：不考虑数据的时间序列性质，直接以城乡人口净转移变量为因变量，以城镇失业规模、城乡收入差距、制度因素为自变量，对数据进行多重线性回归。
- tsset year：把年份作为日期变量对数据进行时间序列定义。
- twoway(line m year)：绘制时间序列趋势图来描述变量城乡人口净转移随时间的变动趋势。
- twoway(line s year)：绘制时间序列趋势图来描述变量城镇失业规模随时间的变动趋势。
- twoway(line g year)：绘制时间序列趋势图来描述变量城乡收入差距随时间的变动趋势。
- twoway(line t year)：绘制时间序列趋势图来描述变量制度因素随时间的变动趋势。
- twoway(line d.m year)：绘制时间序列趋势图来描述变量城乡人口净转移的一阶差分随时间的变动趋势。
- twoway(line d.s year)：绘制时间序列趋势图来描述变量城镇失业规模的一阶差分随时间的变动趋势。
- twoway(line d.g year)：绘制时间序列趋势图来描述变量城乡收入差距的一阶差分随时间的变动趋势。
- twoway(line d.t year)：绘制时间序列趋势图来描述变量制度因素的一阶差分随时间的变动趋势。

03 设置完毕后，等待输出结果。

15.1.4 结果分析

在 Stata 16.0 主界面的结果窗口可以看到如图 15.2~图 15.11 所示的分析结果。

分析结果 1 是不考虑数据的时间序列性质，直接对数据进行简单回归的结果。

```
. regress m s g t
```

Source	SS	df	MS		Number of obs	=	27
					F(3, 23)	=	17.50
Model	5572311.68	3	1857437.23		Prob > F	=	0.0000
Residual	2441241.24	23	106140.923		R-squared	=	0.6954
					Adj R-squared	=	0.6556
Total	8013552.92	26	308213.574		Root MSE	=	325.79

m	Coef.	Std. Err.	t	P>|t|	[95% Conf. Interval]	
s	3.498603	.8786972	3.98	0.001	1.680879	5.316327
g	-1408.282	422.5061	-3.33	0.003	-2282.303	-534.2617
t	47.3141	13.75179	3.44	0.002	18.86635	75.76185
_cons	850.7036	272.2616	3.12	0.005	287.4877	1413.92

图 15.2 分析结果 1

从上述分析结果中可以看出共有 27 个样本参与了分析，模型的 F 值$(3, 23) = 17.50$，P 值（Prob > F）$= 0.0000$，说明模型整体上是非常显著的。模型的可决系数（R-squared）为 0.6954，模型修正的可决系数（Adj R-squared）为 0.6556，说明模型的解释能力还是差强人意的。

模型的回归方程是：

$$m=3.498603 * s -1408.282*g+47.3141*t+850.7036$$

变量 s 的系数标准误是 0.8786972，t 值为 3.98，P 值为 0.001，系数是非常显著的，95% 的置信区间为[1.680879,5.316327]。变量 g 的系数标准误是 422.5061，t 值为-3.33，P 值为 0.003，系数也是非常显著的，95%的置信区间为[-2282.303，-534.2617]。变量 t 的系数标准误是 13.75179，t 值为 3.44，P 值为 0.002，系数也是非常显著的，95%的置信区间为[18.86635，75.76185]。常数项的系数标准误是 272.2616，t 值为 3.12，P 值为 0.005，系数也是非常显著的，95%的置信区间为[287.4877，1413.92]。

从上面的分析可以看出简单回归模型在一定程度上是可以接受的，但也存在提升改进的空间。本模型得到的基本结论是城乡人口转移规模（m）随着城乡实际收入差距（g）的扩大而扩大；城镇失业规模（s）对农村劳动力转移具有阻碍作用；制度因素（t）对农村劳动力转移的制约作用逐渐下降。

分析结果 2 显示的是把年份作为日期变量对数据进行时间定义的结果，如图 15.3 所示。

从上述分析结果中可以看到时间变量是年份（year），区间范围是从 1978 年到 2005 年，间距为 1。

分析结果 3 显示的是变量城乡人口净转移随时间的变动趋势，如图 15.4 所示。

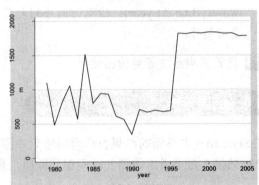

```
. tsset year
        time variable:  year, 1978 to 2005
                delta:  1 unit
```

图 15.3　分析结果 2　　　　　　　　图 15.4　分析结果 3

从上述分析结果中可以看到变量城乡人口净转移没有明显、稳定的长期变化方向。

分析结果 4 显示的是变量城镇失业规模随时间的变动趋势，如图 15.5 所示。

从上述分析结果中可以看到变量城镇失业规模具有明显、稳定的向上增长趋势。

分析结果 5 显示的是变量城乡收入差距随时间的变动趋势，如图 15.6 所示。

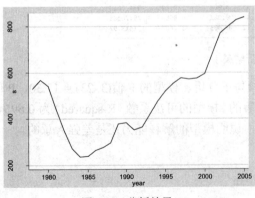

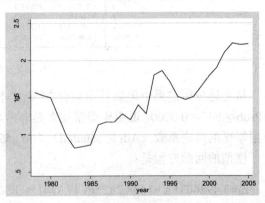

图 15.5　分析结果 4　　　　　　　　图 15.6　分析结果 5

从上述分析结果中可以看到变量城乡收入差距具有明显、稳定的向上增长趋势。

分析结果 6 显示的是变量制度因素随时间的变动趋势，如图 15.7 所示。

从上述分析结果中可以看到变量制度因素具有明显、稳定的向上增长趋势。这是显而易见的。

分析结果 7 显示的是变量城乡人口净转移的增量随时间的变动趋势，如图 15.8 所示。

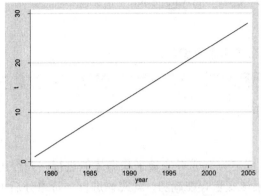

图 15.7　分析结果图 6

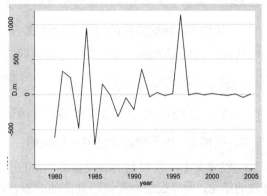

图 15.8　分析结果 7

从上述分析结果中可以看到变量城乡人口净转移的增量没有明显、稳定的长期变化方向。

分析结果 8 显示的是变量城镇失业规模随时间的变动趋势，如图 15.9 所示。

从上述分析结果中可以看到变量城镇失业规模的增量没有明显、稳定的长期变化方向。

分析结果 9 显示的是变量城乡收入差距随时间的变动趋势，如图 15.10 所示。

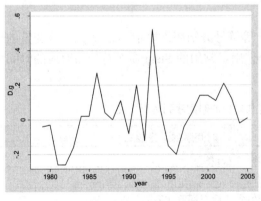

图 15.9　分析结果 8

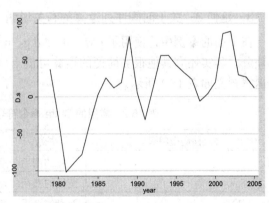

图 15.10　分析结果 9

从上述分析结果中可以看到变量城乡收入差距的增量没有明显、稳定的长期变化方向。

分析结果 10 显示的是变量制度因素的增量随时间的变动趋势，如图 15.11 所示。

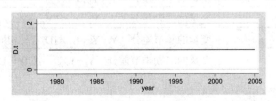

图 15.11　分析结果 10

从上述分析结果中可以看到变量制度因素的增量没有明显、稳定的长期变化方向。

15.1.5 案例延伸

上述的 Stata 命令比较简洁，分析过程及结果已达到解决实际问题的目的。Stata 16.0 的强大之处在于提供了更加复杂的命令格式以满足用户更加个性化的需求。

1．延伸 1：清除数据的时间序列格式

例如，我们要把数据恢复为普通的数据，那么操作命令就是：

```
tsset,clear
```

在命令窗口输入命令并按回车键进行确认即可。

2．延伸 2：关于数据处理的一般说明

一般情况下，我们要消除变量的时间序列长期走势后或者变量平稳后才能进行回归得出有效的结论，所以在绘制变量序列图的时候，如果该变量存在趋势，就应该进行一阶差分后再进行查看。所谓变量的一阶差分，指的是对变量的原始数据进行处理，用前面的数据减去后面的数据后得出的一个新的时间序列。如果变量的一阶差分还是存在趋势，就应该进行二阶差分后再进行查看，以此类推，直到数据平稳。所谓二阶差分，指的是在把一阶差分得到的时间序列数据作为原始数据，并进行前项减后项处理后得出新的时间序列。一般情况下，如果数据的低阶差分是平稳的，那么高阶差分也是平稳的。

3．延伸 3：关于时间序列运算的有关说明

在上面的案例中，使用了 d.m、d.s、d.g、d.t 等符号分别用来表示 m、s、g、t 等变量的一阶差分。其实还有其他很多简便的运算可供用户使用。常用的 Stata 命令符号与对应的时间序列运算含义如表 15.2 所示。

表 15.2　常用的 Stata 命令符号与对应的时间序列运算含义

Stata命令符号	时间序列运算含义
L.	变量的滞后一期值（Y_{t-1}）
L2.	变量的滞后二期值（Y_{t-2}）
L（1/3）.	变量的滞后一期值到滞后三期值（Y_{t-1}、Y_{t-2}、Y_{t-3}）
F.	变量的向前一期值（Y_{t+1}）
F2.	变量的向前二期值（Y_{t+2}）
D.	变量的一阶差分（Y_t-Y_{t-1}）
D2.	变量的二阶差分（Y_t-Y_{t-1}）-（$Y_{t-1}-Y_{t-2}$）
S.	变量的季节差分（Y_t-Y_{t-1}），与D.定义相同
S2.	变量的二期季节差分（Y_t-Y_{t-2}），注意与D2.不同

15.2 单位根检验

15.2.1 单位根检验的功能与意义

对于一个时间序列数据而言，数据的平稳性对于模型的构建是非常重要的。如果时间序列数据是不平稳的，就可能会导致自回归系数的估计值向左偏向于0，使传统的T检验失效，也有可能会使得两个相互独立的变量出现假相关关系或者回归关系，造成模型结果的失真。在时间序列数据不平稳的情况下，目前公认的能够有效解决假相关或者假回归，构建出合理模型的方法有两种：一种是先对变量进行差分直到数据平稳，再把得到的数据进行回归的方式；另一种是进行协整检验并构建合理模型的处理方式。那么如何判断数据是否平稳呢？上节中提到的绘制时间序列图的方法可以作为初步推测或者辅助检验的一种方式。另一种更精确的检验方式是：如果数据没有单位根，我们就认为它是平稳的，这时就需要用到本节介绍的单位根检验。

15.2.2 相关数据来源

	下载资源:\video\15\15.2
	下载资源:\sample\chap15\案例 15.dta

【例 15.2】本节沿用上节的案例，试通过单位根检验的方式来判断相关变量（包括城乡人口净转移、城镇失业规模、城乡收入差距等）是否平稳。

15.2.3 Stata 分析过程

单位根检验的方式有很多种，此处主要介绍常用的两种方式，包括 ADF 检验和 PP 检验。前面我们通过绘制时间序列趋势图发现城乡人口净转移、城乡人口净转移的一阶差分、城镇失业规模的一阶差分、城乡收入差距的一阶差分是没有时间趋势的，而城镇失业规模和城乡收入差距是有时间趋势的。这些结论将会在后续的操作命令中被用到。

1．ADF 检验

操作步骤如下：

01 进入 Stata 16.0，打开相关数据文件，弹出主界面。

02 在主界面的 Command 文本框中分别输入如下命令并按回车键进行确认：

- dfuller m,notrend: 使用 ADF 检验方法对变量 m 进行单位根检验，不包含时间趋势。
- dfuller s, trend: 使用 ADF 检验方法对变量 s 进行单位根检验，包含时间趋势。
- dfuller g, trend: 使用 ADF 检验方法对变量 g 进行单位根检验，包含时间趋势。
- dfuller d.m,notrend: 使用 ADF 检验方法对变量 d.m 进行单位根检验，不包含时间趋势。
- dfuller d.s, notrend: 使用 ADF 检验方法对变量 d.s 进行单位根检验，不包含时间趋势。
- dfuller d.g, notrend: 使用 ADF 检验方法对变量 d.g 进行单位根检验，不包含时间趋势。

- dfuller d2.s, notrend: 使用 ADF 检验方法对变量 d2.s 进行单位根检验，不包含时间趋势。

03 设置完毕后，等待输出结果。

2. PP 检验

操作步骤如下：

01 进入 Stata 16.0，打开相关数据文件，弹出主界面。

02 在主界面的 Command 文本框中分别输入如下命令并按回车键进行确认：

- pperron m,notrend: 使用 PP 检验方法对变量 m 进行单位根检验，不包含时间趋势。
- pperron s, trend: 使用 PP 检验方法对变量 s 进行单位根检验，包含时间趋势。
- pperron g, trend: 使用 PP 检验方法对变量 g 进行单位根检验，包含时间趋势。
- pperron d.m,notrend: 使用 PP 检验方法对变量 d.m 进行单位根检验，不包含时间趋势。
- pperron d.s, notrend: 使用 PP 检验方法对变量 d.s 进行单位根检验，不包含时间趋势。
- pperron d.g, notrend: 使用 PP 检验方法对变量 d.g 进行单位根检验，不包含时间趋势。
- pperron d2.s, notrend: 使用 PP 检验方法对变量 d2.s 进行单位根检验，不包含时间趋势。

03 设置完毕后，等待输出结果。

15.2.4 结果分析

在 Stata 16.0 主界面的结果窗口可以看到如图 15.12~图 15.25 所示的分析结果。

1. ADF 检验结果

ADF 检验的结果如图 15.12~图 15.18 所示。其中，图 15.12 展示的是城乡人口净转移这一变量的 ADF 检验结果。

```
. dfuller m,notrend

Dickey-Fuller test for unit root                 Number of obs    =        26

                                     ——— Interpolated Dickey-Fuller ———
                         Test        1% Critical      5% Critical     10% Critical
                      Statistic         Value            Value            Value
─────────────────────────────────────────────────────────────────────────────
 Z(t)                  -1.617          -3.743           -2.997           -2.629
─────────────────────────────────────────────────────────────────────────────
MacKinnon approximate p-value for Z(t) = 0.4745
```

图 15.12　城乡人口净转移

ADF 检验的原假设是数据有单位根。从上面的结果中可以看出 P 值（MacKinnon approximate p-value for Z(t)）为 0.4745，接受了有单位根的原假设，这一点也可以通过观察 Z(t) 值得到。实际 Z(t) 值为-1.617，在 1%的置信水平（-3.743）、5%的置信水平（-2.997）、10% 的置信水平（-2.629）上都无法拒绝原假设，所以城乡人口净转移这一变量数据是存在单位根的，需要对其做一阶差分后再继续进行检验。

图 15.13 展示的是城镇失业规模这一变量的 ADF 检验结果。

```
. dfuller s, trend
```

Dickey-Fuller test for unit root　　　　　　　　　Number of obs　=　　　27

	Test Statistic	1% Critical Value	5% Critical Value	10% Critical Value
		—— Interpolated Dickey-Fuller ——		
Z(t)	-1.821	-4.362	-3.592	-3.235

MacKinnon approximate p-value for Z(t) = 0.6948

图 15.13　城镇失业规模

ADF 检验的原假设是数据有单位根。从上面的结果中可以看出 P 值为 0.6948，接受了有单位根的原假设，这一点也可以通过观察 Z(t)值得到。实际 Z(t)值为-1.821，在 1%的置信水平（-4.362）、5%的置信水平（-3.592）、10%的置信水平（-3.235）上都无法拒绝原假设，所以城镇失业规模这一变量数据是存在单位根的，需要对其做一阶差分后再继续进行检验。

图 15.14 展示的是城乡收入差距这一变量的 ADF 检验结果。

```
. dfuller g, trend
```

Dickey-Fuller test for unit root　　　　　　　　　Number of obs　=　　　27

	Test Statistic	1% Critical Value	5% Critical Value	10% Critical Value
		—— Interpolated Dickey-Fuller ——		
Z(t)	-2.435	-4.362	-3.592	-3.235

MacKinnon approximate p-value for Z(t) = 0.3612

图 15.14　城乡收入差距

ADF 检验的原假设是数据有单位根。从上面的结果中可以看出 P 值为 0.3612，接受了有单位根的原假设，这一点也可以通过观察 Z(t)值得到。实际 Z(t)值为-2.435，在 1%的置信水平（-4.362）、5%的置信水平（-3.592）、10%的置信水平（-3.235）上都无法拒绝原假设，所以城乡收入差距这一变量数据是存在单位根的，需要对其做一阶差分再继续进行检验。

图 15.15 展示的是城乡人口净转移这一变量的一阶差分的 ADF 检验结果。

```
. dfuller d.m,notrend
```

Dickey-Fuller test for unit root　　　　　　　　　Number of obs　=　　　25

	Test Statistic	1% Critical Value	5% Critical Value	10% Critical Value
		—— Interpolated Dickey-Fuller ——		
Z(t)	-8.085	-3.750	-3.000	-2.630

MacKinnon approximate p-value for Z(t) = 0.0000

图 15.15　城乡人口净转移的一阶差分

ADF 检验的原假设是数据有单位根。从上面的结果中可以看出 P 值为 0.0000，拒绝了有单位根的原假设，这一点也可以通过观察 Z(t)值得到。实际 Z(t)值为-8.085，在 1%的置信水平（-3.750）、5%的置信水平（-3.000）、10%的置信水平（-2.630）上都应拒绝原假设，所以城乡人口净转移这一变量的一阶差分数据是不存在单位根的。

图 15.16 展示的是变量城镇失业规模的一阶差分的 ADF 检验结果。

```
. dfuller d.s, notrend

Dickey-Fuller test for unit root                    Number of obs    =      26

                         ———— Interpolated Dickey-Fuller ————
                  Test        1% Critical      5% Critical     10% Critical
             Statistic             Value            Value            Value

Z(t)            -2.174            -3.743           -2.997           -2.629

MacKinnon approximate p-value for Z(t) = 0.2158
```

图 15.16　城镇失业规模的一阶差分

ADF 检验的原假设是数据有单位根。从上面的结果中可以看出 P 值为 0.2158，接受了有单位根的原假设，这一点也可以通过观察 Z(t)值得到。实际 Z(t)值为-2.174，在 1%的置信水平（-3.743）、5%的置信水平（-2.997）、10%的置信水平（-2.629）上都无法拒绝原假设，所以城镇失业规模这一变量的一阶差分数据是存在单位根的，需要对城镇失业规模做二阶差分后再继续进行检验。

图 15.17 展示的是变量城乡收入差距的一阶差分的 ADF 检验结果。

```
. dfuller d.g, notrend

Dickey-Fuller test for unit root                    Number of obs    =      26

                         ———— Interpolated Dickey-Fuller ————
                  Test        1% Critical      5% Critical     10% Critical
             Statistic             Value            Value            Value

Z(t)            -4.016            -3.743           -2.997           -2.629

MacKinnon approximate p-value for Z(t) = 0.0013
```

图 15.17　城乡收入差距的一阶差分

ADF 检验的原假设是数据有单位根。从上面的结果中可以看出 P 值为 0.0013，拒绝了有单位根的原假设，这一点也可以通过观察 Z(t)值得到。实际 Z(t)值为-4.016，在 1%的置信水平（-3.743）、5%的置信水平（-2.997）、10%的置信水平（-2.629）上都拒绝原假设，所以城乡收入差距这一变量的一阶差分数据是不存在单位根的。

图 15.18 展示的是变量城镇失业规模的二阶差分的 ADF 检验结果。

```
. dfuller d2.s, notrend

Dickey-Fuller test for unit root                    Number of obs    =      25

                         ———— Interpolated Dickey-Fuller ————
                  Test        1% Critical      5% Critical     10% Critical
             Statistic             Value            Value            Value

Z(t)            -4.192            -3.750           -3.000           -2.630

MacKinnon approximate p-value for Z(t) = 0.0007
```

图 15.18　城镇失业规模的二阶差分

ADF 检验的原假设是数据有单位根。从上面的结果中可以看出 P 值为 0.0007，拒绝了有单位根的原假设。这一点也可以通过观察 Z(t)值得到。实际 Z(t)值为-4.192，在 1%的置信水平（-3.750）、5%的置信水平（-3.000）、10%的置信水平（-2.630）上都拒绝原假设，所以城镇失业规模这一变量的二阶差分数据是不存在单位根的。

2. PP 检验结果

PP 检验的结果如图 15.19~图 15.25 所示。其中，图 15.19 展示的是城乡人口净转移这一变量的 PP 检验结果。

```
. pperron m,notrend

Phillips-Perron test for unit root                 Number of obs   =         26
                                                   Newey-West lags =          2

                                  ————— Interpolated Dickey-Fuller —————
                     Test        1% Critical      5% Critical     10% Critical
                  Statistic         Value            Value            Value

   Z(rho)          -4.460          -17.268          -12.532          -10.220
   Z(t)            -1.409           -3.743           -2.997           -2.629

MacKinnon approximate p-value for Z(t) = 0.5779
```

图 15.19　城乡人口净转移

PP 检验的原假设是数据有单位根。从上面的结果中可以看出 P 值为 0.5779，接受了有单位根的原假设，这一点也可以通过观察 Z(t)值和 Z(rho)值得到。实际 Z(t)值为-1.409，在 1%的置信水平（-3.743）、5%的置信水平（-2.997）、10%的置信水平（-2.629）上都无法拒绝原假设。实际 Z(rho)值为-4.460，在 1%的置信水平（-17.268）、5%的置信水平（-12.532）、10%的置信水平（-10.220）上都无法拒绝原假设，所以城乡人口净转移这一变量数据是存在单位根的，需要对其做一阶差分后再继续进行检验。

图 15.20 展示的是城镇失业规模这一变量的 PP 检验结果。

```
. pperron s, trend

Phillips-Perron test for unit root                 Number of obs   =         27
                                                   Newey-West lags =          2

                                  ————— Interpolated Dickey-Fuller —————
                     Test        1% Critical      5% Critical     10% Critical
                  Statistic         Value            Value            Value

   Z(rho)          -3.426          -22.756          -18.052          -15.696
   Z(t)            -1.800           -4.362           -3.592           -3.235

MacKinnon approximate p-value for Z(t) = 0.7048
```

图 15.20　城镇失业规模

PP 检验的原假设是数据有单位根。从上面的结果中可以看出 P 值为 0.7048，接受了有单位根的原假设，这一点也可以通过观察 Z(t)值和 Z(rho)值得到。实际 Z(t)值为-1.800，在 1%的置信水平（-4.362）、5%的置信水平（-3.592）、10%的置信水平（-3.235）上都无法拒绝原假设。实际 Z(rho)值为-3.426，在 1%的置信水平（-22.756）、5%的置信水平（-18.052）、10%的置信水平（-15.696）上都无法拒绝原假设，所以城镇失业规模这一变量数据是存在单位根的，需要对其做一阶差分后再继续进行检验。

图 15.21 展示的是城乡收入差距这一变量的 PP 检验结果。

```
. pperron g, trend
```

Phillips-Perron test for unit root

| | | | Number of obs = | 27 |
| | | | Newey-West lags = | 2 |

	Test Statistic	1% Critical Value	5% Critical Value	10% Critical Value
		Interpolated Dickey-Fuller		
Z(rho)	-7.547	-22.756	-18.052	-15.696
Z(t)	-2.459	-4.362	-3.592	-3.235

MacKinnon approximate p-value for Z(t) = 0.3489

图 15.21　城乡收入差距

　　PP 检验的原假设是数据有单位根。从上面的结果中可以看出 P 值为 0.3489，接受了有单位根的原假设，这一点也可以通过观察 Z(t)值和 Z(rho)值得到。实际 Z(t)值为-2.459，在 1%的置信水平（-4.362）、5%的置信水平（-3.592）、10%的置信水平（-3.235）上都无法拒绝原假设。实际 Z(rho)值为-7.547，在 1%的置信水平（-22.756）、5%的置信水平（-18.052）、10%的置信水平（-15.696）上都无法拒绝原假设，所以城乡收入差距这一变量数据是存在单位根的，需要对其做一阶差分后再继续进行检验。

　　图 15.22 展示的是城乡人口净转移这一变量的一阶差分的 PP 检验结果。

```
. pperron d.m,notrend
```

Phillips-Perron test for unit root

| | | | Number of obs = | 25 |
| | | | Newey-West lags = | 2 |

	Test Statistic	1% Critical Value	5% Critical Value	10% Critical Value
		Interpolated Dickey-Fuller		
Z(rho)	-35.522	-17.200	-12.500	-10.200
Z(t)	-8.079	-3.750	-3.000	-2.630

MacKinnon approximate p-value for Z(t) = 0.0000

图 15.22　城乡人口净转移的一阶差分

　　PP 检验的原假设是数据有单位根。从上面的结果中可以看出 P 值为 0.0000，拒绝了有单位根的原假设，这一点也可以通过观察 Z(t)值和 Z(rho)值得到。实际 Z(t)值为-8.079，在 1%的置信水平（-3.750）、5%的置信水平（-3.000）、10%的置信水平（-2.630）上都应拒绝原假设。实际 Z(rho)值为-35.522，在 1%的置信水平（-17.200）、5%的置信水平（-12.500）、10%的置信水平（-10.200）上都应拒绝原假设，所以城乡人口净转移这一变量的一阶差分数据是不存在单位根的。

　　图 15.23 展示的是变量城镇失业规模的一阶差分的 PP 检验结果。

```
. pperron d.s, notrend
```

Phillips-Perron test for unit root

| | | | Number of obs = | 26 |
| | | | Newey-West lags = | 2 |

	Test Statistic	1% Critical Value	5% Critical Value	10% Critical Value
		Interpolated Dickey-Fuller		
Z(rho)	-10.379	-17.268	-12.532	-10.220
Z(t)	-2.386	-3.743	-2.997	-2.629

MacKinnon approximate p-value for Z(t) = 0.1457

图 15.23　城镇失业规模的一阶差分

PP 检验的原假设是数据有单位根。从上面的结果中可以看出 P 值为 0.1457，接受了有单位根的原假设，这一点也可以通过观察 Z(t)值和 Z(rho)值得到。实际 Z(t)值为-2.386，在 1%的置信水平（-3.743）、5%的置信水平（-2.997）、10%的置信水平（-2.629）上都无法拒绝原假设。实际 Z(rho)值为-10.379，在 1%置信水平（-17.268）、5%的置信水平（-12.532）、10%的置信水平（-10.220）上都无法拒绝原假设，所以城镇失业规模这一变量的一阶差分数据是存在单位根的，需要对城镇失业规模做二阶差分后再继续进行检验。

图 15.24 展示的是变量城乡收入差距的一阶差分的 PP 检验结果。

```
. pperron d.g, notrend

Phillips-Perron test for unit root                  Number of obs   =      26
                                                    Newey-West lags =       2

                                 ———————— Interpolated Dickey-Fuller ————————
                   Test          1% Critical     5% Critical    10% Critical
                 Statistic          Value           Value          Value

Z(rho)            -21.701          -17.268         -12.532        -10.220
Z(t)               -4.051           -3.743          -2.997         -2.629

MacKinnon approximate p-value for Z(t) = 0.0012
```

图 15.24　城乡收入差距的一阶差分

PP 检验的原假设是数据有单位根。从上面的结果中可以看出 P 值为 0.0012，拒绝了有单位根的原假设，这一点也可以通过观察 Z(t)值和 Z(rho)值得到。实际 Z(t)值为-4.051，在 1%的置信水平（-3.743）、5%的置信水平（-2.997）、10%的置信水平（-2.629）上都拒绝原假设。实际 Z(rho)值为-21.701，在 1%的置信水平（-17.268）、5%的置信水平（-12.532）、10%的置信水平（-10.220）上都应拒绝原假设，所以城乡收入差距这一变量的一阶差分数据是不存在单位根的。

图 15.25 展示的是变量城镇失业规模的二阶差分的 PP 检验结果。

```
. pperron d2.s, notrend

Phillips-Perron test for unit root                  Number of obs   =      25
                                                    Newey-West lags =       2

                                 ———————— Interpolated Dickey-Fuller ————————
                   Test          1% Critical     5% Critical    10% Critical
                 Statistic          Value           Value          Value

Z(rho)            -17.168          -17.200         -12.500        -10.200
Z(t)               -4.176           -3.750          -3.000         -2.630

MacKinnon approximate p-value for Z(t) = 0.0007
```

图 15.25　城镇失业规模的二阶差分

PP 检验的原假设是数据有单位根。从上面的结果中可以看出 P 值为 0.0007，拒绝了有单位根的原假设。这一点也可以通过观察 Z(t)值和 Z(rho)值得到。实际 Z(t)值为-4.176，在 1%的置信水平（-3.750）、5%的置信水平（-3.000）、10%的置信水平（-2.630）上都拒绝原假设。实际 Z(rho)值为-17.168，在 1%的置信水平（-17.200）、5%的置信水平（-12.500）、10%的置信水平（-10.200）上都应拒绝原假设，所以城镇失业规模这一变量的二阶差分数据是不存在单位根的。

可以看出，在本例中，ADF 检验结果和 PP 检验结果是完全一致的，所以，通过比较可以有把握地认为城乡人口净转移、城乡收入差距两个变量是一阶单整的，而城镇失业规模变量是二阶单整的。

15.2.5 案例延伸

按照前面讲述的解决方法，可以对变量进行相应阶数的差分，然后进行回归，即可避免出现伪回归的情况。

构建如下所示的模型方程：

d.m=a*d.g+b*d2.s+c*t+u

其中，a、b、c 为系数，u 为误差扰动项。

在主界面的 Command 文本框中输入如下命令并按回车键进行确认：

```
regress d.m d2.s d.g t
```

即可出现如图 15.26 所示的回归分析结果。

```
. regress d.m d2.s d.g t

      Source |       SS       df       MS              Number of obs =      26
-------------+------------------------------           F(3, 22)      =    0.26
       Model |  127232.42        3   42410.8068         Prob > F      =  0.8551
    Residual | 3621825.92       22   164628.451         R-squared     =  0.0339
-------------+------------------------------           Adj R-squared =  -0.0978
       Total | 3749058.34       25   149962.334         Root MSE      =  405.74

------------------------------------------------------------------------------
         D.m |      Coef.   Std. Err.      t    P>|t|     [95% Conf. Interval]
-------------+----------------------------------------------------------------
           s |
         D2. |   .8166687   2.190912     0.37   0.713    -3.727005    5.360342
             |
           g |
         D1. |  -374.9964   525.5279    -0.71   0.483    -1464.875    714.8818
             |
           t |   7.656357   11.1856      0.68   0.501    -15.54116    30.85387
       _cons |  -81.62952   187.2142    -0.44   0.667    -469.888    306.6289
------------------------------------------------------------------------------
```

图 15.26 分析结果图

从上述分析结果中可以看到，结果与本章开始在数据无处理状态下进行的"伪回归"的结果是不同的。可以看出共有 26 个样本参与了分析，这是因为进行差分会减少观测样本。模型的 F 值(3, 22) = 0.26，P 值（Prob > F）= 0.8551，说明模型整体上是不显著的，本章开始得出的结果其实是一种真真正正的"伪回归"。模型的可决系数（R-squared）为 0.0339，模型修正的可决系数（Adj R-squared）为-0.0978，说明模型几乎没有什么解释能力。

模型的回归方程是：

d.m=0.8166687* d2.s-374.9964*d1.g+7.656357*t-81.62952

变量 d2.s 的系数标准误是 2.190912，t 值为 0.37，P 值为 0.713，系数是非常不显著的，95%的置信区间为[-3.727005,5.360342]。变量 d1.g 的系数标准误是 525.5279，t 值为-0.71，P 值为 0.483，系数也是非常显著的，95%的置信区间为[-1464.875，714.8818]。变量 t 的系数标准误是 11.1856，t 值为 0.68，P 值为 0.501，系数也是非常显著的，95%的置信区间为[-15.54116，30.85387]。常数项的系数标准误是 187.2142，t 值为-0.44，P 值为 0.667，系数也是非常显著的，95%的置信区间为[-469.888, 306.6289]。

从上面的分析可以看出，本模型得到的基本结论是城乡人口转移规模（m）随着城乡实际收入差距（g）的扩大而扩大；城镇失业规模（s）对农村劳动力转移具有阻碍作用；制度因素

（t）对农村劳动力转移的制约作用逐渐下降，这一点与伪回归得出的结果是一致的。

15.3 协整检验

15.3.1 协整检验的功能与意义

在上一节中，我们提到对于一个时间序列数据而言，数据的平稳性对于模型的构建是非常重要的。在时间序列数据不平稳的情况下，构建出合理模型的另一种方法是进行协整检验并构建合理模型。协整的思想就是把存在一阶单整的变量放在一起进行分析，通过这些变量进行线性组合，从而消除它们的随机趋势，得到其长期联动趋势。目前学者公认的协整检验的有效方法有两种：一种是 EG-ADF 检验；另一种是迹检验。一般认为，迹检验的效果要好于 EG-ADF 检验，但 EG-ADF 作为传统经典的检验方法应用范围要更广一些。下面介绍协整检验在实例中的应用。

15.3.2 相关数据来源

下载资源:\video\15\15.3	
下载资源:\sample\chap15\案例 15.dta	

【例 15.3】本节沿用上节的案例，试通过 EG-ADF 检验、迹检验两种协整检验的方式来判断相关变量（包括城乡人口净转移、城镇失业规模、城乡收入差距等）是否存在长期协整关系。

15.3.3 Stata 分析过程

在前面两节中，通过绘制时间序列趋势图发现城乡人口净转移、城乡人口净转移的一阶差分、城镇失业规模的一阶差分、城乡收入差距的一阶差分是没有时间趋势的，而城镇失业规模和城乡收入差距是有时间趋势的。通过单位根检验发现城乡人口净转移、城乡收入差距两个变量是一阶单整的，而城镇失业规模变量是二阶单整的。这些结论将会在后续的操作命令中被用到。

1．EG-ADF 检验

操作步骤如下：

01 进入 Stata 16.0，打开相关数据文件，弹出主界面。

02 在主界面的 Command 文本框中分别输入如下命令并按回车键进行确认：

- regress m d.s g：把城乡人口净转移作为因变量，把城镇失业规模的一阶差分、城乡收入差距作为自变量，用普通最小二乘估计法进行估计。
- predict e,resid：得到上一步回归产生的残差序列。
- twoway(line e year)：绘制残差序列的时间趋势图。
- dfuller e,notrend nocon lags(1) regress：对残差序列进行 ADF 检验，观测其是否为平稳

序列，其中不包括时间趋势项，不包括常数项，滞后 1 期。

03 设置完毕后，等待输出结果。

2．迹检验

操作步骤如下：

01 进入 Stata 16.0，打开相关数据文件，弹出主界面。
02 在主界面的 Command 文本框中分别输入如下命令并按回车键进行确认：

- varsoc m d.s g：根据信息准则确定变量的滞后阶数。
- vecrank m d.s g,lags(4)：确定协整秩。
- vec m d.s g,lags(4) rank(1)：估计协整模型。

03 设置完毕后，等待输出结果。

15.3.4 结果分析

在 Stata 16.0 主界面的结果窗口可以看到如图 15.27~图 15.32 所示的分析结果。

1．EG-ADF 检验

EG-ADF 的检验过程是：首先把城乡人口净转移作为因变量,把城镇失业规模的一阶差分、城乡收入差距作为自变量,用普通最小二乘估计法进行估计得到残差序列,然后对残差序列进行 ADF 检验,观测其是否为平稳序列,如果残差序列是平稳的,那么变量之间的长期协整关系就存在,如果残差序列是不平稳的,那么变量之间的长期协整关系就不存在。本例中,EG-ADF 检验的结果如图 15.27~图 15.30 所示。其中,图 15.27 展示的是把城乡人口净转移作为因变量,把城镇失业规模的一阶差分、城乡收入差距作为自变量,用普通最小二乘估计法进行估计的结果。

```
. regress m d.s g

      Source |       SS           df       MS      Number of obs   =        27
-------------+----------------------------------   F(2, 24)        =      5.23
       Model |  2433652.47         2   1216826.24   Prob > F        =    0.0130
    Residual |  5579900.45        24   232495.852   R-squared       =    0.3037
-------------+----------------------------------   Adj R-squared   =    0.2457
       Total |  8013552.92        26   308213.574   Root MSE        =    482.18

-------------------------------------------------------------------------------
           m |      Coef.   Std. Err.      t    P>|t|     [95% Conf. Interval]
-------------+-----------------------------------------------------------------
           s |
         D1. |  -1.229304   2.374201    -0.52   0.609    -6.129415    3.670806
             |
           g |   793.4284   271.4427     2.92   0.007     233.1982    1353.659
       _cons |  -12.01591   401.9297    -0.03   0.976    -841.5581    817.5263
-------------------------------------------------------------------------------
```

图 15.27　用普通最小二乘估计法进行估计

从上述分析结果中可以看到共有 27 个样本参与了分析。模型的 F 值$(2, 24) = 5.23$，P 值（Prob > F）= 0.0130，说明模型整体上是比较显著的。模型的可决系数（R-squared）为 0.3037，模型修正的可决系数（Adj R-squared）为 0.2457，说明模型的解释能力非常一般。

模型的回归方程是：

m=-1.229304* d1.s+793.4284* g-12.01591

变量 d1.s 的系数标准误是 2.374201，t 值为-0.52，P 值为 0.609，系数是非常不显著的，95%的置信区间为[-6.129415,3.670806]。变量 g 的系数标准误是 271.4427，t 值为 2.92，P 值为 0.007，系数也是非常显著的，95%的置信区间为[233.1982 ，1353.659]。常数项的系数标准误是 401.9297，t 值为-0.03，P 值为 0.976，系数也是非常不显著的，95%的置信区间为[-841.5581，817.5263]。

图 15.28 展示的是对模型残差的预测结果。

图 15.29 展示的是残差序列的时间走势，可以发现残差序列是没有固定时间趋势的。

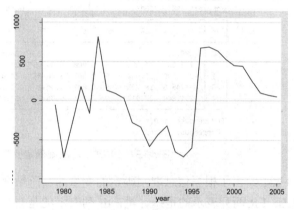

. predict e,resid
(1 missing value generated)

图 15.28　对模型残差的预测结果　　　　　图 15.29　残差序列的时间走势

图 15.30 展示的是残差序列 ADF 检验结果。

```
. dfuller e,notrend nocon lags(1) regress

Augmented Dickey-Fuller test for unit root          Number of obs   =        25

                          ---------- Interpolated Dickey-Fuller ---------
                   Test         1% Critical       5% Critical      10% Critical
                Statistic          Value             Value             Value
-----------------------------------------------------------------------------
 Z(t)             -2.273           -2.660            -1.950            -1.600
-----------------------------------------------------------------------------
```

D.e	Coef.	Std. Err.	t	P>|t|	[95% Conf. Interval]
e					
L1.	-.3933092	.1730557	-2.27	0.033	-.7513023　-.0353162
LD.	-.0295201	.1938465	-0.15	0.880	-.4305222　.371482

图 15.30　残差序列 ADF 检验结果

ADF 检验的原假设是数据有单位根。从上面的结果中可以看出实际 Z(t)值为-2.273，介于 1%的置信水平（-2.660）和 5%的置信水平（-1.950）之间，所以应该拒绝存在单位根原假设。因此，残差序列是不存在单位根的，或者说残差序列是平稳的。

综上所述，城乡人口净转移、城镇失业规模、城乡收入差距 3 个变量存在协整关系。根据上面的分析结果可以构建出相应的模型来描述这种协整关系。关于这一点将在本节的案例延伸部分进行详细说明。

2. 迹检验

迹检验的过程是：首先根据信息准则确定变量的滞后阶数，即模型中变量的个数。信息准则的概念是针对变量的个数，学者们认为只有适当变量的个数才是合理的，如果变量太少，就会遗漏很多信息，导致模型不足以解释因变量，如果变量太多，就会导致信息重叠，同样导致建模失真。目前国际上公认的比较合理的信息准则有很多种，所以研究者在选取滞后阶数时要适当加入自己的判断。在确定滞后阶数后，我们要确定协整秩，协整秩代表着协整关系的个数。变量之间往往会存在多个长期均衡关系，所以协整秩并不必然等于1。在确定协整秩后，我们就可以构建相应的模型，并写出协整方程。本例中，迹检验的结果如图15.31和图15.32所示。

```
. varsoc m d.s g

Selection-order criteria
Sample:  1983 - 2005                           Number of obs      =        23

lag     LL        LR      df    p     FPE       AIC       HQIC      SBIC

0    -298.833                        5.0e+07   26.2463   26.2836   26.3944
1    -263.187   71.291    9   0.000  5.0e+06*  23.9293   24.0783   24.5218*
2    -255.196   15.982    9   0.067  5.7e+06   24.0171   24.2778   25.0538
3    -245.8     18.793    9   0.027  6.3e+06   23.9826   24.3551   25.4637
4    -231.844   27.912*   9   0.001  5.3e+06   23.5516*  24.0359*  25.477

Endogenous:  m D.s g
 Exogenous:  _cons
```

图 15.31　根据信息准则确定变量滞后阶数

图15.31给出了根据信息准则确定的变量滞后阶数分析结果。最左列的lag表示的是滞后阶数，LL、LR两列表示的是统计量，df列表示的是自由度，p列表示的是对应滞后阶数下模型的显著性，FPE、AIC、HQIC、SBIC列代表的是4种信息准则，其中值越小越好，越应该选用，这一点也可以通过观察"*"来验证，带"*"的说明是本信息准则下的最优滞后阶数。最下面两行文字说明的是模型中的外生变量和内生变量，本例中，外生变量包括 m、D.s、g（Endogenous: m D.s g），内生变量包括常数项（Exogenous:_cons）。

综上所述，可以看出选取滞后阶数为1阶或者4阶是比较合适的，但是为了使模型中的变量更多一些，更有说服力，我们选择滞后阶数为4。

图15.32展示的是根据前面确定的滞后阶数确定协整秩的结果。分析本结果最直接的方式是找到带有"*"的迹统计量（Trace Statistic），本例中该值为14.5747，对应的协整秩为1，这说明本例中城乡人口净转移、城镇失业规模、城乡收入差距3个变量存在一个协整关系。

```
. vecrank m d.s g,lags(4)

              Johansen tests for cointegration
Trend: constant                              Number of obs =     23
Sample:  1983 - 2005                                 Lags =      4

                                            5%
maximum                          trace    critical
rank    parms    LL       eigenvalue  statistic  value

0       30    -252.19968     .        40.7116    29.68
1       35    -239.13121  0.67902     14.5747*   15.41
2       38    -231.98625  0.46275      0.2848     3.76
3       39    -231.84387  0.01230
```

图 15.32　根据滞后阶数确定协整秩

至此，协整检验完毕。我们发现两种检验方法得到的结论是一致的。对于迹检验而言，同样可以构建出相应的模型来描述这种长期协整关系。这一点放到本节的案例延伸部分进行详细说明。

15.3.5 案例延伸

按照前面讲述的解决方法，可以对变量进行相应阶数的差分，然后进行回归，即可避免出现伪回归的情况。

1. EG-ADF 检验方法构建出的协整模型

如果假定 m 为因变量（真实情况需要进行格兰杰因果关系检验，将在 15.4 节中说明），那么构建如下所示的模型方程：

d.m=a*d.g+b*d2.s+c*ecm$_{t-1}$+u

其中，a、b、c 为系数，ecm 为误差修正项，u 为误差扰动项。

ecm 误差修正项的模型方程为：

m=a*g+b*d.s+ecm$_t$

其中，a、b 为系数。实质上，ecm 是该模型方程的误差扰动项，或者说以 m 为因变量，以 g、d.s 为自变量进行最小二乘估计回归后的残差。

在上面的 EG-ADF 检验部分，得到的 ecm 模型方程为：

m=-1.229304* d1.s+793.4284* g-12.01591

该方程反映的是变量的长期均衡关系。

然后在主界面的 Command 文本框中首先输入命令：

```
regress d.m d2.s d.g l.e
```

并按回车键进行确认，即可出现如图 15.33 所示的回归分析结果。

```
. regress d.m d2.s d.g l.e

      Source |       SS           df       MS            Number of obs   =        26
-------------+----------------------------------        F(3, 22)        =      1.67
       Model |  695996.067         3   231998.689        Prob > F        =    0.2021
    Residual |  3053062.28        22   138775.558        R-squared       =    0.1856
-------------+----------------------------------        Adj R-squared   =    0.0746
       Total |  3749058.34        25   149962.334        Root MSE        =    372.53

-------------------------------------------------------------------------------
         D.m |      Coef.   Std. Err.      t    P>|t|     [95% Conf. Interval]
-------------+-----------------------------------------------------------------
           s |
         D2. |   1.297896   2.025272     0.64   0.528    -2.90226    5,498052
             |
           g |
         D1. |   -26.2911   471.0633    -0.06   0.956    -1003.217   950.6345
             |
           e |
         L1. |  -.3580287   .1659561    -2.16   0.042    -.7022007   -.0138567
             |
       _cons |   27.56783   74.25575     0.37   0.714    -126.4292   181.5648
-------------------------------------------------------------------------------
```

图 15.33 用 EG-ADF 检验方法构建协整模型

329

从上述分析结果中可以看到共有 26 个样本参与了分析。模型的 F 值(3, 22) = 1.67,P 值(Prob > F) = 0.2021,说明模型整体上是差强人意的。模型的可决系数(R-squared)为 0.1856,模型修正的可决系数(Adj R-squared)为 0.0746,说明模型解释能力偏弱。

模型的回归方程是:

d.m= 1.297896* d2.s− 26.2911*d1.g−0.3580287*l1.e+27.56783

变量 d2.s 的系数标准误是 2.025272,t 值为 0.64,P 值为 0.528,系数是非常不显著的,95% 的置信区间为[-2.90226, 5.498052]。变量 d1.g 的系数标准误是 471.0633,t 值为-0.06,P 值为 0.956,系数也是非常不显著的,95%的置信区间为[-1003.217, 950.6345]。变量 l1.e 的系数标准误是 0.1659561,t 值为-2.16,P 值为 0.042,系数是比较显著的,95%的置信区间为 [-0.7022007,-0.0138567]。常数项的系数标准误是 74.25575,t 值为 0.37,P 值为 0.714,系数也是非常不显著的,95%的置信区间为[-126.4292, 181.5648]。

2. 迹检验方法构建出的协整模型

从上面的分析中可以看出,变量间的短期关系是非常不显著的,几乎没有什么关系。但是变量的长期均衡关系却很显著。下面利用另一种更加精确的迹检验方法构建出的协整模型来详细研究变量间的这种长期均衡关系。

在进行迹检验完毕以后,在主界面的 Command 文本框中输入如下命令并按回车键进行确认:

```
vec m d.s g,lags(4) rank(1)
```

即可得到如图 15.34~图 15.38 所示的分析结果。

```
. vec m d.s g,lags(4) rank(1)

Vector error-correction model

Sample:  1983 - 2005                     Number of obs   =         23
                                         AIC             =    23.8375
Log likelihood = -239.1312               HQIC            =   24.27206
Det(Sigma_ml) =     215429               SBIC            =   25.56542

Equation      Parms     RMSE      R-sq      chi2     P>chi2

D_m            11      317.064    0.6252   20.01941   0.0451
D2_s           11      26.0643    0.7158   30.22438   0.0015
D_g            11      .169976    0.4442   9.590791   0.5675
```

图 15.34　模型方程综述

图 15.34 所示为分别把城乡人口净转移的一阶差分、城镇失业规模的二阶差分、城乡收入差距的一阶差分作为因变量时的模型方程综述。通过观察图 15.34 可以知道城乡人口净转移、城镇失业规模、城乡收入差距 3 个变量之间的协整关系可以通过 3 个方程来说明。此次值得强调的是,协整关系表示的仅仅是变量之间的某种长期联动关系,跟因果关系是毫无关联的,如果要探究变量之间的因果关系,换言之,就是确定让谁来作为因变量的问题,就需要用到格兰杰因果关系检验,这种检验方法将在 15.4 节中详细叙述。

本例中(实质上所有的协整关系都是一样的),3 个方程的样本情况(Sample: 1983－2005、

Number of obs=23）、信息准则情况（AIC= 23.8375、HQIC= 24.27206、SBIC= 25.56542）等都是相同的。当把城乡人口净转移的一阶差分作为因变量时，模型的可决系数为 0.6252，卡方值是 20.01941，P 值为 0.0451；当把城镇失业规模的二阶差分作为因变量时，模型的可决系数为 0.7158，卡方值是 30.22438，P 值为 0.0015；当把城乡收入差距的一阶差分作为因变量时，模型的可决系数为 0.4442，卡方值是 9.590791，P 值为 0.5675。

图 15.35 展示的是把城乡人口净转移这一变量的一阶差分作为因变量时的方程模型具体情况。本分析结果的解析与一般的回归方程是一样的，前面多有介绍，限于篇幅不再赘述。

	Coef.	Std. Err.	z	P>|z|	[95% Conf. Interval]	
D_m						
_ce1						
L1.	.0055647	.0522526	0.11	0.915	-.0968486	.107978
m						
LD.	-.4071214	.2589529	-1.57	0.116	-.9146598	.1004169
L2D.	.1040884	.2985183	0.35	0.727	-.4809968	.6891736
L3D.	.3743418	.2320138	1.61	0.107	-.0803968	.8290804
s						
LD2.	-2.040869	2.395867	-0.85	0.394	-6.736682	2.654943
L2D2.	3.086168	2.368167	1.30	0.193	-1.555354	7.727691
L3D2.	-1.221802	2.495776	-0.49	0.624	-6.113433	3.66983
g						
LD.	-1030.141	553.9042	-1.86	0.063	-2115.774	55.49085
L2D.	-158.3343	679.8208	-0.23	0.816	-1490.758	1174.09
L3D.	1118.583	681.4178	1.64	0.101	-216.9715	2454.137
_cons	58.07797	99.26686	0.59	0.559	-136.4815	252.6374

图 15.35　以城乡人口净转移的一阶差分为因变量

图 15.36 展示的是把城乡收入差距这一变量的一阶差分作为因变量时的方程模型具体情况。本分析结果的解析与一般的回归方程是一样的，前面多有介绍，限于篇幅不再赘述。

D2_s	Coef.	Std. Err.	z	P>|z|	[95% Conf. Interval]	
_ce1						
L1.	.0197186	.0042954	4.59	0.000	.0112997	.0281374
m						
LD.	.0306339	.0212872	1.44	0.150	-.0110883	.0723561
L2D.	.0523903	.0245397	2.13	0.033	.0042933	.1004872
L3D.	.0390845	.0190727	2.05	0.040	.0017027	.0764663
s						
LD2.	.3573081	.1969523	1.81	0.070	-.0287113	.7433275
L2D2.	.0424359	.1946753	0.22	0.827	-.3391206	.4239924
L3D2.	-.1436708	.2051654	-0.70	0.484	-.5457876	.2584459
g						
LD.	82.94072	45.53371	1.82	0.069	-6.303715	172.1852
L2D.	192.2813	55.88469	3.44	0.001	82.74937	301.8133
L3D.	155.86	56.01598	2.78	0.005	46.07073	265.6493
_cons	-16.38996	8.160235	-2.01	0.045	-32.38373	-.3961917

图 15.36　以城乡收入差距的一阶差分为因变量

图 15.37 展示的是把城乡人口净转移这一变量的一阶差分作为因变量时的方程模型具体情况。本分析结果的解析与一般的回归方程是一样的，前面多有介绍，限于篇幅不再赘述。

D_g						
_ce1						
L1.	6.43e-06	.000028	0.23	0.818	-.0000485	.0000613
m						
LD.	-.000017	.0001388	-0.12	0.902	-.0002891	.0002551
L2D.	.0001119	.00016	0.70	0.484	-.0002017	.0004256
L3D.	.0000631	.0001244	0.51	0.612	-.0001807	.0003068
s						
LD2.	.0003646	.0012844	0.28	0.776	-.0021528	.002882
L2D2.	.0004478	.0012696	0.35	0.724	-.0020405	.0029361
L3D2.	-.0017889	.001338	-1.34	0.181	-.0044112	.0008335
g						
LD.	.1450003	.2969451	0.49	0.625	-.4370013	.727002
L2D.	.3762944	.3644483	1.03	0.302	-.3380111	1.0906
L3D.	-.037681	.3653045	-0.10	0.918	-.7536646	.6783026
_cons	.0299252	.0532164	0.56	0.574	-.0743771	.1342275

图 15.37 以城乡人口净转移的一阶差分为因变量

图 15.38 展示的是本例 3 个变量间的协整方程。协整方程模型总体上是非常显著的，卡方值为 30.78462，P 值为 0.0000。

Cointegrating equations

Equation	Parms	chi2	P>chi2
_ce1	2	30.78462	0.0000

Identification: beta is exactly identified

Johansen normalization restriction imposed

beta	Coef.	Std. Err.	z	P>|z|	[95% Conf. Interval]	
_ce1						
m	1	.	.	.	.	.
s						
D1.	-55.4957	13.60093	-4.08	0.000	-82.15303	-28.83837
g	-2005.838	1215.746	-1.65	0.099	-4388.657	376.981
_cons	2708.056	.	.	.	.	.

图 15.38 协整方程

协整方程的具体形式为：

m-55.4957*d1.s-2005.838*g+2708.056=0

如果把 m 作为因变量，对上面的等式进行变形，结果是：

m=-2708.056+55.4957*d1.s+2005.838*g

可以发现 m 与 s、g 都是正向变动关系。含义是：从长期来看，城乡人口净转移、城镇失业规模、城乡收入差距 3 个变量都是正向联动变动的。这个结论与对变量进行相应阶数差分后进行回归分析得到的结论不同，这个结论说明从长期来看，城镇失业规模和城乡人口净转移是正向变动的，这也是可以理解的，因为城乡人口净转移越多，城镇失业规模就有可能越大。而城镇失业规模越大，很可能也意味着城镇创造的就业机会越多，从而导致城乡人口净转移越大。

15.4　格兰杰因果关系检验

15.4.1　格兰杰因果关系检验的功能与意义

在 15.3 节中提到，协整关系表示的仅仅是变量之间的某种长期联动关系，跟因果关系是毫无关联的，如果要探究变量之间的因果关系，就需要用到格兰杰因果关系检验。格兰杰因果关系检验的基本思想是：如果 A 变量是 B 变量的因，同时 B 变量不是 A 变量的因，那么 A 变量的滞后值就可以帮助预测 B 变量的未来值，同时 B 变量的滞后值却不能帮助预测 A 变量的未来值。这种思想反映到操作层面就是如果 A 变量是 B 变量的因，以 A 变量为因变量、以 A 变量的滞后值以及 B 变量的滞后值作为自变量进行最小二乘回归，那么 B 变量的滞后值的系数显著。另外，需要强调 3 点：一是格兰杰因果关系并非真正意义的因果关系，表明的仅仅是数据上的一种动态相关关系，如果要准确界定变量的因果关系，就需要相应的实践经验作为支撑；二是参与格兰杰因果关系检验的各变量要求是同阶单整的；三是存在协整关系的变量间至少有一种格兰杰因果关系。

15.4.2　相关数据来源

📷	下载资源:\video\15\15.4
🎬	下载资源:\sample\chap15\案例 15.dta

【例 15.4】本节沿用上节的案例，试通过格兰杰因果检验的方式来判断相关变量（包括城乡人口净转移、城镇失业规模、城乡收入差距等）之间的格兰杰因果关系。

15.4.3　Stata 分析过程

在前面几节中，我们通过单位根检验发现城乡人口净转移、城乡收入差距两个变量是一阶单整的，而城镇失业规模变量是二阶单整的，所以在进行格兰杰因果关系检验时选择的变量是城乡人口净转移、城乡收入差距以及城镇失业规模的一阶差分。

格兰杰因果关系检验的操作步骤如下：

01 进入 Stata 16.0，打开相关数据文件，弹出主界面。

02 在主界面的 Command 文本框中分别输入如下命令并按回车键进行确认：

- regress m l.m dl.s：以 m 为因变量，以 l.m、dl.s 为自变量，进行最小二乘回归分析。
- test dl.s=0：检验变量 dl.s 系数的显著性。

- regress d.s dl.s l.m：以 d.s 为因变量，以 l.m、dl.s 为自变量，进行最小二乘回归分析。
- test l.m=0：检验变量 l.m 系数的显著性。
- regress m l.m l.g：以 m 为因变量，以 l.m、l.g 为自变量，进行最小二乘回归分析。
- test l.g=0：检验变量 l.g 系数的显著性。
- regress g l.g l.m：以 g 为因变量，以 l.m、l.g 为自变量，进行最小二乘回归分析。
- test l.m=0：检验变量 l.m 系数的显著性。
- regress g l.g dl.s：以 g 为因变量，以 l.g、dl.s 为自变量，进行最小二乘回归分析。
- test dl.s=0：检验变量 dl.s 系数的显著性。
- regress d.s dl.s l.g：以 d.s 为因变量，以 l.g、dl.s 为自变量，进行最小二乘回归分析。
- test l.g=0：检验变量 l.g 系数的显著性。

03 设置完毕后，等待输出结果。

15.4.4　结果分析

在 Stata 16.0 主界面的结果窗口可以看到如图 15.39~图 15.44 所示的分析结果。

图 15.39 展示的是城镇失业规模是否是城乡人口净转移的格兰杰因的检验结果。通过观察分析结果，可以看出 dl.s 的系数值是非常不显著的。具体体现在其 t 值、F 值以及 P 值上，关于这一结果的详细解读方法前面章节中多有提及，限于篇幅此处不再赘述。所以，我们可以比较有把握地得出结论，城镇失业规模不是城乡人口净转移的格兰杰因。

```
. regress m l.m dl.s
```

Source	SS	df	MS				
				Number of obs	=	26	
				F(2, 23)	=	15.75	
Model	4629469.26	2	2314734.63	Prob > F	=	0.0000	
Residual	3380523.97	23	146979.303	R-squared	=	0.5780	
				Adj R-squared	=	0.5413	
Total	8009993.23	25	320399.729	Root MSE	=	383.38	

m	Coef.	Std. Err.	t	P>|t|	[95% Conf. Interval]	
m						
L1.	.781863	.1432483	5.46	0.000	.4855314	1.078195
s						
LD.	-.0846817	1.601568	-0.05	0.958	-3.397777	3.228413
_cons	275.103	176.1746	1.56	0.132	-89.34196	639.5479

```
. test dl.s=0

 ( 1)  LD.s = 0

       F(  1,    23) =    0.00
            Prob > F =    0.9583
```

图 15.39　城镇失业规模不是城乡人口净转移的格兰杰因

图 15.40 展示的是城乡人口净转移是否是城镇失业规模的格兰杰因的检验结果。通过观察分析结果，可以看出 l.m 的系数值是非常不显著的。具体体现在其 t 值、F 值以及 P 值上，关于这一结果的详细解读方法前面章节中多有提及，限于篇幅此处不再赘述。所以，我们可以比较有把握地得出结论，城乡人口净转移不是城镇失业规模的格兰杰因。

```
. regress d.s dl.s l.m
```

Source	SS	df	MS		Number of obs	=	26
					F(2, 23)	=	10.60
Model	28844.9958	2	14422.4979		Prob > F	=	0.0005
Residual	31308.4809	23	1361.2383		R-squared	=	0.4795
					Adj R-squared	=	0.4343
Total	60153.4767	25	2406.13907		Root MSE	=	36.895

D.s	Coef.	Std. Err.	t	P>|t|	[95% Conf. Interval]	
s						
LD.	.6456263	.154129	4.19	0.000	.3267863	.9644663
m						
L1.	.0115627	.0137857	0.84	0.410	-.0169552	.0400806
_cons	-10.07413	16.95439	-0.59	0.558	-45.14697	24.99871

```
. test l.m=0

 ( 1)  L.m = 0

       F(  1,    23) =    0.70
            Prob > F =    0.4102
```

图 15.40　城乡人口净转移不是城镇失业规模的格兰杰因

　　图 15.41 展示的是城乡收入差距是否是城乡人口净转移的格兰杰因的检验结果。通过观察分析结果，可以看出 l.g 的系数值是非常不显著的。具体体现在其 t 值、F 值以及 P 值上，关于这一结果的详细解读方法前面章节中多有提及，限于篇幅此处不再赘述。所以，我们可以比较有把握地得出结论，城乡收入差距不是城乡人口净转移的格兰杰因。

```
. regress m l.m l.g
```

Source	SS	df	MS		Number of obs	=	26
					F(2, 23)	=	17.70
Model	4855190.69	2	2427595.35		Prob > F	=	0.0000
Residual	3154802.54	23	137165.328		R-squared	=	0.6061
					Adj R-squared	=	0.5719
Total	8009993.23	25	320399.729		Root MSE	=	370.36

m	Coef.	Std. Err.	t	P>|t|	[95% Conf. Interval]	
m						
L1.	.6777926	.156107	4.34	0.000	.3548607	1.000725
g						
L1.	272.6828	212.3726	1.28	0.212	-166.6435	712.009
_cons	-7.728937	278.3084	-0.03	0.978	-583.4537	567.9958

```
. test l.g=0

 ( 1)  L.g = 0

       F(  1,    23) =    1.65
            Prob > F =    0.2119
```

图 15.41　城乡收入差距不是城乡人口净转移的格兰杰因

　　图 15.42 展示的是城乡人口净转移是否是城乡收入差距的格兰杰因的检验结果。通过观察分析结果，可以看出 l.m 的系数值是非常不显著的。具体体现在其 t 值、F 值以及 P 值上，关于这一结果的详细解读方法前面章节中多有提及，限于篇幅此处不再赘述。所以，可以比较有把握地得出结论，城乡人口净转移不是城镇失业规模的格兰杰因。

```
. regress g l.g l.m
```

Source	SS	df	MS		Number of obs	=	26
					F(2, 23)	=	65.41
Model	3.95900219	2	1.97950109		Prob > F	=	0.0000
Residual	.696013202	23	.030261444		R-squared	=	0.8505
					Adj R-squared	=	0.8375
Total	4.65501539	25	.186200615		Root MSE	=	.17396

g	Coef.	Std. Err.	t	P>|t|	[95% Conf. Interval]	
g						
L1.	.9152055	.0997519	9.17	0.000	.708853	1.121558
m						
L1.	.0000876	.0000733	1.19	0.244	-.0000641	.0002393
_cons	.0514088	.1307221	0.39	0.698	-.2190104	.321828

```
. test l.m=0

 ( 1)  L.m = 0

       F(  1,    23) =    1.43
            Prob > F =    0.2443
```

图 15.42　城乡人口净转移不是城镇失业规模的格兰杰因

　　图 15.43 展示的是城镇失业规模是否是城乡收入差距的格兰杰因的检验结果。通过观察分析结果，可以看出 dl.s 的系数值是非常不显著的。具体体现在其 t 值、F 值以及 P 值上，关于这一结果的详细解读方法前面章节中多有提及，限于篇幅此处不再赘述。所以，可以比较有把握地得出结论，城镇失业规模是城乡收入差距的格兰杰因。

```
. regress g l.g dl.s
```

Source	SS	df	MS		Number of obs	=	26
					F(2, 23)	=	74.99
Model	4.03608946	2	2.01804473		Prob > F	=	0.0000
Residual	.618925925	23	.026909823		R-squared	=	0.8670
					Adj R-squared	=	0.8555
Total	4.65501539	25	.186200615		Root MSE	=	.16404

g	Coef.	Std. Err.	t	P>|t|	[95% Conf. Interval]	
g						
L1.	.8465603	.1014616	8.34	0.000	.6366711	1.05645
s						
LD.	.001763	.0008338	2.11	0.046	.0000381	.0034879
_cons	.2315428	.1468955	1.58	0.129	-.0723336	.5354193

```
. test dl.s=0

 ( 1)  LD.s = 0

       F(  1,    23) =    4.47
            Prob > F =    0.0455
```

图 15.43　城镇失业规模是城乡收入差距的格兰杰因

　　图 15.44 展示的是城乡收入差距是否是城镇失业规模的格兰杰因的检验结果。通过观察分

析结果，可以看出 l.g 的系数值是非常不显著的。具体体现在其 t 值、F 值以及 P 值上，关于这一结果的详细解读方法前面章节中多有提及，限于篇幅此处不再赘述。所以，可以比较有把握地得出结论，城乡收入差距不是城镇失业规模的格兰杰因。

```
. regress d.s dl.s l.g

    Source |       SS           df       MS            Number of obs   =        26
-----------+----------------------------------         F(2, 23)        =     10.04
     Model | 28037.0225          2   14018.5112        Prob > F        =    0.0007
  Residual | 32116.4543         23   1396.36758        R-squared       =    0.4661
-----------+----------------------------------         Adj R-squared   =    0.4197
     Total | 60153.4767         25   2406.13907        Root MSE        =    37.368


        D.s |      Coef.   Std. Err.      t    P>|t|     [95% Conf. Interval]
-----------+----------------------------------------------------------------
          s |
        LD. |   .714422   .1899441     3.76   0.001     .3214927    1.107351
            |
          g |
        L1. |  -7.56637   23.11245    -0.33   0.746    -55.37812    40.24538
            |
      _cons |  13.37976   33.46208     0.40   0.693    -55.84183    82.60135
```

```
. test l.g=0

 ( 1)  L.g = 0

       F( 1,   23) =     0.11
            Prob > F =    0.7463
```

图 15.44　城乡收入差距不是城镇失业规模的格兰杰因

综上所述，只有城镇失业规模是城乡收入差距的格兰杰因，其他变量之间均不存在格兰杰因果关系。当然，正如前面讲到的，格兰杰因果关系并不是真正的变量因果关系，变量实质的因果关系依靠有关理论或者实践经验的判断。格兰杰因果关系反映的仅仅是一种预测的效果，起到一种辅助的作用，所以，本例的格兰杰因果检验虽然没有得到预想的结果，但并不意味着模型的失败。读者可以尝试增加其他更加有效的变量继续深入研究。

15.4.5　案例延伸

在前面的格兰杰因果关系检验的过程中，读者可能会注意到我们使用的被假设为格兰杰因的自变量的滞后期均为 1 期。事实上可以多试几期，具体多少期读者可以根据研究的实际需要确定。例如，在检验城乡收入差距是否是城镇失业规模的格兰杰因的时候，可以把滞后期扩展为 5 期。在主界面的 Command 文本框中分别输入如下命令：

1. regress d.s dl.s l.g l2.g l3.g l4.g l5.g

本命令旨在以 d.s 为因变量，以 dl.s、l.g、l2.g、l3.g、l4.g、l5.g 为自变量，进行最小二乘回归分析。

2. test l.g=0

本命令旨在检验变量 l.g 系数的显著性。

3．test l2.g=0

本命令旨在检验变量 l2.g 系数的显著性。

4．test l3.g=0

本命令旨在检验变量 l3.g 系数的显著性。

5．test l4.g=0

本命令旨在检验变量 l4.g 系数的显著性。

6．test l5.g=0

本命令旨在检验变量 l5.g 系数的显著性。

按回车键进行确认，即可出现如图 15.45 所示的分析检验结果。

```
. regress d.s dl.s 1.g l2.g l3.g l4.g l5.g

      Source |       SS           df       MS            Number of obs   =        23
-------------+----------------------------------         F(6, 16)        =      2.93
       Model |  17451.8741          6  2908.64569         Prob > F        =    0.0402
    Residual |  15909.2876         16  994.330472         R-squared       =    0.5231
-------------+----------------------------------         Adj R-squared   =    0.3443
       Total |  33361.1617         22  1516.41644         Root MSE        =    31.533

-------------------------------------------------------------------------------------
         D.s |      Coef.   Std. Err.      t    P>|t|     [95% Conf. Interval]
-------------+-----------------------------------------------------------------------
           s |
         LD. |   .3735399   .2580485     1.45   0.167    -.1734985    .9205782
             |
           g |
         L1. |   29.72947   52.48465     0.57   0.579    -81.53302     140.992
         L2. |   23.24441   63.76133     0.36   0.720    -111.9236    158.4124
         L3. |  -21.91515   58.52375    -0.37   0.713      -145.98    102.1497
         L4. |  -62.81455   62.25527    -1.01   0.328    -194.7898    69.16072
         L5. |   26.73216   49.88799     0.54   0.599    -79.02566      132.49
             |
       _cons |   18.56089   32.80009     0.57   0.579     -50.9722    88.09398
-------------------------------------------------------------------------------------

. test  1.g l2.g l3.g l4.g l5.g

 ( 1)  L.g = 0
 ( 2)  L2.g = 0
 ( 3)  L3.g = 0
 ( 4)  L4.g = 0
 ( 5)  L5.g = 0

       F(  5,    16) =    0.69
            Prob > F =    0.6376
```

图 15.45　分析结果图

　　通过观察分析结果，可以看出 1.g、l2.g、l3.g、l4.g、l5.g 的系数值都是非常不显著的。具体体现在其 t 值、F 值以及 P 值上，关于这一结果的详细解读方法前面章节中多有提及，限于篇幅此处不再赘述。所以，我们可以比较有把握地得出结论，城乡收入差距不是城镇失业规模的格兰杰因。其他变量间的检验是类似的，读者可以自己尝试分析。

15.5　本章习题

　　某公司自 1990 年成立以来，主要的经营指标数据包括年销售收入、年运营成本、母公司考核系数等，如表 15.3 所示。试将数据整理成 Stata 数据文件，并进行以下操作：

（1）定义时间序列，并绘制各时间序列变量的时间趋势图，进行简要分析。

（2）试通过单位根检验的方式来判断相关变量，包括年销售收入、年运营成本、母公司考核系数等变量是否平稳。

（3）试通过 EG-ADF 检验、迹检验两种协整检验的方式来判断相关变量，包括年销售收入、年运营成本、母公司考核系数等变量是否存在长期协整关系。

（4）试通过格兰杰因果检验的方式来判断相关变量，包括年销售收入、年运营成本、母公司考核系数变量之间的格兰杰因果关系。

表 15.3 某公司经营指标数据及相关变量数据

年 份	年销售收入/万元	年运营成本/万元	母公司考核系数
1990	943.77	264.4	1.5
1991	1101.69	276.6	1.24
1992	484.28	296.2	0.98
1993	814.63	439.5	1.24
1994	1055.05	349.4	0.98
1995	571.68	271.4	0.82
…	…	…	…
2015	1821.55	800	2.23
2016	1779.12	827	2.21
2017	1785.18	839	2.22
2018	1834.26	476.4	1.47
2019	1832.07	519.6	1.51

第16章 Stata 面板数据分析

面板数据（Panel Data）又被称为平行数据，指的是对某变量在一定时间段内持续跟踪观测的结果。面板数据兼具横截面数据和时间序列数据的特点，既有横截面维度（在同一时间段内有多个观测样本），又有时间序列维度（同一样本在多个时间段内被观测到）。面板数据通常样本数量相对较多，也可以有效解决遗漏变量的问题，还可以提供更多样本动态行为的信息，具有横截面数据和时间序列数据无可比拟的优势。根据横截面维度和时间序列维度相对长度的大小，面板数据被区分为长面板数据和短面板数据。下面一一介绍这两种面板数据分析方法在实例中的应用。

16.1　实例一——短面板数据分析

16.1.1　短面板数据分析的功能与意义

短面板数据是面板数据的一种，其主要特征是横截面维度比较大而时间维度相对较小，或者说，同一期间内被观测的个体数量较多而被观测的期间较少。短面板数据分析方法包括直接最小二乘回归分析、固定效应回归分析、随机效应回归分析、组间估计量回归分析等多种。下面以实例的方式来介绍这几种方法的具体应用。

16.1.2　相关数据来源

📹	下载资源:\video\16\16.1
💻	下载资源:\sample\chap16\案例 16.1.dta

【例 16.1】A 公司是一家销售饮料的连锁公司，经营范围遍布全国 20 个省市，各省市连锁店 2008—2012 年的相关销售数据（包括销售收入、促销费用以及创造利润等数据）如表 16.1 所示。试用多种短面板数据回归分析方法深入研究销售量和促销费用对创造利润的影响关系。

表 16.1　A 公司各省市连锁店销售收入、促销费用以及创造利润数据（2008—2012 年）

年　份	销售收入/万元	促销费用/万元	创造利润/万元	地　区
2008	256	13.28039	12.47652	北京
2009	289	12.88284	12.1826	北京
2010	321	12.86566	12.26754	北京
2011	135	13.166	12.25672	北京
2012	89	13.01277	12.21607	北京

（续表）

年　份	销售收入/万元	促销费用/万元	创造利润/万元	地　区
2008	159	11.00874	9.236008	天津
…	…	…	…	…
2012	226.0475	10.77687	10.39666	甘肃
2008	229.2657	11.41421	10.47813	青海
2009	228.9225	11.10796	10.19802	青海
2010	229.2313	11.36674	10.47249	青海
2011	229.0406	11.1375	10.22485	青海
2012	229.1517	11.24112	10.30762	青海

16.1.3　Stata 分析过程

在用 Stata 进行分析之前，我们要把数据录入 Stata 中。本例中有 5 个变量，分别是年份、销售收入、促销费用、创造利润以及地区。我们把年份变量定义为 year，把销售收入变量定义为 sale，把促销费用变量定义为 cost，把创造利润变量定义为 profit，把地区变量定义为 diqu。变量类型及长度采取系统默认方式，然后录入相关数据。相关操作在第 1 章中已详细讲述过了。录入完成后数据如图 16.1 所示。

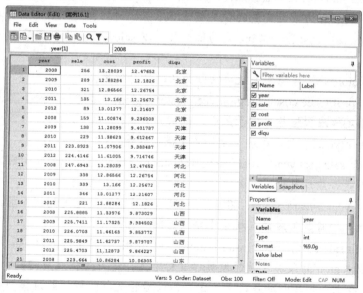

图 16.1　案例 16.1 的数据

先保存数据，然后开始展开分析，步骤如下：

01 进入 Stata 16.0，打开相关数据文件，弹出主界面。

02 在主界面的 Command 文本框中输入如下命令：

- list year sale cost profit：对 4 个变量所包含的样本数据一一进行展示，以便简单直观地观测出数据的具体特征，为深入分析做好必要准备。

- encode diqu,gen(region)：因为面板数据要求其中的个体变量取值必须为整数而且不允许重复，所以需要对各个观测样本进行有序编号。本命令旨在将 diqu 这一字符串变量转化为数值型变量，以便进行下一步操作。

- xtset region year：对面板数据进行定义，其中横截面维度变量为上一步生成的 region，时间序列变量为 year。

- xtdes：观测面板数据的结构，考察面板数据特征，为后续分析做好必要准备。

- xtsum：显示面板数据组内、组间以及整体的统计指标。

- xttab sale：显示 sale 变量组内、组间以及整体的分布频率。

- xttab cost：显示 cost 变量组内、组间以及整体的分布频率。

- xttab profit：显示 profit 变量组内、组间以及整体的分布频率。

- xtline sale：对每个个体显示 sale 变量的时间序列图。

- xtline cost：对每个个体显示 cost 变量的时间序列图。

- xtline profit：对每个个体显示 profit 变量的时间序列图。

- reg profit sale cost：以 profit 为因变量，以 sale、cost 为自变量，进行最小二乘回归分析。

- reg profit sale cost,vce(cluster region)：以 profit 为因变量，以 sale、cost 为自变量，并使用以 region 为聚类变量的聚类稳健标准差，进行最小二乘回归分析。

- xtreg profit sale cost,fe vce(cluster region)：以 profit 为因变量，以 sale、cost 为自变量，并使用以 region 为聚类变量的聚类稳健标准差，进行固定效应回归分析。

- xtreg profit sale cost,fe：以 profit 为因变量，以 sale、cost 为自变量，进行固定效应回归分析。

- estimates store fe：存储固定效应回归分析的估计结果。

- xi:xtreg profit sale cost i.region,vce(cluster region)：通过构建最小二乘虚拟变量模型来分析固定效应模型是否优于最小二乘回归分析。

- tab year,gen(year)：创建年度变量的多个虚拟变量。

- xtreg profit sale cost year2-year5,fe vce(cluster region)：通过构建双向固定效应模型来检验模型中是否应该包含时间效应。

- test year2 year3 year4 year5：在上一步回归的基础上，通过测试各虚拟变量的系数联合显著性来检验是否应该在模型中纳入时间效应。

- xtreg profit sale cost,re vce(cluster region)：以 profit 为因变量，以 sale、cost 为自变量，并使用以 region 为聚类变量的聚类稳健标准差，进行随机效应回归分析。

- xttest0：在上一步回归的基础上，进行假设检验来判断随机效应模型是否优于最小二乘回归模型。

- xtreg profit sale cost,mle：以 profit 为因变量，以 sale、cost 为自变量，并使用最大似然估计方法，进行随机效应回归分析。

- xtreg profit sale cost,be：以 profit 为因变量，以 sale、cost 为自变量，并使用组间估计量，进行组间估计量回归分析。

03 设置完毕后，按回车键，等待输出结果。

16.1.4　结果分析

在 Stata 16.0 主界面的结果窗口可以看到如图 16.2~图 16.25 所示的分析结果。

图 16.2 所示是对数据进行展示的结果。它的目的是通过对变量所包含的样本数据一一进行展示，以便简单直观地观测出数据的具体特征，为深入分析做好必要准备。

```
. list year sale cost profit

       year      sale      cost    profit
  1.   2008       256  13.28039  12.47652
  2.   2009       289  12.88284   12.1826
  3.   2010       321  12.86566  12.26754
  4.   2011       135    13.166  12.25672
  5.   2012        89  13.01277  12.21607

  6.   2008       159  11.00874  9.236008
  7.   2009       138  11.28099  9.401787
  8.   2010       229  11.38623  9.612467
  9.   2011  223.8923  11.07906  9.388487
 10.   2012  224.4146  11.61005  9.714746

 11.   2008  247.6943  13.28039  12.47652
 12.   2009       338  12.86566  12.26754
 13.   2010       339    13.166  12.25672
 14.   2011       346  13.01277  12.21607
 15.   2012       221  12.88284   12.1826

 16.   2008  225.8885  11.33976  9.873029
 17.   2009  225.7411  11.17325  9.934502
 18.   2010  226.0703  11.46163  9.853772
 19.   2011  225.9849  11.42737  9.879707
 20.   2012  225.4703  11.12873  9.864227

 21.   2008   223.664  10.86284  10.06305
 22.   2009  223.3596   10.7579  9.720165
 23.   2010       189  11.32298  9.786392
 24.   2011       194  11.32055  9.804219
 25.   2012       191  11.19272   9.89948

 26.   2008   229.834  11.60368  10.15619
 27.   2009  229.5091  11.48143  10.18036
 28.   2010  229.6875  11.51192  10.05277
 29.   2011  229.9539  11.86005  10.35711
 30.   2012  229.9492  11.73527  10.28637

 31.   2008       195  11.32298  9.786392
 32.   2009       190   10.7579  9.720165
 33.   2010       196  11.19272   9.89948
 34.   2011       191  11.32055  9.804219
 35.   2012   223.664  10.86284  10.06305

 36.   2008  230.2526  11.35158  10.38807
 37.   2009  230.4395  11.65529  10.57132
 38.   2010  230.1745  11.30836  10.52889
 39.   2011  230.3779  11.48555  10.59037
 40.   2012  230.4235  11.59451  10.56721

 41.   2008  224.4761  10.83762  10.16969
 42.   2009  224.5877   10.9682  10.13896
 43.   2010  224.7289  11.18164  10.32286
 44.   2011   224.373  10.77896  10.34432
 45.   2012  224.7235  11.10796  10.17884

 46.   2008  228.9225  11.10796  10.19802
 47.   2009  229.2313  11.36674  10.47249
 48.   2010  229.2657  11.41421  10.47813
 49.   2011  229.1517  11.24112  10.30762
 50.   2012  229.0406   11.1375  10.22485

 51.   2008  224.4039  11.38623  9.612467
 52.   2009  224.2034  11.28099  9.401787
 53.   2010  223.8923  11.07906  9.388487
 54.   2011  224.4146  11.61005  9.714746
 55.   2012  223.5251  11.00874  9.236008

 56.   2008  226.2307  10.91509  10.51732
 57.   2009  226.1334  10.80771  10.43588
 58.   2010  226.4084  11.14041  10.55451
 59.   2011  226.3114   11.0021    10.4631
 60.   2012  226.0475  10.77687  10.39666

 61.   2008  230.4395  11.65529  10.57132
 62.   2009  230.2526  11.35158  10.38807
 63.   2010  230.1745  11.30836  10.52889
 64.   2011  230.4235  11.59451  10.56721
 65.   2012  230.3779  11.48555  10.59037

 66.   2008   224.373  10.77896  10.34432
 67.   2009  224.7235  11.10796  10.17884
 68.   2010  224.7289  11.18164  10.32286
 69.   2011  224.5877   10.9682  10.13896
 70.   2012  224.4761  10.83762  10.16969

 71.   2008    231.01   11.6994  9.914922
 72.   2009  231.6112  11.89614  10.15891
 73.   2010  231.7159  12.09234  10.28739
 74.   2011   231.233  11.73847  10.01055
 75.   2012  231.4499  11.82188  10.15774

 76.   2008  229.6875  11.51192  10.05277
 77.   2009  229.5091  11.48143  10.18036
 78.   2010  229.9539  11.86005  10.35711
 79.   2011  229.9492  11.73527  10.28637
 80.   2012   229.834  11.60368  10.15619

 81.   2008       201  11.17325  9.934502
 82.   2009       198  11.33976  9.873029
 83.   2010       199  11.46163  9.853772
 84.   2011       201  11.12873  9.864227
 85.   2012       201  11.42737  9.879707

 86.   2008       198   11.6994  9.914922
 87.   2009  231.6112  11.89614  10.15891
 88.   2010  231.7159  12.09234  10.28739
 89.   2011  231.4499  11.82188  10.15774
 90.   2012   231.233  11.73847  10.01055

 91.   2008  226.4084  11.14041  10.55451
 92.   2009  226.3114   11.0021    10.4631
 93.   2010  226.2307  10.91509  10.51732
 94.   2011  226.1334  10.80771  10.43588
 95.   2012  226.0475  10.77687  10.39666

 96.   2008  229.2657  11.41421  10.47813
 97.   2009  228.9225  11.10796  10.19802
 98.   2010  229.2313  11.36674  10.47249
 99.   2011  229.0406   11.1375  10.22485
100.   2012  229.1517  11.24112  10.30762
```

图 16.2　展示数据

从如图 16.2 所示的分析结果中可以看出，数据的总体质量还是可以的，没有极端异常值，变量间的量纲差距也是可以接受的，可以进入下一步的分析。

图 16.3 所示是将 diqu 这一字符串变量转化为数值型变量 region 的结果。选择 Data|Data Editor|Data Editor(Browse)命令，进入数据查看界面，可以看到如图 16.3 所示的变量 region 的相关数据。

图 16.4 所示为对面板数据进行定义的结果，其中横截面维度变量为上一步生成的 region，时间序列变量为 year。

	year	sale	cost	profit	diqu	region	_est_
1	2008	228.9225	11.10796	10.19802	云南	云南	
2	2009	229.2313	11.36674	10.47249	云南	云南	
3	2010	229.2667	11.41421	10.47813	云南	云南	
4	2011	229.1517	11.24112	10.30762	云南	云南	
5	2012	229.0406	11.1375	10.22485	云南	云南	
6	2008	256	13.28039	12.47652	北京	北京	
7	2009	289	12.88284	12.1826	北京	北京	
8	2010	321	12.86566	12.26754	北京	北京	
9	2011	135	13.166	12.25672	北京	北京	
10	2012	89	13.01277	12.21607	北京	北京	
11	2008	195	11.32298	9.786392	四川	四川	
12	2009	190	10.7579	9.720165	四川	四川	
13	2010	196	11.19272	9.89948	四川	四川	
14	2011	191	11.32055	9.804219	四川	四川	
15	2012	223.664	10.86284	10.06305	四川	四川	
16	2008	169	11.00874	9.236008	天津	天津	
17	2009	138	11.28099	9.401787	天津	天津	
18	2010	229	11.38623	9.612467	天津	天津	
19	2011	223.8923	11.07906	9.888487	天津	天津	
20	2012	224.4146	11.61005	9.714746	天津	天津	
21	2008	224.4761	10.83762	10.16969	宁夏	宁夏	

图 16.3　region 的相关数据

```
. xtset region year
    panel variable:  region (strongly balanced)
    time variable:   year, 2008 to 2012
           delta:  1 unit
```

图 16.4　对面板数据进行定义

从图 16.4 中可以看出这是一个平衡的面板数据。

图 16.5 所示是面板数据结构的结果。

```
. xtdes

 region:  1, 2, ..., 20                              n =        20
   year:  2008, 2009, ..., 2012                      T =         5
          Delta(year) = 1 unit
          Span(year)  = 5 periods
          (region*year uniquely identifies each observation)

Distribution of T_i:   min     5%    25%    50%    75%    95%    max
                         5      5      5      5      5      5      5

     Freq.  Percent    Cum. |  Pattern
       20    100.00  100.00 |  11111
       20    100.00         |  XXXXX
```

图 16.5　面板数据结构

从图 16.5 可以看出该面板数据的横截面维度 region 为 1~20 共 20 个取值，时间序列维度 year 为 2008~2012 共 5 个取值，属于短面板数据，而且观测样本在时间上的分布也非常均匀。

图 16.6 所示是面板数据组内、组间以及整体的统计指标的结果。

在短面板数据中，同一时间段内的不同观测样本构成一个组。从图 16.6 中可以看出，变量 year 的组间标准差是 0，因为不同组的这一变量取值完全相同，同时变量 region 的组内标准差也为 0，因为分布在同一组的数据属于同一个地区。

```
. xtsum
```

Variable		Mean	Std. Dev.	Min	Max	Observations	
year	overall	2010	1.421338	2008	2012	N =	100
	between		0	2010	2010	n =	20
	within		1.421338	2008	2012	T =	5
sale	overall	225.0378	32.75807	89	346	N =	100
	between		20.83152	194.8614	298.3389	n =	20
	within		25.62562	96.03781	328.0378	T =	5
cost	overall	11.48361	.6108847	10.7579	13.28039	N =	100
	between		.6012933	10.92844	13.04153	n =	20
	within		.1619716	11.15011	11.82065	T =	5
profit	overall	10.33686	.7258455	9.236008	12.47652	N =	100
	between		.7329161	9.470699	12.27989	n =	20
	within		.1067208	10.10217	10.5809	T =	5
diqu	overall	.	.	.	.	N =	0
	between		.	.	.	n =	0
	within		.	.	.	T =	.
region	overall	10.5	5.795331	1	20	N =	100
	between		5.91608	1	20	n =	20
	within		0	10.5	10.5	T =	5

图 16.6 面板数据统计指标

图 16.7 所示是 sale 变量组内、组间以及整体的分布频率的结果。

```
. xttab sale
```

sale	Overall Freq.	Percent	Between Freq.	Percent	Within Percent
89	1	1.00	1	5.00	20.00
135	1	1.00	1	5.00	20.00
138	1	1.00	1	5.00	20.00
159	1	1.00	1	5.00	20.00
189	1	1.00	1	5.00	20.00
190	1	1.00	1	5.00	20.00
191	2	2.00	2	10.00	20.00
194	1	1.00	1	5.00	20.00
195	1	1.00	1	5.00	20.00
196	1	1.00	1	5.00	20.00
198	2	2.00	2	10.00	20.00
199	1	1.00	1	5.00	20.00
201	3	3.00	1	5.00	60.00
221	1	1.00	1	5.00	20.00
223.3596	1	1.00	1	5.00	20.00
223.5251	1	1.00	1	5.00	20.00
223.664	2	2.00	2	10.00	20.00
223.8923	2	2.00	2	10.00	20.00
224.2034	1	1.00	1	5.00	20.00
224.373	2	2.00	2	10.00	20.00
224.4039	1	1.00	1	5.00	20.00
224.4146	2	2.00	2	10.00	20.00
224.4761	2	2.00	2	10.00	20.00
224.5877	2	2.00	2	10.00	20.00
224.7235	2	2.00	2	10.00	20.00
224.7289	2	2.00	2	10.00	20.00
225.4703	1	1.00	1	5.00	20.00
225.7411	1	1.00	1	5.00	20.00
225.8885	1	1.00	1	5.00	20.00
225.9849	1	1.00	1	5.00	20.00
226.0475	2	2.00	2	10.00	20.00
226.0703	1	1.00	1	5.00	20.00
226.1334	2	2.00	2	10.00	20.00
226.2307	2	2.00	2	10.00	20.00
226.3114	2	2.00	2	10.00	20.00
226.4084	2	2.00	2	10.00	20.00
228.9225	2	2.00	2	10.00	20.00
229	1	1.00	1	5.00	20.00
229.0406	2	2.00	2	10.00	20.00
229.1517	2	2.00	2	10.00	20.00
229.2313	2	2.00	2	10.00	20.00
229.2657	2	2.00	2	10.00	20.00
229.5091	2	2.00	2	10.00	20.00
229.6875	2	2.00	2	10.00	20.00
229.834	2	2.00	2	10.00	20.00
229.9492	2	2.00	2	10.00	20.00
229.9539	2	2.00	2	10.00	20.00
230.1745	2	2.00	2	10.00	20.00
230.2526	2	2.00	2	10.00	20.00
230.3779	2	2.00	2	10.00	20.00
230.4235	2	2.00	2	10.00	20.00
230.4395	2	2.00	2	10.00	20.00
231.01	1	1.00	1	5.00	20.00
231.233	2	2.00	2	10.00	20.00
231.4499	2	2.00	2	10.00	20.00
231.6112	2	2.00	2	10.00	20.00
231.7159	2	2.00	2	10.00	20.00
247.6943	1	1.00	1	5.00	20.00
256	1	1.00	1	5.00	20.00
289	1	1.00	1	5.00	20.00
321	1	1.00	1	5.00	20.00
338	1	1.00	1	5.00	20.00
339	1	1.00	1	5.00	20.00
346	1	1.00	1	5.00	20.00
Total	100	100.00	98	490.00	20.41
			(n = 20)		

图 16.7 sale 变量组内、组间以及整体的分布频率

图 16.8 所示是 cost 变量组内、组间以及整体的分布频率的结果。

```
. xttab cost

                 Overall              Between           Within
    cost    Freq.  Percent     Freq.   Percent        Percent

 10.7579      2      2.00        2      10.00           20.00
10.77687      2      2.00        2      10.00           20.00
10.77896      2      2.00        2      10.00           20.00
10.80771      2      2.00        2      10.00           20.00
10.83762      2      2.00        2      10.00           20.00
10.86284      2      2.00        2      10.00           20.00
10.91509      2      2.00        2      10.00           20.00
 10.9682      2      2.00        2      10.00           20.00
 11.0021      2      2.00        2      10.00           20.00
11.00874      2      2.00        2      10.00           20.00
11.07906      2      2.00        2      10.00           20.00
11.10796      4      4.00        4      20.00           20.00
11.12873      2      2.00        2      10.00           20.00
 11.1375      2      2.00        2      10.00           20.00
11.14041      2      2.00        2      10.00           20.00
11.17325      2      2.00        2      10.00           20.00
11.18164      2      2.00        2      10.00           20.00
11.19272      2      2.00        2      10.00           20.00
11.24112      2      2.00        2      10.00           20.00
11.28099      2      2.00        2      10.00           20.00
11.30836      2      2.00        2      10.00           20.00
11.32055      2      2.00        2      10.00           20.00
11.32298      2      2.00        2      10.00           20.00
11.33976      2      2.00        2      10.00           20.00
11.35158      2      2.00        2      10.00           20.00
11.36674      2      2.00        2      10.00           20.00
11.38623      2      2.00        2      10.00           20.00
11.41421      2      2.00        2      10.00           20.00
11.42737      2      2.00        2      10.00           20.00
11.46163      2      2.00        2      10.00           20.00
11.48143      2      2.00        2      10.00           20.00
11.48555      2      2.00        2      10.00           20.00
11.51192      2      2.00        2      10.00           20.00
11.59451      2      2.00        2      10.00           20.00
11.60368      2      2.00        2      10.00           20.00
11.61005      2      2.00        2      10.00           20.00
11.65529      2      2.00        2      10.00           20.00
 11.6994      2      2.00        2      10.00           20.00
11.73527      2      2.00        2      10.00           20.00
11.73847      2      2.00        2      10.00           20.00
11.82188      2      2.00        2      10.00           20.00
11.86005      2      2.00        2      10.00           20.00
11.89614      2      2.00        2      10.00           20.00
12.09234      2      2.00        2      10.00           20.00
12.86566      2      2.00        2      10.00           20.00
12.88284      2      2.00        2      10.00           20.00
13.01277      2      2.00        2      10.00           20.00
  13.166      2      2.00        2      10.00           20.00
13.28039      2      2.00        2      10.00           20.00

   Total     100   100.00      100     500.00           20.00
                               (n = 20)
```

图 16.8　cost 变量组内、组间以及整体的分布频率

图 16.9 所示是 profit 变量组内、组间以及整体的分布频率的结果。

```
. xttab profit

                 Overall              Between           Within
   profit   Freq.  Percent     Freq.   Percent        Percent

9.236008      2      2.00        2      10.00           20.00
9.388487      2      2.00        2      10.00           20.00
9.401787      2      2.00        2      10.00           20.00
9.612467      2      2.00        2      10.00           20.00
9.714746      2      2.00        2      10.00           20.00
9.720165      2      2.00        2      10.00           20.00
9.786392      2      2.00        2      10.00           20.00
9.804219      2      2.00        2      10.00           20.00
9.853772      2      2.00        2      10.00           20.00
9.864227      2      2.00        2      10.00           20.00
9.873029      2      2.00        2      10.00           20.00
9.879707      2      2.00        2      10.00           20.00
 9.89948      2      2.00        2      10.00           20.00
9.914922      2      2.00        2      10.00           20.00
9.934502      2      2.00        2      10.00           20.00
10.01055      2      2.00        2      10.00           20.00
10.05277      2      2.00        2      10.00           20.00
10.06305      2      2.00        2      10.00           20.00
10.13896      2      2.00        2      10.00           20.00
10.15619      2      2.00        2      10.00           20.00
10.15774      2      2.00        2      10.00           20.00
10.15891      2      2.00        2      10.00           20.00
10.16969      2      2.00        2      10.00           20.00
10.17884      2      2.00        2      10.00           20.00
10.18036      2      2.00        2      10.00           20.00
10.19802      2      2.00        2      10.00           20.00
10.22485      2      2.00        2      10.00           20.00
10.28637      2      2.00        2      10.00           20.00
10.28739      2      2.00        2      10.00           20.00
10.30762      2      2.00        2      10.00           20.00
10.32286      2      2.00        2      10.00           20.00
10.34432      2      2.00        2      10.00           20.00
10.35711      2      2.00        2      10.00           20.00
10.38807      2      2.00        2      10.00           20.00
10.39666      2      2.00        2      10.00           20.00
10.43588      2      2.00        2      10.00           20.00
 10.4631      2      2.00        2      10.00           20.00
10.47249      2      2.00        2      10.00           20.00
10.47813      2      2.00        2      10.00           20.00
10.51732      2      2.00        2      10.00           20.00
10.52889      2      2.00        2      10.00           20.00
10.55451      2      2.00        2      10.00           20.00
10.56721      2      2.00        2      10.00           20.00
10.57132      2      2.00        2      10.00           20.00
10.59037      2      2.00        2      10.00           20.00
 12.1826      2      2.00        2      10.00           20.00
12.21607      2      2.00        2      10.00           20.00
12.25672      2      2.00        2      10.00           20.00
12.26754      2      2.00        2      10.00           20.00
12.47652      2      2.00        2      10.00           20.00

   Total     100   100.00      100     500.00           20.00
                               (n = 20)
```

图 16.9　profit 变量组内、组间以及整体的分布频率

图 16.10 所示是对每个个体显示 sale 变量的时间序列图的结果。

从图 16.10 可以看出，不同地区的销售收入的时间趋势是不一致的，有的地区变化非常平稳，有的地区先升后降，有的地区先降后升。

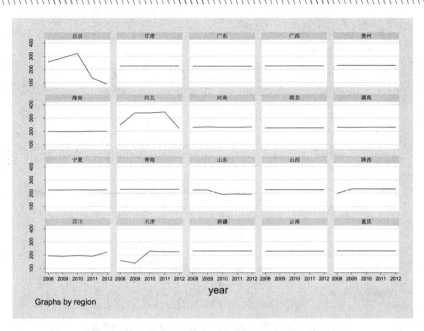

图 16.10　对每个个体显示 sale 变量的时间序列图

图 16.11 所示是对每个个体显示 cost 变量的时间序列图的结果。

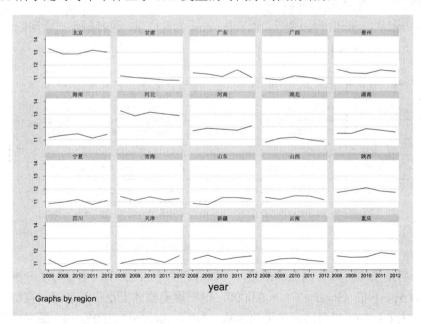

图 16.11　对每个个体显示 cost 变量的时间序列图

从图 16.11 可以看出，不同地区的促销成本的时间趋势是不一致的，有的地区变化非常平稳，有的地区先升后降，有的地区先降后升。

图 16.12 所示是对每个个体显示 profit 变量的时间序列图的结果。

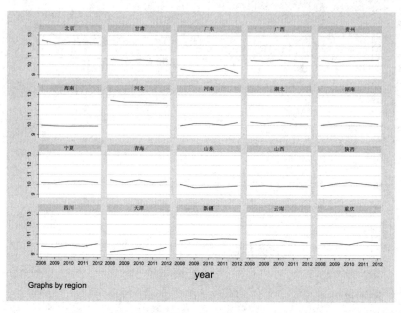

图 16.12　对每个个体显示 profit 变量的时间序列图

从图 16.12 可以看出，不同地区创造利润的时间趋势是不一致的，有的地区变化非常平稳，有的地区先升后降，有的地区先降后升。

图 16.13 所示是以 profit 为因变量，以 sale、cost 为自变量，进行最小二乘回归分析的结果。

```
. reg profit sale cost

      Source |       SS           df       MS            Number of obs   =       100
-------------+----------------------------------        F(2, 97)        =     89.51
       Model |  33.828923          2   16.9144615        Prob > F        =    0.0000
    Residual |  18.3293904         97  .188962787        R-squared       =    0.6486
-------------+----------------------------------        Adj R-squared   =    0.6413
       Total |  52.1583134         99  .526851651        Root MSE        =     .4347

      profit |      Coef.   Std. Err.      t    P>|t|     [95% Conf. Interval]
-------------+----------------------------------------------------------------
        sale |   .0041186   .0014083     2.92   0.004     .0013235    .0069138
        cost |    .862813   .0755204    11.42   0.000     .7129259      1.0127
       _cons |  -.4981994    .823319    -0.61   0.547     -2.13226    1.135861
```

图 16.13　普通最小二乘回归分析

从上述分析结果中可以得到很多信息，可以看出共有 100 个样本参与了分析，模型的 F 值(2, 97) = 89.51，P 值（Prob > F）= 0.0000，说明模型整体上是很显著的。模型的可决系数（R-squared）为 0.6486，模型修正的可决系数（Adj R-squared）为 0.6413，说明模型的解释能力也是非常好的。

变量 sale 的系数标准误是 0.0014083，t 值为 2.92，P 值为 0.004，系数是非常显著的，95% 的置信区间为[0.0013235, 0.0069138]。变量 cost 的系数标准误是 0.0755204，t 值为 11.42，P 值为 0.000，系数是非常显著的，95%的置信区间为[0.7129259, 1.0127]。常数项的系数标准误是 0.823319，t 值为-0.61，P 值为 0.547，系数是不显著的，95%的置信区间为[-2.13226, 1.135861]。

从上述分析结果可以得到最小二乘模型的回归方程是：

profit = 0.0041186*sale+0.862813*cost −0.4981994

从上面的分析可以看出最小二乘线性模型的整体显著性、系数显著性以及模型的整体解释能力都很不错。得到的结论是该单位的创造利润情况与销售量和促销费用等都是显著呈正向变化的。

图 16.14 所示是以 profit 为因变量，以 sale、cost 为自变量，并使用以 region 为聚类变量的聚类稳健标准差，进行最小二乘回归分析的结果。

```
. reg profit sale cost,vce(cluster region)

Linear regression                               Number of obs   =        100
                                                F(2, 19)        =      61.30
                                                Prob > F        =     0.0000
                                                R-squared       =     0.6486
                                                Root MSE        =      .4347

                            (Std. Err. adjusted for 20 clusters in region)
```

profit	Coef.	Robust Std. Err.	t	P>|t|	[95% Conf. Interval]	
sale	.0041186	.0027939	1.47	0.157	-.0017291	.0099664
cost	.862813	.2199263	3.92	0.001	.402502	1.323124
_cons	-.4981994	1.986387	-0.25	0.805	-4.655755	3.659356

图 16.14　以 region 为聚类变量的聚类稳健标准差进行最小二乘回归分析

从图 16.14 中可以看出，使用以 region 为聚类变量的聚类稳健标准差进行最小二乘回归分析的结果与普通最小二乘回归分析得到的结果类似，只是 sale 变量系数的显著性有所下降。

图 16.15 所示是以 profit 为因变量，以 sale、cost 为自变量，并使用以 region 为聚类变量的聚类稳健标准差，进行固定效应回归分析的结果。

```
. xtreg profit sale cost,fe vce(cluster region)

Fixed-effects (within) regression       Number of obs    =       100
Group variable: region                  Number of groups =        20

R-sq:                                   Obs per group:
    within  = 0.3637                               min =         5
    between = 0.6619                               avg =       5.0
    overall = 0.6397                               max =         5

                                        F(2,19)          =     10.92
corr(u_i, Xb)  = 0.6171                 Prob > F         =    0.0007

                            (Std. Err. adjusted for 20 clusters in region)
```

profit	Coef.	Robust Std. Err.	t	P>|t|	[95% Conf. Interval]	
sale	.0008134	.000416	1.96	0.065	-.0000573	.001684
cost	.3855897	.0985735	3.91	0.001	.179273	.5919063
_cons	5.725855	1.122047	5.10	0.000	3.377383	8.074326
sigma_u	.55435378					
sigma_e	.09590366					
rho	.97094045	(fraction of variance due to u_i)				

图 16.15　进行固定效应回归分析

从图 16.15 中可以看到共有 20 组，每组 5 个，共有 100 个样本参与了固定效应回归分析。模型的 F 值是 10.92，显著性 P 值为 0.0007，模型是非常显著的。模型组内 R 方是 0.3637（within = 0.3637），说明单位内解释的变化比例是 36.37%。模型组间 R 方是 0.6619（between = 0.6619），说明单位间解释的变化比例是 66.19%。模型总体 R 方是 0.6397（overall = 0.6397），说明总的解释变化比例是 63.97%。模型的解释能力还是可以接受的。观察模型中各个变量系数的显著性 P 值，发现也都是比较显著的。此外，观察图 16.15 中的最后一行，rho=0.97094045，说明复合扰动项的方差主要来自个体效应而不是时间效应的变动，这一点在后面的分析中也可以得到验证。

图 16.16 所示是以 profit 为因变量，以 sale、cost 为自变量，进行固定效应回归分析的结果。

```
. xtreg profit sale cost,fe

Fixed-effects (within) regression          Number of obs     =        100
Group variable: region                     Number of groups  =         20

R-sq:                                       Obs per group:
     within  = 0.3637                                  min =          5
     between = 0.6619                                  avg =        5.0
     overall = 0.6397                                  max =          5

                                            F(2,78)           =      22.30
corr(u_i, Xb)  = 0.6171                      Prob > F          =     0.0000

─────────────┬────────────────────────────────────────────────────────────
      profit │     Coef.   Std. Err.      t    P>|t|     [95% Conf. Interval]
─────────────┼────────────────────────────────────────────────────────────
        sale │  .0008134   .0003772     2.16   0.034     .0000625    .0015643
        cost │  .3855897   .0596713     6.46   0.000     .2667932    .5043862
       _cons │  5.725855    .696736     8.22   0.000      4.33876    7.112949
─────────────┼────────────────────────────────────────────────────────────
     sigma_u │ .55435378
     sigma_e │ .09590366
         rho │ .97094045   (fraction of variance due to u_i)
─────────────┴────────────────────────────────────────────────────────────
F test that all u_i=0: F(19, 78) = 100.78                Prob > F = 0.0000
```

图 16.16 普通固定效应回归分析

本结果相对于使用以 region 为聚类变量的聚类稳健标准差进行固定效应回归分析的结果在变量系数显著性上有所提高。此外，在图 16.16 的最下面一行，可以看到"F test that all u_i=0: F(19, 78) = 100.78   Prob > F = 0.0000"，显著拒绝了所有各个样本没有自己的截距项的原假设，所以我们可以初步认为每个个体用于与众不同的截距项，也就是说固定效应模型是在一定程度上优于普通最小二乘回归模型的。这一点也在后续的深入分析中得到了验证。

图 16.17 存储的是固定效应回归分析估计结果。选择 Data|Data Editor|Data Editor(Browse)命令，进入数据查看界面，可以看到如图 16.17 所示的变量_est_fe 的相关数据。

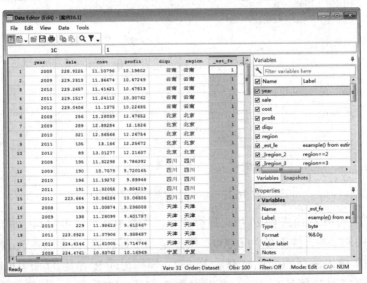

图 16.17 固定效应回归分析估计结果

图 16.18 所示是构建最小二乘虚拟变量模型来分析固定效应模型是否优于最小二乘回归分析的分析结果。

```
. xi:xtreg  profit sale cost  i.region,vce(cluster region)
i.region       _Iregion_1-20    (naturally coded; _Iregion_1 omitted)

Random-effects GLS regression          Number of obs    =       100
Group variable: region                 Number of groups =        20

R-sq:                                   Obs per group:
    within  = 0.3637                                 min =         5
    between = 1.0000                                 avg =       5.0
    overall = 0.9862                                 max =         5

                                        Wald chi2(2)     =         .
corr(u_i, X)   = 0 (assumed)            Prob > chi2      =         .

                          (Std. Err. adjusted for 20 clusters in region)
```

profit	Coef.	Robust Std. Err.	z	P>|z|	[95% Conf. Interval]	
sale	.0008134	.0004639	1.75	0.080	-.0000958	.0017226
cost	.3855897	.1099256	3.51	0.000	.1701395	.6010398
_Iregion_2	1.263272	.197374	6.40	0.000	.8764264	1.650118
_Iregion_3	-.3946587	.0209334	-18.85	0.000	-.4356874	-.35363
_Iregion_4	-.8451772	.0163465	-51.70	0.000	-.8772158	-.8131387
_Iregion_5	.0058462	.0303906	0.19	0.847	-.0537182	.0654106
_Iregion_6	-.3987841	.0197637	-20.18	0.000	-.4375203	-.3600479
_Iregion_7	-.4727944	.0061979	-76.28	0.000	-.484942	-.4606468
_Iregion_8	-.8689496	.0033949	-255.96	0.000	-.8756035	-.8622957
_Iregion_9	.2649731	.035561	7.45	0.000	.1952747	.3346714
_Iregion_10	.1049937	.0247176	4.25	0.000	.0565481	.1534392
_Iregion_11	1.197926	.1944415	6.16	0.000	.8168276	1.579024
_Iregion_12	-.4620417	.0653839	-7.07	0.000	-.5901918	-.3338915
_Iregion_13	-.4517839	.0154586	-29.23	0.000	-.4820812	-.4214855
_Iregion_14	.0058462	.0303906	0.19	0.847	-.0537182	.0654106
_Iregion_15	-.278641	.0422734	-6.59	0.000	-.3614952	-.1957867
_Iregion_16	.2649731	.035561	7.45	0.000	.1952747	.3346714
_Iregion_17	.1049937	.0247176	4.25	0.000	.0565481	.1534392
_Iregion_18	-.278641	.0422734	-6.59	0.000	-.3614952	-.1957867
_Iregion_19	-.4566717	.0658556	-6.93	0.000	-.5857462	-.3275972
_Iregion_20	1.33e-15	3.52e-15	0.38	0.706	-5.57e-15	8.23e-15
_cons	5.810621	1.225942	4.74	0.000	3.407819	8.213422
sigma_u	0					
sigma_e	.09590366					
rho	0	(fraction of variance due to u_i)				

图 16.18　构建最小二乘虚拟变量模型

从图 16.18 中可以看出，大多数个体虚拟变量的显著性 P 值都是小于 0.05 的，所以我们可以非常有把握地认为可以拒绝"所有个体的虚拟变量皆为 0"的原假设，也就是说固定效应模型是优于普通最小二乘回归模型的。

图 16.19 所示是创建年度变量的多个虚拟变量的结果。选择 Data|Data Editor|Data Editor(Browse)命令，进入数据查看界面，可以看到如图 16.19 所示的变量 year1~year5 的相关数据。

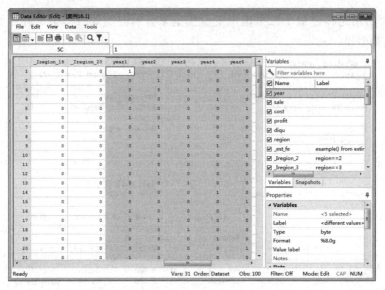

图 16.19　创建年度变量的多个虚拟变量

图 16.20 所示是构建双向固定效应模型的分析结果。

```
. xtreg profit sale cost year2-year5,fe vce(cluster region)

Fixed-effects (within) regression              Number of obs      =        100
Group variable: region                         Number of groups   =         20

R-sq:                                           Obs per group:
     within  = 0.3714                                        min =          5
     between = 0.6628                                        avg =        5.0
     overall = 0.6397                                        max =          5

                                                F(6,19)            =       6.27
corr(u_i, Xb)  = 0.6203                         Prob > F           =     0.0009

                              (Std. Err. adjusted for 20 clusters in region)
```

profit	Coef.	Robust Std. Err.	t	P>|t|	[95% Conf. Interval]	
sale	.000841	.0004133	2.04	0.056	-.000024	.001706
cost	.3796737	.1023562	3.71	0.001	.1654398	.5939076
year2	-.0227204	.0365359	-0.62	0.541	-.099191	.0537502
year3	-.0020958	.0370119	-0.06	0.955	-.0795625	.075371
year4	-.013553	.035162	-0.39	0.704	-.0871479	.0600418
year5	.0018696	.0390425	0.05	0.962	-.0798473	.0835864
_cons	5.794876	1.163568	4.98	0.000	3.3595	8.230251
sigma_u	.55623368					
sigma_e	.09786431					
rho	.96997422	(fraction of variance due to u_i)				

图 16.20　构建双向固定效应模型

从图 16.20 中可以看出，全部 year 虚拟变量的显著性 P 值都是远大于 0.05 的，所以我们可以初步认为模型中不应包含时间效应。需要说明的是，在构建双向固定效应模型时并没有把 year1 列入进去，这是因为 year1 被视为基期，也就是模型中的常数项。

图 16.21 所示是在上一步回归的基础上，通过测试各虚拟变量的系数联合显著性来检验是否应该在模型中纳入时间效应的检验结果。

从图 16.21 中可以看出，各变量系数的联合显著性是非常差的，接受了没有时间效应的初始假设，所以我们进一步验证了模型中不必包含时间效应项的结论。

图 16.22 所示是以 profit 为因变量，以 sale、cost 为自变量，并使用以 region 为聚类变量的聚类稳健标准差，进行随机效应回归分析的结果。

```
. xtreg profit sale cost,re vce(cluster region)

Random-effects GLS regression              Number of obs    =       100
Group variable: region                     Number of groups =        20

R-sq:                                       Obs per group:
     within  = 0.3637                                    min =         5
     between = 0.6615                                    avg =       5.0
     overall = 0.6394                                    max =         5

                                            Wald chi2(2)     =     57.98
corr(u_i, X)   = 0 (assumed)                Prob > chi2      =    0.0000

                                 (Std. Err. adjusted for 20 clusters in region)
```

```
. test year2 year3 year4 year5

 ( 1)  year2 = 0
 ( 2)  year3 = 0
 ( 3)  year4 = 0
 ( 4)  year5 = 0

       F(  4,   19) =     0.30
            Prob > F =    0.8774
```

profit	Coef.	Robust Std. Err.	z	P>|z|	[95% Conf. Interval]
sale	.000941	.0004111	2.29	0.022	.0001354	.0017467
cost	.4552322	.1038988	4.38	0.000	.2515942	.6588701
_cons	4.897379	1.115396	4.39	0.000	2.711243	7.083515
sigma_u	.42131364					
sigma_e	.09590366					
rho	.95073713	(fraction of variance due to u_i)				

图 16.21　测试各虚拟变量系数联合显著性　　　图 16.22　进行随机效应回归分析

从图 16.22 可以看出，随机效应回归分析的结果与固定效应回归分析的结果大同小异，只是部分变量的显著性水平得到了进一步的提高。

图 16.23 所示是在上一步回归的基础上进行假设检验来判断随机效应模型是否优于最小二乘回归模型的结果。

从图 16.23 可以看出，假设检验非常显著地拒绝了不存在个体随机效应的原假设，也就是说，随机效应模型是在一定程度上优于普通最小二乘回归分析模型的。

```
. xttest0

Breusch and Pagan Lagrangian multiplier test for random effects

        profit[region,t] = Xb + u[region] + e[region,t]

Estimated results:
                   |       Var     sd = sqrt(Var)
          ---------+-----------------------------
           profit  |   .5268517       .7258455
                e  |   .0091975       .0959037
                u  |   .1775052       .4213136

        Test:   Var(u) = 0
                         chibar2(01) =    150.97
                       Prob > chibar2 =   0.0000
```

图 16.23　进行假设检验

图 16.24 所示是以 profit 为因变量，以 sale、cost 为自变量，并使用最大似然估计方法进行随机效应回归分析的结果。

```
. xtreg profit sale cost,mle

Fitting constant-only model:
Iteration 0:   log likelihood = 16.621076
Iteration 1:   log likelihood = 19.164147
Iteration 2:   log likelihood = 19.218339
Iteration 3:   log likelihood = 19.218613

Fitting full model:
Iteration 0:   log likelihood = 7.9773037
Iteration 1:   log likelihood = 19.164908
Iteration 2:   log likelihood = 38.281199
Iteration 3:   log likelihood = 42.70826
Iteration 4:   log likelihood = 43.214387
Iteration 5:   log likelihood = 43.225571
Iteration 6:   log likelihood = 43.225578

Random-effects ML regression          Number of obs      =        100
Group variable: region                Number of groups   =         20

Random effects u_i ~ Gaussian         Obs per group:
                                                    min =          5
                                                    avg =        5.0
                                                    max =          5

                                      LR chi2(2)         =      48.01
Log likelihood  = 43.225578           Prob > chi2        =     0.0000
```

profit	Coef.	Std. Err.	z	P>|z|	[95% Conf. Interval]	
sale	.0008985	.000374	2.40	0.016	.0001655	.0016315
cost	.4326386	.0588545	7.35	0.000	.317286	.5479913
_cons	5.166409	.6975167	7.41	0.000	3.799301	6.533516
/sigma_u	.5208324	.0855846			.3774212	.7187365
/sigma_e	.095091	.007579			.0813385	.1111686
rho	.9677417	.0115572			.9376186	.9846948

```
LR test of sigma_u=0: chibar2(01) = 200.57       Prob >= chibar2 = 0.000
```

图 16.24　使用最大似然估计方法进行随机效应回归分析

从图 16.24 可以看出，使用最大似然估计方法的随机效应回归分析的结果与使用以 region 为聚类变量的聚类稳健标准差的随机效应回归分析的结果大同小异，只是部分变量的显著性水平得到了进一步的提高。

图 16.25 所示是以 profit 为因变量，以 sale、cost 为自变量，并使用组间估计量进行组间估计量回归分析的结果。

```
. xtreg profit sale cost,be

Between regression (regression on group means)  Number of obs    =       100
Group variable: region                          Number of groups =        20

R-sq:                                           Obs per group:
     within  = 0.1532                                        min =         5
     between = 0.7013                                        avg =       5.0
     overall = 0.5968                                        max =         5

                                                F(2,17)          =     19.95
sd(u_i + avg(e_i.))=  .4234911                  Prob > F         =    0.0000
```

profit	Coef.	Std. Err.	t	P>|t|	[95% Conf. Interval]	
sale	.0104226	.0056309	1.85	0.082	-.0014576	.0223028
cost	.7736021	.1950808	3.97	0.001	.3620176	1.185187
_cons	-.8923599	1.857947	-0.48	0.637	-4.812285	3.027565

图 16.25　使用组间估计量进行组间估计量回归分析

从图 16.25 可以看出，使用组间估计量进行回归分析的结果较固定效应模型、随机效应模型在模型的解释能力以及变量系数的显著性上都有所降低。

16.1.5 案例延伸

上述的 Stata 命令比较简洁，分析过程及结果已达到解决实际问题的目的。Stata 16.0 的强大之处在于提供了更加复杂的命令格式以满足用户更加个性化的需求。

延伸：关于模型的选择问题

在前面的分析过程部分，我们使用各种分析方法对本节涉及的案例进行了详细具体的分析。读者看到众多分析方法时可能会有眼花缭乱的感觉，那么我们最终应该选择哪种分析方法来构建模型呢？答案当然是具体问题具体分析，然而也有统计方法和统计经验作为决策参考。例如，在本例中，已经证明了固定效应模型和随机效应模型都要好于普通最小二乘回归模型。而对于组间估计量模型来说，它通常用于数据质量不好的情况，而且会损失较多的信息，所以很多时候我们仅仅将其作为一种对照的估计方法。那么剩下的问题就是选择固定效应模型还是随机效应模型。在前面分析的基础上，操作命令如下：

- xtreg profit sale cost,re：以 profit 为因变量，以 sale、cost 为自变量，进行随机效应回归分析。
- estimates store re：存储随机效应回归分析的估计结果。
- hausman fe re,constant sigmamore：进行豪斯曼检验，并据此判断应该选择固定效应模型还是随机效应模型。

在命令窗口输入命令并按回车键进行确认，结果如图 16.26~图 16.28 所示。

图 16.26 所示是以 profit 为因变量，以 sale、cost 为自变量，进行随机效应回归分析的结果。

```
. xtreg profit sale cost,re

Random-effects GLS regression              Number of obs    =        100
Group variable: region                     Number of groups =         20

R-sq:                                      Obs per group:
     within  = 0.3637                                    min =          5
     between = 0.6615                                    avg =        5.0
     overall = 0.6394                                    max =          5

                                           Wald chi2(2)     =      62.84
corr(u_i, X)    = 0 (assumed)              Prob > chi2      =     0.0000

      profit |      Coef.   Std. Err.      z    P>|z|     [95% Conf. Interval]
-------------+----------------------------------------------------------------
        sale |    .000941   .0003979     2.37   0.018     .0001612    .0017209
        cost |   .4552322   .0592611     7.68   0.000     .3390826    .5713817
       _cons |   4.897379   .6983754     7.01   0.000     3.528588    6.266169
-------------+----------------------------------------------------------------
     sigma_u |  .42131364
     sigma_e |  .09590366
         rho |  .95073713   (fraction of variance due to u_i)
------------------------------------------------------------------------------
```

图 16.26 进行随机效应回归分析

对该回归分析结果的详细解读在前面多次讲述过了，此次不再重复讲解。

图 16.27 存储的是随机效应回归分析估计结果。选择 Data|Data Editor|Data Editor(Browse) 命令，进入数据查看界面，可以看到如图 16.27 所示的变量_est_re 的相关数据。

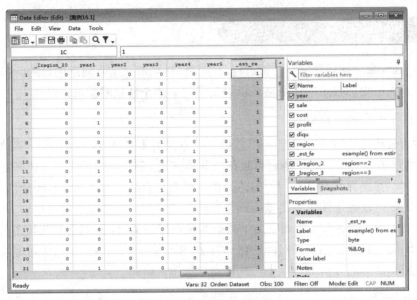

图 16.27　查看数据

图 16.28 所示是进行豪斯曼检验的结果。

豪斯曼检验的原假设是使用随机效应模型。图 16.28 中显示的显著性 P 值（Prob>chi2 =0.0061）远远低于 5%，所以我们拒绝初始假设，认为使用固定效应模型更为合理。

综上所述，我们应该构建固定效应模型来描述变量之间的回归关系。

```
. hausman fe re,constant sigmamore

                 —— Coefficients ——
             (b)         (B)          (b-B)     sqrt(diag(V_b-V_B))
             fe          re        Difference         S.E.

   sale    .0008134     .000941    -.0001277         .000038
   cost    .3855897    .4552322    -.0696425        .0220623
  _cons    5.725855    4.897379     .8284759         .2396264

          b = consistent under Ho and Ha; obtained from xtreg
  B = inconsistent under Ha, efficient under Ho; obtained from xtreg

Test:  Ho:  difference in coefficients not systematic

          chi2(3) = (b-B)'[(V_b-V_B)^(-1)](b-B)
                  =       12.40
      Prob>chi2 =        0.0061
      (V_b-V_B is not positive definite)
```

图 16.28　进行豪斯曼检验

16.2　实例二——长面板数据分析

16.2.1　长面板数据分析的功能与意义

长面板数据是面板数据的一种，其主要特征是时间维度比较大而横截面维度相对较小，或者说，被观测的期间较多而被观测的个体数量较少。长面板数据分析相对而言更加关注设定扰动项相关的具体形式，一般使用可行广义最小二乘法进行估计。这又分为两种情形：一种是仅解决组内自相关的可行广义最小二乘估计；另一种是同时处理组内自相关与组间同期相关的可行广义最小二乘估计。下面以实例的方式来介绍这几种方法的具体应用。

16.2.2　相关数据来源

	下载资源:\video\16\16.2
	下载资源:\sample\chap16\案例 16.2.dta

【例 16.2】B 公司是一家保险公司，经营范围遍布全国 10 个省市，各省市连锁店 2001—2010 年的相关经营数据包括保费收入、赔偿支出以及创造利润等，如表 16.2 所示。试用多种长面板数据回归分析方法深入研究保费收入、赔偿支出对创造利润的影响。

表 16.2　B 公司各省市保费收入、赔偿支出以及创造利润数据（2001—2010 年）

年　份	保费收入/万元	赔偿支出/万元	创造利润/万元	省　市
2001	259.587	58.56	26.211	北京
2002	261.083	52.23	21.039	北京
2003	259.296	44.81	20.201	北京
2004	257.546	39.35	19.536	北京
2005	255.723	38.68	21.268	北京
2006	29.865	9.5	1.903	北京
…	…	…	…	…
2005	23.154	6.04	1.026	浙江
2006	30.892	6.89	3.835	浙江
2007	30.594	6	3.5	浙江
2008	30.348	5.5	3.695	浙江
2009	30.054	4.94	3.406	浙江
2010	29.797	4.79	3.275	浙江

16.2.3　Stata 分析过程

在用 Stata 进行分析之前，我们要把数据录入 Stata 中。本例中有 5 个变量，分别是年份、保费收入、赔偿支出、创造利润以及省市。我们把年份变量定义为 year，把保费收入变量定义为 income，把赔偿支出变量定义为 cost，把创造利润变量定义为 profit，把省市变量定义为 shengshi。变量类型及长度采取系统默认方式，然后录入相关数据。相关操作在第 1 章中已详细讲述过了。录入完成后数据如图 16.29 所示。

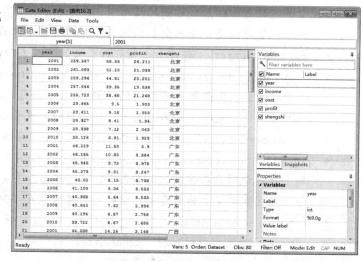

图 16.29　案例 16.2 的数据

先做保存数据，然后开始展开分析，步骤如下：

01 进入 Stata 16.0，打开相关数据文件，弹出主界面。

02 在主界面的 Command 文本框中输入如下命令：

- list year income cost profit：对 4 个变量所包含的样本数据一一进行展示，以便简单直观地观测出数据的具体特征，为深入分析做好必要准备。

- encode shengshi,gen(region)：因为面板数据要求其中的个体变量取值必须为整数而且不允许有重复，所以我们需要对各个观测样本进行有序编号。本命令旨在将 shengshi 这一字符串变量转化为数值型变量，以便进行下一步操作。

- xtset region year：对面板数据进行定义，其中横截面维度变量为上一步生成的 region，时间序列变量为 year。

- xtdes：观测面板数据的结构，考察面板数据特征，为后续分析做好必要准备。

- xtsum：显示面板数据组内、组间以及整体的统计指标。

- xttab income：显示 income 变量组内、组间以及整体的分布频率。

- xttab cost：显示 cost 变量组内、组间以及整体的分布频率。

- xttab profit：显示 profit 变量组内、组间以及整体的分布频率。

- xtline income：对每个个体显示 income 变量的时间序列图。

- xtline cost：对每个个体显示 cost 变量的时间序列图。

- xtline profit：对每个个体显示 profit 变量的时间序列图。

- tab region,gen(region)：创建省市变量的多个虚拟变量。

- reg profit income cost region2-region8 year,vce(cluster region)：以 profit 为因变量，以 income、cost 以及生成的各个地区虚拟变量为自变量，并使用以 region 为聚类变量的聚类稳健标准差进行最小二乘回归分析。

- estimates store ols：存储最小二乘回归分析的估计结果。

- xtpcse profit income cost region2-region8 year,corr(ar1)：在仅考虑存在组内自相关，并且各组的自回归系数相同的情形下，以 profit 为因变量，以 income、cost 以及生成的各个地区虚拟变量为自变量，进行可行广义最小二乘回归分析。

- estimates store ar1：存储上一步可行广义最小二乘回归分析的估计结果。

- xtpcse profit income cost region2-region8 year,corr(psar1)：在仅考虑存在组内自相关，并且各组的自回归系数不相同的情形下，以 profit 为因变量，以 income、cost 以及生成的各个地区虚拟变量为自变量，进行可行广义最小二乘回归分析。

- estimates store psar1：存储上一步可行广义最小二乘回归分析的估计结果。

- xtpcse profit income cost region2-region8 year,hetonly：在不考虑存在自相关，仅考虑不同个体扰动项存在异方差的情形下，以 profit 为因变量，以 income、cost 以及生成的各个地区虚拟变量为自变量，进行可行广义最小二乘回归分析。

- estimates store hetonly：存储上一步可行广义最小二乘回归分析的估计结果。

- estimates table ols ar1 psar1 hetonly,b se：展示将以上各种方法的系数估计值及标准差列表放到一起进行比较的结果。

- xtgls profit income cost region2-region8 year,panels(cor) cor(ar1)：假定不同个体的扰动

项相互独立且有不同的方差，并且各组的自回归系数相同的情形下，以 profit 为因变量，以 income、cost 以及生成的各个地区虚拟变量为自变量，进行可行广义最小二乘回归分析。

- xtgls profit income cost region2-region8 year,panels(cor) cor(psar1)：假定不同个体的扰动项相互独立且有不同的方差，并且各组的自回归系数不相同的情形下，以 profit 为因变量，以 income、cost 以及生成的各个地区虚拟变量为自变量，进行可行广义最小二乘回归分析。

03 设置完毕后，按回车键，等待输出结果。

16.2.4 结果分析

在 Stata 16.0 主界面的结果窗口可以看到如图 16.30~图 16.52 所示的分析结果。

图 16.30 所示是对数据进行展示的结果。它的目的是通过对变量所包含的样本数据一一进行展示，以便简单直观地观测出数据的具体特征，为深入分析做好必要准备。

```
. list year income cost profit
```

	year	income	cost	profit
1.	2001	259.587	58.56	26.211
2.	2002	261.083	52.23	21.039
3.	2003	259.296	44.81	20.201
4.	2004	257.546	39.35	19.536
5.	2005	255.723	38.68	21.268
6.	2006	29.865	9.5	1.903
7.	2007	29.611	9.18	1.953
8.	2008	29.327	8.41	1.94
9.	2009	28.898	7.12	2.063
10.	2010	28.126	6.81	1.923
11.	2001	46.229	11.53	3.9
12.	2002	46.155	10.85	3.884
13.	2003	45.945	9.73	3.975
14.	2004	45.373	8.51	3.247
15.	2005	45.02	8.15	3.738
16.	2006	41.109	9.06	3.553
17.	2007	40.968	8.64	3.533
18.	2008	40.643	7.62	2.996
19.	2009	40.194	6.87	2.758
20.	2010	39.722	6.67	2.685
21.	2001	44.038	14.15	3.148
22.	2002	44.017	12.49	2.933
23.	2003	43.513	10.95	2.575
24.	2004	42.88	9.99	2.322
25.	2005	42.122	9.69	2.638
26.	2006	52.523	17.85	2.936
27.	2007	51.976	14.67	2.582
28.	2008	51.144	13.62	2.579
29.	2009	50.047	12.53	2.226
30.	2010	48.943	12.05	2.023
31.	2001	24.495	8.27	1.779
32.	2002	24.408	8.25	1.811
33.	2003	24.083	7.26	1.992
34.	2004	23.478	5.22	2.346
35.	2005	22.774	4.7	1.665
36.	2006	26.116	7.18	3.042
37.	2007	26.102	6.67	2.634
38.	2008	25.75	5.8	2.531
39.	2009	25.464	5.09	2.61
40.	2010	25.203	4.8	3.108
41.	2001	25.308	11.02	1.656
42.	2002	25.281	8.81	1.495
43.	2003	24.779	7.93	1.211
44.	2004	24.02	6.48	1.195
45.	2005	23.154	6.04	1.026
46.	2006	30.892	6.89	3.835
47.	2007	30.594	6	3.5
48.	2008	30.348	5.5	3.695
49.	2009	30.054	4.94	3.406
50.	2010	29.797	4.79	3.275
51.	2001	259.587	58.56	26.211
52.	2002	261.083	52.23	21.039
53.	2003	259.296	44.81	20.201
54.	2004	257.546	39.35	19.536
55.	2005	255.723	38.68	21.268
56.	2006	29.865	9.5	1.903
57.	2007	29.611	9.18	1.953
58.	2008	29.327	8.41	1.94
59.	2009	28.898	7.12	2.063
60.	2010	28.126	6.81	1.923
61.	2001	24.495	8.27	1.779
62.	2002	24.408	8.25	1.811
63.	2003	24.083	7.26	1.992
64.	2004	23.478	5.22	2.346
65.	2005	22.774	4.7	1.665
66.	2006	26.116	7.18	3.042
67.	2007	26.102	6.67	2.634
68.	2008	25.75	5.8	2.531
69.	2009	25.464	5.09	2.61
70.	2010	25.203	4.8	3.108
71.	2001	25.308	11.02	1.656
72.	2002	25.281	8.81	1.495
73.	2003	24.779	7.93	1.211
74.	2004	24.02	6.48	1.195
75.	2005	23.154	6.04	1.026
76.	2006	30.892	6.89	3.835
77.	2007	30.594	6	3.5
78.	2008	30.348	5.5	3.695
79.	2009	30.054	4.94	3.406
80.	2010	29.797	4.79	3.275

图 16.30 展示数据

从如图 16.30 所示的分析结果中可以看出，数据的总体质量还是可以的，没有极端异常值，变量间的量纲差距也是可以接受的，可以进入下一步的分析。

图 16.31 所示是将 shengshi 这一字符串变量转化为数值型变量 region 的结果。选择 Data|Data Editor|Data Editor(Browse)命令，进入数据查看界面，可以看到如图 16.31 所示的变量 region 的相关数据。

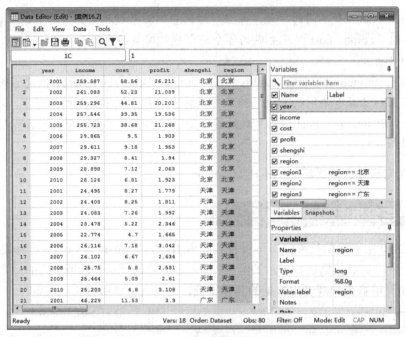

图 16.31　查看数据

图 16.32 所示是对面板数据进行定义的结果，其中横截面维度变量为上一步生成的 region，时间序列变量为 year。

```
. xtset region year
        panel variable:  region (strongly balanced)
         time variable:  year, 2001 to 2010
                 delta:  1 unit
```

图 16.32　对面板数据进行定义

从图 16.32 可以看出这是一个平衡的面板数据。

图 16.33 所示是面板数据结构的结果。

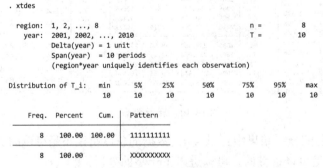

图 16.33　面板数据结构

从图 16.33 可以看出该面板数据的横截面维度 region 有 1~8 共 8 个取值，时间序列维度 year 有 2001~2010 共 10 个取值，属于长面板数据，而且观测样本在时间上的分布也非常均匀。

图 16.34 所示是面板数据组内、组间以及整体的统计指标的结果。

. xtsum

Variable		Mean	Std. Dev.	Min	Max	Observations	
year	overall	2005.5	2.890403	2001	2010	N =	80
	between		0	2005.5	2005.5	n =	8
	within		2.890403	2001	2010	T =	10
income	overall	60.31106	75.89957	22.774	261.083	N =	80
	between		52.28008	24.7873	143.9062	n =	8
	within		57.78336	-55.46914	177.4879	T =	10
cost	overall	12.8525	13.41096	4.7	58.56	N =	80
	between		9.26838	6.324	27.465	n =	8
	within		10.18515	-7.8025	43.9475	T =	10
profit	overall	4.899112	6.471817	1.026	26.211	N =	80
	between		4.27608	2.3518	11.8037	n =	8
	within		5.067804	-5.001587	19.30641	T =	10
shengshi	overall	.	.	.	.	N =	0
	between		.	.	.	n =	0
	within		.	.	.	T =	
region	overall	4.5	2.305744	1	8	N =	80
	between		2.44949	1	8	n =	8
	within		0	4.5	4.5	T =	10

图 16.34　面板数据组内、组间以及整体的统计指标

在短面板数据中，同一时间段内的不同观测样本构成一个组。从图 16.34 中可以看出，变量 year 的组间标准差是 0，因为不同组的这一变量取值完全相同，同时变量 region 的组内标准差也为 0，因为分布在同一组的数据属于同一个地区。

图 16.35 所示是 income 变量组内、组间以及整体的分布频率的结果。

. xttab income

income	Overall Freq.	Percent	Between Freq.	Percent	Within Percent
22.774	2	2.50	2	25.00	10.00
23.154	2	2.50	2	25.00	10.00
23.478	2	2.50	2	25.00	10.00
24.02	2	2.50	2	25.00	10.00
24.083	2	2.50	2	25.00	10.00
24.408	2	2.50	2	25.00	10.00
24.495	2	2.50	2	25.00	10.00
24.779	2	2.50	2	25.00	10.00
25.203	2	2.50	2	25.00	10.00
25.281	2	2.50	2	25.00	10.00
25.308	2	2.50	2	25.00	10.00
25.464	2	2.50	2	25.00	10.00
25.75	2	2.50	2	25.00	10.00
26.102	2	2.50	2	25.00	10.00
26.116	2	2.50	2	25.00	10.00
28.126	2	2.50	2	25.00	10.00
28.898	2	2.50	2	25.00	10.00
29.327	2	2.50	2	25.00	10.00
29.611	2	2.50	2	25.00	10.00
29.797	2	2.50	2	25.00	10.00
29.865	2	2.50	2	25.00	10.00
30.054	2	2.50	2	25.00	10.00
30.348	2	2.50	2	25.00	10.00
30.594	2	2.50	2	25.00	10.00
30.892	2	2.50	2	25.00	10.00
39.722	1	1.25	1	12.50	10.00
40.194	1	1.25	1	12.50	10.00
40.643	1	1.25	1	12.50	10.00
40.968	1	1.25	1	12.50	10.00
41.109	1	1.25	1	12.50	10.00
42.122	1	1.25	1	12.50	10.00
42.88	1	1.25	1	12.50	10.00
43.513	1	1.25	1	12.50	10.00
44.017	1	1.25	1	12.50	10.00
44.038	1	1.25	1	12.50	10.00
45.02	1	1.25	1	12.50	10.00
45.373	1	1.25	1	12.50	10.00
45.945	1	1.25	1	12.50	10.00
46.155	1	1.25	1	12.50	10.00
46.229	1	1.25	1	12.50	10.00
48.943	1	1.25	1	12.50	10.00
50.047	1	1.25	1	12.50	10.00
51.144	1	1.25	1	12.50	10.00
51.976	1	1.25	1	12.50	10.00
52.523	1	1.25	1	12.50	10.00
255.723	2	2.50	2	25.00	10.00
257.546	2	2.50	2	25.00	10.00
259.296	2	2.50	2	25.00	10.00
259.587	2	2.50	2	25.00	10.00
261.083	2	2.50	2	25.00	10.00
Total	80	100.00	80 (n = 8)	1000.00	10.00

图 16.35　income 变量的分布频率

图 16.36 所示是 cost 变量组内、组间以及整体的分布频率的结果。

图 16.37 所示是 profit 变量组内、组间以及整体的分布频率的结果。

```
. xttab cost
```

	Overall		Between		Within
cost	Freq.	Percent	Freq.	Percent	Percent
4.7	2	2.50	2	25.00	10.00
4.79	2	2.50	2	25.00	10.00
4.8	2	2.50	2	25.00	10.00
4.94	2	2.50	2	25.00	10.00
5.09	2	2.50	2	25.00	10.00
5.22	2	2.50	2	25.00	10.00
5.5	2	2.50	2	25.00	10.00
5.8	2	2.50	2	25.00	10.00
6	2	2.50	2	25.00	10.00
6.04	2	2.50	2	25.00	10.00
6.48	2	2.50	2	25.00	10.00
6.67	3	3.75	3	37.50	10.00
6.81	2	2.50	2	25.00	10.00
6.87	1	1.25	1	12.50	10.00
6.89	2	2.50	2	25.00	10.00
7.12	2	2.50	2	25.00	10.00
7.18	2	2.50	2	25.00	10.00
7.26	2	2.50	2	25.00	10.00
7.62	1	1.25	1	12.50	10.00
7.93	2	2.50	2	25.00	10.00
8.15	1	1.25	1	12.50	10.00
8.25	2	2.50	2	25.00	10.00
8.27	2	2.50	2	25.00	10.00
8.41	2	2.50	2	25.00	10.00
8.51	1	1.25	1	12.50	10.00
8.64	1	1.25	1	12.50	10.00
8.81	2	2.50	2	25.00	10.00
9.06	1	1.25	1	12.50	10.00
9.18	2	2.50	2	25.00	10.00
9.5	2	2.50	2	25.00	10.00
9.69	1	1.25	1	12.50	10.00
9.73	1	1.25	1	12.50	10.00
9.99	1	1.25	1	12.50	10.00
10.85	1	1.25	1	12.50	10.00
10.95	1	1.25	1	12.50	10.00
11.02	2	2.50	2	25.00	10.00
11.53	1	1.25	1	12.50	10.00
12.05	1	1.25	1	12.50	10.00
12.49	1	1.25	1	12.50	10.00
12.53	1	1.25	1	12.50	10.00
13.62	1	1.25	1	12.50	10.00
14.15	1	1.25	1	12.50	10.00
14.67	1	1.25	1	12.50	10.00
17.85	1	1.25	1	12.50	10.00
38.68	2	2.50	1	25.00	10.00
39.35	2	2.50	2	25.00	10.00
44.81	2	2.50	2	25.00	10.00
52.23	2	2.50	2	25.00	10.00
58.56	2	2.50	2	25.00	10.00
Total	80	100.00	80	1000.00	10.00
				(n = 8)	

图 16.36　cost 变量的分布频率

```
. xttab profit
```

	Overall		Between		Within
profit	Freq.	Percent	Freq.	Percent	Percent
1.026	2	2.50	2	25.00	10.00
1.195	2	2.50	2	25.00	10.00
1.211	2	2.50	2	25.00	10.00
1.495	2	2.50	2	25.00	10.00
1.656	2	2.50	2	25.00	10.00
1.665	2	2.50	2	25.00	10.00
1.779	2	2.50	2	25.00	10.00
1.811	2	2.50	2	25.00	10.00
1.903	2	2.50	2	25.00	10.00
1.923	2	2.50	2	25.00	10.00
1.94	2	2.50	2	25.00	10.00
1.953	2	2.50	2	25.00	10.00
1.992	2	2.50	2	25.00	10.00
2.023	1	1.25	1	12.50	10.00
2.063	2	2.50	2	25.00	10.00
2.226	1	1.25	1	12.50	10.00
2.322	1	1.25	1	12.50	10.00
2.346	2	2.50	2	25.00	10.00
2.531	2	2.50	2	25.00	10.00
2.575	1	1.25	1	12.50	10.00
2.579	1	1.25	1	12.50	10.00
2.582	1	1.25	1	12.50	10.00
2.61	2	2.50	2	25.00	10.00
2.634	2	2.50	2	25.00	10.00
2.638	1	1.25	1	12.50	10.00
2.685	1	1.25	1	12.50	10.00
2.758	1	1.25	1	12.50	10.00
2.933	1	1.25	1	12.50	10.00
2.936	1	1.25	1	12.50	10.00
2.996	1	1.25	1	12.50	10.00
3.042	2	2.50	2	25.00	10.00
3.108	2	2.50	2	25.00	10.00
3.148	1	1.25	1	12.50	10.00
3.247	1	1.25	1	12.50	10.00
3.275	2	2.50	2	25.00	10.00
3.406	2	2.50	2	25.00	10.00
3.5	2	2.50	2	25.00	10.00
3.533	1	1.25	1	12.50	10.00
3.553	1	1.25	1	12.50	10.00
3.695	2	2.50	2	25.00	10.00
3.738	1	1.25	1	12.50	10.00
3.835	2	2.50	2	25.00	10.00
3.884	1	1.25	1	12.50	10.00
3.9	1	1.25	1	12.50	10.00
3.975	1	1.25	1	12.50	10.00
19.536	2	2.50	2	25.00	10.00
20.201	2	2.50	2	25.00	10.00
21.039	2	2.50	2	25.00	10.00
21.268	2	2.50	2	25.00	10.00
26.211	2	2.50	2	25.00	10.00
Total	80	100.00	80	1000.00	10.00
				(n = 8)	

图 16.37　profit 变量的分布频率

图 16.38 所示是对每个个体显示 income 变量的时间序列图的结果。

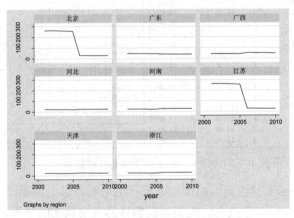

图 16.38　显示 income 变量的时间序列图

从图 16.38 可以看出，不同地区的保费收入的时间趋势是不一致的，有的地区变化一直非常平稳，有的地区先平稳再下降后平稳。

图 16.39 所示是对每个个体显示 cost 变量的时间序列图的结果。

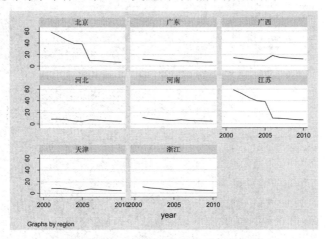

图 16.39　显示 cost 变量的时间序列图

从图 16.39 中可以看出，不同地区的赔偿支出的时间趋势是不一致的，有的地区变化一直非常平稳，有的地区先平稳再下降后平稳。

图 16.40 所示是对每个个体显示 profit 变量的时间序列图的结果。

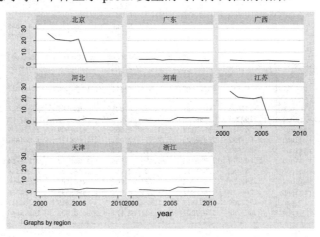

图 16.40　显示 profit 变量的时间序列图

从图 16.40 可以看出，不同地区的创造利润的时间趋势是不一致的，有的地区变化一直非常平稳，有的地区先平稳再下降后平稳。

图 16.41 所示是创建省市变量的多个虚拟变量的结果。选择 Data|Data Editor|Data Editor(Browse)命令，进入数据查看界面，可以看到如图 16.41 所示的变量 region1~region8 的相关数据。

图 16.42 所示是以 profit 为因变量，以 income、cost 以及生成的各个地区虚拟变量为自变量，并使用以 region 为聚类变量的聚类稳健标准差进行最小二乘回归分析的结果。

	shengshi	region	region1	region2	region3	region4	region5	region6	region7	region8
1	北京	北京	1	0	0	0	0	0	0	0
2	北京	北京	1	0	0	0	0	0	0	0
3	北京	北京	1	0	0	0	0	0	0	0
4	北京	北京	1	0	0	0	0	0	0	0
5	北京	北京	1	0	0	0	0	0	0	0
6	北京	北京	1	0	0	0	0	0	0	0
7	北京	北京	1	0	0	0	0	0	0	0
8	北京	北京	1	0	0	0	0	0	0	0
9	北京	北京	1	0	0	0	0	0	0	0
10	北京	北京	1	0	0	0	0	0	0	0
11	广东	广东	0	1	0	0	0	0	0	0
12	广东	广东	0	1	0	0	0	0	0	0
13	广东	广东	0	1	0	0	0	0	0	0
14	广东	广东	0	1	0	0	0	0	0	0
15	广东	广东	0	1	0	0	0	0	0	0
16	广东	广东	0	1	0	0	0	0	0	0
17	广东	广东	0	1	0	0	0	0	0	0
18	广东	广东	0	1	0	0	0	0	0	0
19	广东	广东	0	1	0	0	0	0	0	0
20	广东	广东	0	1	0	0	0	0	0	0
21	广[illegible]	广[illegible]	0	0	1	0	0	0	0	0
22	广[illegible]	广[illegible]	0	0	1	0	0	0	0	0
23	广[illegible]	广[illegible]	0	0	1	0	0	0	0	0
24	广[illegible]	广[illegible]	0	0	1	0	0	0	0	0
25	广[illegible]	广[illegible]	0	0	1	0	0	0	0	0
26	广[illegible]	广[illegible]	0	0	1	0	0	0	0	0
27	广[illegible]	广[illegible]	0	0	1	0	0	0	0	0
28	广[illegible]	广[illegible]	0	0	1	0	0	0	0	0

图 16.41　创建省市变量的多个虚拟变量

```
. reg profit income cost region2-region8 year,vce(cluster region)

Linear regression                               Number of obs     =         80
                                                F(2, 7)           =          .
                                                Prob > F          =          .
                                                R-squared         =     0.9845
                                                Root MSE          =     .86123

                                  (Std. Err. adjusted for 8 clusters in region)

------------------------------------------------------------------------------
             |               Robust
      profit |      Coef.   Std. Err.      t    P>|t|     [95% Conf. Interval]
-------------+----------------------------------------------------------------
      income |   .0533635   .0096339     5.54   0.001      .030583     .076144
        cost |   .2152267   .0666928     3.23   0.015     .0575234      .37293
     region2 |    1.45481   .3547113     4.10   0.005     .6160509    2.293569
     region3 |   1.025832   .3450825     2.97   0.021     .2098411    1.841822
     region4 |  -.8861502   .1849455    -4.79   0.002    -1.323477   -.4488235
     region5 |  -1.70e-14   3.75e-14    -0.45   0.664    -1.06e-13    7.17e-14
     region6 |    1.45481   .3547113     4.10   0.005     .6160509    2.293569
     region7 |   1.280719   .3443042     3.72   0.007     .4665685    2.094869
     region8 |   1.280719   .3443042     3.72   0.007     .4665685    2.094869
        year |   .1668369   .1098037     1.52   0.172    -.0928075    .4264813
       _cons |  -336.3782   220.7297    -1.52   0.171     -858.321    185.5646
------------------------------------------------------------------------------
```

图 16.42　最小二乘回归分析

从图 16.42 所示的分析结果中可以看出共有 80 个样本参与了分析。模型的可决系数（R-squared）为 0.9845，说明模型的解释能力是非常好的。

从上面的分析可以看出最小二乘线性模型的整体显著性、系数显著性以及模型的整体解释能力都很不错。得到的结论是该保险公司的创造利润情况与保费收入和赔偿支出等都是显著呈正向变化的。

图 16.43 存储的是普通最小二乘回归分析估计结果。选择 Data|Data Editor|Data Editor(Browse)命令，进入数据查看界面，可以看到如图 16.43 所示的变量_est_ols 的相关数据。

	region1	region2	region3	region4	region5	region6	region7	region8	_est_ols
1	1	0	0	0	0	0	0	0	1
2	1	0	0	0	0	0	0	0	1
3	1	0	0	0	0	0	0	0	1
4	1	0	0	0	0	0	0	0	1
5	1	0	0	0	0	0	0	0	1
6	1	0	0	0	0	0	0	0	1
7	1	0	0	0	0	0	0	0	1
8	1	0	0	0	0	0	0	0	1
9	1	0	0	0	0	0	0	0	1
10	1	0	0	0	0	0	0	0	1
11	0	1	0	0	0	0	0	0	1
12	0	1	0	0	0	0	0	0	1
13	0	1	0	0	0	0	0	0	1
14	0	1	0	0	0	0	0	0	1
15	0	1	0	0	0	0	0	0	1
16	0	1	0	0	0	0	0	0	1
17	0	1	0	0	0	0	0	0	1
18	0	1	0	0	0	0	0	0	1
19	0	1	0	0	0	0	0	0	1
20	0	1	0	0	0	0	0	0	1
21	0	0	1	0	0	0	0	0	1
22	0	0	1	0	0	0	0	0	1
23	0	0	1	0	0	0	0	0	1
24	0	0	1	0	0	0	0	0	1
25	0	0	1	0	0	0	0	0	1
26	0	0	1	0	0	0	0	0	1
27	0	0	1	0	0	0	0	0	1
28	0	0	1	0	0	0	0	0	1
29	0	0	1	0	0	0	0	0	1

图 16.43 普通最小二乘回归分析

图 16.44 所示是在仅考虑存在组内自相关，并且各组的自回归系数相同的情形下，以 profit 为因变量，以 income、cost 以及生成的各个地区虚拟变量为自变量，进行可行广义最小二乘回归分析的结果。

```
. xtpcse profit income cost region2-region8 year,corr(ar1)

Prais-Winsten regression, correlated panels corrected standard errors (PCSEs)

Group variable:   region                     Number of obs      =        80
Time variable:    year                       Number of groups   =         8
Panels:           correlated (balanced)      Obs per group:
Autocorrelation:  common AR(1)                             min =        10
                                                           avg =        10
                                                           max =        10
Estimated covariances      =        36       R-squared          =    0.9794
Estimated autocorrelations =         1       Wald chi2(8)       =   1031.38
Estimated coefficients     =        11       Prob > chi2        =    0.0000

------------------------------------------------------------------------------
             |           Panel-corrected
      profit |      Coef.   Std. Err.      z    P>|z|     [95% Conf. Interval]
-------------+----------------------------------------------------------------
      income |   .0513848   .0114491     4.49   0.000     .0289448    .0738247
        cost |   .2369246   .0685292     3.46   0.001     .1026099    .3712394
     region2 |   1.610996   .6838901     2.36   0.018     .2705958    2.951396
     region3 |   1.148906   .6534121     1.76   0.079    -.1317581     2.42957
     region4 |  -.8322166    .695395    -1.20   0.231    -2.195166    .5307325
     region5 |   7.20e-13   3.95e-08     0.00   1.000    -7.74e-08    7.74e-08
     region6 |   1.610996   .6838901     2.36   0.018     .2705958    2.951396
     region7 |   1.413287   .7366856     1.92   0.055    -.0305905    2.857164
     region8 |   1.413287   .7366856     1.92   0.055    -.0305905    2.857164
        year |   .1793389   .0370433     4.84   0.000     .1067353    .2519424
       _cons |  -361.6927   74.62795    -4.85   0.000    -507.9608   -215.4246
-------------+----------------------------------------------------------------
         rho |    .265627
------------------------------------------------------------------------------
```

图 16.44 进行可行广义最小二乘回归分析

从图 16.44 可以看出，在仅考虑存在组内自相关，并且各组的自回归系数相同的情形下，进行可行广义最小二乘回归分析的结果与普通最小二乘回归分析的结果是有一些区别的。

图 16.45 存储的是上一步可行广义最小二乘回归分析的估计结果。选择 Data|Data

Editor|Data Editor(Browse)命令，进入数据查看界面，可以看到如图 16.45 所示的变量_est_ar1 的相关数据。

	region1	region2	region3	region4	region5	region6	region7	region8	_est_ols	_est_ar1
1	1	0	0	0	0	0	0	0	1	1
2	1	0	0	0	0	0	0	0	1	1
3	1	0	0	0	0	0	0	0	1	1
4	1	0	0	0	0	0	0	0	1	1
5	1	0	0	0	0	0	0	0	1	1
6	1	0	0	0	0	0	0	0	1	1
7	1	0	0	0	0	0	0	0	1	1
8	1	0	0	0	0	0	0	0	1	1
9	1	0	0	0	0	0	0	0	1	1
10	1	0	0	0	0	0	0	0	1	1
11	0	1	0	0	0	0	0	0	1	1
12	0	1	0	0	0	0	0	0	1	1
13	0	1	0	0	0	0	0	0	1	1
14	0	1	0	0	0	0	0	0	1	1
15	0	1	0	0	0	0	0	0	1	1
16	0	1	0	0	0	0	0	0	1	1
17	0	1	0	0	0	0	0	0	1	1
18	0	1	0	0	0	0	0	0	1	1
19	0	1	0	0	0	0	0	0	1	1
20	0	1	0	0	0	0	0	0	1	1
21	0	0	1	0	0	0	0	0	1	1
22	0	0	1	0	0	0	0	0	1	1
23	0	0	1	0	0	0	0	0	1	1
24	0	0	1	0	0	0	0	0	1	1
25	0	0	1	0	0	0	0	0	1	1
26	0	0	1	0	0	0	0	0	1	1
27	0	0	1	0	0	0	0	0	1	1
28	0	0	1	0	0	0	0	0	1	1
29	0	0	1	0	0	0	0	0	1	1

图 16.45　查看数据

图 16.46 所示是在仅考虑存在组内自相关，并且各组的自回归系数不相同的情形下，以 profit 为因变量，以 income、cost 以及生成的各个地区虚拟变量为自变量，进行可行广义最小二乘回归分析的结果。

```
. xtpcse profit income cost region2-region8 year,corr(psar1)

Prais-Winsten regression, correlated panels corrected standard errors (PCSEs)

Group variable:   region                      Number of obs     =         80
Time variable:    year                        Number of groups  =          8
Panels:           correlated (balanced)       Obs per group:
Autocorrelation:  panel-specific AR(1)                      min =         10
                                                            avg =         10
                                                            max =         10

Estimated covariances      =         36       R-squared         =     0.9925
Estimated autocorrelations =          8       Wald chi2(7)      =    2660.97
Estimated coefficients     =         11       Prob > chi2       =     0.0000

------------------------------------------------------------------------------
             |           Panel-corrected
      profit |      Coef.   Std. Err.      z    P>|z|     [95% Conf. Interval]
-------------+----------------------------------------------------------------
      income |   .0499286   .0088864     5.62   0.000     .0325115    .0673457
        cost |   .2353169    .053092     4.43   0.000     .1312585    .3393753
     region2 |   1.504788   .4177599     3.60   0.000      .685994    2.323583
     region3 |   .9777836   .5988821     1.63   0.103    -.1960038    2.151571
     region4 |  -.9068021   .7989255    -1.14   0.256    -2.472667    .6590631
     region5 |  -1.05e-12          .        .       .            .           .
     region6 |   1.504788   .4177599     3.60   0.000      .685994    2.323583
     region7 |   1.276868   .6133663     2.08   0.037     .0746926    2.479044
     region8 |   1.276868   .6133663     2.08   0.037     .0746926    2.479044
        year |   .1973701   .0359409     5.49   0.000     .1269273    .2678129
       _cons |  -397.7056   72.26995    -5.50   0.000    -539.3521   -256.0591
-------------+----------------------------------------------------------------
        rhos = -.1981808 -.1559056  .8593703  .7428073 -.1981808 ... -.1559056
------------------------------------------------------------------------------
```

图 16.46　自回归系数不相同

从图 16.46 可以看出，在仅考虑存在组内自相关，并且各组的自回归系数不相同的情形下，进行可行广义最小二乘回归分析的结果与前面各种回归分析的结果是有一些区别的。

图 16.47 存储的是上一步可行广义最小二乘回归分析的估计结果。选择 Data|Data

Editor|Data Editor(Browse)命令，进入数据查看界面，可以看到如图 16.47 所示的变量_est_psar1的相关数据。

	region3	region4	region5	region6	region7	region8	_est_ols	_est_ar1	_est_psar1
1	0	0	0	0	0	0	1	1	1
2	0	0	0	0	0	0	1	1	1
3	0	0	0	0	0	0	1	1	1
4	0	0	0	0	0	0	1	1	1
5	0	0	0	0	0	0	1	1	1
6	0	0	0	0	0	0	1	1	1
7	0	0	0	0	0	0	1	1	1
8	0	0	0	0	0	0	1	1	1
9	0	0	0	0	0	0	1	1	1
10	0	0	0	0	0	0	1	1	1
11	0	0	0	0	0	0	1	1	1
12	0	0	0	0	0	0	1	1	1
13	0	0	0	0	0	0	1	1	1
14	0	0	0	0	0	0	1	1	1
15	0	0	0	0	0	0	1	1	1
16	0	0	0	0	0	0	1	1	1
17	0	0	0	0	0	0	1	1	1
18	0	0	0	0	0	0	1	1	1
19	0	0	0	0	0	0	1	1	1
20	0	0	0	0	0	0	1	1	1
21	1	0	0	0	0	0	1	1	1
22	1	0	0	0	0	0	1	1	1
23	1	0	0	0	0	0	1	1	1
24	1	0	0	0	0	0	1	1	1
25	1	0	0	0	0	0	1	1	1
26	1	0	0	0	0	0	1	1	1
27	1	0	0	0	0	0	1	1	1
28	1	0	0	0	0	0	1	1	1

图 16.47　查看数据

图 16.48 所示是在不考虑存在自相关，仅考虑不同个体扰动项存在异方差的情形下，以 profit 为因变量，以 income、cost 以及生成的各个地区虚拟变量为自变量，进行可行广义最小二乘回归分析的结果。

```
. xtpcse profit income cost region2-region8 year,hetonly

Linear regression, heteroskedastic panels corrected standard errors

Group variable:   region                      Number of obs     =        80
Time variable:    year                        Number of groups  =         8
Panels:           heteroskedastic (balanced)  Obs per group:
Autocorrelation:  no autocorrelation                        min =        10
                                                            avg =        10
                                                            max =        10
Estimated covariances      =          8       R-squared         =    0.9845
Estimated autocorrelations =          0       Wald chi2(10)     =   3241.67
Estimated coefficients     =         11       Prob > chi2       =    0.0000

------------------------------------------------------------------------------
             |           Het-corrected
      profit |      Coef.   Std. Err.      z    P>|z|     [95% Conf. Interval]
-------------+----------------------------------------------------------------
      income |   .0533635   .0073228     7.29   0.000     .0390111    .0677159
        cost |   .2152267   .0444006     4.85   0.000     .1282031    .3022503
     region2 |    1.45481   .4465286     3.26   0.001     .5796298     2.32999
     region3 |   1.025832   .4483788     2.29   0.022     .1470253    1.904638
     region4 |  -.8861502   .5174744    -1.71   0.087    -1.900381    .1280809
     region5 |  -1.70e-14   .4762843    -0.00   1.000    -.9335001    .9335001
     region6 |    1.45481   .4465286     3.26   0.001     .5796298     2.32999
     region7 |   1.280719   .5055611     2.53   0.011      .289837      2.2716
     region8 |   1.280719   .5055611     2.53   0.011      .289837      2.2716
        year |   .1668369    .038223     4.36   0.000     .0919212    .2417526
       _cons |  -336.3782   76.85813    -4.38   0.000    -487.0174   -185.7391
------------------------------------------------------------------------------
```

图 16.48　仅考虑不同个体扰动项存在异方差

从图 16.48 可以看出，在不考虑存在自相关，仅考虑不同个体扰动项存在异方差的情形下，进行可行广义最小二乘回归分析的结果与前面各种回归分析的结果是有一些区别的。

图 16.49 存储的是上一步可行广义最小二乘回归分析的估计结果。选择 Data|Data Editor|Data Editor(Browse)命令，进入数据查看界面，可以看到如图 16.49 所示的变量_est_hetonly 的相关数据。

	region5	region6	region7	region8	_est_ols	_est_ar1	_est_psar1	_est_hetonly
1	0	0	0	0	1	1	1	1
2	0	0	0	0	1	1	1	1
3	0	0	0	0	1	1	1	1
4	0	0	0	0	1	1	1	1
5	0	0	0	0	1	1	1	1
6	0	0	0	0	1	1	1	1
7	0	0	0	0	1	1	1	1
8	0	0	0	0	1	1	1	1
9	0	0	0	0	1	1	1	1
10	0	0	0	0	1	1	1	1
11	0	0	0	0	1	1	1	1
12	0	0	0	0	1	1	1	1
13	0	0	0	0	1	1	1	1
14	0	0	0	0	1	1	1	1
15	0	0	0	0	1	1	1	1
16	0	0	0	0	1	1	1	1
17	0	0	0	0	1	1	1	1
18	0	0	0	0	1	1	1	1
19	0	0	0	0	1	1	1	1
20	0	0	0	0	1	1	1	1
21	0	0	0	0	1	1	1	1
22	0	0	0	0	1	1	1	1
23	0	0	0	0	1	1	1	1
24	0	0	0	0	1	1	1	1
25	0	0	0	0	1	1	1	1
26	0	0	0	0	1	1	1	1
27	0	0	0	0	1	1	1	1
28	0	0	0	0	1	1	1	1

图 16.49　查看数据

图 16.50 所示是展示将以上各种方法的系数估计值及标准差列表放到一起进行比较的结果。

```
. estimates table ols ar1 psar1 hetonly,b se

--------------------------------------------------------------
    Variable |     ols          ar1         psar1       hetonly
-------------+------------------------------------------------
      income |  .05336351    .05138476    .04992861    .05336351
             |  .00963388    .01144915    .00888643     .0073228
        cost |   .2152267    .23692465    .23531693     .2152267
             |  .06669277    .06852918    .05309199    .04440063
     region2 |  1.4548098    1.6109958    1.5047883    1.4548098
             |  .35471127    .68389013    .41775991    .44652861
     region3 |  1.0258316     1.148906    .97778357    1.0258316
             |  .34508253    .65341206    .59888209    .44837881
     region4 | -.88615016   -.83221655   -.90680209   -.88615016
             |   .1849455    .69539496    .79892547    .51747435
     region5 | -1.700e-14    7.198e-13   -1.052e-12   -1.700e-14
             |  3.750e-14    3.947e-08            .    .47628431
     region6 |  1.4548098    1.6109958    1.5047883    1.4548098
             |  .35471127    .68389013    .41775991    .44652861
     region7 |  1.2807187    1.4132868    1.2768684    1.2807187
             |  .34430425     .7366856    .61336628    .50556113
     region8 |  1.2807187    1.4132868    1.2768684    1.2807187
             |  .34430425     .7366856    .61336628    .50556113
        year |  .16683689    .17933885    .19737013    .16683689
             |  .10980365    .03704331    .03594086    .03822298
       _cons | -336.37823   -361.69267    -397.7056   -336.37823
             |   220.7297    74.627952    72.269954    76.858126
--------------------------------------------------------------
                                                 legend: b/se
```

图 16.50　展示比较结果

从图16.50可以看出，hetonly方法的系数估计值和ols方法的系数估计值是完全一样的，但是标准差并不一样。其他各种方法之间都存在着一定的差别。

图 16.51 所示是在假定不同个体的扰动项相互独立且有不同的方差,并且各组的自回归系数相同的情形下,以 profit 为因变量,以 income、cost 以及生成的各个地区虚拟变量为自变量,进行可行广义最小二乘回归分析的结果。

```
. xtgls profit income cost region2-region8 year,panels(cor) cor(ar1)

Cross-sectional time-series FGLS regression

Coefficients:  generalized least squares
Panels:        heteroskedastic with cross-sectional correlation
Correlation:   common AR(1) coefficient for all panels  (0.2656)

Estimated covariances      =          36        Number of obs      =          80
Estimated autocorrelations =           1        Number of groups   =           8
Estimated coefficients     =           8        Time periods       =          10
                                                Wald chi2(7)       =     1144.31
                                                Prob > chi2        =      0.0000
```

profit	Coef.	Std. Err.	z	P>|z|	[95% Conf. Interval]	
income	.050533	.0059673	8.47	0.000	.0388372	.0622288
cost	.2372836	.0283261	8.38	0.000	.1817655	.2928017
region2	0	(omitted)				
region3	1.069898	.6140896	1.74	0.081	-.1336956	2.273491
region4	-.9093056	.6905757	-1.32	0.188	-2.262809	.4441979
region5	0	(omitted)				
region6	1.51725	.6519075	2.33	0.020	.2395351	2.794965
region7	0	(omitted)				
region8	1.321584	.7099093	1.86	0.063	-.0698127	2.712981
year	.1623514	.0183037	8.87	0.000	.1264768	.198226
_cons	-327.5118	36.82939	-8.89	0.000	-399.6961	-255.3275

图 16.51　各组的自回归系数相同

从图 16.51 可以看出,在假定不同个体的扰动项相互独立且有不同的方差,并且各组的自回归系数相同的情形下,进行可行广义最小二乘回归分析的结果与前面各种回归分析的结果是有一些区别的。

图 16.52 所示是在假定不同个体的扰动项相互独立且有不同的方差,并且各组的自回归系数不相同的情形下,以 profit 为因变量,以 income、cost 以及生成的各个地区虚拟变量为自变量,进行可行广义最小二乘回归分析的结果。

```
. xtgls profit income cost region2-region8 year,panels(cor) cor(psar1)

Cross-sectional time-series FGLS regression

Coefficients:  generalized least squares
Panels:        heteroskedastic with cross-sectional correlation
Correlation:   panel-specific AR(1)

Estimated covariances      =          36        Number of obs      =          80
Estimated autocorrelations =           8        Number of groups   =           8
Estimated coefficients     =           8        Time periods       =          10
                                                Wald chi2(8)       =     5308.18
                                                Prob > chi2        =      0.0000
```

profit	Coef.	Std. Err.	z	P>|z|	[95% Conf. Interval]	
income	.0492578	.0053563	9.20	0.000	.0387597	.059756
cost	.228906	.0282683	8.10	0.000	.1735012	.2843109
region2	0	(omitted)				
region3	-343.489	39.38196	-8.72	0.000	-420.6762	-266.3018
region4	-345.2322	39.38992	-8.76	0.000	-422.4351	-268.0294
region5	-343.9026	39.43683	-8.72	0.000	-421.1974	-266.6079
region6	-342.6308	39.48237	-8.68	0.000	-420.0149	-265.2468
region7	0	(omitted)				
region8	-342.796	39.55267	-8.67	0.000	-420.3178	-265.2742
year	.1706838	.0196683	8.68	0.000	.1321346	.209233
_cons	0	(omitted)				

图 16.52　各组的自回归系数不相同

从图 16.52 可以看出，在假定不同个体的扰动项相互独立且有不同的方差，并且各组的自回归系数不相同的情形下，进行可行广义最小二乘回归分析的结果与前面各种回归分析的结果是有一些区别的。

16.2.5 案例延伸

上述的 Stata 命令比较简洁，分析过程及结果已达到解决实际问题的目的。Stata 16.0 的强大之处在于提供了更加复杂的命令格式以满足用户更加个性化的需求。

延伸：进行随机系数模型回归分析

前面我们讲述的种种面板数据回归分析方法最多允许每个个体拥有自己的截距项，从来没有允许每个个体拥有自己的回归方程斜率，那么 Stata 能否做到变系数呢？以本节中提到的案例为例，操作命令就是：

```
xtrc profit income cost,betas
```

本命令不仅允许每个个体拥有自己的截距项，还允许每个个体拥有自己的回归方程斜率，旨在进行随机系数模型回归分析。

在命令窗口输入命令并按回车键进行确认，结果如图 16.53 所示。

```
. xtrc profit income cost,betas

Random-coefficients regression          Number of obs    =      80
Group variable: region                  Number of groups =       8

                                        Obs per group:
                                                     min =      10
                                                     avg =    10.0
                                                     max =      10

                                        Wald chi2(2)     =   51.09
                                        Prob > chi2      =  0.0000

      profit |     Coef.   Std. Err.      z    P>|z|    [95% Conf. Interval]
      income |  .1931546   .0718222    2.69   0.007    .0523857   .3339235
        cost |  .0588612   .0666521    0.88   0.377   -.0717746   .1894969
       _cons | -3.104323   1.557598   -1.99   0.046   -6.157159  -.0514874

Test of parameter constancy:    chi2(21) = 891.48    Prob > chi2 = 0.0000

            Group-specific coefficients

             |     Coef.   Std. Err.      z    P>|z|    [95% Conf. Interval]

Group 1
      income |  .0455572   .0059147    7.70   0.000    .0339646   .0571498
        cost |  .2303642   .0476863    4.83   0.000    .1369008   .3238277
       _cons | -.9026935   .5092535   -1.77   0.076   -1.900812    .095425

Group 2
      income |  .3827678   .0602186    6.36   0.000    .2647415   .5007941
        cost | -.1505261   .0578134   -2.60   0.009   -.2638383  -.0372139
       _cons | -6.185409   1.167776   -5.30   0.000   -8.474208  -3.896611

Group 3
      income |  .0504041    .014856    3.39   0.001    .0212869   .0795213
        cost |  .1922436   .0281024    6.84   0.000    .1371639   .2473234
       _cons | -.4299306    .853226   -0.50   0.614   -2.102223   1.242362

Group 4
      income | -.0890295   .0062266  -14.30   0.000   -.1012335  -.0768256
        cost |  .1874995   .0262255    7.15   0.000    .1360985   .2389005
       _cons |  4.387642   .4231777   10.37   0.000    3.558229   5.217055

Group 5
      income |  .0455572   .0059147    7.70   0.000    .0339646   .0571498
        cost |  .2303642   .0476863    4.83   0.000    .1369008   .3238277
       _cons | -.9026935   .5092535   -1.77   0.076   -1.900812    .095425

Group 6
      income |  .3827678   .0602186    6.36   0.000    .2647415   .5007941
        cost | -.1505261   .0578134   -2.60   0.009   -.2638383  -.0372139
       _cons | -6.185409   1.167776   -5.30   0.000   -8.474208  -3.896611

Group 7
      income |  .3636063   .0149761   24.28   0.000    .3342537   .3929588
        cost |  -.034265   .0209232   -1.64   0.101   -.0752737   .0067437
       _cons | -7.308046    .417541  -17.50   0.000   -8.126412  -6.489681

Group 8
      income |  .3636063   .0149761   24.28   0.000    .3342537   .3929588
        cost |  -.034265   .0209232   -1.64   0.101   -.0752737   .0067437
       _cons | -7.308046    .417541  -17.50   0.000   -8.126412  -6.489681
```

图 16.53　分析结果图

在图 16.53 中，模型中对参数一致性检验的显著性 P 值为 0.0000（Prob > chi2 = 0.0000），显著地拒绝了每个个体都具有相同系数的原假设，我们的变系数模型设置得非常合理。

可以根据上面的结果写出模型整体的回归方程和每个个体的回归方程。结果的详细解读方式与普通的最小二乘回归分析类似，限于篇幅不再赘述。

16.3 本章习题

（1）X 公司是一家销售家具的连锁公司，经营范围遍布全国 20 个省市，各省市连锁店 2008—2012 年的相关销售数据包括销售收入、促销费用以及创造利润等，如表 16.3 所示。试用多种短面板数据回归分析方法深入研究销售收入和促销费用对创造利润的影响。

表 16.3 X 公司各省市连锁店销售收入、促销费用以及创造利润数据（2008—2012 年）

年　份	销售收入/万元	促销费用/万元	创造利润/万元	地　区
2008	224.373	10.778 96	10.344 32	湖北
2009	224.723 5	11.107 96	10.178 84	湖北
2010	224.728 9	11.181 64	10.322 86	湖北
2011	224.587 7	10.968 2	10.138 96	湖北
2012	224.476 1	10.837 62	10.169 69	湖北
2008	231.01	11.699 4	9.914 922	河南
…	…	…	…	…
2012	223.525 1	11.008 74	9.236 008	广东
2008	226.230 7	10.915 09	10.517 32	广西
2009	226.133 4	10.807 71	10.435 88	广西
2010	226.408 4	11.140 41	10.554 51	广西
2011	226.311 4	11.002 1	10.463 1	广西
2012	226.047 5	10.776 87	10.396 66	广西

（2）Y 公司是一家商业银行，经营范围遍布全国 10 个省市，各省市连锁店 2001—2010 年的相关经营数据包括利息收入、利息支出以及创造利润等，如表 16.4 所示。试用多种长面板数据回归分析方法深入研究利息收入、利息支出对创造利润的影响。

表 16.4 Y 公司各省市利息收入、利息支出以及创造利润数据（2001—2010 年）

年　份	利息收入/万元	利息支出/万元	创造利润/万元	省　市
2001	25.308	11.02	1.656	浙江
2002	25.281	8.81	1.495	浙江
2003	24.779	7.93	1.211	浙江
2004	24.02	6.48	1.195	浙江
2005	23.154	6.04	1.026	浙江
2006	30.892	6.89	3.835	浙江
…	…	…	…	…
2005	42.122	9.69	2.638	广西
2006	52.523	17.85	2.936	广西
2007	51.976	14.67	2.582	广西
2008	51.144	13.62	2.579	广西
2009	50.047	12.53	2.226	广西
2010	48.943	16.05	2.023	广西

第 17 章　Stata 在研究城市综合经济实力中的应用

改革开放以来，随着工业化进程的加快，我国城市的数量不断增加，个体的规模不断扩大，在社会经济生活中所起的主导作用也越来越显著。当今世界已经进入全球经济一体化的时代，城市作为国家的经济、政治、科技和教育文化发展中心已经成为经济循环的主角，而决定每个城市的地位、作用以及未来发展态势的主要因素是它们各自拥有的综合经济实力。城市综合实力是指一个城市在一定时期内经济、社会、基础设施、环境、科技、文教等各个领域所具备的现实实力和发展能力的集合。Stata 软件可以用来进行城市综合经济实力的相关分析研究。下面介绍 Stata 在研究城市综合经济实力中的应用。

17.1　研究背景及目的

城市作为国家的经济、政治、科技和教育文化发展中心，已经成为经济循环的主角，在这种大背景下对我国各城市的综合经济实力进行研究，对城市综合经济实力排名问题进行研究，不论是对于促进我国城市本身更好更快地发展，还是对于充分发挥城市在社会经济生活中所起的主导作用，都有着极为重要的实践意义。目前已有很多学者对我国重点城市的综合经济实力排名问题进行了研究，使用的方法均基于因子分析法或主成分分析法。其中叶依广（2002）[1]、李倩倩（2011）[2]、刘理臣（2013）[3]、谢守红（2014）[4]均依据主成分分析方法，撒云添（2012）[5]、张荣艳（2013）[6]、杨飞（2014）[7]均运用因子分析方法。因子分析法或主成分分析法本身在研究城市综合经济实力排名方面是比较有效的，但目前的研究文献多存在选取的指标不全面或不相关等问题，有的在经济实力方面选取的指标代表性不足，有的没有考虑城市经济发展潜力，

---

[1] 叶依广，何伟. 江苏省各中心城市经济发展综合实力及差异因素的主成分分析[J]. 南京农业大学学报，2002（4）.

[2] 李倩倩，刘怡君，牛文元. 城市空间形态和城市综合实力相关性研究[J]. 中国人口.资源与环境，2011（1）.

[3] 刘理臣，于秋莉，靳素芳，付春燕. 西北地区城市综合实力动态变化研究——以甘肃省为例[J]. 西北师范大学学报（自然科学版），2013（5）.

[4] 谢守红，谭志美，周驾易. 中国县级市综合实力评价与比较[J]. 城市问题，2014（12）.

[5] 撒云添. 基于因子分析之广东省各城市综合经济实力研究[J]. 特区经济，2012（9）.

[6] 张荣艳，孙贵玲，王爱苹. 组合评价模型在河南省主要城市综合经济实力评价中的应用[J]. 数学的实践与认识，2013（4）.

[7] 杨飞，邓光明，刘艳萍. 基于循环修正组合优化模型的广西各城市综合经济实力评价[J]. 桂林理工大学学报，2014（4）.

有的没有考虑城市在国内外经济社会中的地位和影响力。本案例同样使用经典的因子分析方法，创新在于依据中国城市经济发展研究中心提出的城市综合经济实力的概念，构建更加全面、准确而恰当的衡量综合经济实力的指标体系，运用《中国2018年省会城市和计划单列市主要经济指标统计（包括市辖县）》的截面数据，来研究我国重点城市的综合经济实力排名情况。

本章的研究目的：通过对描述我国各城市综合经济实力的各种指标进行分析，一方面找出用来衡量我国城市综合经济实力的各个指标之间的内在联系，另一方面找出各城市综合经济实力的差异。

17.2　研究方法

对于城市综合经济实力的概念，中国城市经济发展研究中心提出：城市综合经济实力是指城市所拥有的全部实力、潜力及其在国内外经济社会中的地位和影响力。据此概念可以看出，评价城市综合经济实力应该包括人口、地区生产总值、地方财政预算内收支、城乡居民工资水平及储蓄水平、拥有的交通运输以及通信能力、人才状况及社会医疗保障水平等方面，所以我们采用的数据指标有：年末户籍人口、地区生产总值、第一产业、第二产业、第三产业、地方一般公共预算收入、地方一般公共预算支出、住户存款余额、城镇单位在岗职工平均工资、年末邮政局、年末固定电话用户、社会消费品零售总额、货物进出口总额、年末实有公共（汽）电车营运车辆、普通本专科学生、医院数、执业医师17个指标。

本例采用的数据是《中国2018年省会城市和计划单列市主要经济指标统计（包括市辖县）》，数据摘编自《中国统计年鉴2019》。

采用的数据分析方法主要有回归分析、相关分析、因子分析等。

基本思路：首先使用回归分析、相关分析等方法研究构成城市综合经济实力的各个变量之间的关系；然后使用因子分析对构成城市综合经济实力的各个变量提取公因子；最后使用一些简单的Stata数据处理技巧依照提取的公因子对各城市进行分类及排序。

17.3　数据分析与报告

下载资源:\video\17\17.1
下载资源:\sample\chap17\案例17.dta

因为本例采用的是现有的数据，所以根据第1章介绍的方法直接将所用数据录入Stata中即可。我们共设置了18个变量，分别是"V1城市名称""V2年末户籍人口""V3地区生产总值""V4第一产业""V5第二产业""V6第三产业""V7地方一般公共预算收入""V8地方一般公共预算支出""V9住户存款余额""V10城镇单位在岗职工平均工资""V11年末邮政局""V12年末固定电话用户""V13社会消费品零售总额""V14货物进出口总额""V15年末实有公共汽电车营运车辆""V16普通本专科学生""V17医院数""V18执业医师"。样本是中国2018年省会城市和计划单列市主要经济指标统计的相关数据。录入完成后数据如图17.1所示。

图 17.1　案例 17 的数据

17.4　描述性分析

下载资源:\video\17\17.1

本案例的数据变量除了"V1 城市名称"这一字符串变量外都是定距变量，通过进行定距变量的基本描述性统计，我们可以得到数据的概要统计指标，包括平均值、最大值、最小值、标准差、百分位数、中位数、偏度系数和峰度系数等。通过获得这些指标，可以从整体上对拟分析的数据进行宏观把握，为后续进行更深入的数据分析做好必要准备。

17.4.1　Stata 分析过程

描述性分析的步骤如下：

01 进入 Stata 16.0，打开相关数据文件，弹出主界面。

02 在主界面的 Command 文本框中输入命令：

summarize V2 年末户籍人口 V3 地区生产总值 V4 第一产业 V5 第二产业 V6 第三产业 V7 地方一般公共预算收入 V8 地方一般公共预算支出 V9 住户存款余额 V10 城镇单位在岗职工平均工资 V11 年末邮政局 V12 年末固定电话用户 V13 社会消费品零售总额 V14 货物进出口总额 V15 年末实有公共汽电车营运车辆 V16 普通本专科学生 V17 医院数 V18 执业医师 ,detail

03 设置完毕后，按回车键，等待输出结果。

17.4.2 结果分析

在 Stata 16.0 主界面的结果窗口可以看到如图 17.2~图 17.10 所示的分析结果。

```
                      V2年末户籍人口

          Percentiles    Smallest
1%            55            55
5%           178           178
10%          207           193          Obs               36
25%         397.5          207          Sum of Wgt.       36

50%          716                        Mean          750.6667
                         Largest        Std. Dev.     577.1291
75%          906          1376
90%         1376          1462          Variance        333078
95%         1476          1476          Skewness      2.753354
99%         3404          3404          Kurtosis      13.53139
```

```
                      V3地区生产总值

          Percentiles    Smallest
1%          540.8         540.8
5%         1286.4        1286.4
10%        1901.5        1510.5          Obs               36
25%        3955.7        1901.5          Sum of Wgt.       36

50%        7745.7                        Mean          9889.767
                         Largest        Std. Dev.     8049.895
75%        13164.8       22859.3
90%        22859.3       24222           Variance       6.48e+07
95%        30320         30320           Skewness      1.275311
99%        32679.9       32679.9         Kurtosis      3.989092
```

图 17.2 V2 和 V3 描述性分析结果图

```
                      V4第一产业

          Percentiles    Smallest
1%          18.3          18.3
5%          22.1          22.1
10%         25.3          24.4           Obs               36
25%         85.85         25.3           Sum of Wgt.       36

50%         241.1                        Mean          258.9194
                         Largest        Std. Dev.     245.8366
75%        340.35        494.7
90%         494.7        522.6           Variance      60435.62
95%         525.5        525.5           Skewness      2.653538
99%        1378.3       1378.3           Kurtosis      12.95039
```

```
                      V5第二产业

          Percentiles    Smallest
1%          229.7         229.7
5%           276           276
10%         801.4          468           Obs               36
25%        1426.4         801.4          Sum of Wgt.       36

50%        3065.25                       Mean          3614.844
                         Largest        Std. Dev.     2640.358
75%        5179.05       7609.8
90%         7609.8       8328.8          Variance       6971488
95%         9732.5       9732.5          Skewness      .7764965
99%         9961.9       9961.9          Kurtosis      2.825138
```

图 17.3 V4 和 V5 描述性分析结果图

```
                      V6第三产业

          Percentiles    Smallest
1%          292.8         292.8
5%          772.3         772.3
10%        1170.6         966.8          Obs               36
25%        2392.05       1170.6          Sum of Wgt.       36

50%        4034.95                       Mean          6016.003
                         Largest        Std. Dev.     5707.583
75%        7966.45       14237.9
90%        14237.9       16401.8         Variance       3.26e+07
95%        22843         22843           Skewness      1.86434
99%        24553.6       24553.6         Kurtosis      6.109642
```

```
                      V7地方一般公共预算收入

          Percentiles    Smallest
1%          92.9          92.9
5%          110.1         110.1
10%         173.3         169.9          Obs               36
25%        397.85         173.3          Sum of Wgt.       36

50%        708.25                        Mean          1205.131
                         Largest        Std. Dev.     1488.004
75%        1447.1        2265.5
90%         2265.5       3538.4          Variance       2214157
95%         5785.9       5785.9          Skewness      2.684356
99%         7108.2       7108.2          Kurtosis      10.1721
```

图 17.4 V6 和 V7 描述性分析结果图

```
                      V8地方一般公共预算支出

          Percentiles    Smallest
1%          238.2         238.2
5%          297.5         297.5
10%         356.7         300.1          Obs               36
25%         678.9         356.7          Sum of Wgt.       36

50%         996.55                       Mean          1648.689
                         Largest        Std. Dev.      1835.24
75%        1740.2        4282.5
90%         4282.5        4541           Variance       3368105
95%         7471.4       7471.4          Skewness      2.448399
99%         8351.5       8351.5          Kurtosis      8.592811
```

```
                      V9住户存款余额

          Percentiles    Smallest
1%          461.4         461.4
5%         1436.8        1436.8
10%        1706.5        1664.8          Obs               36
25%        3188.05       1706.5          Sum of Wgt.       36

50%        5543.2                        Mean          7452.747
                         Largest        Std. Dev.     6921.973
75%        8044.4        15907.2
90%        15907.2       16042.1         Variance       4.79e+07
95%        27071.7       27071.7         Skewness      2.292405
99%        34019         34019           Kurtosis      8.560646
```

图 17.5 V8 和 V9 描述性分析结果图

V10城镇单位在岗职工平均工资

	Percentiles	Smallest		
1%	71387	71387		
5%	71771	71771		
10%	77632	75114	Obs	36
25%	81915.5	77632	Sum of Wgt.	36
50%	86557.5		Mean	92374.58
		Largest	Std. Dev.	18077.51
75%	97809	111839		
90%	111839	126936	Variance	3.27e+08
95%	142983	142983	Skewness	1.70083
99%	149843	149843	Kurtosis	5.510501

V11年末邮政局

	Percentiles	Smallest		
1%	58	58		
5%	83	83		
10%	94	87	Obs	36
25%	162.5	94	Sum of Wgt.	36
50%	231		Mean	293.7778
		Largest	Std. Dev.	293.8923
75%	283	541		
90%	541	571	Variance	86372.69
95%	742	742	Skewness	3.771013
99%	1772	1772	Kurtosis	19.0718

图 17.6 V10 和 V11 描述性分析结果图

V12年末固定电话用户

	Percentiles	Smallest		
1%	24.4	24.4		
5%	25.4	25.4		
10%	55.2	52.2	Obs	36
25%	85.1	55.2	Sum of Wgt.	36
50%	147.7		Mean	201.0556
		Largest	Std. Dev.	175.481
75%	224.1	577.4		
90%	577.4	593.1	Variance	30793.59
95%	643.7	643.7	Skewness	1.521476
99%	663.2	663.2	Kurtosis	4.233174

V13社会消费品零售总额

	Percentiles	Smallest		
1%	295.4	295.4		
5%	552.7	552.7		
10%	757.6	564.4	Obs	36
25%	1707.55	757.6	Sum of Wgt.	36
50%	4088.15		Mean	4163.422
		Largest	Std. Dev.	2956.498
75%	5624.15	7977		
90%	7977	9256.2	Variance	8740878
95%	11747.7	11747.7	Skewness	1.084758
99%	12668.7	12668.7	Kurtosis	4.080335

图 17.7 V12 和 V13 描述性分析结果图

V14货物进出口总额

	Percentiles	Smallest		
1%	31.3	31.3		
5%	41	41		
10%	133.2	116.7	Obs	34
25%	513.5	133.2	Sum of Wgt.	34
50%	1186.6		Mean	5019.297
		Largest	Std. Dev.	8490.152
75%	5221	9811.6		
90%	9811.6	27185.5	Variance	7.21e+07
95%	29983.7	29983.7	Skewness	2.479779
99%	34012.1	34012.1	Kurtosis	8.079887

V15年末实有公共汽电车营运车辆

	Percentiles	Smallest		
1%	522	522		
5%	1803	1803		
10%	2305	2074	Obs	36
25%	3836.5	2305	Sum of Wgt.	36
50%	6038		Mean	8087.083
		Largest	Std. Dev.	7179.745
75%	9361	15903		
90%	15903	17122	Variance	5.15e+07
95%	22750	22750	Skewness	2.481585
99%	38728	38728	Kurtosis	10.54726

图 17.8 V14 和 V15 描述性分析结果图

V16普通本专科学生

	Percentiles	Smallest		
1%	31149	31149		
5%	64434	64434		
10%	149804	103989	Obs	33
25%	279945	149804	Sum of Wgt.	33
50%	447156		Mean	472263.2
		Largest	Std. Dev.	271637.6
75%	610624	840297		
90%	840297	969323	Variance	7.38e+10
95%	993479	993479	Skewness	.4332517
99%	1086407	1086407	Kurtosis	2.592185

V17医院数

	Percentiles	Smallest		
1%	29	29		
5%	47	47		
10%	78	54	Obs	36
25%	126.5	78	Sum of Wgt.	36
50%	207		Mean	255.6111
		Largest	Std. Dev.	194.0282
75%	324	421		
90%	421	648	Variance	37646.93
95%	800	800	Skewness	1.727519
99%	892	892	Kurtosis	5.97267

图 17.9 V16 和 V17 描述性分析结果图

V18执业医师

	Percentiles	Smallest		
1%	2878	2878		
5%	8322	8322		
10%	9684	9030	Obs	36
25%	16490.5	9684	Sum of Wgt.	36
50%	27584.5		Mean	31622.81
		Largest	Std. Dev.	20653.02
75%	39744.5	61548		
90%	61548	71580	Variance	4.27e+08
95%	76379	76379	Skewness	1.383252
99%	99807	99807	Kurtosis	5.069697

图 17.10　V18 描述性分析结果图

需要提示和说明的是，如果用户在使用的 Stata 数据集中对变量执行了加标签操作，那么描述性分析结果中显示的标题名称就是变量标签名，而不是设置的变量名。

在如图 17.2~图 17.10 所示的分析结果中，可以得到很多信息。此处限于篇幅不再针对各个变量一一展开说明，以变量"V18 执业医师"为例进行解释。

- 样本数（Obs）：可以看出变量"V18 执业医师"的有效样本数共有 36 个。
- 百分位数（Percentiles）：可以看出变量"V18 执业医师"的第 1 个四分位数（25%）是 16490.5，第 2 个四分位数（50%）是 27584.5。
- 4 个最小值（Smallest）：变量"V18 执业医师"最小的 4 个数据值分别是 2878、8322、9030、9684。
- 4 个最大值（Largest）：变量"V18 执业医师"最大的 4 个数据值分别是 61548、71580、76379、99807。
- 平均值（Mean）和标准差（Std.Dev）：变量"V18 执业医师"总额的平均值为 31622.81，标准差是 20653.02。
- 偏度（Skewness）：变量"V18 执业医师"的偏度为 1.383252，为正偏度。
- 峰度（Kurtosis）：变量"V18 执业医师"的峰度为 5.069697，有一个比正态分布更长的尾巴。

从上面的描述性分析结果中可以比较轻松地看出，所有数据中没有极端数据，数据间的量纲差距也在可接受范围之内，可以进入下一步的分析过程。

17.5　相关分析

 下载资源:\video\17\17.2

对于相关分析，我们准备进行以下几个部分：

- 对"V3 地区生产总值"的 3 个组成部分（"V4 第一产业""V5 第二产业""V6 第三产业"）进行简单相关分析。
- 对"V9 住户存款余额"和"V10 城镇单位在岗职工平均工资"进行简单相关分析。
- 对"V7 地方一般公共预算收入""V8 地方一般公共预算支出"进行简单相关分析。
- 对"V2 年末户籍人口""V3 地区生产总值""V13 社会消费品零售总额"这 3 个变量进行简单相关分析。

1. 对"V3 地区生产总值"的 3 个组成部分（"V4 第一产业""V5 第二产业""V6 第三产业"）进行简单相关分析

操作步骤如下：

01 进入 Stata 16.0，打开相关数据文件，弹出主界面。

02 在主界面的 Command 文本框中输入如下命令：

- correlate V4 第一产业 V5 第二产业 V6 第三产业：使用简单相关分析方法研究"V3 地区生产总值"的 3 个组成部分："V4 第一产业""V5 第二产业""V6 第三产业"3 个变量之间的相关关系。

- pwcorr V4 第一产业 V5 第二产业 V6 第三产业,sidak sig star(0.01)：判断"V3 地区生产总值"的 3 个组成部分："V4 第一产业""V5 第二产业""V6 第三产业"3 个变量之间的相关性在置信水平为 99%时是否显著。

03 设置完毕后，按回车键，等待输出结果。

结果分析如图 17.11 和图 17.12 所示。从图 17.11 可以看出，只有"第二产业增加值"与"第三产业增加值"之间具有比较大的相关系数。

```
. correlate V4第一产业 V5第二产业 V6第三产业
(obs=36)

             │ V4第~业 V5第~业 V6第~业
─────────────┼──────────────────────────
V4第一产业    │ 1.0000
V5第二产业    │ 0.3360  1.0000
V6第三产业    │ 0.1005  0.8120  1.0000
```

图 17.11　相关分析结果图 1

```
. pwcorr V4第一产业 V5第二产业 V6第三产业,sidak sig star(0.01)

             │ V4第~业 V5第~业 V6第~业
─────────────┼──────────────────────────
V4第一产业    │ 1.0000

V5第二产业    │ 0.3360  1.0000
             │ 0.1293

V6第三产业    │ 0.1005  0.8120* 1.0000
             │ 0.9146  0.0000
```

图 17.12　相关分析结果图 2

从图 17.12 中可以看出，只有"第二产业增加值"与"第三产业增加值"之间具有很强的相关性，并且在 0.01 的显著性水平上显著，其他的变量之间相关性很不显著。

2. 对"V9 住户存款余额"和"V10 城镇单位在岗职工平均工资"进行简单相关分析

操作步骤如下：

01 进入 Stata 16.0，打开相关数据文件，弹出主界面。

02 在主界面的 Command 文本框中输入如下命令：

- correlate V9 住户存款余额 V10 城镇单位在岗职工平均工资：使用简单相关分析方法研究"V9 住户存款余额"和"V10 城镇单位在岗职工平均工资"这两个变量之间的相关关系。

- pwcorr V9 住户存款余额 V10 城镇单位在岗职工平均工资,sidak sig star(0.01)：判断"V9 住户存款余额"和"V10 城镇单位在岗职工平均工资"这两个变量之间的相关性在置信水平为 99%时是否显著。

03 设置完毕后，按回车键，等待输出结果。

结果分析如图 17.13 和图 17.14 所示。从图 17.13 可以看出，"V9 住户存款余额"和"V10 城镇单位在岗职工平均工资"之间相关系数比较高，为 0.7272，呈现正相关。

```
. correlate V9住户存款余额 V10城镇单位在岗职工平均工资
(obs=36)

            │V9住~额V10~资
────────────┼────────────────
V9住户存~额 │ 1.0000
V10城镇单~资 │ 0.7272  1.0000
```

图 17.13 相关分析结果图 3

```
. pwcorr V9住户存款余额 V10城镇单位在岗职工平均工资,sidak sig s
> tar(0.01)

            │V9住~额 V10城~资
────────────┼────────────────
V9住户存~额 │ 1.0000
            │
V10城镇单~资 │ 0.7272* 1.0000
            │ 0.0000
```

图 17.14 相关分析结果图 4

从图 17.14 中可以看出，"V9 住户存款余额"和"V10 城镇单位在岗职工平均工资"之间相关系数比较高，为 0.7272，呈现正相关，而且这种相关性很强，在 0.01 的显著性水平上显著。

3. 对"V7 地方一般公共预算收入"和"V8 地方一般公共预算支出"进行简单相关分析

操作步骤如下：

01 进入 Stata 16.0，打开相关数据文件，弹出主界面。

02 在主界面的 Command 文本框中输入如下命令：

- correlate V7 地方一般公共预算收入 V8 地方一般公共预算支出：使用简单相关分析方法研究"V7 地方一般公共预算收入"和"V8 地方一般公共预算支出"这两个变量之间的相关关系。
- pwcorr V7 地方一般公共预算收入 V8 地方一般公共预算支出,sidak sig star(0.01)：判断"V7 地方一般公共预算收入"和"V8 地方一般公共预算支出"这两个变量之间的相关性在置信水平为 99% 时是否显著。

03 设置完毕后，按回车键，等待输出结果。

结果分析如图 17.15 和图 17.16 所示。从图 17.15 可以看出，"V7 地方一般公共预算收入"和"V8 地方一般公共预算支出"之间的相关系数很大。

```
. correlate V7地方一般公共预算收入 V8地方一般公共预算支出
(obs=36)

            │V7地~入V8地~出
────────────┼────────────────
V7地方一~入 │ 1.0000
V8地方一~出 │ 0.9818  1.0000
```

图 17.15 相关分析结果图 5

```
. pwcorr V7地方一般公共预算收入 V8地方一般公共预算支出,sidak si
> g star(0.01)

            │V7地~入 V8地~出
────────────┼────────────────
V7地方一~入 │ 1.0000
            │
V8地方一~出 │ 0.9818* 1.0000
            │ 0.0000
```

图 17.16 相关分析结果图 6

从图 17.16 中可以看出，"V7 地方一般公共预算收入"和"V8 地方一般公共预算支出"之间的相关系数很大，而且这种相关性很强，在 0.01 的显著性水平上显著。

4. 对"V2 年末户籍人口""V3 地区生产总值""V13 社会消费品零售总额"这 3 个变量进行简单相关分析

操作步骤如下：

01 进入 Stata 16.0，打开相关数据文件，弹出主界面。

02 在主界面的 Command 文本框中输入如下命令：

- correlate V2 年末户籍人口 V3 地区生产总值 V13 社会消费品零售总额：使用简单相关分析方法研究"V2 年末户籍人口""V3 地区生产总值""V13 社会消费品零售总额"3 个变量之间的相关关系。

- pwcorr V2 年末户籍人口 V3 地区生产总值 V13 社会消费品零售总额,sidak sig star(0.01)：判断"V2 年末户籍人口""V3 地区生产总值""V13 社会消费品零售总额"3 个变量之间的相关性在置信水平为 99% 时是否显著。

03 设置完毕后，按回车键，等待输出结果。

结果分析如图 17.17 和图 17.18 所示。从图 17.17 可以看出，"V2 年末户籍人口""V3 地区生产总值""V13 社会消费品零售总额"三者之间均为正相关，其中"V2 年末户籍人口""V3 地区生产总值"的相关系数为 0.6161；"V3 地区生产总值""V13 社会消费品零售总额"的相关系数为 0.9576；"V2 年末户籍人口""V13 地区生产总值"的相关系数为 0.6735。

从图 17.18 中可以看出，"V2 年末户籍人口""V3 地区生产总值""V13 社会消费品零售总额"三者之间的相关关系非常显著（在 0.01 的水平上显著）。

```
. correlate V2年末户籍人口 V3地区生产总值 V13社会消费品零售总额
(obs=36)

              │V2年~口V3地~值V13社~额
──────────────┼───────────────────────
V2年末户~口    │ 1.0000
V3地区生~值    │ 0.6161  1.0000
V13社会消~额   │ 0.6735  0.9576  1.0000
```

图 17.17　相关分析结果图 7

```
. pwcorr V2年末户籍人口 V3地区生产总值 V13社会消费品零售总额,si
> dak sig star(0.01)

              │V2年末户~口  V3地~值  V13社~额
──────────────┼──────────────────────────────
V2年末户~口    │ 1.0000

V3地区生~值    │ 0.6161*  1.0000
              │ 0.0002

V13社会消~额   │ 0.6735*  0.9576*  1.0000
              │ 0.0000   0.0000
```

图 17.18　相关分析结果图 8

17.6　回归分析

 下载资源:\video\17\17.3

对于回归分析，我们准备以"V3 地区生产总值"为因变量，以"V2 年末户籍人口""V7 地方一般公共预算收入""V8 地方一般公共预算支出""V9 住户存款余额""V10 城镇单位在岗职工平均工资""V11 年末邮政局""V12 年末固定电话用户""V13 社会消费品零售总额""V14 货物进出口总额""V15 年末实有公共汽电车营运车辆""V16 普通本专科学生""V17 医院数""V18 执业医师"为自变量，进行多重线性回归。

建立线性模型：

V3 地区生产总值= a*V2 年末户籍人口+b*V7 地方一般公共预算收入+c*V8 地方一般公共
预算支出+d*V9 住户存款余额+e*V10 城镇单位在岗职工平均工资
+f*V11 年末邮政局+g*V12 年末固定电话用户+h*V13 社会消费品零售总
额+i*V14 货物进出口总额+j*V15 年末实有公共汽电车营运车辆+k*V16
普通本专科学生+l*V17 医院数+m*V18 执业医师+ u

普通最小二乘回归分析的步骤及结果如下：

01 进入 Stata 16.0，打开相关数据文件，弹出主界面。

02 在主界面的 Command 文本框中输入如下命令：

- sw regress　V3 地区生产总值　V2 年末户籍人口　V7 地方一般公共预算收入　V8 地方
  一般公共预算支出　V9 住户存款余额　V10 城镇单位在岗职工平均工资　V11 年末邮政
  局　V12 年末固定电话用户　V13 社会消费品零售总额　V14 货物进出口总额　V15 年末
  实有公共汽电车营运车辆　V16 普通本专科学生　V17 医院数　V18 执业医师,pr(0.10):
  使用逐步回归分析方法，以"V3 地区生产总值"为因变量，以"V2 年末户籍人口"
  "V7 地方一般公共预算收入""V8 地方一般公共预算支出""V9 住户存款余额""V10
  城镇单位在岗职工平均工资""V11 年末邮政局""V12 年末固定电话用户""V13 社
  会消费品零售总额""V14 货物进出口总额""V15 年末实有公共汽电车营运车辆""V16
  普通本专科学生""V17 医院数""V18 执业医师"为自变量，设定显著性水平为 0.10，
  进行多重线性回归。
- predict yhat：获得因变量的拟合值。
- predict e,resid：获得回归模型的估计残差。
- rvfplot：绘制残差与回归得到的拟合值的散点图，探索数据是否存在异方差。
- estat imtest,white：怀特检验，旨在检验数据是否存在异方差。
- estat hettest,iid：BP 检验，旨在使用得到的拟合值来检验数据是否存在异方差。
- estat hettest,rhs iid：BP 检验，旨在使用方程右边的解释数据来检验变量是否存在异方差。

03 设置完毕后，按回车键进行确认。

在 Stata 16.0 主界面的结果窗口可以看到如图 17.19~图 17.25 所示的分析结果。

图 17.19 所示是使用逐步回归分析方法，以"V3 地区生产总值"为因变量，以"V2 年末
户籍人口""V7 地方一般公共预算收入""V8 地方一般公共预算支出""V9 住户存款余额"
"V10 城镇单位在岗职工平均工资""V11 年末邮政局""V12 年末固定电话用户""V13
社会消费品零售总额""V14 货物进出口总额""V15 年末实有公共汽电车营运车辆""V16
普通本专科学生""V17 医院数""V18 执业医师"为自变量，设定显著性水平为 0.10，进行
多重线性回归的结果。

```
. sw regress  V3地区生产总值  V2年末户籍人口  V7地方一般公共预算收入  V8地方一般公共预
> 算支出  V9住户存款余额  V10城镇单位在岗职工平均工资  V11年末邮政局  V12年末固定电话用
> 户  V13社会消费品零售总额  V14货物进出口总额  V15年末实有公共汽车电车营运车辆  V16普通
> 本专科学生  V17医院数  V18执业医师,pr(0.10)
                      begin with full model
p = 0.9697 >= 0.1000   removing V16普通本专科学生
p = 0.9484 >= 0.1000   removing V11年末邮政局
p = 0.4041 >= 0.1000   removing V10城镇单位在岗职工平均工资
p = 0.3298 >= 0.1000   removing V14货物进出口总额
p = 0.1395 >= 0.1000   removing V2年末户籍人口
p = 0.4125 >= 0.1000   removing V7地方一般公共预算收入
p = 0.2265 >= 0.1000   removing V12年末固定电话用户
p = 0.1006 >= 0.1000   removing V18执业医师
```

Source	SS	df	MS		Number of obs	=	31
					F(5, 25)	=	336.94
Model	1.9938e+09	5	398754783		Prob > F	=	0.0000
Residual	29586168.8	25	1183446.75		R-squared	=	0.9854
					Adj R-squared	=	0.9825
Total	2.0234e+09	30	67445336.2		Root MSE	=	1087.9

V3地区生产总值	Coef.	Std. Err.	t	P>|t|	[95% Conf. Interval]	
V15年末实有公~辆	.7262781	.1541456	4.71	0.000	.4088093	1.043747
V13社会消费品~额	1.337531	.2147844	6.23	0.000	.8951743	1.779888
V8地方一般公~出	1.990873	.3676656	5.41	0.000	1.233652	2.748095
V9住户存款余额	-.3938762	.1285351	-3.06	0.005	-.6585992	-.1291531
V17医院数	-3.23133	1.625229	-1.99	0.058	-6.578553	.1158925
_cons	-640.6236	376.6697	-1.70	0.101	-1416.389	135.1421

图 17.19　回归分析结果图 1

从上述分析结果中可以看出共有 31 个样本参与了分析，模型的 F 值 $(5, 25) = 336.94$，P 值（Prob > F）= 0.0000，说明模型整体上是非常显著的。模型的可决系数（R-squared）为 0.9854，模型修正的可决系数（Adj R-squared）为 0.9825，说明模型的解释能力是非常优秀且接近完美的。

模型经过 8 次剔除变量后得到最终结果。第 1 个模型是包含全部自变量的全模型，该模型中 V16 普通本专科学生变量的系数显著性 P 值高达 0.9697，被剔除掉；第 2 个模型是剔除掉 V16 普通本专科学生变量的模型，该模型中 V11 年末邮政局变量的系数显著性 P 值高达 0.9484，被剔除掉；第 3 个模型是剔除掉变量 V16 普通本专科学生、V11 年末邮政局的模型，该模型中 V10 城镇单位在岗职工平均工资变量的系数显著性 P 值高达 0.4041，被剔除掉；第 4 个模型是剔除掉变量 V16 普通本专科学生、V11 年末邮政局、V10 城镇单位在岗职工平均工资的模型，该模型中 V14 货物进出口总额变量的系数显著性 P 值高达 0.3298，被剔除掉；第 5 个模型是剔除掉变量 V16 普通本专科学生、V11 年末邮政局、V10 城镇单位在岗职工平均工资、V14 货物进出口总额的模型，该模型中 V2 年末户籍人口变量的系数显著性 P 值高达 0.1395，被剔除掉；第 6 个模型是剔除掉变量 V16 普通本专科学生、V11 年末邮政局、V10 城镇单位在岗职工平均工资、V14 货物进出口总额、V2 年末户籍人口变量的模型，该模型中 V7 地方一般公共预算收入变量的系数显著性 P 值高达 0.4125，被剔除掉；第 7 个模型是剔除掉变量 V16 普通本专科学生、V11 年末邮政局、V10 城镇单位在岗职工平均工资、V14 货物进出口总额、V2 年末户籍人口、V7 地方一般公共预算收入的模型，该模型中 V12 年末固定电话用户变量的系数显著性 P 值高达 0.2265，被剔除掉；第 8 个模型是剔除掉变量 V16 普通本专科学生、V11 年末邮政局、V10 城镇单位在岗职工平均工资、V14 货物进出口总额、V2

年末户籍人口、V7 地方一般公共预算收入、V12 年末固定电话用户的模型，该模型中 V18 执业医师变量的系数显著性 P 值高达 0.1006，被剔除掉；剔除掉上述自变量以后得到最终回归模型。

在最终回归模型中，变量 V15 年末实有公共汽电车营运车辆的系数标准误是 0.1541456，t 值为 4.71，P 值为 0.000，系数是比较显著的，95%的置信区间为[0.4088093,1.043747]。

变量 V13 社会消费品零售总额的系数标准误是 0.2147844，t 值为 6.23，P 值为 0.000，系数是非常显著的，95%的置信区间为[0.8951743,1.779888]。

变量 V8 地方一般公共预算支出的系数标准误是 0.3676656，t 值为 5.41，P 值为 0.000，系数是非常显著的，95%的置信区间为[1.233652,2.748095]。

变量 V9 住户存款余额的系数标准误是 0.1285351，t 值为-3.06，P 值为 0.005，系数是非常显著的，95%的置信区间为[-0.6585992,-0.1291531]。

变量 V17 医院数的系数标准误是 1.625229，t 值为-1.99，P 值为 0.058，系数是非常显著的，95%的置信区间为[-6.578553,0.1158925]。

常数项的系数标准误是 376.6697，t 值为-1.70，P 值为 0.101，系数是非常不显著的，95%的置信区间为[-1416.389,135.1421]。

最终最小二乘回归模型的方程是：

V3 地区生产总值= 1.990873 *V8 地方一般公共预算支出-0.3938762*V9 住户存款余额+1.337531 *V13 社会消费品零售总额+0.7262781*V15 年末实有公共汽电车营运车辆-3.23133*V17 医院数-640.6236

图 17.20 所示是对因变量的拟合值的预测。

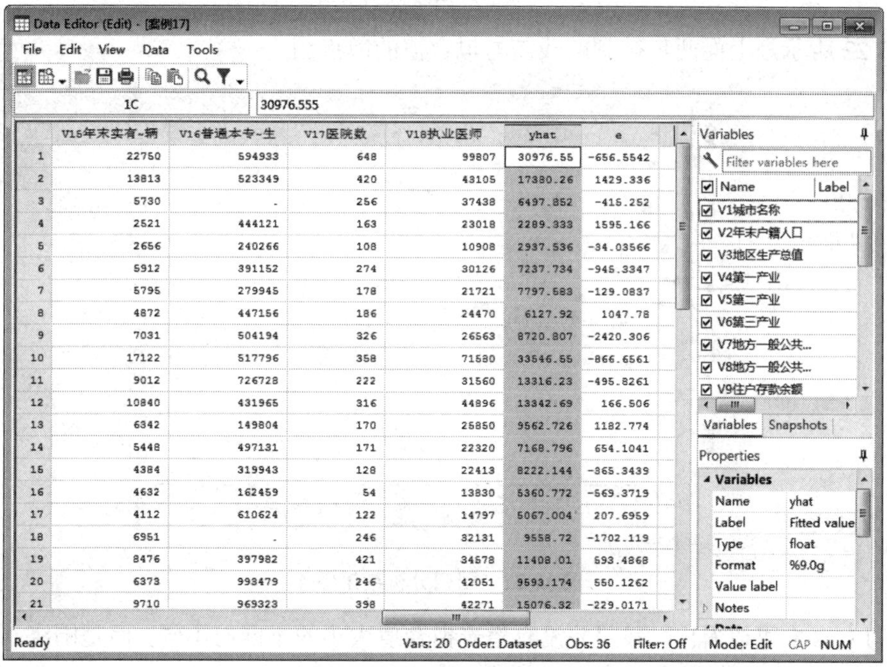

	V15年末实有~辆	V16普通本专~生	V17医院数	V18执业医师	yhat	e
1	22750	594933	648	99807	30976.55	-656.5542
2	13813	523349	420	43105	17380.26	1429.336
3	5730	.	256	37438	6497.852	-415.252
4	2521	444121	163	23018	2289.333	1595.166
5	2656	240266	108	10908	2937.536	-34.03566
6	5912	391152	274	30126	7237.734	-945.3347
7	5795	279945	178	21721	7797.583	-129.0837
8	4872	447156	186	24470	6127.92	1047.78
9	7031	504194	326	26563	8720.807	-2420.306
10	17122	517796	358	71580	33546.55	-866.6561
11	9012	726728	222	31560	13316.23	-495.8261
12	10840	431965	316	44896	13342.69	166.506
13	6342	149804	170	25850	9562.726	1182.774
14	5448	497131	171	22320	7168.796	654.1041
15	4384	319943	128	22413	8222.144	-865.3439
16	4632	162459	54	13830	5360.772	-569.3719
17	4112	610624	122	14797	5067.004	207.6959
18	6951	.	246	32131	9558.72	-1702.119
19	8476	397982	421	34678	11408.01	593.4868
20	6373	993479	246	42051	9593.174	550.1262
21	9710	969323	398	42271	15076.32	-229.0171

图 17.20 回归分析结果图 2

因变量预测拟合值是根据自变量的值和得到的回归方程计算出来的，主要用于预测未来。在图 17.20 中，可以看到 yhat 的值与 V3 地区生产总值的值是比较相近的，所以拟合的回归模型还是不错的。

图 17.21 所示是回归分析得到的残差序列。

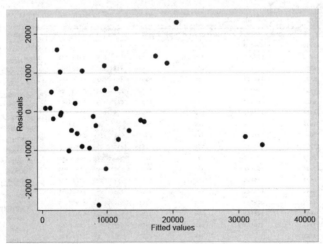

图 17.21　回归分析结果图 3

图 17.22 所示是上面两步得到的残差与拟合值的散点图。

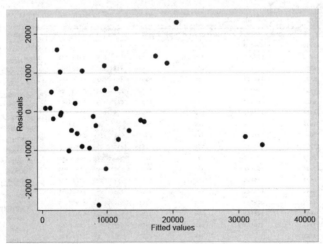

图 17.22　回归分析结果图 4

从图 17.22 中可以看出，残差并没有随着拟合值大小的不同而不同，而是围绕 0 值上下随机波动，所以数据很可能是不存在异方差的。

图 17.23 所示是怀特检验的检验结果。

怀特检验的原假设是数据为同方差。从图 17.23 中可以看出，P 值为 0.1772，非常显著地接受了同方差的原假设，认为不存在异方差。

图 17.24 和图 17.25 是 BP 检验的检验结果。其中，图 17.24 所示是使用得到的拟合值对数据进行异方差检验的结果，图 17.25 所示是使用方程右边的解释变量对数据进行异方差检验的结果。

```
. estat imtest,white

White's test for Ho: homoskedasticity
             against Ha: unrestricted heteroskedasticity

        chi2(20)    =    25.66
        Prob > chi2 =   0.1772

Cameron & Trivedi's decomposition of IM-test
```

Source	chi2	df	p
Heteroskedasticity	25.66	20	0.1772
Skewness	10.19	5	0.0700
Kurtosis	0.08	1	0.7812
Total	35.93	26	0.0929

图 17.23　回归分析结果图 5

```
. estat hettest,iid

Breusch-Pagan / Cook-Weisberg test for heteroskedasticity
         Ho: Constant variance
         Variables: fitted values of V3地区生产总值

        chi2(1)     =     1.26
        Prob > chi2 =   0.2620
```

图 17.24　回归分析结果图 6

```
. estat hettest,rhs iid

Breusch-Pagan / Cook-Weisberg test for heteroskedasticity
         Ho: Constant variance
         Variables: V15年末实有公共汽电车营运车辆 V13社会消费品零售总额
                    V8地方一般公共预算支出 V9住户存款余额 V17医院数

        chi2(5)     =     5.32
        Prob > chi2 =   0.3786
```

图 17.25　回归分析结果图 7

BP 检验的原假设是数据为同方差。从图 17.24 和图 17.25 中可以看出，P 值均大于 0.05，非常显著地接受了同方差的原假设，认为不存在异方差，所以我们没有必要使用稳健的标准差进行回归。

经过以上最小二乘回归分析，可以发现我国城市的地区生产总值与地方一般公共预算支出、住户存款余额、社会消费品零售总额、年末实有公共汽电车营运车辆、医院数有显著关系，与其他变量之间的关系并不显著。其中，地方一般公共预算支出、社会消费品零售总额、年末实有公共汽电车营运车辆对地区生产总值起正向作用，而住户存款余额、医院数对地区生产总值起反向作用。说明加强政府的财政支出、拉动提升社会的消费水平，而不是鼓励居民加强储蓄、提高城市的运营能力和便利程度，对于城市地区生产总值的作用是比较明显的。

17.7　因子分析

 下载资源:\video\17\17.4

对于因子分析，我们将对构成城市综合经济实力的各个变量提取公因子。
操作步骤如下：

01 进入 Stata 16.0，打开相关数据文件，弹出主界面。

02 在主界面的 Command 文本框中分别输入如下命令并按回车键进行确认：

- factor V2 年末户籍人口 V3 地区生产总值 V7 地方一般公共预算收入 V8 地方一般公共预算支出 V9 住户存款余额 V10 城镇单位在岗职工平均工资 V11 年末邮政局 V12 年末固定电话用户 V13 社会消费品零售总额 V14 货物进出口总额 V15 年末实有公共汽电车营运车辆 V16 普通本专科学生 V17 医院数 V18 执业医师,pcf: 采用主成分因子法对构成城市综合经济实力的各个变量进行因子分析。

- rotate: 采用最大方差正交旋转法对因子结构进行旋转。

- loadingplot,factors(2) yline(0) xline(0): 绘制因子旋转后的因子载荷图。

- predict f1 f2: 展示因子分析后各个样本的因子得分情况。

- correlate f1 f2: 展示系统提取的两个主因子的相关系数矩阵。

- scoreplot,mlabel(V1 城市名称) yline(0) xline(0): 展示每个样本的因子得分示意图。

- estat kmo: 展示本例因子分析的 KMO 检验结果。

- screeplot: 展示本例因子分析所提取的各个因子的特征值碎石图。

03 设置完毕后，等待输出结果。

在 Stata 16.0 主界面的结果窗口可以看到如图 17.26~图 17.34 所示的分析结果。

图 17.26 展示的是因子分析的基本情况。

```
. factor  V2年末户籍人口  V3地区生产总值  V7地方一般公共预算收入  V8地方一般公共预算支出  V
> 9住户存款余额  V10城镇单位在岗职工平均工资  V11年末邮政局  V12年末固定电话用户  V13社会消
> 费品零售总额  V14货物进出口总额  V15年末实有公共汽电车营运车辆  V16普通本专科学生  V17医
> 院数  V18执业医师,pcf
(obs=31)

Factor analysis/correlation                    Number of obs    =       31
    Method: principal-component factors        Retained factors =        2
    Rotation: (unrotated)                      Number of params =       27
```

Factor	Eigenvalue	Difference	Proportion	Cumulative
Factor1	10.47724	8.54753	0.7484	0.7484
Factor2	1.92971	1.13541	0.1378	0.8862
Factor3	0.79430	0.51014	0.0567	0.9429
Factor4	0.28416	0.07047	0.0203	0.9632
Factor5	0.21369	0.11127	0.0153	0.9785
Factor6	0.10242	0.03179	0.0073	0.9858
Factor7	0.07063	0.01405	0.0050	0.9909
Factor8	0.05658	0.02437	0.0040	0.9949
Factor9	0.03221	0.01777	0.0023	0.9972
Factor10	0.01444	0.00437	0.0010	0.9982
Factor11	0.01007	0.00098	0.0007	0.9990
Factor12	0.00908	0.00467	0.0006	0.9996
Factor13	0.00441	0.00338	0.0003	0.9999
Factor14	0.00103		0.0001	1.0000

```
LR test: independent vs. saturated:  chi2(91) =  946.01 Prob>chi2 = 0.0000
```

图 17.26 因子分析结果图 1

Factor loadings (pattern matrix) and unique variances

Variable	Factor1	Factor2	Uniqueness
V2年末户~口	0.7772	0.5454	0.0984
V3地区生~值	0.9729	-0.1025	0.0430
V7地方一~入	0.9079	-0.3652	0.0424
V8地方一~出	0.9460	-0.2363	0.0492
V9住户存~额	0.9664	-0.1657	0.0386
V10城镇单~资	0.6629	-0.6339	0.1586
V11年末邮~局	0.7121	0.5182	0.2244
V12年末固~户	0.9460	0.1262	0.0892
V13社会消~额	0.9617	-0.0415	0.0734
V14货物进~额	0.8468	-0.4925	0.0404
V15年末实~辆	0.9539	0.0012	0.0901
V16普通本~生	0.5642	0.4513	0.4780
V17医院数	0.7821	0.5028	0.1355
V18执业医师	0.9748	0.1341	0.0318

图 17.26　因子分析结果图 1（续）

图 17.26 的上半部分说明的是因子分析模型的一般情况，从图中可以看出共有 31 个样本（Number of obs = 31）参与了分析，提取保留的因子共有两个（Retained factors =2），模型 LR 检验的卡方值（LR test: independent vs. saturated: chi2(91)）为 946.01，P 值（Prob>chi2）为 0.0000，模型非常显著。图 17.26 的上半部分最左列（Factor）说明的是因子名称，可以看出模型共提取了 14 个因子。Eigenvalue 列表示的是提取因子的特征值情况，只有前两个因子的特征值是大于 1 的，其中第 1 个因子的特征值是 10.47724，第 2 个因子的特征值是 1.92971。Proportion 列表示的是提取因子的方差贡献率，其中第 1 个因子的方差贡献率为 74.84%，第 2 个因子的方差贡献率为 13.78%。Cumulative 列表示的是提取因子的累计方差贡献率，其中前两个因子的累计方差贡献率为 88.62%。

图 17.26 的下半部分说明的是模型的因子载荷矩阵以及变量的未被解释部分。其中，Variable 列表示的是变量名称，Factor1、Factor2 这两列分别说明的是提取的前两个主因子（特征值大于 1）对各个变量的解释程度，本例中，Factor1 对各个变量的解释都有较大贡献，Factor2 主要解释的是 V2 年末户籍人口、V11 年末邮政局、V16 普通本专科学生、V17 医院数变量的信息。Uniqueness 列表示变量未被提取的前两个主因子解释的部分，可以发现在舍弃其他主因子的情况下，信息的损失量是比较小的。

图 17.27 展示的是对因子结构进行旋转的结果。经过学者的研究表明，旋转操作有助于进一步简化因子结构。Stata 16.0 支持的旋转方式有两种：一种是最大方差正交旋转，一般适用于相互独立的因子或者成分，也是系统默认的情况；另一种是 Promax 斜交旋转，它允许因子或者成分之间存在相关关系。此处我们选择系统默认方式，当然后面的操作也证明了这种方式的恰当性。

Rotated factor loadings (pattern matrix) and unique variances

Variable	Factor1	Factor2	Uniqueness
V2年末户~口	0.2504	0.9159	0.0984
V3地区生~值	0.8145	0.5419	0.0430
V7地方一~入	0.9320	0.2982	0.0424
V8地方一~出	0.8792	0.4217	0.0492
V9住户存~额	0.8498	0.4891	0.0386
V10城镇单~资	0.9149	-0.0651	0.1586
V11年末邮~局	0.2176	0.8534	0.2244
V12年末固~户	0.6478	0.7008	0.0892
V13社会消~额	0.7669	0.5817	0.0734
V14货物进~额	0.9662	0.1612	0.0404
V15年末实~辆	0.7337	0.6096	0.0901
V16普通本~生	0.1464	0.7075	0.4780
V17医院数	0.2813	0.8862	0.1355
V18执业医师	0.6650	0.7253	0.0318

```
. rotate

Factor analysis/correlation                      Number of obs      =       31
    Method: principal-component factors          Retained factors  =        2
    Rotation: orthogonal varimax (Kaiser off)    Number of params  =       27
```

Factor	Variance	Difference	Proportion	Cumulative
Factor1	6.99686	1.58676	0.4998	0.4998
Factor2	5.41010	.	0.3864	0.8862

```
LR test: independent vs. saturated:  chi2(91) = 946.01 Prob>chi2 = 0.0000
```

Factor rotation matrix

	Factor1	Factor2
Factor1	0.7699	0.6381
Factor2	-0.6381	0.7699

图 17.27　因子分析结果图 2

图 17.27 包括 3 部分内容，第 1 部分说明的是因子旋转模型的一般情况，从图中可以看出共有 31 个样本（Number of obs = 31）参与了分析，提取保留的因子共有两个（Retained factors =2），模型 LR 检验的卡方值（LR test: independent vs. saturated: chi2(91)）为 946.01，P 值（Prob>chi2）为 0.0000，模型非常显著。图 17.27 的第 1 部分最左列（Factor）说明的是因子名称，可以看出模型共保留了两个因子。Variance 列表示的是提取因子的特征值情况，保留的两个因子的特征值都是大于 1 的，其中第 1 个因子的特征值是 6.99686，第 2 个因子的特征值是 5.41010。Proportion 列表示的是提取因子的方差贡献率，其中第 1 个因子的方差贡献率为 49.98%，第 2 个因子的方差贡献率为 38.64%。Cumulative 列表示的是提取因子的累计方差贡献率，其中前两个因子的累计方差贡献率为 88.62%。

图 17.27 的第 2 部分说明的是模型的因子载荷矩阵以及变量的未被解释部分。其中，Variable 列表示的是变量名称，Factor1、Factor2 这两列分别说明的是旋转提取的两个主因子对各个变量的解释程度，本例中，Factor1 主要解释的是 V3 地区生产总值、V7 地方一般公共预算收入、V8 地方一般公共预算支出、V9 住户存款余额、V10 城镇单位在岗职工平均工资、V13 社会消费品零售总额、V14 货物进出口总额、V15 年末实有公共汽电车营运车辆、V18 执业医师变量的信息，Factor2 主要解释的是 V2 年末户籍人口、V3 地区生产总值、V11 年末邮政局、V12 年末固定电话用户、V13 社会消费品零售总额、V15 年末实有公共汽电车营运车辆、V16 普通本专科学生、V17 医院数、V18 执业医师变量的信息。Uniqueness 列表示变量未被提取的前两个主因子解释的部分，可以发现在舍弃其他主因子的情况下，信息的损失量是很小的。

图 17.27 的第 3 部分展示的是因子旋转矩阵的一般情况。

图 17.28 展示的是因子旋转后的因子载荷图。因子载荷图可以使用户更加直观地看出各个变量前两个因子的解释情况。

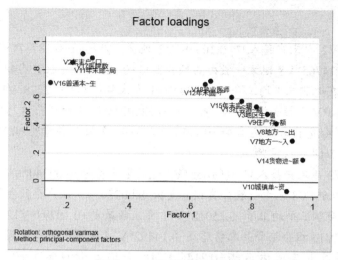

图 17.28　因子分析结果图 3

与前面的分析相同，我们发现 Factor1 主要解释的是 V3 地区生产总值、V7 地方一般公共预算收入、V8 地方一般公共预算支出、V9 住户存款余额、V10 城镇单位在岗职工平均工资、V13 社会消费品零售总额、V14 货物进出口总额、V15 年末实有公共汽电车营运车辆、V18 执业医师变量的信息，Factor2 主要解释的是 V2 年末户籍人口、V3 地区生产总值、V11 年末邮政局、V12 年末固定电话用户、V13 社会消费品零售总额、V15 年末实有公共汽电车营运车辆、V16 普通本专科学生、V17 医院数、V18 执业医师变量的信息。

图 17.29 展示的是因子分析后各个样本的因子得分情况。因子得分的概念是通过将每个变量标准化为平均数等于 0 和方差等于 1，然后以因子分析系数进行加权合计为每个因子构成的线性情况。以因子的方差贡献率为权数对因子进行加权求和，即可得到每个样本的因子综合得分。

根据图 17.29 展示的因子得分系数矩阵可以写出各公因子的表达式。值得一提的是，在表达式中各个变量已经不是原始变量而是标准化变量。

```
. predict f1 f2
(option regression assumed; regression scoring)

Scoring coefficients (method = regression; based on varimax rotated factors)
```

Variable	Factor1	Factor2
V2年末户~口	-0.12325	0.26497
V3地区生~值	0.10539	0.01835
V7地方一~入	0.18747	-0.09040
V8地方一~出	0.14765	-0.03665
V9住户存~额	0.12580	-0.00724
V10城镇单~资	0.25834	-0.21256
V11年末邮~局	-0.11902	0.25012
V12年末固~户	0.02778	0.10797
V13社会消~额	0.08440	0.04201
V14货物进~额	0.22508	-0.14492
V15年末实~辆	0.06971	0.05857
V16普通本~生	-0.10778	0.21444
V17医院数	-0.10879	0.24825
V18执业医师	0.02728	0.11288

图 17.29　因子分析结果图 4

表达式如下：

F1=-0.12325*V2 年末户籍人口+0.10539*V3 地区生产总值+0.18747*V7 地方一般公共预算收入+0.14765*V8 地方一般公共预算支出+0.12580*V9 住户存款余额+0.25834*V10 城镇单位在岗职工平均工资-0.11902*V11 年末邮政局+0.02778*V12 年末固定电话用户+0.08440*V13 社会消费品零售总额+0.22508*V14 货物进出口总额+0.06971*V15 年末实有公共汽电车营运车辆-0.10778*V16 普通本专科学生-0.10879*V17 医院数+0.02728*V18 执业医师

F2=0.26497*V2 年末户籍人口+0.01835*V3 地区生产总值-0.09040*V7 地方一般公共预算收入-0.03665*V8 地方一般公共预算支出-0.00724*V9 住户存款余额-0.21256*V10 城镇单位在岗职工平均工资+0.25012*V11 年末邮政局+0.10797*V12 年末固定电话用户+0.04201*V13 社会消费品零售总额-0.14492*V14 货物进出口总额+0.05857*V15 年末实有公共汽电车营运车辆+0.21444*V16 普通本专科学生+0.24825*V17 医院数+0.11288*V18 执业医师

选择 Data|Data Editor|Data Editor(Browse)命令，进入数据查看界面，可以看到如图 17.30 所示的因子得分数据。

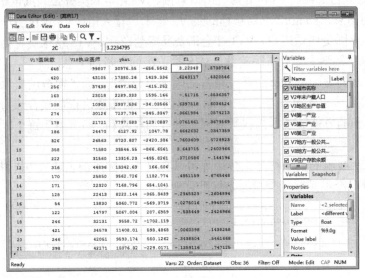

图 17.30　查看数据

图 17.31 展示的是系统提取的两个主因子的相关系数矩阵。

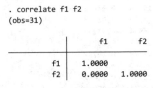

图 17.31　因子分析结果图 5

从图 17.31 中可以看出，提取的两个主因子之间几乎没有什么相关关系，这也说明了在前面对因子进行旋转的操作环节中采用最大方差正交旋转方式是明智的。图 17.32 展示的是每个样本在前两个主因子维度上的因子得分示意图。

从图 17.32 中可以看出，所有的样本被分到 4 个象限，可以比较直观地看出各个样本的因子得分分布情况。

图 17.33 展示的是本例因子分析的 KMO 检验结果。

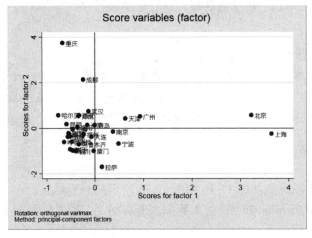

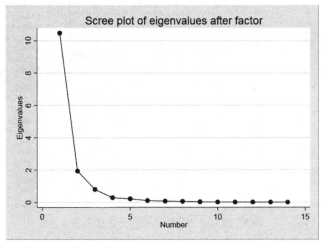

图 17.32　因子分析结果图 6　　　　　　　　图 17.33　因子分析结果图 7

KMO 检验是为了查看数据是否适合进行因子分析，其取值范围是 0~1。其中，0.9~1 表示极好、0.8~0.9 表示可奖励的、0.7~0.8 表示还好、0.6~0.7 表示中等。本例中总体（Overall）KMO 的取值为 0.8177 ，表明因子分析的效果还是不错的。

图 17.34 展示的是本例因子分析所提取的各个因子的特征值碎石图。

图 17.34　因子分析结果图 8

碎石图可以非常直观地观测出提取因子特征值的大小情况。图 17.34 所示的横轴表示的是系统提取因子的名称，并且已经按特征值大小进行降序排列，纵轴表示因子特征值的大小情况。从图 17.34 中可以轻松地看出本例中只有前两个因子的特征值是大于 1 的。

17.8　因子分析之后续分析

 下载资源:\video\17\17.5

对于本部分分析，我们准备依照提取的公因子对各城市进行分类及排序。

操作步骤如下：

01 进入 Stata 16.0，打开相关数据文件，弹出主界面。

02 在主界面的 Command 文本框中分别输入如下命令并按回车键进行确认：generate f=0.4998*f1+0.3864*f2，本命令的含义是产生"综合得分"，这一变量将最终代表各个城市的综合经济实力，其中 f1、f2 是在进行因子分析的时候对提取的公因子保存的变量，前面的系数是各个公因子的方差贡献率。

03 设置完毕后，等待输出结果。

在 Stata 16.0 主界面的结果窗口可以看到如图 17.35 和图 17.36 所示的分析结果。

选择 Data|Data Editor|Data Editor(Browse)命令，进入数据查看界面，可以看到如图 17.35 所示的"综合得分"变量数据。

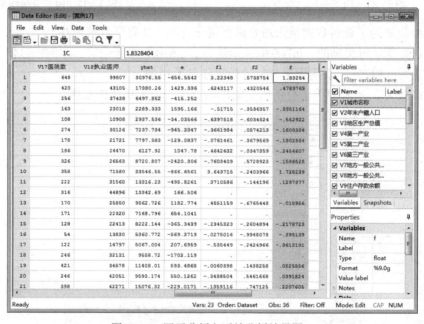

图 17.35　因子分析之后续分析结果图 1

可以对数据进行排序操作，在主界面的 Command 文本框中输入操作命令：

```
sort f
```

按回车键进行确认，然后选择 Data|Data Editor|Data Editor(Browse)命令，进入数据查看界面，可以看到如图 17.36 所示的整理后的数据。

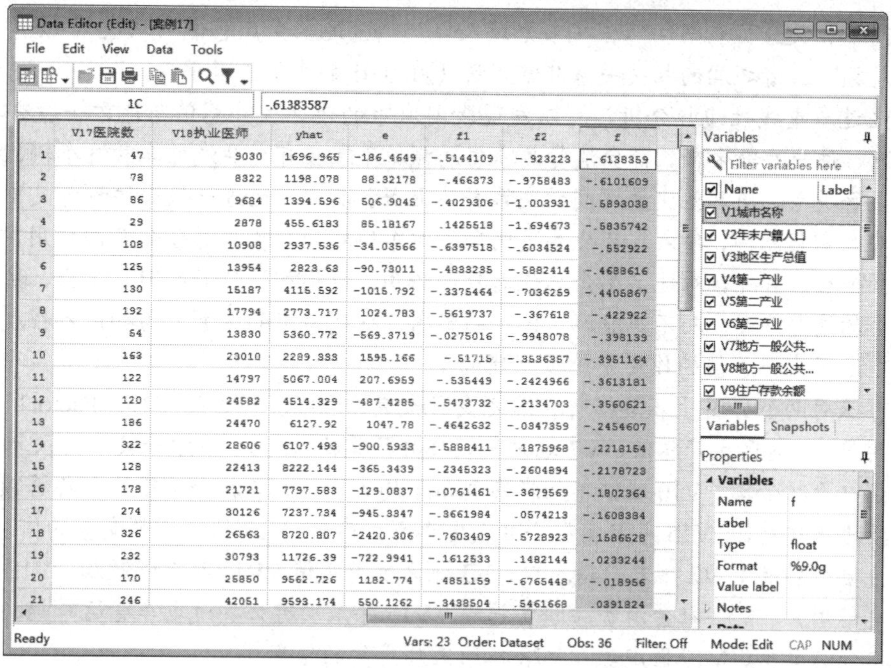

	V17医院数	V18执业医师	yhat	e	f1	f2	f
1	47	9030	1696.965	-186.4649	-.5144109	-.923223	-.6138359
2	78	8322	1198.078	88.32178	-.466373	-.9758483	-.6101609
3	86	9684	1394.596	506.9045	-.4029306	-1.003931	-.5893038
4	29	2878	455.6183	85.18167	.1425518	-1.694673	-.5835742
5	108	10908	2937.536	-34.03566	-.6397518	-.6034524	-.552922
6	125	13954	2823.63	-90.73011	-.4833235	-.5882414	-.4688616
7	130	15187	4115.592	-1015.792	-.3375464	-.7036259	-.4405867
8	192	17794	2773.717	1024.783	-.5619737	-.367618	-.422922
9	54	13830	5360.772	-569.3719	-.0275016	-.9948078	-.398139
10	163	23010	2289.333	1595.166	-.51715	-.3536357	-.3951164
11	122	14797	5067.004	207.6959	-.535449	-.2424966	-.3613181
12	120	24582	4514.329	-487.4285	-.5473732	-.2134703	-.3560621
13	186	24470	6127.92	1047.78	-.4642632	-.0347359	-.2454607
14	322	28606	6107.493	-900.5933	-.5888411	.1875968	-.2218164
15	128	22413	8222.144	-365.3439	-.2345323	-.2604894	-.2178723
16	178	21721	7797.583	-129.0837	-.0761461	-.3679569	-.1802364
17	274	30126	7237.734	-945.3347	-.3661984	.0574213	-.1608384
18	326	26563	8720.807	-2420.306	-.7603409	.5728923	-.1586528
19	232	30793	11726.39	-722.9941	-.1612533	.1482144	-.0233244
20	170	25850	9562.726	1182.774	.4851159	-.6765448	-.018956
21	246	42051	9593.174	550.1262	-.3438504	.5461668	.0391824

图 17.36　因子分析之后续分析结果图 2

观察综合得分列可以发现：除杭州、合肥、石家庄、济南、深圳因数据缺失未参加排名外，北京“一骑绝尘，一枝独秀”，是中国综合经济实力最强的城市；上海、重庆两个城市综合得分紧随其后，综合经济实力也是很强的，与北京构成前三甲；郑州、青岛、西安、南京、武汉、天津、广州、成都等城市的综合得分为 0~1，综合经济实力较强；海口、西宁、银川、拉萨、呼和浩特、兰州、乌鲁木齐、贵阳、厦门、太原、南昌、南宁、长春、昆明、福州、大连、沈阳、哈尔滨、长沙、宁波等城市的综合得分均为负值，综合经济实力相对较弱，其中最弱的是海口，得分为-0.6138359。所有城市的综合经济实力排名依次为：北京、上海、重庆、成都、广州、天津、武汉、南京、西安、青岛、郑州、宁波、长沙、哈尔滨、沈阳、大连、福州、昆明、长春、南宁、南昌、太原、厦门、贵阳、乌鲁木齐、兰州、呼和浩特、拉萨、银川、西宁、海口。

17.9　研究结论

- 简单相关分析表明：“V3 地区生产总值”的 3 个组成部分（“V4 第一产业”“V5 第二产业”“V6 第三产业”）只有“第二产业增加值”与“第三产业增加值”之间具有很强的相关性，并且在 0.01 的显著性水平上显著，其他的变量之间相关性很不显著。
- 简单相关分析表明：“V9 住户存款余额”和“V10 城镇单位在岗职工平均工资”之间相关系数比较高，为 0.7272，呈现正相关，而且这种相关性很强，在 0.01 的显著性水平上显著。
- 简单相关分析表明：“V7 地方一般公共预算收入”和“V8 地方一般公共预算支出”之间的相关系数很大，而且这种相关性很强，在 0.01 的显著性水平上显著。

- 简单相关分析表明："V2 年末户籍人口""V3 地区生产总值""V13 社会消费品零售总额"三者之间的相关关系非常显著（在 0.01 的水平上显著）。

- 经过多重线性回归分析，可以发现我国城市的地区生产总值与地方一般公共预算支出、住户存款余额、社会消费品零售总额、年末实有公共汽电车营运车辆、医院数有显著关系，与其他变量之间的关系并不显著。其中，地方一般公共预算支出、社会消费品零售总额、年末实有公共汽电车营运车辆对地区生产总值起正向作用，而住户存款余额、医院数对地区生产总值起反向作用。说明加强政府的财政支出、拉动提升社会的消费水平，而不是鼓励居民加强储蓄、提高城市的运营能力和便利程度，对于城市地区生产总值的作用是比较明显的。

- 可以用两个公因子来概括所有描述我国城市综合经济实力的指标：Factor1 主要解释的是 V3 地区生产总值、V7 地方一般公共预算收入、V8 地方一般公共预算支出、V9 住户存款余额、V10 城镇单位在岗职工平均工资、V13 社会消费品零售总额、V14 货物进出口总额、V15 年末实有公共汽电车营运车辆、V18 执业医师变量的信息，Factor2 主要解释的是 V2 年末户籍人口、V3 地区生产总值、V11 年末邮政局、V12 年末固定电话用户、V13 社会消费品零售总额、V15 年末实有公共汽电车营运车辆、V16 普通本专科学生、V17 医院数、V18 执业医师变量的信息。

- 因子分析之后续分析表明，除杭州、合肥、石家庄、济南、深圳因数据缺失未参加排名外，北京"一骑绝尘，一枝独秀"，是中国综合经济实力最强的城市；上海、重庆两个城市综合得分紧随其后，综合经济实力也是很强的，与北京构成前三甲；郑州、青岛、西安、南京、武汉、天津、广州、成都等城市的综合得分为 0~1，综合经济实力较强；海口、西宁、银川、拉萨、呼和浩特、兰州、乌鲁木齐、贵阳、厦门、太原、南昌、南宁、长春、昆明、福州、大连、沈阳、哈尔滨、长沙、宁波等城市的综合得分均为负值，综合经济实力相对较弱，其中最弱的是海口，得分为 -0.6138359。所有城市的综合经济实力排名依次为：北京、上海、重庆、成都、广州、天津、武汉、南京、西安、青岛、郑州、宁波、长沙、哈尔滨、沈阳、大连、福州、昆明、长春、南宁、南昌、太原、厦门、贵阳、乌鲁木齐、兰州、呼和浩特、拉萨、银川、西宁、海口。

经过以上研究，我们可以从一种宏观的视野对我国的城市综合经济实力有一个比较全面的了解，这对于以后我国城市的发展有着重要的借鉴和指导意义。例如，根据回归分析部分的结论，为了提高地区生产总值，我国各城市必须要加强政府的财政支出、拉动提升社会的消费水平，而不是鼓励居民加强储蓄、提高城市的运营能力和便利程度。再如，因子分析之后续分析表明，排名在前的大多是东部城市，在后的基本上是中西部城市，由于城市经济往往代表着一个地区的先进生产力，所以为了使我国经济均衡发展，加强中西部建设是非常有必要的。

17.10　本章习题

使用《中国统计年鉴 2008》上的《中国 2007 年省会城市和计划单列市主要经济指标统计（包括市辖县）》数据（数据已整理至 Stata 中）进行以下分析：

（1）相关分析

- 对"地区生产总值"和"工业增加值"进行简单相关分析。
- 对"客运量"和"货运量"进行简单相关分析。
- 对"地方财政预算内收入"和"地方财政预算内支出"进行简单相关分析。
- 对"年底总人口""地区生产总值""环境污染治理投资总额"这3个变量进行简单相关分析。

（2）回归分析

以"地区生产总值"为因变量，以"年底总人口""客运量""货运量""地方财政预算内收入""地方财政预算内支出""固定资产投资总额""城乡居民储蓄年末余额""在岗职工平均工资""年末邮政局数""年末固定电话用户数""社会商品零售总额""货物进出口总额""年末实有公共汽车营运车辆数""影剧院数""普通高等学校在校学生数""医院数""执业医师""环境污染治理投资总额"等为自变量，进行多重线性回归。

（3）因子分析

对构成城市综合经济实力的各个变量（"年底总人口""地区生产总值""客运量""货运量""地方财政预算内收入""地方财政预算内支出""固定资产投资总额""城乡居民储蓄年末余额""在岗职工平均工资""年末邮政局数""年末固定电话用户数""社会商品零售总额""货物进出口总额""年末实有公共汽车营运车辆数""影剧院数""普通高等学校在校学生数""医院数""执业医师""环境污染治理投资总额"）提取公因子。

（4）因子分析之后续分析

依照提取的公因子对各城市进行分类及排序。

第 18 章　Stata 在经济增长分析中的应用

近年来，党和政府高度重视经济增长方式的有效转变问题。当前我国经济已由高速增长阶段转向高质量发展阶段，建设现代化经济体系是跨越关口的迫切要求和我国发展的战略目标。

经济增长方式是指一个国家（或地区）经济增长的实现模式，关于经济增长方式的分类，目前比较流行也比较常用的做法是把它分为粗放型增长和集约型增长两类。其中，粗放型增长是在效率没有明显提高的情况下，主要依靠量的积累，依靠更多包括资本、劳动力等资源的投入来实现经济增长和经济总量增加的增长方式，这也是经济体在发展初始通常需要经历的一个阶段。与粗放型增长不同的是，集约型增长非常注重技术的改进与升级，注重资源利用效率的提升，注重生产效率的有效提高，强调质的方面，强调在不依靠更多包括资本、劳动力等资源的投入前提下，通过提高投入产出比来实现经济增长和经济总量增加。通常所说的经济增长方式的转变就是经济增长方式由粗放型增长方式向集约型增长方式的转变。本章就以山东省济南市为例介绍 Stata 16.0 在经济增长分析中的应用。

根据《2019 年济南市国民经济和社会发展统计公报》，2019 年，山东省济南市经济社会呈现出"好"的总态势：经济运行量质齐升、再上新台阶，人民生活福祉进一步提高，各项社会事业健康发展，"大强美富通"现代化国际大都市建设迈出坚实步伐。从供给角度看，产业结构持续优化，2019 年济南三次产业构成为 3.6∶34.6∶61.8，服务业占比提高 0.2 个百分点，居全省第一位，对 GDP 增长贡献率达到 59.3%，拉动经济增长 4.1 个百分点，服务业占主导的产业结构得到巩固。2019 年，济南工业新动能加速发展，大数据与新一代信息技术、生物医药产业营业收入分别增长 12.1%、9.1%；科技在工业发展中的作用越来越突出，规模上工业高新技术企业产值占比达到 51.2%，R&D 经费占 GDP 的比重提高 0.07 个百分点。在这种背景下，深入研究山东省济南市的经济增长问题意义重大。

18.1　数据来源与研究思路

本章所用的数据包括济南市 1994—2018 年地区生产总值、固定资产投资、年底就业人数、财政科技投入等时间序列数据。所有数据均取自历年《济南统计年鉴》。数据的 Excel 形式如表 18.1 所示。

表 18.1　济南市 1994—2018 年部分经济指标数据

年　份	地区生产总值/亿元	固定资产投资/亿元	年底就业人数/万人	财政科技投入/万元
1994	372	73	304	1432
1995	474	113	324	2307
1996	569	151	332	3634
1997	665	181	337	6123

（续表）

年　　份	地区生产总值/亿元	固定资产投资/亿元	年底就业人数/万人	财政科技投入/万元
1998	761	221	342	7687
1999	856	270	345	12650
2000	952	306	347	13027
2001	1066	344	350	18659
2002	1201	405	353	20184
2003	1365	505	355	14590
2004	1619	651	359	20251
2005	1846	857	360	22383
2006	2162	1017	362	27537
2007	2500	1152	364	40516
2008	3007	1415	367	45062
2009	3341	1655	372	52625
2010	3911	1987	374	62138
2011	4406	1934	376	75550
2012	4804	2186	379	101185
2013	5230	2638	382	108807
2014	5771	3063	386	95983
2015	6100	3498	389	114769
2016	6536	3974	395	118638
2017	7202	4364	405	128982
2018	7857	4782	419	210425

从表 18.1 中不难看出，本数据为时间序列数据，需要基于时间序列数据的特征，使用时间序列分析相关方法开展分析。基本的研究思路是：

（1）对济南市 1994—2018 年地区生产总值、固定资产投资、年底就业人数、财政科技投入等时间序列数据进行描述性分析，并绘制变量的时间序列趋势图，简明扼要地分析数据特征。

（2）对地区生产总值、固定资产投资、年底就业人数、财政科技投入等时间序列数据进行相关性检验，探索变量之间的相关关系。

（3）对地区生产总值、固定资产投资、年底就业人数、财政科技投入等时间序列变量采用多种方法进行单位根检验，综合分析其平稳性。

（4）使用回归分析方法探索平稳变量之间的关系，并使用迹检验这种协整检验的方式对非平稳数据进行协整检验，综合分析其长期均衡关系。

（5）对非平稳变量进行格兰杰因果关系检验，探讨变量之间的格兰杰因果关系。

（6）建立相应的误差修正模型，并提出研究结论。

18.2　描述性分析

	下载资源:\video\18\18.1
	下载资源:\sample\chap18\案例 18.dta

本案例的数据变量都是定距变量，通过进行定距变量的基本描述性统计可以得到数据的

概要统计指标，包括平均值、最大值、最小值、标准差、百分位数、中位数、偏度系数和峰度系数等。通过获得这些指标，可以从整体上对拟分析的数据进行宏观的把握，为后续进行更深入的数据分析做好必要准备。

18.2.1 Stata 分析过程

在用 Stata 进行分析之前，要把数据录入 Stata 中。本例中有 5 个变量，分别为年份、地区生产总值、固定资产投资、年底就业人数和财政科技投入。我们把年份变量设定为 year，并对变量加上标签"年份"；把地区生产总值变量设定为 gdp，并对变量加上标签"地区生产总值"；把固定资产投资变量设定为 invest，并对变量加上标签"固定资产投资"；把年底就业人数变量设定为 labor，并对变量加上标签"年底就业人数"；把财政科技投入变量设定为 scientific，并对变量加上标签"财政科技投入"。变量类型及长度采取系统默认方式，然后录入相关数据。相关操作在第 1 章中已详细讲述过了。录入完成后数据如图 18.1 所示。

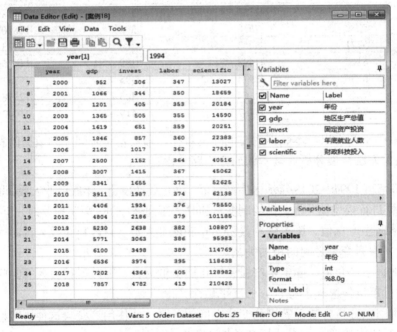

图 18.1　案例 18 的数据

先保存数据，然后开始展开分析，值得说明的是，本例中需要对各个时间序列变量数据进行对数标准化处理，一方面我们可以消除数据异方差的影响，使数据更适合深入分析，并且使数据更具实际意义；另一方面可以研究变量之间的弹性关系。在没有进行对数变换之前，变量之间的联动关系表现为自变量的变动引起因变量变动的程度，在进行对数变换之后，变量的联动关系就表现为自变量变动的百分比引起因变量变动的百分比的程度。此外，这种处理模式契合了经济增长的理论的经典模型之一：柯布-道格拉斯生产函数模型。该模型常用的表述形式是：

$$\ln Yt = \alpha \ln Kt + \beta \ln Lt + \gamma \ln Tt + \ln At + \mu$$

其中，Yt、Kt、Lt、Tt 分别表示地区生产总值、固定资产投资、年底就业人数和财政科技投入。α、β 和 γ 分别表示固定资产投资、年底就业人数和财政科技投入的产出弹性，lnAt 为常数项，而μ是随机误差项。

描述性分析的步骤如下：

01 进入 Stata 16.0，打开相关数据文件，弹出主界面。

02 在主界面的 Command 文本框中输入如下命令：

- generate lgdp=ln(gdp)：对变量 gdp 进行对数变换。
- generate linvest=ln(invest)：对变量 invest 进行对数变换。
- generate llabor=ln(labor)：对变量 labor 进行对数变换。
- generate lscientific=ln(scientific)：对变量 scientific 进行对数变换。
- summarize　gdp invest labor scientific lgdp linvest llabor lscientific,detail：对地区生产总值、固定资产投资、年底就业人数和财政科技投入等变量以及它们的对数标准化变量进行描述性分析。

03 设置完毕后，按回车键，等待输出结果。

18.2.2　结果分析

在 Stata 16.0 主界面的结果窗口可以看到如图 18.2~图 18.9 所示的分析结果。

1. 数据标准化处理结果

选择 Data|Data Editor|Data Editor(Browse)命令，进入数据查看界面，可以看到如图 18.2 所示的 lgdp 数据。lgdp 数据是对数据 gdp 进行对数变换处理的结果。

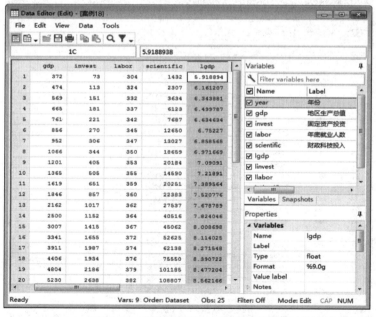

图 18.2　数据标准化处理分析结果 1

选择 Data|Data Editor|Data Editor(Browse)命令，进入数据查看界面，可以看到如图 18.3 所示的 linvest 数据。linvest 数据是对数据 invest 进行对数变换处理的结果。

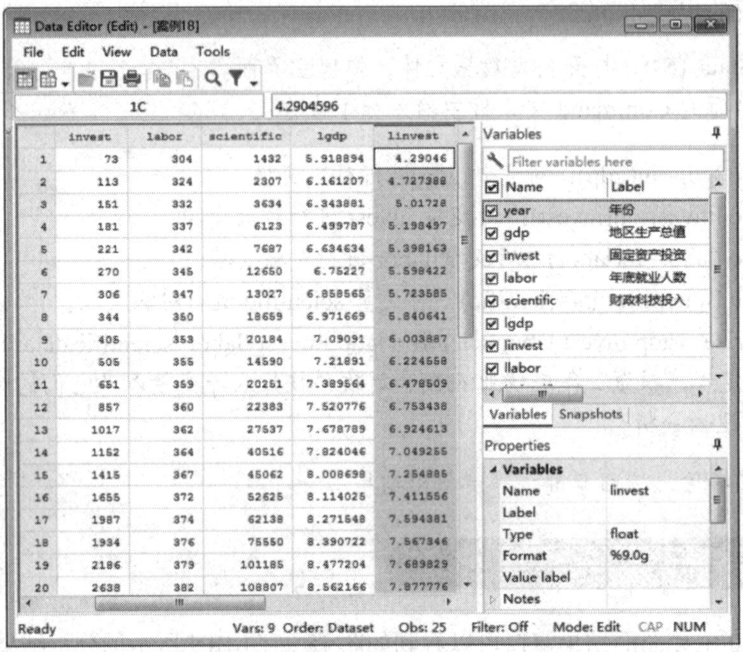

图 18.3　数据标准化处理分析结果 2

选择 Data|Data Editor|Data Editor(Browse)命令，进入数据查看界面，可以看到如图 18.4 所示的 llabor 数据。llabor 数据是对数据 labor 进行对数变换处理的结果。

图 18.4　数据标准化处理分析结果 3

选择 Data|Data Editor|Data Editor(Browse)命令，进入数据查看界面，可以看到如图 18.5 所示的 lscientific 数据。lscientific 数据是对数据 scientific 进行对数变换处理的结果。

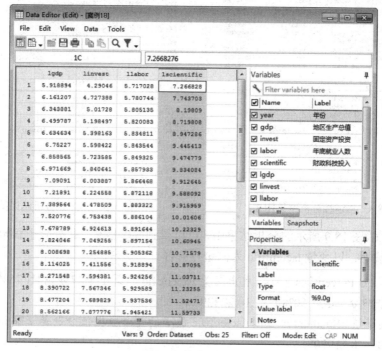

图 18.5　数据标准化处理分析结果 4

2. 描述性分析结果

图 18.6~图 18.9 给出了地区生产总值、固定资产投资、年底就业人数和财政科技投入等变量及其对数标准化变量的描述性分析结果。

地区生产总值

	Percentiles	Smallest		
1%	372	372		
5%	474	474		
10%	569	569	Obs	25
25%	952	665	Sum of Wgt.	25
50%	2162		Mean	2982.92
		Largest	Std. Dev.	2367.105
75%	4804	6100		
90%	6536	6536	Variance	5603184
95%	7202	7202	Skewness	.6352687
99%	7857	7857	Kurtosis	2.051052

固定资产投资

	Percentiles	Smallest		
1%	73	73		
5%	113	113		
10%	151	151	Obs	25
25%	306	181	Sum of Wgt.	25
50%	1017		Mean	1509.68
		Largest	Std. Dev.	1455.704
75%	2186	3498		
90%	3974	3974	Variance	2119075
95%	4364	4364	Skewness	.9022359
99%	4782	4782	Kurtosis	2.592756

图 18.6　描述性分析结果图 1

年底就业人数

	Percentiles	Smallest		
1%	304	304		
5%	324	324		
10%	332	332	Obs	25
25%	347	337	Sum of Wgt.	25
50%	362		Mean	363.12
		Largest	Std. Dev.	25.94276
75%	379	389		
90%	395	395	Variance	673.0267
95%	405	405	Skewness	-.0325833
99%	419	419	Kurtosis	2.989732

财政科技投入

	Percentiles	Smallest		
1%	1432	1432		
5%	2307	2307		
10%	3634	3634	Obs	25
25%	13027	6123	Sum of Wgt.	25
50%	27537		Mean	53005.76
		Largest	Std. Dev.	53349.06
75%	95983	114769		
90%	118638	118638	Variance	2.85e+09
95%	128982	128982	Skewness	1.206019
99%	210425	210425	Kurtosis	3.966954

图 18.7　描述性分析结果图 2

		lgdp		
	Percentiles	Smallest		
1%	5.918894	5.918894		
5%	6.161207	6.161207		
10%	6.343881	6.343881	Obs	25
25%	6.858565	6.499787	Sum of Wgt.	25
50%	7.678789		Mean	7.628051
		Largest	Std. Dev.	.9413496
75%	8.477204	8.716044		
90%	8.785081	8.785081	Variance	.886129
95%	8.882114	8.882114	Skewness	-.1883512
99%	8.96916	8.96916	Kurtosis	1.747939

		llabor		
	Percentiles	Smallest		
1%	5.717028	5.717028		
5%	5.780744	5.780744		
10%	5.805135	5.805135	Obs	25
25%	5.849325	5.820083	Sum of Wgt.	25
50%	5.891644		Mean	5.892261
		Largest	Std. Dev.	.0719725
75%	5.937536	5.963579		
90%	5.978886	5.978886	Variance	.00518
95%	6.003887	6.003887	Skewness	-.2463043
99%	6.037871	6.037871	Kurtosis	3.110952

		linvest		
	Percentiles	Smallest		
1%	4.29046	4.29046		
5%	4.727388	4.727388		
10%	5.01728	5.01728	Obs	25
25%	5.723585	5.198497	Sum of Wgt.	25
50%	6.924613		Mean	6.718114
		Largest	Std. Dev.	1.248746
75%	7.689829	8.159946		
90%	8.287528	8.287528	Variance	1.559367
95%	8.381145	8.381145	Skewness	-.2857663
99%	8.472614	8.472614	Kurtosis	1.878253

		lscientific		
	Percentiles	Smallest		
1%	7.266828	7.266828		
5%	7.743703	7.743703		
10%	8.19809	8.19809	Obs	25
25%	9.474779	8.719808	Sum of Wgt.	25
50%	10.22329		Mean	10.22819
		Largest	Std. Dev.	1.340958
75%	11.47193	11.65068		
90%	11.68383	11.68383	Variance	1.798168
95%	11.76743	11.76743	Skewness	-.5273256
99%	12.25688	12.25688	Kurtosis	2.447532

图 18.8　描述性分析结果图 3　　　　　　图 18.9　描述性分析结果图 4

在如图 18.6~图 18.9 所示的分析结果中，可以得到很多信息，此处限于篇幅不再针对各个变量一一展开说明，以变量 lscientific 为例进行解释。

- 百分位数（Percentiles）：可以看出变量 lscientific 的第 1 个四分位数（25%）是 9.474779，第 2 个四分位数（50%）是 10.22329。
- 4 个最小值（Smallest）：变量 lscientific 最小的 4 个数据值分别是 7.266828、7.743703、8.19809、8.719808。
- 4 个最大值（Largest）：变量 lscientific 最大的 4 个数据值分别是 11.65068、11.68383、11.76743、12.25688。
- 平均值（Mean）和标准差（Std. Dev）：变量 lscientific 的平均值为 10.22819，标准差是 1.340958。
- 偏度（Skewness）和峰度（Kurtosis）：变量 lscientific 的偏度为-0.5273256，为负偏度但不大。变量 lscientific 的峰度为 2.447532，有一个比正态分布略短的尾巴。

从上面的描述性分析结果中可以看出，所有数据中没有极端数据，数据间的量纲差距也在可接受范围之内，可以进入下一步的分析过程。

18.3　时间序列趋势图

 下载资源:\video\18\18.2

我们通过绘制时间序列趋势图可以迅速看出数据的变化特征，为后续更加精确地判断或者选择合适的模型做好必要准备。

18.3.1　Stata 分析过程

分析时间序列趋势图的步骤如下：

01 进入 Stata 16.0，打开相关数据文件，弹出主界面。

02 在主界面的 Command 文本框中输入如下命令：

- tsset year：把数据定义为时间序列，时间变量为 year。
- twoway(line gdp year)：绘制变量 gdp 随时间变量 year 变动的时间趋势图。
- twoway(line invest year)：绘制变量 invest 随时间变量 year 变动的时间趋势图。
- twoway(line labor year)：绘制变量 labor 随时间变量 year 变动的时间趋势图。
- twoway(line scientific year)：绘制变量 scientific 随时间变量 year 变动的时间趋势图。
- twoway(line lgdp year)：绘制变量 lgdp 随时间变量 year 变动的时间趋势图。
- twoway(line linvest year)：绘制变量 linvest 随时间变量 year 变动的时间趋势图。
- twoway(line llabor year)：绘制变量 llabor 随时间变量 year 变动的时间趋势图。
- twoway(line lscientific year)：绘制变量 lscientific 随时间变量 year 变动的时间趋势图。
- twoway(line d.lgdp year)：绘制变量 d.lgdp 随时间变量 year 变动的时间趋势图。
- twoway(line d.linvest year)：绘制变量 d.linvest 随时间变量 year 变动的时间趋势图。
- twoway(line d.llabor year)：绘制变量 d.llabor 随时间变量 year 变动的时间趋势图。
- twoway(line d.lscientific year)：绘制变量 d.lscientific 随时间变量 year 变动的时间趋势图。

03 设置完毕后，按回车键，等待输出结果。

18.3.2　结果分析

在 Stata 16.0 主界面的结果窗口可以看到如图 18.10~图 18.22 所示的分析结果。

图 18.10 显示的是把年份作为日期变量对数据进行时间定义的结果。

```
. tsset year
        time variable:  year, 1994 to 2018
                delta:  1 unit
```

图 18.10　时间序列趋势图分析结果图 1

从上述分析结果中，可以看到时间变量是年份（year），区间范围是 1994—2018，间距为 5。

图 18.11 显示的是变量地区生产总值随时间的变动趋势。

从上述分析结果中，可以看到变量地区生产总值具有明显、稳定的长期增长趋势。

图 18.12 显示的是变量固定资产投资随时间的变动趋势。

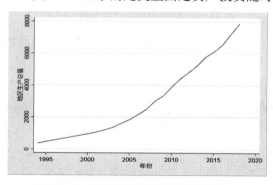

图 18.11　时间序列趋势图分析结果图 2

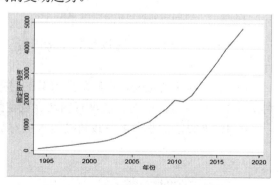

图 18.12　时间序列趋势图分析结果图 3

从上述分析结果中，可以看到变量固定资产投资具有明显、稳定的长期增长趋势。

图 18.13 显示的是变量年底就业人数随时间的变动趋势。从分析结果中，可以看到变量年底就业人数具有明显、稳定的向上增长趋势。

图 18.14 显示的是变量财政科技投入随时间的变动趋势。

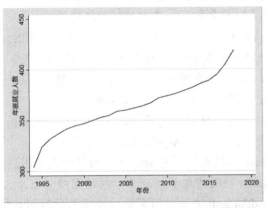 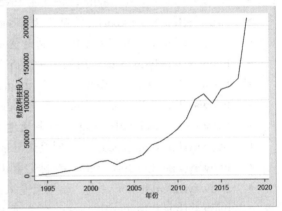

图 18.13　时间序列趋势图分析结果图 4　　　　图 18.14　时间序列趋势图分析结果图 5

从上述分析结果中，可以看到变量财政科技投入具有明显、稳定的长期变动趋势。

图 18.15 显示的是变量地区生产总值的对数值随时间的变动趋势。从分析结果中，可以看到变量地区生产总值的对数值具有明显、稳定的长期增长趋势。

图 18.16 显示的是变量固定资产投资的对数值随时间的变动趋势。

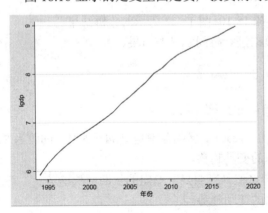 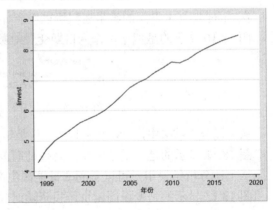

图 18.15　时间序列趋势图分析结果图 6　　　　图 18.16　时间序列趋势图分析结果图 7

从上述分析结果中，可以看到变量固定资产投资的对数值具有明显、稳定的长期增长趋势。

图 18.17 显示的是变量年底就业人数的对数值随时间的变动趋势。从分析结果中，可以看到变量年底就业人数的对数值具有明显、稳定的向上增长趋势。

图 18.18 显示的是变量财政科技投入的对数值随时间的变动趋势。

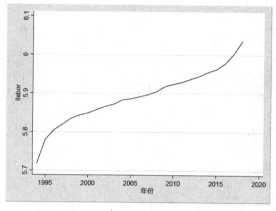

图18.17　时间序列趋势图分析结果图8　　　　　　图18.18　时间序列趋势图分析结果图9

从上述分析结果中，可以看到变量财政科技投入的对数值具有明显、稳定的长期变动趋势。

图18.19显示的是变量地区生产总值的对数值的一阶差分值随时间的变动趋势。从分析结果中，可以看到变量地区生产总值的对数值的一阶差分值没有明显、稳定的长期增长趋势。

图18.20显示的是变量固定资产投资的对数值的一阶差分值随时间的变动趋势。

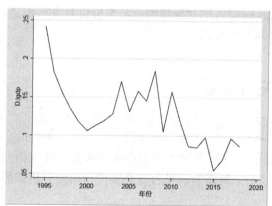
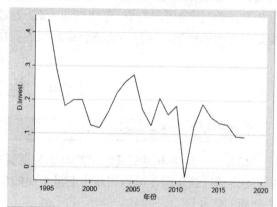

图18.19　时间序列趋势图分析结果图10　　　　　图18.20　时间序列趋势图分析结果图11

从上述分析结果中，可以看到变量固定资产投资的对数值的一阶差分值没有明显、稳定的长期增长趋势。

图18.21显示的是变量年底就业人数的对数值的一阶差分值随时间的变动趋势。从分析结果中，可以看到变量年底就业人数的对数值的一阶差分值没有明显、稳定的向上增长趋势。

图18.22显示的是变量财政科技投入的对数值的一阶差分值随时间的变动趋势。

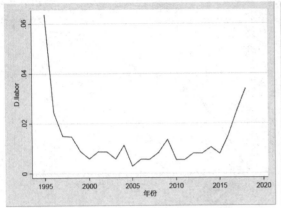

图 18.21　时间序列趋势图分析结果图 12

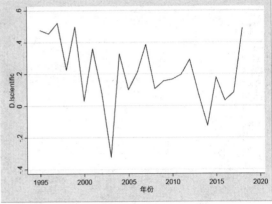

图 18.22　时间序列趋势图分析结果图 13

从上述分析结果中，可以看到变量财政科技投入的对数值的一阶差分值没有明显、稳定的长期变动趋势。

综上所述，通过绘制时间序列趋势图发现变量地区生产总值、固定资产投资、年底就业人数、财政科技投入的值及其对数标准化的值都是有明显、稳定的向上增长趋势的，而变量地区生产总值、固定资产投资、年底就业人数、财政科技投入的对数值的一阶差分值是没有明显、稳定的时间趋势的。这些结论将会在后续的操作命令中被用到。

18.4　相关性分析

 下载资源:\video\18\18.3

相关分析是不考虑变量之间的因果关系而只研究分析变量之间的相关关系的一种统计分析方法，通过该步操作可以判断出变量之间的相关性，从而考虑是否有必要进行后续分析或者增加新的变量等。

18.4.1　Stata 分析过程

相关性分析的步骤如下：

01 进入 Stata 16.0，打开相关数据文件，弹出主界面。

02 在主界面的 Command 文本框中输入如下命令：

- correlate gdp invest labor scientific,covariance：计算变量地区生产总值、固定资产投资、年底就业人数和财政科技投入之间的方差-协方差矩阵。

- correlate lgdp linvest llabor lscientific,covariance：计算变量地区生产总值、固定资产投资、年底就业人数和财政科技投入对数值之间的方差-协方差矩阵。

- correlate gdp invest labor scientific：计算变量地区生产总值、固定资产投资、年底就业人数和财政科技投入之间的相关系数矩阵。

- correlate lgdp linvest llabor lscientific：计算地区生产总值、固定资产投资、年底就业人

数和财政科技投入等变量的对数值之间的相关系数矩阵。

- pwcorr gdp invest labor scientific,sidak sig star(0.01)：进行变量地区生产总值、固定资产投资、年底就业人数和财政科技投入之间的相关系数矩阵的显著性检验，设定置信水平为99%。

- pwcorr lgdp linvest llabor lscientific,sidak sig star(0.01)：进行变量地区生产总值、固定资产投资、年底就业人数和财政科技投入之间的相关系数矩阵的显著性检验，设定置信水平为99%。

03 设置完毕后，按回车键，等待输出结果。

18.4.2　结果分析

在 Stata 16.0 主界面的结果窗口可以看到如图 18.23~图 18.28 所示的分析结果。

图 18.23 展示的是变量地区生产总值、固定资产投资、年底就业人数和财政科技投入之间的方差-协方差矩阵。

```
. correlate  gdp invest labor scientific,covariance
(obs=25)

                      gdp    invest     labor  scient~c

         gdp     5.6e+06
      invest     3.4e+06   2.1e+06
       labor     57591.4   34902.8   673.027
  scientific     1.2e+08   7.5e+07   1.3e+06   2.8e+09
```

图 18.23　相关性分析结果图 1

从上述分析结果中，可以看到地区生产总值的方差是 5.6e+06，固定资产投资的方差是 2.1e+06，年底就业人数的方差是 673.027，财政科技投入的方差是 2.8e+09，地区生产总值与固定资产投资之间的协方差是 3.4e+06，地区生产总值与年底就业人数之间的协方差是 57591.4，地区生产总值与财政科技投入之间的协方差是 1.2e+08，固定资产投资与年底就业人数之间的协方差是 34902.8，固定资产投资与财政科技投入之间的协方差是 7.5e+07，财政科技投入与年底就业人数之间的协方差是 1.3e+06。可以发现变量之间的方差差别是非常大的，我们对数据进行对数变换处理非常有必要，也是非常有意义的。

图 18.24 展示的是变量地区生产总值、固定资产投资、年底就业人数和财政科技投入对数值之间的方差-协方差矩阵。

```
. correlate  lgdp linvest llabor lscientific,covariance
(obs=25)

                     lgdp   linvest    llabor  lscien~c

        lgdp     .886139
     linvest     1.17298   1.55937
      llabor     .065473    .08726    .00518
 lscientific      1.2394   1.64483   .094106   1.79817
```

图 18.24　相关性分析结果图 2

从上述分析结果中，可以看到地区生产总值的对数值的方差是 0.886139，固定资产投资的对数值的方差是 1.55937，年底就业人数的对数值的方差是 0.00518，财政科技投入的对数值的方差是 1.79817，地区生产总值对数值与固定资产投资对数值之间的协方差是 1.17298，地区生产总值对数值与年底就业人数对数值之间的协方差是 0.065473，地区生产总值对数值与财政科技投入对数值之间的协方差是 1.2394，固定资产投资对数值与年底就业人数对数值之间的协方差是 0.08726，固定资产投资对数值与财政科技投入对数值之间的协方差是 1.64483，财政科技投入对数值与年底就业人数对数值之间的协方差是 0.094106。可以发现对变量进行对数变换处理后，变量的方差差距减少了很多，对数变换处理起到了应有的效果。

图 18.25 展示的是变量地区生产总值、固定资产投资、年底就业人数和财政科技投入之间的相关系数矩阵。

从上述分析结果中，可以看到变量地区生产总值、固定资产投资、年底就业人数和财政科技投入之间的相关系数非常高。其中地区生产总值与固定资产投资之间的相关系数是 0.9918，地区生产总值与年底就业人数之间的相关系数是 0.9378，地区生产总值与财政科技投入之间的相关系数是 0.9691，固定资产投资与年底就业人数之间的相关系数是 0.9242，固定资产投资与财政科技投入之间的相关系数是 0.9681，财政科技投入与年底就业人数之间的相关系数是 0.9121。各变量之间如此之高的正相关系数在一定程度上说明这几个变量之间很可能存在着一定的联动关系，说明我们的后续分析是很有必要的。

图 18.26 展示的是地区生产总值、固定资产投资、年底就业人数和财政科技投入等变量的对数值之间的相关系数矩阵。

```
. correlate  gdp invest labor scientific
(obs=25)

                    gdp    invest     labor  scient~c

       gdp        1.0000
    invest        0.9918    1.0000
     labor        0.9378    0.9242    1.0000
scientific        0.9691    0.9681    0.9121    1.0000
```

图 18.25 相关性分析结果图 3

```
. correlate  lgdp linvest llabor lscientific
(obs=25)

                   lgdp   linvest    llabor  lscien~c

      lgdp        1.0000
   linvest        0.9978    1.0000
    llabor        0.9664    0.9709    1.0000
lscientific       0.9819    0.9823    0.9751    1.0000
```

图 18.26 相关性分析结果图 4

从上述分析结果中，可以看到地区生产总值、固定资产投资、年底就业人数和财政科技投入等变量的对数值之间的相关系数非常高。其中地区生产总值的对数值与固定资产投资的对数值之间的相关系数是 0.9978，地区生产总值的对数值与年底就业人数的对数值之间的相关系数是 0.9664，地区生产总值的对数值与财政科技投入的对数值之间的相关系数是 0.9819，固定资产投资的对数值与年底就业人数的对数值之间的相关系数是 0.9709，固定资产投资的对数值与财政科技投入的对数值之间的相关系数是 0.9823，财政科技投入的对数值与年底就业人数的对数值之间的相关系数是 0.9751。各变量之间如此之高的正相关系数在一定程度上说明这几个变量之间很可能存在着一定的联动关系，说明我们的后续分析是很有必要的。

图 18.27 展示的是变量地区生产总值、固定资产投资、年底就业人数和财政科技投入之间的相关系数矩阵的显著性检验，设定置信水平为 99%。从分析结果中可以看到 4 个变量之间的相关系数非常高，均通过了置信水平为 99% 的相关性检验。

图 18.28 展示的是变量地区生产总值、固定资产投资、年底就业人数和财政科技投入之间的相关系数矩阵的显著性检验，设定置信水平为 99%。

```
. pwcorr gdp invest labor scientific,sidak sig star(0.01)
```

	gdp	invest	labor	scient~c
gdp	1.0000			
invest	0.9918* 0.0000	1.0000		
labor	0.9378* 0.0000	0.9242* 0.0000	1.0000	
scientific	0.9691* 0.0000	0.9681* 0.0000	0.9121* 0.0000	1.0000

图 18.27　相关性分析结果图 5

```
. pwcorr lgdp linvest llabor lscientific,sidak sig star(0.01)
```

	lgdp	linvest	llabor	lscien~c
lgdp	1.0000			
linvest	0.9978* 0.0000	1.0000		
llabor	0.9664* 0.0000	0.9709* 0.0000	1.0000	
lscientific	0.9819* 0.0000	0.9823* 0.0000	0.9751* 0.0000	1.0000

图 18.28　相关性分析结果图 6

　　从上述分析结果中可以看到 4 个变量经对数变换处理之后的相关系数依然非常高，均通过了置信水平为 99% 的相关性检验。

18.5　单位根检验

下载资源:\video\18\18.4

　　对于时间序列数据而言，数据的平稳性对于模型的构建是非常重要的。如果时间序列数据是不平稳的，就可能会导致自回归系数的估计值向左偏向于 0，使传统的 T 检验失效，也有可能会使得两个相互独立的变量出现假相关关系或者回归关系，造成模型结果失真。单位根检验是判断数据是否平稳的重要方法，只有进行了该步操作才能进行后续深入的分析。

18.5.1　Stata 分析过程

　　可以发现经过对数变换处理之后的变量要优于原变量，所以在后续的分析中不再包含原变量，只针对对数变换之后的变量进行分析，并得出研究结论。本例采用 3 种单位根检验分析方法，分别是 PP 检验、ADF 检验以及 DF-GLS 检验。通过绘制时间序列趋势图可以发现变量地区生产总值、固定资产投资、年底就业人数、财政科技投入的值及其对数标准化的值都是有明显、稳定的向上增长趋势的，而变量地区生产总值、固定资产投资、年底就业人数和财政科技投入的对数值的一阶差分值是没有明显、稳定的时间趋势的。这些结论将会在单位根检验的操作命令中被用到。

1．PP 检验

操作步骤如下：

01 进入 Stata 16.0，打开相关数据文件，弹出主界面。

02 在主界面的 Command 文本框中分别输入如下命令并按回车键进行确认：

- pperron lgdp,trend：对 lgdp 变量运用 PP 检验方法进行单位根检验，以判断该时间序列变量是否平稳。
- pperron linvest,trend：对 linvest 变量运用 PP 检验方法进行单位根检验，以判断该时间序列变量是否平稳。

- pperron llabor,trend：对 llabor 变量运用 PP 检验方法进行单位根检验，以判断该时间序列变量是否平稳。
- pperron lscientific,trend：对 lscientific 变量运用 PP 检验方法进行单位根检验，以判断该时间序列变量是否平稳。
- pperron d.lgdp,notrend：对 d.lgdp 变量运用 PP 检验方法进行单位根检验，以判断该时间序列变量是否平稳。
- pperron d.invest,notrend：对 d.invest 变量运用 PP 检验方法进行单位根检验，以判断该时间序列变量是否平稳。
- pperron d2.invest,notrend：对 d2.invest 变量运用 PP 检验方法进行单位根检验，以判断该时间序列变量是否平稳。

03 设置完毕后，等待输出结果。

2．ADF 检验

操作步骤如下：

01 进入 Stata 16.0，打开相关数据文件，弹出主界面。

02 在主界面的 Command 文本框中分别输入如下命令并按回车键进行确认：

- dfuller lgdp,trend：对 lgdp 变量运用 ADF 检验方法进行单位根检验，以判断该时间序列变量是否平稳。
- dfuller linvest,trend：对 linvest 变量运用 ADF 检验方法进行单位根检验，以判断该时间序列变量是否平稳。
- dfuller llabor,trend：对 llabor 变量运用 ADF 检验方法进行单位根检验，以判断该时间序列变量是否平稳。
- dfuller lscientific,trend：对 lscientific 变量运用 ADF 检验方法进行单位根检验，以判断该时间序列变量是否平稳。
- dfuller d.lgdp,notrend：对 d.lgdp 变量运用 ADF 检验方法进行单位根检验，以判断该时间序列变量是否平稳。
- dfuller d.lscientific,notrend：对 d.lscientific 变量运用 ADF 检验方法进行单位根检验，以判断该时间序列变量是否平稳。
- dfuller d.linvest,notrend：对 d.linvest 变量运用 ADF 检验方法进行单位根检验，以判断该时间序列变量是否平稳。

03 设置完毕后，等待输出结果。

3．DF-GLS 检验

操作步骤如下：

01 进入 Stata 16.0，打开相关数据文件，弹出主界面。

02 在主界面的 Command 文本框中分别输入如下命令并按回车键进行确认：

- dfgls lgdp: 对 lgdp 变量运用 DF-GLS 检验方法进行单位根检验，以判断该时间序列变量是否平稳。

- dfgls linvest: 对 linvest 变量运用 DF-GLS 检验方法进行单位根检验，以判断该时间序列变量是否平稳。

- dfgls llabor: 对 llabor 变量运用 DF-GLS 检验方法进行单位根检验，以判断该时间序列变量是否平稳。

- dfgls lscientific: 对 lscientific 变量运用 DF-GLS 检验方法进行单位根检验，以判断该时间序列变量是否平稳。

- dfgls d.lscientific: 对 d.lscientific 变量运用 DF-GLS 检验方法进行单位根检验，以判断该时间序列变量是否平稳。

- dfgls d.linvest: 对 d.linvest 变量运用 DF-GLS 检验方法进行单位根检验，以判断该时间序列变量是否平稳。

- dfgls d2.linvest: 对 d2.linvest 变量运用 DF-GLS 检验方法进行单位根检验，以判断该时间序列变量是否平稳。

03 设置完毕后，等待输出结果。

18.5.2　结果分析

在 Stata 16.0 主界面的结果窗口可以看到如图 18.29~图 18.49 所示的分析结果。

1．PP 检验的结果

PP 检验的结果如图 18.29~图 18.35 所示。其中图 18.29 展示的是对 lgdp 变量运用 PP 检验方法进行单位根检验的结果。

```
. pperron  lgdp,trend

Phillips-Perron test for unit root                Number of obs   =        24
                                                  Newey-West lags =         2

                           ——————— Interpolated Dickey-Fuller ———————
                Test       1% Critical      5% Critical     10% Critical
             Statistic        Value            Value            Value

Z(rho)        -3.074         -22.500          -17.900          -15.600
Z(t)          -1.171          -4.380           -3.600           -3.240

MacKinnon approximate p-value for Z(t) = 0.9162
```

图 18.29　单位根检验分析结果图 1

PP 检验的原假设是数据有单位根。从上面的结果中可以看出 P 值（MacKinnon approximate p-value for Z(t)）为 0.9162，接受了有单位根的原假设，这一点也可以通过观察 Z(t)值和 Z(rho) 值得到。实际 Z(rho)值为-3.074，在 1%的置信水平（-22.500）、5%的置信水平（-17.900）、10%的置信水平（-15.600）上都无法拒绝原假设。实际 Z(t)值为-1.171，在 1%的置信水平（-4.380）、5%的置信水平（-3.600）、10%的置信水平（-3.240）上都无法拒绝原假设，所以 lgdp 这一变量数据是存在单位根的，需要对其做一阶差分后再继续进行检验。

图 18.30 展示的是对 linvest 变量运用 PP 检验方法进行单位根检验的结果。

```
. pperron  linvest,trend

Phillips-Perron test for unit root                Number of obs   =        24
                                                  Newey-West lags =         2

                                    ———— Interpolated Dickey-Fuller ————
                     Test          1% Critical      5% Critical     10% Critical
                   Statistic          Value            Value            Value

    Z(rho)         -6.657           -22.500          -17.900          -15.600
    Z(t)           -2.497            -4.380           -3.600           -3.240

MacKinnon approximate p-value for Z(t) = 0.3295
```

图 18.30　单位根检验分析结果图 2

PP 检验的原假设是数据有单位根。从上面的结果中可以看出 P 值（MacKinnon approximate p-value for Z(t)）为 0.3295，非常显著地接受了有单位根的原假设，这一点也可以通过观察 Z(t) 值得到。实际 Z(t)值为-2.497，在 1%的置信水平（-4.380）、5%的置信水平（-3.600）都显著地接受了有单位根的原假设。

图 18.31 展示的是对 llabor 变量运用 PP 检验方法进行单位根检验的结果。

```
. pperron  llabor,trend

Phillips-Perron test for unit root                Number of obs   =        24
                                                  Newey-West lags =         2

                                    ———— Interpolated Dickey-Fuller ————
                     Test          1% Critical      5% Critical     10% Critical
                   Statistic          Value            Value            Value

    Z(rho)        -16.138           -22.500          -17.900          -15.600
    Z(t)           -4.412            -4.380           -3.600           -3.240

MacKinnon approximate p-value for Z(t) = 0.0021
```

图 18.31　单位根检验分析结果图 3

PP 检验的原假设是数据有单位根。从上面的结果中可以看出 P 值（MacKinnon approximate p-value for Z(t)）为 0.0021，拒绝了有单位根的原假设，这一点也可以通过观察 Z(t)值得到。实际 Z(t)值为-4.412，在 1%的置信水平（-4.380）、5%的置信水平（-3.600）、10%的置信水平（-3.240）上都拒绝了原假设，所以 llabor 这一变量数据是不存在单位根的。

图 18.32 展示的是对 lscientific 变量运用 PP 检验方法进行单位根检验的结果。

```
. pperron  lscientific,trend

Phillips-Perron test for unit root                Number of obs   =        24
                                                  Newey-West lags =         2

                                    ———— Interpolated Dickey-Fuller ————
                     Test          1% Critical      5% Critical     10% Critical
                   Statistic          Value            Value            Value

    Z(rho)         -8.314           -22.500          -17.900          -15.600
    Z(t)           -3.514            -4.380           -3.600           -3.240

MacKinnon approximate p-value for Z(t) = 0.0379
```

图 18.32　单位根检验分析结果图 4

PP 检验的原假设是数据有单位根。从上面的结果中可以看出 P 值（MacKinnon approximate p-value for Z(t)）为 0.0379，显著地拒绝了有单位根的原假设，这一点也可以通过观察 Z(t)值和 Z(rho)值得到。实际 Z(t)值为-3.514，在 1%的置信水平（-4.380）和 5%的置信水平（-3.600）之间，如果考虑 5%的置信水平，拒绝了原假设，实际 Z(rho)值为-8.314，在 1%的置信水平（-22.500）和 5%的置信水平（-17.900）之间，如果考虑 5%的置信水平，拒绝了原假设，所以 lscientific 这一变量数据是不存在单位根的。

图 18.33 展示的是对 d.lgdp 变量运用 PP 检验方法进行单位根检验的结果。

```
. pperron  d.lgdp,notrend

Phillips-Perron test for unit root          Number of obs   =         23
                                            Newey-West lags =          2

                              ───── Interpolated Dickey-Fuller ─────
                 Test         1% Critical      5% Critical     10% Critical
               Statistic        Value            Value            Value

Z(rho)         -10.381         -17.200          -12.500          -10.200
Z(t)            -3.359          -3.750           -3.000           -2.630

MacKinnon approximate p-value for Z(t) = 0.0124
```

图 18.33　单位根检验分析结果图 5

PP 检验的原假设是数据有单位根。从上面的结果中可以看出 P 值（MacKinnon approximate p-value for Z(t)）为 0.0124，显著地拒绝了有单位根的原假设，这一点也可以通过观察 Z(t)值得到。实际 Z(t)值为-3.359，在 1%的置信水平（-3.750 ）和 5%的置信水平（-3.000）之间，如果考虑 5%的置信水平，拒绝了原假设，所以经过 PP 检验，d.lgdp 这一变量数据是不存在单位根的。

图 18.34 展示的是对 d.invest 变量运用 PP 检验方法进行单位根检验的结果。

```
. pperron  d.invest,notrend

Phillips-Perron test for unit root          Number of obs   =         23
                                            Newey-West lags =          2

                              ───── Interpolated Dickey-Fuller ─────
                 Test         1% Critical      5% Critical     10% Critical
               Statistic        Value            Value            Value

Z(rho)          -4.248         -17.200          -12.500          -10.200
Z(t)            -1.407          -3.750           -3.000           -2.630

MacKinnon approximate p-value for Z(t) = 0.5791
```

图 18.34　单位根检验分析结果图 6

PP 检验的原假设是数据有单位根。从上面的结果中可以看出 P 值（MacKinnon approximate p-value for Z(t)）为 0.5791，显著地接受了有单位根的原假设，这一点也可以通过观察 Z(t)值和 Z(rho)值得到。实际 Z(t)值为-1.407，在 1%的置信水平（-3.750）、5%的置信水平（-3.000）上都不显著，接受了原假设。实际 Z(rho)值为-4.248 ，在 1%的置信水平（-17.200）、5%的置信水平（-12.500）上都不显著，接受了原假设，所以 d.invest 这一变量数据是存在单位根的。

图 18.35 展示的是对 d2.invest 变量运用 PP 检验方法进行单位根检验的结果。

```
. pperron  d2.invest,notrend

Phillips-Perron test for unit root            Number of obs    =        22
                                              Newey-West lags  =         2

                                  ———— Interpolated Dickey-Fuller ————
                    Test         1% Critical      5% Critical     10% Critical
                  Statistic         Value            Value            Value

  Z(rho)          -26.002         -17.200          -12.500          -10.200
  Z(t)             -7.189          -3.750           -3.000           -2.630

MacKinnon approximate p-value for Z(t) = 0.0000
```

图 18.35　单位根检验分析结果图 7

PP 检验的原假设是数据有单位根。从上面的结果中可以看出 P 值（MacKinnon approximate p-value for Z(t)）为 0.0000，显著地拒绝了有单位根的原假设，这一点也可以通过观察 Z(t)值和 Z(rho)值得到。实际 Z(t)值为-7.189，在 1%的置信水平（-3.750）、5%的置信水平（-3.000）上都很显著，拒绝了原假设。实际 Z(rho)值为-26.002，在 1%的置信水平（-17.200）、5%的置信水平（-12.500）上都很显著，拒绝了原假设，所以 d2.invest 这一变量数据是不存在单位根的。

2．ADF 检验的结果

ADF 检验的结果如图 18.36~图 18.42 所示。其中图 18.36 展示的是对 lgdp 变量运用 ADF 检验方法进行单位根检验的结果。

```
. dfuller  lgdp,trend

Dickey-Fuller test for unit root              Number of obs    =        24

                                  ———— Interpolated Dickey-Fuller ————
                    Test         1% Critical      5% Critical     10% Critical
                  Statistic         Value            Value            Value

  Z(t)             -0.811          -4.380           -3.600           -3.240

MacKinnon approximate p-value for Z(t) = 0.9647
```

图 18.36　单位根检验分析结果图 8

ADF 检验的原假设是数据有单位根。从上面的结果中可以看出 P 值（MacKinnon approximate p-value for Z(t)）为 0.9647，接受了有单位根的原假设，这一点也可以通过观察 Z(t)值得到验证。实际 Z(t)值为-0.811，在 1%的置信水平（-4.380）、5%的置信水平（-3.600）、10%的置信水平（-3.240）上都无法拒绝原假设，所以 lgdp 这一变量数据是存在单位根的，需要对其做一阶差分后再继续进行检验。

图 18.37 展示的是对 linvest 变量运用 ADF 检验方法进行单位根检验的结果。

```
. dfuller  linvest,trend

Dickey-Fuller test for unit root              Number of obs    =        24

                                  ———— Interpolated Dickey-Fuller ————
                    Test         1% Critical      5% Critical     10% Critical
                  Statistic         Value            Value            Value

  Z(t)             -2.539          -4.380           -3.600           -3.240

MacKinnon approximate p-value for Z(t) = 0.3089
```

图 18.37　单位根检验分析结果图 9

ADF 检验的原假设是数据有单位根。从上面的结果中可以看出 P 值（MacKinnon approximate p-value for Z(t)）为 0.3089，非常显著地接受了有单位根的原假设，这一点也可以通过观察 Z(t)值得到。实际 Z(t)值为-2.539，在 1%的置信水平(-4.380)、5%的置信水平(-3.600)、10%的置信水平（-3.240）上都显著地接受了有单位根的原假设，所以 linvest 这一变量数据是存在单位根的。

图 18.38 展示的是对 llabor 变量运用 ADF 检验方法进行单位根检验的结果。

```
. dfuller  llabor,trend

Dickey-Fuller test for unit root                Number of obs   =       24

                              ---------- Interpolated Dickey-Fuller ---------
                   Test         1% Critical      5% Critical     10% Critical
                 Statistic         Value            Value            Value
-----------------------------------------------------------------------------
 Z(t)             -4.842          -4.380           -3.600           -3.240
-----------------------------------------------------------------------------
MacKinnon approximate p-value for Z(t) = 0.0004
```

图 18.38　单位根检验分析结果图 10

ADF 检验的原假设是数据有单位根。从上面的结果中可以看出 P 值（MacKinnon approximate p-value for Z(t)）为 0.0004，拒绝了有单位根的原假设，这一点也可以通过观察 Z(t)值得到验证。实际 Z(t)值为-4.842，在 1%的置信水平（-4.380）、5%的置信水平（-3.600）、10%的置信水平（-3.240）上都拒绝了原假设，所以 llabor 这一变量数据是不存在单位根的。

图 18.39 展示的是对 lscientific 变量运用 ADF 检验方法进行单位根检验的结果。

```
. dfuller  lscientific,trend

Dickey-Fuller test for unit root                Number of obs   =       24

                              ---------- Interpolated Dickey-Fuller ---------
                   Test         1% Critical      5% Critical     10% Critical
                 Statistic         Value            Value            Value
-----------------------------------------------------------------------------
 Z(t)             -3.392          -4.380           -3.600           -3.240
-----------------------------------------------------------------------------
MacKinnon approximate p-value for Z(t) = 0.0524
```

图 18.39　单位根检验分析结果图 11

ADF 检验的原假设是数据有单位根。从上面的结果中可以看出 P 值（MacKinnon approximate p-value for Z(t)）为 0.0524，如果考虑 5%的置信水平，接受了有单位根的原假设，如果考虑 10%的置信水平，拒绝了有单位根的原假设。这一点也可以通过观察 Z(t)值得到。实际 Z(t)值为-3.392，在 5%的置信水平(-3.600)和 10%的置信水平(-3.240)之间，所以 lscientific 这一变量数据在 5%的置信水平上是存在单位根的，在 10%的置信水平上是不存在单位根的。

图 18.40 展示的是对 d.lgdp 变量运用 ADF 检验方法进行单位根检验的结果。

```
. dfuller  d.lgdp,notrend

Dickey-Fuller test for unit root                Number of obs     =       23

                         ———————— Interpolated Dickey-Fuller ————————
                 Test         1% Critical      5% Critical     10% Critical
            Statistic              Value            Value            Value
————————————————————————————————————————————————————————————————————————————
Z(t)          -3.346             -3.750           -3.000           -2.630
————————————————————————————————————————————————————————————————————————————
MacKinnon approximate p-value for Z(t) = 0.0129
```

图 18.40　单位根检验分析结果图 12

ADF 检验的原假设是数据有单位根。从上面的结果中可以看出 P 值（MacKinnon approximate p-value for Z(t)）为 0.0129，显著拒绝了有单位根的原假设，这一点也可以通过观察 Z(t)值得到。实际 Z(t)值为-3.346，在 1%的置信水平（-3.750）和 5%的置信水平（-3.000）之间，考虑 5%的置信水平（-3.000），拒绝原假设，所以 d.lgdp 这一变量数据是不存在单位根的。

图 18.41 展示的是对 d.lscientific 变量运用 ADF 检验方法进行单位根检验的结果。

```
. dfuller  d.lscientific,notrend

Dickey-Fuller test for unit root                Number of obs     =       23

                         ———————— Interpolated Dickey-Fuller ————————
                 Test         1% Critical      5% Critical     10% Critical
            Statistic              Value            Value            Value
————————————————————————————————————————————————————————————————————————————
Z(t)          -4.231             -3.750           -3.000           -2.630
————————————————————————————————————————————————————————————————————————————
MacKinnon approximate p-value for Z(t) = 0.0006
```

图 18.41　单位根检验分析结果图 13

ADF 检验的原假设是数据有单位根。从上面的结果中可以看出 P 值（MacKinnon approximate p-value for Z(t)）为 0.0006，显著地拒绝了有单位根的原假设，这一点也可以通过观察 Z(t)值得到。实际 Z(t)值为-4.231，在 1%的置信水平（-3.750）、5%的置信水平（-3.000）都显著拒绝了原假设，所以 d.lscientific 这一变量数据是不存在单位根的。

图 18.42 展示的是对 d.linvest 变量运用 ADF 检验方法进行单位根检验的结果。

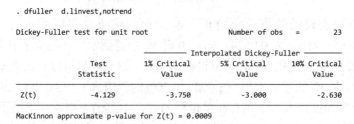

```
. dfuller  d.linvest,notrend
Dickey-Fuller test for unit root                Number of obs     =       23

                         ———————— Interpolated Dickey-Fuller ————————
                 Test         1% Critical      5% Critical     10% Critical
            Statistic              Value            Value            Value
————————————————————————————————————————————————————————————————————————————
Z(t)          -4.129             -3.750           -3.000           -2.630
————————————————————————————————————————————————————————————————————————————
MacKinnon approximate p-value for Z(t) = 0.0009
```

图 18.42　单位根检验分析结果图 14

ADF 检验的原假设是数据有单位根。从上面的结果中可以看出 P 值（MacKinnon approximate p-value for Z(t)）为 0.0009，显著地拒绝了有单位根的原假设，这一点也可以通过观察 Z(t)值得到。实际 Z(t)值为-4.129，在 1%的置信水平（-3.750）、5%的置信水平（-3.000）都显著拒绝了原假设，所以 d.linvest 这一变量数据是不存在单位根的。

3. DF-GLS 检验的结果

DF-GLS 检验的结果如图 18.43~图 18.49 所示。其中图 18.43 展示的是 lgdp 变量的 DF-GLS 检验结果。

```
. dfgls  lgdp

DF-GLS for lgdp                                    Number of obs =      16
Maxlag = 8 chosen by Schwert criterion

                DF-GLS tau      1% Critical     5% Critical    10% Critical
     [lags]    Test Statistic      Value           Value          Value

        8        -1.457          -3.770          -3.432          -2.725
        7        -1.455          -3.770          -3.114          -2.532
        6        -0.893          -3.770          -2.965          -2.471
        5        -0.935          -3.770          -2.950          -2.512
        4        -2.170          -3.770          -3.033          -2.625
        3        -2.218          -3.770          -3.178          -2.781
        2        -1.825          -3.770          -3.349          -2.949
        1        -0.637          -3.770          -3.509          -3.100

Opt Lag (Ng-Perron seq t) =  7  with RMSE   .0159757
Min SC   = -6.887076 at lag  7  with RMSE   .0159757
Min MAIC = -6.714982 at lag  1  with RMSE   .0316213
```

图 18.43　单位根检验分析结果图 15

DF-GLS 检验的原假设是数据有单位根。从上面的结果中可以看出根据信息准则确定的最优滞后阶数为 7 阶（Opt Lag (Ng-Perron seq t) =7 with RMSE 0.0159757），在该阶数下 DF-GLS 统计量的值是-1.455，在 1% 的置信水平（-3.770）、5% 的置信水平（-3.114）都接受了有单位根的原假设，所以 lgdp 变量数据是存在单位根的。这一点显然与前面两种方法的检验结果一致，我们选择多种检验方法对数据进行单位根检验的初衷就是综合各种检验方法的检验结果做出恰当的判断。

图 18.44 展示的是 linvest 变量的 DF-GLS 检验结果。

```
. dfgls  linvest

DF-GLS for linvest                                 Number of obs =      16
Maxlag = 8 chosen by Schwert criterion

                DF-GLS tau      1% Critical     5% Critical    10% Critical
     [lags]    Test Statistic      Value           Value          Value

        8        -0.956          -3.770          -3.432          -2.725
        7        -0.928          -3.770          -3.114          -2.532
        6        -0.806          -3.770          -2.965          -2.471
        5        -0.850          -3.770          -2.950          -2.512
        4        -0.703          -3.770          -3.033          -2.625
        3        -0.522          -3.770          -3.178          -2.781
        2        -0.575          -3.770          -3.349          -2.949
        1        -0.628          -3.770          -3.509          -3.100

Opt Lag (Ng-Perron seq t) = 0 [use maxlag(0)]
Min SC   = -5.09318 at lag  1  with RMSE   .0658829
Min MAIC = -5.251323 at lag  1  with RMSE   .0658829
```

图 18.44　单位根检验分析结果图 16

DF-GLS 检验的原假设是数据有单位根。从上面的结果中可以看出根据信息准则确定的最优滞后阶数为 1 阶（Opt Lag (Ng-Perron seq t) = 0 [use maxlag(0)]，Min SC =-5.09318 at lag 1 with RMSE 0.0658829，Min MAIC = -5.251323 at lag 1 with RMSE 0.0658829），在该阶数下 DF-GLS 统计量的值是-0.628，在 1% 的置信水平（-3.770）、5% 的置信水平（-3.509）、10% 的置信水平（-3.100）上都显著接受了有单位根的原假设，所以 linvest 变量数据是存在

单位根的。

图 18.45 展示的是对 llabor 变量运用 DF-GLS 检验方法进行单位根检验的结果。

```
. dfgls    llabor

DF-GLS for llabor                              Number of obs =      16
Maxlag = 8 chosen by Schwert criterion

               DF-GLS tau      1% Critical     5% Critical    10% Critical
        [lags] Test Statistic      Value           Value          Value

         8        -0.703          -3.770          -3.432         -2.725
         7        -0.596          -3.770          -3.114         -2.532
         6        -0.724          -3.770          -2.965         -2.471
         5        -1.487          -3.770          -2.950         -2.512
         4        -1.412          -3.770          -3.033         -2.625
         3        -1.562          -3.770          -3.178         -2.781
         2        -1.678          -3.770          -3.349         -2.949
         1        -1.665          -3.770          -3.509         -3.100

Opt Lag (Ng-Perron seq t) =  1 with RMSE  .0049465
Min SC   = -10.27157 at lag 1 with RMSE  .0049465
Min MAIC = -10.03348 at lag 1 with RMSE  .0049465
```

图 18.45　单位根检验分析结果图 17

DF-GLS 检验的原假设是数据有单位根。从上面的结果中可以看出根据信息准则确定的最优滞后阶数为 1 阶（Opt Lag (Ng-Perron seq t) = 1 with RMSE 0.0049465），接受了有单位根的原假设。这一点显然与前面两种方法的检验结果不一致，但这也是正常情况，事实上我们选择多种检验方法对数据进行单位根检验的初衷就是综合各种检验方法的检验结果做出恰当的判断。

图 18.46 展示的是对 lscientific 变量运用 DF-GLS 检验方法进行单位根检验的结果。

```
. dfgls    lscientific

DF-GLS for lscientific                         Number of obs =      16
Maxlag = 8 chosen by Schwert criterion

               DF-GLS tau      1% Critical     5% Critical    10% Critical
        [lags] Test Statistic      Value           Value          Value

         8        -0.678          -3.770          -3.432         -2.725
         7        -1.215          -3.770          -3.114         -2.532
         6        -1.131          -3.770          -2.965         -2.471
         5        -1.510          -3.770          -2.950         -2.512
         4        -1.561          -3.770          -3.033         -2.625
         3        -2.560          -3.770          -3.178         -2.781
         2        -2.284          -3.770          -3.349         -2.949
         1        -2.549          -3.770          -3.509         -3.100

Opt Lag (Ng-Perron seq t) =  4 with RMSE  .1171902
Min SC   = -3.42148 at lag 4 with RMSE  .1171902
Min MAIC = -3.127022 at lag 8 with RMSE  .1017325
```

图 18.46　单位根检验分析结果图 18

DF-GLS 检验的原假设是数据有单位根。从上面的结果中可以看出根据信息准则确定的最优滞后阶数为 4 阶（Opt Lag (Ng-Perron seq t) = 4 with RMSE 0.1171902），在该阶数下 DF-GLS 统计量的值是-1.561 ，接受了原假设，存在单位根。

图 18.47 展示的是对 d.linvest 变量运用 DF-GLS 检验方法进行单位根检验的结果。

```
. dfgls   d.linvest

DF-GLS for D.linvest                                      Number of obs =    15
Maxlag = 8 chosen by Schwert criterion

              DF-GLS tau       1% Critical      5% Critical      10% Critical
    [lags]    Test Statistic       Value            Value            Value

       8        -1.428           -3.770           -3.702           -2.892
       7        -2.362           -3.770           -3.257           -2.604
       6        -2.781           -3.770           -3.024           -2.482
       5        -2.853           -3.770           -2.960           -2.489
       4        -2.644           -3.770           -3.021           -2.590
       3        -2.888           -3.770           -3.163           -2.748
       2        -3.369           -3.770           -3.343           -2.927
       1        -3.329           -3.770           -3.517           -3.091

Opt Lag (Ng-Perron seq t) = 0 [use maxlag(0)]
Min SC   = -5.417982 at lag  1 with RMSE   .0556025
Min MAIC = -2.184477 at lag  1 with RMSE   .0556025
```

图 18.47　单位根检验分析结果图 19

DF-GLS 检验的原假设是数据有单位根。从上面的结果中可以看出显著性水平位于 5%和 10%之间，若考虑 5%的显著性水平，则接受了原假设，存在单位根。

图 18.48 展示的是对 d2.linvest 变量运用 DF-GLS 检验方法进行单位根检验的结果。

```
. dfgls   d2.linvest

DF-GLS for D2.linvest                                     Number of obs =    14
Maxlag = 8 chosen by Schwert criterion

              DF-GLS tau       1% Critical      5% Critical      10% Critical
    [lags]    Test Statistic       Value            Value            Value

       8        -1.879           -3.770           -4.084           -3.139
       7        -1.823           -3.770           -3.465           -2.719
       6        -1.615           -3.770           -3.116           -2.510
       5        -1.769           -3.770           -2.981           -2.468
       4        -2.003           -3.770           -3.009           -2.548
       3        -2.753           -3.770           -3.143           -2.705
       2        -3.515           -3.770           -3.332           -2.896
       1        -3.875           -3.770           -3.521           -3.075

Opt Lag (Ng-Perron seq t) = 0 [use maxlag(0)]
Min SC   = -4.80714 at lag  1 with RMSE   .0748646
Min MAIC = 2.355996 at lag  1 with RMSE   .0748646
```

图 18.48　单位根检验分析结果图 20

DF-GLS 检验的原假设是数据有单位根。从上面的结果中可以看出拒绝了原假设，不存在单位根。

图 18.49 展示的是对 d.lscientific 变量运用 DF-GLS 检验方法进行单位根检验的结果。

```
. dfgls d.lscientific

DF-GLS for D.lscientific                                  Number of obs =    15
Maxlag = 8 chosen by Schwert criterion

              DF-GLS tau       1% Critical      5% Critical      10% Critical
    [lags]    Test Statistic       Value            Value            Value

       8        -1.405           -3.770           -3.702           -2.892
       7        -1.657           -3.770           -3.257           -2.604
       6        -1.521           -3.770           -3.024           -2.482
       5        -1.979           -3.770           -2.960           -2.489
       4        -2.280           -3.770           -3.021           -2.590
       3        -3.546           -3.770           -3.163           -2.748
       2        -2.748           -3.770           -3.343           -2.927
       1        -4.045           -3.770           -3.517           -3.091

Opt Lag (Ng-Perron seq t) =  3 with RMSE   .1188256
Min SC   = -3.53805 at lag  3 with RMSE   .1188256
Min MAIC = -.0915814 at lag  2 with RMSE   .1394823
```

图 18.49　单位根检验分析结果图 21

DF-GLS 检验的原假设是数据有单位根。从上面的结果中可以看出拒绝了原假设，不存在单位根。

根据以上分析，综合考虑 3 种检验方法的检验结果，我们可以比较有把握地得出以下结论，即认为变量地区生产总值的对数值、固定资产投资的对数值、固定资产投资的对数值的一阶差分值、财政科技投入的对数值是存在单位根的，变量年底就业人数的对数值、地区生产总值的对数值的一阶差分值、固定资产投资的对数值的二阶差分值、财政科技投入的对数值的一阶差分值是不存在单位根的。在该结论的基础上，将进入下一节的协整检验分析过程。

18.6　协整检验

 下载资源:\video\18\18.5

在时间序列数据不平稳的情况下，构建出合理模型的重要方法就是进行协整检验并构建合理模型。协整的思想就是把存在一阶单整的变量放在一起进行分析，通过这些变量进行线性组合，从而消除它们的随机趋势，得到其长期联动趋势。

18.6.1　Stata 分析过程

本例采用迹检验协整检验分析方法。在前面几节中，我们通过绘制时间序列趋势图发现变量地区生产总值、固定资产投资、年底就业人数和财政科技投入的值及其对数标准化的值都是有明显、稳定的向上增长趋势的，而变量地区生产总值、固定资产投资、年底就业人数和财政科技投入的对数值的一阶差分值是没有明显、稳定的时间趋势的。通过 PP 检验、ADF 检验以及 DF-GLS 检验等单位根检验发现变量地区生产总值的对数值、固定资产投资的对数值、固定资产投资的对数值的一阶差分值、财政科技投入的对数值是存在单位根的，变量年底就业人数的对数值、地区生产总值的对数值的一阶差分值、固定资产投资的对数值的二阶差分值、财政科技投入的对数值的一阶差分值是不存在单位根的。这些结论将会在协整检验的操作命令中被用到。

本例中，因为仅有变量地区生产总值的对数值、财政科技投入的对数值是非平稳且一阶单整的，所以只研究这两个变量之间的长期均衡关系是否存在。迹检验的操作步骤如下：

01 进入 Stata 16.0，打开相关数据文件，弹出主界面。

02 在主界面的 Command 文本框中分别输入如下命令并按回车键进行确认：

- varsoc lgdp lscientific：根据信息准则确定变量的滞后阶数。
- vecrank lgdp lscientific,lags(4)：在确定滞后阶数的基础上确定协整秩。
- vecrank lgdp lscientific,lags(1)：在确定滞后阶数的基础上确定协整秩。

03 设置完毕后，等待输出结果。

18.6.2　结果分析

目前国际上公认的比较合理的信息准则有很多种，所以研究者在选取滞后阶数时要适当加入自己的判断。在确定滞后阶数后，我们要确定协整秩，协整秩代表着协整关系的个数。变量之间往往会存在多个长期均衡关系，所以协整秩并不必然等于 1。在确定协整秩后，我们就可以构建相应的模型，写出协整方程了。

在 Stata 16.0 主界面的结果窗口可以看到如图 18.50~图 18.52 所示的分析结果。

```
. varsoc  lgdp lscientific

Selection-order criteria
Sample:  1998 - 2018                                Number of obs      =      21

 lag     LL        LR      df     p      FPE       AIC       HQIC      SBIC

  0    -14.7882                          .016963   1.59888   1.62047   1.69836
  1     57.4182   144.41*   4   0.000    .000026* -4.89697* -4.8322*  -4.59853*
  2     58.5006   2.1649    4   0.705    .000034  -4.61911  -4.51116  -4.12171
  3     60.8832   4.7652    4   0.312    .000042  -4.46507  -4.31394  -3.76872
  4     65.0418   8.3172    4   0.081    .000044  -4.48017  -4.28587  -3.58487

Endogenous:  lgdp lscientific
Exogenous:   _cons
```

图 18.50　协整检验分析结果图 1

图 18.50 给出了根据信息准则确定的变量滞后阶数分析结果。最左列的 lag 表示的是滞后阶数，LL、LR 两列表示的是统计量，df 表示的是自由度，p 值表示的是对应滞后阶数下模型的显著性，FPE、AIC、HQIC、SBIC 代表的是 4 种信息准则，其中值越小越好，越应该选用，这一点也可以通过观察"*"来验证，带"*"说明是本信息准则下的最优滞后阶数。最下面两行文字说明的是模型中的外生变量和内生变量，本例中，外生变量包括 lgdp、lscientific（Endogenous: lgdp lscientific），内生变量包括常数项（Exogenous: _cons）。

综上所述，可以看出选取滞后阶数为 1 阶是比较合适的。此外，我们也可以尝试滞后阶数为 4 阶的结果。下面分别来判断两种滞后阶数下协整秩的具体情况。

当滞后阶数为 4 时，结果如图 18.51 所示。

```
. vecrank lgdp lscientific,lags(4)

                        Johansen tests for cointegration
Trend: constant                                       Number of obs =      21
Sample:  1998 - 2018                                         Lags =       4

                                                           5%
maximum                                        trace     critical
  rank     parms      LL      eigenvalue     statistic    value
   0        14     55.880727      .           18.3221     15.41
   1        17     63.40115    0.51141        3.2813*      3.76
   2        18     65.041788   0.14466
```

图 18.51　协整检验分析结果图 2

图 18.51 展示的是根据前面确定的滞后阶数确定协整秩的结果。分析本结果直接的方式就是找到带"*"的迹统计量（trace statistic），本例中该值为 3.2813，对应的协整秩为 1，这说明本例中地区生产总值的对数值、财政科技投入的对数值两个变量存在一个协整关系。

当滞后阶数为 1 时，结果如图 18.52 所示。

```
. vecrank lgdp lscientific,lags(1)

                           Johansen tests for cointegration
Trend: constant                                              Number of obs =      24
Sample: 1995 - 2018                                               Lags =         1

                                                       5%
maximum                                     trace    critical
rank      parms       LL      eigenvalue   statistic   value
  0         2     47.93275       .         35.0920     15.41
  1         5     64.015951    0.73822      2.9256*      3.76
  2         6     65.478729    0.11476
```

图 18.52   协整检验分析结果图 3

图 18.52 展示的是根据前面确定的滞后阶数确定协整秩的结果。分析本结果直接的方式就是找到带"*"的迹统计量，本例中该值为 2.9256，对应的协整秩为 1，这说明本例中地区生产总值的对数值、财政科技投入的对数值两个变量存在一个协整关系。

至此，协整检验介绍完毕。我们发现两种滞后阶数得到的结论是一致的。对于迹检验而言，同样可以构建出相应的模型来描述这种长期协整关系。这一点将在后续的 18.8 节中详细说明。

18.7   格兰杰因果关系检验

 下载资源:\video\18\18.6

协整关系表示的仅仅是变量之间的某种长期联动关系，与因果关系是毫无关联的，例如本例中虽然地区生产总值的对数值、财政科技投入的对数值两个变量之间存在协整关系，但是究竟是地区生产总值的对数值影响了财政科技投入的对数值，还是财政科技投入的对数值影响了地区生产总值的对数值，亦或是它们相互影响？如果要探究变量之间的因果关系，就需要用到格兰杰因果关系检验。

18.7.1   Stata 分析过程

在前面几节中，通过单位根检验发现地区生产总值的对数值、财政科技投入的对数值两个变量是一阶单整的，所以我们在进行格兰杰因果关系检验时选择的变量是地区生产总值的对数值、财政科技投入的对数值。

格兰杰因果关系检验的操作步骤如下：

01 进入 Stata 16.0，打开相关数据文件，弹出主界面。

02 在主界面的 Command 文本框中分别输入如下命令并按回车键进行确认：

- reg lgdp l.lgdp l.lscientific：以地区生产总值的对数值为因变量，以地区生产总值的对数值的滞后一期值、财政科技投入的对数值的滞后一期值为自变量，进行最小二乘回归分析。
- test l.lscientific：检验财政科技投入的对数值的滞后一期值这一变量的系数是否显著。
- reg lscientific l.lscientific l.lgdp：以财政科技投入的对数值为因变量，以财政科技投入的对数值的滞后一期值、地区生产总值的对数值的滞后一期值为自变量，进行最小二乘回归分析。

- test l.lgdp：检验地区生产总值的对数值的滞后一期值这一变量的系数是否显著。

03 设置完毕后，等待输出结果。

18.7.2　结果分析

在 Stata 16.0 主界面的结果窗口可以看到如图 18.53~图 18.56 所示的分析结果。

图 18.53 和图 18.54 展示的是财政科技投入是否是地区生产总值的格兰杰因的检验结果。通过观察分析结果可以看出 l.lscientific 的系数值是非常显著的。具体体现在其 t 值、F 值以及 P 值上，关于这一结果的详细解读方法前面章节中多有提及，限于篇幅此处不再赘述，所以我们可以比较有把握地得出结论，财政科技投入是地区生产总值的格兰杰因。

```
. reg   lgdp l.lgdp l.lscientific
```

Source	SS	df	MS		Number of obs	=	24
					$F(2, 21)$	=	11268.07
Model	18.2074354	2	9.10371769		Prob > F	=	0.0000
Residual	.016966349	21	.000807921		R-squared	=	0.9991
					Adj R-squared	=	0.9990
Total	18.2244017	23	.792365293		Root MSE	=	.02842

lgdp	Coef.	Std. Err.	t	P>|t|	[95% Conf. Interval]	
lgdp						
L1.	1.051404	.0325801	32.27	0.000	.9836504	1.119158
lscientific						
L1.	-.0595384	.0230135	-2.59	0.017	-.1073976	-.0116792
_cons	.3417887	.0499236	6.85	0.000	.237967	.4456104

图 18.53　格兰杰因果关系检验分析结果图 1

```
. test   l.lscientific

 ( 1)  L.lscientific = 0

       F(  1,    21) =      6.69
            Prob > F =    0.0172
```

图 18.54　格兰杰因果关系检验分析结果图 2

图 18.55 和图 18.56 展示的是地区生产总值是否是财政科技投入的格兰杰因的检验结果。通过观察分析结果可以看出 l.lgdp 的系数值是非常显著的。具体体现在其 t 值、F 值以及 P 值上，关于这一结果的详细解读方法前面章节中多有提及，限于篇幅此处不再赘述，综上所述，我们可以比较有把握地认为地区生产总值与财政科技投入互为格兰杰因。

```
. reg  lscientific l.lscientific l.lgdp
```

Source	SS	df	MS		Number of obs	=	24
					$F(2, 21)$	=	672.29
Model	33.4978028	2	16.7489014		Prob > F	=	0.0000
Residual	.523174956	21	.024913093		R-squared	=	0.9846
					Adj R-squared	=	0.9832
Total	34.0209777	23	1.47917294		Root MSE	=	.15784

lscientific	Coef.	Std. Err.	t	P>|t|	[95% Conf. Interval]	
lscientific						
L1.	.5177105	.1277945	4.05	0.001	.2519474	.7834737
lgdp						
L1.	.5878063	.180918	3.25	0.004	.2115668	.9640459
_cons	.6491281	.2772265	2.34	0.029	.072604	1.225652

图 18.55　格兰杰因果关系检验分析结果图 3

```
. test  l.lgdp

 ( 1)  L.lgdp = 0

       F(  1,    21) =     10.56
            Prob > F =    0.0038
```

图 18.56　格兰杰因果关系检验分析结果图 4

18.8　建立模型

 下载资源:\video\18\18.7

本节将执行最后的步骤，即根据前面得出的一系列结论建立相应的数据模型。建立模型的步骤如下：

1．建立模型方程

根据前面几节的分析，构建如下的模型方程：

d.lgdp = α*d2.linvest + β*llabor + γ*d.lscientific + lnAt +μ

其中，gdp、invest、labor、scientific 分别表示地区生产总值、固定资产投资、年底就业人数和财政科技投入；d.lgdp 表示地区生产总值对数值的一阶差分，d2.linvest 表示固定资产投资对数值的二阶差分，llabor 表示年底就业人数对数值，d.lscientific 表示财政科技投入对数值的一阶差分。α、β 和γ 分别表示固定资产投资、年底就业人数和财政科技投入的产出弹性，lnAt 为常数项，而 μ 是随机误差项。

2．估计整体方程

在主界面的 Command 文本框中输入命令：

```
reg d.lgdp d2.linvest llabor d.lscientific
```

按回车键进行确认，即可出现如图 18.57 所示的模型整体方程估计结果。

```
. reg d.lgdp d2.linvest llabor d.lscientific

      Source |       SS           df       MS            Number of obs   =        23
-------------+----------------------------------        F(3, 19)        =      4.23
       Model |  .010978556         3   .003659519        Prob > F        =    0.0189
    Residual |  .016437456        19   .000865129        R-squared       =    0.4004
-------------+----------------------------------        Adj R-squared   =    0.3058
       Total |  .027416012        22   .001246182        Root MSE        =    .02941

-------------------------------------------------------------------------------------
      D.lgdp |      Coef.   Std. Err.      t    P>|t|     [95% Conf. Interval]
-------------+-----------------------------------------------------------------------
     linvest |
         D2. |  -.0189573   .0826256    -0.23   0.821    -.1918946     .15398
             |
      llabor |  -.3501127   .1092477    -3.20   0.005    -.5787707    -.1214547
             |
  lscientific |
         D1. |   .0188383   .0319497     0.59   0.562    -.0480331    .0857098
             |
       _cons |   2.185424   .6464364     3.38   0.003     .832417    3.538431
-------------------------------------------------------------------------------------
```

图 18.57　建立模型分析结果图 1

从上述分析结果中可以看到共有 23 个样本参与了分析。模型的 F 值(3, 19) = 4.23，P 值（Prob > F）= 0.0189，说明模型整体上还是可以接受的。模型的可决系数（R-squared）为 0.4004，模型修正的可决系数（Adj R-squared）为 0.3058，说明模型的解释能力还是可以接受的。

模型的回归方程是：

d.lgdp =-0.0189573* d2.linvest-0.3501127 * llabor+0.0188383*d1.lscientific +2.185424

变量 d2.linvest 的系数标准误是 0.0826256，t 值为-0.23，P 值为 0.821，系数是非常显著的，95%的置信区间为[-0.1918946，0.15398]。变量 llabor 的系数标准误是 0.1092477，t 值为 -3.20，P 值为 0.005，系数也是非常显著的，95%的置信区间为[-0.5787707,-0.1214547]。变量 d1.lscientific 的系数标准误是 0.0319497，t 值为 0.59，P 值为 0.562，系数是非常不显著的，95% 的置信区间为[-0.0480331, 0.0857098]。常数项的系数标准误是 0.6464364，t 值为 3.38，P 值为 0.003，系数也是非常显著的，95%的置信区间为[0.832417, 3.538431]。

需要特别解释的是济南市的经济持续增长是一种事实，而且根据经济增长理论，资本（固定资产投资）、劳动力（年底就业人数）、科技投入（财政科技投入）对经济增长都是有促进作用的，所以 d.lgdp 反映的是经济增长的差额，或者说经济增长的速度。从该模型方程中可以得到很多信息：

- 首先，固定资产投资变动的系数为负而且很不显著，这说明济南市的固定资产投资变动对地区生产总值的变化不构成显著影响，在一定程度上说明了粗放的固定资产投资不再是济南市的重要经济增长动力。

- 其次，年底就业人数的系数为负而且很显著，这说明济南市的年底就业人数对地区生产总值的变化是具有显著的负向作用的，在一定程度上说明了济南市的就业市场已经饱和，过多的就业人口反而会降低经济运行效率，减缓经济增长的速度。

- 再次，科技投入对地区生产总值的影响变化关系在短期内是不够显著的，说明济南市对科技的投入在短期内的效果不明显，或者说科技投入不能立竿见影，并没有成为济南市经济发展的近期动力。

在主界面的 Command 文本框中输入命令：

```
vec lgdp lscientific,lags(1)
rank(1)
```

按回车键进行确认，即可出现如图 18.58 所示的地区生产总值与财政科技投入的长期均衡关系模型方程估计结果。

```
. vec lgdp lscientific,lags(1) rank(1)

Vector error-correction model

Sample:  1995 - 2018                          Number of obs    =        24
                                              AIC              = -4.917996
Log likelihood =  64.01595                    HQIC             = -4.852884
Det(Sigma_ml) =  .0000165                     SBIC             = -4.672568

Equation           Parms      RMSE     R-sq      chi2     P>chi2

D_lgdp               2       .028684   0.9578   499.3404   0.0000
D_lscientific        2       .1611    0.7207    56.76262   0.0000
```

	Coef.	Std. Err.	z	P>|z|	[95% Conf. Interval]
D_lgdp					
_ce1					
L1.	.0851063	.0160382	5.31	0.000	.0536719 .1165406
_cons	.0751501	.0114063	6.59	0.000	.0527942 .0975061
D_lscienti~c					
_ce1					
L1.	.3690515	.0900773	4.10	0.000	.1925033 .5455997
_cons	-.0173302	.0640625	-0.27	0.787	-.1428904 .10823

```
Cointegrating equations

Equation          Parms       chi2     P>chi2

_ce1                1       670.115    0.0000

Identification:  beta is exactly identified

           Johansen normalization restriction imposed
```

beta	Coef.	Std. Err.	z	P>|z|	[95% Conf. Interval]
_ce1					
lgdp	1	.	.	.	. .
lscientific	-.9427868	.0364199	-25.89	0.000	-1.014169 -.8714051
_cons	2.601482	.	.	.	. .

图 18.58　建立模型分析结果图 2

观察分析结果得到的协整方程为：

e=lgdp-0.9427868*lscientific+2.601482

该方程反映的是地区生产总值与财政科技投入的长期均衡关系。令 e=0，将模型进行变形可得：

lgdp=0.9427868*lscientific-2.601482

这个方程说明的是济南市科技投入对地方生产总值的长期作用是正向的，而且非常显著（观察到 lscientific 变量系数的显著性 P 值为 0.000），效果非常明显，能达到近 80%。

根据格兰杰因果关系检验的结果，地区生产总值与财政科技投入的长期均衡关系模型方程为：

d.lgdp=0.0851063*l.e+0.0751501

其中：

e=lgdp-0.9427868*lscientific+2.601482

d.lgdp=0.0851063*（l.lgdp-0.9427868*l.lscientific+2.601482）+0.0751501

l.lscientific 前面的系数为负值，说明上期科技投入偏多时，会引起本期地区生产总值的减少。这在一定程度上验证了前面得出的结论，科技投入虽然从长期来看对济南市经济增长贡献将会非常大，但在现阶段达不到预期效果。所以，综上所述，我们可以比较有把握地说，济南市科技投入对地方生产总值的长期作用是正向的，但是短期内没有这种效果。

18.9　研究结论

经过前面的研究之后，可以比较有把握地得出以下研究结论：

- 通过绘制时间序列趋势图发现变量地区生产总值、固定资产投资、年底就业人数、财政科技投入的值及其对数标准化的值都是有明显、稳定的向上增长趋势的，而变量地区生产总值、固定资产投资、年底就业人数、财政科技投入的对数值的一阶差分值是没有明显、稳定的时间趋势的。

- 变量地区生产总值、固定资产投资、年底就业人数和财政科技投入之间的相关系数非常高。其中，地区生产总值与固定资产投资之间的相关系数是 0.9918，地区生产总值与年底就业人数之间的相关系数是 0.9378，地区生产总值与财政科技投入之间的相关系数是 0.9691，固定资产投资与年底就业人数之间的相关系数是 0.9242，固定资产投资与财政科技投入之间的相关系数是 0.9681，财政科技投入与年底就业人数之间的相关系数是 0.9121。各变量之间如此之高的正相关系数在一定程度上说明这几个变量之间很可能存在着一定的联动关系。

- 变量地区生产总值的对数值、固定资产投资的对数值、固定资产投资的对数值的一阶差分值、财政科技投入的对数值是存在单位根的，变量年底就业人数的对数值、地区生产总值的对数值的一阶差分值、固定资产投资的对数值的二阶差分值、财政科技投入的对数值的一阶差分值是不存在单位根的。

- 根据协整检验结果，地区生产总值的对数值、财政科技投入的对数值两个变量存在一个协整关系。
- 根据格兰杰因果关系检验结果，地区生产总值与财政科技投入互为格兰杰因。
- 固定资产投资变动的系数为负而且很不显著，这说明济南市的固定资产投资变动对地区生产总值的变化不构成显著影响，在一定程度上说明了粗放的固定资产投资不再是济南市的重要经济增长动力。
- 年底就业人数的系数为负而且很显著，这说明济南市的年底就业人数对地区生产总值的变化是具有显著的负向作用的，在一定程度上说明了济南市的就业市场已经饱和，过多的就业人口反而会降低经济运行效率，减缓经济增长的速度。
- 科技投入对地区生产总值的影响变化关系在短期内是不够显著的，说明济南市对科技的投入在短期内的效果不明显，或者说科技投入不能立竿见影，并没有成为济南市经济发展的近期动力。
- 济南市科技投入对地方生产总值的长期作用是正向的，而且非常显著。上期科技投入偏多时，会引起本期地区生产总值的减少。这在一定程度上验证了前面得出的结论，科技投入虽然从长期来看对济南市经济增长贡献将会非常大，但在现阶段达不到预期效果。所以，综上所述，我们可以比较有把握地说，济南市科技投入对地方生产总值的长期作用是正向的，但是短期内没有这种效果。

18.10　本章习题

表 18.2 给出了某企业经营利润、固定资产投资、员工薪酬和科技研发投入的有关数据，试使用描述性分析、时间序列趋势图分析、相关性检验、单位根检验、协整检验、格兰杰因果关系检验等方法研究数据特征并对变量间的关系进行分析，最后建立相应的方程模型描述变量之间的联动关系。

表 18.2　习题数据

年　份	利润/万元	固定资产投资/万元	员工薪酬/万元	科技研发投入/万元
2003	1767.33	347.77	144.43	68.03
2004	2249.64	535.71	154.02	109.60
2005	2704.45	716.43	157.87	172.65
2006	3159.27	861.05	160.30	290.90
2007	3614.07	1048.48	162.29	365.20
2008	4068.91	1284.74	163.67	600.99
2009	4523.71	1453.54	165.05	618.90
2010	5065.20	1635.02	166.33	886.47
2011	5705.00	1922.64	167.56	958.92
2012	6486.54	2398.68	168.80	693.16

（续表）

年　份	利润/万元	固定资产投资/万元	员工薪酬/万元	科技研发投入/万元
2013	7691.09	3094.26	170.32	962.10
2014	8771.47	4071.52	171.03	1063.39
2015	10269.18	4830.55	171.89	1308.25
2016	11877.91	5471.60	173.08	1924.87
2017	14284.83	6724.09	174.55	2140.85
2018	15872.30	7864.48	176.88	2500.16
2019	18578.49	9442.13	177.54	2952.11

第 19 章　Stata 在 ROE 与股权集中度之间关系研究中的应用

股权集中度是指全部股东因持股比例的不同所表现出来的股权集中还是股权分散的数量化指标。股权集中度是衡量公司的股权分布状态的主要指标，也是衡量公司稳定性强弱的重要指标，同时也是衡量公司结构的重要指标[8]。企业管理者总是希望能探寻到最佳的组织架构，以便在资源既定的前提下实现企业的最优化经营，所以企业经营业绩和股权集中度之间的关系历来是学者们研究的热点。本章选取在沪深两市上市的我国 14 家上市银行在 2019 年 12 月 31 日、2018 年 12 月 31 日和 2017 年 12 月 31 日的数据作为样本进行观测，并使用 Stata 16.0 对数据进行深入分析，最后得出基于这些样本的 ROE 与股权集中度之间关系的实证研究结论。

19.1　研究背景

关于股权集中度问题的研究起源于 Berle 与 Means（1933），他们认为随着所有权的扩散，现代公司中典型的股东已不再能真正行使有效监督经营者行为的权利，而所有者与经营者的利益冲突的结果总是以有利于经营者一方而结束，私人财产的社会功能也因此受到严重的损害。Jensen 和 Meckling（1976）对公司价值与经理所拥有的股权之间的关系进行了研究，认为公司价值取决于内部股东所占有股份的比例，这一比例越高，公司的价值就越大。

其后，国外的相关研究主要集中在"股权集中度与企业经营业绩和企业市场价值是否存在显著的相关关系"方面，但是并无明确一致的实证结果。Demsets 和 Lehn（1985）考察了《财富》上 511 家美国大公司，发现股权集中度与 ROE 并不相关。Shlelter 和 Vishny（1986、1997）认为大股东但不控股的股东的存在有利于改善公司的控制问题，进而增加公司价值。Mcconnell Servaes（1990）认为公司价值是公司股权结构的函数，他通过对 1986 年 1093 个样本公司的市场价值与公司资产重置价值的比值和股权结构关系的实证分析，得出一个具有显著性的结论，即此比值与股权之间具有曲线关系，股权从 0 增加至 40%时，曲线向上倾斜，比例达到 40%~50%时，曲线开始向下倾斜。Mehran（1995）研究发现股权集中度与企业的 TobinQ 值、ROE 均无显著相关关系。Han 和 Suk（1998）研究发现，公司业绩与外部大量持股股东的股权比例呈正相关。

国内关于股权集中度的研究文献主要有：苏武康（2003）通过实证研究表明，中国上市公司股权结构中控股股东的存在有助于公司绩效的改善，股权集中度与公司绩效呈正相关关系。范玲（2010）以 2007 年在沪深证券交易所上市的钢铁行业 32 家 A 股公司作为实证研究对象，采用多元线性回归的方法，以 ROE 作为衡量公司经营绩效的指标，第一大股东持股比

8　该定义来自百度百科，具体网址：https://baike.baidu.com/item/股权集中度。

例、前五大股东持股比例、赫芬德尔指数和 Z 指数作为衡量股权集中度的指标，分析了钢铁行业上市公司股权集中度与经营绩效之间的关系，得出上市公司股权集中度与公司绩效呈现正相关关系。肖淑芳（2011）以 2006 年—2008 年公告实施股权激励的公司为样本，将股权激励水平、股权集中度和公司绩效视作内生变量，建立联立方程，运用三阶段最小二乘法分析股权激励水平、股权集中度与公司绩效三者之间的关系，结果表明，股权激励强度与公司股权集中度之间存在双向的影响关系，具体表现为股权激励强度越高，股权集中度越低，反之，股权越集中，则股权激励强度越低；股权激励对公司绩效并没有显著影响，而公司绩效对股权激励有显著的正向影响，即绩效越好的公司越倾向于实施股权激励；股权集中度对公司绩效没有显著的影响，公司绩效与股权集中度之间也不存在显著的相关关系。

19.2 基本概念与数据说明

关于股权集中度的度量，本章采用的数据是我国 14 家上市银行在 2019 年 12 月 31 日、2018 年 12 月 31 日和 2017 年 12 月 31 日的第一大股东的持股量、前五大股东的持股量、前十大股东的持股量以及它们各自的平方项。

公司绩效是指公司经营的业绩和效率，它反映公司的经营效果，一般用某个或一组财务指标加以反映，目前国内外股权结构研究一般采用托宾 Q 比率、净资产收益率（ROE）及主营业务资产收益率（CROA）作为公司绩效的评价标准。

- 托宾 Q 比率：Q=企业市场价值/企业重置成本=（权益市场总值+负债总值）/公司总产账面价值。
- 净资产收益率：ROE=净利润/净资产。
- 主营业务资产收益率：CROA= 主营业务利润/总资产。

本章采用的是我国 14 家上市银行在 2019 年 12 月 31 日、2018 年 12 月 31 日和 2017 年 12 月 31 日的 ROE 指标。ROE 指标反映了一定资本量下的相对利润水平，体现了资产的盈利能力，是资产是否优良的重要衡量指标。尽管更严格意义上的定义应该是将其中非主营利润从公司盈利中剔除，甚至还应该对公司的净资产指标进行严格评估，但是就整体统计层面上，ROE 水平应该是一个非常好的指标。

受前人研究的启发，本章选取在沪深两市上市的中国 14 家上市银行在 2019 年 12 月 31 日、2018 年 12 月 31 日和 2017 年 12 月 31 日的数据作为样本进行观测，最后得出了基于这些样本的 ROE 与股权集中度之间关系的实证研究结论。

样本数据为面板数据，上市银行包括招商银行、南京银行、工商银行、兴业银行、贵阳银行、北京银行、建设银行、农业银行、中国银行、光大银行、中信银行、交通银行、平安银行、浦发银行，时间点分别为 2019 年 12 月 31 日、2018 年 12 月 31 日和 2017 年 12 月 31 日。数据来源于万德资讯，其中 ROE 的数据和前十大股东各自的数据可以直接从网上得到。因为本章还试图以前五大股东或者前十大股东的总持股量作为解释变量，所以以手工计算了前五大股东或者前十大股东的总持股量（具体数据见表 19.1）。

表 19.1　沪深两市上市的中国 14 家上市银行在 2019 年 12 月 31 日、2018 年 12 月 31 日和 2017 年 12 月 31 日的数据

序　号	上市银行	第一大流通股东的持股量（比例）	前五大流通股东的持股量（比例）	前十大流通股东的持股量（比例）	净资产收益率	时间（1代表20191231，2代表20181231，3代表20171231）
1	招商银行	13.04	34.26	49.58	16.13	1
2	招商银行	13.04	34.26	48.31	15.79	2
3	招商银行	13.04	39.55	51.25	15.90	3
4	南京银行	14.87	44.71	50.29	15.12	1
5	南京银行	14.87	41.68	47.18	15.26	2
6	南京银行	11.23	39.72	46.99	14.96	3
7	工商银行	34.71	71.03	72.29	12.47	1
8	工商银行	34.71	71.42	72.55	13.36	2
9	工商银行	34.71	71.87	72.50	13.96	3
10	兴业银行	16.71	31.36	44.22	13.08	1
11	兴业银行	16.71	32.21	44.47	13.73	2
12	兴业银行	16.71	33.48	45.95	14.91	3
13	贵阳银行	14.56	31.88	43.65	16.26	1
14	贵阳银行	3.00	8.22	12.58	19.27	2
15	贵阳银行	1.48	6.26	10.13	22.16	3
16	北京银行	11.77	30.48	41.45	10.73	1
17	北京银行	11.77	35.35	42.65	10.89	2
18	北京银行	11.77	36.59	42.38	11.82	3
19	建设银行	0.88	1.45	1.45	12.72	1
20	建设银行	0.88	1.48	1.48	13.56	2
21	建设银行	1.07	1.50	1.50	14.44	3
22	农业银行	37.15	77.79	79.36	11.72	1
23	农业银行	37.15	77.36	78.46	13.10	2
24	农业银行	40.03	84.47	85.43	14.06	3
25	中国银行	64.02	68.22	68.80	10.82	1
26	中国银行	64.02	68.13	68.52	11.58	2
27	中国银行	64.02	67.90	68.10	11.86	3
28	光大银行	22.03	49.05	53.87	10.57	1
29	光大银行	22.03	48.97	53.53	10.75	2
30	光大银行	22.03	49.22	53.78	11.36	3

（续表）

序　号	上市银行	第一大流通股东的持股量（比例）	前五大流通股东的持股量（比例）	前十大流通股东的持股量（比例）	净资产收益率	时间（1代表20191231，2代表20181231，3代表20171231）
31	中信银行	59.14	62.39	62.54	10.07	1
32	中信银行	59.14	62.26	62.43	10.65	2
33	中信银行	59.14	61.98	62.16	10.93	3
34	交通银行	17.75	26.60	29.76	10.36	1
35	交通银行	20.40	28.69	31.65	10.75	2
36	交通银行	20.40	28.93	31.90	10.80	3
37	平安银行	49.57	67.91	71.04	10.20	1
38	平安银行	49.56	62.96	66.17	10.74	2
39	平安银行	48.10	61.46	64.91	10.93	3
40	浦发银行	18.70	57.11	72.47	11.49	1
41	浦发银行	18.70	57.11	72.11	12.47	2
42	浦发银行	18.70	57.11	71.80	13.68	3

19.3　实证分析

📹	下载资源:\video\19\19.1
💻	下载资源:\sample\chap19\案例 19.dta

19.3.1　描述性分析

在用 Stata 进行分析之前，我们要把数据录入 Stata 中。本例中有 9 个变量，分别为第一大股东的持股量、前五大股东的持股量、前十大股东的持股量、净资产收益率、时间、第一大股东的持股量的平方、前五大股东的持股量的平方、前十大股东的持股量的平方、银行名称。我们把第一大股东的持股量变量设定为 top1，把前五大股东的持股量变量设定为 top5，把前十大股东的持股量变量设定为top10，把净资产收益率变量设定为 roe，把时间变量设定为 t，把第一大股东的持股量的平方变量设定为 stop1，把前五大股东的持股量的平方变量设定为stop5，把前十大股东的持股量的平方变量设定为 stop10，把银行名称变量设定为 bank。变量类型及长度采取系统默认方式，然后录入相关数据。相关操作在第 1 章中已详细讲述过了。录入完成后数据如图 19.1 所示。

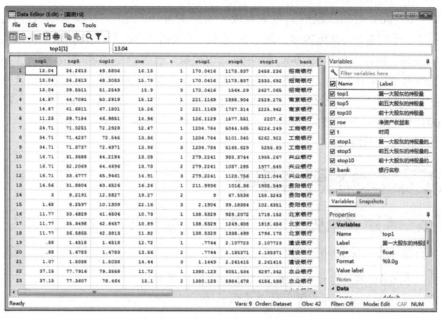

图 19.1　案例 19 的数据

先保存数据，然后开始展开分析，分析步骤及结果如下：

01 进入 Stata 16.0，打开相关数据文件，弹出主界面。

02 在主界面的 Command 文本框中输入命令：

```
summarize  top1 top5 top10 roe t stop1 stop5 stop10 bank
```

03 设置完毕后，按回车键进行确认。

在 Stata 16.0 主界面的结果窗口可以看到如图 19.2 所示的分析结果。

```
. summarize  top1 top5 top10 roe t stop1 stop5 stop10 bank
```

Variable	Obs	Mean	Std. Dev.	Min	Max
top1	42	26.26929	19.26652	.88	64.02
top5	42	45.81856	22.40064	1.4518	84.4723
top10	42	51.2294	21.94766	1.4518	85.4266
roe	42	12.98595	2.576974	10.07	22.16
t	42	2	.8263939	1	3
stop1	42	1052.436	1313.94	.7744	4098.56
stop5	42	2589.182	1944.684	2.107723	7135.569
stop10	42	3094.682	1937.742	2.107723	7297.704
bank	42	7.5	4.079993	1	14

图 19.2　描述性分析结果图

通过观察分析结果，可以对沪深两市上市的中国 14 家上市银行在 2019 年 12 月 31 日、2018 年 12 月 31 日和 2017 年 12 月 31 日的数据有整体初步的了解。从结果可以看出，有效观测样本共有 42 个。第一大股东的持股量的均值是 26.26929，标准差是 19.26652，最小值是 0.88，最大值是 64.02；前五大股东的持股量的均值是 45.81856，标准差是 22.40064，最小值是 1.4518，最大值是 84.4723；前十大股东的持股量的均值是 51.2294，标准差是 21.94766，最小值是 1.4518，最大值是 85.4266；净资产收益率的均值是 12.98595，标准差是 2.576974，最小值是 10.07，最大值是 22.16；此处时间变量被简单地看成了定距变量，按定距变量的描述性统计进行了处理，均值是 2，标准差是 0.8263939，最小值是 1，最大值是 3；第一大股东的持股量的平方的均值是 1052.436，标准差是 1313.94，最小值是 0.7744，最大值是 4098.56；前五大股东的持股量平方的均值是 2589.182，标准差是 1944.684，最小值是 2.107723，最大值是 7135.569；前十大股东的持股量的平方的均值是 3094.682，标准差是 1937.742，最小值是 2.107723，最大值是 7297.704；此处时间变量被简单地看成了定距变量，其最小值为 1，最大值为 14，说明共有 14 家银行参与了分析过程。

19.3.2 图形分析

 下载资源:\video\19\19.2

图形分析步骤及结果如下：

01 进入 Stata 16.0，打开相关数据文件，弹出主界面。

02 在主界面的 Command 文本框中输入命令：

- twoway scatter roe top1：绘制净资产收益率和第一大股东的持股量的散点图。
- twoway scatter roe top5：绘制净资产收益率和前五大股东的持股量的散点图。
- twoway scatter roe top10：绘制净资产收益率和前十大股东的持股量的散点图。
- twoway scatter roe stop1：绘制净资产收益率和第一大股东的持股量的平方的散点图。
- twoway scatter roe stop5：绘制净资产收益率和前五大股东的持股量的平方的散点图。
- twoway scatter roe stop10：绘制净资产收益率和前十大股东的持股量的平方的散点图。

03 设置完毕后，按回车键进行确认。

在 Stata 16.0 主界面的结果窗口可以看到如图 19.3~图 19.8 所示的分析结果。

图 19.3 所示是净资产收益率和第一大股东的持股量的散点图。

图 19.4 所示是净资产收益率和前五大股东的持股量的散点图。

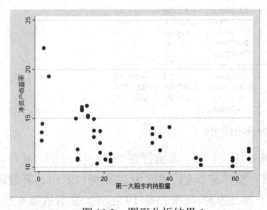

图 19.3　图形分析结果 1

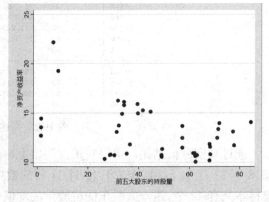

图 19.4　图形分析结果 2

图 19.5 所示是净资产收益率和前十大股东的持股量的散点图。

图 19.6 所示是净资产收益率和第一大股东的持股量的平方的散点图。

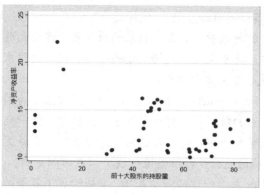

图 19.5　图形分析结果 3　　　　　　　　　图 19.6　图形分析结果 4

图 19.7 所示是净资产收益率和前五大股东的持股量的平方的散点图。

图 19.8 所示是净资产收益率和前十大股东的持股量的平方的散点图。

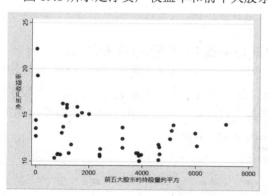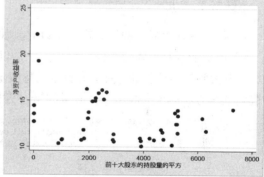

　　　图 19.7　图形分析结果 5　　　　　　　　　图 19.8　图形分析结果 6

可以发现，基于对沪深两市上市的中国 14 家上市银行在 2019 年 12 月 31 日、2018 年 12 月 31 日和 2017 年 12 月 31 日三个时点的 42 个样本量数据的图形分析，难以发现我国上市银行的净资产收益率与股权集中度之间的关系，需要进行回归分析进行深入研究。

19.3.3　普通最小二乘回归分析

> 下载资源:\video\19\19.3

下面以 ROE 为被解释变量，以第一大股东持股量（top1）、前五大股东持股量（top5）、前十大股东持股量（top10）、第一大股东持股量的平方（stop1）、前五大股东持股量的平方（stop5）、前十大股东持股量的平方（stop10）为解释变量。

建立线性模型：

ROE=a*top1+b*top5+c*top10+d*stop1+e*stop5+f*stop10+u

普通最小二乘回归分析的步骤及结果如下：

01 进入 Stata 16.0，打开相关数据文件，弹出主界面。

02 在主界面的 Command 文本框中输入如下命令：

- sw regress roe top1 top5 top10 stop1 stop5 stop10,pr(0.05)：使用逐步回归分析方法，以净资产收益率为因变量，以第一大股东的持股量、前五大股东的持股量、前十大股东的持股量、第一大股东的持股量的平方、前五大股东的持股量的平方、前十大股东的持股量的平方等变量为自变量，进行最小二乘回归分析。

- reg roe top1 top5 top10 stop1 stop5 stop10,vce(cluster   bank)：以净资产收益率为因变量，以第一大股东的持股量、前五大股东的持股量、前十大股东的持股量、第一大股东的持股量的平方、前五大股东的持股量的平方、前十大股东的持股量的平方等变量为自变量，并使用以 bank 为聚类变量的聚类稳健标准差进行最小二乘回归分析。

- reg roe top1 top5 stop1,vce(cluster   bank)：在上一步回归的基础上，剔除掉不显著的自变量以后，以净资产收益率为因变量，以第一大股东的持股量、前五大股东的持股量、第一大股东的持股量的平方等变量为自变量，并使用以 bank 为聚类变量的聚类稳健标准差进行最小二乘回归分析。

03 设置完毕后，按回车键进行确认。

在 Stata 16.0 主界面的结果窗口可以看到如图 19.9~图 19.11 所示的分析结果。

图 19.9 所示是使用逐步回归分析方法，以净资产收益率为因变量，以第一大股东的持股量、前五大股东的持股量、前十大股东的持股量、第一大股东的持股量的平方、前五大股东的持股量的平方、前十大股东的持股量的平方等变量为自变量，进行最小二乘回归分析的结果。

```
. sw regress roe top1 top5 top10 stop1 stop5 stop10,pr(0.05)
                          begin with full model
  p < 0.0500              for all terms in model
```

Source	SS	df	MS		Number of obs	=	42
					F(6, 35)		9.38
Model	167.875252	6	27.9792087		Prob > F	=	0.0000
Residual	104.397366	35	2.98278189		R-squared	=	0.6166
					Adj R-squared	=	0.5508
Total	272.272618	41	6.64079557		Root MSE	=	1.7271

roe	Coef.	Std. Err.	t	P>|t|	[95% Conf. Interval]	
top1	-.4097306	.1345065	-3.05	0.004	-.6827933	-.1366679
top5	-.906534	.2347903	-3.86	0.000	-1.383184	-.4298843
top10	.8695962	.2034731	4.27	0.000	.4565239	1.282668
stop1	.0041924	.0015232	2.75	0.009	.0011002	.0072846
stop5	.0088026	.0020488	4.30	0.000	.0046433	.0129619
stop10	-.0070324	.0018155	-3.87	0.000	-.0107182	-.0033467
_cons	15.29589	.9307525	16.43	0.000	13.40637	17.18542

图 19.9　普通最小二乘回归分析结果 1

从上述分析结果中可以看出共有 42 个样本参与了分析，模型的 F 值(6,35) =9.38，P 值（Prob > F）= 0.0000，说明模型整体上是非常显著的。模型的可决系数（R-squared）为 0.6166，模型修正的可决系数（Adj R-squared）为 0.5508，说明模型的解释能力还是可以接受的。

变量 top1 的系数标准误是 0.1345065，t 值为-3.05，P 值为 0.004，系数是非常显著的，95%的置信区间为[-0.6827933，-0.1366679]。变量 top5 的系数标准误是 0.2347903，t 值为-3.86，P 值为 0.000，系数是非常显著的，95%的置信区间为[-1.383184,-0.4298843]。变量 top10 的系数标准误是 0.2034731，t 值为 4.27，P 值为 0.000，系数是非常显著的，95%的置信区间为

[0.4565239, 1.282668]。

变量 stop1 的系数标准误是 0.0015232，t 值为 2.75，P 值为 0.009，系数是非常显著的，95%的置信区间为[0.0011002,0.0072846]。变量 stop5 的系数标准误是 0.0020488，t 值为 4.30，P 值为 0.000，系数是非常显著的，95%的置信区间为[0.0046433,0.0129619]。变量 stop10 的系数标准误是 0.0018155，t 值为-3.87，P 值为 0.000，系数是非常显著的，95%的置信区间为[-0.0107182,-0.0033467]。

常数项的系数标准误是 0.9307525，t 值为 16.43，P 值为 0.000，系数也是非常显著的，95%的置信区间为[13.40637, 17.18542]。

模型的回归方程是：

ROE=-0.4097306*top1-0.906534*top5+0.8695962*top10+0.0041924*stop1+0.0088026*stop5-0.0070324*stop10+15.29589

可以看出基于对沪深两市上市的中国 14 家上市银行在 2019 年 12 月 31 日、2018 年 12 月 31 日和 2017 年 12 月 31 日数据的逐步最小二乘回归分析，top1 前面的系数显著为负，而 stop1 前面的系数显著为正，说明中国上市银行的 ROE 与第一大股东持股量之间显著存在着 U 型关系。top5 前面的系数显著为负，而 stop5 前面的系数显著为正，说明中国上市银行的 ROE 与前五大股东持股量之间也显著存在着 U 型关系。top10 前面的系数显著为正，而 stop10 前面的系数显著为负，说明中国上市银行的 ROE 与前十大股东持股量之间显著存在着倒 U 型关系。

图 19.10 所示是以净资产收益率为因变量，以第一大股东的持股量、前五大股东的持股量、前十大股东的持股量、第一大股东的持股量的平方、前五大股东的持股量的平方、前十大股东的持股量的平方等变量为自变量，并使用以 bank 为聚类变量的聚类稳健标准差进行最小二乘回归分析的结果。

```
. reg  roe top1 top5 top10 stop1 stop5 stop10,vce(cluster  bank)

Linear regression                          Number of obs    =        42
                                           F(6, 13)         =      9.00
                                           Prob > F         =    0.0005
                                           R-squared        =    0.6166
                                           Root MSE         =    1.7271

                              (Std. Err. adjusted for 14 clusters in bank)

                          Robust
       roe       Coef.   Std. Err.      t    P>|t|     [95% Conf. Interval]

      top1    -.4097306   .1910893    -2.14   0.052    -.8225539    .0030928
      top5    -.906534    .3066119    -2.96   0.011    -1.568929   -.2441393
     top10     .8695962   .2856567     3.04   0.009     .2524725    1.48672
     stop1     .0041924   .0019882     2.11   0.055    -.0001028    .0084875
     stop5     .0088026   .0028623     3.08   0.009     .0026189    .0149863
    stop10    -.0070324   .0027434    -2.56   0.024    -.0129593   -.0011056
     _cons    15.29589    1.680229     9.10   0.000    11.66598     18.92581
```

图 19.10 普通最小二乘回归分析结果 2

可以看出，使用以净资产收益率为因变量，以第一大股东的持股量、前五大股东的持股量、前十大股东的持股量、第一大股东的持股量的平方、前五大股东的持股量的平方、前十大股东的持股量的平方等变量为自变量，并使用以 bank 为聚类变量的聚类稳健标准差进行最小二乘回归分析的结果较普通最小二乘回归分析在模型解释能力上没有什么变化。除了 top1 和 stop1 两个自变量系数的显著性有所下降（在 0.05 的显著性水平上不再显著，在 0.1 的显著性水平上依然显著）外，得到的结论没有变化。

图 19.11 所示是在上一步回归的基础上，剔除不显著的自变量（top1 和 stop1）以后，以前五大股东的持股量、前十大股东的持股量、前五大股东的持股量的平方、前十大股东的持股量的平方等变量为自变量，并使用以 bank 为聚类变量的聚类稳健标准差进行最小二乘回归分析的结果。

可以看出，在剔除不显著的自变量以后，以净资产收益率为因变量，以前五大股东的持股量、前十大股东的持股量、前五大股东的持股量的平方、前十大股东的持股量的平方等变量为自变量，并使用以 bank 为聚类变量的聚类稳健标准差进行最小二乘回归分析的结果与普通最小二乘回归分析是一致的。

```
. . reg  roe top5 top10 stop5 stop10,vce(cluster  bank)

Linear regression                              Number of obs   =        42
                                               F(4, 13)        =      4.56
                                               Prob > F        =    0.0160
                                               R-squared       =    0.5031
                                               Root MSE        =    1.9122

                                (Std. Err. adjusted for 14 clusters in bank)

                          Robust
        roe     Coef.    Std. Err.      t     P>|t|    [95% Conf. Interval]

       top5  -1.132734   .386487    -2.93   0.012   -1.967688   -.2977794
      top10   .8759213   .325135     2.69   0.018    .1735098    1.578333
      stop5   .0087548   .0033396    2.62   0.021     .00154     .0159695
     stop10  -.0057917   .0025907   -2.24   0.044   -.0113885   -.0001949
      _cons   15.26904   1.774237    8.61   0.000    11.43604    19.10205
```

图 19.11　普通最小二乘回归分析结果 3

19.3.4　面板数据回归分析

 下载资源:\video\19\19.4

下面以 ROE 为被解释变量，以第一大股东持股量（top1）、前五大股东持股量（top5）、前十大股东持股量（top10）、第一大股东持股量的平方除以 100（stop1）、前五大股东持股量的平方除以 100（stop5）、前十大股东持股量的平方除以 100（stop10）为解释变量，后三项之所以除以 100 是为了使解释变量数据之间的差距不致于过大。

建立线性模型：

ROE=a*top1+b*top5+c*top10+d*stop1+e*stop5+f*stop10+u

面板数据回归分析的步骤及结果如下：

01 进入 Stata 16.0，打开相关数据文件，弹出主界面。

02 在主界面的 Command 文本框中输入如下命令：

- list roe top1 top5 top10 stop1 stop5 stop10：对 7 个变量所包含的样本数据一一进行展示，以便简单直观地观测出数据的具体特征，为深入分析做好必要准备。
- xtset bank t：对面板数据进行定义，其中横截面维度变量为上一步生成的 bank，时间序列变量为 t。

- xtdes：观测面板数据的结构，考察面板数据的特征，为后续分析做好必要准备。
- xtsum：显示面板数据组内、组间以及整体的统计指标。
- xttab roe：显示 roe 变量组内、组间以及整体的分布频率。
- xttab top1：显示 top1 变量组内、组间以及整体的分布频率。
- xttab top5：显示 top5 变量组内、组间以及整体的分布频率。
- xttab stop1：显示 stop1 变量组内、组间以及整体的分布频率。
- xtline roe：对每个个体显示 roe 变量的时间序列图。
- xtline top1：对每个个体显示 top1 变量的时间序列图。
- xtline top5：对每个个体显示 top5 变量的时间序列图。
- xtline stop1：对每个个体显示 stop1 变量的时间序列图。
- xtreg roe top1 top5 top10 stop1 stop5 stop10 ,fe vce(cluster bank)：以 roe 为因变量，以 top1 top5 top10 stop1 stop5 stop10 为自变量，并使用以 bank 为聚类变量的聚类稳健标准差进行固定效应回归分析。
- xtreg roe top1 top5 top10 stop1 stop5 stop10,fe：以 roe 为因变量，以 top1 top5 top10 stop1 stop5 stop10 为自变量，进行固定效应回归分析。
- estimates store fe：存储固定效应回归分析的估计结果。
- xi:xtreg roe top1 top5 top10 stop1 stop5 stop10 i.bank,vce(cluster bank)：通过构建最小二乘虚拟变量模型来分析固定效应模型是否优于最小二乘回归分析。
- tab　t,gen(t)：创建年度变量的多个虚拟变量。
- xtreg roe top1 top5 top10 stop1 stop5 stop10 t2-t3,fe vce(cluster bank)：通过构建双向固定效应模型来检验模型中是否应该包含时间效应。
- test　t2 t3：在上一步回归的基础上，通过测试各虚拟变量的系数联合显著性来检验是否应该在模型中纳入时间效应。
- xtreg roe top1 top5 top10 stop1 stop5 stop10,re vce(cluster bank)：以 roe 为因变量，以 top1 top5 top10 stop1 stop5 stop10 为自变量，并使用以 bank 为聚类变量的聚类稳健标准差进行随机效应回归分析。
- xttest0：在上一步回归的基础上，进行假设检验来判断随机效应模型是否优于最小二乘回归模型。
- xtreg roe top1 top5 top10 stop1 stop5 stop10,mle：以 roe 为因变量，以 top1 top5 top10 stop1 stop5 stop10 为自变量，并使用最大似然估计方法进行随机效应回归分析。
- xtreg roe top1 top5 top10 stop1 stop5 stop10,be：以 roe 为因变量，以 top1 top5 top10 stop1 stop5 stop10 为自变量，并使用组间估计量进行组间估计量回归分析。
- xtreg roe top1 top5 top10 stop1 stop5 stop10,re：以 roe 为因变量，以 top1 top5 top10 stop1 stop5 stop10 为自变量进行随机效应回归分析。
- estimates store re：存储随机效应回归分析的估计结果。
- hausman fe re,constant sigmamore：进行豪斯曼检验，并据此判断应该选择固定效应模型还是随机效应模型。

03 设置完毕后，按回车键进行确认。

在 Stata 16.0 主界面的结果窗口可以看到如图 19.12~图 19.37 所示的分析结果。

图 19.12 所示是对数据进行展示的结果。它的目的是通过对变量所包含的样本数据一一进行展示，以便简单直观地观测出数据的具体特征，为深入分析做好必要准备。

从如图 19.12 所示的分析结果中可以看出，数据的总体质量还是可以的，没有极端异常值，变量间的量纲差距也是可以接受的，可以进入下一步的分析。

```
. list roe top1 top5 top10 stop1 stop5 stop10
```

	roe	top1	top5	top10	stop1	stop5	stop10
1.	16.13	13.04	34.2613	49.5806	170.0416	1173.837	2458.236
2.	15.79	13.04	34.2613	48.3083	170.0416	1173.837	2333.692
3.	15.9	13.04	39.5511	51.2549	170.0416	1564.29	2627.065
4.	15.12	14.87	44.7091	50.2919	221.1169	1998.904	2529.275
5.	15.26	14.87	41.6811	47.1801	221.1169	1737.314	2225.962
6.	14.96	11.23	39.7184	46.9851	126.1129	1577.551	2207.6
7.	12.47	34.71	71.0251	72.2928	1204.784	5044.565	5226.249
8.	13.36	34.71	71.4237	72.546	1204.784	5101.345	5262.922
9.	13.96	34.71	71.8737	72.4971	1204.784	5165.829	5255.83
10.	13.08	16.71	31.3588	44.2184	279.2241	983.3744	1955.267
11.	13.73	16.71	32.2069	44.4696	279.2241	1037.285	1977.545
12.	14.91	16.71	33.4777	45.9461	279.2241	1120.756	2111.044
13.	16.26	14.56	31.8804	43.6526	211.9936	1016.36	1905.549
14.	19.27	3	8.2191	12.5827	9	67.5536	158.3243
15.	22.16	1.48	6.2597	10.1309	2.1904	39.18384	102.6351
16.	10.73	11.77	30.4829	41.4506	138.5329	929.2072	1718.152
17.	10.89	11.77	35.3498	42.6457	138.5329	1249.608	1818.656
18.	11.82	11.77	36.5855	42.3813	138.5329	1338.499	1796.175
19.	12.72	.88	1.4518	1.4518	.7744	2.107723	2.107723
20.	13.56	.88	1.4783	1.4783	.7744	2.185371	2.185371
21.	14.44	1.07	1.5038	1.5038	1.1449	2.261415	2.261415
22.	11.72	37.15	77.7916	79.3558	1380.123	6051.534	6297.342
23.	13.1	37.15	77.3607	78.464	1380.123	5984.678	6156.599
24.	14.06	40.03	84.4723	85.4266	1602.401	7135.569	7297.704
25.	10.82	64.02	68.2229	68.8042	4098.56	4654.364	4734.018
26.	11.58	64.02	68.1337	68.5173	4098.56	4642.201	4694.621
27.	11.86	64.02	68.1031	68.9526	4098.56	4610.886	4638.033
28.	10.57	22.03	49.0472	53.8725	485.3209	2405.628	2902.246
29.	10.75	22.03	48.9735	53.5322	485.3209	2398.404	2865.697
30.	11.36	22.03	49.2243	53.783	485.3209	2423.032	2892.611
31.	10.07	59.14	62.3913	62.5433	3497.54	3892.674	3911.665
32.	10.65	59.14	62.2584	62.4263	3497.54	3876.108	3897.043
33.	10.93	59.14	61.9756	62.1579	3497.54	3840.975	3863.605
34.	10.36	17.75	26.5985	29.7602	315.0625	707.4802	885.6696
35.	10.75	20.4	28.6867	31.6542	416.16	822.9268	1001.988
36.	10.8	20.4	28.932	31.8995	416.16	837.0606	1017.578
37.	10.2	49.57	62.9111	71.0398	2457.185	4611.918	5046.653
38.	10.74	49.56	62.9552	66.1688	2456.194	3963.357	4378.31
39.	10.93	48.1	61.4568	64.9071	2313.61	3776.938	4212.931
40.	11.49	18.7	57.1082	72.4673	349.69	3261.346	5251.51
41.	12.47	18.7	57.1082	72.1065	349.69	3261.346	5199.347
42.	13.68	18.7	57.1082	71.7964	349.69	3261.346	5154.723

图 19.12　面板数据回归分析结果 1

图 19.13 所示是对面板数据进行定义的结果，其中横截面维度变量为 bank，时间序列变量为 t。

```
. xtset  bank t
        panel variable:  bank (strongly balanced)
         time variable:  t, 1 to 3
                 delta:  1 unit
```

图 19.13　面板数据回归分析结果 2

从图 19.13 中可以看出这是一个平衡的面板数据。

图 19.14 所示是面板数据结构的结果。

```
. xtdes

    bank:  1, 2, ..., 14                           n =          14
       t:  1, 2, ..., 3                            T =           3
           Delta(t) = 1 unit
           Span(t)  = 3 periods
           (bank*t uniquely identifies each observation)

Distribution of T_i:   min      5%     25%      50%      75%     95%     max
                         3       3       3        3        3       3       3

    Freq.  Percent    Cum.  |  Pattern
    14     100.00   100.00  |  111
    14     100.00           |  XXX
```

图 19.14　面板数据回归分析结果 3

从图 19.14 可以看出该面板数据的横截面维度 bank 为 1~14 共 14 个取值，时间序列维度 t 为 1~3 共 3 个取值，属于短面板数据，而且观测样本在时间上的分布也非常均匀。

图 19.15 所示是面板数据组内、组间以及整体的统计指标的结果。

在短面板数据中，同一时间段内的不同观测样本构成一个组。从图 19.15 中可以看出，变量 t 的组间标准差是 0，因为不同组的这一变量取值完全相同，同时变量 bank 的组内标准差也为 0，分布在同一组的数据属于同一个银行。

```
. xtsum
```

Variable		Mean	Std. Dev.	Min	Max	Observations		
top1	overall	26.26929	19.26652	.88	64.02	N =		42
	between		19.67447	.9433333	64.02	n =		14
	within		1.730943	21.40262	34.48262	T =		3
top5	overall	45.81856	22.40064	1.4518	84.4723	N =		42
	between		22.67597	1.477967	79.87487	n =		14
	within		3.559744	36.62519	62.24589	T =		3
top10	overall	51.2294	21.94766	1.4518	85.4266	N =		42
	between		22.06312	1.477967	81.08213	n =		14
	within		4.320158	39.23823	72.75993	T =		3
roe	overall	12.98595	2.576974	10.07	22.16	N =		42
	between		2.495424	10.55	19.23	n =		14
	within		.8470062	10.01595	15.91595	T =		3
t	overall	2	.8263939	1	3	N =		42
	between		0	2	2	n =		14
	within		.8263939	1	3	T =		3
stop1	overall	1052.436	1313.94	.7744	4098.56	N =		42
	between		1346.373	.8979	4098.56	n =		14
	within		46.2868	957.0499	1200.622	T =		3
stop5	overall	2589.182	1944.684	2.107723	7135.569	N =		42
	between		1980.038	2.184836	6390.594	n =		14
	within		229.1098	2183.266	3334.157	T =		3
stop10	overall	3094.682	1937.742	2.107723	7297.704	N =		42
	between		1964.634	2.184836	6583.882	n =		14
	within		288.684	2475.147	4278.061	T =		3
bank	overall	7.5	4.079993	1	14	N =		42
	between		4.1833	1	14	n =		14
	within		0	7.5	7.5	T =		3

图 19.15 面板数据回归分析结果 4

图 19.16 所示是 roe 变量组内、组间以及整体的分布频率的结果。

```
. xttab roe
```

roe	Overall Freq.	Percent	Between Freq.	Percent	Within Percent
10.07	1	2.38	1	7.14	33.33
10.2	1	2.38	1	7.14	33.33
10.36	1	2.38	1	7.14	33.33
10.57	1	2.38	1	7.14	33.33
10.65	1	2.38	1	7.14	33.33
10.73	1	2.38	1	7.14	33.33
10.74	1	2.38	1	7.14	33.33
10.75	2	4.76	2	14.29	33.33
10.8	1	2.38	1	7.14	33.33
10.82	1	2.38	1	7.14	33.33
10.89	1	2.38	1	7.14	33.33
10.93	2	4.76	2	14.29	33.33
11.36	1	2.38	1	7.14	33.33
11.49	1	2.38	1	7.14	33.33
11.58	1	2.38	1	7.14	33.33
11.72	1	2.38	1	7.14	33.33
11.82	1	2.38	1	7.14	33.33
11.86	1	2.38	1	7.14	33.33
12.47	2	4.76	2	14.29	33.33
12.72	1	2.38	1	7.14	33.33
13.08	1	2.38	1	7.14	33.33
13.1	1	2.38	1	7.14	33.33
13.36	1	2.38	1	7.14	33.33
13.56	1	2.38	1	7.14	33.33
13.68	1	2.38	1	7.14	33.33
13.73	1	2.38	1	7.14	33.33
13.96	1	2.38	1	7.14	33.33
14.06	1	2.38	1	7.14	33.33
14.44	1	2.38	1	7.14	33.33
14.91	1	2.38	1	7.14	33.33
14.96	1	2.38	1	7.14	33.33
15.12	1	2.38	1	7.14	33.33
15.26	1	2.38	1	7.14	33.33
15.79	1	2.38	1	7.14	33.33
15.9	1	2.38	1	7.14	33.33
16.13	1	2.38	1	7.14	33.33
16.26	1	2.38	1	7.14	33.33
19.27	1	2.38	1	7.14	33.33
22.16	1	2.38	1	7.14	33.33
Total	42	100.00	42	300.00	33.33
				(n = 14)	

图 19.16 面板数据回归分析结果 5

图 19.17 所示是 top1 变量组内、组间以及整体的分布频率的结果。

```
. xttab top1
```

| | Overall | | Between | | Within |
top1	Freq.	Percent	Freq.	Percent	Percent
.88	2	4.76	1	7.14	66.67
1.07	1	2.38	1	7.14	33.33
1.48	1	2.38	1	7.14	33.33
3	1	2.38	1	7.14	33.33
11.23	1	2.38	1	7.14	33.33
11.77	3	7.14	1	7.14	100.00
13.04	3	7.14	1	7.14	100.00
14.56	1	2.38	1	7.14	33.33
14.87	2	4.76	1	7.14	66.67
16.71	3	7.14	1	7.14	100.00
17.75	1	2.38	1	7.14	33.33
18.7	3	7.14	1	7.14	100.00
20.4	2	4.76	1	7.14	66.67
22.03	3	7.14	1	7.14	100.00
34.71	3	7.14	1	7.14	100.00
37.15	2	4.76	1	7.14	66.67
40.03	1	2.38	1	7.14	33.33
48.1	1	2.38	1	7.14	33.33
49.56	1	2.38	1	7.14	33.33
49.57	1	2.38	1	7.14	33.33
59.14	3	7.14	1	7.14	100.00
64.02	3	7.14	1	7.14	100.00
Total	42	100.00	22	157.14	63.64
			(n = 14)		

图 19.17 面板数据回归分析结果 6

图 19.18 所示是 top5 变量组内、组间以及整体的分布频率的结果。

```
. xttab top5
```

| | Overall | | Between | | Within | | | | | | |
top5	Freq.	Percent	Freq.	Percent	Percent						
1.4518	1	2.38	1	7.14	33.33	57.1082	3	7.14	1	7.14	100.00
1.4783	1	2.38	1	7.14	33.33	61.4568	1	2.38	1	7.14	33.33
1.5038	1	2.38	1	7.14	33.33	61.9756	1	2.38	1	7.14	33.33
6.2597	1	2.38	1	7.14	33.33	62.2584	1	2.38	1	7.14	33.33
8.2191	1	2.38	1	7.14	33.33	62.3913	1	2.38	1	7.14	33.33
26.5985	1	2.38	1	7.14	33.33	62.9552	1	2.38	1	7.14	33.33
28.6867	1	2.38	1	7.14	33.33	67.9035	1	2.38	1	7.14	33.33
28.932	1	2.38	1	7.14	33.33	67.9111	1	2.38	1	7.14	33.33
30.4829	1	2.38	1	7.14	33.33	68.1337	1	2.38	1	7.14	33.33
31.3588	1	2.38	1	7.14	33.33	68.2229	1	2.38	1	7.14	33.33
31.8804	1	2.38	1	7.14	33.33	71.0251	1	2.38	1	7.14	33.33
32.2069	1	2.38	1	7.14	33.33	71.4237	1	2.38	1	7.14	33.33
33.4777	1	2.38	1	7.14	33.33	71.8737	1	2.38	1	7.14	33.33
34.2613	2	4.76	1	7.14	66.67	77.3607	1	2.38	1	7.14	33.33
35.3498	1	2.38	1	7.14	33.33	77.7916	1	2.38	1	7.14	33.33
36.5855	1	2.38	1	7.14	33.33	84.4723	1	2.38	1	7.14	33.33
39.5511	1	2.38	1	7.14	33.33						
39.7184	1	2.38	1	7.14	33.33	Total	42	100.00	39	278.57	35.90
41.6811	1	2.38	1	7.14	33.33				(n = 14)		
44.7091	1	2.38	1	7.14	33.33						
48.9735	1	2.38	1	7.14	33.33						
49.0472	1	2.38	1	7.14	33.33						
49.2243	1	2.38	1	7.14	33.33						

图 19.18 面板数据回归分析结果 7

图 19.19 所示是 stop1 变量组内、组间以及整体的分布频率的结果。

图 19.20 所示是对每个个体显示 roe 变量的时间序列图的结果。

```
. xttab stop1
```

stop1	Overall Freq.	Percent	Between Freq.	Percent	Within Percent
.7744	2	4.76	1	7.14	66.67
1.1449	1	2.38	1	7.14	33.33
2.1904	1	2.38	1	7.14	33.33
9	1	2.38	1	7.14	33.33
126.1129	1	2.38	1	7.14	33.33
138.5329	3	7.14	1	7.14	100.00
170.0416	3	7.14	1	7.14	100.00
211.9936	1	2.38	1	7.14	33.33
221.1169	2	4.76	1	7.14	66.67
279.2241	3	7.14	1	7.14	100.00
315.0625	1	2.38	1	7.14	33.33
349.69	3	7.14	1	7.14	100.00
416.16	2	4.76	1	7.14	66.67
485.3209	3	7.14	1	7.14	100.00
1204.784	3	7.14	1	7.14	100.00
1380.123	2	4.76	1	7.14	66.67
1602.401	1	2.38	1	7.14	33.33
2313.61	1	2.38	1	7.14	33.33
2456.194	1	2.38	1	7.14	33.33
2457.185	1	2.38	1	7.14	33.33
3497.54	3	7.14	1	7.14	100.00
4098.56	3	7.14	1	7.14	100.00
Total	42	100.00	22	157.14	63.64
			(n = 14)		

图 19.19　面板数据回归分析结果 8

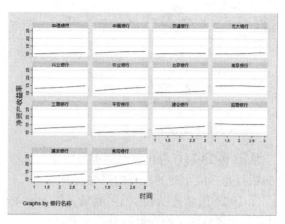

图 19.20　面板数据回归分析结果 9

从图 19.20 可以看出，不同银行的净资产收益率的时间趋势是大致相同的，都随着时间的推移而下降，但是下降的速度和平缓程度存在一定的差别。

图 19.21 所示是对每个个体显示 top1 变量的时间序列图的结果。

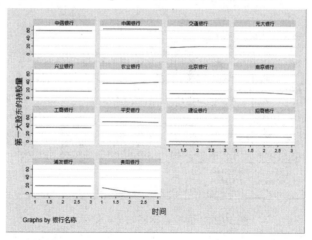

图 19.21　面板数据回归分析结果 10

从图 19.21 可以看出，不同银行的第一大股东的持股比率的时间趋势是不一致的，有的银行是持续不变的，有的是先上升后下降，有的是先不变后下降。

图 19.22 所示是对每个个体显示 top5 变量的时间序列图的结果。

从图 19.22 可以看出，不同银行的前五大股东的持股比率的时间趋势是不一致的，有的银行是持续不变的，有的是先上升后下降，有的是先不变后下降。

图 19.23 所示是对每个个体显示 stop1 变量的时间序列图的结果。

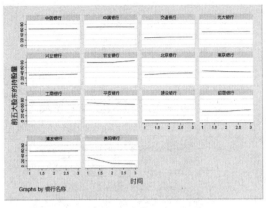

图 19.22　面板数据回归分析结果 11

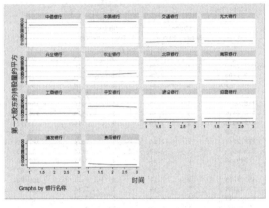

图 19.23　面板数据回归分析结果 12

从图 19.23 可以看出，不同银行的第一大股东的持股比率的平方的时间趋势是不一致的，有的银行是持续不变的，有的是先上升后下降，有的是先不变后下降。

图 19.24 所示是以 roe 为因变量，以 top1 top5 top10 stop1 stop5 stop10 为自变量，并使用以 bank 为聚类变量的聚类稳健标准差进行固定效应回归分析的结果。

```
. xtreg roe top1 top5 top10 stop1 stop5 stop10 ,fe vce(cluster  bank)

Fixed-effects (within) regression            Number of obs      =        42
Group variable: bank                         Number of groups   =        14

R-sq:                                        Obs per group:
     within  = 0.5780                                       min =         3
     between = 0.1111                                       avg =       3.0
     overall = 0.0841                                       max =         3

                                             F(6,13)            =    621.19
corr(u_i, Xb)  = -0.9536                      Prob > F          =    0.0000

                              (Std. Err. adjusted for 14 clusters in bank)

             |               Robust
         roe |      Coef.   Std. Err.      t    P>|t|     [95% Conf. Interval]
-------------+----------------------------------------------------------------
        top1 |  -.2766886   .3493273    -0.79   0.443    -1.031364    .4779872
        top5 |  -.4958275   .9183952    -0.54   0.598      -2.4799    1.488245
       top10 |   .5859943   1.108068     0.53   0.606    -1.807841    2.979829
       stop1 |   .0074368   .0092423     0.80   0.435       -.01253    .0274036
       stop5 |   .0104841   .0141384     0.74   0.472    -.0200601    .0410282
      stop10 |  -.0110085   .0149557    -0.74   0.475    -.0433182    .0213013
       _cons |   12.04816   4.731764     2.55   0.024     1.825805    22.27051
-------------+----------------------------------------------------------------
     sigma_u |  8.1853044
     sigma_e |  .75118364
         rho |  .9916482   (fraction of variance due to u_i)
```

图 19.24　面板数据回归分析结果 13

从图 19.24 中可以看到共有 14 组，每组 3 个，共有 42 个样本参与了固定效应回归分析。模型的 F 值是 621.19，显著性 P 值为 0.0000，模型是非常显著的。模型组内 R 方是 0.5780（within =0.5780），说明单位内解释的变化比例是 57.80%。模型组间 R 方是 0.1111（between = 0.1111），说明单位间解释的变化比例是 11.11%。模型总体 R 方是 0.0841（overall =0.0841），说明总的解释变化比例是 8.41%。模型的解释能力不够良好。观察模型中各个变量系数的显著性 P 值，发现都是不够显著的。此外，观察图 19.24 中最后一行，rho=0.9916482，说明复合扰动项的方差有一部分属于时间效应的变动，这一点在后面的分析中也可以得到验证。

图 19.25 所示是以 roe 为因变量，以 top1 top5 top10 stop1 stop5 stop10 为自变量进行固定效应回归分析的结果。

```
. xtreg roe top1 top5 top10 stop1 stop5 stop10,fe

Fixed-effects (within) regression              Number of obs      =        42
Group variable: bank                           Number of groups   =        14

R-sq:                                          Obs per group:
     within  = 0.5780                                        min =         3
     between = 0.1111                                        avg =       3.0
     overall = 0.0841                                        max =         3

                                               F(6,22)            =      5.02
corr(u_i, Xb)  = -0.9536                        Prob > F           =    0.0022

─────────────┬──────────────────────────────────────────────────────────────
         roe │      Coef.   Std. Err.      t    P>|t|     [95% Conf. Interval]
─────────────┼──────────────────────────────────────────────────────────────
        top1 │  -.2766886   .4608505    -0.60   0.554    -1.232434    .6790569
        top5 │  -.4958275   .6833853    -0.73   0.476    -1.913082    .9214268
       top10 │   .5859943   .8639394     0.68   0.505    -1.205706    2.377695
       stop1 │   .0074368    .011035     0.67   0.507    -.0154484     .030322
       stop5 │   .0104841   .0100922     1.04   0.310    -.0104459    .031414
      stop10 │  -.0110085   .0110369    -1.00   0.329    -.0338977    .0118807
       _cons │   12.04816   5.457359     2.21   0.038     .7302894    23.36603
─────────────┼──────────────────────────────────────────────────────────────
     sigma_u │  8.1853044
     sigma_e │  .75118364
         rho │   .9916482   (fraction of variance due to u_i)
─────────────┴──────────────────────────────────────────────────────────────
F test that all u_i=0: F(13, 22) = 12.54               Prob > F = 0.0000
```

图 19.25　面板数据回归分析结果 14

　　本结果与使用以 bank 为聚类变量的聚类稳健标准差进行固定效应回归分析的结果一致，在变量系数显著性方面同样不够显著。

　　图 19.26 存储的是固定效应回归分析估计结果。选择 Data|Data Editor|Data Editor(Browse)命令，进入数据查看界面，可以看到如图 19.26 所示的变量_est_fe 的相关数据。

图 19.26　面板数据回归分析结果 15

　　图 19.27 所示是构建最小二乘虚拟变量模型来分析固定效应模型是否优于最小二乘回归分析的分析结果。

445

```
. xi:xtreg roe top1 top5 top10 stop1 stop5 stop10 i.bank,vce(cluster bank)
i.bank              _Ibank_1-14      (naturally coded; _Ibank_1 omitted)

Random-effects GLS regression                Number of obs    =       42
Group variable: bank                         Number of groups =       14

R-sq:                                        Obs per group:
     within  = 0.5780                                    min =        3
     between = 1.0000                                    avg =      3.0
     overall = 0.9544                                    max =        3

                                             Wald chi2(6)     =        .
corr(u_i, X)  = 0 (assumed)                   Prob > chi2      =        .

                              (Std. Err. adjusted for 14 clusters in bank)

             |              Robust
         roe |    Coef.   Std. Err.      z    P>|z|    [95% Conf. Interval]
-------------+----------------------------------------------------------------
        top1 | -.2766886   .4406109    -0.63   0.530   -1.14027    .5868929
        top5 | -.4958275   1.158383    -0.43   0.669   -2.766217   1.774562
       top10 |  .5859943   1.39762      0.42   0.675   -2.15329    3.325279
       stop1 |  .0074368   .0116575     0.64   0.524   -.0154114   .030285
       stop5 |  .0104841   .0178230     0.59   0.557   -.0244679   .045436
      stop10 | -.0110085   .0188638    -0.58   0.560   -.0479808   .0259638
    _Ibank_2 | -2.15246    4.709255    -0.46   0.648   -11.38243   7.077509
    _Ibank_3 |  13.81693   19.68578     0.70   0.483   -24.7665    52.40036
    _Ibank_4 |  15.29947   18.62553     0.82   0.411   -21.20589   51.80483
    _Ibank_5 |  19.93928   18.93028     1.05   0.292   -17.16379   57.04234
    _Ibank_6 |  12.80489   16.21044     0.79   0.430   -18.967     44.57678
    _Ibank_7 |  15.41808   18.88124     0.82   0.414   -21.58848   52.42464
    _Ibank_8 |  19.63429   18.71708     1.05   0.294   -17.05051   56.31909
    _Ibank_9 |  13.68906   17.13772     0.80   0.424   -19.90027   47.27838
   _Ibank_10 |  8.016288   7.991938     1.00   0.316   -7.647622   23.6802
   _Ibank_11 |  16.24095   19.02636     0.85   0.393   -21.05004   53.53193
   _Ibank_12 |  23.1112    18.22205     1.27   0.205   -12.60335   58.82576
   _Ibank_13 |  26.78988   19.43543     1.38   0.168   -11.30285   64.88261
   _Ibank_14 |  21.70196   18.98648     1.14   0.253   -15.51087   58.91478
       _cons | -2.545398   18.9131     -0.13   0.893   -39.6144    34.52361
-------------+----------------------------------------------------------------
     sigma_u |         0
     sigma_e | .75118364
         rho |         0   (fraction of variance due to u_i)
```

图 19.27　面板数据回归分析结果 16

从图 19.27 中可以看出，全部个体虚拟变量的显著性 P 值都是大于 0.05 的，所以可以在一定程度上认为可以接受"所有个体的虚拟变量皆为 0"的原假设，也就是说固定效应模型不一定是优于普通最小二乘回归模型的。

图 19.28 所示是创建年度变量的多个虚拟变量的结果。选择 Data|Data Editor|Data Editor(Browse)命令，进入数据查看界面，可以看到如图 19.28 所示的变量 t1~t3 的相关数据。

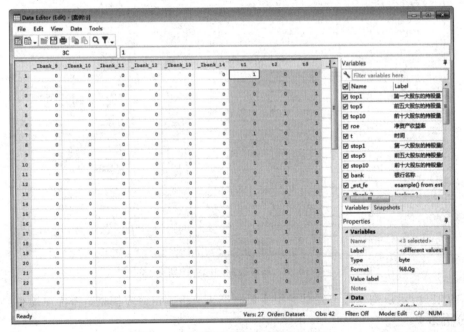

图 19.28　面板数据回归分析结果 17

图 19.29 所示是构建双向固定效应模型的分析结果。

```
. xtreg roe top1 top5 top10 stop1 stop5 stop10 t2-t3,fe vce(cluster bank)

Fixed-effects (within) regression              Number of obs     =         42
Group variable: bank                           Number of groups  =         14

R-sq:                                          Obs per group:
     within  = 0.8186                                        min =          3
     between = 0.0963                                        avg =        3.0
     overall = 0.0441                                        max =          3

                                               F(8,13)           =    2904.64
corr(u_i, Xb)  = -0.8239                        Prob > F          =     0.0000

                              (Std. Err. adjusted for 14 clusters in bank)

                        Robust
        roe      Coef.   Std. Err.      t    P>|t|     [95% Conf. Interval]

       top1    .1850674   .3019093     0.61   0.550    -.4671681    .8373028
       top5   -.0210352   .6280543    -0.03   0.974    -1.377864    1.335794
      top10   -.3106319   .8223297    -0.38   0.712    -2.087167    1.465903
      stop1    .0002307   .0061965     0.04   0.971    -.0131561    .0136174
      stop5   -.0003145   .0100925    -0.03   0.976    -.0221181     .021489
     stop10    .0027042   .0110938     0.24   0.811    -.0212625    .0266709
         t2    .4692335   .1786161     2.63   0.021     .0833569      .85511
         t3     1.18276   .2582774     4.58   0.001     .6247852    1.740734
      _cons    16.65405   3.002542     5.55   0.000     10.16746    23.14065

    sigma_u   4.5118461
    sigma_e    .5165301
        rho    .98706318   (fraction of variance due to u_i)
```

图 19.29　面板数据回归分析结果 18

从图 19.29 中可以看出，全部虚拟变量的显著性 P 值都是远小于 0.05 的，所以可以初步认为模型中应该包含时间效应。值得说明的是，在构建双向固定效应模型时并没有把 t1 列入进去，这是因为 t1 被视为基期，也就是模型中的常数项。

包含时间效应项的模型的回归方程是：

ROE=0.1850674 *top1−0.0210352*top5−0.3106319*top10+0.0002307*stop1−0.0003145
*stop5+0.0027042*stop10+0.4692335*t2+1.18276*t3+16.65405

可以看出 top1、stop1 前面的系数都不显著，说明通过该分析无法论证中国上市银行的 ROE 与第一大股东持股量之间的关系。t2、t3 前面的系数显著为正，而且 t3 的正程度更大，由于我们设定的是 2019 年 12 月 31 日为 1，2018 年 12 月 31 日为 2，2017 年 12 月 31 日为 3，说明随着时间的推移，净资产收益率是不断下降的。

图 19.30 所示是在上一步回归的基础上，通过测试各虚拟变量的系数联合显著性来检验是否应该在模型中纳入时间效应的检验结果。

从图 19.30 中可以看出，各变量系数的联合显著性是非常差的，即强烈拒绝了没有时间效应的初始假设，所以进一步验证了模型中应该包含时间效应项的结论。

图 19.31 所示是以 roe 为因变量，以 top1 top5 top10 stop1 stop5 stop10 为自变量，并使用以 bank 为聚类变量的聚类稳健标准差进行随机效应回归分析的结果。

```
. xtreg roe top1 top5 top10 stop1 stop5 stop10,re vce(cluster bank)

Random-effects GLS regression              Number of obs     =         42
Group variable: bank                       Number of groups  =         14

R-sq:                                       Obs per group:
     within  = 0.4790                                    min =          3
     between = 0.4907                                    avg =        3.0
     overall = 0.4883                                    max =          3

                                            Wald chi2(6)      =      38.59
corr(u_i, X)    = 0 (assumed)               Prob > chi2       =     0.0000

                            (Std. Err. adjusted for 14 clusters in bank)
```

```
. test  t2 t3

( 1)  t2 = 0
( 2)  t3 = 0

    F(  2,    13) =    10.49
         Prob > F =   0.0019
```

roe	Coef.	Robust Std. Err.	z	P>|z|	[95% Conf. Interval]	
top1	-.4740025	.1838448	-2.58	0.010	-.8343317	-.1136733
top5	-.3672225	.251325	-1.46	0.144	-.8598105	.1253655
top10	.4097767	.320689	1.28	0.201	-.2187623	1.038316
stop1	.0045195	.0020829	2.17	0.030	.0004371	.008602
stop5	.0058489	.0028252	2.07	0.038	.0003117	.0113861
stop10	-.0049753	.0030927	-1.61	0.108	-.0110368	.0010863
_cons	16.76728	1.885491	8.89	0.000	13.07178	20.46277
sigma_u	1.8942988					
sigma_e	.75118364					
rho	.86411627	(fraction of variance due to u_i)				

图 19.30　面板数据回归分析结果 19　　　　　　图 19.31　面板数据回归分析结果 20

从图 19.31 可以看出，随机效应回归分析的结果相比固定效应回归分析在变量的显著性水平上得到了大幅度的提高，变量系数显著性变得好了很多。

图 19.32 所示是在上一步回归的基础上，进行假设检验来判断随机效应模型是否优于最小二乘回归模型的结果。

```
. xttest0

Breusch and Pagan Lagrangian multiplier test for random effects

       roe[bank,t] = Xb + u[bank] + e[bank,t]

Estimated results:
                 |       Var     sd = sqrt(Var)
        ---------+-----------------------------
             roe |    6.640796       2.576974
               e |    .5642769       .7511836
               u |    3.588368       1.894299

       Test:   Var(u) = 0
                       chibar2(01) =      18.35
                    Prob > chibar2 =     0.0000
```

图 19.32　面板数据回归分析结果 21

从图 19.32 可以看出，假设检验非常显著地拒绝了不存在个体随机效应的原假设，也就是说，随机效应模型优于普通最小二乘回归分析模型。

图 19.33 所示是以 roe 为因变量，以 top1 top5 top10 stop1 stop5 stop10 为自变量，并使用最大似然估计方法进行随机效应回归分析的结果。

从图 19.33 可以看出，使用最大似然估计方法的随机效应回归分析的结果与使用以 bank 为聚类变量的聚类稳健标准差的随机效应回归分析的结果大同小异，只是部分变量的显著性水平得到了进一步的提高。

```
. xtreg roe top1 top5 top10 stop1 stop5 stop10,mle

Fitting constant-only model:
Iteration 0:   log likelihood = -80.530547
Iteration 1:   log likelihood = -80.292944
Iteration 2:   log likelihood = -80.259397
Iteration 3:   log likelihood = -80.259189

Fitting full model:
Iteration 0:   log likelihood = -71.771727
Iteration 1:   log likelihood =  -68.37637
Iteration 2:   log likelihood =  -66.63574
Iteration 3:   log likelihood = -66.486631
Iteration 4:   log likelihood = -66.483757
Iteration 5:   log likelihood = -66.483755

Random-effects ML regression              Number of obs      =        42
Group variable: bank                      Number of groups   =        14

Random effects u_i ~ Gaussian             Obs per group:
                                                        min =         3
                                                        avg =       3.0
                                                        max =         3

                                          LR chi2(6)         =     27.55
Log likelihood  = -66.483755              Prob > chi2        =    0.0001
```

roe	Coef.	Std. Err.	z	P>|z|	[95% Conf. Interval]	
top1	-.4930173	.1765089	-2.79	0.005	-.8389684	-.1470662
top5	-.4148053	.2726747	-1.52	0.128	-.9492379	.1196273
top10	.4606605	.2768959	1.66	0.096	-.0820455	1.003366
stop1	.004784	.002091	2.29	0.022	.0006857	.0088823
stop5	.0060877	.002759	2.21	0.027	.00068	.0114953
stop10	-.0051852	.0027558	-1.88	0.060	-.0105865	.0002162
_cons	16.59319	1.249315	13.28	0.000	14.14458	19.0418
/sigma_u	1.604637	.381845			1.006519	2.558183
/sigma_e	.7536496	.1091472			.5674065	1.001024
rho	.8192761	.0908245			.5932502	.9440043

```
LR test of sigma_u=0: chibar2(01) = 24.47          Prob >= chibar2 = 0.000
```

图 19.33　面板数据回归分析结果 22

图 19.34 所示是以 roe 为因变量，以 top1 top5 top10 stop1 stop5 stop10 为自变量，并使用组间估计量进行组间估计量回归分析的结果。

```
. xtreg roe top1 top5 top10 stop1 stop5 stop10,be

Between regression (regression on group means)   Number of obs      =        42
Group variable: bank                             Number of groups   =        14

R-sq:                                            Obs per group:
     within  = 0.1372                                          min =         3
     between = 0.6734                                          avg =       3.0
     overall = 0.6104                                          max =         3

                                                 F(6,7)             =      2.41
sd(u_i + avg(e_i.))=  1.943312                    Prob > F           =    0.1379
```

roe	Coef.	Std. Err.	t	P>|t|	[95% Conf. Interval]	
top1	-.3603387	.2735429	-1.32	0.229	-1.007165	.2864875
top5	-1.043062	.4897778	-2.13	0.071	-2.201203	.1150784
top10	.9721446	.4158316	2.34	0.052	-.011141	1.95543
stop1	.0037219	.0030769	1.21	0.266	-.0035539	.0109977
stop5	.0095543	.0041569	2.30	0.055	-.0002753	.019384
stop10	-.007495	.0036042	-2.08	0.076	-.0160175	.0010276
_cons	14.98055	1.89079	7.92	0.000	10.50954	19.45156

图 19.34　面板数据回归分析结果 23

从图 19.34 可以看出，使用组间估计量进行回归分析的结果与固定效应模型、随机效应模型在模型的解释能力以及变量系数的显著性上都大同小异。

图 19.35 所示是以 roe 为因变量，以 top1 top5 top10 stop1 stop5 stop10 为自变量进行随机

效应回归分析的结果。

对该回归分析结果的详细解读在前面已多次讲述过了，此处不再重复讲解。

```
. xtreg roe top1 top5 top10 stop1 stop5 stop10,re

Random-effects GLS regression                    Number of obs     =        42
Group variable: bank                             Number of groups  =        14

R-sq:                                            Obs per group:
     within  = 0.4790                                          min =         3
     between = 0.4907                                          avg =       3.0
     overall = 0.4883                                          max =         3

                                                 Wald chi2(6)      =     32.24
corr(u_i, X)    = 0 (assumed)                    Prob > chi2       =    0.0000

         roe |      Coef.   Std. Err.      z    P>|z|     [95% Conf. Interval]
-------------+----------------------------------------------------------------
        top1 |  -.4740025   .2026279    -2.34   0.019    -.8711459   -.0768591
        top5 |  -.3672225   .2887047    -1.27   0.203    -.9330734    .1986284
       top10 |   .4097767   .3032725     1.35   0.177    -.1846266    1.00418
       stop1 |   .0045195   .0024054     1.88   0.060    -.0001949    .009234
       stop5 |   .0058489   .0031879     1.83   0.067    -.0003994    .0120971
      stop10 |  -.0049753   .0032625    -1.52   0.127    -.0113697    .0014191
       _cons |   16.76728   1.406557    11.92   0.000     14.01048    19.52408
-------------+----------------------------------------------------------------
     sigma_u |  1.8942988
     sigma_e |   .75118364
         rho |   .86411627   (fraction of variance due to u_i)
```

图 19.35　面板数据回归分析结果 24

图 19.36 存储的是随机效应回归分析估计结果。选择 Data|Data Editor|Data Editor(Browse) 命令，进入数据查看界面，可以看到如图 19.36 所示的变量_est_re 的相关数据。

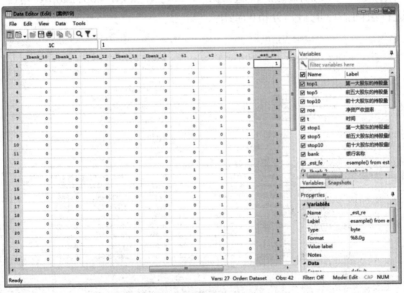

图 19.36　面板数据回归分析结果 25

图 19.37 所示是进行豪斯曼检验的结果。

```
. hausman fe re,constant sigmamore

Note: the rank of the differenced variance matrix (6) does not equal the number
      of coefficients being tested (7); be sure this is what you expect, or
      there may be problems computing the test. Examine the output of your
      estimators for anything unexpected and possibly consider scaling your
      variables so that the coefficients are on a similar scale.

                    ────── Coefficients ──────
                     (b)         (B)           (b-B)      sqrt(diag(V_b-V_B))
                     fe          re          Difference        S.E.

        top1     -.2766886    -.4740025       .1973139        .4373796
        top5     -.4958275    -.3672225      -.128605         .6539039
       top10      .5859943     .4097767       .1762176        .8512455
       stop1      .0074368     .0045195       .0029173        .0112889
       stop5      .0104841     .0058489       .0046352        .0100633
      stop10     -.0110085    -.0049753      -.0060332        .0110737
       _cons     12.04816     16.76728      -4.719117        5.532232

                    b = consistent under Ho and Ha; obtained from xtreg
         B = inconsistent under Ha, efficient under Ho; obtained from xtreg

    Test:  Ho:  difference in coefficients not systematic

              chi2(6) = (b-B)'[(V_b-V_B)^(-1)](b-B)
                      =        8.93
           Prob>chi2 =        0.1773
           (V_b-V_B is not positive definite)
```

图 19.37　面板数据回归分析结果 26

豪斯曼检验的原假设是使用随机效应模型。图 19.37 显示的显著性 P 值（Prob>chi2 =0.1773）远远大于 5%，所以我们接受初始假设，认为使用随机效应模型是更为合理的。

综上所述，我们应该构建随机效应模型或者使用普通最小二乘回归分析方法来描述变量之间的回归关系。

19.4　研究结论

从前面的分析中可以看出，不论是随机效应模型还是普通最小二乘回归模型，都得出了一致的结论：基于对沪深两市上市的中国 14 家上市银行在 2019 年 12 月 31 日、2018 年 12 月 31 日和 2017 年 12 月 31 日数据的回归分析，第一大股东持股量 top1 前面的系数显著为负，而 stop1 前面的系数显著为正，说明中国上市银行的 ROE 与第一大股东持股量之间显著存在着 U 型关系。前五大股东持股量 top5 前面的系数显著为负，而 stop5 前面的系数显著为正，说明中国上市银行的 ROE 与前五大股东持股量之间也显著存在着 U 型关系。前十大股东持股量 top10 前面的系数显著为正，而 stop10 前面的系数显著为负，说明中国上市银行的 ROE 与前十大股东持股量之间显著存在着倒 U 型关系。

19.5　本章习题

饮料行业的人士普遍认为，成功经营饮料公司关键的环节在于销售，所以销售策略的思考与选择问题历来是市场专家研究的焦点。其间一个非常重要的问题是：饮料公司的利润与其销售集中度之间是否存在一定的相关性？某调研者选取了10家饮料公司在2017—2019年的有关数据作为观测样本进行研究，如表 19.2 所示。请读者帮助该调研者构建恰当模型描述饮料公司的利润与其销售集中度之间的合理关系。

表 19.2　10 家饮料公司的销售数据（2017—2019 年）

饮料公司	第一大销售商的销售量/万瓶	前五大销售商的销售量/万瓶	前十大销售商的销售量/万瓶	利润/万元	时间（1代表2017年，2代表2018年，3代表2019年）
A	4.131	13.8105	18.873	26.6085	1
A	13.7565	44.793	63.4095	17.9685	2
A	1.7145	5.589	10.3545	8.0055	3
B	76.3425	127.413	129.924	23.7735	1
B	79.812	127.4265	129.951	17.442	2
B	16.2945	23.9355	24.3945	9.693	3
...	...	...	...	...	...
I	17.253	32.4405	46.224	27.2565	1
I	27.54	56.5785	72.4275	20.1285	2
I	17.253	35.289	47.898	9.9225	3
J	24.03	58.5495	70.227	30.6855	1
J	24.138	59.967	71.6445	23.0715	2
J	24.138	58.347	70.0245	11.4075	3